日本映画時評集成 1990—1999

山根貞男

国書刊行会

日本映画時評集成
1990—1999

目次

凡例……6
まえがき……9

1990年……10

珍しさいろいろ……12
フィクションの臨界点……15
子ども、死、教育……19
美と倒錯……21
正体不明の面白さ……25
関係の喩として……28
〈図〉と〈地〉の反転……32
題材から運動へ……35
ゼロ地点の活劇……38
歪さの訴えるもの……42
求心力と遠心力……45
不安の映画へ……48
寅さん映画の壁……51

1991年……56

歴史と現在の跛行……58
女優の皺が暴く……61
映画の顔が似てきた……64
アドレッセンスへの郷愁……67
黒澤明と鈴木清順……71
映画を早送りしたくなる……75
現在を括弧でくくる……78
行方不明の現在……81
北野武と山田洋次……85
ぬるま湯が怖い……88
活劇の先端……92
もてなしと見くびり……95

1992年 100
予断を許さぬ面白さ 102
倒錯と破綻 105
コトバとの闘い 108
制度としての感動 112
不透明さへの意志 115
見る歓び 118
現在性という命 122
映画百年へ向けて 125
成熟と転回 128
職人と異端 132
映画の輪郭を補強する 136

1993年 140
善意の情熱について 142
描写のスペクタクル 145
冒険体としての映画 148
仮構力と具体 152
雑のエネルギー 155
ゼロゆえの感情 158
魔的なまなざし 161
映像を信ずる？ 165
映画との距離 168
現在を差し出す 172
物質としての映画 175
物質としての映画〈続〉 179
来るべき映画 182

1994年 186
何かに似ている 188
表現としての非情 191
活劇の二転三転 194
映画の形を探す 198
やくざ映画の行方 201
見世物と手ざわり 204
ぎりぎりの関係 208
イメージと活劇 211
二つの忠臣蔵 215
映画の無名性 219
つくる力、見せる力 222

1995年

1995年 228
カタルシスの形 230
異物としての映画 233
新人監督の条件 236
映画の出来不出来 240
映像という事件 243
神代辰巳の挑発 247
映画百年からの出発 250
批評の足元 257
通俗のすすめ 261
静謐さと怖さ 264

1996年

1996年 270
才能の使い方 272
些事へのまなざし 275
プロセスが面白い 278
ベテラン＝安心の領域 282
新人＝映像ソフトの価値 285
観客への贈り物 288
世界同時性の地平へ 291
十年目の区切りに 295

1997年

1997年 302
『アトランタ・ブギ』 304
作品の表と裏 304
『渇きの街』 306
『パラサイト・イヴ』 307
萬屋錦之介を悼む 308
『傷だらけの天使』 309
リアリティの罠 310
変容した今村作品 312
『復讐　消えない傷痕』 313
勝新太郎を悼む 314
未完成の宮崎アニメ 315
『2／デュオ』 317
『身も心も』 318
新人・河瀬直美の挑発 319

1998年

1998年 322
『HANA－BI』 324
もっと別の視線を 325
映画の新しい波 328
映画が失うもの 332
澤井組の挑戦 335
オウムへの視角　森達也監督との対話 339
境界線上の新人監督 343
映画『プライド』を擁護する 346
原作の料理法 349
映画のまやかしと戯れる 352
サンセバスチャンの成瀬巳喜男 356
映画の継走 359
初冬の映画日誌 363

1999年

1999年 368
フィルムとデジタルの関係 370
'60年代との距離 373
深作欣二の転回　'60年代との距離2 376
相米慎二と黒沢清　'60年代との距離3 379
物語と仕掛けのあいだ 383
日仏監督の対話 386
高倉健と北野武 390
京都からの報告 393
祭りの価値　京都からの報告2 396
映画における他者 399

あとがき 404
索引（映画題名・監督名） 406

【凡例】

❖本書は、「キネマ旬報」連載〈日本映画時評〉の一九九〇年二月下旬号から一九九九年十二月下旬号収録分をまとめたものである（一九九六年十二月下旬号～一九九七年十二月下旬号は休載）。各記事の末尾に連載回数と掲載号を記した。なお、一九九七年分の発表紙誌の詳細については〈まえがき〉を参照されたい。

❖作品データは時評として取り上げた日本映画のみ記載した。略号は以下の通り。**製**＝製作、**監**＝監督、**原**＝原作、**案**＝原案、**脚**＝脚本、**色**＝脚色、**構**＝構成、**撮**＝撮影、**出**＝出演、**封**＝封切日（オリジナルビデオ【ＯＶ】はリリース日、テレビ映画【ＴＶ】は放映日）、**時**＝上映時間（分）。

❖各年の最後に筆者が選んだ年間ベストテン（「キネマ旬報」掲載）を記載した。

日本映画時評集成 1990—1999 山根貞男

まえがき

本書には「キネマ旬報」連載の「日本映画時評」のうち、一九九〇年代の十年分を収録しているが、途中に休載期間が挟まる。一九九六年末から九七年全体にわたってであり、その間の言及の必要ありと思われる作品や出来事に関しては、ほかの紙誌に発表した文章で補った。その詳細は以下のとおり。

「キネマ旬報」連載分は、一九九〇年二月下旬号から九六年十一月下旬号までと、一九九八年一月下旬号から九九年十二月下旬号まで。その間を補ったものは、「朝日新聞」の映画評、「群像」連載の一部、「共同通信」配信の記事、「読売新聞」や映画祭プレス用のエッセイ。いずれも文末に初出を記す。各文章の見出しは基本的に初出に基づくが、「朝日新聞」の映画評に関しては作品題名とした。

なお、「キネマ旬報」連載の一九九〇年二月下旬号(第四一回)から九二年九月下旬号(第七二回)までは『映画はどこへ行くか　日本映画時評'89—'92』(筑摩書房・一九九三年)に、「群像」連載のものは『現代映画への旅』(講談社・二〇〇一年)に収録されている。単行本を購読していただいた諸氏には申し訳なく思うが、「集成」という性質上のことと、ご寛恕を請う。

山根貞男

『てなもんやコネクション』
監督:山本政志
©シネマ☆インパクト

1990年

珍しさいろいろ

◉山田洋次の『男はつらいよ　ぼくの伯父さん』がけっこう当たっていると聞いた。第四十二作にもなったシリーズにいまなお一定の力があることには、やはり感心せずにいられない。今回は寅さんの甥っ子の初恋物語で、吉岡秀隆とマドンナ後藤久美子がナイーブに清純な恋心を演じて好感をそそり、そのぶん渥美清の影が薄いものの、苦心のアイデアは成果を上げている。いよいよ寅さんも歳をとり、ドラマの主役はつぎの世代に移ったということか。ともあれ今回は、おなじみ寅さん映画プラス純愛青春ものと、一本で二本見られる仕掛けになっている。

当たっているのは併映の栗山富夫の『釣りバカ日誌2』が受けているからだ、という人もいる。じつに凡庸な作品ゆえ、ちょっと信じられない話ではあるが、一昔前のプログラムピクチュア全盛時代における併映作の雰囲気は濃厚にうかがえるので、名実ともに最後のプログラムピクチュアたる寅さん映画の相手としては適格なのかもしれない。主人公の西田敏行ではなくて、副主人公の三國連太郎のほうにだけドラマがある点も、寅さんにドラマがないことと照応していよう。要するにこの二本立ては、ありし日のプログラムピクチュアが一度に三本も見られる〝お得な番組〟になっているわけである。

そういえば中島貞夫の『女帝・春日局』も、まずまず上出来の部類にはいるプログラムピクチュアの時代劇を思わせる。赤ん坊をめぐるタネ究明や女たちの主導権争いの話はもとより、十朱幸代ら女優たちのパターン化した顔つきも、若山富三郎の家康のユーモラスな色気じじいぶりも、さすが東映といっていい豪華なセットも、かつて何度も接したような気にさせるものばかりで、そのぶん安心して見られるのである。

また、服部光則の『丹波哲郎の大霊界2　死んだらおどろいた!!』は、すでに第一作について指摘されていたように、かつて新東宝がつくった楽しいゲテモノ映画のムードに満ちている。プログラムピクチュア時代〝以後〟の模索にだれもが汲々としているはずのこのいま、さまざまな作品がなぜか過ぎし日のプログラムピクチュアによく似た感じを持っていることにこそ、〝おどろいた!!〟と叫ぶべきであろうか。

こんなことをいうのは、ほかでもない、長渕剛主演の『ウォータームーン』を見て呆れたからである。

クレジットタイトルには監督工藤栄一と出てくるのに、いま、〝工藤栄一の〟と記さなかったのは、監督と主役が撮影の途中で意見が合わず決裂してしまった事実を知っていることもあるが、それ以上に、ほとんどどこにも工藤栄一らしいと感じられる部分がなかったことによる。スポーツ新聞の記事によれば、決裂のあと、主演俳優自ら監督をやってのけたということだが、いったい何割ぐらいがそんなふうに撮られたのであろう。工藤栄一が撮った部分のほうが多いにちがいないと思うけれども、それにしてはあまりに工藤栄一の感じがなさすぎる。いや、さきの『女帝・春日局』ではあるまいし、なにも作品をめぐってのタネ究明をやらかそうというのではない。だれがどの部分を監督したにせよ、工藤栄一の匂いを感じさせる画面がほとんど皆無に等しいことに、そして、それでも一本の映画がともかく生まれてしまうことに、年来の工藤栄一ファンとして驚き呆れているのである。

監督と主演俳優が喧嘩をすることなど、少しも珍しくはない。そんな話は昔からゴマンとある。ただし、きわめて珍しいのは監督と主役がもめて決裂したあと、主演俳優が監督も兼ねて撮影をつづけたということで、たとえば若いときから自分のプロダクションにおいて主演作品を撮りつづけ、まさに一国一城の主であった阪東妻三郎や片岡千恵蔵が、監督との喧嘩のあと、自ら監督もしたという話など、聞いたことがない。周知のように、昨今はネコもシャクシも監督になれると思われているらしい時代ゆえ、稀有な事態が起こったのであろう。

それならそれでもいいが、結果がひどすぎる。どだい宇宙人らしき若い禅僧をめぐる話自体が成立しておらず、彼が何に悩もうとだれに追われようと、おもしろいとかつまらないとかいう以前に、支離滅裂に終始している。ラスト、彼が死んだかと思ったら何度も生き返ってくるあたりに、そのさまが際立っていよう。この映画の場合、長渕剛のファンは、話などではまったくなくて、ただ彼のワンマンショーをのみ見るのだと考えるべきかもしれない。前作『オルゴール』(一九八九)の大ヒットが如実にそう語っている。けれども主役がワンマンとして、スターとして生きるのは、彼の魅力を引き立てる話があり、しかるべき形でそれが演出されているからのはずである。

はずである、といま記した。いうまでもなくそれは、わたしの述べているようなスターと作品の関係そのものが、現在、構造的に壊滅していると思われるからである。でなければ、こんな珍しい事態は起こらない。何年か前に松田優作が予定していた監督と意見が合わず、主役の自分が監督も兼任したことがあったけれども、ことの起こりがクランクイン以前か以後かという点で、今回のケースとは決定的に異なっている。

男はつらいよ　ぼくの伯父さん
監原山田洋次脚山田洋次、朝間義隆撮高羽哲夫出渥美清、倍賞千恵子、吉岡秀隆、後藤久美子、檀ふみ封1989年12月27日時106分

釣りバカ日誌2
監栗山富夫原やまさき十三、北見けんいち脚山田洋次、堀本卓撮安田浩助出西田敏行、石田えり、三國連太郎、原田美枝子封1989年12月27日時96分

女帝・春日局
監中島貞夫原脚高田宏治撮木村大作出十朱幸代、名取裕子、鳥越マリ、若山富三郎封1月20日時114分

丹波哲郎の大霊界2　死んだらおどろいた!!
監服部光則案脚丹波哲郎撮斉川仁、岡田次雄出丹波哲郎、丹波義隆、中原ひとみ、土家里織封1月13日時105分

ウォータームーン
監工藤栄一案長渕剛脚丸山昇一撮仙元誠三出長渕剛、松坂慶子、小林稔侍、岩崎加根子封1989年12月23日時115分

公園通りの猫たち
監中田新一原脚早坂暁撮奥村正祐、米原良次、藤石修出荻野目洋子、五十嵐いづみ、伊藤智恵理、万里洋子封1989年12月23日時105分

ゴジラVSビオランテ
監脚大森一樹撮加藤雄大出三田村邦彦、田中好子、高橋幸治、高嶋政伸封1989年12月16日時105分

Mr.レディー　夜明けのシンデレラ
監瀬川昌治案加藤博明脚下飯坂菊馬、林誠人、瀬川昌治撮林兆出片岡鶴太郎、小野寺昭、矢木沢まり、永島暎子封1月20日時110分

俳優が監督をやってはならないなどとはわたしは一言もいわない。くりかえすが、わたしがこだわっているのは、ことが撮影の途中に起こり、にもかかわらず一本の正体不明の作品ができあがってしまっていることに対してである。監督と主役が撮影中にもめた場合、昔なら当の監督やプロデューサーなどスタッフが、あの手この手で主役スターの懐柔につとめて、それに成功したにちがいない。さきごろのわたしも関わった書物『森一生映画旅』には、そんな手口がおもしろく語られている。いまや、先述のスターと作品の関係の壊滅とあいまって、そうした手練手管が構造的に不可能になってしまったというしかない。

なにやら『ウォータームーン』に拘泥しすぎたが、それはたんに、工藤栄一のほか、プロデューサーの黒澤満、脚本の丸山昇一、キャメラの仙元誠三と、わたしが加担の論理で接したく思う名がスタッフに並んでいるからばかりではない。壊滅したとか不可能になったとか述べた構造とは、つまりはプログラムピクチュアのことであって、その事実をこれほどあからさまに体現した作品も珍しいと思うのである。この作品を前にしたとき、同時にいっぽうで、まるでプログラムピクチュア的な作品がいくつもあることに、どうして驚かずにいられようか。

中田新一の『公園通りの猫たち』が示しているのは、そうした現在における別のケースである。若者のメッカ、渋谷の公園通りを舞台に、自由に生きる猫の群れの実写とミュージカルスターをめざす少女たちの話を絡めたドラマは、アイデアとして理解できるものの、二つの話がうまく交わらず、どっちつかずの結果に終っている。猫の実写だけであれば何年も前の『子猫物語』の二番煎じになろうし、それを意識してか、そこへ少女たちを絡ませ、プラスすることで既成から一歩抜け出ようとした狙いが、空転に見舞われているのである。さきの例にならっていえば、ここには、プログラムピクチュアの地平を抜けようとしてこそ取られた二本立て作戦の空振りが見られる。大森一樹の『ゴジラVSビオランテ』がどこか空振りの気配を感じさせるのも、明らかにこれと共通していよう。周りの飾り立てがにぎやかなぶんだけ、かんじんのゴジラの影が薄いのは、プログラムピクチュア時代の産物たるゴジラとの距離の測定がすこぶる困難な結果にちがいないからである。

瀬川昌治の『Mr.レディー　夜明けのシンデレラ』もプログラムピクチュアのような雰囲気を漂わせている。子どもの手術費に困った父親がゲイバーに勤め、女装に努力する中心の話といい、むくつけき男優たちがホンモノに混じって〝女っぷり〟を競うさまといい、みごとなまでに古典的に明晰な画面づくりといい、それ以外のなにものでもない。どこかおなじみと感じられるその光景のなかから、おかしさと切実さが立ち昇ってくる。ところがこの映画には、パターンなりルーティンなりが勢いよく走るなかで、ずれつづけ、あげくの果てに転倒してしまうようなところが、確実にある。冒頭、アクション映画のはじまりかと思わんばかりの鮮やかなカット割りのなか、美女が登場するが、その女がじつは男であるというあたりからして、すでにどこか狂っている。主人公の片岡鶴太郎の熱演をむしろ狂言回しにして、小野寺昭や赤塚真人などがこれまで見たこともないほど迫真の名演をやらかすのも、なにやら正気の沙汰ではない。むろんヒロイン(?)矢木沢まりの色っぽさは常軌を逸している。注目すべきことに、画面づくりが古典的にきっちりなされていればいるほど、変なムードが全篇ににじみ出てくるのである。

かくしてこの映画はまさに珍品である。たんに珍しいのではない。ある種の傑作であり珍重すべき作品であって、そこには凡庸なプログラムピクチュアの地平を突き抜ける勢いがくっきりうかがえる。

(第四一回／二月下旬号)

フィクションの臨界点

◉今回は当初、時代劇について考えるつもりでいた。『女帝・春日局』『ＺＩＰＡＮＧ《ジパング》』『浪人街』と、珍しく三本も時代劇が並ぶことになったからである。それに、年末年始にはテレビで時代劇が花盛りで、この時代劇ブームは何なのかとテレビで特集番組が組まれ、わたしなどまで引っ張り出された。そんなおりもおり、前から気になっていた工藤栄一の時代劇『高瀬舟』をやっと見ることができ、素晴らしさに瞠目した。がぜん時代劇について語りたくなろうではないか。だが、時代劇ファンとしては熱い想いをさまざまにかきたてられる『浪人街』が公開延期になってしまったので、拍子抜けである。別の機会にゆずろう。一言だけいっておくなら、時代劇の魅力とは、ある様式を強いられるなかでの表現の自在さ、枠ゆえの自由に基づいてこそ発揮される、とわたしは思う。

それにしても林海象の『ＺＩＰＡＮＧ』には呆れた。登場人物もドラマもなにもかも、よくまあこれほどペラペラ薄っぺらになったものである。たとえば高嶋政宏たち盗賊一味が野っ原を行くシーンでは、その野っ原の画面としてのスカスカぶりに驚かされ、これが何億もかけた映画なのかと思わずにはいられない。また、その一味の連中にしても、ベンガルや佐野史郎といったアクの強い俳優が演じているのに、まるで個性が感じられず、引き連れている象に至っては、なんの役にも立たずじまいで、啞然とさせられる。要するに全篇、描写が徹底して稀薄に終始するのである。ヒロインの安田成美もとうぜん例外ではなく、自分に立ち向かうとは十年早いと呟呵を飛ばすシーンがあるが、その貧しくもチャチな鉄火ぶりを見ていると、十年早いのはどっちだ、と叫びたくなる。これではもう盗賊と女賞金稼ぎの恋も、幻の国の女王をめぐるロマンスも、両者のからみも、どうでもよくなってしまうではないか。

荒唐無稽のおもしろさを狙ったことはわかる。けれども画面のどこにも、それが実現されていない。主人公がワンカットで五十人を斬る場面の没迫力ぶりや、丹下左膳や座頭市がとつぜん出現するシーンの没意味ぶりなどに、それが明示されていよう。断わるまでもないが、たんに意味がないこととノンセンスとはまったく異なる。薄っぺらな画面の連続はただ単純に描写の空転を告げるばかりで、シラケさせ、ノンセンスにも荒唐無稽にも結実しないのである。

時代劇における〝枠ゆえの自由〟といったとき、もちろんその自由とはたんなるデタラメのことではない。枠＝制約と自由との相剋や闘いのなかでこそ、時代劇ならではのスペクタクル性がくりひろげられ、活劇としての時代劇の魅惑が結晶するはずである。『ZIPANG』はそうした相剋や闘いと無縁で、途方もない勘違いに基づいて撮られているとでも思うしかない。それはこの監督の場合、いまにはじまったことではないが、荒唐無稽ということの至難さを鮮やかに体現している点では、『ZIPANG』は注目に値する。

やはり工藤栄一の『高瀬舟』について一言しておこう。この作品はいわゆる文化教育映画として撮られた一九八八年の四十五分の短篇で、一般の映画館では上映されず、わたしも市立公民館でやっと見ることができた。森鷗外の原作どおり、画面は遠島に決まった囚人を運ぶ高瀬舟を追ってゆくが、囚人と役人との会話のなか、舟の通過する京都の人々の暮らしが画面の奥に見え隠れする形で描かれつづけ、その濃密な生活感によって、一人の男がどんな生活のなかで無実の罪を着せられ、なぜそれをむしろ喜ぶに至ったかが、胸を打つ勢いで浮き彫りになる。そこで力を発揮しているのは、まさしく時代劇ならではの描写のスペクタクル性であろう。

むろん、そうした事態は時代劇にのみ関わることではない。どんな映画であれ、描写のスペクタクル性がなんらかの形で見られなければ、つまらないに決まっている。

千葉真一の初監督作品『リメインズ　美しき勇者《つわもの》たち』が突き出すのは、そんな力にほかならない。巨大な人喰いヒグマとマタギ衆との闘いというストーリー自体は、だれもが見る前に想像するパターンを一歩も出ず、もう少し新鮮な企画で監督デビューを飾ってほしかったとは思うが、しかし、描写そのものに賭けた意気込みが個々のシーンにみなぎって、熱く迫ってくるのである。雪山の大自然は一つの圧倒的な世界として鮮明に描き出されているし、ラスト、真田広之・村松美香とヒグマの対決のくだりには、アクションスターとして活劇の何たるかを熟知した者ならではの魅力が、さすがに満ちている。もう一点、キャメラの動きが興味深い。というのは、ロングショットの場合に多く見られるが、ヒグマを追う人間を雪山のなかにとらえた画面などでは、いつもキャメラの視点が激しく揺れ動くのである。明らかにそれは、意気込みの過剰さのあらわれとして迫力を出すとともに、作品世界に不安定さをもたらすことにもなる。そこでは主観と客観の葛藤が演じられ、視点の揺れとなって画面に露出しているといえようか。その是非を論じるのはたやすいが、むしろわたしはそこに、表現における枠と自由の闘いをこそ見るべきであろうと思う。

　表現における枠は、時代劇の場合なら独特の約束事としてあるもので、映画規範というふうにいいかえれば、どんな種類の映画もそれと無縁ではいられない。そして、現在、かつての映画のあり方が崩れてゆくなか、映画規範が解体しつつある。枠と自由との相剋や闘いにわたしがこだわるのは、解体から一歩でも先へ進まねばと思うからである。

　小水一男の『ほしをつぐもの』が、ある形を示している。この作品の画面づくりには既成の映画文法から逸脱したところが多々見られ、へたとも単純な間違いともいうことができるが、むしろそうしたあり方が力を発揮するのである。

　たとえば疎開先の長野から脱走して東京へ向かう少年少女六人が、山中をさすらい、食事をするくだりで、少女の一人がなにかを煮る。どうやらお手玉を破って小豆を取り出しているらしいが、はっきりとは描かれない。あるいは、飢えに苦しめられた彼らが木立ちのなかで何者かの食料を食べてしまうシーンでも、地面に伏せた籠の中身はなにかの燻製らしいと思われるが、明示はされない。すべてがこの調子で、セリフの聞き取りにくいところも多く、画面は細部をくっきりさせぬまま展開してゆく。もともとこの映画では、くりあげ定年に決まったサラリーマンの姿がまずテレビレポーターの目をとおして描かれ、ついで急病で倒れた彼の回想として戦時中の体験がつづられるが、そのいわば二重括弧のぎこちなさも加わって、描写は滑らかではなく、ぶっきらぼうに見える。ところがそんな画面のなか、素朴な感銘が結晶してくるのである。一種〝へたうま〟の力とでも形容できようか。想像するに、描写のぶっきらぼうさはむしろ意識的なものにちがいない。ていねいに滑らかに描けば描くほど、画面にくりひろげられる世界が、つくりものになってしまうだろうからである。

　少年少女は山の中の旅で、ビートたけし扮する山男と出会

高瀬舟
【監】工藤栄一【原】森鷗外【脚】松山善三【撮】石原興【出】前田吟、岡田吉弘【封】1988年【時】45分

ZIPANG（ジパング）
【監】林海象【原】【脚】林海象、栗田教行【撮】田村正毅【出】高嶋政宏、安田成美、鰐淵晴子、平幹二朗【封】1月27日【時】118分

リメインズ　美しき勇者（つわもの）たち
【監】千葉真一【脚】佐藤繁子【撮】藤原三郎【出】真田広之、村松美香、黒崎輝、菅原文太【封】2月10日【時】107分

ほしをつぐもの
【監】【脚】小水一男【撮】伊藤昭裕【出】ビートたけし、田中邦衛、吉村実子、足立龍児【封】2月3日【時】105分

宇宙の法則
【監】井筒和幸【脚】旭井寧、井筒和幸【撮】篠田昇【出】古尾谷雅人、鳥越マリ、横山めぐみ、長塚京三【封】1月27日【時】119分

い、好奇心と畏怖にかられつつ親しみ、多くのことを教わった。ウサギを殺して食べることも、仲間の死も、毒草による発狂も体験した。そうした命に関わることどもも、画面は非技巧的にあっさりと描写する。明らかに、一瞬でもつくりものになることを排する姿勢こそが、彼らの自然体験というドラマの核心を鮮やかに浮き彫りにするのである。ラスト、退院したサラリーマンの田中邦衛が川べりで、山男を幻視し、彼のようにオオカミの遠吠えを叫ぶシーンは、自然体験がどれほど魂の奥深くにいまも根ざしているかを、清冽な強さで表現している。

井筒和幸の『宇宙の法則』も一種〝へたうま〟の映画である。服飾デザイナーとしての名声を捨てて帰郷した青春後期の男とその周辺を描く画面の展開は、かなり粗雑で荒っぽいが、ささくれだったようなその感じのなかでこそ、ある感銘深さが結晶する。

なによりも個々の画面の感触が、したたかな手応えを訴えてくる。全篇、通常のタングステンタイプではないデイライトフィルムで撮影されたというが、明らかにその成果であろう。主人公の帰った家の内部が、機織工場の土間が、あるいは旧友と再会するスナック内が、いずれもなんの変哲もない空間にもかかわらず、質量感を放って迫り、さまざまな感慨を巻き起こす。それらがすべて、古尾谷雅人の主人公と家や家族や友人との関係につながっていることは、むろんいうまでもない。画面展開の荒っぽさが主人公と故郷との齟齬を表現しているとすれば、画面の空間に見られる質量感は、故郷の暮らしの内実を裸の形で示しているのである。この映画においては、その両者の葛藤こそがドラマとしてくりひろげられる。アクション派の井筒和幸がホームドラマを撮ったことも興味深いが、個々の描写それ自体をドラマ化していることのほうがもっと注目に値しよう。そこには基本的なところでの転回がうかがえ、さらなる期待をそそってくる。

さきの『ほしをつぐもの』が描写の滑らかさを排し、ぶっきらぼうさを意識的に選んだのは、ドラマがたんなる嘘のつくりものになってしまうぎりぎりの境い目、いうなればフィクションの臨界点を踏まえたと見ることができる。画面の感触にこだわっている『宇宙の法則』についても、同じことがいえよう。映画規範の崩れた現在、フィクションの臨界点が問われねばならない。それはまた、荒唐無稽の至難さにも関わっている。

話を『浪人街』に戻せば、一俳優の個人的事件と映画そのものとは、今回の場合、なんの関係もないゆえ、公開延期はまったく不当な処置である、とわたしは思う。

（第四二回／三月下旬号）

子ども、死、教育

◉神山征二郎の『ドンマイ』と新人及川善弘の『夏のページ』と、子ども中心の映画をつづけて見て、爽やかな心地がした。出てくる少年たちの顔がはつらつと素朴に輝いている。それは前回言及した小水一男の『ほしをつぐもの』にも見られたもので、子どもならではの純粋な生命力の発現にちがいない。どんな名優も子役と動物には負けるというが、子どもを自然な形で描くにはかなりの力量が必要であろう。その意味で、子どもの顔つきはその映画の水準を示す。

二作品がスポーツと自然をテーマにすることも、そこに関わっている。『ドンマイ』は少年野球の映画で、東京の下町を舞台にしつつも、故郷を想いつづける主人公の少年の心に重ねて、瀬戸内海の島の風景を美しく点描する。『夏のページ』では、いたずら盛りの少年三人の山登り姿がおおらかな風景のもとで描かれたあげく、暴風雨による遭難をとおして自然の力が強調される。いずれにおいても、スポーツと自然という二要素をドラマとしてからめるなか、子どもの生命力が謳歌されるのである。スポーツの点だけでいえば、村川透の『押忍!!　空手部』にも共通したものが感じられる。ここでの空手はスポーツどころか、たんなる喧嘩の手段で、むくつけき高校生を子どもと呼ぶことはためらわれるが、やくざの抗争にも等しい高校生の喧嘩三昧が若々しい生命力の躍動をくりひろげるのは、明らかにスポーツの肉体性が作品のエネルギーになっているからであろう。その象徴として、主役の松田勝が、デビュー作『春来る鬼』(一九八九)では凡庸な肉の塊でしかなかったのから一転、〝イナズマカット〟の快男子をまさに劇画そのものの迫力で生きて、いい面構えに見える。

映画はこれまで、さまざまな形でスポーツを題材に取り入れてきたが、まちがいなくそれは、スポーツをいわばテコにすることで登場人物を生き生きと描けるからである。映画とスポーツには、肉体性を核心とする一点において似たところがある。

関本郁夫の『のぞみ♡ウィッチィズ』にしても、ふやけたようなヤングによるチャチな学園ドラマがある活力をもっているのは、ボクシングが中心にあるからであろう。そういえば、磯村一路の『ギャッピー　ぼくらはこの夏ネクタイをする!』は、なんとも古臭い就職苦労話をつづる画面の弛緩ぶりでうんざりさせるが、就職作戦をスポーツ感覚でやりこなす現代学生気質を浮き彫りにする一点で救われている。

スポーツに夢中になったとき、だれしも生命力を裸の形で輝かせる。自然な形で、といいかえ

ドンマイ
監神山征二郎 原脚新藤兼人 撮伊藤嘉宏 出桃井かおり、永島敏行、ハナ肇、池上竜馬 封3月3日 時110分

夏のページ
監及川善弘 原みなみらんぼう 脚市川靖 撮野田悌男 出三浦浩一、飯泉征貴、松田正信、近藤大基 封3月17日 時92分

押忍!!　空手部
監村川透 原高橋幸二 脚日暮裕一 撮村野信明 出松田勝、坂上香織、網浜直子、宇梶剛士 封3月17日 時96分

のぞみ♡ウィッチィズ
監脚関本郁夫 原野部利雄 撮野口幸三郎 出藤谷美紀、宮下直紀、市川紀子、長倉大介 封3月17日 時100分

ギャッピー　ぼくらはこの夏ネクタイをする!
監磯村一路 脚及川中、磯村一路 撮三好和宏 出山本陽一、藤田芳子、生稲晃子、長倉大介 封3月31日 時103分

てもよい。多くの映画がスポーツ性を取り込むのはそれゆえにほかならないが、子どもの場合には、その輝きがいっそう純粋になる。『ドンマイ』や『夏のページ』の狙いはまさにそこにあって、野球や登山に自然風景の要素をさらに加えることにより、おとな以上に自然な形で生きている子どもへの讃歌がうたわれるのである。

この子ども讃歌それ自体は素直に受け取っていいが、一つ気になるのは、おとなの願望がそこに混じっていることである。子どもはこうあってほしいという願望で、それが讃歌の底に流れる以上に、むしろそれこそが子ども讃歌を成立させていると思われる。おとなが映画をつくるからには、おとなの願いがこめられてもおかしくはないが、作品の生死に関わるとなれば、大いに問題であろう。たとえば『ドンマイ』では、少年野球に入れ上げる親父どもの好人物ぶりがこれみよがしに描き出され、ありふれたパターンでしかないその下町人情の発する嫌みが、瀬戸内海の島の風景も、かんじんの少年野球そのものも、パターンにしてしまいかねない。人情かくあるべしとの願望が、明らかにマイナスに働きもするのである。また『夏のページ』では、ラスト、少年三人が遭難の末、嵐の洞窟で研究者の妻の出産に立ち合うシーンは、いかにも作為的で、たいそうたらしく真面目に描かれれば描かれるほど、なにやら白けさせてしまう。暴風雨の形で自然の力を知らしめたあと、新しい命の誕生という別の形でも自然の力を子どもに体験してもらいたいとの配慮が、ドラマを空転させるのである。

いずれの場合も、願望の底に、子どもに対するおとなの善意があることははっきりしていよう。そしてそれが子ども善導主義に連なってもいる。善意の善導主義をわたしは即座に否定するつもりはないが、しかし、おとなのうたう子ども讃歌が結局のところ教育的配慮に基づくものでしかないのであれば、その讃歌は力弱いと思う。なぜなら、そこでは子どもが裸のままに見つめられていず、教育的まなざしでいわば括弧にくくられているからである。

さきの『ほしをつぐもの』はその点で違っている。少年少女の苦しい山中の旅を描くなか、自然の何たるかを語る映画ゆえ、この場合にも、教育的まなざしを感じさせるといえばいえるが、善導主義であるにしては、子どもたちが徹底的に突き放して描かれているからである。ビートたけし扮する山男がその象徴で、彼はなんら善意の人ではなく、むしろ無気味な存在として少年少女の前に姿を現わし、理解できない異物でありつづけることによってこそ、子どもたちの心のなかに好奇心と畏怖の念の混じった親しみの感情を生じさせる。明らかにこれは、子どもを描くおとな自身の位置が確定しているということであろう。それゆえ、子どもの純粋な生命力が謳われる点では同じでも、『ドンマイ』や『夏のページ』とは決定的に異なり、『ほしをつぐもの』の場合には、爽やかな感銘は鮮やかな苦味とともにある。

それにしても興味深いのは、どの作品のドラマにも死が介在していることである。『ドンマイ』の主人公の少年は、自分の豪速球が大騒ぎを巻き起こすのをよそに、かつての父の死についてのみ心を痛めつづける。『夏のページ』では、少年三人の山登りは、親しんでいた先生の山での遭難死が出発点になっている。また『ほしをつぐもの』は、少年少女の旅を仲間の死をも踏み越えてゆくものとして描き出し、その行く手に戦争のあることを明示する。おそらくこのことは、映画の本質に関わっているにちがいない。死の介在が命の輝きをより強めることはいうまでもないが、映画はこれまでずっと、死の要素をドラマにはらみもつことで、映画それ自身を生命体として輝かせてきたのである。子ども中心の映画でいえば、それを体現するものこそ、子どもの顔つきにほかならない。

ところが善導主義の映画は、まさに死そのものをドラマとして教育的に仕組む。『ドンマイ』で父の死が下町人情とワンセットになっているのは、その証左である。この作品では、主人公の少年の母親が一貫して東京への反撥を見せ、桃井かおりの好演もあって、すこぶるおもしろいが、下町人情のパターン化した描写の前では、ちょっとした彩りにしかならず、なんの展開もなく終る。そして『夏のページ』の場合には、先生の死ではじまった山登りをとってつけたような出産シーンで締めくくることに、教育性があからさまに見られる。

どんな映画もみな、すぐれて教育的なものである、とわたしは思う。ただしそれが成り立つ前提は、映画それ自体が生命体として輝くこと以外にはないはずである。その意味からすれば、教育的配慮から子どもの顔の輝きを括弧に入れている映画は、そのことに重ねて、じつは映画そのものまで括弧にくくってしまっているといわねばならない。『ほしをつぐもの』を見ればそれは明らかであろうし、たとえば幼い路上生活者の日常と死を描くインド映画、ミーラー・ナーイルの『サラーム・ボンベイ！』(一九八八)の魅力を考えても、事態ははっきりしている。


(第四三回／四月下旬号)

美と倒錯

◉小栗康平の『死の棘』には、つげ義春の劇画を思わせる場面が随所にある。たとえば主人公夫婦が女からの手紙をあいだに話すシーンでは、座敷に立ったままの二人がシルエットになり、明るい足もとで幼い息子と娘が無邪気に遊び、画面の奥には外の陽光がいっぱいに満ちていて、一見なんの変哲もない日常生活の光景と見えながらも、同時に無気味さをかもしだす。その、細密にリアルでありつつ幻想的で、非リアルだがなまなましい感触が、つげ義春作品を想起させるのである。ラスト近く、夫が行方不明になった妻を探して病院の中庭の池のなかを物干し竿でまさぐる場面も、同じような印象をそそる。そういえば、つげ義春は愛読書の一つとして島尾敏雄の小説をあげていた。

おそらくこれが、小栗康平のいう〝詩的リアリズム〟ということであろう。静謐な美しさで張りつめた画面のなか、家庭生活の日常が異貌性を突き出すさまには、その力が十二分にうかがえる。奇妙に思われるのは、そうした画面の力がつねに瞬間的に生起するだけで、少しも展開していかないことである。ドキリとさせられるが、つぎの瞬間、たんに絵でしかないと思ってしまう。画面が動きの空間性をはらむことがない、とでもいえようか。明らかにそこには、映画と劇画の違いが露呈している。

動きの空間性とは、ドラマに即していうなら、すなわち主人公夫婦の関係のことにほかならない。たとえば冬の深夜の一室で、夫の浮気を理不尽なまでに責めつづける妻とそれを全面的に受けて立つつもりの夫が、逆上のあまり、先を争って裸になり首を吊ろうとするシーンは、すさまじく深刻であればあるほど、滑稽にも見えるはずなのに、裸の二人のアクションはただ寒そうなだけで、苦く痛ましい笑いなど喚起しはしない。動きが空間性を持たぬゆえに、夫婦の関係の凄絶さが表現されないのである。切実さと愚かしさと滑稽味の混沌がまったく見られないことは、ほかの場面でも指摘できるが、それはつまり、関係というものの混沌の闇に表現の切っ先が届いていないということであろう。そこで、馬鹿馬鹿しいことに、主人公夫婦の責めぬき責められつづける関係を見守るうち、なぜこの二人は別れないのだろうとふと思ってしまう。夫婦の関係が理由と結びついた世界にあるわけはないにもかかわらず、別れぬ理由を問わせてしまうなどとは、倒錯といわねばなるまい。

たしかに『死の棘』の画面には美しさがあふれ、松坂慶子と岸部一徳の力演ぶりも美しい。明らかにそれは小栗康平の気迫が技巧的に結晶したものであろうが、むろんいうまでもなく、技巧的な美しさが必ずしも作品の美しさを実現するとはかぎらない。むしろこの映画では、技巧的な美しさが高度になればなるほど作品の美しさに背を向ける結果になっている。倒錯とはそのことである。

実相寺昭雄の『ウルトラQザ・ムービー　星の伝説』は、技巧がいかなる作用をするかの好例を示している。というのは、全篇、顔のアップが異常に多いほか、いわゆる特撮のことではなくて、キャメラを斜めにしての画面とか、デザインに凝った構図とか、技巧に力が入れられており、古代遺跡と環境破壊をからめたサスペンスドラマを楽しもうとしても、ここぞという場面になるや、技巧が前面に迫ってきて、それしか見えなくなるからである。そうした画面では、美しさとはどのようにも無縁なままに、技巧による倒錯が演じられている。

滝田洋二郎の『病院へ行こう』はアクションの連続で見せる映画で、技巧はひたすらそのためにのみ駆使される。〝病院アクション映画〟という宣伝文句に嘘はなく、悪ふざけに徹したものともいえるが、技巧に関する姿勢はむしろ正統的であり、それゆえにこそ痛快な毒のおもしろさが感じられる。

アクションは、具体的には真田広之が見せてくれる。話の発端の階段落ちのシーンはもとより、入院後のどんな場面にあっても、ただ歩くだけ、ふりむくだけ、手を動かすだけといったことに、真田広之のアクションのみごとさが発揮されて、画面をつねに活気づけてやまない。この若い広告マンに、大地康雄が中年の花火職人として絡み、恋の宿敵どうしのドタバタがくりひろげられてゆく。片や肉体の動き、片や肉体の重量感、その対照と葛藤がおもしろい。では、両者のあいだにいる薬師丸ひろ子のドジな新米研修医はどうなのかといえば、信じられないほどに存在感が稀薄で、花火職人の大事にしている彼女のポスター以上には輝かない。さまざまな患者たちの生態が描かれるものの、病院という世界がさほど浮き彫りにならないのは、ヒロインの稀薄さのゆえであろう。いうなれば三角関係がその一角を欠くために空間性をはらみえず、とうぜんの結果として、ドラマの場たる病院空間が濃密に表現されないのである。そこで、アクションの連続がその場かぎりの疾走感覚だけに終って、毒性を薄める気配もうかがえる。しかし、活劇不在に等しい現在では、ここまで健闘したのであれば讃えるべきか。

金子修介の『香港パラダイス』は、いわゆる巻き込まれ型サスペンスのおもしろさをノンストップアクションで見せようとする映画で、やはり技巧はそれへ向けてのみ総動員される。技巧的な美しさや画面の美しさには目もくれず、痛快さのエネルギーだけがなりふりかまわぬ形で純粋に追求されているのである。斉藤由貴の肉体がそれをになう。あわて者の旅行添乗員たる彼女が、香港でひょんなことから秘宝争奪戦に巻き込まれ、正体不明の連中につきまとわれ追いかけられて、逃げに逃げるとき、ぎくしゃく弾むその肉体は、なりふりかまわぬさまといい、ほとんど無様ではあるが不屈のエネルギーにあふれていることといい、たんに作品の核心部分をになうという以上に、むしろ作品のめざす痛快冒険アクション

死の棘
監脚小栗康平原島尾敏雄撮安藤庄平出松坂慶子、岸部一徳、松村武典、近森有莉封4月28日時115分

ウルトラQザ・ムービー　星の伝説
監実相寺昭雄脚佐々木守撮中堀正夫出柴俊夫、荻野目慶子、高樹澪、風見しんご封4月14日時106分

病院へ行こう
監滝田洋二郎脚一色伸幸撮浜田毅出真田広之、薬師丸ひろ子、大地康雄、斉藤慶子封4月7日時118分

香港パラダイス
監金子修介脚高橋正康、金子修介、長谷川隆撮高間賢治出斉藤由貴、小林薫、大沢誉志幸、相原勇封4月28日時98分

十六歳のマリンブルー
監今関あきよし原本城美智子脚藤長野火子撮喜久村徳章出古谷玲香、菊池健一郎、薬丸裕英、松原智恵子封3月24日時94分

曖・昧・Me
監佐藤闘介脚伊藤尚子撮榊原勝己出裕木奈江、早川亮、森川美沙緒、榎木孝明封4月28日時110分

の魅惑を一個のメディアとして実現していると見るべきであろう。そして、メディアであるがゆえに、弾んで走り回る肉体ではなく、肉体の弾みと疾走が純粋に浮き立って、なりふりかまわぬ無様さが美しさに結実してゆく。明らかにここでは、技巧的な美しさなどまったく顧みないでエネルギー主義に徹することこそが、作品の美しさのほうへ向かっているのである。香港が舞台であることとなんら関係なく、この映画がどこか香港映画のおもしろさに似たものを強く感じさせるのは、そのためにちがいない。

それにしても、滝田洋二郎が東映、金子修介が東宝と、ともにメジャーのゴールデンウィーク作品を撮ったことは、映画界の世代交替を如実にものがたっている。しかもそろってドタバタ調の活劇であるのは、新時代への動きを予感させもする。いうなれば小栗康平は、そうした趨勢に異を唱え、古典的な映画の美を引き継ぐべく頑張ったのである。

これにくらべれば、今関あきよしの『十六歳のマリンブルー』や佐藤闘介の『曖・昧・Me』は、ぬるま湯を思わせる。十六歳の女の子の自殺願望で揺れる心を描こうと、十七歳の少女の曖昧な生の状況を浮き彫りにしようと、画面にかんじんの若さの勢いがなければ、どうしようもない。二作品からは、青春の不安とでもいったものにかまけての表現的な後退だけが、ひときわ感じられる。

もちろんわたしは、活力バンザイと叫びたいわけではない。いくら活劇に深く魅せられているといっても、いや、だからこそ、エネルギー主義の陥る罠には人一倍敏感なつもりである。たとえば『香港パラダイス』では、アクションをつねに力いっぱい活気に満ちて描こうとするあまり、描写が雑になり、追跡戦の様相がめまぐるしく転変するさまにしろ、ラスト近く、追ってきた敵どもがつぎつぎ自滅する姿にしろ、アクションの細部をもっと明瞭に描けば、もっとおもしろくなるのに、と残念に思われてならない。また、弾む斉藤由貴の肉体が瞬間的に見せるエロチシズムも、映画の官能性といえるほどに鮮明に取り込まれているとは思えない。要するにここでは、活力主義で突進することが、表現の繊細さから遠ざかることになっているのである。けれどもこの映画の場合、さきに述べたように、むしろ雑であることによってこそ、作品の美しさのほうに向かっている。香港という場における俗悪さと美しさの混沌としたありようが、ヒロインの弾む肉体の勢いに乗って、作品の美しさを実現する空間性をもたらしていることは、むろんいうまでもない。ともあれ、なりふりかまわぬ無様さが美しさになるという事態は、あの『死の棘』の倒錯とはまちがいなく対極に位置していよう。

ふたたび『死の棘』に戻れば、主人公夫婦の葛藤を、要するに犬も喰わない愚劣な痴話喧嘩ではないかと見る眼が、この作品には決定的に欠落している。くだらないからこそ背筋も凍るほどの凄絶さがあるはずなのに、作者のまなざしは、背筋が凍るという点だけに向いているのである。その意味では、静謐な画面は醒めた眼を感じさせるが、じっさいには少しも醒めていない。くだらないと見ることを没却し、背筋が凍るという点からのみドラマを描く熱いまなざしこそが、そもそも倒錯のはじまりである。

すでに『死の棘』を絶賛する文章をいくつか目にしたが、それらの評者は、画面を見てはいても、ついに映画それ自体とは相対していないという以外ない。作品の倒錯がそのように倒錯した見方を招くのか、それとも逆なのか、いったいどちらであろう。

（第四四回／五月下旬号）

正体不明の面白さ

◉柳町光男の『チャイナシャドー』はすこぶる刺激的な映画である。柳町光男＝香港＝ジョン・ローンという組み合わせに期待しすぎたせいか、正直いって、少々がっかりしたことも事実だが、それを呑み込む形で、多くのことをおもしろく語りかけてくる。第一級の問題作といってよかろう。

この映画は日本など六か国の混成スタッフで撮られ、全篇、英語が話され、中国と香港が舞台になっている。ふつうの意味では日本映画の範疇をはみだしており、国籍不明と呼ぶにふさわしい。中身がまさにそうで、香港の実業界をのしあがってゆく正体不明の謎の人物をめぐるドラマが、香港という正体のつかみがたい都市の個性をたっぷり取り入れながら、ミステリアスにくりひろげられる。ジョン・ローンがそうした作品の魅力を気品ある美しさで集約的に体現するが、思えば、ジョン・ローンなる俳優自身が主人公と同じように、いくつもの国にまたがる人物にほかならない。かくしてこの映画は、作品の内実とそれの撮り方との双方を一致させ、一個のミステリアスな塊となって、見る者に迫ってくる。そして、映画としての正体が謎めいていればこそ、そこに映画の現在の新たなる展開の兆しを感じ取ることができるのである。

じつはわたしの不満もその点に関わっている。柳町光男といえば、これまでの作品が示すように、なによりも膂力《りょりょく》にあふれた映画作家だが、今回、ほかならぬ国籍不明ということ自体のなかで、その膂力が拡散に見舞われているのではないか。たとえば主題として政治と人間、国家と個人といったことの闇が描かれるにもかかわらず、個々の画面のなか、その闇が鮮明に浮き立つ瞬間が少なすぎると思われるのである。もっと具体的に、女優二人がそれぞれに運命的な愛を生きる役にしては輝かないし、主人公の過去を暴いてゆく日本人ジャーナリストの佐藤浩市など、ただ無神経なだけの男に見えるといってもよい。その結果、どこか国際的メロドラマといった範疇に納まってしまう気配を感じさせる。

この映画は、しかし、そうした不満も含めておもしろい。正体不明のミステリアスな映画への挑戦には、その出来ばえに文句をつけたくなるわたしなどをも呑み込む形で、未知へむかっての刺激性がはらまれているからである。いいかえればここには、ああ、こんな日本映画もありうるのかと思わせる力があって、酸欠状態に陥っている日本映画の現状を撃たずにはおかない。

ところで『チャイナシャドー』を見た人の多くが、侯孝賢（ホウ・シャオシェン）の『悲情城市』（一九八九）を思い浮かべるのではなかろうか。激動のアジア現代史に根ざしたドラマである点でも、やわな日本映画を撃つ点でも、よく似ている。

妙に聞こえるかもしれないが、わたしはこの台湾映画をまるで日本映画として見た。それはたんに、日本も深く関わる台湾戦後史が描かれているとか、日本人も登場して日本語も話されるとか、そういったことのゆえではない。画面の随所に、たとえば東映やくざ映画なりギャング映画なりを連想させるものがあって、いわば日本映画と同じ血が流れていると感じてしまうのである。いや、そんなふうにいっては、少し違う。似ている個所が類推を招き、あたかも日本映画のように見させるのではない。核心は個々の画面における描写の迫力にある。この映画では、主人公たち一族の家の一室とか、病院の入口とか、酒場などが並ぶ街の一角とか、ドラマにおいて重要な場所がくりかえし何度も現われ、しかも必ずまったく同じアングルで撮られている。それゆえ、その間の時間経過が、つまりは歴史の流れが、くっきりと浮き立ち、強烈なドラマとして迫ってくる。いうなれば定点観測の手法とでも呼ぶべきもので、なまなかの映画づくりの腕ではとうてい成功するまいと思われるが、たとえばそうした描写の濃密さを実現している映画的膂力によってこそ、国籍の違いを越えてしまう勢いが作品にはらまれ、まるで日本映画として見ることを十二分に可能にするのである。その意味では、これもまさしく国籍不明の映画といってよかろう。

むろん『チャイナシャドー』は日本から香港へ出ていって撮られ、『悲情城市』は台湾の現代史のなかに潜る形でつくられ、と、まったく対照的で、単純に同一視することはできない。けれども、国籍不明という形で映画の力を発揮していることでは明らかに共通しており、いわば横断と縦断の動きの違いを越えて、どちらの場合も、なにか正体不明のものへと向かう映画の未知の魅力にあふれている。まちがいなく映画の現在がそれを要請しているのである。

とつぜん話が飛躍するようだが、わたしがそんなことを考えるのは、一つには「東映Vシネマ」のことが気にかかっているからでもある。「東映Vシネマ」は昨年、試作の三本がいずれもヒットして、今年四月から毎月一本、定期的に発売されることになった。
先日、ある映画プロデューサーと話していて、「東映Vシネマ」の勢いのことが話題になったとき、この時評ではあれを取り上げるのかどうかと尋ねられた。たしかにこのオリジナルビデオのシリーズは、ネーミングどおり「V」と「シネマ」の合体であり、ごく常識的には映画の範疇にはいるのかどうかを判定しがたい。けれども内容的には劇映画となんら変わらず、毎月一本という量は無視できぬし、四月発売の田中秀夫の『ブラックプリンセス　地獄の天使』にしろ、五月発売の高橋伴明の『ネオチンピラ　鉄砲玉ぴゅ〜』にしろ、すこぶる魅力的な作品である以上、取り上げないのはおかしい。明らかに「東映Vシネマ」は、既成の映画イメージが解体しつつある現在にぴたりと照応して、いわばヌエ的存在として力を発揮しているのである。その意味で、ここにも正体不明の未知へ向かうエネルギーを見ることができよう。

じっさい、チンピラやくざの日常を鮮やかな描写とリズムで活写した『ネオチンピラ』には、一連の生煮え〝ニューやくざ映画〟など吹き飛ばすパワーがあって、これが三百円のレンタル料金で見られるのに、たとえばテキヤの青春を腑抜けた画面で描く井上眞介の『ふうせん』を、だれが千六百円も出して見るだろう、といいたくなる。また、女囚刑務所を舞台にした斎藤耕一の『人間の砂漠』では、いわば犯罪に至る人間を描く『ネオチンピラ』と対照的に、犯罪を犯してしまったあとの人間の心がテーマになっているが、そんなこと以上に、画面づくりが時代錯誤にも見えるほど真っ当すぎて、なんの刺激も感じさせない。あるいは後藤秀司の『ペエスケ　ガタピシ物語』は、人気マンガをネタにしてのまたしても犬の映画かと思わせつつ、じつは鯨の映画にしようとしたらしいけれども、それが興味をそそるもなにも、弛緩した画面はたんなる出来損いで、とても商品として通用するとは思えない。問題は直截に作者の思想がどうのこうのではなく、客をいかに意識するかであって、まさしく「東映Vシネマ」は、少なくともレンタル料金三百円に見合うおもしろさだけは保証しようとする精神に徹することで、映画の現在に突き刺さってくるのである。

正体不明といえば、本田昌広の『良いおっぱい悪いおっぱい』が、アンチホームドラマ的ホームドラマとでもいった不思議な姿を見せて、たいへん興味

チャイナシャドー
【監】柳町光男【原】西木正明【脚】リチャード・マックスウェル、柳町光男【撮】栗田豊通【出】ジョン・ローン、佐藤浩市、ビビアン・ウー、サミ・デイビス【封】5月12日【時】121分

ブラックプリンセス　地獄の天使
【監】田中秀夫【脚】神戸一彦、武上純希【撮】松村文雄【出】宮崎萬純、羽賀研二、竹中直人、長門裕之【封】4月13日(OV)【時】70分

ネオチンピラ　鉄砲玉ぴゅ〜
【監】高橋伴明【原】安部譲二【脚】西岡琢也【撮】三好和宏【出】哀川翔、青山知可子、峰岸徹、宍戸錠【封】5月11日(OV)【時】85分

ふうせん
【監】井上眞介【脚】神波史男、井上眞介、梶間俊一【撮】池田健策【出】加藤昌也、宮崎萬純、本木雅弘、佳那晃子【封】5月12日【時】100分

人間の砂漠
【監】斎藤耕一【原】早瀬圭一【脚】浦山桐郎【色】中岡京平【撮】山崎善弘【出】加納みゆき、市原悦子、渡辺典子、植木等【封】4月28日【時】106分

ペエスケ　ガタピシ物語
【監】後藤秀司【原】園山俊二【脚】つかこうへい【撮】村野信明【出】所ジョージ、秋野暢子、宍戸錠、近藤吏一【封】5月12日【時】103分

良いおっぱい悪いおっぱい
【監】本田昌広【原】伊藤比呂美、西成彦【脚】こがねみどり【撮】清家正信【出】瑳山ゆり、中村ゆうじ、角替和枝、石丸謙二郎【封】5月26日【時】101分

深い。この範疇不定のおもしろさは、映画づくりの未知の形を探ろうとするプロデューサー集団〝アルゴ・プロジェクト〟の新たな出発の第一弾にふさわしいといえよう。若い夫婦が妊娠・出産・育児の過程であたふたするさまを徹底的にマニュアル化して描く点は、一見あの『お葬式』(一九八四)と似ている。日常生活のなかの出来事をおもしろおかしく便覧化することによって、ほんとうは大事件なのにだれもが事件とも思わずにやってきたことを、あらためて事件として浮き立たせるのである。けれども二作品は、下品と上品の差の見かけどおり、まるで違っている。なぜなら、あちらが古臭い映画づくりの力をあくどく発揮するのに対し、こちらでは、たとえば主人公の顔が妻も夫も、ほかの登場人物とまぎらわしいとか、家庭の話がつづられるわりには日常生活の描写がほとんどないとか、赤ん坊の世話をめぐって夫婦喧嘩がはじまりそうな場面でも口論など起こらないようにドラマの隆起がついに見られないとか、既成のドラマ作法の解体が踏まえられているからである。登場人物をめぐる稀薄なアイデンティティや画一的な雰囲気や、個々の描写が断片に終始しつつ全体としては軽妙に流れてゆくことなどからして、この作品をつらぬいているのは、映画的というよりむしろビデオ的な感性といったほうが正しいのかもしれない。そして明らかにそのことが、古典的な家族の解体〝以後〟の家族を描くアンチホームドラマ的ホームドラマを生み出し、古典的な映画の解体〝以後〟の映画の姿をほのかに指し示してもいる。

ある作品は国籍を越えるほどの勢いをはらみ、ある作品はヌエ的存在としての活力を発揮し、またある作品はジャンル逸脱の作用をもたらす。それぞれに形態はまったく異なっているけれども、境界とか区分とかいったものを根本的に無効にして破壊してしまう点では、はっきり共通していよう。その正体不明の未知の領域をめざす動きには、なにか心躍らせるものが確実にある。

(第四五回/六月下旬号)

●最近、人に会うと、必ずといっていいほど黒澤明の『夢』の話になる。相手が映画関係者とは限らないから、さすがクロサワといえよう。そんなあるとき、わたしが、猛吹雪ゆえに画面になにもうつらない第三話など、どういうつもりで苦労してまで撮ったのだろうとか、どうして話がすぐ環境問題になってしまうのだろうとか、疑問を口にした。と、友人の一人がこう応じた。他人の見た夢についてとやかくいっても仕方がない……。これには返すことばがなかった。わたしのなかに残ったのは、ならば、自分の見た夢を映画にしようなどとは、どういうつもりなのだろう、との疑問である。

自分の見た夢を映画にする。そんなことはとうてい凡人の考えうることではなく、黒澤明にそれができたのは、自らの公人性を意識していればこそにちがいない。そして、公人意識が自らの社会的影響力に対する自覚でもあるとすれば、自分の見た夢を描く映画がなにがしか社会性を持つと考えるのは、ごくとうぜんのなりゆきであろう。かくして『夢』という映画では、自然環境の汚染や破壊をめぐるメッセージが直截に出てきたり、老いや死の問題があからさまに語られたりすることになった。

いや、べつにわたしは『夢』を撮るに至った黒澤明の心理分析をするつもりはない。この映画の場合、作品自体の構造がいま述べたようになっていると思うまでである。

おそらく多くの人が『夢』を見て、感嘆と脱力感をともに覚えたのではなかろうか。少なくともわたしはそうで、たとえば桃畑に人間のお雛さまが並ぶ第二話や、水車のある美しい村を描く第八話では、画面の造形力の素晴らしさに舌を巻きながら、結局、それが環境破壊に対する告発に収斂するさまに腰砕けの気分を味わった。あるいは戦友の亡霊の行列が登場する第四話や、ゴッホの絵のなかを主人公が歩き回る第五話では、描写自体の迫力には感嘆しつつも、主人公の間抜け面にげんなりさせられた。なにしろ監督が監督だから、この落差はただごとではない。それがわたしの印象であり、そこから考えを詰めてゆくと、さきに述べたような作品の構造にぶつからざるをえないのである。作品がそのような構造になっているとすれば、『夢』とは黒澤明の自意識のパフォーマンスにほかならない。そこのところに吸引されてこそ、多くの讃辞が発せられているのであろう。

関係の喩として

たとえば松岡錠司の『バタアシ金魚』を見たとき、わたしは最初、主人公の高校生の鉄面皮な傍若無人ぶりに神経を逆撫でされ、いらいらさせられた。避けられようと嫌われようと、一目惚れした女の子に猛烈なラブアタックをつづける主人公の姿に、反感さえ覚えたといってよい。ところが躍動感にあふれた画面を見守るうち、その印象は薄れ、というよりいつのまにか反転して、彼の臆面もなさに真っ白でまっすぐな心を感じ、好もしく見るようになった。そして結果的には、爽快さがこの映画の決定的印象となった。これはむろんわたし一個のことでしかないが、その印象の転変は、明らかに主人公に対する女の子の気持の推移に照応している。作品と見る者との関係が、主人公二人の関係をより浮き立たせるのである。そのことは、松岡錠司のパフォーマンスなどというものではなく、ただ作品の力をのみ鮮明に示している。

これとまったく逆の例が伊丹十三の『あげまん』であろう。あざとい題名からして、つくり手のパフォーマンスを感じさせるが、画面それ自体では、ヒロインの魅力を押し売りしつつ政財界の裏面がパターンどおりに戯画化されるだけで、作品の力のなさが題名にあるものを裏切っている。あるいは山下耕作の『極道の妻《おんな》たち　最後の戦い』の場合には、タイトルから受ける印象と中身を見ての印象が過不足なく一致しているが、可もなく不可もない娯楽作品とはまさにそういうものであろう。大澤豊の『遥かなる甲子園』についても、野球に夢中の聴覚障害の高校生たちが甲子園をめざすという設定を聞けば、すべてがわかるゆえ、裏切られることがないといいうる。

映画を見てどんな印象をいだくか。映画のがわが自らをどのように印象づけようとするか。この二つは明らかに相互関係を形づくっており、それがつまり映画の社会性なるものであり、たんに作者と観客という次元を越えて、映画は社会のなかにあるということであろう。

すでに述べたように、『夢』における黒澤明は、そうしたことを踏まえればこそ、造形力の達成を犠牲にしてまで環境問題をなまに訴えた。個人的な夢に公的な色合いを持たせようとしたのではけっしてない。自分の見た夢を映画にしようと思うこと、それ自体のなかに、ある形の社会性意識が決定的に含まれているのである。表現の仕事にたずさわる者なら、だれしも自分の作品がどのように社会へ出てゆくかに関心を払っておかしくなかろうが、黒澤明の場合には、それが作品の達成をぶちこわす域にまで強いということであって、その意味でも感嘆する以外ない。

相米慎二の『東京上空いらっしゃいませ』は当初、松竹洋画系一本立てで公開されることになっていたが、邦画系で辻理の『パチンコ物語』と併映で封切られた。これは一本の映画をどのように社会へ出してゆくかについての一例であって、おしゃれな少女ファンタジーを全国津々浦々の〝寅さん〟と同じ映画館で、しかもパチンコ店の成金親父とインテリ息子の人情話と二本立てで公開するなどとは、映画をめぐる社会的関係の無視にほかならない。いったい何を考えているのか、と問うても仕方のないことで、要するになにも考えていないということであろう。

妙な言い方になるが、『東京上空いらっしゃいませ』は相米慎二のものとしては破格のウエルメイド作品で、わたしなど、物語がすんなり展開し、エンドマークがきわめて自然な形で出ることに驚いてしまった。そんななか、いったん死んだ女の子が自分に戻るということのドラマが、なんともすてきなファンタジー世界を現出させる。

ドラマは全篇、見る見られるということを軸にして動いてゆく。主人公の牧瀬里穂はまず、宣伝キャンペーンガールという仕事からして、他人に見られなければならない。そしてその仕事にからんで事故死したあと、天空から地上に立っている看板の自分の写真を見ることで、もとの自分に戻る。ところが自分に戻ることだけは禁じられていたためもあって、今度は、他人に見られることを徹底して避けなければならない。かくして他人の視線との少女における葛藤がはじまるが、注目すべきは、それがつねに空間的に描かれることである。もっとも際立っているのは宣伝マンの中井貴一のマンションで、窓やガラス戸やドアが、出現したり隠れたり逃げたりの動きに用いられ、室内もベランダも、見る見られるということのスペクタクルの場になっている。いや、むしろ宣伝会社のあるビルの前であれ、彼女の実家の内部や前の道であれ、自動車のなかであれ、ありふれた空間が一瞬にしてスリリングなドラマの場に変容するさまをこそ、映画ならではのスペクタクルというべきか。

　この見る見られるということと空間との結びつきは、いうまでもなく少女の対他意識に関わっており、それが当然ながら微妙に対自意識を波立たせてゆく。鏡を見ること、自分の写真を見ること、影踏み遊びに興じることなど、さまざまな行為を通じて、そのことが明らかになる。そして、ファストフードの店でいきいきと働く彼女の姿には、対他と対自の葛藤のあげく、自分というものと折り合いをつけるきっかけを見つけた喜びがうかがえる。夜の川に浮かぶ屋形船の屋根で、中井貴一を相手に彼女がほとんど一人でしゃべりつづけるシーンの美しさは、ついに少女がどのような域にまで至ったかを告げるスペクタクル性のゆえであろう。自分の看板写真を見てしゃにむに自分に戻った少女は、ラスト、晴れやかな表情で天空へ戻ってゆく。二つの戻ることのあいだにはまさに天と地の開きがあって、一人の少女が自分と他人との関係のみならず、自分と自分との関係をもどれほど確実につかみきったかが、そこのところでファンタジーとして描かれたのである。くりかえし強調すれば、そのファンタジーとしての魅惑は、つねに空間が関係の喩になってスペクタクル性を発揮しつづけることによる。

　関係の喩としての空間といえば、そもそも映画なるものがそれ以外のなにものでもなかろう。『東京上空いらっしゃいませ』はその本質を豊かに実現することで、社会的関係を無視した扱われ方を越えてしまう力を放っている。そしてたんに作品がおもしろいかどうかの話ではなく、もっと前の段階のこととして、『東京上空いらっしゃいませ』に見られる作品と社会との関係は、さきの『夢』の場合とはまるで正反対の極にある、とわたしには思われる。

（第四六回／七月下旬号）

夢
【監】【脚】黒澤明【撮】斎藤孝雄、上田正治【出】寺尾聰、笠智衆、原田美枝子、倍賞美津子、マーティン・スコセッシ【封】5月25日【時】121分

バタアシ金魚
【監】【脚】松岡錠司【原】望月峯太郎【撮】笠松則通【出】筒井道隆、高岡早紀、白川和子、東幹久【封】6月2日【時】95分

あげまん
【監】【脚】伊丹十三【撮】山崎善弘【出】宮本信子、津川雅彦、島田正吾、宝田明【封】6月2日【時】118分

極道の妻(おんな)たち　最後の戦い
【監】山下耕作【原】家田荘子【脚】高田宏治【撮】木村大作【出】岩下志麻、かたせ梨乃、哀川翔、小林稔侍【封】6月2日【時】116分

遥かなる甲子園
【監】大澤豊【原】小野卓司、山本おさむ、戸部良也【脚】国弘威雄【撮】山本駿【出】三浦友和、田中美佐子、林泰文、大寶智子【封】6月9日【時】103分

東京上空いらっしゃいませ
【監】相米慎二【脚】榎祐平【撮】稲垣涌三【出】牧瀬里穂、中井貴一、笑福亭鶴瓶、毬谷友子【封】6月9日【時】109分

パチンコ物語
【監】辻理【原】間部洋一【脚】大原豊【撮】西山誠【出】古尾谷雅人、財津一郎、岡田奈々、中原早苗【封】6月9日【時】95分

◉角川春樹の『天と地と』が空前の配給収入六十億円を達成する勢いだ、という新聞記事を読んだ。この作品を見終ったときとまったく同様に、ウーム、いやはやスゴイ、と感嘆するしかない。前売券を五百三十万枚以上も捌《さば》いたというから、当然の結果かもしれぬが、ともあれこの作品が社会的イベントとして成功しつつあるということではある。

この『天と地と』について書かれたものを見ると、合戦シーンはさすがに迫力があるけれど、ドラマの部分が弱い、という評が圧倒的に多い。批判しているつもりらしいが、じっさいのところは、まるで逆に、ホメことば以外のなにものでもなかろう。この作品の場合、つくり手が明言し、画面そのものが明示するように、ドラマにポイントはなく、合戦シーンがすべてだからである。

どこからどう見ても、プロデューサーであり監督である角川春樹は、はっきりと合戦シーンのスペクタクルをこそ狙い、それを社会的イベントとして展開することをめざしている。三十数社の企業の出資による五十億円という空前の製作費、カナダにまで出かけて撮った合戦シーンの人馬の群れ、膨大な前売券作戦、巨額の宣伝費、全国二百館以上の映画館での封切りと、いっさいがそのためにのみ仕組まれたわけである。そうした巨大な数字の勢いを表現したものが、赤と黒のマスゲームとして華麗かつ壮大にくりひろげられる川中島の決戦シーンにほかならない。事態がそんなふうになっているからには、いまさらドラマの部分が弱いなどといっても、まったく無効でしかないし、主役の榎木孝明は健闘しているが、渡辺謙のほうがもう一つスケールが大きかったろう、などといった感想をもらしたところで、やはり無意味であり、というより、むしろそれまでも事態に組み込まれているのである。

〈図〉と〈地〉の反転

あえて断わるまでもなかろうが、ここでわたしは『天と地と』に対する批評の無力を強調したいわけではない。この作品には映画をめぐる既成の尺度を越えるところが明らかにあって、ならば、古びた既成の批評尺度は通用しない、と述べているまでである。少々逆説めくけれども、映画のそうした現在性をはっきりさせた点で、わたしは『天と地と』を高く評価する。

降旗康男の『タスマニア物語』も、製作元のフジテレビによる強引なまでのマスメディア利用ぶりからして、たんなる映画という以上に、一種の社会的イベントであろう。こちらでは、いちおう父と子のドラマらしきものが自然破壊問題にからめて描かれるゆえ、一見『天と地と』の場合とは違うといえなくもない。しかし、だれがどう見ても、冒頭からまもなく田中邦衛があられもない激怒の演技で示す自然破壊問題は、家庭問題のドラマのなかでうやむやになってしまい、それとともに、父と子の葛藤も予定調和的に解消されてゆく。この作品の核心は、明らかにそんなところにはない。ここでは題名の示すように「タスマニア」という未知の地名がすべてであって、それがオーストラリアの南の島の名であると知らしめ、海外旅行のオーストラリア熱をより煽《あお》ったうえで、美しい島の自然や珍獣などに対する好奇心をそそる、という仕掛けになっている。いわば父と子のドラマや環境問題は、そうした観光的イメージのためにあるにすぎない。

○○を舞台に△△のドラマを描くというとき、ふつうには、○○を〈地〉として△△なる〈図〉を見てゆく。ところが『タスマニア物語』の場合、通常の映画とはまるで違って、〈地〉＝タスマニアと、〈図〉＝父と子のドラマとは、ちょうど反転の関係に仕組まれているのである。じっさいフジテレビの大宣伝のなか、〈図〉をダシにして〈地〉たるタスマニアが有名になりつつある。

先日、ある実力派の映画プロデューサーから、こんな話を聞いた。いま、メジャーの映画会社において一発で企画が通るのは、どんな内容の映画かということとは関係なく、前売券を百万枚単位で保証する企業との提携作品だけだ、と。この話は、明らかに現在のメジャーの映画界では、企画の重心が作品の内容面から流通面のほうに完全に移ってしまったことを示している。いいかえれば、これはすなわち〈図〉から〈地〉への重心の移行ということにほかなるまい。それの実例が、『タスマニア物語』であり『天と地と』である。

どうしてこんな事態になってしまったのであろうか。一つには、ドラマの成立の至難な現在ということが考えられる。娯楽は多様化するいっぽうで、テレビを見ていたほうがドラマチックな世界の激動を楽しめるし、べつに映画を見なくても日常生活になんら支障はきたさない。映画ならではのドラマの社会的拡散、といえようか。そして、もう一つのこととして、そのような厳しい社会的条件にもかかわらず、おもしろいドラマを仕組むだけの力量の持ち主がいるのか、という問題が出てくる。

たとえば手塚眞の『妖怪天国　ゴースト・ヒーロー』では、ハイテク高層ビルのなかでお化けや妖怪の闘いがくりひろげられるという着想はおもしろいものの、仕掛けがみすぼらしい。ならば、そのぶんドラマ展開の迫力で見せるかといえば、怪物どもの暴れぶりを描く画面が、ドラマになるや、にわかに稀薄になってしまう。あるいは平山秀幸の『マリアの胃袋』の場合、映像の魅力的な個所が散見されるとはいえるが、怪奇の仕

天と地と
【監】角川春樹【原】海音寺潮五郎【脚】鎌田敏夫、吉原勲、角川春樹【撮】前田米造【出】榎木孝明、津川雅彦、浅野温子、渡瀬恒彦【封】6月23日【時】119分

タスマニア物語
【監】降旗康男【脚】金子成人【撮】林淳一郎【出】田中邦衛、薬師丸ひろ子、多賀基史、根津甚八【封】7月21日【時】110分

妖怪天国　ゴースト・ヒーロー
【監】【案】手塚眞【脚】原田真人、手塚眞【撮】佐光朗【出】草刈正雄、伊武雅刀、水島かおり、桐島かれん【封】7月28日【時】75分

マリアの胃袋
【監】平山秀幸【脚】西岡琢也【撮】長沼六男【出】相楽晴子、柄本明、范文雀、大竹まこと【封】7月21日【時】104分

へのじぐち
【監】【脚】吉雄孝紀【撮】中山政則【出】小林千鶴、鈴木貴之、木村純一【封】7月21日【時】92分

獣のように
【監】岡康季【原】かわぐちかいじ【脚】坂田義和、大工原正泰【撮】林兆【出】清水宏次朗、国生さゆり、山咲千里、本田博太郎【封】7月13日(OV)【時】85分

掛けも愛のドラマも、すこぶる程度が低い。要するにこれでは、金をかけないでもドラマをおもしろく見せる力など、新鋭監督にさえほとんど期待できないのではなかろうか。吉雄孝紀の『へのじぐち』が少しは違って見えるのは、まったく仕掛けに頼らない作品であるからにちがいない。ただし、描き出されるのは、女一人と男二人の浮遊する日常をとおしての、いわばドラマのないドラマであって、ドラマの非構築ぶりはさきの二作品と共通している。いや、むしろここでは、いまの若い映画のつくり手たちにおける没ドラマ状況が、そのまま作品の形になっているということができる。

あの〈図〉と〈地〉の反転は、こうしたありさまの必然的な結果にほかならない。とりわけ、合戦スペクタクルだけが唯一でありすべてである『天と地と』の場合には、〈図〉と〈地〉との反転どころか、もとより〝天と地と〟でもなく、〈地〉だけしかないといえよう。社会的イベントとして徹底しているこの作品は、いま、映画が社会的にどうありうるのかの一極点を示しているのである。その意味で、わたしは『天と地と』に、なにやらあっけらかんとした趣き、爽快さと呼んでもいいものを感じる。これほど潔いまでに映画の死を鮮明に取り込んだ作品もなかろうからである。

事態をこんなふうに見てくると、またしても「東映Vシネマ」のことが気にかかる。明らかにそこで実現されているのは、死に瀕しつつある映画のビデオメディアをとおしての再生の試みではないか。最新作の岡康季の『獣のように』が若い獣の疾走を活劇の痛快さとして表現しているのを見ても、そう思わずにはいられない。いうなればそこには、あの〈図〉と〈地〉との幸福な一体感が充満している。

ほんとうの課題は、〈図〉と〈地〉を二者択一で考えるところにはない。状況を衝き動かすには、二元論を排する必要がある。たとえば『天と地と』とはまるで対極の形で爽快さを感じさせる作品、相米慎二の『東京上空いらっしゃいませ』のことを想い起こそう。いったん死んで昇天した少女が地上に戻ったあと、自分を生ききって、ふたたび天国へ向かうまでの過程を描くこの作品においては、まさしく〝天と地と〟の往復が描かれるように、スペクタクルとしての大いなる魅惑という点に関して、〈図〉と〈地〉といった二元論は乗り越えられている。そして、だからこそ、オトメチックなファンタジーが映画ならではの至福を力強く放っている。

こういう作品があるかぎり、映画の死はまだまださきのことであろう。

（第四七回／八月下旬号）

題材から運動へ

◉篠田正浩の『少年時代』の評判がたいへんよくて、いろんな新聞・雑誌で賛辞を見かける。どうやら多くの人がこの映画に好感をいだいたらしいが、わたしにはそれが奇異でならない。というのは、まことに素朴な言い方になるけれど、わたしはこの映画を見て、いやな感じがしてならなかったからである。同じ一本の作品の印象が、どうしてそんなに隔たってしまうのか。

いやな感じは、まず、相変わらずの田舎対都会のパターンからくる。疎開の話を描くのはいいが、都会っ子はかわいくて上品で知的で、田舎っ子は武骨で粗野で暴力的で、いじめがあり、交流が生まれ、といった紋切型には、うんざりするではないか。むろんこの映画の場合、ポイントが田舎のガキ大将の屈折した心理にあることは、よくわかる。けれども彼が主人公の都会っ子に対して、仲間のいないところではやさしく、仲間の前では乱暴にふるまうという二面性は、ついに紋切型を破りはしない。なぜなら肝心の相手の主人公が、田舎っ子に対する都会っ子というパターンから一歩も出ないからである。主人公は図式どおりに軟弱で、複雑な対応を示すガキ大将に対し、なんら抵抗感覚を見せない。いやな感じはそこで決定的になる。こんな少年にどう好感をいだくことができるというのか。それを主人公に描く映画のどこが、いい感じをもたらすというのか。病欠していた副級長が復学してクーデターをやらかすくだりにしても、おとなの人間関係の縮図をそこに見て評価する向きもあるが、要するにいやな話ではないか……。

いや、もしかしたら事態は裏表の関係にあるのかもしれない。この映画は、都会っ子を主人公にすることからも明らかなように、都会のがわに立っており、いわば都会的な知に基づいてこそ、田舎対都会という図式が敷かれ、田舎のガキ大将の屈折した心とそれに振り回される都会っ子の姿が描き出される。そうした作品に対して、多くの人が自己反省的に好感をいだき、わたしが自己嫌悪的にいやな感じをもったとすれば、あらわれは逆であれ、都会的な知に犯されていることでは変わらないといえるのである。

むろんある作品がなんらかの立場、たとえば都会的な知の観点を取ること自体は、いささかも非難されるべきことがらではない。そして、それを見てどのような印象をいだくかも、まったくの自由に属する。問われるとしたら、その立場や印象のあり方であろう。

わたしが『少年時代』を見て唯一興味をそそられたのは、都会っ子の主人公がおもしろい物語をたくさん知っており、それゆえにガキ大将をはじめ田舎っ子たちが彼に一目置いて、彼をいわば語り部として珍重するところである。あるいはそこに、語る者たる作者(たち)の自己意識が反映しているのかもしれない。けれども当の主人公がそのことに自覚的にはならず、いわば物語の独占や奪い合いのなかでも抵抗感覚を示さないから、このことは一挿話に留まっている。もしかしたらそこには、田舎対都会といった陳腐な紋切型を喰い破る契機があったかもしれないではないか、とわたしは思う。そうならなかったのは、まさしく主人公像どおりに、この作品が真の葛藤を流してしまう自己充足的なヤワな知で成り立っているからにちがいない。やはり、いやな感じである。

黒木和雄の『浪人街』にも、どこか自己充足的な気配がうかがえる。あらためて説明するまでもなく、この映画は、だらしなく日々を送っている飲んだくれ浪人たちが、あるとき、悪旗本一味に対して立ち上がる話で、その抵抗感覚の激しさを表現するものとして、ラスト、凄絶なチャンバラがくりひろげられる。だが、浪人たちの姿に抵抗感覚や反逆精神などは感じられず、どう見ても、彼らはただそれぞれ自己充足的にのみ闘いに立ち上がるとしか思えない。じっさい原田芳雄も勝新太郎も、石橋蓮司も田中邦衛も、その演じぶりは自己陶酔的とでも形容する以外なかろう。筋立てに即していうなら、浪人たちが各自てんでんばらばらに飲んだくれているうちはまだしも、徒党を組む旗本一味にむかって、ラスト、野良犬の牙をむくときの、その共同の心意が、画面から響き出てこないのである。

いま、なぜ『浪人街』か。名高い作品のリメイクであれば、そのことが問われる。今回の企画は、当然ながらチャンバラ時代劇の魅惑を復権しようとして立てられたのにちがいない。それに重なる形で画面に感じられるのは、浪人を自由人ととらえる視点であり、そのエネルギーをチャンバラで表現しようという狙いである。説得力のある姿勢といえよう。国民の大部分が中流意識をもつ昨今、喰いつめ浪人の憤怒などリアリティがあるまいと断言する人もいるが、管理社会に生きる者にとって、浪人=自由人のエネルギーの爆発がつまらぬはずはないからである。『少年時代』が田舎的なるものへの憧れを基盤にし、だれにとっても懐かしい〝少年時代〟への讃歌をうたうことにも、同じような心の傾斜を見ることができる。

後藤俊夫の『オーロラの下で』は、雪と氷のシベリアを舞台に人間と大自然の関係を描くもので、シベリア狼と犬との混血が副主人公として登場する。人間を襲う野生のシベリア狼が非情苛酷な大自然の象徴だとすれば、混血の狼犬は人間と大自然の交流を表わすものであって、画面はそれと日本人猟師との心温かい交感をつづってゆく。明らかにそこには野生=自然=自由への憧れがうかがえるが、こうした映画がつくられるのも、まさしく管理社会ゆえであろう。

問題はいうまでもなく自由や自然への心の傾斜それ自体ではなく、それをどう描くかである。

残念ながら『浪人街』は、肝心要のチャンバラ場面に精彩がない。たしかに画面では十数分におよぶ乱闘が展開されるが、大殺陣と形容できるダイナミズムはまったくなく、たんに絵としてのチャンバラがだらだらと描かれてゆく。たとえばまず原田芳雄が敵勢に斬り込み、ついで石橋蓮司が突入して、ものすごい数の旗本連中と血みどろの闘いをくりひろげるとき、だれしも敵方についた勝新太郎がどうするかに関心をいだくが、その描写はあきれるほど長いあいだ没却されたままになる。田中邦衛の到来に関しては、あまりに遅くて鼻白むしかない。さきほど浪人たちの共同して闘うときの心意が見えないと述べたけれども、演技レベルの問題ではまったくなく、単純に描写としてそれが打ち捨てられているのである。いっぽう『オーロラの下で』には、シベリアの大雪原を狼の群れに囲まれて犬橇が疾走するところなど、けっこう見応えのあるシーンが出てくる。だが描写の力点はそこにはなく、ヒューマニズムをうたうことにあるので、せっかくの大自然との闘いも凡庸な人間中心主義に回収されてしまう。むろんだれの目にも人間中心主義という結論はわかっているが、いうなれば描写の細部においてそれに対する抵抗が起こらないのである。

　題材をどんなふうに画面として展開してゆくか。肝心のそのことがこれらの作品には欠落している。

　鴻上尚史・大森一樹・渡邊孝好のオムニバスならぬ〝駅伝ムービー〟『ボクが病気になった理由《わけ》』が、その点で、つまり題材としての病気をどう料理しているかで、注目に値する。

　鴻上尚史の①では、癌だと思い込んで猟銃を手にビルに籠城した青年と、癌ではないと叫ぶ女医の応酬が、予想どおりのパターンで描かれてゆく。諷刺も諧謔も、予定調和の域を一歩も出ない。要するにここでは病気はもろに主題になっており、そのまま何の変わりもなく終ってしまうのである。大森一樹の②は、糖尿病ゆえに婚約を破棄された女性がテレビのグルメ番組のキャスターになる話で、病気と闘いつつ仕事をつづけるさまがおもしろおかしく描かれる。病気にふりまわされる人間の悲喜劇、といえようか。糖尿病情報をもっともらしく交え、おかしさと悲しさをともに見つめる画面においては、明らかに病気は主題からたんなる題材に化しているのである。その転換こそが、弾けるリズムを生み出している。渡邊孝好の③では、事態はさらに進んでゆく。高血圧の中年男と若い女性チェリストがひょんなことからホテルで同室するはめになり、画面はそのドタバタ騒動をつづるが、そこでの病気はほんの口火でしかない。二人が名古屋から東京へかけてやらかす珍道中にこそおもしろさの核心があり、高血圧はといえば、限定された時間とともに、ただそのドタバタ珍道中を煽る要素としてのみ活用されるのである。まちがいな

少年時代

【監】篠田正浩【原】柏原兵三、藤子不二雄Ⓐ【脚】山田太一【撮】鈴木達夫【出】藤田哲也、堀岡裕二、山崎勝久、小日向範威【封】8月11日【時】117分

浪人街

【監】黒木和雄【原】山上伊太郎【脚】笠原和夫【撮】高岩仁【出】原田芳雄、勝新太郎、樋口可南子、石橋蓮司【封】8月18日【時】117分

オーロラの下で

【監】後藤俊夫【原】戸川幸夫【脚】大和屋竺、イジョフ・ヴァレンティン・イワノヴィッチ【撮】奥村祐治【出】役所広司、桜田淳子、マリーナ・ズージナ、アンドレイ・ボルトネフ【封】8月3日【時】123分

ボクが病気になった理由（わけ）

①【監】【脚】鴻上尚史【出】鷲尾いさ子、勝村政信　②【監】【脚】大森一樹【出】名取裕子、ラサール石井　③【監】【脚】渡邊孝好【出】中川安奈、大竹まこと【脚】永井明(各話共同)【撮】水野尾信正【封】8月11日【時】101分

くここでは、病気は主題などではなく、題材の一部として扱われている。
すでに明らかであろう。この作品にあっては、①→②→③の順に、病気という題材の比重が軽くなっていき、ついにはほとんど無化されてしまうのである。そしてそれに応じて、画面からは、映画ならではの運動の魅惑が勢いよく弾き出されてゆく。
題材から運動へ。真に映画に求められているのは、その勢いであろう。

(第四八回／九月下旬号)

ゼロ地点の活劇

◉……この時評も第五ラウンドだな。

——もう丸四年もたったのか、いやはや、まったく、と思うね。これには二つのことがあって、まず第一には、こんな馬鹿なことをいつまでやってるのかと自分自身に問いたくなる。もう一つには、四年目がなぜか、あっという間に過ぎ去った感じなんだ。

……調子よく走れたということか。

——いや、まったく逆に、最初の年がそうだったけれど、ただ無我夢中でやってきたというしかない。映画の現在がますます混迷を深めて、変な話だが、あらためてわけがわからなくなった。

……「映画の底が抜けた」と書くことで、批評がいきづまるどころか、逆にさっぱりしたんじゃなかったのかね。

——底が抜けたからこそ、ゼロからの出発になるわけで、身は軽いものの、あたふた走らざるをえないよ。じっさい最近の映画を見ていると、ピントをいったいどこに合わせればいいのか見当がつかなくなる。

……活劇はどうしたね。もうピントにはならなくなったか。

——活劇こそが映画を考えるときのピントだという確信は揺るがないが、その照準をどの方向へ向ければいいのか。たとえばこの一年間でもっともショックを受けた事件は、松田優作の突然の死だった。まるでもうそれは活劇の杜絶みたいなもので、活劇の不可能性の象徴とも見えるじゃないか。

……ところがあたかも松田優作の死と入れ替わるように、「東映Vシネマ」のレギュラー化がはじまった。まぎれもなくこれは活劇のシリーズだよ。

——明らかに「東映Vシネマ」は、ある一面では、ほかならぬ松田優作と組んで黒澤満プロデューサーがかつてつくった『最も危険な遊戯』(一九七九)などの転生だから、もちろん大いに注目している。これもこの一年間に起こった映画的な大事件の一つではある。

……映画ではなくてビデオにおいて活劇のシリーズが生み出されたとは、なんとも皮肉な話だな。その皮肉なところこそ、映画的といえばいえるか。

——まったくの話、喜んでいいのか悲しむべきか、判断に困りもする。たとえば『天と地と』と「東映Vシネマ」『裏切りの明日』とをくらべれば、文句なしに後者のほうがおもしろい。さすがに工藤栄一の作品だけあって、『裏切りの明日』には活劇ならではの魅惑が充満しているよ。そのうえでいうのだけれど、しかし『天と地と』のほうが、映画の現在という問題に鋭く突き刺さっていると思う。そのへんが、何というか、すこぶる複雑怪奇で、容易には解きがたいところだ。松田優作なら、そのあたりを俳優としてどう生きたろうかと、あらぬことも思ったりする。つまり、こちらは批評のがわに立って考えているのだが、どんな立場であれ、映画の解体ということをどう生き抜いてゆくか。

……ややこしいのは、そのことと活劇の関係だな。活劇としては『裏切りの明日』のほうがすぐれているが、映画の解体という点では『天と地と』に注目しなければならないというのだろう。

——山本政志の『てなもんやコネクション』がその点で素晴らしい。とにかくデタラメきわまりない映画で、香港のイカサマ一家と大阪のハレンチ連中が意気投合し、東京・大阪・香港をまたにかけてドタバタをくりひろげるのだが、話の展開も描写自体も、支離滅裂という以外ない。なにしろ、ある男とある女がどうも代わるがわる登場するなと思っていたら、二人は同じ人物で、要するに二人一役をやっているらしい。むろんなんら説明はないが、そうと思うしかなくて、途中でそれに気がついて呆れたよ。で、そんなハチャメチャでありつつ、いや、だからこそ、素晴らしく熱いエネルギーに満ちて、圧倒的な力で迫ってくる。まさしく解体を活劇として生きているということだな。

……しかし、デタラメすぎると批判する向きもあるだろうよ。

——愚かな批評家の顔が見えるね。桑田佳祐の『稲村ジェーン』について、なかなか楽しくできているが、話のつながりがなってない、と大真面目に書いているやつがいた。馬鹿をいうな、と思うよ。事態はまったく逆で、この作品の場合、桑田佳祐の歌と同様の乗りで画面を純粋に感性的に撮っているところが良くて、それにしては、若者が湘南の海辺で伝説の大波を待つという話にこぢんまり収束している点が、たいへん惜しまれる。どうせ映画の素人がつくるのだから、話のつじつまなど無視すればいい。音楽プロモーションフィルムだといわれるのを避けたのかもしれないが、そうだとすれば、あまりに弱気すぎて、映画など撮るべきではなかろう。

……いまや、真面目に映画と取り組むということが転倒しているんだな。

——北野武の『3－4x10月』は、第二作ということもあって、その点を徹底させている。草野球のメンバーがささいなことから暴力団員と喧嘩をして、それが本格的な暴力抗争にエスカレートしてゆくという話だが、全篇、まさに草野球ののんびりしたタッチで暴力の噴出が描かれ、そのことが衝撃として迫ってくる。で、いつのまにか、話のつじつま合わせなど吹っ飛んでしまっている。カットとカットのあいだで、あるいは一つの画面のなかで、なんでもない日常ときわめて非日常的な暴力とが、平然と連結されてしまうといえばいいか。暴力の描写ではなくて、描写それ自体の暴力性。それこそが活劇の魅惑の原点であって、いやはや、ビートたけしの活劇魂には感嘆させられるよ。

……やっぱり活劇はピントとして有効らしくて、その照準を向ける方向がはっきりしないとは、どういうことかね。

——『3－4x10月』にしろ『てなもんやコネクション』にしろ、その素晴らしさはあくまで過渡期ということに関わっていると思う。だから、批評はそれを全的に認めてしまうのではなく、さらに一歩さきを見なければならないということさ。それがなんともむずかしい。

……先日、この時評の三年分をまとめた本（『日本映画時評　1986-1989』筑摩書房）が出たが、そこに収録されている文章の見出しでいえば、「映画が裸になるとき」と「批評が裸になるとき」の重ね合わせの困難さということだな。

——ま、自分が勝手にあぶりだした困難さだから、文句はいえないがね。

……あの本の評判はどうなんだ。

——たくさん書評が出て、ありがたく思っている。読みちがいや軽くいなしただけのものもあったが、たしかに受け止められたと確信できる書評がいくつかあったからね。

……若い人の反応はどうだった。

——それで、先日、びっくりしたことがある。あるところで講演というのをやって、そのあと、地元の若い映画ファンたちと飲みながら話をしたところ、こんな質問をされたんだ。あの本のなかには松田優作のことが〝撮影所システム「以後」のスター〟と書いてあるけれども、〝撮影所システム〟とは何なのか、と。これにはまいったよ。あの本をちゃんと読んでくれれば少しはわかってもらえるはずだが、考えてみれば、その質問をした若い人なんかは、まさに〝撮影所システム「以後」〟の映画しか知らないんだ。仕方がないから、がっくりしつつ説明したがね。

……逆にいえば、この時評は〝撮影所システム「以後」〟の映画を考えつづけつつ、そうすることで一貫して〝撮影所システム〟をしっかり踏まえているということだよ。その前提が若い世代にはない。ま、時評を書く本人は現在に足を踏まえているつもりでも、ある意味では時代おくれなんじゃないか。

——そうかもしれないな。だから、たとえば先日の『浪人街』を若い人がけっこうおもしろがっているのを見ると、へええ、と呆れるしかない。いまの映画ファンてのは、この程度でいいのか、と。これぞ時代劇の醍醐味なんてことが書いてあるのを読むと、あまりに時代劇の歴史に無知でありすぎるぜ、と叫びたくなる。つくり手というか、映画の送り手のほうも同じで、この映画の宣伝物を見ると、『浪人街』は最初、一九二八年・二九年に三部作でつくられたあと、一九五七年に一度だけリメイクされたことになっている。これは単純な誤りで、一九五一年に『酔どれ八萬騎』という題でリメイクをされている。

……話はもどるが、この時評を書きつづけることに関して、こんな馬鹿なことをいつまでやってるのかと自分に問いたくなったというのは、『浪人街』をめぐって露呈したような状況に、もう付き合ってられるかと思ったのかね。

――ま、それもあるが、いまにはじまったことではないからな。それより、もっとほかに刺激的でおもしろいことがあるんじゃないか、とね。ほかといえば、サミュエル・フラーの『ストリート・オブ・ノー・リターン』(一九八九)にいたく感動した。アジアの映画の勢いもあるし、ジャン・ユンカーマンの『老人と海』のように、外国人のつくった素敵な日本映画もある。『てなもんやコネクション』の惹句がいうように、たしかに〝アホは国境を越える〟んだ。国籍も映画とビデオの境もごっちゃになって、混沌としている。そんな状況を見るにつけても、なにかほかにもっと、と考えてしまうよ。

……まさにそれをこの時評でやればいいじゃないか。

――そうは思うが、力不足でね。

……やっぱりそれは時代おくれだということになるな。昨今、「東映Vシネマ」だけではなく多種多様のオリジナルビデオが氾濫しつつあるのだって、もう古典的な映画イメージが成り立つ時代ではないことを証明している。

――鈴木則文の『びんばりハイスクール』や秋山豊の『乙女物語　あぶないシックスティーン』などを見ると、もうこれはビデオ感覚だからね。おもしろいとかつまらないとかの以前に、ただ呆然としてしまった。

……おいおい、五年目のスタートにあたって、なにやら弱気じゃないか。

――そんなことはない。闘争心に燃えているから、いろいろ考えるんだ。撮影現場ルポの連載も再開するし、活劇精神をゼロ地点から組織してゆくよ。

(第四九回／十月下旬号)

裏切りの明日
【監】工藤栄一【原】結城昌治【脚】田部俊行【撮】杉村博章【出】萩原健一、夏樹陽子、柄本明、織本順吉【封】9月14日(OV)【時】97分

てなもんやコネクション
【監】山本政志【原】【脚】山本政志、宇野イサム【撮】玉井正誠【出】新井令子、謝偉傑、鈴木みち子、近藤等則【封】9月15日【時】119分

稲村ジェーン
【監】桑田佳祐【脚】康珍化【撮】猪瀬雅久【出】加瀬大周、清水美砂、金山一彦、的場浩司【封】9月8日【時】120分

3－4x10月
【監】【脚】北野武【撮】柳島克己【出】小野昌彦、石田ゆり子、井口薫仁、飯塚実【封】9月15日【時】96分

老人と海
【監】ジャン・ユンカーマン【撮】清水良雄、大津幸四郎、須藤恵司、高橋達美【封】9月1日【時】101分

びんばりハイスクール
【監】鈴木則文【原】石井まゆみ【脚】渡辺善則、鈴木則文【撮】喜久村徳章【出】藤瀬かおり、日原麻貴、八木小織、南渕一輝【封】8月25日【時】97分

乙女物語　あぶないシックスティーン
【監】【脚】秋山豊【撮】野田悌男【出】島崎和歌子、藤木流花、浅見真由美、かわいさとみ【封】9月15日【時】96分

歪さの訴えるもの

◉中島貞夫の『激動の１７５０日』は久々の東映〝実録やくざ映画〟で、日本最大の暴力団の分裂・抗争の過程をなまなましく描き出す。おもしろいのは分裂・抗争がやくざ組織内部の世代間闘争としてくりひろげられることであり、しかもこれまでの同種の映画とは違って、中井貴一を筆頭に俳優陣が若い世代に一変しているゆえ、いわば世代交替のドラマを二重の形で見ることができる。明らかに〝実録やくざ映画〟の転生がもくろまれているのである。その点に注目し、快調の画面に活劇的な新鮮さを感じればこそ、一つのことが気になる。それは、闘いの過程が細かくつづられるわりに全体が平板な印象をもたらすことである。

たとえばドラマは中井貴一を主人公につづられるが、しかし、彼個人に関してはなんら劇的な事態は起こらず、彼は周りの荒波によって若い世代の旗頭に押し上げられる中心点にすぎない。また、旧世代の中心たる渡瀬恒彦の抗争の果ての自殺は、やくざとして異例のことで、衝撃的ではあるが、自殺の内実はさほど突っ込んでは描かれない。要するにこの映画では、世代と世代、組織と組織のぶつかりあいが、タテに掘り下げないまま、ひたすらヨコに流す形で描かれてゆくのである。激しい画面の連続のわりに単調な感じは、そこからやってくる。題名が象徴的であろう。〝激動〟を描くにあたって、力点が〝１７５０日〟という時間軸に置かれているため、空間性は弱まらざるをえない。とうぜん、その結果として、〝激動〟のドラマは空間的にブツギリのまま、ひたすらヨコに時間で流されてゆく。

いうまでもなくこの種の映画は、やくざの世界に対する興味を核心に成立している。むろん『激動の１７５０日』について、これが現実の山口組と一和会の抗争を下敷きにした映画だと、だれもが知っているとはかぎらない。なかには、たんなる中井貴一ファンの観客もいるだろう。が、そんな場合であれ、やくざに扮する中井貴一を見たいと感じることのなかに、やくざの世界に対する関心がうかがえる。ならば、この映画がやくざの世界への興味を出発点にしつつ、ヨコに流れてゆくばかりで、その世界をタテに掘り下げないのは、自己矛盾というものではなかろうか。つまりここでは、世界＝空間に対する関心の強さと深さが、描写においては、ねじれて、時間軸にそって実現されているのである。

熊井啓の『式部物語』にも一種の自己矛盾が見られる。

この映画は、正気と狂気のあいだを行き来する男と、人々から生き仏様と崇められる尼僧の関係を軸に、人間の心にとって宗教とは何かを描く。ところがドラマの進展にしたがって浮き立ってくるのは、主人公の男も巡礼団の人々も含め、尼僧を崇拝する者の愚劣さばかりである。巡礼団一行の過剰な言動など、絵に描いたような狂信ぶり以外のなにものでもなく、カケラほどの切実さも感じさせない。要するにここでは、信仰という主題に近づけば近づくほど、画面がそれを裏切ってゆくのである。なぜそんなことになるのか。信仰をテーマに選びながら、そのじつ、宗教に向かう人間の心に対する思いが根本的に欠けているからだというほかない。でなければ、巡礼団の人々の姿はもう少し別の形に描かれたろう。

いま、二本の映画について自己矛盾を指摘したけれど、それらを同一視することはできない。『式部物語』の場合、信仰を描くことがじつは信仰を馬鹿にしている姿勢の暴露になるのに対して、『激動の１７５０日』においては、ねじれた形ではあれ、意図が実現されているからである。自己矛盾にも、単純につまらない場合と刺激的でおもしろい場合とがあるといえようか。それにしても、これが世評の高い監督の作品で、海外でなにか受賞したというから、あきれた話ではある。主人公と尼僧の性愛の関係という点だけ見ても、はなっから尼僧が淫らな感じに描かれているため、ドラマとして態をなさない。たとえば福田陽一郎の『さよなら、こんにちわ』に関しては、あまりの拙劣さにあきれつつも、監督が素人だからとあえて嗤ってすますしかないが、ほとんどそれと同レベルであろう。

いや、素人監督の作品でも、ガッツ石松の『カンバック』は、人情芝居がうんざりさせるものの、いったん捨てた闘いの場へ戻ろうとする中年男の心をそれなりに見せる。素人を馬鹿にしてはいけない。描くべき世界を力いっぱいまっすぐに見据えることが、描写にエネルギーをもたらす場合が確実にある。

市川準の『つぐみ』では、むろん、わがままと悪意に満ちた少女つぐみの像こそが、その描くべき世界である。ところが画面は、つぐみの世界へいきなりはいらずに、従姉妹《いとこ》の目をとおして間接的に語ってゆく。こういう間接話法はべつに珍しくはないが、しかしそれで徹底されるわけでもなく、つぐみがおかしな姿で医者へ行く場面にしろ、ひとりで散歩する場面にしろ、直接話法で描かれる。むろん話法の便宜的な使い分けも、よくあることではある。が、つぐみを演じる牧瀬里穂が素晴らしいだけに、ときおり介在

激動の1750日
監中島貞夫原志茂田景樹、斯波道男脚村尾昭、大津一鄲、中島貞夫撮佐々木原保志出中井貴一、中条きよし、渡瀬恒彦、夏八木勲封9月15日時115分

式部物語
監脚熊井啓原秋元松代撮栃沢正夫出奥田瑛二、岸惠子、香川京子、原田美枝子封10月6日時113分

さよなら、こんにちわ
監脚福田陽一郎原マイケル・オコーナー撮鈴木耕一出南果歩、佐野史郎、露口茂、浅利香津代封10月6日時90分

カンバック
監脚ガッツ石松原安部譲二【シナリオ原案】倉本聰撮矢田行男出ガッツ石松、栗原小巻、竜雷太、高樹澪封10月20日時118分

つぐみ
監脚市川準原吉本ばなな撮川上皓市出牧瀬里穂、中嶋朋子、白島靖代、真田広之封10月20日時105分

1990牡丹燈籠
監脚磯村一路撮三好和宏出杉本哲太、青山知可子、新兵衛、森本レオ封10月13日時80分

白い手
監神山征二郎原椎名誠脚佐藤繁子撮飯村雅彦出南野陽子、哀川翔、中垣克麻、福原学封10月13日時100分

する従姉妹の目はたんに邪魔ものに感じられもする。要するにこの映画においては、描くべき世界に対して、画面がまっすぐ向かわず、よけいな回り道をしていると思われるのである。いうまでもないが、この場合、原作小説の叙述がどうなっているかはまったく関係のないことである。

この回り道は何だろう。一つ考えられるのは、つぐみ像を直接的に描けば、あまりに非常識な人物であるため、単純な嘘、つくりものになってしまうということで、間接話法によってこそリアリティを保障しているのかもしれない。その意味では、よけいな回り道ではけっしてないということになる。

さきの『激動の1750日』におけるねじれは、おそらくこの回り道と通じている。単純な嘘に見えてしまうことを回避するためにこそ、やくざの世界が空間的にフィクションとして仕組まれず、時間軸にそって流されたにちがいないからである。『つぐみ』の場合も、いわば従姉妹の目は同じような時間軸の役割を果たしていると考えられよう。世界＝空間と先述したが、むろん正確にはどんな世界も空間と時間がクロスするところで成立している。映画を見るとは、いずれフィクションとしての一つの時空間を生きることにほかならない。にもかかわらず、二本の映画が力点を時間軸のほうに置くことでフィクションを実現していることは、いま、映画がどんな境域にあるかを語っている。

たとえば磯村一路の『1990牡丹燈籠』は題名どおり、名高い怪談噺を現代に仕組んだもので、ロックとバイクの青春風俗のなか、時空間を超えた男女の愛が描かれる。杉本哲太が死んだはずの青山知可子に取り憑かれ、魅せられ、死の別名たる性愛に溺れてゆくさまは、まさに時間と空間の葛藤といえよう。そのスリリングなおもしろさは称賛に値するが、しかし、画面はその力を貫徹できずに、とってつけたような結末に至る。おそらくそれは時空間の処理に困り果てた結果にちがいあるまい。

神山征二郎の『白い手』では、ドラマの空間がすっきり成立している。明らかにそれは、舞台が三十年ほども昔の時代であることによって、いいかえれば、明確なようでいて曖昧な過去時制の枠が最初からあることによって、フィクション空間が保護されているからであろう。小学五年生の男の子が二人、通学の途中、洋館の二階の窓からさしのべられた白い手に憧れと慕わしさをつのらせる。恋と呼ぶには幼すぎるそんな心のときめきは、いわば時間的な括弧にくくられてこそ、メルヘンのような空間としての輪郭をくっきり持ちえているのである。それに引きずられて、担任の女性教師と工事現場の若者の恋も、さわやかなリアリティで浮き立ってくる。逆にいえばこの『白い手』は、時間を括弧に入れたぶんだけ、古めかしい映画になっている。さわやかなリアリティも、古典的範疇を一歩も出ない。遠い昔のきれいな思い出をなつかしく振り返っているように、どこまでも安全に終始し、現在を打つ衝迫力には欠けるのである。その点では『カンバック』に似ている。

ふたたび『激動の1750日』と『つぐみ』に戻れば、この二作品がさきに見たような歪《いびつ》な形になっているのは、そうした衝迫力の無化をこそ恐れ、なんとか現在的な映画であろうとしたからにちがいない。それゆえ、二作品の傷つき方のなかに、映画の現在が逆説的に姿をあらわしているといえよう。

いや、そう思うとき、『白い手』が別の形でなにごとかを告げもする。この映画には、海辺の工事現場のトロッコが、幼い男の子たちの心のときめきと、南野陽子と哀川翔の恋とをつなぐものとして出てくる。前言をひるがえすようだが、あのトロッコには、その疾走には、時間の括弧を突き破って迫る力があるのではなかろうか。トロッコの場面だけは、全体の郷愁的安全をむしろ脅かしかねないほど、映画ならではの時空間をなまなましく輝かせてはいないだろうか。明瞭にそうはなっていないまでも、その可能性は少なくとも強く感じさせるのである。それが活劇の力であろうことはいうまでもない。


（第五〇回／十一月下旬号）

求心力と遠心力

◉中原俊の『櫻の園』がずいぶんと好評である。なにやら褒め殺しの気配も感じられなくはないが、少女の心と肉体を緊密なまとまりで描く点は高く評価してよかろう。満開の桜のもとで「櫻の園」を演じようとしている女子高生の群像が、まったく映画ずれしていない新鮮な女優と無名の少女たちによって演じられる。その二重性、演じようとする心と肉体を演じることのなかで、ふつうには見えないものが見えてくるのである。そこに現出するのは、まさしく映画的なドラマにほかならない。桜の淡い色合が、それを象徴的に見せて美しく画面に映えている。

そうは思うものの、しかし、この作品における技法主義がわたしには目ざわりでならない。たとえば冒頭、キャメラがかなり長回しのクレーン撮影で広い室内の一角にいる男女をうつしだすシーンなどは、そんなふうに意味ありげに描き出されるからには、二人が主人公であるかのように見えるが、そうではないゆえ、ならば特異な印象をそそるクレーン撮影は何なのかと問いたくなる。おそらくこれは、つくり手が少女たちの世界にはいってゆくにさいして画面テクニックに取りすがっていることを示していよう。そして、以後もつねにキャメラの動きが気になるので、その印象はほぼ全篇をおおってゆく。

ドラマの時空間は「櫻の園」開幕までの二時間と校内に限定されており、それが少女たちの心と肉体を圧縮した形でくりひろげるのに役立っているが、その限定をむしろ制約ととらえ、広がりをもたらすべく、さまざまな描写テクニックが駆使されているのかもしれない。だとすれば、そこには一種の転倒が起こっている。じっさいのところ、いたるところで目につく技法の過剰さと少女たちの日常的肉体のなまなましさとは、あたかも肉離れを感じさせて、つくり手の転倒ぶりを告げてやまない。

降旗康男の『遺産相続』では、遺産をめぐる妾と妻の闘いという珍しくもおかしくもない話が、うるさいほどの画面テクニックに包まれて差し出される。マネキン人形工場の一階から三階までを舞台セットのように一画面で見せるくだりなどは、凡庸な話をおもしろくするための苦心を語るばかりで、アイデアの域を出ない。音楽を含めた音響効果もやかましく、ここでは、あらゆる表現方法がノイズ化しているのである。正攻法で迫ればミもフタもないと知っての不安が、そうさせるのであろうか。ともあれ結果的には作品が雑音の塊になっている。新人原田聡明の『すっぽんぽん』の場合にも、ドラマを追って画面を見るうち、描写テクニックばかりが目についてくる。無一文の浮浪生活を送る中年男の話がおもしろい以上に、それをつづるモノクロ・ローアングルの画面が力強いのである。要するに単純な技術的アンバランスにほかならないが、そこから奇妙な味が漂い出てもいる。

いま、さまざまな形で現われている技法偏向主義は、そのアンバランスさによって、見る者に不安を感じさせずにはおかない。せいいっぱい好意的になれば、そこに不安の映画を垣間見ることが可能であり、まさに映画の現在が感じられるということもできよう。なぜならば、アンバランスな技法主義は映画の解体という現在的必然に根ざしているにちがいないからである。

たとえば斎藤武市の『流転の海』を見てみよう。敗戦直後の混乱した世相のなか、実業的成功と女性遍歴を豪放につらぬく壮年の男の像が、ぴたりと正攻法で描き出されて、なんの不安も感じさせない。原作小説を読むかわりに映画を見るような安心感、とでもいえようか。あるいは小平裕の『タイガースメモリアルクラブバンド　ぼくと、ぼくらの夏』を見れば、級友の自殺の謎を探る高校生男女の青春の姿が、懐かしのヒットポップスの数々にくるまれて提出され、ある情感とともに安心感をもたらしてくれる。青春の不安などといったものの気配を感じようにも、歌がいわば保護膜になって遮蔽するのである。

こんなふうな安心の構図に納まることに自足できないところからこそ、アンバランスな技法偏向主義が起こるのであろう。くりかえせば、そこに映画の現在の刻印を見ることができて、たいへん興味深いが、しかし、作品を技術でくるむことによって不安を逃れようとしていると見れば、それもまた安心の構図の一種にほかならないといえる。

　何を描くか、どう描くか。いうまでもなくこれら二つが一体化するところでこそ表現としての映画は成立するが、それにしても、いま、多くの作品がどう描くかという点をもろに暴露してしまっている光景は、心寒さをそそらずにはおかない。大いなる過渡期としては当然の現象だと見るべきか。

　須川栄三の『飛ぶ夢をしばらく見ない』が示すのは、そうした事態の一極点である。老女から中年へ、娘へ、そして幼女へと日に日に若返ってゆく女と中年男との関係がつづられるが、むろん時間遡行のさまを描写として見せられるわけはない。しかし時間遡行が核心ゆえ、ヒロインがいつどう変身するか、そればかりが気になり、愛のドラマなど影を薄めてしまう。そんなふうにのみ見ることは明らかに倒錯しているが、見せられないものを見せているかのごとく装って展開してゆく画面のほうが、それ以前に倒錯していると いわねばならない。時間の逆行と愛とを結びつける奇想をおもしろがったとしても、アイデアと技術のあいだには埋めがたい間隙が横たわっているのである。つくり手がそこを素知らぬ顔で通り過ぎているからこそ、見る者がドラマより画面テクニックにばかり注意を向けるという退廃が起こっている。

　羽田澄子の『安心して老いるために』を見てみればいい。老人福祉の現状を日本、デンマーク、スウェーデン、オーストラリアの四か国にわたって取材したこの記録映画は、まぎれもなく問題警告主義の作品で、ごく素朴な技法で各国の実態をうつしだすなか、老人問題の切実さを一直線に訴える。その意味ではきわめて単純な作品ではあるが、しかし、画面それ自体がふと問題警告主義を越えてしまう瞬間が、随所に出てくる。たとえば幼い女の子が施設を慰問し、老人の目の前で作文を朗読するうち、しくしくと泣きじゃくりはじめる姿には、明らかにそんな力が見られよう。いうなればその瞬間、少女の肉体が老人問題など吹き飛ばす勢いで輝き、映画としての魅惑を放って迫るのである。そして、それこそが題名の〝安心〟を〝不安〟へと逆転させる役割を果たしている。ごく素朴な技法と述べたけれども、むしろここでは、なまな素材を前にしてテクニックをいったん捨てたのち、いわば無方法の

櫻の園
【監】中原俊【原】吉田秋生【脚】じんのひろあき【撮】藤沢順一【出】中島ひろ子、つみきみほ、白島靖代、宮澤美保【封】11月3日【時】96分

遺産相続
【監】降旗康男【脚】松田寛夫【撮】木村大作【出】佐久間良子、宮崎萬純、野々村真、小川真由美【封】10月20日【時】109分

すっぽんぽん
【監】原田聡明【脚】大澤治、原田聡明【撮】古谷伸【出】河原さぶ、大杉漣、奈良坂敦、浦田賢一【封】11月2日【時】77分

流転の海
【監】斎藤武市【原】宮本輝【脚】須川栄三【撮】岡崎宏三、酒井良一【出】森繁久彌、野川由美子、佐藤浩市、浅野ゆう子【封】11月3日【時】128分

タイガースメモリアルクラブバンド ぼくと、ぼくらの夏
【監】小平裕【原】樋口有介【脚】神波史男、前田順之介【撮】奥村正祐【出】和久井映見、大谷章、蟹江敬三、斉藤慶子【封】11月3日【時】110分

飛ぶ夢をしばらく見ない
【監】【脚】須川栄三【原】山田太一【撮】姫田真左久【出】細川俊之、石田えり、加賀まりこ、笈田勝弘【封】11月17日【時】104分

安心して老いるために
【監】羽田澄子【撮】西尾清【封】10月13日【時】151分

われに撃つ用意あり
【監】若松孝二【原】佐々木譲【脚】丸内敏治【撮】伊東英男、田中一成【出】原田芳雄、桃井かおり、呂琇菱、蟹江敬三【封】11月17日【時】106分

方法が仮構されていると見るべきであろう。

若松孝二の『われに撃つ用意あり』に見られるのも、無技巧の技巧とでもいうべきものの力である。ドラマの主たる場は新宿のスナックの内部で、歌舞伎町界隈の歓楽街の不夜城ぶりがところどころに挟まるが、その雑なロケーション画面が示すように、ほぼ全篇、ざっくばらんな撮り方に終始しながら、あるたしかな空間表現が実現されている。いわばドラマの熱さが技法への関心を蹴散らし、その勢いがある一定の技法を成立させているのである。たとえばベトナム難民の少女が逃げ込んできたあとの深夜、そのスナックでかつての全共闘世代たちが酔いどれて騒ぐとき、スナック内部が広角レンズにより歪んだ形でうつしだされるカットなどは、その一例であろう。

スナックのマスターたち全共闘世代の屈折した心情、暴力団と警察に追われて逃げ込んできた少女が吹き流すアジアの風、国際都市というよりアジアの坩《るつぼ》と化した新宿の混沌の勢い。この三つの要素が交錯して火花を散らし、ラスト、活劇のエネルギーを爆発させるのも、無技巧の技巧ならではの力によるにちがいなかろう。いささか図式的にいえば、かつての全共闘世代の現在の心情に対する求心的のめりこみが、ベトナム難民の少女を介して、アジア＝新宿というふうに展開していったさきに、映画的エネルギーとしての活劇性が析出するのである。

ここには、映画の魅惑を実現する求心力と遠心力の関係が、たいへん興味深い形で姿を現わしている。さきの『安心して老いるために』が示すのも、問題へと求心的に迫ってゆくことが遠心力をもたらすという光景であろう。思えば『櫻の園』は、そうした求心力と遠心力の関係をつくりだしておらず、ある意味において安心の構図に納まっているということができる。『われに撃つ用意あり』は、ラスト、スナックのマスターがとつぜん銃撃戦をやらかすことといい、その闘いの場へ無力な女を同行させることといい、リアルな地平から荒唐無稽な世界へと展開してゆくが、そのベクトルは求心力と遠心力の関係から生み出されたもので、まさしく活劇の魅惑をめざしている。

いま、もう一本、そうしたものをさらに鮮烈に発揮する作品が出現した。阪本順治の『鉄拳』である。

（第五一回／十二月下旬号）

●阪本順治の『鉄拳』は前作『どついたるねん』（一九八九）にひきつづき、ふたたびボクシングを題材とするが、二つの点で決定的に違っている。一つは主人公が二人いて、いわば二焦点のドラマが展開されることであり、もう一つは、闘いがリン

不安の映画へ

グから大自然の真只中へ逸脱してゆくことである。

明らかに『鉄拳』は、これら二点を達成することにより、作品世界の内実において『どついたるねん』より一段と大きく広くなっている。その拡大ぶりは、エアドーム単館上映から松竹系全国封切りへという公開形態の変化に見合ってもいるが、それ以上に、第一作を踏まえてのこの新人監督の鮮やかな跳躍力をそこに見るべきであろう。

林業会社経営という生業も家庭生活も放棄してボクシングにのめり込む菅原文太の中年男と、青春のエネルギーを闘うことにしか発散できない大和武士の若者とが出会って、ボクシングの道を突き進む。この二焦点性においては、単独のヒーローを描く場合とは異なり、世代間の確執と協働、父性の問題、関係の劇など、多くの要素が絡み合って、チャンピオンの座をめざす闘いを複雑に屈折させずにはおかない。若者が鉄の義手をつけるに至るのは、その屈折のあらわれであろう。そしてさらにそれが、闘いをリングから逸脱させてゆく。挫折した若者は森のなかでこそ復活し、ラスト、中年男も若者も、リングでの闘いを放棄して、広大な自然の真只中で凄絶な闘いをくりひろげるのである。森のなかの復活の光景は、充満する木立の匂いによって深い感銘をもたらすが、まったく同様に、ラストの岩山における大アクションシーンでは、闘いそのものというより、大自然へと向かうベクトルこそが映画的な魅惑を爆発させる。

前作の大阪に対して今回は高知が舞台になっているが、しかし画面に一貫して見られるのは、ローカルとしての高知といったものではない。森林や海や岩山など不特定な自然環境がここでのポイントであって、狙いは地方性ではなく風土性にこそぴたりと定められているのである。この点においても、拡大のベクトルは明瞭であろう。わたしの素朴な印象では、その環境的な拡大のベクトルはアジアのほうを指している。まちがいなくそれは、先日の若松孝二の『われに撃つ用意あり』が、あるいは少し前の山本政志の『てなもんやコネクション』がはらんでいたのと同じものである。

かくして『鉄拳』は、単純なボクシング映画という域から逸脱しており、闘いそのものの映画とでも呼ぶほかない。すなわち、ジャンルとしてのアクション映画はもはやここにはなく、表現としての活劇性が実現されているのである。映画における求心力と遠心力の関係をそこに見ることができる。

鉄拳
監阪本順治撮笠松則通出菅原文太、大和武士、桐島かれん、原田芳雄封11月23日時128分

どっちもどっち
監生野慈朗脚鎌田敏夫撮前田米造出明石家さんま、松田聖子、沢口靖子、布施博封11月10日時107分

BEST GUY
監村川透原山口明雄脚高田純、村川透撮阪本善尚出織田裕二、財前直美、長森雅人、古尾谷雅人封12月15日時115分

さらば愛しのやくざ
監和泉聖治原安楽隆雄脚野沢尚撮東原三郎出陣内孝則、柳葉敏郎、相楽晴子、稲垣吾郎封11月23日時105分

斬殺せよ—切なきもの、それは愛
監須藤久脚米谷純一、須藤久撮宗田喜久松出若山富三郎、川野太郎、佳那晃子、波谷有紀封11月23日時114分

女がいちばん似合う職業
監黒沢直輔脚丸山昇一撮仙元誠三出桃井かおり、岡本健一、橋爪功、伊原剛志封12月22日時102分

生野慈朗の『どっちもどっち』は、ラストの空中浮遊シーンが見せ場で、明石家さんまと沢口靖子が大都会の空を飛ぶ光景をけっこう巧みに描く。しかし、そこへ至るまでのドラマがあまりにつまらないため、苦心の見せ場が力を発揮しない。ドラマがおもしろくないのは、二人のあいだに割り込んで恋の展開をねじれさせる幽霊の松田聖子のどしがたい拙劣さもあるが、それ以前に、とにかく画面にリズムがなさすぎる。描写の弛緩がラストへ向かう一時間数十分のエネルギーの蓄積を妨げるため、空中浮遊シーンがたんなる絵模様になってしまっているのである。つまりここでは、求心力と遠心力の関係がまったく成立していない。思えば、前作『いこかもどろか』(一九八八)の勢いは何だったのか。

村川透の『BEST GUY』は本格的な航空映画で、全篇にわたる空中飛行シーンのなか、航空自衛隊のジェット戦闘機乗りの青春をつづる。カット割りがめまぐるしいまでに細かいのは、ジェット機に合わせたスピード感を出すためというう以上に、飛行シーンの特撮をうまく見せるためであろうが、じっさいの画面では、各パイロットの主観の映像が入り乱れ、戦闘機がアクロバティックな動きで飛び回り、しかもパイロットの顔面はマスクで覆われているゆえ、だれがどの機に乗ってどう飛行しているのかは、まるで見定められない。そこで、せっかくの飛行シーンはムードをかもすだけに終り、平凡なライバル物語のみが見えてくる。これもまた二焦点のドラマといえるが、凝った技巧がなにも結実させぬため、たんに主人公を複数にしたというにとどまっている。

和泉聖治の『さらば愛しのやくざ』も二焦点の映画であり、若いやくざと大学生を主人公に、二人の青春の交錯と別離を情感たっぷりに描き出す。十年前の新宿という設定にアクセントが打たれていることもあって、その情感には安っぽい懐旧的センチメンタリズムに流れるところもあるが、出会いの過程といい、ラストの二人の連続的な殴り込みの場面といい、たしかな力を結晶させる。もし陣内孝則のやくざを単独に描いていたら、おそらくそんな結果にはならなかったであろう。明らかにここでは、柳葉敏郎の大学生の目をとおして若い無頼の肖像を見つめるという二焦点性が効果を発揮しており、さらにそこへ肉親とも情婦ともつかぬ相楽晴子を含む三角関係が絡むことで、情感のゆらめく関係のドラマを生み出しているのである。

いうまでもないことだが、二焦点にしさえすれば、必ずや作品世界が大きく広くなるというものではない。問題は、二つの焦点をドラマとしていかに一点に集結させるかであろう。その意味からすれば、『鉄拳』や『さらば愛しのやくざ』とくらべるとき、『どっちもどっち』にしろ『BEST GUY』にしろ、本当は焦点を喪失してしまっているといわねばならない。

須藤久の『斬殺せよ—切なきもの、それは愛』では、二・二六事件の青年将校と娼婦の純愛の成就に任侠の男が力を貸すという、かつて何度も見たような任俠メロドラマがくりひろげられる。どの場面でも、描写が濃密であるにもかかわらず、既視感を破るほどの衝迫力が結実しないのは、その濃密さのなかに現在的な表現の水準が浮き立たないからにちがいない。つまりここには、別の形の焦点喪失が見られるのである。

黒沢直輔の『女がいちばん似合う職業』は久しぶりの〝女の活劇〟で、桃井かおりがピストルを片手に連続殺人事件の容疑者を追いつめてゆく。といっても、この女刑事には少しも颯爽としたところはなく、神経症ふうのけだるい感じの言動はつねに不安定に揺れつつ屈折している。そして、彼女と妙な関係に陥る岡本健一の容疑者のほうも、ほとんど沈黙症とでもいうべき状態を示し、無気味な空白感をのみかもしだす。神経症と沈黙症との二焦点による不思議な活劇、といえようか。そこへピントのずれた相棒の刑事二人が絡むから、いわば焦点は増殖していって、不安定感はどんどん深まり、ブラックユーモアの気配さえ色濃くただよわせるに至る。

二焦点といい焦点喪失といい、いずれも映画の現在的な困難が強いるものにちがいなかろう。それをどんな力に組織するかということこそが真に問われるとすれば、『女がいちばん似合う職業』における不安定感のおもしろさは、ある興味深い解答を告げている。また『鉄拳』は、拡大のベクトルで見る者を引きつけながらも、随所に不安定な描写の個所を持ち、ラストを、クライマックスにしてかつアンチクライマックスとでもいえる形でしめくくる。そこでは、拡大のベクトルが同時に不安へのベクトルに転じられているのである。

不安の映画へ向かう勢い。どうやらそこにこそ、現在的な活劇が姿を現わしていると見ることができる。

（第五二回／一九九一年一月下旬号）

寅さん映画の壁

●今年の正月映画はなんとも淋しいかぎりであった。いくつかの番組が不入りゆえに予定より早く公開打ち切りになったが、当然の結果であろう。なかには健闘している作品もあるとはいえ、新人第一作三本を含めて新鋭の作品が並んでいるにもかかわらず、総じて突出したおもしろさが感じられなかったからである。

そうしたなかで、山田洋次の『男はつらいよ　寅次郎の休日』が抜きん出ている。シリーズ第四十三作にもなる蓄積の力を存分に発揮したうえで、前作につづいて寅さんを脇に回し、若いカップルの純愛を描く青春映画のほうへ方向転換したことが、まちがいなく成果を生んでいるのである。その成果は具体的に指摘できる。たとえば寅さんの甥の満男が、好きな少女を東京駅のプラットホームまで見送ったあげく、ふっと自分も新幹線に飛び乗ってしまうシーンを見ればいい。

少女は最初、名古屋へ帰郷することになっているが、じつは父親に会うため九州まで行こうとしているとわかる。そのとき、というより、すでにそれ以前から、おそらく観客の多くは、満男が新幹線に乗ってしまうような気がしているにちがいない。はたしてその予感どおり、満男は新幹線に飛び乗るわけである。そうした意味では、すこぶる予定調和的な展開であって、平凡きわまりないともいえようが、注目すべき点は、そのように乗ってしまったあとの描写にある。ドアが閉まり、列車は走りだす。二人のあいだにぎこちない空気が流れて、満男がもごもごと言い訳をする。画面はその間、二人の姿を描くが、満男の吉岡秀隆ではなく、少女のほうにより多く焦点を合わせ、あっけにとられて複雑な想いで満男を見つめる後藤久美子の表情を鮮明にうつしだす。凡庸な監督なら、話す吉岡秀隆のほうに力点を置くか、カットバックなりキャメラ位置の工夫なりによって二人を等分に描くところを、無言の後藤久美子の表情をのみ浮き立たせた点に、山田洋次の非凡さがしたたかに見られる、とわたしは思う。満男が飛び乗ってしまうのではないかと多くの観客が予感するのは、いいかえれば、ここで乗ってしまわなくちゃ話がおもしろくならんよ、と考えているということにほかならない。まさしくその欲望に応じる形で、画面では満男が飛び乗り、山田洋次の非凡な視線は、突発的行動をされてしまった相手のほうにぴたりと向けられるのである。

今回の満男は、好きな少女にまた会えるとなるや、大学の友だちとの約束をうっちゃってそわそわする点など、どこか寅さんに似ている。ここで飛び乗らなくちゃ、と観客が思うのは、そうした類似性を感じたうえのことであろう。しかしこれまでのこのシリーズでは、わずかな例外を除けば、描写の焦点は一貫して寅さんの言動に向けられ、恋心の相手たる美女にピントが合うことは少なかった。それが今回、相手の反応のほうが描写として強調されるのである。そこで、甥っ子と美少女との関係は、寅さんと美女との関係に酷似していながらも、けっしてそれの単純ミニチュア的類似物に陥っていない。青春映画への方向転換による成果と先述したが、その内実はここにくっきりと見られる。

おそらく今回の作品は、まなざしの暖かさとでもいったものを多くの人に感じさせたにちがいない。まずそれは、いうまでもなく若い二人の言動を脇から見守る寅さんの視線であり、つくり手の視線がそれに重なる形で描写を推し進め、巧みに観客の気持をそそってゆく。東京駅のシーンでいえば、新幹線に飛び乗るまでは、観客の欲望は明らかに満男のほうに向いているが、飛び乗った瞬間、今度は相手の少女の反応を見たいと思い、画面はそれにぴたりと呼応する形で後藤久美子の表情をうつしだすのである。いうなればそこでは、まなざしの暖かさがみごとに重層的に実現されている。

観客が見たいと思うものを的確に見せる形で、画面の視線を動かし、自分の描きたいもの見たいものを描いてゆく。いま、そのような営みを実現できている映画が、どれほどあるだろうか。

たとえば新人門奈克雄の『マドンナのごとく』では、若い自衛官二人と年上の女との三角関係が描かれるが、ラスト近く、青年二人が女に対し共同の恋人になってほしいと申し込み、女が承諾することで、友情と性愛の葛藤がほどよく安定する。全篇、凡庸な描写に終始するものの、そこまでなら、さほど珍しくもない。けれどもそのあと、女が第三者に対し自分のことを〝共同便所〟と言うのを見て、なんと醜い映画なんだろう、とわたしは呆れ果てた。いうまでもなく三人が醜いのではなくて、当の本人にそう自称させる表現のあり方が醜悪きわまりないということであり、その瞬間、全篇の凡庸さは醜さに結晶してしまう。ここには、表現の基盤として決定的に何かが欠落している。まなざしの暖かさがそれである。

この作品はおそらく極端なケースではあろうが、というより、そうであってほしいと思いたいが、似た例は随所に転がっている。たとえば一倉治雄の『きんぴら』では、けっこう健闘している作品であることは認めながらも、美女でもないのに美女面ではしゃぐヒロイン女優にうんざりして、どうしてこんな顔をしきりとアップで撮るのだろうと深刻に考え込まずにはいられない。あるいは栗山富夫の『釣りバカ日誌3』を見れば、主役の異常なまでの躁状態の演技に呆れ、いかにそれが空転しているかといったレベルの問題より以前に、撮影現場でだれもこれを醜いと感じなかったとしたら、それ自体がなんとも醜悪ではないかと、あらぬ疑惑に駆られて悩んでしまう。

もう少し違った形の場合もある。たとえば新人大井利夫の『山田ババアに花束を』では、オールドミス教師とピチピチ女子高生の中身が入れ替わってしまうという話にも、そこから起こるドタバタにも、なんら新鮮さはないが、あえてその点には目をつぶるとしても、描写に工夫がないゆえ、結局、俳優の自己満足的な芝居だけをえんえん見せられることに対しては、ただシラケる以外ない。和泉聖治の『ゴールドラッシュ』

男はつらいよ　寅次郎の休日
【監】【原】山田洋次【脚】山田洋次、朝間義隆【撮】高羽哲夫【出】渥美清、倍賞千恵子、後藤久美子、吉岡秀隆【封】12月22日【時】106分

マドンナのごとく
【監】門奈克雄【原】藤堂志津子【脚】小倉洋二【撮】姫田真左久【出】名取裕子、加藤昌也、宍戸開、本田博太郎【封】12月22日【時】104分

きんぴら
【監】一倉治雄【脚】丸山昇一【撮】柳島克己【出】大竹しのぶ、仲村トオル、鈴木早智子、赤井英和【封】12月22日【時】95分

釣りバカ日誌3
【監】栗山富夫【原】やまさき十三、北見けんいち【脚】山田洋次、堀本卓【撮】安田浩助【出】西田敏行、三國連太郎、石田えり、五月みどり【封】12月22日【時】96分

山田ババアに花束を
【監】大井利夫【原】花井愛子【脚】吉本昌弘【撮】杉村博章【出】山田邦子、西田ひかる、高嶋政伸、古尾谷雅人【封】12月15日【時】89分

ゴールドラッシュ
【監】和泉聖治【原】森永博志【脚】坂田義和、和泉聖治、水谷俊之【撮】東原三郎【出】大友康平、南野陽子、布施博、相田翔子【封】12月22日【時】95分

モンゴリアンB・B・Q
【監】【脚】三輪誠之【撮】笠松則通【出】筧利夫、隈井士門、杉山亜矢子、藤本聖名子【封】12月14日【時】74分

スキ!
【監】渡邊孝好【脚】野島伸司【撮】小野寺眞【出】大江千里、島崎和歌子、藤田朋子、森口瑤子【封】12月15日【時】92分

の場合もほぼ同様で、一攫千金を夢見た若者が〝原宿をつくった男〟になる過程を描くというふれこみにもかかわらず、画面にくりひろげられるのは人気ロッカーの野放図な一人芝居で、これくらいで今日の原宿がつくられるならだれも苦労はしないだろうと、話の基本を疑うほどに白々しい気分がつのってくる。

醜さもシラケも、その根は一つにちがいなかろう。つくり手と俳優と登場人物との関係の表われとして画面描写があって、映画はそれと観客との関係において成立するとするなら、その重層的な関係がちゃんと見据えられていないから、醜さやシラケが現出することになるのである。まさしくそのようなあり方こそが、まなざしの暖かさの欠落ということにほかならない。

新人三輪誠之の『モンゴリアンB・B・Q』は、二人の若者と一人の女の、どちらの男の子供とも知れぬ幼児も加えての、不思議なほど暖かな友愛の関係を、じつに凝った画面で描き出してゆく。丹念に選ばれたロケ場所とみごとな美術のもと、キャメラが鮮やかに美しい映像をくりひろげて、全篇、目を奪うといっても大げさではなかろう。けれどもそれが真の魅惑を結晶するに至らないのは、演技の上滑りに象徴されるごとく、すべてがついに自己満足の域を出ず、先述した重層的関係が実現されていないからである。

ふたたび『男はつらいよ　寅次郎の休日』についていえば、まなざしの暖かさは、つくり手がいかに登場人物に対する視線と観客に対する視線を巧緻に一致させているかを語っている。すなわち予定調和もいいところというあり方にほかならない。それゆえに、この映画はみごとなウエルメイド作品にとどまり、感嘆するほど映画的既成性にぴたりとはまっている。そうした山田洋次的な境域を突き抜けることが、いま、後続世代のつくり手に求められているのではないか。少なくともわたしは、山田洋次的なものの魅力をある意味で認めればこそ、それを破壊する力をこそ若い世代の作品に見たいと思う。日本映画の現在について多少なりとも頭を使っている者であれば、日々、同じ熱い思いに駆られているにちがいない。

けれども残念なことに、そんな達成はめったに見られない。さきの『モンゴリアンB・B・Q』にしても、海賊テレビ放送の一味の活躍を現代風俗のなかで躍動的に描く『きんぴら』にしても、手応えを感じさせないではないが、不満のほうが強い。また、渡邊孝好の『スキ！』は、ボーイミーツガール物語を新鮮な画面づくりでつづる点に、ある力をくっきり感じさせるが、しかし結局のところだれもが予想するとおりにドラマが落ち着くさまは、ついに意匠が新しいだけの予定調和に終っている。たぶんこれらの作品は、現在的にはなにがしか評価すべきなのであろう。そんな戦略的配置も考えはするが、突出した力がなく、平凡にまとまっているにすぎないことは隠

しようもない。短くいってしまえば、寅さん映画の既成性のほうがすごいよ、ということになる。正月映画を見るかぎり

では、寅さん映画の壁はそれほどに厚い。

（第五三回／一九九一年二月下旬号）

1990年 山根貞男ベストテン

1	鉄拳
2	東京上空いらっしゃいませ
3	てなもんやコネクション
4	3－4x10月
5	宇宙の法則
6	われに撃つ用意あり
7	ほしをつぐもの
8	ファンシイダンス（周防正行）
9	バタアシ金魚
10	香港パラダイス

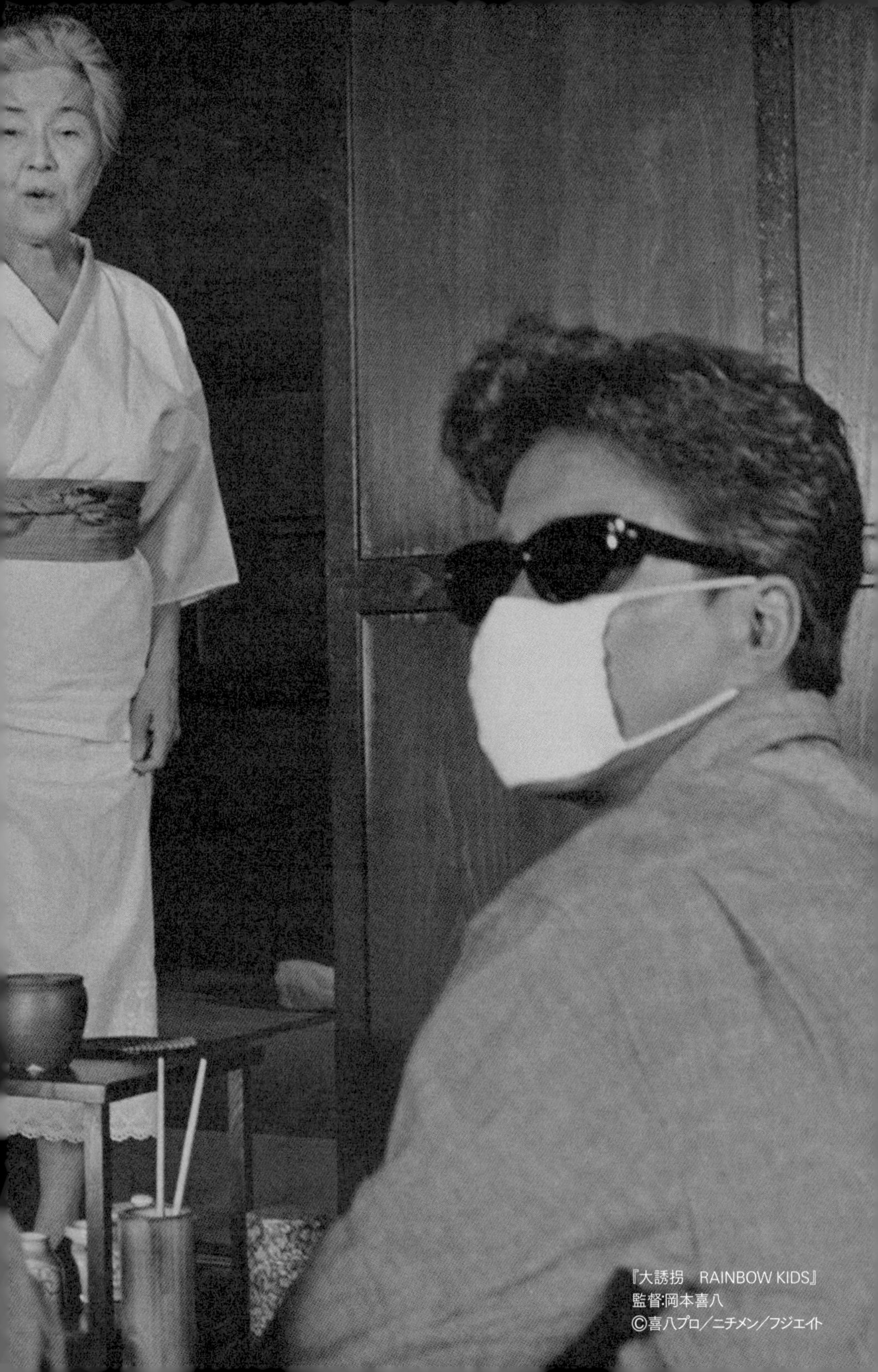

『大誘拐　RAINBOW KIDS』
監督:岡本喜八

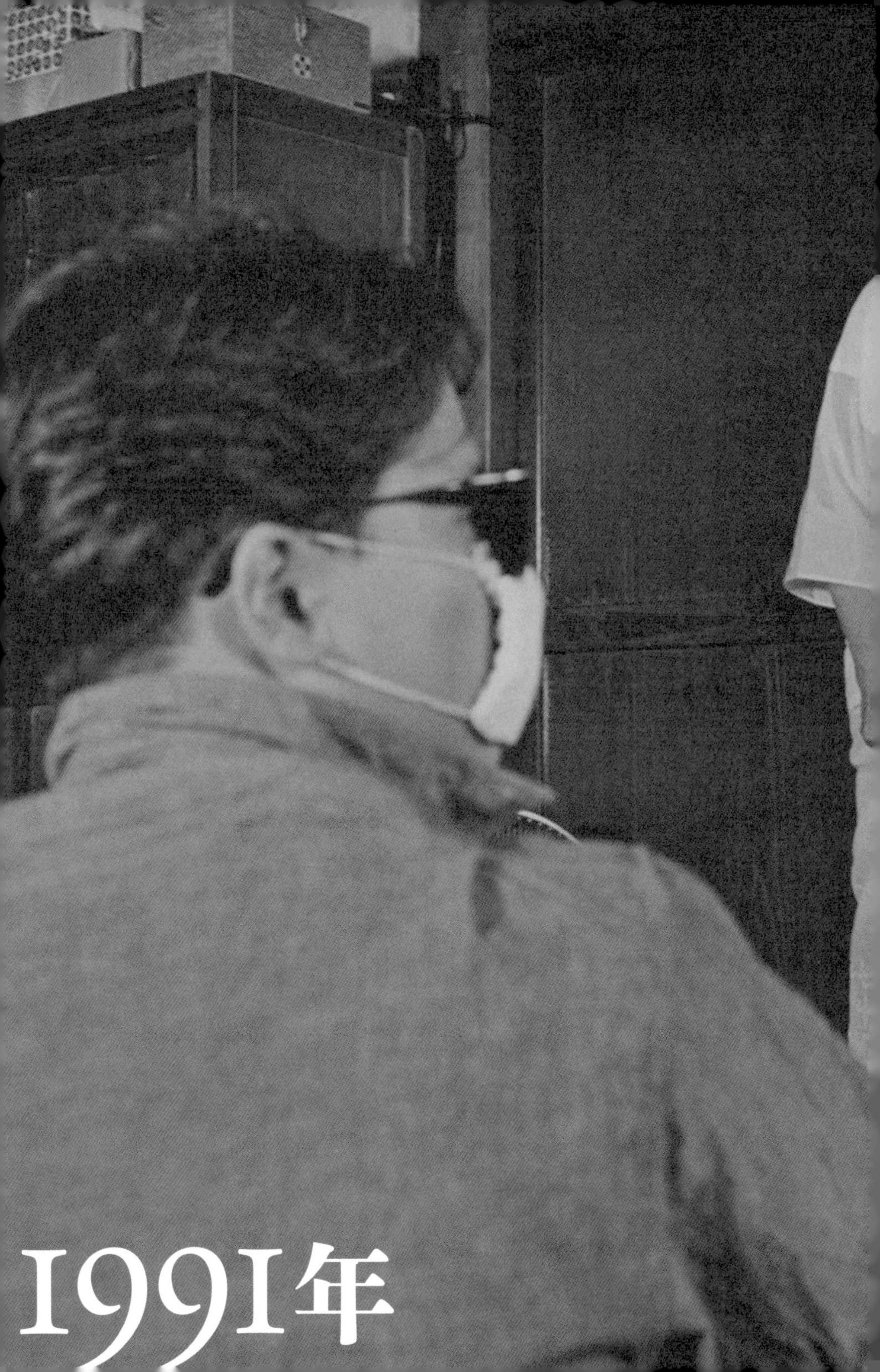
1991年

歴史と現在の跛行

◉舛田利雄の『動天』にはちょっと妙なおもしろさがある。短くいえば、東映時代劇と日活アクションをチャンポンにした魅力、ということになろう。まず主人公の北大路欣也の演技を見ればいい。幕末の動乱をひたすら商人として生き抜く男のはずが、随所で旗本退屈男さながらに大見得を切るさまは、まさしく黄金期の東映時代劇の時ならぬ再現である。それを盛り立てて、横浜の貿易商館などのセットが、少しく雑なものながら、時代劇らしい雰囲気をそれなりにかもしだすし、雪の井伊大老暗殺シーンでは、その雰囲気が一段と高まる。そこまでなら東映京都撮影所の作品というに留まるが、その場その場のアクションの派手さで強引に物語を転がしてゆく舛田利雄の映画づくりは、明らかに日活アクションの流れにあるものであって、この作品を古典的な時代劇から一歩はみださせている。

東映時代劇と日活アクションのそんな混淆ぶりは、オーバーにいえば、歴史性ということであろう。少なくともその一点から、幕末を大胆不敵に走り抜けた男の像があるおもしろさで浮かび上がってくる。では、ここに現在性はあるか。いまこの映画がつくられ見られるとき、現在にクロスするなにかがあるか。どうもそれが感じられない。これが商社のスポンサード作品であり、世間的に注目されている商社なるものの原点を描いているなどと解説したところで、こじつけ以外のなにものでもなかろう。もとよりわたしは娯楽作品に娯楽としての魅力のほかのなにかを求めようとは思わないが、ここでは、その娯楽における現在性を問うているのである。

乱暴にいえば、いま『動天』を製作することは、スポンサーの商社にとっては意味があるかもしれないが、東映京都撮影所にも舛田利雄にも、経済的なことを除けば、なんら必然性がないにちがいない。その必然性の欠落こそが、つまり映画に関わる人々のなかから生まれた企画ではないことこそが、現在性の欠落という結果につながっているのであろう。けれどもむろん経済問題は重要であり、撮影所も監督も、いったん商売として映画づくりを引き受けたからには、持てる力量を発揮する。そこで、東映時代劇と日活アクションをミックスしたあるおもしろさは、それなりに実現されることになってゆく。

わたしの判断では、いま、ほとんどの映画が歴史性と現在性という点で混迷のなかにある。『動天』はその一典型を示すものとしてじつに興味深い。

岡本喜八の『大誘拐　ＲＡＩＮＢＯＷ ＫＩＤＳ』の圧倒的な魅力も、そこに関わっていよう。

この映画はまず、全篇にわたる鮮やかなカット割りのリズムとテンポで快適に迫ってくるが、それをぞんぶんに楽しみつつ、わたしは一九五〇年代後半における日本映画の熱い息吹きを連想した。増村保造、中平康、沢島忠、そして岡本喜八らが、相次いで華々しく登場した時代のことである。彼らの作品はみな、激しいまでに快適なリズムとテンポで注目を集め、新しい時代のなかから生まれた真の戦後映画の出現を告げた。映画づくりの規範に関わる感性が、そこで基本的に一変したのである。『大誘拐』には、それと同じ躍動感が満ちあふれている。もちろんそのことは、岡本喜八が相変わらず昔ながらの感性で映画を撮っているなどということではけっしてない。五〇年代の映画を見て育ったわたしが、懐旧の情に駆られたわけでもない。そんなことではなく、ここで注目しなければならぬのは、明らかに『大誘拐』には戦後映画の初心が熱く脈打っているという事実である。

岡本喜八自身にその意思があったかどうかは別にして、作品を見るかぎり、より映画的な快楽に満ちたリズムとテンポを実現するべく力をふるうなかで、まちがいなく岡本喜八は戦後映画の初心に突き当たり、それに基づいて躍動的な画面をくりひろげている。いいかえれば『大誘拐』は、ある歴史性をカット割りの技法そのもののなかに繰り込むことによってこそ、作品としての魅力を固く結晶させているのである。

この映画については、もう一点、独特の空間性に注目しなければならない。

まず、テレビ画像が重要な役割を果たすことで、誘拐犯一味と警察陣が追いつ追われつするなか、何度も画面には、ふつうの映像とテレビ画像とが複雑に入り混じる。そしてそれによって、いくつもの場所が同時並行的に画面にうつしだされてゆく。その最たるものは、誘拐されながら一味を陰で牛耳る山林王の老女が深夜の森で、いかにも被害者らしく装いつつ、テレビ中継を通じて百億という途方もない額の身代金の調達法を語るくだりであろう。そこでは、老女と一味の若者三人の姿と、それを県警本部長がテレビ中継で見て歯ぎしりするさまと、老女の家族たちがやはりテレビ画像を見て一喜一憂する模様と、離れた場所にいる者たちの姿が、直接の映像やらテレビ画像やら、なんともややこしく入り乱れて描き出される。それがどんな効果を生むか。複数の場所が何種類もの映像でうつしだされるため、描写の視点が錯綜して、映画を見ている者としては、視角を縦横に変化させざるをえず、一定の立場に安住していられなくなってしまうのである。そしてそのことこそが、不自由さとはまったく逆に、カット割りのリズムとテンポと連動して、痛快さをもたらす。明らかにこれは、きわめて独特の空間処理によって実現されたものであろう。映画的空間の複雑な重層性が可能にした自由の感覚、とでもいえようか。『大誘拐』にみなぎる楽しさは、その自由感

動天
監舛田利雄原なかにし礼脚芹沢俊郎、笠原和夫、舛田利雄撮北坂清出北大路欣也、黒木瞳、島田陽子、西郷輝彦封1月26日時123分

大誘拐　RAINBOW KIDS
監脚岡本喜八原天藤真撮岸本正広出北林谷栄、緒形拳、風間トオル、樹木希林封1月15日時119分

獅子王たちの夏
監高橋伴明脚金子正次、西岡琢也撮三好和宏出哀川翔、的場浩司、香坂みゆき、そのまんま東封1月12日時107分

!〔ai-ou〕
監堤ユキヒコ案遊川和彦脚斉藤猛撮高間賢治出柴田恭兵、錦織一清、大槻ケンヂ、岡部まり封1月26日時108分

からやってくるのにちがいない。しかもこの映画は、和歌山オールロケーションの成果を十二分に示して、奇妙な誘拐劇のドタバタ過程を一つの風土のなかに描き出す。和歌山の風土がなんらローカリティとして利用されているわけではなく、重層的な空間をなまなましい形で表現するべく、風土の生気が取り込まれているのである。

空間の重層性といい、それの基盤として風土の力を取り込むことといい、映画の現在的なあり方を考えるとき、強く要請される要素ではなかろうか。その意味で『大誘拐』は映画の現在の最前線を走っている。この作品における歴史性については先述したが、それと現在性がクロスする一点でこそ『大誘拐』の映画的な豊かさが成立しているのである。『動天』とくらべれば、そのことはより鮮明に浮き立ってくる。

いや、歴史性と現在性との交点を欠落させた映画は、なにも『動天』だけではない。くりかえしていえば、いまほど多くの映画がそれに関して混迷を深めていることはなく、歴史性と現在性とのアンバランス、あるいは跛行とでも形容すべき光景は、いたるところに見られる。

高橋伴明の『獅子王たちの夏』が不発に終っているのは、その一例である。事態は同じ監督・主演による東映Vシネマ『ネオチンピラ　鉄砲玉ぴゅ〜』と比較してみれば明らかで、ともに暴力の世界に生きる若者の青春を描くとはいえ、あのオリジナルビデオにあっては、いわゆる実録やくざ映画の流れを踏まえたうえで現在的な感性の表現が見られたのに対して、この映画では、なにかを踏まえるという点でも新しさという点でも、中途半端になってしまっている。ドラマは若者二人をいわば二焦点にしてつづられるが、両者の存在感がひどくバランスを欠いて、対照性などほとんど出ない。俳優の力量の差もあるにはちがいないけれど、作品そのものがさきほど述べた跛行の形になっていることに、なによりの理由があろう。

堤ユキヒコの『!-〔ai-ou〕』になれば、事態はもっと強烈に進行しており、跛行どころか、歴史性と現在性のどちらもまるで感じられない。三人の男の卑小な悪事が語られ、その背後には夢があるという設定になっているが、そんなこと以前に描写のすべてが卑小で、現在性をむなしく信じ込んでいるらしい作者(たち)の気の毒な一人よがりだけが浮き立ってくる。

この『!-〔ai-ou〕』は、正月番組『山田バアに花束を』『スキ!』の二本立ての不入りで、予定より早く封切られた。『獅子王たちの夏』も、やはり正月番組『きんぴら』『ゴールドラッシュ』の二本立てを成績不振で早々に打ち切ったあと、すでに封切日の決まっている『動天』の前に、あわただしく公開された。これらの作品名を列記してわたしが思うのは、番組としてどれをどう差し替えようと、さほど決定的な違いはないではないかということである。むろん理由はどれにも歴史性と現在性の跛行が見られることであって、ある意味では、番組の流れのいいかげんさがその跛行ぶりを象徴してもいる。

　こうしたなか、やはり『大誘拐』のおもしろさは群を抜いていよう。だからといって完全無欠な作品ではなく、いくつもの欠点を指摘できなくもないが、そんなものを突き抜けたところで、歴史性と現在性との交点において〃喜活劇〃の魅惑を弾けさせている。国家に対する意地というテーマの思想性がせりあがってくるのは、その力ゆえである。


（第五四回／三月下旬号）

女優の皺が暴く

◉富野由悠季の『機動戦士ガンダムＦ91』を見て、全篇をおおう消費の勢いのすさまじさに目を瞠った。

　例によって、平和な宇宙都市を破壊する反逆集団に対して若者たちが闘いに立ち上がる話で、人間の形をした〃モビルスーツ〃という巨大兵器による大戦闘が宇宙空間にくりひろげられるが、そこでは、兵器も乗り物も建造物も、むろん人命も、めまぐるしい速度で破壊され消費されてゆく。そして、注目すべきことには、圧倒的なスピードの画面展開のもと、個々の画面そのもの、個々の描写それ自体すら、ただひたすら消費されるためにだけある。つまり、このアニメーションをおもしろがることは、あらゆる意味で物語とはまるで逆に、破壊と消費を楽しむことにほかならないのである。

　たとえば宇宙空間を何機ものモビルスーツが飛び回って闘うとき、あまりにスピーディな描写のため、敵味方の判別がつかないばかりか、かんじんの〃ガンダムＦ91〃がどれかさえ不明になってしまう。おそらくこれはわたしのような古い世代に限ったことで、描写の細部に引っかかって、速さについていけないのであろう。年少のアニメ世代なら、マンガ週刊誌のページを猛スピードでめくるときと同様、この描写の速度でドラマを十二分に楽しんでゆくにちがいない。ドラマ展開にしても、敵方に拉致されたヒロインがコロリと変心して反乱軍の要人として闘うくだりなどは、わたしには描写の細部が素っ飛ばされているとしか思えないが、アニメ世代にしてみれば、そんなことは問題ではなく、敵か味方かだけが判別できればよいのであろう。

　けれども別の観点からいうなら、わたしなどの世代とは違って、細部にこだわることがアニメ世代に独特の感性ではないのか。この作品の場合、宇宙兵器のメカニズムの細部に執着するからこそ、ガンダムＦ91なる新型モビルスーツの活躍が楽しめるはずである。その関心が、しかし同時に、描写の細部などに頓着しない形で成り立ってもいる。

思えば奇妙な事態であるが、いまの情報消費社会にあっては、そのように両極に引き裂かれた形が人々に強いられた常態なのかもしれない。その執着と無頓着のはざまを縫ってこそ、すさまじい勢いの消費が遂行されてゆくのである。とりわけこの作品で個々の描写自体さえ消費のためだけにあることは、映画の現在において描写とは何かを象徴していよう。いうまでもないが、映画的な表現のあり方を問うとき、アニメと実写の区別などはごく小さな問題である。

君塚匠の『喪の仕事』では、仲間の早すぎる死によって若者たちの心に起こる揺れと歪みと抗いが描かれてゆく。親しい者の死は生者にどんな〝仕事〟を課するか。どんな死も観念的であり物理的であるからには、それが課する仕事も心と肉体の双方に関わらざるをえない。そしてそのことはまた、映画という表現の営みに即応してもいる。この作品の指し示すところはそのように興味深いが、残念ながら個々の描写に魅力がない。たとえば巻頭の数分間など、ただ葬式次第を平凡につづるだけで、何年か前の思い出したくもない作品を思い出させるに終ってしまう。また、親友の残したビデオがドラマの核になっていて、着想はおもしろいが、ビデオの内容も用いられ方も、とうてい劇的とはいいがたい。要するにここでは、個々の描写が作品の本来めざす方向へむかって運動化されていかないのである。

伊藤秀裕の『ハネムーンは無人島』についてもほぼ同じことがいえる。パソコン通信で知り合った若い男女の結婚というドラマは、いかにも今日ふうで興味をそそるが、エピソードを積み重ねてゆく描写に魅力が乏しく、二人の身分や性格の違いにしろ、親が結婚に反対するさまにしろ、新婚旅行で南の島に行ってからの二人の姿にしろ、しごく紋切り型に終始する。そこで、パソコンという核心はついにアイデアに留まるほかない。

ビデオなりパソコンなりが題材としておもしろいとはいえ、それらが真に魅力を発揮するのは、個々の描写が運動化していったときであろう。でなければ、ビデオもパソコンもたんに今日的な意匠として消費されるだけに終る。二つの作品で画面にビデオやパソコンの画面が登場するや、わたしは画面の二重性に惹かれる以上に白々しさを感じたが、明らかにそれは描写の運動性の欠落がそこで露呈しているからである。

市川崑の『天河伝説殺人事件』は、奈良吉野の風景やら能舞台やら日本家屋やらを華麗な画面で見せるなか、能楽宗家の後継者争いに絡む連続殺人の謎をつづってゆく。その映像美はしたたかな技量を確実に感じさせるが、タイトルの「伝説」なるものがほんの味付けにしかすぎないのと同様に、すべては装飾としての美以外のなにものでもない。緑の風景も荘厳な能楽も、ただきれいな装飾として消費するためだけに入念に描き出されるのである。それゆえここでは、めまぐるしく展開される画面の美しさにこだわろうとしても、引っかかるところがない。このさまは、なにやら『機動戦士ガンダムF91』の場合に酷似しているのではなかろうか。妙な話になるけれども、わたしが『天河伝説殺人事件』を見てもっとも感銘を受けたのは、多彩な登場人物の一人、岸恵子の顎から首にかけての皺である。主人公の素人探偵は彼女の魅力に惹かれて事件に関わり、ドラマのなかで何人もの人物が彼女の美しさを口にするにもかかわらず、というより、それゆえにいっそう、波打つ皺がなまなましく目に飛び込んでくるとき、わたしはほとんど衝撃に等しいものを感じた。いま思えば、あれは装飾化できないからこそ際立つのであり、つまりはそのことで全篇の装飾性を際立たせているのである。

　五社英雄の『陽炎』では、女賭博師の活躍があくの強い画面の連続で描かれてゆく。けれん味で力まかせに見せるのはこの監督一流のもので、それが今回、相変わらずの形で遂行されるものの、少なからず隙間風を感じさせるのだが、そのこと以上に目をひくのは多彩な登場人物の捌き方である。いや、より正確には役者の処理の仕方というべきか。なにしろちょっと名のある役者にはしかるべき見せ場が用意されており、そこに至るや、ドラマ全体の構成などそっちのけで、その役者の思い入れたっぷりの大芝居がくりひろげられるのである。この作品はそれを串刺し団子のように並べて成り立ち、つぎつぎ役者を処理し消費してゆく勢いで見せてゆく。いうまでもなくこの作品は、二十数年前に隆盛を誇った任侠やくざ映画の焼き直しであり、わたしなどは懐かしさより白々しさをそそられるが、けっこうヒットした。じっさいわたしも封切館で、にぎやかに群れて客席を彩る若い女の子たちの姿に圧倒され、むしろ自分を場違いにすら感じた。彼女たちにとっては、女賭博師をめぐる人情譚もそれと渡世の義理との相克のドラマも、つぎからつぎへ処理されてゆく役者に対するのと同じく、けっして共感ではなく消費の感覚で楽しむものであるにちがいない。かつてやくざ映画を見て、個々の描写に思い入れすることで運動性を感じ取っていたわたしなど、場違いになるのも当然であろう。

　けれども基本的な問いだけは提起しておかねばならない。まず第一に、描写とは消費のことか、と。つぎにはそれに重なる疑問になるが、運動化しない描写など、じつはもともと描写の名に値しないのではないか、と。消費されるだけの描写は運動化することがなく、つまりは表現と呼びうる域に到達しない。そして、運動化しない描写などというものは、ご

機動戦士ガンダムF91
監原富野由悠季案矢立肇脚伊藤恒久、富野由悠季封3月16日時115分

喪の仕事
監脚君塚匠撮丸池納出永瀬正敏、田村翔子、藤井かほり、新井つねひろ封3月21日時112分

ハネムーンは無人島
監伊藤秀裕脚石山真弓、伊藤秀裕撮安藤庄平出伊藤かずえ、尾美としのり、三浦浩一、洞口依子封3月1日時115分

天河伝説殺人事件
監市川崑原内田康夫脚久里子亭、日高真也、冠木新市撮五十畑幸男出榎木孝明、岸恵子、日下武史、財前直見封3月16日時109分

陽炎
監五社英雄原栗田教行脚高田宏治撮森田富士郎出樋口可南子、仲代達矢、本木雅弘、荻野目慶子封2月9日時106分

く単純にいってしまえば、キャメラを回せばうつったにすぎないもので、表現と連結すべき描写とはそもそも次元を異にしている。こんなふうに考えるのは、ほかでもない。あの岸惠子の皺が念頭から離れないからである。あれはまさしくキャメラを回せばうつったもので、そのことによって運動化しない描写に対してあたかも逆襲しているのではないか。女優の皺が映画の現在を感銘深く暴いている、とわたしには思われる。

（第五五回／四月下旬号）

映画の顔が似てきた

◉先日、原稿を書くとき、二つの映画をうっかり混同しかけた。ある作品をめぐってあれこれ考えるうち、いつのまにか別の作品の記憶が紛れ込んでいるのも知らずに、主演女優を取り違えたまま、さらに考えを転がしていったあげく、何か変だなと思って、はたと誤りに気づいたのである。原因がないわけではない。二つの映画がどちらも新婚旅行に南の島へ行く若いカップルを描くゆえに、混線は生じた。むろん、だからといって、まちがいが正当化されるはずはなく、前にも似たようなことがあっただけに、わたしはどっと冷や汗をかいた。

それにしても、このいま、混線の起こりそうなくらい似たところのある映画がつくられたことは、やはり問題にすべきであろう。何十年も前のプログラムピクチュア全盛時代には、大量生産される映画は線を形づくっていたが、現在、映画はバラバラの点としてあって、個別性と独自性でこそ勝負をしなければならない。そんないま、偶然とはいえ、ほぼ同じようなアイデアの企画が立てられたことには、奇異の感すら覚える。

珍しさを狙うあまり、同じ珍しさの着想をつかむ結果になってしまうのか。点として散在することこそが、相互に何の連絡もないゆえ、むしろ逆に類似性を生むことになっているのか。

そんなことを思いながら、最近の作品群を見てみると、ゴールデンウィークをめざすこともあり、それらの顔つきはいずれもきわめて個性的で、さまざまに違っているが、しかし、よくよく目をこらせば、似通ったところの見られる作品が何本もある。そこで、二本ずつ並置方式で論じることにしよう。

＊望月六郎の『スキンレスナイト』

＊黒土三男の『渋滞』

前者ではアダルトビデオの監督の仕事と生活と心情が、後者では年末に車で故郷へ帰ろうとして大渋滞に巻き込まれる親子四人の姿が、リアルに描かれる。題材は似ても似つかないものの、日常からの移動をめざすことがドラマを生み出すという点では、ほぼ等しい構造になっている。親子四人が文字どおり移動を実行するや、たちまち苛立ちの連続に襲われるように、AV監督の場合も、映画でも撮ってみようかなと思うところから、日常が不安で波立ちはじめるのである。そしてどちらにおいても、不安と苛立ちのドラマは、まったく同じように家族の情愛を謳うことへ収束してゆく。

＊秋元康の『グッバイ・ママ』

＊澤田幸弘の『仔鹿物語』

子どもと動物をネタにする点で、すでに類似性は明らかであろうが、ドラマの骨格もよく似ている。片や、不倫中の独身キャリアウーマンにとって、むりやり押し付けられた子どもは異物以外のなにものでもないという設定のもと、闘いの日々をつづれば、片や、動物を愛する幼い心と、野生の鹿を飼えないという市民的秩序との対立のなか、異物として排除された鹿とともに少年が闘いぬくさまを描く。むろんその間、どちらの作品においても、子どもと動物の無邪気さが催涙的に美化されていって、ラスト、それへの愛がドラマを締め括る。

＊大友克洋の『ワールド・アパートメント・ホラー』

＊蔵原惟繕の『ストロベリーロード』

ぼろアパートが恐怖の館になる怪奇ファンタジーと、アメリカでイチゴ栽培に従事する日本人若者の苦労話とでは、まるで次元が違っているが、混民族的な異邦人たちのなかの日本人を描く点では共通する。イチゴ栽培が雑多な人種の労働力によって担われ、そこに民族摩擦ふうのドラマが起こるように、恐怖のアパートでも、立退きを迫る日本人主人公と多様なアジア人住人とのあいだで葛藤がくりひろげられるのである。主人公がともにパターンどおりの激情演技をやらかせば、ドラマそれ自体も、だれもが思い描くパターンを踏みはずすことなく、人種の違いの壁を乗り越えた親和のほうへ向かってゆく。

こんなふうに並置してみると、いっそこの組み合わせの二本立てにしたらおもしろかろうに、と思われてくる。じっさい並べることで、類似点がはっきりする以上に、それぞれの差異も鮮やかに見えてくる。たとえば『スキンレスナイト』で目につく

スキンレスナイト
【監】望月六郎【脚】斉藤水丸、望月六郎【撮】遠藤政史【出】石川欣、八神康子、桂木文、佐藤正宏【封】4月6日【時】105分

渋滞
【監】黒土三男【脚】黒土三男、佐藤峰世【撮】高間賢治【出】萩原健一、黒木瞳、岡田英次、清水美砂【封】4月27日【時】108分

グッバイ・ママ
【監】秋元康【脚】寺田敏雄、秋元康【撮】鈴木達夫【出】松坂慶子、山崎裕太、緒形拳、渡辺えり子【封】4月20日【時】108分

仔鹿物語
【監】澤田幸弘【脚】勝目貴久、澤田幸弘【撮】椎塚彰【出】三浦友和、金沢碧、山田哲平、川谷拓三【封】4月20日【時】116分

ワールド・アパートメント・ホラー
【監】大友克洋【案】今敏【脚】信本敬子、大友克洋【撮】篠田昇【出】田中博樹、中村ゆうじ、中川喜美子、清水宏【封】4月5日【時】97分

ストロベリーロード
【監】蔵原惟繕【原】石川好【脚】山田信夫【出】松平健、石橋保、マリシカ・ハーガティー、三船敏郎【封】4月27日【時】117分

ラスト・フランケンシュタイン
【監】【脚】川村毅【撮】志賀葉一【出】柄本明、原田芳雄、余貴美子、小田部彩【封】4月20日【時】108分

超高層ハンティング
【監】服部光則【原】夢枕獏【脚】武上純希【撮】大岡新一【出】岡森諦、高樹澪、風見しんご、西村知美【封】4月20日【時】97分

映画の都　山形国際ドキュメンタリー映画祭'89
【監】飯塚俊男【撮】大津幸四郎、加藤孝信【封】3月25日【時】93分

のは、主人公が映像世界と現実生活とのあいだを手ぶらで屈託なく行き来することで、その独特の浮遊感が、青春と成熟のはざまにある生の姿をなまなましく表現する。これにくらべれば『渋滞』の画面づくりは凡庸という以外なく、車が千葉から瀬戸内海へ向かう間に、回想シーンで夫婦のなれそめが語られるかと思えば、故郷で一行を待ち受ける両親の姿も適当に描かれるといったふうに、描写それ自体も〝渋滞〟する。

あるいは『ワールド・アパートメント・ホラー』の場合、おんぼろ安アパートの部屋や廊下や壁などのざらざらとした質感に迫力があって、さまざまなアジア人の顔がそれらと同じまなざしで描かれるところから、圧倒的なリアリティが生じる。『ストロベリーロード』にはそんな視線は皆無で、かんじんのイチゴや畑さえちゃんと描写しないまま、主人公のたいそうたらしい表情ばかりを強調するゆえ、そもそもこの男はこんな苦労をしにカリフォルニアくんだりまでなぜ来たのだろうと、かえって白ける疑問を誘い出す。

＊川村毅の『ラスト・フランケンシュタイン』

＊服部光則の『超高層ハンティング』

これらはまさしく二本立てで、自殺病の流行する世紀末的世相を背景にマッドサイエンティストが新しい人間を創り出そうとする科学怪奇ものと、たしかな根拠もないままに人間そっくりの生物を皆殺しにしようとするだけのアクションものとでは、かなり趣きを異にするとはいえ、前者では超人類、後者では亜人種と、ほぼそっくりのアイデアがドラマの核心になっている。そこで超常能力が大きな役割を占める点ではまったく相等しい。要するに両作品とも、基本的には変わりがなく、いまあるがままの人間を越えたいといういかにも世紀末ふう願望を絵にして見せるのである。

いま四つのカプリングを記したが、別の組み合わせも考えられる。たとえば描写については、『ストロベリーロード』と『超高層ハンティング』を並置してみると、主人公の顔のアップに辟易させられる点ではいやになるほど似ていて、顔をうつすということに関して昨今の映画がいかに無神経になっているかが、くっきり浮き立ってくる。また、以上の八作品をずらりと並べてみれば、別のこともわかる。そのうち三本が新人監督のデビュー作で、しかも全員が他業種からの流入組であり、ほかの二本の場合も新人監督の二作目であることは、現在の日本映画における人材のあり方を象徴していよう。新鮮な才能が起用されること自体には異論はないが、それにしても八本のうちベテラン監督の作品が二本だけとは、なにやら寒々しい気持にならずにいられない。そのうえ新人とベテランを比較した場合、トレンドメーカーとか呼ばれる秋元康や演劇界の奇才といわれる川村毅の作品に、なんら新鮮な表現が見られず、いっぽう澤田幸弘や蔵原惟繕のようなベテランの作品にキャリアにふさわしい仕事ぶりが見られず、ほとんど違いがないことには、呆然とさせられてしまう。

以上のほかに、もう一つの並置も考えられる。それは『ワールド・アパートメント・ホラー』とやはり新人の飯塚俊男と小川プロの面々による『映画の都　山形国際ドキュメンタリー映画祭'89』の組み合わせで、劇映画とドキュメンタリーという様式上の違いはあれ、アジアを主題にすることではじつによく似通っている。そして、だからこそ、基本的な差異も鮮烈に際立つ。先述したように前者では、まず日本人と他のアジア人との葛藤があって、それがやがてドラマの進展とともに親和のほうへ向かってゆく。これに対して、一昨年の山形国際ドキュメンタリー映画祭を記録した後者においては、山形市がいかに〝映画の都〟になってゆくかからはじまって、お祭りの模様をあれこれ記録しつつ、その混沌のなか、画面はアジアということに焦点を絞っていって、なぜアジアからすぐれたドキュメンタリーが生まれないかとの問いを投げかける。つまり両作品をくらべた場合、アジアという主題のあり方が、拡散と凝縮と、まるで対照的になっているのである。アジアをめぐってベクトルが逆になっているといえようか。しかも後者で投げかけられた問いは、いうまでもなくさらに別の形の混沌を孕んでいる。

　そこで、あらためて思うに、『スキンレスナイト』も『渋滞』も『グッバイ・ママ』も『仔鹿物語』も『ワールド・アパートメント・ホラー』も『ストロベリーロード』も、なにがしかの葛藤が、ドラマ展開のなか、情愛という一事において収束に至ってしまう点では、ほぼ同じである。たまたま話や設定が似ているくらいなら、さほど大問題ではないといって済ますこともできるが、作品の孕むベクトルが同じだとは、現在の映画的表現の貧しさを示すものとして、とうてい看過しがたいではないか。

　葛藤→情愛、といったふうな形は、むしろ逆倒されるべきであろう。『映画の都』はけっして完成度の高い作品ではなく、粗雑と呼ぶことさえできるが、映画祭の混沌→混沌としてのアジア、というベクトルがそこに表出されるのは大いに注目すべきことであり、そうした反収束のベクトルのなかでこそ、映画の現在が模索されるはずである。

（第五六回／五月下旬号）

アドレッセンスへの郷愁

◉大林宣彦の『ふたり』にはお化けが随所に出てくるが、これはお化け映画ではさらさらなく、怪奇ものでも恐怖ものでもない。ここでは姉娘の幽霊は、妹の前だけに、きわめて日常的にさりげなく出没する。そんなふうにお化けをまったくの日常感覚のレベルで描くところに、この映画の特性が象徴されていよう。なぜならお化けをさえ異物と感じさせないとは、それほど強く濃密に日常性が表現されていることを示すからである。じっさいこの映画は、ごくなんでもない日常描写を積み重ねることで、日々の生活のなかで揺れ動く少女の心を微細に描き上げてゆく。石田ひかりに少し落ち込んだような声で台詞をしゃべらせ、いかにも溌溂としたふうに描かないことが、鮮やかなリアリティを生じさせるうえに、いつもはエキセントリックな演技が鼻につく中嶋朋子も、無力な幽霊の役にふさわしく、じっと見守るだけで妹を鼓舞する者の心を静かに演じて、嫌みがない。こうした姉妹の姿から、ほぼ全篇にわたって、素朴で清純な情感がせつせつと訴え出されてくる。

大林宣彦一流のちょっぴり奇を衒《てら》った部分がないわけではない。妹が〝第九〟を聞きに行って姉の恋人らしき青年と出会うところなどが、まさしくそうであって、変な建物は何の効果も発揮しないままに終る。そんな点ではなく、この作品の場合には、やはり幽霊さえ溶かし込む日常感覚でとらえられた少女の心に、映画的な達成があろう。そうは思うものの、しかし、ここに表現されたものは少々幼すぎるのではないか、とわたしには感じられる。石田ひかりの役は中学生から高校生へと移ってゆくが、成熟へ向かうといった趣きはまるで見られず、なにやら映画という器のなかで純粋培養された少女のように思われるのである。妹がいつも姉に見守られていることも含めて、作品全体が、幼稚さに対する保護意識の膜に包まれて成り立っているといってもよい。それから逆に見れば、お化けが異物性を発揮しないのも、その被膜にあらかじめ遮断されているからということになる。

この未成熟への傾斜は何なのか。それはいわゆる少女趣味などではなくて、幼稚さへの強いこだわりであるが、いったいなぜそうなのか。

たとえばここに降旗康男の『首領《ドン》になった男』を並べてみる。すると、ただがむしゃらに悪どくのしあがるだけの主人公も、それを可能にするというふうに描かれる現代社会の絵解きも、雑駁に終始する描写も、成熟に関わる映画の穢《きたな》らしさをのみ感じさせるし、まずなによりおもしろくない。ならば、純粋培養された未成熟のほうへ傾いてゆくのも当然のことであろう。しかしじつは、悪どい男の年代記を描くこの映画にしてからが、なんとも幼児的な金銭執着といい、たわいない行動原理といい、むしろ未成熟性によってこそ支配されている。

そう思って見渡すと、幼さで成り立った映画の多いことが目につく。塚本晋也の『ヒルコ　妖怪ハンター』もその一つで、沢田研二のドジな考古学者が中学生の男の子とともに化けもの退治をやらかすが、そのドタバタぶりはひどく幼児性に満ちている。むろんこの場合には、狙いが寓話ないしパロディにあって、それに見合ったものとして幼児性が強調されているにはちがいない。けれどもその点でいえば、寓話性や遊戯性すなわち幼児性と考えること自体のなかに、むしろ幼児的なものが感じられる。

森田芳光の『おいしい結婚』も幼さで成り立った映画である。これまでの森田作品とはかなり違って大胆な表現がほとんど見られず、おとなしい映画になっているが、そのぶん幼児的になったといえようか。幼さは母親役の三田佳子にもっとも集約されている。メリーウイドウなる言い方があるけれども、この未亡人はそれ以上にもはしゃぎまわって、その甘ったれた幼児性はとても結婚する娘がいる母親とは思えない。明らかにこれは、いつも中年男三人からちやほやされて見守られていることからくる甘えであろう。この映画では、題名にある〝結婚〟の当事者たる娘が主人公ではなく、ヒロインは母親であって、見合いとなれば母親のほうが娘より若々しく着飾ってくるし、いざ結婚式となれば、女学生じみた衣裳で花婿・花嫁の真ん中に立って写真に収まる。これではとうてい〝花嫁の父〟ならぬ〝花嫁の母〟のドラマになるわけがない。そうなるには、あまりにも幼児的すぎるからである。『ふたり』の母親役の富司純子も、そういえば幼児的であるが、あの場合には心の病気という設定ゆえ、事情が違っている。

もしかしたらこれは、いい歳をしたおとなの女を揶揄して描く映画なのかと思わないでもない。しかし三田佳子の演じぶりはオーバーではあるが、パロディの域にはなく、描写のあり方からは、からかいとは逆に、中年男三人と同じくヒロインの甘えを好もしく見守る視線が感じられる。その意味では、むしろこれは女優の何たるかを描く映画であると見るべきであろう。過剰に若々しく着飾ることといい、年齢にふさわしくないほど幼くはしゃぐことといい、見られる意識に徹することといい、ここでの母親はある種のヒロイン女優にほかならない。つまりこの場合、三田佳子は二重にヒロイン女優であって、そこのところから濃厚な幼児性が発している。

それにしても、いくつもの映画が幼さにおいて成り立っているのは、やはり奇異なことではある。どういうわけで映画は、いま、幼稚さにこだわり、未成熟なものに傾斜してゆくのか。

この点に関しては『ふたり』がある答えを示している。先述したように、この映画が日常のなかで揺れ動く少女の心を巧みに描き、そこから情感がにじみでてくるとき、なにか純粋培養された少女のイメージというふうに感じられるが、いいかえればそれは、生身の少女それ自体とはすこし別のものを見ていることにほかならない。どうやらそこでは、成熟に至

ふたり
監大林宣彦原赤川次郎脚桂千穂撮長野重一出石田ひかり、中嶋朋子、富司純子、岸部一徳封5月11日時150分

首領(ドン)になった男
監降旗康男案桂木薫脚中島貞夫、西岡琢也撮赤塚滋出松方弘樹、十朱幸代、名取裕子、近藤真彦封5月11日時110分

ヒルコ　妖怪ハンター
監脚塚本晋也原諸星大二郎撮岸本正広出沢田研二、工藤正貴、上野めぐみ、竹中直人封5月11日時90分

おいしい結婚
監脚森田芳光撮前田米造出三田佳子、斉藤由貴、唐沢寿明、田中邦衛封5月18日時109分

カレンダー　if,just now
監小久保利己脚ぜんとうひろよ、鈴木則文撮喜久村徳章出大鶴義丹、川越美和、竹内力、川上麻衣子封5月11日時98分

ふたりだけのアイランド
監脚すずきじゅんいち原箕田律子撮姫田真左久出中川安奈、増田恵子、ジョニー大倉、荒井紀人封5月11日時117分

る前の若さへむけての懐かしさのもとに、少女のイメージが描き出されているのである。アドレッセンス(思春期・青春期)への郷愁、とでも名づけるべきか。そんなまなざしで見つめられるがゆえにこそ、少女は保護膜に包まれて一段と幼くなり、作品世界は純粋培養の器となり、そして、郷愁に濡れているぶんだけ情感がせつせつと訴え出されるにちがいない。同じことは『おいしい結婚』についてもいえる。明らかにヒロインはアドレッセンスの郷愁のまなざしで描かれ、それゆえ母親にしては幼くて、あるいは郷愁でしかないことがあまり意識されていないために、甘えが過剰になっているのかもしれない。三田佳子と娘役の斉藤由貴とを比較してみれば、よくわかる。いっぽうが野放図にヒロイン女優を二重に演じるのに対して、斉藤由貴の演じぶりがいつになく沈んでいるのは、いままさに生きつつあるアドレッセンスが郷愁で囲われているからであろう。アドレッセンスへの郷愁こそが、いくつもの映画に幼さとして見られるものの正体である、とわたしは思う。

小久保利己の『カレンダー　if just now』では、初老の男女が肉体だけ五十年前の恋人時代の状態に若返るが、そこから起こるおかしな出来事の連続のあげく、二人が若々しい肉体を手に入れながらも、元の老人に戻ったほうがいいと判断するに至る展開には、アドレッセンスをあくまで郷愁の域に留めておきたいという志向が示されている。いっぽう、すずきじゅんいちの『ふたりだけのアイランド』では、新婚旅行で南の無人島へ出かけた若い二人の姿が、いわば文明とロビンソン・クルーソー的状態の葛藤のなかで描き出されるとき、そんなドラマよりも以前に、ヒロインの中川安奈の肉体がただ無意味に浮遊していることが浮き立ってくる。アドレッセンスの大きな区切り目としての結婚を描くにしては、もっとも注意を向けられるべき女優の肉体性が放置されていて、アドレッセンスをなまなましく表現することの困難さをさえ感じさせるのである。そこからアドレッセンスへの郷愁まではわずかな距離であろう。

むろんいうまでもなく、多くの映画がアドレッセンスへの郷愁にとりつかれていることは、つくり手たちの年齢とはまったく関係がない。この点にこそ強く注目しなければなるまいが、そうした事態は明らかに映画の現在的なあり方と関わっている。

かつて加藤泰は、映画は「青春のものであらねばつまりません」と述べた。『人生劇場』(一九七二)を撮ったときである。映画は青春のものだというこの明快な断言と、最近の映画に見られるアドレッセンスへの郷愁とは、一つのものであろうか。加藤泰がそのように述べて撮った作品に、アドレッセンスへの郷愁が認められるであろうか。もちろんわたしにはそうは思えない。

加藤泰の作品はどれもみな、作品を見ればだれにでも容易にわかるように、その断言のとおり、映画それ自体の命において青春の若々しさを生きているが、アドレッセンスへの郷愁で成り立つ作品にあっては、事態が違っている。加藤泰のことばにならって〈映画＝青春〉とみなすなら、そこでは、いわば〈アドレッセンス＝映画〉が郷愁のまなざしで見つめられているのである。映画を郷愁に湿った目で見つめ、つまりは純粋培養的に保護膜で包み込む。あの『ふたり』がにじみだす情感の美しさとは、おそらくそのことの感銘に基づいているにちがいない。また『おいしい結婚』の母親があまりにも幼稚なためにある種のヒロイン女優に見えるのも、そのことを意味している。

　大林宣彦と森田芳光といえば、映画の現在の最先端をゆく監督である。そんな二人が映画への郷愁を作品に底流させるなどとは、べらぼうな話ではないか。そのあたりに関しては、黒澤明の『八月の狂詩曲《ラプソディー》』と鈴木清順の『夢二』がさらに興味深いものを見せている。

（第五七回／六月下旬号）

黒澤明と鈴木清順

◉黒澤明の『八月の狂詩曲《ラプソディー》』に讃辞が集まっている。むろん映画の評価は人さまざまであっていいとは思うが、わたしには、だれもがずいぶん低いところで満足しているように見えてならない。

　たしかにこの作品には、祖母と孫たちが縁側で語り合うときの庭先の濃密な空間や、ラスト、その庭先が一気に土砂降りになる瞬間のダイナミックな描写の勢いなど、目を瞠らせる部分はある。そこに鮮やかな巨匠の若々しい力に対し、尊敬の念をいだかぬわけでもない。けれども全体として見るなら、この作品はさほど傑出したものではなく、むしろマイナス部分が多くて、それよりなにより、まず楽しくないというのがわたしの基本的な印象である。

　たとえば孫たち四人が、ついさっきまでハワイ行きの話に無邪気に興奮していたかと思うと、原爆の惨劇について少しばかり見聞きしたとたん、震えるような声で反戦の思いを口にする。なんとも空々しいこんな子ども像は、おとなの観念の産物でしかなかろう。あるいは、念仏を唱える人々→蟻の行列→咲き匂うバラの花、といった展開は、じつに押し付けがましく意味解読を強いてくる。緑の山と山のあいだに巨大な目玉が登場するカットもまったく同様で、とってつけたような意味作用以外のなにもない。これらは巨匠に似つかわしくない造形度の低さを示すが、まさしくその低さに見合った形で安手のヒューマニズムが訴え出される。子どもがころりと良識的反戦主義者になったり、ハワイからやってきた日系二世の甥が老女に原爆問題でいともあっさり謝罪したりといった描写に、それ以外の何が感じられよう。

黒澤明はこの作品の公開に合わせ、多くの新聞雑誌のインタビューに応じていたが、それを見ると、きまって一つのことが異様なほど強調されている。自分はメッセージのために映画をつくったのではない、という意味のことである。たぶんこれは、試写のあと、外国人記者から、日本が原爆の被害者であった側面だけを描いて、加害者としての日本という点をなぜ無視したのか、と問い詰められたことによるのであろう。けれども『八月の狂詩曲』は、どこからどう見ても、まぎれもなくメッセージ映画である。外国人記者の質問も、だからこそ発せられたにちがいなかろう。そして、メッセージ映画であること自体に引け目を感じる理由はなにもない。メッセージ映画であることと感動的な作品であるかどうかとは、まったく別の範疇に属する。たとえば小池征人のドキュメンタリー映画『狭山事件　石川一雄・獄中27年』は、二十八年前の殺人事件における冤罪と差別の構図をごく素朴に浮かび上がらせ、明快なメッセージを訴えてくる。にもかかわらず黒澤明が、まるで観客に対して予防線を張るごとく、メッセージ映画ではないと執拗にくりかえし強調する。このいわば弁解の光景は、なにか二重に異様なものに感じられてならない。

明らかに『八月の狂詩曲』は、黒澤明作品だからこそ注目され、称讃を浴びている。わたしがそう判断するのは、さきに述べたように、造形度の低さと安手のヒューマニズムが手を結んでいる図を見るからである。まさしくその点に関わって、外国人記者の問いも出てくる。アメリカ人に原爆問題で一方的に謝罪させる画面を見れば、いい気なものだとだれしも思い、そのあまりに安易なヒューマニズムに対して文句の一つも言いたくなろうではないか。そこで、つくり手としてはそれを踏まえ、異様なまでに弁解して予防線を張ることになる……。どうやらそんな悪循環がくりひろげられているのであ る。みんなが低いところで満足しているように見えるとさきに記したのも、そのことに基づく。

たとえば中島貞夫の『新・極道の妻《おんな》たち』は、暴力団抗争の渦中におかれた母親と息子の葛藤をていねいに描いて、ある情感を確実に訴えてくる。また、金子修介の『咬みつきたい』では、平凡な管理職サラリーマンが吸血鬼ドラキュラに生まれ変わるという設定のもと、風刺性もあるドタバタがけっこうおもしろく展開される。あるいは村上修の『真夏の地球』を見れば、三人の少年が美しい姉妹と謎のスイカ男をめぐって体験する感情のうねりが、青春の夏の一情景として鮮やかに描かれている。

これらの作品は、昨今の映画的水準からすれば、まずまず上出来の部類にはいる。文句をつけようとすれば、アラはいくらでも見つかるが、少なくともこれらに流れるセンチメンタリズムやロマンチシズムに対して、だれも安易だなどとは思うまい。それゆえ弁解も予防線もまったく不要である。要するにこれらの作品は、さきほどの悪循環とは無縁のところで成立している。けれども現在、映画の状況は、これらの作品の程度ではけっして満足できないところまで突き進んでいる、とわたしは思う。なぜならこれらにうかがえる魅力は、かつてのプログラムピクチュア全盛時代のそれをほとんど一歩も出ていないからである。

　では、もうこの程度で満足できる時代ではないと断じて、これらの作品を断って捨てれば済むだけの話か。しかしそれでは、あまりに映画の現状が絶望的ではないか。まずまず上出来の作品である以上、その良さだけは積極的に擁護すべきではないのか……。ここからあの悪循環がはじまることはまちがいない。その意味で『八月の狂詩曲』をめぐる悪循環の構図は、明らかに映画をなんとか擁護防衛しようとする意識のあらわれであって、きわめて現在的なものである。

　鈴木清順の『夢二』は、そうした動きとはまったく対極に位置するように見える。例によって例のごとく、低いだの高いだのといったことを無化する域で作品が成立しているからである。

　それにしても、ほんと、この映画はわからない。登場する殺人鬼が〝わからんちゃ〟と印象深く呟いて自殺するが、思わずそれに唱和したくなる。わからない映画などと口にすれば、かつて二十数年前、鈴木清順を一方的に首にした旧日活の社長と同一視され非難されるかもしれない。けれど、そもそもわからないように撮った作品であるからには、正直にわからないと言うことは礼儀に反しはすまい。まして現在は、わかるわからないが大問題にもなったプログラムピクチュアの時代とは違う。〝わからない発言〟を非難する者のほうこそ、むしろプログラムピクチュア時代の感覚に留まっているということができる。

　ここでは金沢を舞台に竹久夢二の過剰な放浪が描かれ、三人の女をめぐる色恋沙汰やライバル画家との確執などがつづられるが、いつもの鈴木清順作品のように、ふつうの意味でのストーリー展開は粉々に破壊され尽くしている。画面にあるのは、強烈な色彩とフォルムの乱反射と乱舞ばかりである。

　それゆえこの作品を見ることの快楽とは、そうした色と形の激しい動きに目と耳を刺激されつづけることであり、もし竹久夢二なる人物の像を見ようとするなら、乱反射と乱舞の過剰さのなかに彼を感じる以外ない。じっさい画面では華麗なスペクタクルが息つく間もなくくりひろげられ、そのな

八月の狂詩曲(ラプソディー)
【監】【脚】黒澤明【原】村田喜代子【撮】斎藤孝雄、上田正治【出】村瀬幸子、吉岡秀隆、大寶智子、リチャード・ギア【封】5月25日【時】98分

狭山事件　石川一雄・獄中27年
【監】小池征人【撮】大津幸四郎、須藤恵司【封】5月18日【時】90分

新・極道の妻(おんな)**たち**
【監】中島貞夫【原】家田荘子【脚】那須真知子【撮】木村大作【出】岩下志麻、高嶋政宏、桑名正博、かたせ梨乃【封】6月15日【時】114分

咬みつきたい
【監】金子修介【脚】塩田千種、金子修介【撮】川上皓市【出】緒形拳、安田成美、石田ひかり、森本毅郎【封】6月1日【時】98分

真夏の地球
【監】【案】村上修【脚】榎祐平【撮】藤沢順一【出】菊池健一郎、深津絵里、筒井道隆、山口祥行【封】6月1日【時】106分

夢二
【監】鈴木清順【脚】田中陽造【撮】藤沢順一【出】沢田研二、原田芳雄、毬谷友子、宮崎萬純【封】5月31日【時】128分

かで沢田研二が不思議な夢二像をみごとに演じきっている。このデタラメなまでに徹底した色彩とフォルムだけの表現は、疑いもなく鈴木清順のいわば意味に対する過激な敵意のあらわれであろう。物語やそこにおける人物の感情が意味的にのみ解釈され、映画ならではの表現の総体が意味へと収斂させられてしまうのを、徹底して固く拒むのである。そこからじつに当然のこととして、わからないということが結果される。詳述する余裕はないので短くいってしまえば、ここでは、そのことを百も二百も承知のうえで、男女の関係をめぐるメロドラマ→色と形によるアクション映画→それらの綜合としてのスペクタクル、といった過程的構造において、自由奔放な作品の成立が目論まれていると見ることができる。

ところが奇妙なことに、いつになく鈴木清順自身がわかるわからないを気にしている節がある。いくつものインタビュー記事にそのことが感じられるし、『夢二』の東京公開初日の舞台挨拶でも、鈴木清順は観客にむかって「ぼくがいままでつくったなかではいちばんわかりやすい映画です。これがわからないようなら、日本人をやめるしかありません」と、いわずもがなのことを語りかけていた。むろんそれは、そのように明言することで相手を挑発しようとするこの人一流の皮肉と見えなくもないが、これまでそんなことを言うのは皆無に等しかっただけに、奇妙に思われはする。なにやらそこには、映画の現在における鈴木清順の位置が暗示されているのではなかろうか。ある意味で、あの黒澤明の弁解・予防線とどこかで通じ合うものが、そこに感じられはしないか。そんなふうにわたしが問いたくなるのは、じつをいえば、『夢二』の奔放な表現を認めつつ、ある虚しさをかすかに覚えずにはいられないからである。

鈴木清順の作品は低いだの高いだのを無化すると先述したが、しかし考えてみれば、いま、映画を見るほとんどすべての人が、否応なく低いところで満足させられているといわねばならない。そんなことでは、鈴木清順の過激な破壊力は無意味になってしまう。だれもが知っているように、鈴木清順はかつてプログラムピクチュア全盛時代に、無数の他作品の強固な造型があるなかで、いわばそれらの土台を揺るがし壊すようにして映画を撮ってきたが、昨今、相手のほうが、〝底〟の抜けた状態にある。つまり、わたしの直感に誤りがないとすれば、そんなふうに周りの作品との緊張関係の無化したところで、『夢二』の奔放さは虚しさにまみれているのである。いつになく鈴木清順がわかるわからないに拘泥しているように見えるのは、そのことを裏づけるのではなかろうか。

ごく単純にいえば、黒澤明と鈴木清順は真っ向から対立しなければならず、対立することでこそ映画の状況が豊かになる。ところがそうはなっていず、それどころか、裏返しの形で接する域にまで両者は追い込まれている、とわたしには思われる。

（第五八回／七月下旬号）

映画を早送りしたくなる

◉薬師寺光幸の『幕末純情伝』を見たあと、うーむ、残念だなあ、と思わず独り言が出てしまった。それは単純にわたしが永年の新選組映画ファンであるからかもしれないが、そんなこと以上に、この作品の活劇としての不発ぶりが惜しまれたからである。

沖田総司がじつは女であったという設定のもと、動乱の幕末を舞台に、ハチャメチャなまでに熱気に満ちた青春群像が描かれる。このアイデアはおもしろい。渡辺謙の豪快一直線の坂本龍馬が魅力たっぷりで、牧瀬里穂がヒロイン沖田総司役をけなげに演じ、杉本哲太の土方歳三が屈折した心情をしたたかに見せ、と、妙な三角関係をくりひろげる俳優たちもいい。画面は盛り沢山に工夫が凝らされており、スラップスチックコメディばりにめまぐるしく展開する。だが、どの要素のおもしろさも弾けない。材料はすべて痛快さを指示しているはずなのに、画面を見ていると、ただ空転の気配ばかりが感じられてくるのである。つくり手の気負いは描写の賑やかさから明瞭にわかるが、それが手応えある描写に結実する以前の段階で空回りしているといえばよかろうか。ほんの一例をあげれば、とりわけ最初の何十分間か、台詞がほとんど聴き取れない。スピード的快感のために中身が犠牲にされているわけで、これでは描写に手応えがあるはずはなかろう。いっさいがその調子で進行する。そこで、見るほうとしては、賑々しさは受け取るものの、描写の細部にひっかかることができない。残念に感じて当然であろう。

ごく素朴にいえば、わたしはこの映画を早送りで見たみたいな印象を持った。明らかに質感の稀薄さのゆえである。もしかしたらそれが、いまの時代によく適合しているということかもしれない。それかあらぬか、中村幻児の『殺人がいっぱい』を見たときなどは、しきりに早送りしたくなって困った。

そんなふうに映画を見ながら早送りのことが意識されるのは、ビデオで映画を見るときの癖がつい出てしまうのであろう。そしてそのことは、昨今、数多くの映画がビデオにするためにこそ製作されているという事態と裏表の関係にあるにちがいない。たとえば金田龍の『電影少女』は、副題「VIDEO GIRL AI」が示すまでもなく、ビデオ用につくられたものであることは一目瞭然で、ついでに映画館にかけられたにすぎないと思われる。玉川長太の『ふざけろ！』も細野辰興の『激走トラッカー伝説』も、そのような作品であろう。このなかでは『激走トラッカー伝説』が二番煎じの企画をさわやかに料理して新人らしさを見せるが、たいていの作品は、ひたすらさっさと通り過ぎたくなる。スピード時代のなか、作品の存在そのものが早送り的に遇されるというべきか。そういえば磯村一路の『あさってDANCE』などは、もう封切りされたかなと思うか思わないうちに、早々とビデオ化されて売りに出されている。

ビデオで映画を見るのが嫌いなわたしでも、昔の映画をビデオで見る機会が多くなった。そこで早送りなどということを意識するようになったのだが、しかし、以前に見た映画を必要があってビデオで見直す場合、いつも感じるのは、すぐにビデオであることを忘れてしまい、まぎれもなく映画として見ていることである。そこには、どんなふうに見ようとも、やっぱり映画は映画、ビデオはビデオという区別がはっきり指し示されていよう。ごく単純にいえば、ビデオは空間性よりも時間性のほうに中心を置いて成り立つ。早送りや一時停止ができるのは、そのためである。人によっては一時停止でキャメラワークなり構図なりを調べる場合もあるらしく、一見それは空間性に関わることのように思われるが、けっしてそうではなく、動きにこそ表現があるのに停めてしまうことは、より時間性に基づく行為であろう。これに対して、映画は、時間の伸縮ができず、映画館の闇が必要なことに示されるように、空間性のほうに力点を置き、そこに時間性をも含み込むことで表現として成り立つ。ビデオにも空間性はあるが、それは時間性のなかに含まれるという以上に、むしろ時間性へと転換され尽くしているということができる。そこで先述のように、ビデオなのにあくまで映画として見てしまっている場合には、ビデオの時間性を享受しつつも、そのなかに転換されている映画の空間性を感じ取って、いわば再転換させているのではなかろうか。

変な話になるが、ビデオ化されたものを見たほうが、その作品の映画らしさの度合がよりわかるのかもしれない。そこいらの映画より、いわゆるオリジナルビデオ作品、最近なら石井隆の『月下の蘭』や大川俊道の『サニー・ゲッツ・ブルー追撃のキーウエスト』のほうが映画の魅力を強く感じさせることも、それを裏づけている。その意味からも、さきの『あさってＤＡＮＣＥ』はもったいない。正体不明の若い女の子に若者が翻弄されるだけのドラマであるが、ベンガルや菅田俊や大杉漣など脇の人物像が鮮やかに造形され、その魅力に囲まれることで主人公の中嶋朋子と石橋保がいきいき躍動するさまには、映画ならではの手応えがうかがえるからである。ビデオになってもそれは楽しめるとはいえ、もう少し映画として留まってほしかった。

新人山崎博子の『ぼくらの七日間戦争2』は、街や港や島などの風景の切り取り方にじつに新鮮な感覚があって、それを基盤にすることで、いたずらっ子たちの冒険とおとなに対する闘いを潑溂と展開してゆく。描写の質感がたわいない話に魅力的な手応えをもたらすのである。やはり新人の小島康史によるドキュメンタリー『らせんの素描』は、それと逆の場合といえようか。登場する同性愛の男たちは、若者も中年男も初老の人も、個性的な豊かさにあふれ、強烈な手応えで迫ってくるが、奇妙なことに、それを現に描き出しつつある画面それ自体はじつに頼りなく、質感も手応えも感じさせない。同性愛の男たちの生活と意見という素材には、ある時空性がはっきりうかがえるものの、それがついに素材に留まって、映画としての描写の時空性へと転換されていないのである。

たぶん『ぼくらの七日間戦争2』のつくり手は、題材としての子どもたちと勝負したにちがいない。描写の細部にそのことは出ている。それに対して『らせんの素描』の場合には、素材をただ追いかけてゆくだけのつくり手の姿をうかがわせる。金子修介の『就職戦線異状なし』についても同じことがいえて、若者たちの就職活動という今日的な題材がただ垂れ流されてゆくばかりで、どんな質感にも結実しない。題材との対峙の姿勢が稀薄であれば、作品が固有の時空性＝質感を持つはずはなかろう。そんなものに接したとき、わたしは映画の早送りなどという奇怪なことを考えてしまう。いくらそれがいまの時代の空気に合致していようと、そして自分もそちらの方向へ引っぱられているらしいにせよ、とうてい喜ぶ気にはなれない。

さきの『幕末純情伝』に戻れば、つくり手の気負いが全篇に満ちあふれているとはいうものの、どうやらそれは、題材をどう料理するかの方向にだけ向かっていて、題材と格闘し勝負するというふうにはなっていない、とわたしには思われる。まさにそのあたりが、同じように幕末の青春群像を描く澤井信一郎の『福沢諭吉』と遠く違っている。（第五九回／八月下旬号）

幕末純情伝
監脚薬師寺光幸原つかこうへい撮浜田毅出渡辺謙、牧瀬里穂、杉本哲太、伊武雅刀封7月6日時105分

殺人がいっぱい
監中村幻児脚野沢尚撮野田悌男出多岐川裕美、高橋かおり、布川敏和、古尾谷雅人封7月13日時103分

電影少女　VIDEO GIRL AI
監金田龍原桂正和脚桂正和、吉本昌弘撮丸池納出大沢健、坂上香織、保阪尚輝、浜口ひろみ封6月29日時95分

ふざけろ!
監玉川長太脚香川まさひと撮村野信明出ヒロミ、ミスターちん、デビット伊東、つみきみほ封6月29日時95分

激走トラッカー伝説
監細野辰興脚宮下隼一、細野辰興撮村野信明出渡辺裕之、小西博之、浅田美代子、駒木根尚美封6月29日時95分

あさってDANCE
監磯村一路原山本直樹脚香川まさひと撮長田勇市出中嶋朋子、石橋保、裕木奈江、大杉漣封6月22日時91分

月下の蘭
監脚石井隆撮下元哲出根津甚八、余貴美子封6月27日(OV)時80分

サニー・ゲッツ・ブルー　追撃のキーウエスト
監脚大川俊道撮室賀厚出七瀬なつみ、又野誠治、ハント敬士、松山鷹志封6月24日(OV)時70分

ぼくらの七日間戦争2
監山崎博子 原宗田理脚稲葉一広、山崎博子撮鈴木耕一出明賀則和、渋谷琴乃、具志堅ティナ、高良陽一封7月6日時80分

らせんの素描
監小島康史撮土橋秀行、中井数馬封6月22日時103分

就職戦線異状なし
監金子修介原杉元伶一脚福田卓郎、金子修介撮高間賢治出織田裕二、的場浩司、仙道敦子、和久井映見封6月22日時103分

◉高畑勲の『おもひでぽろぽろ』は、なかなか凝った二重構造のドラマになっていて、二十七歳の独身ＯＬが一人旅をつづけるなかに小学五年の彼女自身を頻繁に登場させ、あたかも二つの生の形を対比するかのように展開してゆく。より正確には、なにか不確かな浮遊感のなかにある現在の自分が、幼いながら鮮明に確実な手ざわりで存在した過去の自分と対話するという構成であり、アニメーションならではのユニークな方法といえよう。そうした構造のなか、過去の自分によって洗われ、リフレッシュされて、現在の生の形を少しずつ明確なものにしてゆく主人公の姿が浮かび上がる。

うまいと思う。多くの人に訴える力に満ちた上出来の作品だとも思う。しかし同時にわたしは、ごく基本的なところで不満と疑問を感じずにはいられない。というのは、どう見ても、ここでは、いじらしいエピソードの数々をつづった過去の部分のほうが、現在の部分より数段おもしろく魅力的で、熱く心に染み入ってくるからである。

描写のタッチが、現在の部分はリアルに、過去の部分はマンガらしさを強調してファンタスティックに、と、二様式になっているのも、この作品のユニークさであろう。その方法意識は理解できなくないが、画面を見ていると、どうしても両者をくらべることになって、アニメとしてのある完成度を示す過去の部分の絵に対し、現在のリアルな絵がひどく凡庸でつまらないものに感じられてくる。そしてそのことに重ねて、たわいないけれど切実さにあふれた幼い日々の部分のほうが、より魅力的に浮き立つ。

現在を括弧でくくる

つまりこの作品では、本来の狙いとしては、現在を過去によってリフレッシュするはずが、現在のつまらなさによって過去をよりいっそうおもしろく見せる結果になってしまっているのである。作品の根幹に関わる逆転現象、というべきか。しかもそれが見て見ないふりに放置されているようで、そこにわたしは不満と疑問を覚える。

チラシの解説によれば、原作マンガには現在の部分はないという。アニメ化にあたって、原作の世界に現在の時制が対比的な形でプラスされ、むしろ過去によって現在が変わってゆくことのほうにドラマの力点が置かれた。いうなればそれは、原作にくりひろげられている過去の世界を括弧でくくって、現在をこそ描こうとすることを意味する。けれどもそれが結果的には、まるで逆に、現在を一種の枠にして過去をより魅力的に描くことになっているのである。現在の部分の導入が原作の魅力を別の形で生かす逆転を狙ったとすれば、再逆転が起こったということになろうか。

そもそも括弧なるものがよくないのではないか、とわたしは思う。たしかに現在と過去の対比はおもしろいが、どちかがたんに括弧の役割になってしまうのであれば、両者ともドラマとしての力を失うにちがいない。

金秀吉の『あーす』では、あからさまに括弧が使用されている。小学三年の少年のドラマが、成人した彼の回想する形でつづられるからである。

たいそうなドラマではない。小学三年の男の子がゴミ収集車に魅せられて、せっせと手伝い、それがさまざまな波紋をくりひろげるというだけの話で、とても小さいが、じつに爽やかな感銘を結晶する。なによりの成果は、大阪弁による日常生活の断片がたしかな感触で積み重ねられるなか、主人公の少年をはじめ、登場する子どもたちが全員、潑溂と描かれ、なまなましい生の躍動感を発揮することであろう。それを際立たせる力として、多くのシークエンスのいわゆるカット尻が、ひょいと撥ね上がってユーモアを強く放ち、ほんの直前までの描写を対象化すると同時に、それをさらに活性化するようにも作用する。

そんなものがどうして括弧でくくられねばならないのか、わたしには納得できない。しかもこの場合、たんに過去が回想されるのではなく、二〇〇七年に二十六歳の青年が一九九〇年の自分を回想するという形式ゆえ、まさしく現在が括弧でくくられるのである。もしかしたら作者は、ゴミ集めに夢中になる男の子の話だけをストレートに描けば、単純な環境美化運動キャンペーン的映画になってしまうとでも思ったのであろうか。けれどもわたしの判断では、子どもたち全員の生き生きとした顔つきだけでも、そんな域を越えているのに、括弧がそれを減力させる結果になっている。そういえば永田貴士の『ペンタの空』も、近未来の青年が小学六年の自分を回想する形になっていて、おまけに自然環境保護を訴える。しかし話が見るに耐えないほどにデタラメなうえ、ペンギンを和歌山から南極まで届ける少年を描く部分と、ペンギンの群れる南極の絵ハガキのような光景とが、ただただ凡庸に交互にうつしだされるのには、呆然とするしかない。そんな無能さで真に環境保護が訴えられるわけはなかろう。

いや、論外の作品のことなど知ったことではない。残念に思われるのは、『あーす』もまた、近未来で現在を括弧にくくることによって、少しばかり同じような結果になってもいることである。じっさい画面では、二〇〇七年の青年が出てきて、もっともらしい表情と動きを見せはじめるや、ごくありきたりの良識的映画の匂いが立ちこめる。

木村淳の『あいつ』もある意味では共通して

おもひでぽろぽろ
監脚高畑勲原岡本螢、刀根夕子封7月20日時119分

あーす
監脚金秀吉撮金徳哲出坂口昌裕、本多陽一、篠田三郎、田中実封7月27日時82分

ペンタの空
監永田貴士脚岡部俊夫、升本由喜、永田貴士撮菱田誠出山下規介、八百坂圭祐、コピー・ディドゥル、アマンダ・シュール封7月27日時119分

あいつ
監木村淳脚木村淳、藤田一朗撮伊藤昭裕出岡本健一、石田ひかり、浅野忠信、フランキー堺封8月10日時118分

ツルモク独身寮
監今関あきよし原窪之内英策脚大石静、今関あきよし、大嶋拓撮鈴木耕一出前田耕陽、七瀬なつみ、田山真美子、竹内力封7月27日時97分

いる。ここには上記のような括弧が使用されていないが、わたしはこの作品を見つつ、ほとんど同じものを感じて、もどかしさに悩まされた。

いうなればこれは、はみだし者、落ちこぼれ者たちの共和国を描き出すドラマであろうか。洪水願望の高校生の主人公も、ただ暴力的な幼馴染みの少年も、なにやら厭世的な少女も、宇宙人の血を引くと自称する彼女の祖父も、テント生活をする主人公の父も、明らかに世間からはみだし、真っ当な生活から落ちこぼれてしまった人間であって、いわばマイナス価しか持たない。そんな連中がつぎつぎ登場し、イジメの暴力沙汰やら浮浪やら超能力を発揮しての殺人やら、やはりマイナスの事態ばかりをくりひろげるなか、ぶつかり交わって、マイナスとマイナスを掛け合わせたように一つの世界を現出させてゆく。

わたしは画面を見て、たとえばそんなふうなことを頭では了解するが、しかし感性的には、ただいらいらしつづけるだけで、少しもおもしろくない。原因はわかっている。まず画面が異常に暗く、やたら頻繁に用いられる長回しの手法が無意味に思えて煩わしく、全人物のキャラクターが不明瞭で、それゆえ相互の関係がいっこうにはっきりせず、そして話の展開が見えない。要するにすべての要素が曖昧模糊としているのである。それでも頭では愚かにもさきほどのような抽象的なことを考えるが、その営みがなんら感性的に具体化されないから、両者の狭間で苛立ちがつのる。

まちがいなくこの作品では、画面が何かを描き出しつつも、じつは同時に、その何かの表出を曖昧模糊とした画面が妨げている。表現をになうべき画面が、括弧ならぬ膜になってしまっているのである。ありていにいうなら、スクリーンに対面していると、その膜ばかりが見えてきて、うるさいことこのうえない。おそらく現代の青春は、ここに描かれているように、暴力的な屈折と不安のなかでしか生命力を発揚できないのであろう。それはよく理解できる。映画がこの現代の裸形に表現として迫ろうとするなら、不安をこそ最大の武器にしなければなるまい、というのが、わたしの考えでもある。だからといって、画面それ自体は屈折と不安のなかでちゃんと描写を実行しなければ、どだい話がはじまらぬことも、はっきりしている。

こんなふうに括弧や膜を持つ作品がいくつもあると、なまな形で現代を描くことの至難さがあらためて実感される。そのことにまるで鈍感なまま、おめでたく現代の青春が描きうると信じ込んだ場合の例が、たとえば今関あきよしの『ツルモク独身寮』であろうか。

けれども映画とは、すぐれて現在をのみ生きる生きものである。スクリーン上に上映された瞬間においてだけ生きることから見ても、疑いようもなく明らかである。その現在を括弧でくくり膜で覆ってしまえば、映画が輝くわけがない。むろんいうまでもなく、だれしも映画を輝かせるためにこそ括弧や膜を用いるのであろうが、それが逆転した結果になってしまっている。

（第六〇回／九月下旬号）

行方不明の現在

◉……この時評も丸五年たったな。

――もうそんなになるのか、と以前なら思うところだが、いまは少し違う。この一年がとても長く感じられた。安直に映画がつくられ消費されてゆくのに応接していると、いつも虚しさを噛みしめていなければならず、いやになるほど一年が長い。もうどうでもいいや、勝手にやってくれ、といいたくなる。

……先日、湯布院映画祭にはじめて参加して、ある読者から、この時評もそろそろ終っていいころではないかと言われたらしいね。

――こちらの虚しさは、まあ単純に時間の問題だな。とにかくこの時評をやってるために膨大な時間を取られて、なんでこんなことを、としょっちゅう思う。

……やっぱりそれも、おもしろい作品が少なすぎるからじゃないか。最近では澤井信一郎の『福沢諭吉』くらいのものだろう、歯応えのある作品は。ただ、これにしても、なんで澤井信一郎が三年ぶりの作品として『福沢諭吉』を撮らなきゃならないんだとは思うね。

――いま、なぜ『福沢諭吉』なのかという点は、作品を見ても、まったく理解できないけれど、それは企画の問題であり、必ずしも澤井信一郎の責任とはいえない。ならば、どうしてこの企画に澤井信一郎が応じたのか。先日、長いインタビューをして、そのへんのことが少しわかったが、澤井信一郎はあくまで〝撮影所システム〟の監督であって、提示された企画のなかに自分の乗れるところが見つけられ、これなら自分なりに料理できるとの判断が立ちさえすれば、おもしろがって撮ってしまうということだろう。そのことの成否は、企画でなく作品に即して語らねばならない。福沢諭吉の半生をつづりつつ、まるで偉人伝にせず、語学教師としての自分を愚直につらぬく男を等身大で描くこと。主人公がそんなふうであるため、パトロンとしてライバルとして心を複雑に屈折させてゆく若い家老とか、学問と恋、学問と実行動などのあいだで苦悩する若者とか、周りの人物の多彩なドラマが浮き立つこと。ぎりぎりまで引いたキャメラによる独特の時空間のなか、熱い情感とともに、人間の心的な営みの何たるかが鮮やかに表現されること。旧来の時代劇と違って、人物の対話シーンが室内よりも戸外において多く描かれ、新しい時代劇の可能性を感じさせること。これらの美点を見ただけでも、作品は企画のひどさを大きく凌駕しているのではないか。

……それほどの傑作かなあ。幕末群像劇としての迫力に欠けるし、キャメラの引きと長回しも、場面によっては明らかに空転しているといえる。

――むろん文句なしの傑作とは思わない。しかし少なくとも、澤井信一郎が与えられた題材にどんなふうに取り組んでいるか、その格闘のあり方だけは明晰に見定める必要がある。逆にいうなら、いいところにのみ感応して、傑作だと持ち上げるのも愚かしいと思うね。

……この作品では、酒を顎から喉へしたたらせた南野陽子が仲村トオルに「吹いて」と言うのを「拭いて」と聴き違えた人が何人もいて、おかしかった。よく見ていればまちがうはずはないが、わかりにくいこともたしかだな。そのあたりにも、凝った澤井演出の空回りぶりが出ているのじゃないか。

――あれは聴き違えるほうがどうかしているよ。しかも映画を見ることのプロがだ。批評のレベルがおそろしく低下しているという以外ない。

……今井正の『戦争と青春』をベタボメする向きもあるが、いつもながら問題意識の面だけで評価している。それでは巨匠に失礼だよな。

――べつに問題意識が悪いとは思わないが、とにかくヘタクソな映画づくりで呆れ果てる。たとえば女優二人にそろって二役を演じさせながら、それを少しもドラマとして生かしていない。そっくりの顔の女が出てくるのに、ほかの人物がその事実をまるで無視するなんて、どういうことだろう。作品がそんな低レベルにある以上、東京大空襲も戦争の悲惨も表現されるわけはないが、にもかかわらず、レベルの低下した批評は、そっくりなのを見て見ぬふりをする登場人物のように、問題意識のほかは見て見ないふりをする。いやはや。

……馬場康夫の『波の数だけ抱きしめて』が大ヒットとか。あの程度で喜ぶとは、観客のレベルも落ちている。

――本当に喜んでいるのだろうか。はなから映画を馬鹿にしたうえで、ふざけているだけじゃないのか。いいかげんなシロモノだから。

……湘南茅ヶ崎の海岸が舞台になっているが、画面にうつる風景のほとんどは茅ヶ崎ではない。そこで茅ヶ崎住人としては、いいかげんさが頭にくるか。

――映画なのだから、風景が現実そのままである必要はまったくない。しかし架空の町ではなく、現実の茅ヶ崎の名を持ち出す以上、最低限のリアルな描写が要求されるはずなのに、それさえ怠っている。作品の総体がそこに象徴されていて、男女の三角四角関係の描写もいいかげんなら、若い観客を意識しているはずなのに、画面になんら若いリズムも感じられない。こんなものでもけっこう褒める批評があるから恐れ入るよ。

……そこで、もうどうでもいいや、という気分になるわけか。

――ほかにすることが数多く控えているからね。先日、三隅研次論、岡本喜八論とつづけて書いたが、そういう仕事のほうがずっと楽しい。増村保造論も完成させて本にしなければならない。やっぱり時間の問題だな。

……それはしかし、日本映画の前線からの撤退ということじゃないか。再開した撮影現場ルポは、雑誌の一方的な都合で連載が中断したままだし。

――映画批評の前線はもっといろいろあると思うがねえ。

……岩波書店の雑誌「よむ」の連載コラムなんか、まあそうだな。作品に即さない時評というか。あるいは以前にも話に出てきたが、外国映画の問題をどうするか。ゴダールの『ヌーヴェルヴァーグ』に感動したらしいね。

――いやあ、あれは素晴らしい。外国映画のことは本格的に考え直そうと思っている。それはそれとして、三隅研次や岡本喜八や増村保造を論じることは、前線からの撤退どころか、まさしく映画批評の最前線ではないだろうか。つぎつぎ出てくる新作を見て基本的な不満を感じるのも、それと関係があって、現在の新しい映画のつくり手のほとんどが、過去の素晴らしい成果を少しも踏まえていないじゃないかと思う。そんなこともあって、湯布院映画祭では、ついつい調子に乗って、マキノ雅広（正博・雅弘）論を書くことを宣言してしまった。

……マキノ雅広の挨拶が感涙ものだったという話だね。

――車椅子に乗った八十三歳の巨匠が声をからして、「みなさん、お願いします、どうか日本映画を見てください」と叫ぶのだもの、ジンとくるよ。それにニュープリントで上映された『次郎長三国志　第八部　海道一の暴れん坊』（一九五四）『仇討崇禅寺馬場』（五七）『港祭りに来た男』（六一）がいずれも、こちらの古い記憶を上回って素晴らしかった。いま封切られている新作より、それらのほうが何倍か刺激的かつ新鮮に見える。そのことは、まぎれもなく現在的な問題ではなかろうか。過去が踏まえられていないから、いまの映画が新鮮さを実現できないでいる。

……天願大介の『アジアンビート　アイ・ラブ・ニッポン』は新

福沢諭吉
【監】澤井信一郎【脚】笠原和夫、桂千穂【撮】仙元誠三【出】柴田恭兵、榎木孝明、仲村トオル、南野陽子【封】8月24日【時】123分

戦争と青春
【監】今井正【原】【脚】早乙女勝元【撮】岡崎宏三【出】工藤夕貴、佐野圭亮、井川比佐志、奈良岡朋子【封】9月14日【時】112分

波の数だけ抱きしめて
【監】馬場康夫【原】ホイチョイ・プロダクションズ【脚】一色伸幸【撮】長谷川元吉【出】中山美穂、織田裕二、別所哲也、松下由樹【封】8月31日【時】104分

アジアンビート　アイ・ラブ・ニッポン
【監】【脚】天願大介【案】林海象、金子篤二、栗田教行【撮】岡田初彦【出】永瀬正敏、ルビー・モレノ、ユキオヤマト、鰐淵晴子【封】8月31日【時】103分

代打教師　秋葉、真剣です!
【監】那須博之【原】M.A.T.、早坂よしゆき【脚】那須真知子【撮】森勝【出】吉田栄作、鷲尾いさ子、田中傑幸、山本太郎【封】8月31日【時】106分

風の国
【監】【脚】戸井十月【撮】高間賢治【出】三浦友和、梅宮辰夫、堺正章、植木等【封】9月14日【時】110分

襲撃　BURNING DOG
【監】崔洋一【脚】鄭義信【撮】佐光朗【出】又野誠治、熊谷真実、内藤剛志、金久美子【封】8月9日（OV）【時】104分

真夏の少年
【監】野村恵一【脚】中村努、野村恵一、小笠原恭子、松下裕治【撮】牧逸郎【出】江口洋介、車和也、キューティー鈴木、白川和子【封】8月24日【時】90分

鮮だったんじゃないか。

――噂の新人ゆえ、期待しすぎたせいか、驚くほどではなかったね。アジア流民と活劇を結びつけた狙いは大いに評価するが、しかし、右翼のアジア人狩りがあったり政財界の黒幕が出てきたり、パターンに流れてしまう。それでも画面の随所に顔を出す狂おしさは、十二分に注目に値する。これにくらべれば、那須博之の『代打教師　秋葉、真剣です!』などは、型破りの青年教師が落ちこぼれ暴力高校生集団を相手にする話の展開といい、双方の狂気じみた描写といい、だれでも容易に想像できるパターンにぴたりと納まっている。それでは新鮮な活劇として弾けるはずがない。

……戸井十月の『風の国』はずばり活劇だろう。

――これはもう、たんなるアクション映画ごっこ。あの「不良番長」シリーズに薬味として自然環境保護問題をミックスすれば、今日的な活劇が成立するなんて、まさか本気で考えているのかな。比較にもならないが、崔洋一の「東映Vシネマ」『襲撃　BURNING　DOG』のほうが、湾岸戦争下の沖縄米軍基地の金庫を襲う狂気の男どもを描いて、恐いほど荒々しく新鮮な活劇の魅力を訴えてくる。

……いつも新鮮さを要求するのは、批評家の悪癖じゃないのか。世の中にそれほど新しいものなどありはせんよ。

――なるほど、それはいえる。たとえば野村恵一の『真夏の少年』の場合、新しいものは皆無に等しいが、港町の少年が帰郷した無頼の兄やその恋人とどんなひと夏を過ごしたかを古典的な抒情で巧みに描いて、ある感銘をもたらす。そんな映画をばっさり否定するつもりはないが、しかしねえ。結局のところ、批評は現在と格闘したいから、ないものねだりになってしまう。古典的であってもいいが、そこにどのような現在性がはらまれているか、と。でなければ、昔の映画を懐旧的に楽しむことと変わらない。批評なるものが観賞一般と決定的に分かれるのは、そこのところだろう。

……いまの若いつくり手は、現在と格闘するのに必死なあまり、過去など構っていられないのかな。

――そうにちがいないと思うが、だからこそ現在との格闘がついに本当には成立しない。過去の降り積もりとしての現在ということが、そこでは捨象されてしまっている。もっとも顕著な例は『波の数だけ抱きしめて』で、作品にも、それを喜ぶ観客にも、なにがしか評価する批評にも、現在がいいかげんにしか見つめられていない。そうした視線のなか、ますます現在が行方不明になっているとさえいうことができる。『福沢諭吉』を認めるのも、そこに関わっていて、さきほどいったように澤井信一郎は〝撮影所システム〟のなかにありつつ、この題材と格闘することによって、明らかにかつての〝撮影所システム〟の時代劇とは違った作品を実現している。つまり過去が踏まえられているため、けっして傑作ではないが、少なくとも現在が行方不明になっていない。

……批評も同じことで、行方不明になりがちな現在と格闘すべきだというわけか。格闘ならいいが、悪あがきのジタバタになり、少し前のように、つづけさまに本誌（「キネマ旬報」）の目次から落とされては話にならないな。

——ジタバタは覚悟のうえで、たとえ目次から落とされようと、格闘精神つまり活劇精神をますます発揮して第六ラウンドをやってゆくよ。

（第六一回／十月下旬号）

北野武と山田洋次

◉北野武の第三作『あの夏、いちばん静かな海。』は、ないないづくしの映画である。前二作のバイオレンス調とはまったく違うこと以上に、その一点が驚きをもたらさずにはおかない。

話といえば、清掃車のアルバイト青年が壊れたサーフボードを拾ってサーフィンに夢中になるというだけで、筋書きらしい筋書きはなにもない。彼の恋がドラマのポイントになっているが、彼女は最初から登場して、恋のなれそめなど語られないし、画面では、多くの場合、サーフィンに励む彼を彼女が浜辺でじっと見守りつづけるだけで、恋愛の内実が描かれもせず、恋のドラマと呼べるほどのドラマなど起こらない。二人とも耳が不自由な若者に設定されているため、徹底して無言で、手話すら交わさず、二人に関するかぎり、恋の語らいはむろん、どんな会話も出てこない。ほかに清掃車の運転手やサーフショップの店主やサーファー仲間が登場するが、あくまで添景人物であって、ドラマに関わらない。話の舞台はほぼ海と砂浜で、風景描写に力が入れられるわけでもなくて、二人の恋の環境は描かれない……。

こうまで徹底してなにもなく、それでもって心にしみるラブストーリーが表現されるとは、いやはや、呆れるべき事態であろう。ここでは、筋書きや台詞や環境など、ふつうならドラマの成立のために必要不可欠と思われる既成の映画的要素が、すべて意図的に抜き去られ、大胆不敵にもまったくの手ぶらで映画づくりがなされて、みごと成功を収めているのである。では、何が表現を担っているのか。画面のリズムと人物の動きから、ただそれだけから、せつせつと深い情感が訴え出される。ことばによる説明にいっさい頼ることなく、画面のアクションと人物のアクションに徹している点で、映画における音楽性と活劇性という純粋要素こそが、ここでは、表現を成立させているのである。その意味で、ある形の〈純粋映画〉が感銘深く実現されているといってもよかろう。

おそらくこんな芸当は、既成のプロの監督にはちょっと真似ができないにちがいない。映画づくりに関するさまざまな約束事に縛られて、北野武ほど手ぶらになりえないだろうからである。逆にいえば、北野武はある特権的立場にあり、それをフルに活用することで、注目すべき成果をあげている。それゆえ、だれもが北野武の真似はできないし、する必要もさらさらないが、しかし、少なくともこの作品に見られる純粋な映画的志向の熱気は見習うべきであろう。

たとえば相変わらずの新人監督ラッシュのつづくなか、萩庭貞明の『遊びの時間は終らない』と松本廣の『雪のコンチェルト』を見る。すると、この新人二人の作品は、あらすじを話せば見ないで済む程度にできあがっていて、がっかりせずにはいられない。スキーを凡庸にいろいろ見せるだけの後者と違い、『遊びの時間は終らない』のほうは、銀行の防犯訓練がどんどんエスカレートして、嘘と本気、ゲームと現実の見分けがつかなくなるというアイデアはおもしろく、虚構のリアリティを生命とする映画の本質に鋭く触れるし、正統的な画面づくりは好ましいが、残念ながら、随所に仕掛けられた笑いはついに弾けず、アイデアは空転に終っている。わたしの思うに、活劇性ということが深くは掘り下げられていないのである。ならば、ベテランはどうか。澤田幸弘の『撃てばかげろう』は、正真正銘の活劇作家の一人とわたしの思う監督の新作で、しかもアクション映画ゆえ、心底期待したが、暴力抗争の渦中を疾走する青春の惨劇が例によって例のごとく描かれるだけにすぎない。これにくらべれば、工藤栄一の『泣きぼくろ』が、初老の元チャンピオン、中年やくざ、少年院あがりの若者という妙な三人組の流れ旅をつづって、おもしろく見せる。泣きぼくろの女を探す話にドラマチックな要素は薄く、画面展開はそんな筋立てから気ままに逸脱したりするが、逆にそのことに、小ぢんまりまとめてしまう職人芸からのズレを感じて、このベテラン監督に対する期待がふくらむ。それでも北野武の大胆さに拮抗できるかとなれば、首をかしげざるをえない。

大森一樹の『満月　MR. MOONLIGHT』は、いわばそうした新人とベテランの中間に位置する者の作品であり、日本映画の現在の中枢を担っているはずである。けれどもわたしの見るところ、ここにはそんな輿望に応える力はまるでなく、江戸時代からタイムスリップした武士と現代女性との淡い恋の経過が、ごく粗雑に語られてゆく。ファンタジーの魅力のなか、恋の悲しみが結晶するためには、少しばかり気のきいた描写や目先の変わった描写など、むしろ不要であって、繊細かつ大胆な描写による濃密さがなければなるまい。『あの夏、いちばん静かな海。』は、そうしたものがあるからこそ、恋の悲しみの表現に成功している。

やはりここは、山田洋次の『息子』を持ち出すべきであろう。北野武の作品に拮抗できるのは、いまのところ、これしかない、とわたしは思う。

この映画では、岩手で一人暮らしをする老父と、成人して家庭を持つ子どもたちとの関係、職業も定まらぬまま浮遊する末の息子との関係が、手堅く綿密に描き出され、肉親の情愛の何たるかをしみじみと訴えてくる。新鮮さや奇抜さはいささかも見られないが、家族愛をめぐる表現の濃密さは、多くの小津安二郎作品を含む松竹映画の伝統の力を感じさせずにはおかない。ここにあるのは、映画の既成性の高度な典型というべきものであろう。その意味で、既成性からの逸脱によって成り立つ北野作品と鮮やかな対照をなしているのである。

二作品の対照ぶりは具体的な形で姿を見せている。というのも、偶然に双方とも中心人物を聾啞者に設定しており、その描写がみごとに対照的になっているのである。北野武の作品では、先述したように、主人公男女は台詞を口にしないのはむろん手話さえ交わさない。いつもいっしょにいること、並んで歩くこと、彼が波乗りをして彼女がじっと見守ることなどが、二人にとっての心的表現のすべてであり、たしか目を見つめ合うショットもないのではなかろうか。これに対して、山田洋次の作品では、鉄工場の運転助手になった末の息子が倉庫番の若い娘に一目惚れをして、無口な彼女が聾啞者であるとわかったあと、二人の関係がどのように展開してゆくかに、ドラマのポイントが絞られるが、そのさい、台詞のかわりに、ごく当然のように手話が頻繁に用いられる。むろん手話のシーンでは二人は目を見つめ合い、ファクシミリの利用も含めて、声ではなく手の動きや文字によって心の通じ合うところで、感銘をそそらずにはおかない。偶然のこととはいえ、二作品のこの鋭い対照性は多くのことを語っている。こういえばよかろうか。北野作品のほうが、手話を含め、ことばに頼ることをいっさい排除排斥して、表現が可能なかぎり意味から外れてゆくことをこそめざすが、いっぽう山田作品は、手話をはじめとする意思疎通を効果的に利用するなか、ことばの力をつかまえて、表現が肉親の情愛という意味に収斂してゆくことをこそ目論む、と。

考えてみれば、この二作品は、主に若い二人の恋の行方を描くことでも共通している。片や、サーフィン・恋→青春の途絶としての死、そして片や、父子・労働・恋→あらゆる意味における和解、というふうに図式化するな

あの夏、いちばん静かな海。
【監】【脚】北野武【撮】柳島克己【出】真木蔵人、大島弘子、河原さぶ、藤原稔三【封】10月19日【時】101分

遊びの時間は終らない
【監】萩庭貞明【原】都井邦彦【脚】斉藤ひろし【撮】高瀬比呂志【出】本木雅弘、石橋蓮司、伊藤真美、萩原流行【封】10月5日【時】111分

雪のコンチェルト
【監】松本廣【原】生田直親【脚】松本廣、藤島道夫【撮】榊原勝己【出】風間トオル、藤野明美、亜仁丸レスリー、石田純一【封】10月12日【時】111分

撃てばかげろう
【監】澤田幸弘【案】川内康範【原】野村秋介【脚】野村秋介、加藤正人【撮】宗田喜久松【出】清水宏次朗、川谷拓三、名取裕子、立花理佐【封】10月5日【時】111分

泣きぼくろ
【監】工藤栄一【原】安部譲二【脚】松本功、田部俊行、工藤栄一【撮】藤沢順一【出】山崎努、木村一八、大滝秀治、石田えり【封】9月28日【時】113分

満月　MR. MOONLIGHT
【監】【脚】大森一樹【原】原田康子【撮】水野尾信正【出】時任三郎、原田知世、加藤治子、石黒賢【封】9月21日【時】109分

息子
【監】山田洋次【原】椎名誠【脚】山田洋次、朝間義隆【撮】高羽哲夫【出】三國連太郎、永瀬正敏、和久井映見、原田美枝子【封】10月12日【時】121分

ら、ともにひどくルーティンなドラマのようにすら見えなくもない。浜辺で彼を待つ彼女がちょっとした誤解をするシーンなどのユーモアや、工場労働者の日常におけるさまざまな行動のユーモアを見れば、かなり似通ったところが感じられもする。その意味では、むしろ二作品は近接しているともいえるが、両者の表現過程が決定的な相違を生み出すのである。意味からの外れ、意味への収斂。この二作品の対照的なありようは、いうまでもなく、映画の既成性＝伝統に対する姿勢の違いにほかならない。

あらためて強く注目すべきは、二作品が多くの点においてほとんど近接していながら、具体的な描写によって決定的な対照を見せていることである。明らかにそこには、映画の魅惑の何たるかが鮮明に示されていよう。念のためにいっておけば、二作品のあり方はけっして二者択一ではない、とわたしは思う。どちらの作品にも不満を覚える点はあって、たとえば映画の音楽性とはなにも単純さのことではあるまいとか、相変わらずの予定調和性から一歩を踏み出さねば停滞しかなかろうとか、批判をくりひろげることはできる。真に望まれるのは、両者の成果を踏まえつつ越えてゆく作品であろう。

もっと別のものをぜひ見たい。これらにおける既成性からの外れと収斂を止揚する作品を、だれかつくらないか。そんな想いを熱く刺激する点で、北野武と山田洋次の作品はまさしく映画的な力にあふれている。

（第六二回／十一月下旬号）

ぬるま湯が怖い

◉竹中直人の『無能の人』には二度も驚かされた。最初はつげ義春のあの劇画を映画化すると耳にしたときで、つげ作品がいろいろあるなか、よりによってあんな極北の作品を選んだ無謀さに呆れ果て、やっぱり竹中直人ってのは普通じゃないと思った。つぎに、完成された映画を見て、たいへん失礼ながら、予想もしなかったほどに上出来で鮮やかな映画的センスが全篇のすみずみにまで満ちていることに面喰らった。

この作品の登場人物は、マンガを描かずに（描けずに）拾ってきた石を河原で売る主人公をはじめ、だれもが常識を逸脱しており、世間からの落ちこぼれである。自然石愛好会の奇妙な連中や淫乱気味の会長夫人はもとより、一見まともそうな主人公の女房や幼い息子さえ、とうてい尋常とはいいがたい。圧巻は魔物のごとき鳥男であろう。そういった人間たちを描く場合、ともすれば描写自体に奇を衒《てら》うことになるが、ここでは、ぴたりと正攻法がつらぬかれている。いわば変な連中が変な連中なりに真正面から見つめられているのである。そこには、はみだし者・はぐれ者に対する竹中直人の暖かい視線が感じられる。

正直いって、つねづね竹中直人のことを無能ならぬ異能の人と思っているわたしは、おそらく奇妙奇天烈な映画ができあがるにちがいないと信じていた。途方もなくデタラメで破れかぶれの映画をつくって、異物としての衝撃をもたらすのではなかろうか、と。ところがこの作品はむしろ正統的で、くっきりした画面づくりのなか、ユーモアと悲哀を手堅く表現してゆく。このところ流行の人気タレントが映画監督に乗り出すケースでいえば、ここに見られる映画的才能のしたたかさは北野武の場合と並べることができよう。いま述べたことは、だが、じつはそのままで欠点をも意味する、とわたしは思う。ごく単純にいってしまえば、落ちこぼれをさまざまに描きつつ、この作品には結局のところあまりに破綻がなさすぎるのである。その最たるものは、ラストの手をつなぐ家族の姿であり、そこにかぶさる「峠の我が家」のメロディであろう。なにもそこにハッピーエンドを感じるわけではないが、寂しさのなかの温もり、解体とは逆の融和、といったイメージが訴え出されることは否定しようもなく明らかで、そこに作品の総体が象徴されていると思われる。たしかに全篇、尋常ならざる人々の過剰な生の姿がつづられるにもかかわらず、それを描く画面自体のあまりの破綻のなさによって、過剰さが丸くならされ尋常化されてゆくのである。正攻法の描写が変な連中の魅力をほどよい域に収拾してしまうように働いている、ともいえようか。

要するにわたしは『無能の人』の出来ばえに感心すると同時に、その鮮やかさが結局、ほどよさに、平凡なウエルメイドの域に向かっていることに、強い不満を覚えずにはいられない。なぜなら、昨今、ほどよい出来の映画など少しも珍しくないからである。

たとえば松本泰生の『ハロー張りネズミ』は、大企業の悪に迫る少々ドジな探偵事務所一同の闘いぶりを、メンバーの個性ともども、軽妙につづってゆく。さほど突出したところはないが、めまぐるしく走り回る連中のアクションが笑いにつながる点など、ほどよい娯楽性に満ちている。高原秀和の『新・同棲時代』も軽妙な作品で、幸せなはずの恋愛や結婚のなか、ふと別の方向に揺れる若い女の微妙な心が、三話形式でうまく描き出される。テレビ的とは思うが、なめらかな画

無能の人
【監】竹中直人【原】つげ義春【脚】丸内敏治【撮】佐々木原保志【出】竹中直人、風吹ジュン、三東康太郎、山口美也子【封】11月2日【時】107分

ハロー張りネズミ
【監】松本泰生【原】弘兼憲史【脚】井川公彦【撮】丸池納【出】唐沢寿明、ジョニー大倉、五島悦子、烏丸せつこ【封】11月16日【時】91分

新・同棲時代
【監】高原秀和【原】柴門ふみ【脚】水橋文美江【撮】大澤榮一【出】富田靖子、相楽晴子、つみきみほ、松下由樹【封】9月14日【時】97分

東京の休日
【監】長尾直樹【脚】康珍化、長尾直樹【撮】鋤田正義【出】川村かおり、エディ・コンスタンティーヌ、ディック・ルード、ソンセライ・リー【封】11月2日【時】96分

超少女REIKO
【監】【脚】大河原孝夫【撮】山田健一【出】観月ありさ、大沢健、島崎和歌子、佐藤浩市【封】11月16日【時】99分

極道戦争　武闘派
【監】中島貞夫【原】斯波道男【脚】大津一瑯【色】杉山義法【撮】仙元誠三【出】中井貴一、松山千春、増田恵子、千葉真一【封】11月9日【時】115分

面づくりは、ほどよい危うさを体験するヒロインたちにふさわしい。あるいは長尾直樹の『東京の休日』を見ると、画面のけばけばしさも、それがぶつぎりの連続として展開してゆくさまも、まるで長ったらしいテレビCFのように見えるが、むしろそのことは、謎の新薬をめぐって多国籍の人物が無国籍都市東京で入り乱れるという話に、ほどよく適合してもいる。また、大河原孝夫の『超少女REIKO』では、学園を襲う幽霊の謎に挑む超能力少女たちのアクションを描くにしては、カットの歯切れ悪さが気になるが、そんなことを強引に押し流してしまうほどにも、特撮や合成などの映像テクニックが多用され、ほどよくオカルト少女マンガふうの魅惑をくりひろげてゆく。

竹中直人の場合も含め、以上の五作品がいずれも新人第一作であることに注目しよう。出自がそれぞれに異なり、作品の出来ばえに多少の凹凸が見られるとはいえ、これらの新人たちは、たしかにある一定の手腕をそろって示している。どの作品も、欠点を含むが、けっして出来損いと見なすことはできない。これはつまり、映画づくりに関する水準の上昇を語っているのであろうか。いまや、どんな新人監督であれ、ある一定の力量を発揮するほど、日本映画の基本水準が上がったということであろうか。

残念ながら、どうもそんなふうには思えない。わたしの考えでは、いま、ここに現象としてあるのは、映像氾濫の時代のなか、映画というよりも正しくは映像をつくることに関して、ある水準がたいへん広範囲に一般化したという事態にすぎず、真の意味での水準の上昇とは微妙に鋭く一線を画する。より適切なことばを用いれば、水準の拡散、である。じっさいのところ、それゆえにこそ、昨今のごとく、ネコもシャクシも映画を撮ることができるのであろう。そして、ほどよい出来ばえという多くの作品に共通して見られる姿は、そのような拡散のあらわれにほかならない。

ここで、ベテラン中島貞夫の『極道戦争　武闘派』に目を転じてみよう。暴力団抗争の最前線を疾走する青春の惨劇という点では、おなじみのパターンにはちがいないものの、的確にドラマの流れに力点を打ってゆく鮮やかな画面づくりからは、パターンを踏まえつつパターンに安住しない気迫がうかがえる。ベテランが持てる力量をぶちまけて意外なくらい若々しさを示した、といっても、失礼にはなるまい。友情の果てに殺し殺される破滅へ突入する主人公二人と同様、ほどよい出来に向かうベクトルは、そこには感じられない。せめてこのあたりに映画をめぐる現在的な水準を見定めるべきではないか、とわたしは思う。このことは、同じプロデューサー・監督・主演による昨年の『激動の1750日』とくらべてみれば、いっそう明瞭になる。あの作品が実録やくざ映画の枠組に収まっていたのに対し、今回の『極道戦争　武闘派』は、跳ね上がった兄弟分を主人公が殺さざるをえなくなるという悲痛なドラマを仕組むことで、実録タッチの真只中にかつての任侠やくざ映画の情念劇をいわば転生させているのである。画面づくりのポイントも、むろんその一点に置かれている。明らかにそこに見られるのは、パターンを揺り動かそうとする勢いであり、ほどよい域に安住してはいられないという姿勢であろう。

そこで『無能の人』に戻れば、この作品の基本的な弱みは、原作の劇画を意識しすぎたことによるにちがいない。たとえばキャメラをフィックスにした構図の多い画面は、いたるところで劇画のコマを想起させずにはおかないし、主人公の女房がしきりと後姿で登場するのも、原作そっくりである。映画が原作に似ていて悪いわけはないし、原作に対する深い敬愛のあることはわかるが、しかし、映画が原作から出発するのではなく原作に回帰するベクトルを孕んでいるのは、やはり錯誤というものであろう。ないものねだりを承知でいえば、原作が劇画であることをむしろ逆の方向に強く意識して、もっとキャメラをなりふりかまわず流動的に用いていれば、それだけでも回帰ではなく出発が達成されたかもしれない。そんなことを思うのも、敬愛のゆえに意識しすぎた結果、映画は、つげ義春の原作の孕むものをあまりに捨象しているからである。あの劇画には、堕ちてゆくことの凄みが充満し、人生を放棄してしまいたいという迫力が全篇に流れているが、映画ではそうしたものはムード的にしか見られない。いわば原作は救いのない世界を表現することで異様な感動をもたらすが、映画のほうはいつもどこか救いを感じさせる。もっと単純に、つげ義春の原作は怖いが、竹中直人の映画は少しも怖くないといってもよい。明らかにこれは、先述した竹中直人の暖かい視線のゆえであろう。そのヒューマンなまなざしこそが、つげ義春のアンチヒューマンなブラックユーモアから無気味さを抜き去り、ほどよく苦いユーモアに変容させているのである。

いま、だれもが、ぬるま湯にどっぷり漬かっている。ほどよい出来の映画の氾濫はそのあらわれであろう。ぬるま湯の現在においては、映画から怖さや無気味さが抜き去られてしまうほかないのであり、それが映画的水準の拡散を現象させている。その意味では、ぬるま湯こそが本当は怖いというべきか。

もはや余裕がないので、短く断言しておこう。秋深くに出現した阪本順治の第三作『王手』は、そんな現状をハードに突き刺す魅惑の作品である。

（第六三回／十二月下旬号）

◉阪本順治の『王手』は将棋の映画である。この監督の前二作を見ていれば、必ずや将棋の闘いが心躍る楽しさでくりひろげられるだろうと思うのは当然のことで、華々しい将棋の活劇をわたしは予想していた。ところが完成した作品を見てみると、どうも様子が違う。わたしは意表をつかれて戸惑った。

むろんそれは、この作品がおもしろさに欠けるという意味ではない。まったく逆で、全篇に独特のユーモアが弾け、痛快さに満ちている。通天閣をシンボルとする大阪・新世界の界隈を舞台に、将棋をめぐって脂ぎった変な連中の渦巻くなか、賭け将棋に命を張る若い真剣師とプロの道をめざす青年が、喧嘩まじりの友情あり、荒々しくも純真な恋あり、伝説の老真剣師との対決あり、騒然たるプロ名人との勝負あり、といったふうに歩んでゆくさまは、青春冒険アクションと呼ぶこともできよう。けれども不思議なことに、この青春アクションには、たとえば同じ赤井英和が同じ新世界界隈を闊歩した『どついたるねん』のような、あっけらかんと発散する勢いは見られない。一種もどかしさが感じられるといえようか。そして不思議なことに、それでいて、この作品はすこぶる痛快である。

なんとも凡庸に「不思議」という語を重ねたが、その点にこそわたしは面喰らった。つまり『王手』はこちらの予想を裏切り意表をつく形で、まさしく将棋の活劇になっているのである。

活劇の先端

おそらくそれは、描かれるのが将棋の勝負であることと関わっているにちがいない。『王手』ではつぎからつぎへ将棋戦が出てくるが、盤上の闘いがどんなふうに推移し、どちらがどう勝ったり負けたりするかは、ついに具体的にはわからないことに注目しよう。勝負が描き出されているのにもかかわらず、そして、疑いもなく駒の動きは現実に即したものであろうが、画面のうえではその内実が見えないのである。これは明らかに意図的なことで、駒の動きを逐一可視的に描いて見る者にわからせることが、意識的に放棄されていると思われる。じっさいの話、赤井英和が伝説の真剣師たる若山富三郎と対戦するシーンでは、それが平安の大将棋とやらで、駒が三百枚以上もあるゆえ、たとえ勝負の過程が逐一克明に描かれても、とうてい容易にわかるものではなく、おもしろくもなかろう。同じように闘いを描くといっても、たとえばボクシング映画と将棋映画との決定的な違いがその一点にある。わたしの推察するに、阪本順治はそれを明確に踏まえているのである。

では、何が可視的に描かれるか。画面上に見えるのは、将棋を指す赤井英和や若山富三郎や加藤雅也の姿であり、駒を動かす手の指であり、その瞬間の殺気走った顔、とくに眼の表情である。むろん盤面そのものもアップで頻繁にうつしだされるが、それ以上に人物の顔のアップが強い印象で迫ってくる。そうした効果的なアップの使用は、独特の刺激的な感興を沸き立たせずにはおかない。将棋という徹底して頭脳のなかで展開される見えない闘いが、指や眼の肉体のアクションにおいて見えてくるおもしろさ、肉体化した知のアクションの魅惑、とでもいえようか。

この作品では、もう一点、新世界という舞台も見逃せない。徹底して頭脳的な闘いの観念性ないし抽象性、指や眼の動きという微小さ、それらの絶妙に組み合わさったアクションが、ここでは、抽象性や小ささとはまるで逆に、なまなましすぎるほどに猥雑な巷の広がりのなかで描かれてゆくのである。

阪本順治の作品は一作ごとにめざましい変容を遂げてきている。まことにスリル満点の展開であって、そこには活劇の新しい地平がほのかに顔をのぞかせている、とわたしは思う。

たとえば村川透の『よるべなき男の仕事・殺し』を見てみよう。かつての活劇の名手がハードボイルドをムードばかりで飾り立てているさまは、虚しい以上に無残ですらある。たまたま同じ加藤雅也が出るのでいえば、非情の殺し屋でありつつ、思わせぶりな女々しい目つきが気味悪いほど強調されるさまは、爽やかな内向性を軽妙に感じさせる『王手』の場合とくらぶべくもない。また、ラストの展開を見れば、なぜ主人公は壁に塗り込めておいた銃を取り出して応戦し、自分が殺し屋であることを刑事の前で暴露するのだろうと、あほらしいほど素朴な疑問にも駆られてしまう。同じ原作はかつて渡邊祐介の『反逆の旅』(一九七六)として映画化されたが、傑作とは呼びがたいものの、はるかに見応えのあるハードボイルドになっていた。二作品を並べるとき、活劇をめぐる後退という事態が露呈するのである。舛田利雄の『必殺!5　黄金の血』についても同じことがいえる。画面に見られるのは、テレビのこのシリーズを一度でも目にした者なら周知のそれらしきシーンの羅列であり、そのなかを多人数の登場人物が交互に出番をくりかえすにすぎず、およそ殺しのプロの活躍にふさわしいドラマの展開も構築もない。これでは、なぜテレビで十分なものを映画にするのだろうと、ばかみたいに単純な疑問ばかりが出てきてしまう。

ちょっと気の毒な言い方になるが、たとえばこれが島田紳

王手
監阪本順治原豊田利晃脚阪本順治、豊田利晃撮伊藤昭裕出赤井英和、加藤雅也、若山富三郎、広田玲央名、仁藤優子封11月25日時102分

よるべなき男の仕事・殺し
監村川透原藤原審爾脚永原秀一、満友敬司撮高橋達美出加藤雅也、根津甚八、村上里佳子、阿藤海封11月16日時110分

必殺!5　黄金の血
監舛田利雄脚吉田剛撮石原興出藤田まこと、三田村邦彦、村上弘明、酒井法子封11月23日時104分

風、スローダウン
監脚島田紳助撮栢野直樹出石田靖、五十嵐いづみ、長原成樹、西川忠志封11月23日時107分

ファンキー・モンキー・ティーチャー
監手銭弘喜原もりやまつる脚加藤正人撮宗田喜久松出間寛平、飯島直子、志賀勝、島木譲二封12月7日時100分

MISTY
監案池田敏春脚香川まさひと、池田敏春撮喜久村徳章出永島敏行、つみきみほ、市毛良枝、青木義朗封11月23日時98分

助の『風、スローダウン』であれば、話が違ってくる。オートバイレーサー志願の若者やチンピラやくざの姿を描くからといって、どこかで見たような青春グラフィティしか見られないことに不満を述べ、描写の活劇性の欠落を問うてもはじまるまい。そうではなく、素人の監督にしては、意外なくらいほどよく上出来であることのほうに注目すべきであろう。もっと極端な例でいえば、まともな神経の持ち主なら、手銭弘喜の『ファンキー・モンキー・ティーチャー』を見て、どうやら喜劇らしいのについに一度も笑いが弾けないことに目くじらを立て、どだい映画になっちゃいないなどという気にはなるまい。この作品が示すのは、テレビの人気におぶさって映画らしきものが性懲りもなく製作されるという、昨今のお粗末な社会現象であって、笑いのはらむべき活劇性といったこととは無関係である。

村川透や舛田利雄の作品をそれらと同列に論じることはできない。彼らが一九七〇年代に、あるいは六〇年代に、魅惑の活劇をくりひろげたことを事実と見なす以上、そんな比較はむしろ大失礼というものであろう。そこで、彼らの近作を見て、あまりにもはなはだしい非活劇性に接すれば、あらためて六〇年代ないし七〇年代からの活劇の後退ぶりに茫然とさせられるのである。

池田敏春の『MISTY』はそれらと比較にならぬほど健闘している。全篇、まさしくハードボイルドに徹した硬質の描写のなか、帰郷して姉の死の謎に迫ってゆくやくざの闘いを中心に、かつての同級生どうしで中年にさしかかった男たちの現在の心情、いまなお癒えぬ少年期の心の傷などが浮かび上がり、すべてを爆発させる形でラストのすさまじい大アクションへ展開してゆく。

これぐらいおもしろければ合格点にはちがいないが、そう認めつつ、この程度ならビデオでもテレビでも見られるのではないか、と思ってしまう。なにもそのことは、この作品がもともとオリジナルビデオとして製作されたという事実には関わらない。ここに結晶されている活劇としての魅力は、けっして未知のものではなく、むしろ過去の達成の反復再生産から一歩も出ていないと思われるのである。具体的にいえば、ラストの大アクションがそのことを告げている。主人公と大男の殺し屋とのあいだでくりひろげられる肉弾戦は、手を変え品を変えの闘いのさま、その持続の長さ、まるでバケモノのごとき大男の不死身ぶりと、たしかに強烈におもしろい。けれどもそこでは、しょせん物量的なスペクタクルが提示されるだけで、いわば古典的な活劇の範疇の枠内に留まっている。真にめざされるべき新しい活劇は、そんなふうに耳目を直接的に驚かせるスペクタクルの域から一歩を踏み出さねばならないのではなかろうか。

そこでふたたび『王手』である。先述のようにこの作品では、将棋の闘いというアクションが、見えないとも見えるともいえる奇妙な二重の形で描き出されており、そこからこそ特異な魅惑が立ち昇ってくる。見える見えないのあわいで未知のスペクタクルが姿をあらわす、といいかえてもよい。この作品が痛快さのなかになにか無気味な気配を漂わせ、それゆえに痛快さが魅惑的な力をも孕んでいるのは、明らかにその奇妙な二重性によってであろう。そこには、いま、未知の域へと触手を伸ばす活劇なるものの先端の震えがうかがわれる。

（第六四回／一九九二年一月下旬号）

もてなしと見くびり

◉正月映画のなかでは、わたしの見るところ、大森一樹の『ゴジラVSキングギドラ』がいちばん充実していた。この作品にはいくつかアメリカ映画を真似た部分があり、そこをとらえてダメだという向きもかなり多い。しかし、なぜ真似がいけないのか。外国映画からヒントなりアイデアなりをちゃっかり〝いただく〟日本映画の例は大昔からゴマンとあって、山中貞雄も小津安二郎もそうやって傑作を撮ってきた。真似が作品のプラスになるのなら、どんどんやればいい、とわたしなどは思う。

　大森版〝ゴジラ〟第二弾たる今回の作品では、なによりまず時空間の自在さがおもしろい。現在の日本にUFOが出現して未来人がやってくるというところからはじまって、一転、第二次大戦中の南洋の島の話になるかと思えば、たちまち舞台は現代日本の各地を転々としたり、未来のオホーツク海に跳んだり、時間と空間がめまぐるしいばかりに多彩に変化して、その真只中で巨大な二怪獣の闘いがくりひろげられてゆく。ここでは、伸縮自在な時空間往来のダイナミズムが、真似を含めた描写の細部の躍動する力のもと、第一級のエンターテインメントを達成しているといえよう。

　いうまでもなく〝ゴジラ〟とは、これまでの歴史から見て、娯楽映画の象徴にほかならない。大森一樹はそのことをあらためて力強く明らかにした。前作『満月』が娯楽性という一点においてこそ空振りを示していたことを思うと、喜ばしい気分になってくる。

　舛田利雄の『江戸城大乱』を見てみればいい。娯楽時代劇をめざしているとはわかるものの、相も変わらぬお胤《たね》争いの話で、演技はむろんのこと、すべての画面描写がオーバーアクションの連続であるのに接すれば、だれが白けずにいられよう。ここにも過去の作品の真似があって、たとえば行列が柵でつくった迷路に導かれるくだりは工藤栄一の『十三人の刺客』（一九六三）、大勢の人馬を乗せたまま橋が爆破されるシーンはサム・ペキンパーの『ワイルドバンチ』（六九）といったふうに、容易に見て取れるが、何のプラスにもなっていない。〝いただき〟が描写の展開のなかで咀嚼されず、ついに真似に留まっているのである。そこで、見るほうは白けのなか、東映時代劇はつい二年ほど前にも『ワイルドバンチ』の真似をやったばかりではないかと、ただひたすら呆れてしまう。描写のオーバーアクションの空転といい、真似の貧しさといい、ここに見られるのは、娯楽性の空中分解とでも呼ぶべき事態であろう。つくり手たちが娯楽映画とは何かをつかめないでいる、といいかえてもよい。松方弘樹の主人公をめぐる秘密を明かす手口のひどさや、三浦友和の副主人公がころころ豹変するさまのだらしなさなど、それを示す個所はいくつも指摘することができる。

あらためて説明するまでもなく、舛田利雄といえば、一九六〇年代の日活アクションの数々で卓抜な表現を魅惑的に展開した監督である。その人が、いま、娯楽性の空中分解に見舞われているなどとは、信じがたい話ではないか。まさしくそのあたりに、現在と六〇年代との遠い隔たりがうかがえよう。逆にいえば『江戸城大乱』には、娯楽性の空中分解という形で、娯楽映画とは何かを見極めにくい現在の困難が、呆れるほど正直に示されているのである。

山田洋次のシリーズ第四十四作『男はつらいよ　寅次郎の告白』にも、同じような気配が感じられる。

今回も寅さんを脇役にして若い二人の淡い恋の物語をつづるが、早くも、というべきか、それがマンネリの域に陥っている。マドンナの家出→甥の満男の追跡行→寅さんを含めた三人が観光的風景のなかで再会する、といった展開は、それ以外のなにものでもあるまい。寅さんが夫を亡くした料理店の女将と酒を汲み交わしたあげく、あわや、のところまでいくが、満男が階段を踏み外し、例によって例のごとく何事もなく終ってしまうのは、このシリーズが保持しつづけるパターンであり、いまさらマンネリ呼ばわりは無意味であろう。けれども若い二人に関わる展開は、それとは違い、前作の愚かな反復に留まっている。寅さんをめぐる話のパターンをマンネリから救うべく、若い二人が登場したはずなのに、これでは本末転倒という以外ない。そこに、娯楽性の空中分解が濃厚に予感されるのである。ごく単純にいって、脚本家に新しい才能を導入し、二人のドラマを寅さんのそれとは別の形で仕掛けるべきであろう。

まちがいなく『ゴジラVSキングギドラ』は、時空間の多彩な変化という仕掛けによってこそ、そうした空中分解を喰い止めている。古典的な娯楽映画の象徴たる〝ゴジラ〟は、それがなければ、現在的な魅力をたぶん凝縮できなかったろうと思われるのである。

いま、おもしろい映画を本気でつくろうとするなら、娯楽性の空中分解に対する戦術が必須の前提になる。むろんだれもがそのことに頭を絞っているのであろうが、あたりには残骸ばかりが散らばっている。

たとえば長谷川計二の『仁義』は、腕力と知力のコンビネーションでのしあがってゆく都会派チンピラ二人の活躍を描くが、少しもおもしろくない。暴力団の株取引など、ごく今日的な題材が仕掛けられているものの、描写にまるで力がないため、不発に終っているのである。新人の本格的デビュー作ということで並べるならば、まだしも雨宮慶太の『ゼイラム』のほうが、怪物エイリアンと女賞金稼ぎとの肉弾戦をのみ見せるというワンポイントに徹することにより、空中分解を回避して、小さな玩具のようなおもしろさを可能にしている。

中原俊の『12人の優しい日本人』はすこぶる評判がいいらしいが、わたしの見るところでは、やはり残骸の一つにすぎない。現代日本に陪審員制度があったとしたら、という仮説はともかく、かんじんの殺人事件の真相を脇に追いやり、陪審員十二人の個性をあくどく描くだけの画面のどこに、魅力が感じられよう。わたしはこの作品を昨夏の湯布院映画祭で見たが、満場に笑いの渦がひっきりなしに巻き起こるなか、なぜこの程度の粗雑で低いくすぐりに笑えるのかと、寒々しさばかりをそそられた。アイデアをおもしろく展開する描写もカット割りも演技も、ゼロに等しいからである。小松隆志の『はいすくーる仁義』についても、同様のことがいえよう。おっちょこちょいの若いやくざが高校教師になる話をこの程度に描いて、パロディが成立するとしたら、だれが苦労をするものかといいたくなってしまう。

これらの残骸は、エンターテインメント＝もてなしの困難さをあらためて突きつける。というより、『12人の優しい日本人』の観客の大笑いに接すれば、空疎でもなんでも、とにかく笑いたがっている人々の存在を知って、そのこと自体の空疎さに絶望的な気分に落ち込みそうにもなる。そうではないか。もしそのような観客が無数にいるとすれば、もてなすのとはまるで逆に、そんな観客に合わせて、つまり当て込んで、さらにくだらない映画が出てくることは、目に見えているからである。合わせるとか当て込むとかは、より正確な言い方をすれば、観客を見くびるということにほかならない。いま、多くの人々は観客としてむしろ見くびられたがっているので

ゴジラVSキングギドラ
監脚大森一樹撮関口芳則出中川安奈、豊原功補、西岡徳馬、土屋嘉男封12月14日時102分

江戸城大乱
監舛田利雄案桂木薫脚高田宏治撮北坂清出松方弘樹、十朱幸代、三浦友和、坂上忍封12月14日時113分

男はつらいよ　寅次郎の告白
監原山田洋次脚山田洋次、朝間義隆撮高羽哲夫、花田三史出渥美清、倍賞千恵子、後藤久美子、吉岡秀隆封12月23日時104分

仁義
監長谷川計二原立原あゆみ脚田部俊行撮柳島克己出伊原剛志、竹内力、菅原加織、田中傑幸封12月21日時105分

ゼイラム
監雨宮慶太原松本肇脚雨宮慶太、松本肇撮本所寛出森山祐子、螢雪次朗、井田州彦、吉田瑞穂封12月21日時96分

12人の優しい日本人
監中原俊脚三谷幸喜と東京サンシャインボーイズ撮高間賢治出塩見三省、相島一之、上田耕一、二瓶鮫一封12月14日時116分

はいすくーる仁義
監脚小松隆志原水穂しゅうじ撮三好和宏出筧利夫、白島靖代、団優太、我王銀次封11月28日時86分

釣りバカ日誌4
監栗山富夫原やまさき十三、北見けんいち脚山田洋次、関根俊夫、堀本卓撮安田浩助出西田敏行、三國連太郎、石田えり、尾美としのり封12月23日時96分

四万十川
監恩地日出夫原笹山久三脚吉田求撮安藤庄平出樋口可南子、小林薫、山田哲平、高橋かおり封12月7日時111分

あろうか。たとえば栗山富夫の『釣りバカ日誌4』を満席の映画館で見て、安手に当て込んだギャグに観客が大笑いするのに接すれば、そう思わずにいられない。それは『12人の優しい日本人』の場合と同様である。

真にもてなすには、合わせたりするのではなく、なにかを差し出さなければならない、とわたしは思う。

その点でいえば『ゴジラVSキングギドラ』は、時空間のめまぐるしいほどの多彩さという形で、ゴジラ誕生の秘話まで含め、明らかに多くのことをおもしろく差し出している。今後の展開を考慮するなら、ゴジラ誕生の秘密まで描くことは、けっして得策ではなく、いわば娯楽性のオリジンを暴露してしまうことでもあろうが、あえてその危険を冒して、エンターテインメント＝もてなしが実現されているのである。そんな危険を回避するなら、たとえば恩地日出夫の『四万十川』のように、可もなく不可もない古典的な映画づくりの域に安住するほかなかろう。『ゴジラVSキングギドラ』の大森一樹には、少なくとも現在的な娯楽への意志がうかがえる。

阪本順治の『王手』をわたしが高く評価するのも、娯楽への意志を強烈に感じるからにほかならない。そこでは、娯楽映画とは何かを必死に模索するエネルギーが、不安も含めて、多くのことをまさに差し出している。むしろ当て込んだりできないことが、作品の魅惑の源泉になっているというべきか。

さて、ここに、それに匹敵する作品が登場した。周防正行の『シコふんじゃった。』である。（第六五回／一九九二年二月下旬号）

1991年 山根貞男ベストテン

1	王手
2	あの夏、いちばん静かな海。
3	大誘拐　RAINBOW KIDS
4	夢二
5	福沢諭吉
6	極道戦争　武闘派
7	ゴジラVSキングギドラ
8	泣きぼくろ
9	ふたり
10	無能の人

『阿賀に生きる』
監督:佐藤真

1992年

予断を許さぬ面白さ

◉小川紳介が死んだ。享年五十五。昨年末に急逝した山根成之も同じ年齢であった。自分と三歳しか違わない兄のような世代ゆえ、まったく気が滅入ってしまう。いや、わたし一個の心情などさておいて、彼らが今後、必ずや素晴らしい映画的展開を遂げたはずだと確信すればするほど、映画的な損失の大きさが眼前にせりあがってくる。

小川紳介はいうまでもなく偉大なドキュメンタリストであるが、近年、明らかにドキュメンタリー映画と劇映画の境を越えつつあった。どこへ向かってか。むろんより映画のほうへ、である。何によってか。土に対する執着によって、である。三里塚から山形への展開の基底に流れる農と大地への関わりが、その成果としての破天荒な傑作『１０００年刻みの日時計　牧野村物語』(一九八九)が、そのことを鮮明に告げていよう。

これまでわたしは多くの映画監督と親しくしてきたが、小川紳介ほどの映画好きの人をほかに知らない。会えば、ひたすら映画のことだけをものすごい勢いでしゃべった。映画のおもしろさへの貪欲さ、といってよかろうが、まったく観念的ではなかった。小川紳介は映画について語るさい、フィルム編集を、カット割りのリズムを、照明のあり方を、キャメラワークを、細密に論じた。いわば手ざわりにおいてこそ映画と対面していたのである。まちがいなくそのことは土の感触と結びついており、小川紳介にあっては、映画への欲望と土への執着は一つのことであった。周知のように、小川紳介の作品は世界的に高く評価されている。その活動範囲と人間関係は、とりわけ山形国際ドキュメンタリー映画祭をとおしてアジアへと広がりつつあった。土と映画の手ざわりが国境を越えさせたのである。

おもしろい映画を見たい。そんなごく単純な欲望が小川紳介を動かし、その勢いが世界大になっていった。まったく稀有な才能の貴重きわまりない映画監督といわねばなるまい。

いま、そのような監督がほかに何人いるか。思わずそう問うや、あとは慨嘆の垂れ流しになってしまいそうになる。それではあまりに情ないし、あれほど映画を愛して若い世代に期待しつづけた小川紳介に申し訳なかろう。

期待に大きく応える若い監督はちゃんといる。ここは国境を無視して、最近わたしが瞠目した三人の名前を挙げておこう。『王手』の阪本順治、『シコふんじゃった。』の周防正行、『ポンヌフの恋人』(九一)のレオス・カラックスである。

おそらくだれもが見れば実感するにちがいないが、周防正行の『シコふんじゃった。』は徹頭徹尾おもしろいだけの映画である。なんら積極的なテーマなどかかえていないし、展開されるドラマに意味があるわけでもない。だが、おもしろいだけという一点に、映画をめぐるすべてがぎっしり充満している。なにより画面展開のリズムが素晴らしい。ここでは、いっさいの情動が、笑いもスリルも涙も、カット割りの卓抜さからこそ生まれるのである。寄せ集め部隊による大学相撲部の群像ドラマで、さまざまなキャラクターがにぎにぎしく登場するが、その魅力はすぐにはほとんど発揮されない。褌一つの裸ゆえ、個性が薄まるからであろう。ところが土俵での闘いがはじまったとたん、それを絶妙に描写する画面の快適なリズムに乗って、卒業単位のためだけに褌を締めるはめになる者も、一度も勝ったことのない唯一の万年部員も、尻を出すのを拒むアメリカ青年も、うら若き乙女の身にもかかわらず土俵に上がる巨体の娘も、きらきら個性的に輝きはじめる。その展開のみごとさは、バラエティに富む連中の個性が勝ち抜くという単一の運動へ加速度的に収斂してゆくダイナミズムと、ぴたり一致していよう。つまり細心かつ大胆な描写力のくりひろがりのなか、めざましい個別性と大いなる共同性とがともに華々しく開花するのである。

周防正行が熱烈な小津安二郎ファンであることはよく知られているが、描写の技法を真似るとかではなく、映画における運動性という一点をこそ学んだのであろう。その成果として、最弱チームが勝ち進むというだけの平凡きわまりない単純なドラマが、驚くべき豊かさで展開されてゆく。巨体の純情娘をめぐる部分など、少し手加減を誤っただけでも、嫌みな話になったろうが、それがなんとも爽やかな感動をもたらすのも、映画における運動性が鋭く見極められているからにちがいない。おもしろいだけという一点にすべてが充満しているとは、そのようなあり方のことである。

もとより小津安二郎と周防正行は決定的に違っている。あらためて説明するまでもなく映画づくりと撮影所システムとの関係のことで、映画の現時点ということを強く踏まえるなら、周防正行がかくも本格的な娯楽映画を撮れる才能を示したことは、撮影所システム〝以後〟の世代に対する希望と期待をふくらまさせずにはおかない。

たとえば椎名誠の『うみ・そら・さんごのいいつたえ』を見ると、映画への情熱があることはわからなくはないが、それを描写の具体として実現する力量が足りなさすぎる。要するに画面とその展開がひどい。島民のにぎやかな集まりを描くのに、なぜか画面はまず夜空を不吉な暗さでうつしだすし、子どもたちが密林のなかへ分け入るシーンでは、どのカットも行く手からのアングルで撮られており、不安など表現されようもない、といった

シコふんじゃった。
【監】【脚】周防正行【撮】栢野直樹【出】本木雅弘、清水美砂、竹中直人、柄本明【封】1月15日【時】103分

うみ・そら・さんごのいいつたえ
【監】椎名誠【脚】椎名誠、沢田康彦、白木芳弘【撮】中村征夫【出】余貴美子、本名陽子、仲本昌司、平良進【封】1991年12月16日【時】110分

夜逃げ屋本舗
【監】原隆仁【脚】真崎慎、長崎行男、原隆仁【撮】前田米造【出】中村雅俊、大竹しのぶ、谷啓、高木美保【封】1月18日【時】106分

修羅の伝説
【監】和泉聖治【原】勝目梓【脚】黒田義之【色】斯波道男【撮】佐々木原保志【出】小林旭、陣内孝則、ルビー・モレノ、平幹二朗【封】1月15日【時】110分

C〈コンビニエンス〉・ジャック
【監】【脚】当摩寿史【原】泉麻人【撮】長田勇市【出】勝村政信、榊原利彦、西川弘志、藤井かほり【封】1月18日【時】98分

ふうである。むろんノンプロの監督にプロと同じ達成度を望むのは酷というもので、ここでは、映画に対する情熱がなにほどか感じ取れることに満足し、水と戯れる子どもたちの水中撮影シーンの素晴らしさを讃えるべきであろう。技術水準の問題ではなく、そのようにいわば限定つきで映画と接しなければならなくなっているところに、撮影所システム〝以後〟が露呈している。

残念なことに、むろん椎名作品はたまたまの一例にすぎず、いま、同じような事態はゴマンと見られる。たとえば原隆仁の『夜逃げ屋本舗』を見れば、最初の数分間はなんとかおもしろく滑り出しているのに、なぜそれがこうも持続・展開されないのか、と、どんな素人でも疑問に思うのではなかろうか。ならば、なぜそのことが製作過程のどこかでチェックされなかったのか。しかしそんな問いをいだくことはもう時代遅れで、もっと別の観点で映画に接しなければならないというのが、撮影所システム〝以後〟の事態として起こっているのである。

これにくらべれば、和泉聖治の『修羅の伝説』がけっこうおもしろい。明らかにそれは、パターンどおりのドラマが発揮する古典性のゆえであろう。やくざの大幹部が組を壊滅にまで追い込まれ、ラスト、真っ赤な外車に女を乗せて敵の根城の近くまで行き、ひとり車を降り、トレンチコートの下で長ドスをしっかと握って、雪が舞い演歌の流れるなか、決死の殴り込みをかける。まさにアナクロニズムという以外ない描写ながら、かつての任俠映画の魅惑をたしかに甦らせてもいるのである。そして、それが単純な回顧趣味とはきわどく一線を画しているのは、香港映画にも似た暴力描写の荒々しい感触による。新人当摩寿史の『C〈コンビニエンス〉・ジャック』が、やはり荒々しい描写力をおもしろく発揮してみせる。深夜の東京のコンビニエンスストアを舞台に、店員も大学生もコカインを扱う暴力団員も、バングラデシュ人の義賊もコロンビア日系二世の美女も、いっしょくたになって、まさしく混民族的な大騒動がくりひろげられるなか、変な魅惑が流れるのである。話の運びも描写の細部もまったくすっきりしないが、逆に、だからこそ、いうなれば乱の勢いが画面に力強く沸き立っている。

撮影所システム〝以後〟の現在、映画のおもしろさがどのような形で実現されるかは、だれにも予測することはできない。それを第一前提と見なす以上、むしろ予測不可能性にこそ賭けるべきであろう。そうしたなか、周防正行の『シコふんじゃった。』は注目すべき達成を見せた。撮影所システムの伝統を確実に踏まえつつ、したたかにそれを越えてゆく勢いは、阪本順治と甲乙つけがたいといってよかろう。予断を許さないおもしろさが、そこにはある。

小川紳介の仕事もそのような勢いを感じさせた。あの『1000年刻みの日時計』のつぎに、どんな作品が姿をあらわすかと思うとき、だれであれ心を躍らさないではいられまい。小川紳介と周防正行や阪本順治とでは立場も方向もまるで異なるが、映画的な意志という一点ではみごとに共通している。

　その意味では、小川紳介の全作品をいまこそ活劇として論じる必要があるのかもしれない。ドキュメンタリー映画と劇映画の境とともに国境をも踏み越える小川紳介作品の力は、活劇ということと無縁ではないはずである。

（第六六回／三月下旬号）

倒錯と破綻

◉ヒドイ映画を見た。小田和正の『いつかどこかで』と吉田健の『十五少女漂流記』である。こういう場合、見たことさえ忘れてしまうのが最良の策なのに、あまりの愚劣さに腹を立てつつ欠陥を微細にあげつらううち、うむ、この分析を論文に仕立て上げれば、日本映画の現在を鋭く剔《えぐ》る長篇批評になるぞ、と思ってしまった。くだらぬ作品はくだらぬ反応を招くというべきか。

　これら二作品は愚劣なことではまったく等しいが、その愚劣さの内実は微妙に異なっている。『いつかどこかで』はリゾート開発に関わる男女の愛の行方を描くが、全篇、みごとなまでに出来合いのイメージに徹底しており、呆れ返らずにはいられない。風景描写一つを見ても、東京といえば西洋ふうのモダンな大都会、リゾート地といえば緑と水辺の美しい田舎、といったふうに、嘘みたいに単純なパターンがカラーグラビア的な映像でうつしだされる。つまりいわば中間の猥雑な風景がきれいさっぱり無視されているわけで、そのあまりに極端な捨象ぶりは、ほとんど感嘆に値するといってもよかろう。いっぽう『十五少女漂流記』は、ごくごく凡庸にダメな作品である。登場人物がすべて嫌み、話の展開がいいかげん、描写が下手くそと、まったく救いようがない。わたしはこの作品の題名を『十五少女漂流記』と記しているが、封切り近くになって頭に「喜多郎の」という四文字が付けられた。しかしわたしが試写で見た作品にはそんな文字はなく、宣伝効果のためだけに題名を変えられたとしか思えない。この作品では中心になる少女がとりわけ嫌みで、無人島漂流事件を起こして仲間一人の命まで奪うことになった自分の軽率さをついに反省しないが、そんなだらしない恣意性と作品題名の恣意的な操作とは、ほどよく見合っていよう。

　こんなふうに、二作品の愚劣さはいうなれば逆方向を向いている。そこでわたしはつい、そのあたりを事細かに論じれば、もしかしたら実のある批評が、と思ってしまったのである。

たとえば猪崎宣昭の『ジェームス山の李蘭』を見ると、青年と中年男の二人連れが流れ旅をする冒頭の無国籍的なタッチには、ちょっと興味がそそられ、どんなドラマが展開されてゆくのかと目を凝らす。けれども、以下、ギャンブルやら隻腕の謎の女やらの話になるにしたがって期待が外れ、恋と賭博をめぐるロマンも熱狂も、いかにもそれらしいイメージでのみ上滑りしてゆく。この種の凡作より、まだしも愚作『いつかどこかで』のほうが、マイナス価の徹底ぶりにおいて際立っており、それなりに論じるに値するのではなかろうか。もちろんそんなことを思ったのは一瞬のことで、おもしろくもない作品を分析する暇はむろん、その作業に耐える気力も義理も、わたしにはない。作品がマイナス価で際立つのも、そこに思わず強く引き寄せられてしまうのも、まぎれもなく倒錯であろう。

西河克己の『一杯のかけそば』は例の話を大真面目に描くもので、時代錯誤の企画というほかないが、しかし画面を見れば、さすが百戦練磨のベテラン監督にふさわしく、ちゃんとした映画になっている。そば屋のある通りに降る雪のみごとな濃密さや、母子三人が一杯のかけそばをすするシーンの傍らにいる犬の可愛らしさからだけからでも、そのことは明らかであろう。それゆえこの作品に涙腺を刺激されることは、ごく自然な反応であって、なんら倒錯ではない。涙にも安い高いはあるが、古典的ともいえる描写力は歴然としているのである。

坂東玉三郎の『外科室』はその点がどうであろう。あらためていうまでもなくこれも、さきの三作品と同様、新人監督の第一作である。

まず印象的なのは全篇にあふれる華麗さで、とりわけ女性の和服姿が、満開に咲き誇るツツジの花が、絢爛たる美しさで迫ってくる。そんな豪華さをあいだに挟んで、冒頭とラストでは、枯れた草木も男の黒っぽい衣裳も、渋い光沢をもって輝く。そして、それらすべての美のエネルギーを凝縮するかのごとく、一瞬の愛の凄絶なまでの強さが描き出されてゆく。出会いの一瞬を九年間という長さに拡大したあげく死へと跳躍する愛の不可思議さ、とでもいえようか。明らかにそうした達成は、この新人監督がいったいどこに新人らしい情熱を注ぎ込もうとしたかを鮮烈に語っている。なにやら絶賛口調になったが、不満がないわけではない。たとえば一目惚れの一瞬の前後、何人もの男女が満開のツツジのなかをぞろ歩くとき、その歩行の描き方に欠陥があって、ひどく弛緩したリズムばかりを感じさせる。また、主人公二人が歩きつつ最初に目を合わせるシーンでも、そのあとすぐ池をあいだに見つめ合う場面でも、距離感がうまく出ていない。おそらくすべては、空間表現に難点があることによるのであろう。

そうした欠点はありつつも、この作品では、新人らしい情熱がそれを越える勢いで迫ってくるのである。配給元の松竹は、その情熱を受けて立ち、五十分の中篇一本立て千円という異例の興行をやってのけた。むろん玉三郎の作品であればこその扱いであることは疑えないが、大いに注目すべき事態であろう。

この『外科室』に関しては、少し問題はあるもののそれなりに勢いのある新人監督が出現したな、とでも見るのが、まっとうな対応にちがいない。けれどもそうするには、坂東玉三郎という名はあまりに特別すぎる。いうなれば画面に姿を見せないにもかかわらず、玉三郎の存在が作品をくまなく覆いつくしているのである。わたしがさきほど描写力と情熱について述べたことも、その影から自由であるとはいいきれぬとしたら、どこか倒錯の感じがしてくる。

たとえば宇崎竜童の『魚からダイオキシン!!』を見ると、だれしも内田裕也のパフォーマンスに圧倒されるが、その迫力は、けっして内田裕也個人に収斂していかない。虚実入り乱れ、あちこち破れ目のある描写の荒々しさが、無機質な暴力衝動を奔放にぶちまけるのである。その魅力は、主人公に体現されるのではなくて、まるごと廃墟と化した孤島の寒々とした風景に象徴されている。芸能界の内幕を描く部分はじつにつまらなく、破綻だらけの作品ではあるが、だからといってどのような倒錯ともなんら関わることなく、ここでは、解体を生きる映画のある形を見ることができる。

榎戸耕史の『ありふれた愛に関する調査』も、破れ目だらけの作品である。そして興味深いことに、むしろそれこそがつくり手の狙いらしい。私立探偵の映画はゴマンとあるが、これほどだらしなく無様な探偵はほかになかろう。彼がエロスの対象とするお天気ねえさんも、同じようにつまらない人物で、そもそも顔が覚えられない。主人公はハードボイルド探偵のパターンにのっとって、都会の人間関係の闇のなかをさまよい歩くが、積極的なことは一つもできず、人を苦しめたり死なせたり、ドジばかりやらかす。その意味で、これはハードボイルド映画の裏返しと呼ぶことができよう。つぎつぎ並べられ重ねられて断続するドラマにしても、ダメな連中が愚かしく悩んだり争ったりするだけである。では、そこから、くたびれた現代人の生の形がそれなりに魅力的に浮かび

いつかどこかで
監脚小田和正撮西浦清出時任三郎、藤原礼実、宅麻伸、津川雅彦封2月1日時110分

喜多郎の十五少女漂流記
監吉田健原遊川和彦脚「十五少女漂流記」脚本委員会撮佐々木原保志出奥山佳恵、山本未来、岡崎葉、牧野利絵子封3月7日時122分

ジェームス山の李蘭
監猪崎宣昭原樋口修吉脚野沢尚撮安藤庄平出名取裕子、東幹久、根津甚八、三木のり平封2月15日時114分

一杯のかけそば
監西河克己原栗良平脚永井愛撮高村倉太郎出渡瀬恒彦、泉ピン子、市毛良枝、鶴見辰吾封2月15日時99分

外科室
監坂東玉三郎原泉鏡花脚橋本裕志、吉村元希、坂東玉三郎撮坂本典隆出吉永小百合、加藤雅也、中井貴一、鰐淵晴子封2月8日時50分

魚からダイオキシン!!
監宇崎竜童原荒井晴彦、高田純、高橋伴明、小水一男脚内田裕也撮長田勇市出内田裕也、本木雅弘、溝渕美保、佐藤慶封2月22日時121分

ありふれた愛に関する調査
監榎戸耕史原関川夏央脚荒井晴彦撮野田悌男出奥田瑛二、津川雅彦、世良公則、池田昌子封3月21日時107分

上がってくるのかといえば、そんなこともない。つまり主人公の探偵をはじめ登場人物たちとそのドラマに関するかぎり、単純に破綻ばかりが目立ってくるのである。ところが、そんなうんざりの連続のなか、キラリと画面の輝く瞬間がある。たとえば探偵が一人で、あるいはだれかと二人で、路上を歩くとき、そのいわゆる縦の構図で探偵の肩をすぼめた姿を描く少し長目のカットから、独特のリズムが刻み出され、ある感銘を鮮烈に訴えかけずにはおかない。そこにどんな意味もないが、おそらく映画を見る楽しさとはそんな瞬間に遭遇することにあろう。あの『外科室』が歩行のリズムにつまずいたのに対し、この作品はそこでこそ映画としての表現を実現しているのである。

破れ目があることとマイナス価とは同じではない。そして、いま、映画をめぐってのあらゆることが混迷をきわめているとき、マイナス価の倒錯などに脇目を振らず、むしろ破綻のほうに加担すべきことははっきりしている。そうは思うが、しかし難儀なことに、倒錯と破綻はなかなか容易には見分けがたい。早い話、わたしが『魚からダイオキシン‼』や『ありふれた愛に関する調査』について記したことも、見分けに失敗した一例である。

もっと眼力を鍛えねばなるまい。

（第六七回／四月下旬号）

コトバとの闘い

◉田代廣孝の『あふれる熱い涙』については、見る前にまず題名に面喰らってしまった。外国の歌の文句らしいが、あまりにも素朴センチメンタリズムでありすぎ、この新人デビュー作を安っぽく感じさせなくもない。ところが見ると、まったく違った。いわゆるフィリピン花嫁を題材に、ありきたりの〝社会派〟に流れることなどなく、熱い愛の形をなまなましく描き出している。

冒頭、日比混血のヒロインが、いきなり嫁ぎ先の岩手の農家から逃げ出す。この出だし以下、ドラマ展開がひたすら前へ進む点に注目しよう。彼女は一路、東京・新大久保の中華料理店へたどりついて、そこで働くことになり、その間、岩手の夫をめぐる模様が描かれるが、過去の結婚の経緯や夫婦の暮らしをつづる回想シーンは、まったく出てこない。そこで、フィリピン花嫁の実態とか、家出の陰に何があったのかとか、そうしたことの内実は不明のまま、ヒロインの東京生活がくりひろげられてゆく。正確にいえば、ヒロインは逃げ出すに至った心情を断片的に口にするが、それで家出の理由がさほど明確になることもなく、岩手の逃げられた夫のほうは、なにひとつ説明も言い訳もしない。かくして画面はどのようにも後戻りすることなく、ヒロインの働く日常、日本人の父親を探しての葛藤、隣室の男女の苦悶する愛などを、現在形に徹して展開する。

描写のユニークな力強さが、その現在形をしっかり支えているといえよう。たとえばヒロインが働く中華料理店の外国人ばかりの客の喧騒ぶりは、国籍不明の視点で描かれており、そのおもしろさがヒロインと東京の現在をまるごと差し出す。また、ラスト近く、隣室の男女の愛がスキャンダルの餌食にされるシーンでは、冷酷なまでにキャメラが長回しされることをとおして、ヒロインも含めての闘う愛の形が突出してくる。いまさらいうまでもなく、描写とはつねに現在形であり、過去を語る場合でも形としては現在になってしまうが、この作品ではそのことが確実に踏まえられ、説明ぬきのドラマ表現を魅力的に達成しているのである。くりかえし強調するが、出番こそ少ないものの、岩手の夫の寡黙ぶりがじつに効果を発揮している。本当をいえば、逃げ出した心情を断片的に語るルビー・モレノの主人公の台詞も、ないほうがよかろう。コトバが余計に思われる。それでも、鈴木正幸の夫の寡黙さが強く対比されることで、アンデスの風をせつせつと吹き渡らせる音楽のもと、表現が救われているのである。そこから〝熱い涙〟が湧き上がってくる。

工藤栄一の『赤と黒の熱情』も題名が戸惑いをもたらす。なにやら意味ありげに見えるが、まさか冒頭、夜の闇のなかをヒロインの赤い傘が転がるといった工藤流の画面づくりは、それに合わせてのものではなかろう。

題名のことはさておき、そんなタッチの画面は相変わらず魅力的である。ことに冒頭近く、主人公のやくざが組の金を奪って逃げた弟分を射殺するシーンなどは、夜の鉄道引込線の風景のなか、逆光による二人の葛藤のさまが、殺伐さを鮮烈にかもしだし、見る者を前のめりにさせずにはおかない。しかしお話がなんともチャチで、たちまちうんざりする。やくざが仲間を煽りたて、記憶喪失になった女のための美しい〝思い出づくり〟に励むなどという光景に、まともな感性の持ち主ならば心を動かされるわけがなかろうではないか。いくら画面づくりにベテランの力が発揮されても、こんなお話ではまったく生きない。別の弟分の仲村トオルが珍しくユーモラスな味を出すが、主役の陣内孝則は終始ヒステリックに怒鳴ってばかりいて、この主人公はゲームを大真面目に遂行するというより、殺しの言い訳ばかりをしているように見える。いや、コトバに頼った〝思い出づくり〟というお話からして、そもそも言い訳にほかならないというべきか。ここでは、コトバに依存するお話と画面とが肉離れを起こしているのである。

熊井啓の『ひかりごけ』はそれをもっと徹底させた例といえよう。とにかくここでは、作品のすべてが〝人肉食〟というイメージのもたらす衝迫力にのみ依存している。画面は、いま、第二次大戦末期に起こった事件について語る老校長の話と、それを聞いた取材中の作家の想像による形で、過去のその事件を描いてゆくが、この構成が示すように、作品のどの部分もコトバによるイメージに基づいているのである。むろん原作がそうなっているという言い訳は成り立たない。画面の描写がコトバによる説明を一歩も抜き出ないのである。たとえば、死んだ仲間の肉を喰うところまで人間を追い込む北の果ての寒さも飢えも孤絶感も、なまなましい描写としてはゼロに等しく、ただコトバによって語られる。また、四人の漁師が閉じ込められた洞窟内に関しても、呆れるほど空間性に乏しく、喰うか喰われるかの凄まじい葛藤の場所を思い描くには、ひたすら洞窟という一語のイメージに頼るほかない。これでは、生き残った船長と老校長の二役に扮した三國連太郎の怪演もむなしく、そんなにコトバによるイメージに依存するくらいなら、映画など見ずとも、原作の小説を読めば済むのではなかろうかといいたくなる。

さきの『あふれる熱い涙』には、フィリピン花嫁→アジアの問題といったふうに〝社会派〟のコトバがまつわりつきもするが、作品がそれによるイメージで訴えたりはしない。そこからすれば『ひかりごけ』の示すような〝社会派〟の〝問題作〟とは、つまりコトバに対する映画の敗北であろう。

平山秀幸の『ザ・中学教師』も、教育現場の教師と生徒のあり方を扱う点から見て、一種〝社会派〟の〝問題作〟にはちがいない。しかしここでも、コトバによるイメージを介するのとは別のところで、表現が成り立っている。生徒に自主と自由を強制する主人公の管理教師ぶりが、どんな心情をも徹底的に排除する言動の即物的な描写のもと、教育マシーンのごとき形でブラックユーモアまじりに浮き立ってくるのである。生徒の一人がプールで死ぬ。と、すさまじい勢いで救出に当たった彼は事件後、動揺する同僚にむかって「死んだ者より生きている生徒が大事だ」と言い放つ。こうした台詞の迫力にしても、ハードボイルドな描写力のゆえにこそ発揮される。

それにしても画像の悪さはどうしたことか。全篇にわたり鈍い画面で、主人公のクリアーなマシーンぶりを裏切っている。

勅使河原宏の『豪姫』はみごとに絢爛豪華な画面に終始する。しかし、どう見ても『利休』(一九八九)の二番煎じで、宮沢りえの話題性をプラスしたにすぎない。シリーズものや連続ものにある固有の魅力を思えば、むろん二番煎じがただちに悪いわけではないが、この場合には、描写力の貧しさが贅を凝らした画面づくりを裏切っているのである。たとえば冒頭からまもなく、利休の晒し首が盗まれるシーンを見ればいい。何人もの人物が騎馬で走り来たったり追いかけたりするが、もたもたと疾走感がゼロで、たんなる説明に堕している。あるいは主人公二人が何十年ぶりかに再会するシーンでも、桜の下、仲代達矢がなめらかに馬首をめぐらして宮沢りえの馬と並ぶとき、その手綱さばきが感動的なほどに鮮やかであるが、画面全体はそれをまったく生かしていない。権力に翻弄されるまま齢を重ねてきた二人の死を覚悟の再会、というドラマの前では、そうした微細なアクションなど重視することもないということか。

かくしてこの作品には、見た目の絢爛豪華さとコトバによる説明しかない。そんななか、もう一人の主要人物、若いお庭番の寡黙ぶりが、稚拙な演技ながら印象深い。それは『あふれる熱い涙』の夫に似た位置にあるといえよう。しかし作品は、この人物のコトバに頼らない姿を主人公二人への批判としてはさほど描かず、ひたすら非スペクタクル的な美しさで流れてゆく。

真喜屋力・中江裕司・當間早志の『パイナップル・ツアーズ』では、全篇、沖縄語が語られるゆえ、わたしなどには字幕がなければ台詞の何割かは理解できない。それでも、いや、むしろそれゆえにこそ、新人らしい勢いにあふれた描写の力に乗って、沖縄という風土の強烈さがなまなましく迫ってくる。全体は三つの話からなるが、島のどこかに埋まったままの米軍不発弾をめぐるドタバタ騒動として一つにつながり、沖縄語と琉球音楽の奔流が独特の魅力を放つなか、作品が風土に根ざした宴とでもいうべき楽しさで沸き立つのである。お話の底流には、観光開発に揺れる沖縄の現状といったものがある。しかしここでの表現は、そうしたコトバによるイメージを介して成立しているわけではない。第一話では声の出なくなったオペラ歌手が人々の前で歌い、第二話ではヤマトの青年が沖縄語を解さぬまま島の娘と婚礼をやらかすはめになり、第三話ではロック二人組がコトバを破壊する歌いっぷりの延長で大金強奪に突進し、と、どの部分もコトバに背を向けたシチュエイションにつらぬかれ、それがまさしくコトバの説明など無用化する宴として描き込まれてゆく。三つの部分には表現のレベルにバラツキがあるが、むしろそんなことより、コトバとの闘いをさらに徹底するべきであったろう。

じつをいえば、わたしは字幕なしで見ただけである。それでかまわないと思いつつも、今度は〝標準語〟とやらの字幕入りで見て、ふたたび宴としての映画に参加するつもりでいる。

（第六八回／五月下旬号）

あふれる熱い涙
【監】【脚】田代廣孝【撮】佐久間公一【出】ルビー・モレノ、佐野史郎、戸川純、鈴木正幸【封】3月28日【時】104分

赤と黒の熱情
【監】工藤栄一【脚】野沢尚【撮】仙元誠三【出】陣内孝則、麻生祐未、仲村トオル、古尾谷雅人【封】4月25日【時】108分

ひかりごけ
【監】熊井啓【原】武田泰淳【脚】池田太郎、熊井啓【撮】栃沢正夫【出】三國連太郎、奥田瑛二、田中邦衛、杉本哲太【封】4月25日【時】118分

ザ・中学教師
【監】平山秀幸【原】プロ教師の会【脚】斎藤博【撮】柴崎幸三【出】長塚京三、藤田朋子、金山一彦、谷啓【封】4月25日【時】106分

豪姫
【監】勅使河原宏【原】富士正晴【脚】赤瀬川原平、勅使河原宏【撮】森田富士郎【出】仲代達矢、宮沢りえ、永澤俊矢、三國連太郎【封】4月11日【時】142分

パイナップル・ツアーズ
【監】【案】真喜屋力、中江裕司、當間早志【脚】真喜屋力【撮】一之瀬正史【出】兼島麗子、利重剛、洞口依子、照屋林助【封】4月25日【時】118分

◉井筒和幸の『東方見聞録』が、五月下旬に封切られるはずであったところ、その直前、公開延期になった。撮影中にエキストラが死亡するという事故があり、その処理で製作母体のディレクターズ・カンパニーが倒産したからである。

この作品については、試写がはじまってまもなく、何人かの映画ジャーナリストから悪評を聞いた。それも徹底的なもので、今年最低の映画だの、どだい映画になっちゃいないだのという。まさかあの井筒和幸が、とわたしは思い、なにがしかの不安とそれを上回る興味をそそられつつ試写を見に行った。その結果、わたしにはこの作品がたいへんおもしろく、大いに楽しめた。

悪評の理由もわからないではない。この作品の売りは〝アドベンチャーロマン〟ということになっているが、内実としては、呆れるほど明白にそれを裏返したものが差し出される。わいわいだらだら群れてうごめくだけの主人公の足軽ども、緊張感ゼロの戦闘と落城の光景、腑抜けたような宝探しの道中、そのあげくの野放図なまでに馬鹿馬鹿しい龍神騒動と、どこをとっても、アドベンチャーもロマンもない。遊びの精神がデタラメの域に達するほど発揮され、作品がぐじゃぐじゃの流動体になっているとでもいうべきか。この悪ふざけに乗れない人がいて、ふざけるなと怒ったとしても、少しも異なことではなかろう。それに対しわたしには、一見マイナスのすべての要素がおもしろい。この作品には関西人特有の汎軟化主義的精神とでもいえるものが流れており、それによって冒険映画を根っこのところから揺るがし軟化させてしまう映画的冒険に感嘆して、やはり井筒和幸は只者ではない、とさえ思った。そこで、さっそく井筒和幸インタビューをやらかし、じつにケッサクな読みものになったと確信する。ところがその直後、かんじんの作品が公開延期になってしまった。

制度としての感動

まちがいなく『東方見聞録』は妙な映画である。時代劇でありながら時代劇のイメージをまったく裏切ってしまうばかりか、これでも映画のつもりか、といいたくなるような、ぐじゃぐじゃの流動体としての映画をスクリーン上にくりひろげてみせる。その妙な力にこそわたしは感応し、ここには、見る者をこれまでとは別の映画的魅力へ衝き動かすベクトルがある、と思ったのである。

考えてみれば、ディレクターズ・カンパニー自体、そのような新しい映画的魅惑をめざす活動拠点として結成されたにちがいない。そこから生まれる作品の多くは混迷にまみれていたが、新しい映画づくりを目的とする以上、それは不可避のことであり、そのなかでどんな闘いを積み重ねてゆくかが注目されていた。事実として、素晴らしい闘いを示す作品がいくつも生み出された。経営のことはわたしにはさっぱりわからぬが、ディレクターズ・カンパニー倒産の危機という事態には、おそらく運営実務の失敗が多分にあるにしても、日本映画総体のダメさが露呈していると思う。そこで強調したいのは、なにがなんでも『東方見聞録』をオクラにしてはならないということである。いったん生まれた作品は経営の次元とは別のところに存在するはずで、そのことを明証するためにも、あるいは日本映画の現在を少しでも衝き動かすべく、この作品の真価を広く問うためにも、ぜひとも早く一般公開されなければならない。

わたしの判断では、たとえば伊丹十三の『ミンボーの女』のような作品が『東方見聞録』の対極に位置する。ここにあるのは、映画的な冒険とは無縁の、カビの生えそうなほど古くさい映画づくりの典型で、思わせぶりたっぷりの題名が示すとおり、商売人としての旺盛きわまりない野心のもと、おもしろがることを押しつけてくる。たとえ一見、少しは刺激的に思われようと、退嬰的というほかなく、ここからなにもはじまらぬことは明らかであろう。

まず演技の質が古い。悪役の中尾彬が象徴的で、長く出演しつづけてきた東映やくざ映画においてなら、同じような役柄でももっと練れた味を見せるのに、馬鹿みたいに単純に怒鳴りまくり、いまどき子どもでも思い浮かべないようなパターンの暴力団イメージをむなしく熱演している。それに同調してか、立ち向かうホテル職員の大地康雄が、いつもの屈折した強烈な演じぶりはどこへやら、ふつうにへたな役者に見え、相棒役の村田雄浩の個性もまるで生かされていない。そんななか、したり顔の宮本信子がヒロインぶって凡庸に活躍する。さらに決定的なのは、顔のアップの連続であろう。数えたわけではないが、全篇の八割くらいが顔のアップになっている印象で、やたら目にうるさく、ほとんど不快感だけを煽る。もし顔のアップで対決のドラマの迫力を高められると信じているなら、何十年か古い。いや、時流に乗った企画といい、オーバー演技といい、顔のアップの連続といい、ドタバタのおもしろさによる社会風刺を狙ったとも考えられる。だが、映画的な笑いがこの程度の表現で実現されると見なすなら、世の暴力団がこの程度の作戦で撃退されると思うのと同様、ふざけた話である。

伊丹十三の作品はいつも押しつけがましい。それをおもしろさと受け取る人も世間にはいるらしいが、あざとく装いを凝らして押しつけられる既成のおもしろさ、いわば制度としての感動にひたっているだけのことである。『東方見聞録』はそれとはまったく

東方見聞録
監案脚井筒和幸原阪本順治、平野美枝撮篠田昇出緒形直人、設楽りさ子、筒井道隆、フランキー堺封未公開(1993年ビデオ発売)時123分

ミンボーの女
監脚伊丹十三撮前田米造出宮本信子、宝田明、大地康雄、村田雄浩封5月16日時124分

橋のない川
監東陽一原住井すゑ脚東陽一、金秀吉撮川上皓市出大谷直子、中村玉緒、渡部篤郎、高岡早紀封5月23日時139分

ナンミン・ロード
監五十嵐匠原内山安雄脚五十嵐匠、北原陽一撮志賀葉一出レー・マン・ホウン、トルオン・ティ・トゥイ・トラング、ヴ・ホァン・フゥン、佐藤江珠封6月13日時101分

女殺油地獄
監五社英雄原近松門左衛門脚井手雅人撮森田富士郎出樋口可南子、堤真一、藤谷美和子、井川比佐志封5月23日時113分

逆に、まさしく感動的なまでに、制度としての感動を突き崩すことに全力を傾けている。

東陽一の『橋のない川』も古典的な手法による作品で、格別の新しさは見られないが、差別という重い主題をなんら押しつけがましく描かず、爽やかに好感をそそる。四季の風景が美しく、主人公たちが子どももおとなも、迷える愛を生き抜いていじらしい。仕掛けとしては、そうした感銘と結びついて、差別という主題がせりあがってくるのである。明らかに爽やかさはそこから発するのにちがいないが、逆にわたしは、好感を覚えれば覚えるほど、主題の苛酷さが稀薄になって小さな物語として囲われてしまっているという印象を受ける。見かけは大作なのに、制度としての感動に小さく収まっているといいかえてもよい。

五十嵐匠の『ナンミン・ロード』についても、まったく同様のことが指摘できる。ベトナム難民の若い男女四人の日本社会における苛酷な運命をつづるドラマで、全篇、切迫感に満ちた題材が並べられるが、どの描写もルーティンを一歩も出ないため、たったいま「ベトナム難民の…苛酷な…ドラマ」とわたしが要約したごとく、わずか二行ほど説明すれば済むような物語に小さく収まっているのである。そこで、当然ながら、題材の切迫感はただひたすら制度としての感動にのみ結びついてゆく。

暴力団、差別、難民と、三本の作品はいずれも現実の荒々しいネタを扱っているが、なによりも問われるのは映画がどうそれと闘っているかであろう。題材それ自体の力など、その前では大した問題ではない。この三作品の場合、それぞれなりに題材と切り結んでいるとして、その結果、ありふれたパターンの表現や感動しか生み出さないのは、闘いの過程がいかに既成の映画規範にとらわれているかを告知していよう。

五社英雄の『女殺油地獄』は、近松門左衛門の悲劇を原作に、ある闘いの形を見せる。くりひろげられるのは性愛における男女の妖しい心の動きで、とりわけ前半では、夫も二児もある女の、乳母のような気持で成長を見守ってきた若者に対する心理の揺れが、彼を夢中にさせつつ翻弄する若い娘の驕慢さとの対比のもと、微細にねっとりと描き出される。五社英雄といえば、極彩色の派手な迫力を売りものにする監督であるが、ここではその力が女の不可解な性愛心理の闇に向けられ、ある魅惑を突き出す。いわば毎度おなじみの五社調を打ち破るべく、これまでの外部放射型の作品をまるで逆転させ、内面のスペクタクルがめざされているのである。そうした冒険精神は大いに評価すべきであろうが、それにしてはギラリと輝く瞬間がない。だれもが〝女は魔物〟という合言葉にとらわれすぎたのか。たしかに画面では女の心理戦が微細に描き出され、樋口可南子は内面の葛藤をいつになく抑えた形で見せて美しいが、それはついに〝女は魔物〟の図解に留まって、妖しい感動に結実することはない。ことに後半、ヒロインが若者の心と肉体をつかんで以降の描写は、拍子抜けなほどに輝かず、ラストの悲劇を平板なものにしてしまっている。油まみれの闘いがあまりに没スペクタクルであることに、すべてが象徴されていよう。

　ふたたびいえば、わたしが『東方見聞録』を高く評価するのは、妖しい感動を覚えるからである。そして最新の日本映画では、黒沢清の『地獄の警備員』にも佐藤真の『阿賀に生きる』にも、それをひしひしと感じた。

（第六九回／六月下旬号）

不透明さへの意志

◉黒沢清の『地獄の警備員』がおもしろいのは、作品全体をつらぬく挑発性のゆえにちがいない。むろんこの作品の観客に対する挑発である。

　画面はある商社ビルの新入り警備員による連続殺人を描いてゆくが、ついにその理由は明らかにしない。冒頭、やはり新入りの女子社員が乗るタクシーのなかで、元相撲取りの殺人鬼のことがほのめかされる。くだんの警備員はその男らしいが、それ以上の説明はない。しかも殺戮のさまは、女子社員を着替えロッカーに押し込んでロッカーごと叩き潰す、といったふうに、非情さに徹して無気味さを深める。では、血みどろのシーンが連続するかといえば、そうでもなく、じつに即物的で乾ききっているため、なにやら黒い笑いさえそそる。情報が極度に抑えられ、即物的描写だけが積み重ねられてゆくといえようか。そこから挑発性が生み出されるのである。殺戮の描写はむろん犯人の人物像や事件の背後への関心を煽り立てるが、情報は提示されない。そこでますます知りたい気持が募り、見る者は、わけもわからず恐怖に駆られて走り回る新入り女子社員と同様、必死に目を凝らしつつ不安を深めてゆく。そして、残忍な殺人をいつしか楽しむふうにもさせられてしまう。まったく憎たらしいほどの挑発性ではないか。

　ラスト近く、問題の警備員が世界に対して尋常ならざる悪意をかかえていることは、内実不明のまま、ともかくもわかる。明らかにそうした悪意の構造は、累乗的な不安のエネルギーを高めて観客を挑発する黒沢清についても、ほぼ当てはまるにちがいない。主人公と作者がスクリーンの中と外から、いわば観客を挟み撃ちにしているのである。

　惜しいかな、画質が良くない。撮影と照明が悪いため、どこか画面はネボケていて、不鮮明さゆえに苛立たしさをそそる。たとえばオフィスのキッチンルームに垂れ下がっている扉がわりの大きなビニール幕は、出てくるたびに異様さをかもし、やがて案の定、その内側も殺人の舞台になるが、画面それ自体の不鮮明さによって、ビニール越しということの無気味さが弱められている。また、密室化した商社ビル内の連続殺戮という設定からして、アメリカ映画『ダイ・ハード』(一九八八)を連想させるものの、それにしては、ワンフロアしか使われないし、ビル全体の外観がオモチャにしか見えない。その貧弱さは単純に予算の問題にちがいないが、どう描写するかという点では、やはり撮影と照明に関わることであろう。

けれども作品全体の挑発性は、そうした欠陥など目にもくれない勢いで発揮され、妖しい魅惑を結実させる。即物的な描写に徹することで、見る者のあれこれ想像してしまうエネルギーを不安へと導いてゆく力、とでもいうべきか。その運動性の前では、画質の悪さなど吹っ飛んでしまうのである。

たとえば新藤兼人の『濹東綺譚』を見ながら、なんとまあ汚いことよ、とわたしは呆れつづけた。ことに何度も出てくるセックスシーンがひどくて、情欲も性愛もくそもなく、ただ表現として薄汚い。玉の井の娼窟がまさしくそのように汚濁の巷であったとか、主人公荷風の生が云々とか、そんな説明をする向きもあるかもしれないが、知ったことではない。ここでは、全篇をつらぬく表現の不潔さが問題である。人物でいえば、娼婦役の新人女優が、じっとしているときはまだしも、動きだすと下手さがもろに出て、苦界に生を紡ぐ女の心と肉体を感じさせるどころか、どういう人間かさえ判然としない。荷風のほうも同様で、文学も思想も関係なく、単純に賤しく身勝手なだけの男に見える。こんな男女が主人公ゆえ、画面はつねに精彩を欠き、苦心の作らしい玉の井のセットもチャチにしかうつらない。その結果、総体として汚らしさの印象がもたらされるのは、ごく当然の話ではないか。

いうまでもなく、この汚さは『地獄の警備員』の画質の悪さとは決定的に違っている。動けばダメになることが、なによりの証左であろう。映画として不可欠の運動性の欠如こそが、明らかに事態の核心にちがいない。

降旗康男の『寒椿』も薄汚れた印象をかきたてる。それを一身に体現するかのごとく南野陽子がじつに無残で、ことにヌードシーンは痛々しい。たとえば芸妓の彼女が強引なチンピラやくざに拉致され、腕ずくで肉体関係を強いられ、海辺の漁師小屋で何日かを過ごしたあとのシーン。彼女の慕う女衒の中年男たちが二人を連れ戻しにやってくるや、海辺でチンピラの介添えで髪を洗っていた彼女は、すっと女衒の中年男に寄り添い、その腕のなかに抱かれるようにして去ってゆく。このとき、だれしも南野陽子の表情に目を凝らすが、薄っぺらな笑顔しか見られず、無理強いのこととはいえチンピラとの関係は何だったのか、ほんのいましがたの仲睦まじいような洗髪の光景は何だったのか、と問いたくなる。要するにドラマ描写として、彼女が何を考えているのか、不明瞭きわまりないのである。ヒロインがこんなふうで、それを取り巻く人物群像の描写も似たり寄ったりとなれば、ごてごてした彩りでつづられる愛憎劇がなにがしかの美を訴え出すはずはなかろう。南野陽子については、たんに演技が拙劣なのだということもできる。けれども澤井信一郎の『福沢諭吉』では、下手くそなりに、というより、それをむしろ逆手に取る形で、妖しい魅力を輝かせていた。ないものねだりになるが、この『寒椿』は澤井信一郎にぜひ撮らせるべきであった。オーバーにいえば、それができないところに現在の映画状況の拡散ぶりがうかがえる、とわたしは思う。

さきほど『寒椿』の人物描写を不明瞭といったが、それは画面が鮮明さに欠けるということではない。むしろ全篇、極彩色の画面がくりひろげられ、鮮やかすぎるほど鮮やかである。だからこそ、画面の美しさと描写の不明瞭さのアンバランスがいっそう浮き立ち、そこから薄汚さの印象が生まれる。南野陽子のヌード姿はその象徴にほかならない。まったく同じように『濹東綺譚』の場合も、大胆なセックスシーンの見た目の美しさこそが、描写の曖昧さを際立たせ、表現としての不潔さを招いている。

これに対し『地獄の警備員』は、連続殺人の理不尽さを最後まで強固につらぬいて、その間、警備員の松重豊の表情をほとんど明らかにしないことが示すように、むしろ積極的に不透明さをこそ突き出す。曖昧さではなく、表現としての不透明さである。残酷な殺戮シーンを重ねながら、血みどろの描写が慎重に排除されているのも、それゆえにちがいない。殺しの場面は見せ場としてセックスシーンに相当するといえようが、愚劣な作品がヌードをこれ見よがしに描き出すのに対して、この作品では、いうなれば確信犯的に不透明さが選び取られているのである。そこから作品全体の挑発性が生まれてくる。

秋元康の『マンハッタン・キス』にもふれておこう。姉には申し分のない求婚者がいて、妹には熱愛で迫る年下の二枚目の若者がいるのに、なぜか姉妹は妻子のある同じ中年男に惚れてしまって、という話が、ニューヨークを舞台にだらだらとつづられる。その語り口もじつに見苦しいが、もっとだらしないのは、四人の男女のもつれた恋愛感情がくどいほど隈なく描き出されることで、恋心の不思議さもくそもなく、あまりにスケスケのさまが醜悪さをかもしだす。

地獄の警備員
【監】黒沢清【脚】富岡邦彦、黒沢清【撮】根岸憲一【出】松重豊、久野真紀子、長谷川初範、由良宜子【封】6月13日【時】97分

濹東綺譚
【監】【脚】新藤兼人【原】永井荷風【撮】三宅義行【出】津川雅彦、墨田ユキ、杉村春子、乙羽信子【封】6月6日【時】116分

寒椿
【監】降旗康男【原】宮尾登美子【脚】那須真知子【撮】木村大作【出】西田敏行、南野陽子、高嶋政宏、かたせ梨乃【封】5月30日【時】115分

マンハッタン・キス
【監】【脚】秋元康【撮】加藤雄大【出】いしだあゆみ、室井滋、柄本明、吉田栄作【封】6月13日【時】110分

三月のライオン
【監】矢崎仁司【脚】宮崎裕史、小野幸生、矢崎仁司【撮】石井勲【出】趙方豪、由良宜子、奥村公延、斉藤昌子【封】6月10日【時】118分

矢崎仁司の『三月のライオン』は、こうした表現以前のだらしなさの氾濫のなか、爽やかな感銘で迫ってくる。描き出されるのは静物画のような世界で、ぼろアパートの板壁も、窓ガラスも、コップも、洗濯物からしたたる雫も、アイスキャンデーも、

線路も、すべてが美しく不透明な質感をたたえて光り、静かな呟きをもらして、見る者の心を心地良くざわめかせてやまない。兄と妹の擬似的恋人のような関係がつづられてゆくが、近親相姦といった原色のどぎつさは少しも見られず、やはり不透明ゆえに美しい愛を爽やかに表現する。おそらくこれは、兄が記憶を喪い、妹がつくり話を生きつづけて、さながら静物のように画面に存在するからであろう。そういえばこの作品は、十六ミリで撮ったあと三十五ミリにブロウアップされたという。ふつうに考えれば画質は荒れていることになるが、そんなふうには感じられない。むしろ全篇の鈍いカラーの色合が、静物画の世界を澄明な印象で差し出している。ここでは、不透明さこそが逆に作品の透明感を結実させているというべきか。表現への意志がそれを可能にしているのである。

　表現のレベルでは、薄汚さや不潔の反対語は、きれいとか清潔ではなく、潔さにちがいない。

　今回は佐藤真の『阿賀に生きる』について語るつもりでいたが、ゴミに足を取られて果たせなかった。この大傑作のことは次回にしよう。

（第七〇回／七月下旬号）

見る歓び

◉佐藤真の『阿賀に生きる』では、題名のとおり、新潟県の阿賀野川の川筋で暮らす人々の姿が描き出される。小さな田を耕す老夫婦、舟大工、餅つきの名人など、登場するのはごく普通の生活者で、一見なんの変哲もない。ところがそんな人々の姿が、顔が、暮らしにおける仕草が、なんら特別なものではないにもかかわらず、信じられないほど大きな魅力を突き出してくる。たとえば冒頭まもなく、元船頭が土手に立って風の名を告げるシーンでは、阿賀野川を吹き渡る風の名が方向によって一つ一つ微妙に違うことに驚かされるとともに、こともなげに三百六十度にわたって風の名を読み上げる壮年の男の姿に感嘆せずにはいられないが、この作品では万事そういったふうで、ぬかるみに足を取られつつ雨の日に田を耕す老女、というただそれだけの光景が、目を吸い寄せずにはおかない力で輝くのである。

　風景の真只中で生きること、風土と暮らし。すこぶる平凡なそんなことばが鮮やかな感触で思い浮かんでくる。やや俯瞰のロングショットで川の流れや森や農家を丸ごとうつしだす画面に、「長谷川さんの家にも夏祭りが来た」というナレーションとともに、御輿《みこし》を担いだ一団が姿を見せるシーンの美しさは、そのことを例証していよう。

　この作品のなによりの特徴は、被写体がうつしだされるだけに留まらず、それと撮る者との関係も随所で画面に露呈されることである。雨のなか、耕作をあきらめて帰る老女が、腰を二つに折ってぬかるみの細道を登りつつ、「雨降りはご大儀だ、お前さんたちもご大儀だわ、おかしいようでもあれば気の毒のようでもあれば」と撮影隊にむかって語り、別の老女が布団に横たわる姿で登場したかと思うや、こちらに視線を向けたまま「寝てるとこなんか撮るもんでねえ、病人みたいで」と呟く。その瞬間、画面における時空間がいっきょに変容することはいうまでもなかろう。老農夫がかつての楽しかった鮭漁の方法を道具を手にとくとくと語るシーンでは、ふいに「お話しちゅうに申し訳ねえども、ジャガイモどこにある?」という声がはいるや、キャメラはそちらを向いて、笑う妻の姿をとらえ、ジャガイモ探しに移ってゆく。この場合は、時空間の転変が、キャメラの動きとともに文字どおり物理的に起こっているのである。

登場人物が撮影スタッフにむかって話しかけ、撮られる者と撮る者の関係が露呈するくだりは、もとより予定調和的になど出現するわけはない。必ず不意討ちの形でやってくる。だからこそ、ドキドキするくらいおもしろい。明らかにそれは、準備も含めれば四年にも及ぶ製作期間を費やしたことの成果であろうが、そのことに重ねて、一見なんでもない日常生活がどれほど不意討ちの連続で成り立っているかが、そこにダイナミックともいえる形で姿を見せている。随所で痛快な魅惑を放つ時空間の変容は、その意味で、日常生活に底流する生のリズムの発現にほかならない。疑いもなくこのことがあってこそ、風土と暮らしの関係が鮮やかな力で目と耳に迫ってくるのである。

土手に立って風の名をつぎつぎ読み上げる元船頭の姿は、そうした関係の何たるかをみごとに告げていよう。ところがつづく畳敷きの集会場での会議シーンになると、同じ壮年の男が新潟水俣病未認定患者の会の会長を務めている。川筋に生きることが、つまり風土と暮らしの関係が、カットの切り替え一つで別の側面を見せるのである。同様に、かつての鮭漁を懐かしむ農夫の牧歌的な姿は、彼の手が水俣病に冒されている事実と結びついてゆく。さきほど御輿の一団が緑の風景のなかに登場するシーンの美しさを語ったが、それはけっして単純に牧歌的なものではない。その直前、夏祭りの御輿が有機水銀を垂れ流した大工場のなかをねり歩く光景が、同じようなロングショットでうつしだされるからで、ここでも、カットの切り替え一つが風土と暮らしの何たるかを突き出す。

この作品では、川とともに生きることの素晴らしさが新潟水俣病も含めて描き出されるというべきか。ねじくれた奇怪な形容ではある。にもかかわらず、それがカットつなぎ一つでこともなげに実現されているところに、映画としての強烈な思想がうかがえよう。川が死に瀕していることを象徴するかのように、もう何年も前から仕事をやめてしまった老舟大工が登場し、ありし日の職人魂の名残のみを頑なな表情で感じさせるが、やがて老人はふたたび舟をつくりはじめる。また、あの老農夫は懐旧の情のあげくに、かつてと同じカギ流し漁で鮭を仕留めるに至る。この二つの復活の劇も、川筋での暮らしが新潟水俣病を含めて描かれることのなかでこそ、熱い感動をそそるのである。

この作品には、見ることの歓びがあふれている。二つの復活のドラマはむろんいうまでもなく、餅つき名人の老夫婦が囲炉裏端の坐る場所をめぐって口喧嘩をやらかすシーンや、老舟大工の表情が舟づくりを開始する以前から以後へ刻々と変わってゆくさまは、ただただ見つめているだけで楽しい。そしてここが重要な点だが、それはけっして傍観する楽しさではない。撮られる者と撮る者の関係が露呈することに魅惑がある以上、見る者はたんなる傍観者に留まってなどいられないからである。この『阿賀に生きる』がドキュメンタリーであることはあらためて説明するまでもないが、しかし、記録映画か劇映画かという区分など、ここでは無意味であろう。見る歓びの新鮮さがそう思わせずにはおかない。作品内のドラマになぞらえて、見る歓びをめぐる復活の劇がここにあるともいえようか。

たとえば同じ新人第一作ということから、吉原健一の『爆!』を隣りに並べてみる。現金輸送車襲撃を描く劇映画で、襲撃が成功したかと思いきや、男が輸送車の金庫のなかに閉じ込められ、救出に向かった恋人のOLが爆破用の超小型爆弾を飲み込んで隠してしまうところから、スリルとサスペンスがはじまる。金庫と胃袋という二つの閉所の対比はおもしろいし、焦点が若い女の変貌過程に移ってゆくあたりも、悪くはない。けれども全篇、ついにスリルもサスペンスも小さくまとまるのみで、不発の感がする。その結果、見る者はしょせん傍観者の域に留まらされて、そのさきの見る歓びは開花しない。これでは、やはり新人高瀬将嗣のデビュー作『ファンキー・モンキー・ティーチャー2　東京進攻大作戦』が、こんな阿呆な高校教師がいたらおかしいだろうなあ、と馬鹿馬鹿しく見物させるのと基本的にはなんら違いがなかろう。大川俊道の『スロッピイ・ジョウ&ハートブレイク・カンパニー』も、親友の荷物を運ぶことになった若い女が麻薬争奪戦に巻き込まれて闘うさまを、まずは見物させる。ところがアメリカ南部を舞台に女の活劇がくりひろげられてゆくとともに、アクションの激しさが灼熱と荒涼の風土性を吸い、ひりひりした生の感触を告げてくるとき、単純傍観の一歩さきを感じさせずにはおかない。ビデオ専用映画ではあるが、見る歓びをそれなりに強くそそるのである。

佐藤純彌の『おろしや国酔夢譚』と神山征二郎の『遠き落日』が、事態をより明確に示していよう。前者では、江戸時代の鎖国日本から漂流して広大なロシアを横断して帰還した男たちの旅が、後者では、偉大な医学者野口英世の苦闘の半生と母との愛が、スケールの大きなスペクタクルロマンとして描かれる。細部にひっかからなければ、異国情緒や催涙効果は楽しめるが、しかし、ひたすら歴史的な事実を再現するだけの描写のあり方には、基本的な疑問を感じないではいられない。いうまでもなく、どれほど大規模に豪華であろうと、ついに再現のレベルを脱することのない画面は、見る者を見物の域に留めておく力ぐらいしか発揮しないからである。

この二作品が事実ネタに基づいてつくられていることは、『阿賀に生きる』がドキュメンタリーであることと重なり絡まって、じつに象徴的といえよう。劇映画がついに再現を越えられず、ドキュメンタリーがあくまで事実に即するといった話では、もちろんない。『おろしや国酔夢譚』『遠き落日』では、描写力が過去の事実の絵解きにしか従事しないのに対して、『阿賀に生きる』の場合は、事実をうつしとる画面がそれ自体として固有の生命力を実現しているわけで、そのことは、まったくジャンルの違いではなく、純粋に表現のレベルの問題に属している。たとえば『おろしや国酔夢譚』がレンフィルムの協力で製作されたことに注目しよう。目下、日本の各地で催されている「レンフィルム祭」の参加作品群のなかでも飛びきりの作品、ヴィターリー・カネフスキーの『動くな、死ね、甦れ!』(一九八九)は、五十三歳でこのデビュー作を撮った監督の少年時代の体験に基づいているらしいが、全篇、過去再現の気配など微塵も見られず、見ることの歓びで迫ってくる。これはもう表現に関わる姿勢の差という以外なかろう。

再現に精を出す二作品では、当然のことながら、見る者をただ見物の域にだけ安心させてしまう。これに対し『阿賀に生きる』の場合には、見る歓びをあふれさせつつ、では、そこで作品の表現としての力が終るかというと、じつはそうではなく、そのさきの問いを孕み持つ。阿賀野川の川筋で暮らす人々の姿を自分は本当に見たろうか、との問いを、見る者のなかに発せしめるのである。一本の映画を見ることがたんに見ることでは完結しない、とでもいうべきか。

見る歓びの一つさき。明らかに『阿賀に生きる』には、そんなものを垣間見させる力がしたたかにある。

(第七一回/八月下旬号)

阿賀に生きる
監佐藤真撮小林茂封9月26日時115分

爆!
監案脚吉原健一撮須賀隆出西村知美、松尾貴史、片岡五郎、山田吾一封7月11日時107分

ファンキー・モンキー・ティーチャー 2 東京進攻大作戦
監高瀬将嗣原もりやまつる脚加藤正人撮森勝出間寛平、志賀勝、早坂あきよ、飯島直子封6月20日時100分

スロッピイ・ジョウ&ハートブレイク・カンパニー
監脚大川俊道原リンダ・ローリング撮室賀厚出吉田美江、板谷祐三子、竹内力、ハント敬士封6月26日(OV)時80分

おろしや国酔夢譚
監佐藤純彌原井上靖脚野上龍雄、神波史男、佐藤純彌撮長沼六男出緒形拳、西田敏行、江守徹、川谷拓三封6月27日時125分

遠き落日
監神山征二郎原新藤兼人、渡辺淳一脚新藤兼人撮飯村雅彦出三田佳子、三上博史、仲代達矢、牧瀬里穂封7月4日時119分

◉宮崎駿の『紅の豚』に充満しているダンディズムには唸らされた。これまでの作品にしばしば見られた問題意識を削ぎ捨て、ひたすら男の心意気というロマンに徹している。一九二〇年代末期のイタリアという現実的でかつ夢想めく設定も、ダンディズムを虚実のはざまで謳い上げるためのものであろう。

　およそブタがこれほどカッコいいヒーローになるなんて只事ではない。空軍の勇士であったという過去がそこに介在するようにも見えるが、それはそれ、重要なのはあくまで現在で、アドリア海の上空を暴れ回る空賊どもは、賞金稼ぎとして抜群の強さを発揮する〝紅の豚〟を畏怖し、女たちは彼のダンディズムに惹かれてゆく。つまり、ここではブタが直截にカッコいいのである。そうした描かれ方は逆説なのか正説なのか、なんとも判断に困るが、そのこと自体が面白味をもたらす。まさにアニメーションならではの特異な表現力と呼ぶ以外ない。宮崎駿は今回、中年の冒険好きの飛行機マニアたる自分の趣味に惑溺してみせたといえようか。それがまた男の心意気の高らかな発現になるところに、宮崎作品の真骨頂がある。

　では『紅の豚』がとびきりの傑作かとなると、わたしにはそうは思えない。おもしろさに満足するいっぽう、どこか隙間風のようなものを感じるのである。それはいったい何なのか。

現在性という命

　主人公にならって〝飛ばねえ宮崎アニメは只のマンガだ〟といいたくなるくらい、おなじみの飛翔シーンが今回もふんだんに出てきて、目を奪う。飛行機乗りの話ゆえ、これまで以上に素晴らしいといってもよかろう。だが、縦横無尽の航空シーンが画面につぎつぎ展開されればされるほど、わたしにはその真只中に空疎さの気配が漂いだすように感じられてならない。たしかに飛翔シーンは目を奪うが、そこで力を発揮しているのは、要するにアニメという手法の自由奔放さでしかないのではないか。つまり、アニメなら当然というべき域を大きくは越えていないのではないか。そんな物足りなさのゆえに、華々しさのなかに空疎さが漂うのにちがいない。宮崎駿にたんなるアニメ的自由奔放さ以上のものを期待するのは、過分な要求であろうか。今回の飛翔シーンについてさらにいえば、手を変え品を変えの描写はあるが、空を飛ぶことそれ自体がドラマとしての動きのダイナミズムを持つことは少ない。たとえば主人公が雲海のなか、はるか天上高くに群れ飛ぶ空の死者たちの無数の機影を幻視するシーンにしても、ドラマ性を欠くゆえ、美しいだけの絵に留まっている。

　この『紅の豚』は夢を差し出す。半分は満足しつつ、あと半分では、その夢がドラマとして上滑りするあまり安全すぎることに不満をおぼえ、わたしは〝やばくねえ夢は只のユメだ〟と呟きたくなった。

たとえば山田勇男の『アンモナイトのささやきを聞いた』では、現実とも幻想ともつかぬ世界がくりひろげられる。病床の妹を見舞いにゆく鉱物学者の兄の旅に重ねて、時空を越えた奔放なイメージがめまぐるしく連ねられ、その夢想への偏執ぶりは見る者を感嘆させずにはおかない。いわばそこには趣味をつらぬく力の大きさがうかがえるが、逆に趣味への閉じこもりを強く感じさせもする。それゆえこの作品に〝只のユメ〟以上のものを見ない人のいることは、十二分に想像できるのである。『紅の豚』はそのように閉じてはいないが、〝只のユメ〟の域を越えるにしては真に映画的なダイナミズムが少々不足している。

　おおすみ正秋の『走れメロス』を見てみればいい。なにより驚くのは、あまりにもコトバに頼ってドラマ展開が進められることで、アニメの独自性はその陰にひそんでしまっている。ラストの走るシーンがその最たるものであろう。友情と信頼を守るべく、処刑されるために走りに走る主人公の姿には、まさしくロマンが沸騰しているはずなのに、ひたすら凡庸な疾走画が並べられるだけで、アニメならではの表現はついに出てこない。原作の熱いロマンに挑戦しようとした意気込みは感じ取れるが、これでは映画にならぬことははっきりしている。

　久保田傑の『福本耕平かく走りき』では、題名どおり、走ることが作品の要になっていて、みごとに新鮮な勢いで迫ってくる。話はロマンとは程遠く、ごく平凡な高校三年生の青春が描かれるにすぎない。大好きな兄の死、それ以来まるで無気力になった父、農家を継ぐべきかどうかで悩む主人公の少年、白血病を自称する同級の女生徒への想い、東京から帰ってきた兄の恋人の眩しさ……。そんな題材のすべてが、オートバイで事故死した兄との疾走シーンも含め、陸上部員として練習に励む主人公の走るシーンと絡み合い、走るという単純な行為のなかに溶かし込まれて輝くのである。ここでは走ることがそのまま鮮烈なドラマになっているといえよう。

　ドラマとかダイナミズムとか、わたしはかなり安直な言い方をしているのかもしれぬが、問題にしたいのは、むろんその作品の描写それ自体の力である。瞬間瞬間の画面に見えるフォルムとアクション、現在形としてしか姿を現わさないものの力、といいかえてもよい。たとえば『アンモナイトのささやきを聞いた』の場合には、自分なりの夢の切実さに閉じこもるあまり、そうした現在性がいわば凹んでいると思われる。ある

紅の豚
監原脚宮崎駿封7月18日時93分

アンモナイトのささやきを聞いた
監脚山田勇男撮麻生知宏出サエキけんぞう、石丸ひろ子、藤田哲也封7月18日時70分

走れメロス
監脚おおすみ正秋原太宰治封7月18日時107分

福本耕平かく走りき
監脚久保田傑撮小松原茂出峰野勝成、小松美幸、七瀬なつみ、左時枝封8月8日時113分

薄れゆく記憶のなかで
監脚篠田和幸撮高間賢治出堀真樹、菊池麻衣子、田中洋子、日比野暢封8月8日時96分

軍艦武蔵
監脚手塚正己撮古川信司、黒柳満、春日友喜、水上正夫、大竹昭栄封8月1日時135分

いつかギラギラする日
監深作欣二脚丸山昇一撮浜田毅出萩原健一、木村一八、荻野目慶子、千葉真一、多岐川裕美封9月12日時108分

いは『走れメロス』では、走ること自体の現在性が画面にくりひろげられないのに対し、新人第一作の『福本耕平かく走り』はそれを見せてくれる。

篠田和幸の『薄れゆく記憶のなかで』も新人のデビュー作で、やはり高校三年生の青春を描く。疼くような初恋のはじまりから終りまでが細やかにナイーブにつづられ、センチメンタルな感銘をそそるが、全篇、なにやら見たような情景に終始して、さほど迫ってこない。感傷的であることが悪いのではなく、十年後の青年の回想によるという形式のせいでもなく、描写の現在性が稀薄にしか感じられないのである。

手塚正己の『軍艦武蔵』がそうした問題を端的に示していよう。日本帝国海軍の誇った〝不沈艦〟武蔵の誕生から沈没までが、生き残った乗組員や関係者のインタビューだけで構成され、当時の状況説明や地図などは最小限に留められている。その方法意識の強烈さには瞠目せずにはいられないが、それにしては、画面がまったく生きていないのはどうしたことか。わたしの考えでは、語る顔がひたすら過去再現にだけ奉仕して、時間の堆積も現在の輝きもついに見せないからである。登場する人々がノスタルジーにのみ生きていたところで、だれも口をはさめないが、それを描く画面は現在形ではなければなるまい。早い話、どのアップの顔もあまり魅力的でないのは、ノスタルジーそれ自体の現在形がとらえられていないことを語っている。

佐藤真の『阿賀に生きる』の素晴らしさは、まさしく全篇に充満する現在形のゆえであろう。いまの阿賀野川流域の日常がうつしだされ、現在的な公害問題が登場するからではない。前回記したように、風土と暮らしの関係の何たるかをただ傍観するだけではなく、撮られる者と撮る者の刻一刻のドラマをそこに重ねてくりひろげる画面からこそ、ドキュメンタリーとフィクションの区別など突き抜ける形で、映画の命としての現在性が沸き立つのである。

ふたたび『紅の豚』についていえば、ブタのダンディズムにはある種の描写力があっても、飛翔シーンが示すように、それが全面展開されていない。つまりこの作品は、魅惑の夢を差し出しながら、夢の現実性を描写自体の現在形として実現しきっていないといえよう。わたしが描写そのものの現在形にこだわるのは、どんな映画も徹頭徹尾、現在においてのみ輝くはずだと信じるからである。そして、そのことを強烈に体現するものが活劇にほかならない、と考えている。その意味からして、単純明快な冒険活劇『紅の豚』の健闘に拍手を送りつつ、空転ぶりを心から惜しむ。

そんなところへ正真正銘の活劇が出現した。深作欣二の新作『いつかギラギラする日』である。息もつかせぬ勢いの過激なアクションの連続は、わたしのみならず、長年、活劇への渇望をかかえていたファンを必ずやぶったまげさせ感動させるにちがいないが、そればかりではない。ここには、もう映画の醍醐味とでも呼ぶほかない勢いがあって、それはジャンルとしての活劇など一気に越えてしまう。いいかえれば深作欣二はそのような作品でもって、活劇こそが〝映画の王〟たることを過激に、なまなましい魅惑のもとに示しているのである。

ようやく新たな活劇の地平が開かれようとしているのかもしれない、とわたしはドキドキ思っている。

（第七二回／九月下旬号）

映画百年へ向けて

◉……この時評も丸六年たった。こんなにつづくと思っていたかね。

——正直な話、最初はまあ二、三年くらいと踏んでいたな。それがあたふたと過ぎて、あと一年、もう一年、とやってるうちに、六年にもなった。自分でも意外なくらいで、いやはや、歳をとるわけよ。じつはここ数か月、ここらで止めようかと真剣に考えていたんだ。

……やはり歳か。それとも六年たって小学校は出たものの、中学生の段階へは進みがたいってところか。

——いや、理由はごく単純で、前にもいったことがあるが、この時評は物理的に時間を喰いすぎるんだ。ま、要するに頭が悪くて書くのが恐ろしくのろい自分のせいではあるがね。増村保造論の本を完成させる時間をつくれない、取材旅行の暇がないのでフィルムコレクターの本に取りかかれない、つぎのビッグな企画も滞ったまま、というわけで、いっそ時評を止めちゃえばスッキリするかとつい乱暴に思ってしまう。もっと外国映画を見たいし、読みたい本は文字どおり山積みになってるしね。うむ、そんなふうに頭のめぐりが愚痴っぽくなるのはやはり歳なのかねえ。

……外国映画といえば、レンフィルム作品にはかなり入れ揚げていたな。日本映画の駄作に付き合うより、カネフスキーの『動くな、死ね、甦れ！』やアラノヴィッチの『トルペド航空隊』(一九八三)を見るほうが、まあ幸せになれるか。

——最近のでは、陳凱歌《チェン・カイコー》の『人生は琴の弦のように』(九一)とかラース・フォン・トリアーの『ヨーロッパ』(九一)を見ると、心が躍るもんね。だからといって、日本映画から遠ざかろうなんて話になるわけはない。批評の刃を研ぎ澄ますために、もっといろんな国のいろんな種類の映画を見たいだけだ。

……しかし結局、続投に踏みきり、七年目へと突入したわけだろう。長年の連続もあるから、やっぱり日本映画にこだわりぬこうってことか。

——むしろ逆に、このところ日本映画へのこだわりが薄れたようで、だから続投する気になった。

……どういうことかね。

――たとえば深作欣二の『いつかギラギラする日』を見ると、まず映画づくりのプロフェッショナルとしてのみごとさに感嘆せずにはいられない。カットの積み重ねのリズム、すさまじいまでの加速度でドラマを展開させてゆくテンポ、そこに激情を漲らせる呼吸。そうしたものに接したら、日本映画がどうの外国映画がどうのなんて悠長な話をしてられんのじゃないか。深作欣二は久々のアクション映画を撮って、銀行ギャングの仲間割れという単純なストーリーのなかに怒りをぶちまけてるよな。仲間を殺され強奪金を持ち逃げされた萩原健一の中年ギャングは、むろん怒り狂って阿修羅のごとく闘うが、いっぽう、彼に追いまくられ反撃する木村一八と荻野目慶子の若い二人だって、ただ物欲に狂ってるという以上に、彼らなりの故知れぬ怒りに衝き動かされていると思う。まちがいなくそれは深作欣二の怒りの反映で、この作品が日本映画には珍しく徹底して悪党ばかりの跳梁するピカレスクなのも、それと無縁じゃない。じゃあ、深作欣二はいったい何に怒っているのか。もちろん日本映画の現状に対して、ひたすら混迷を深めて軟弱な作品ばかりを生み出す連中に対して、だ。つくり手だけではなく、日本映画にそっぽを向く観客も、そんな現状に追随するだけで遠吠えしているだけの映画ジャーナリストや批評家も、そこに含まれる。

……なんだ、それなら日本映画にこだわってることになるじゃないか。

――いや、違うね。深作欣二の怒りは日本映画に関わっているが、明らかにその怒りの射程は、たとえばアメリカや香港のアクション映画に対抗するべく、世界レベルに届いていると思う。はじめにいったプロフェッショナルな映画づくりの卓抜さは、まさにそのことの証明なんだ。となれば、この作品の魅惑を堪能するという営みのなかでは、日本映画にこだわること自体が、日本映画も外国映画もないよ、という境域に至ってしまうのではなかろうか。

……なるほどねえ。『いつかギラギラする日』が出てくるところは、やっぱり活劇路線なんだな。

――これがヒットすれば大きな突破口になる、と本気で思うよ。

……大森一樹の『継承盃』も東映映画の突破口になるべきはずが、残念ながら大コケらしいな。

――東映やくざ映画と大森一樹とはどう見てもミスマッチで、その点がじつに効果的に作用してるのにな。大森一樹はすでに「ゴジラ」シリーズで商業映画の才腕を示しているが、今回それが一段と大きく柔軟に証明された。脱サラやくざの真田広之がふわふわ滑空するような調子のよさで走り回り、継承式の仕切りを頼まれた田舎親分の緒方拳が格調高さとアル中のあいだを行ったり来たりし、姐さんの古手川祐子が両人にはさまれてエロチシズムをむんむん発散させ、てんやわんやの継承騒動がくりひろげられてゆく。主役三人をおもしろく見せることに力を集中してるところなどは、娯楽映画のベテランだよ。東映やくざ映画のパロディというよりも、大森一樹はそれを自分に引きつけて徹底的に軽みの人間喜劇にした。だれにでも楽しめると思えるんだが、見なきゃ話にならん。

……宣伝の力不足か。

——それもあるが、明らかに観客一般が鈍くなってる。深作欣二の怒りはもっともだと思うなあ。

……森田芳光の『未来の想い出　Last Christmas』はどうだった。撮影所システム〝以後〟の監督でメジャーに進出した点では、大森一樹と並ぶね。

——申し訳ない。増村保造論にかかりきりで、まだ見てないんだ。

……『いつかギラギラする日』や『継承盃』など、魅力的な作品があるからこそ、時評をつづけるつもりになったわけだな、やっぱり。論じる意欲も湧かん作品ばかりじゃ、やってられんだろう。

——それにはもう馴れた。情熱を傾けて悪口をいうさ。

……たぶん双葉十三郎の『日本映画批判　一九三二—一九五六』(トパーズプレス)がいい刺激になったんだな。

——あれほど痛快にかつ暖かく悪口を連射する技量は真似ようもないが、大いに煽られた。一見、重箱の隅をつつくような悪口の底に、ちゃんとした表現論のあるところが感動的でね。

……あの本が扱うのは日本映画の黄金期だから、いまとは状況がまるで違ってる。その状況論については蓮實重彦との往復書簡ふう連載(講談社「本」連載、『誰が映画を畏れているか』講談社刊)でやってるから、この時評はなくてもいいんじゃないかという人がいたぜ。

——逆だよ。あそこでは日本映画も外国映画も区別しないから、さっきのような考えで日本映画をもっと作品に即して語ろうと思ったんだ。というのは、このところ日本映画の状況は急転回を告げているのではなかろうか。

……まさか、抜けた底ができてきたわけじゃないだろ。

——底の抜けた状態が平常化して、つぎの段階に少しずつ向かいつつあるように思うんだ。たとえば大森一樹が東映やくざ映画を撮るなんてね。

……だが『落陽』などを見ると、まさに底が抜けちまってる。

そもそも〝にっかつ八十周年記念作品〟を素人の伴野朗に撮らせること自体、どうかしてるんじゃないか。大戦中の中国大陸を舞台にする大スペクタクルロマンとなれば、舛田利雄から藤田敏八や長谷部安春や村川

継承盃
監大森一樹脚松田寛夫撮仙元誠三出緒形拳、真田広之、古手川祐子、梅宮辰夫封8月29日時119分

落陽
監原伴野朗脚藤浦敦、根本哲史撮山崎善弘出加藤雅也、ダイアン・レイン、ユン・ピョウ、ドナルド・サザーランド封9月15日時150分

ザ・ギャンブラー
監脚矢作俊彦撮高瀬比呂志出松田ケイジ、洞口依子、宍戸錠、川地民夫封9月1日時93分

透に至るまで、自社出身のベテラン監督が何人もいるのにな。じっさい呆れるほど監督不在の作品になってる。

――たしかに出来損ないの作品ではあるが、珍品だよ、あれは。

……どこをどう評価するんだ。

――いや、まともには評価なんかできんさ。話がデタラメなうえにカットつなぎまで無茶苦茶で、ダイアン・レインが気の毒にしか見えないし、音楽の入れ方はなってないし、エラ・フィッツジェラルドの主題歌の日本語歌詞なんて、ただ恥ずかしくて情けなくなる。いいところなどゼロだが、しかし、まさしくその点において、この作品はドラマも国際的な俳優の顔ぶれも音楽も外国ロケということも全部、映画じゃなく、たんなる見世物にしてしまってる。ここではスペクタクルとはズバリ見世物なんだ。もし映画というものの出発点を見世物に見るとしたら、〝八十周年記念〟にふさわしいといえなくもない。

……矢作俊彦の『ザ・ギャンブラー』も〝にっかつ八十周年記念〟ということになっていて、ビデオ専用映画なのに映画館で封切りされたが、こっちのほうがちゃんとした映画になってるぜ。

――だから、そこがおもしろいじゃないか。矢作俊彦の日活アクションに対するオマージュが、ビデオ用ということを越えてある映画的熱情をくりひろげ、いっぽうの大作『落陽』が映画なのに映画になってない。この対照性が、なんとも屈折した形ではあれ、いまの日本映画の状況を暗示してると思う。

……底の抜けたことの一歩さきの事態がはっきりしてきたってわけか。

――そう。深作欣二が『いつかギラギラする日』を撮ったのも、それだよ。また佐藤真の『阿賀に生きる』が小川紳介の仕事を踏まえて出現し、石井隆の『死んでもいい』がロマン・ポルノを乗り越える勢いを見せ、東京でも上映されることになった阪本順治の『王手』には深作欣二らの活劇を踏まえての力が感じられる。彼らと深作欣二らのちょうど中間の世代たるこちらとしては、双方を一対と見なす批評眼をますます研ぎ澄まさなくちゃな。そこらへんに今後の日本映画の展開がおもしろく予想できる。少々オーバーかもしれんが、それはつまり映画百年へ向けて歩いてゆくことになるのじゃなかろうか。


（第七三回／十月下旬号）

◉舛田利雄の『天国の大罪』は、多国籍人種のうごめく東京を舞台にしたメロドラマで、コカインをめぐる欲望の渦のなか、吉永小百合がセックスシーンを大胆に演じて不倫に悩んだり、チャイニーズマフィアのボスでじつはアラブ人の男との愛に

成熟と転回

燃え、夫と子どもを守って拳銃をぶっぱなしたりする。かつての日活アクション全盛時代の舛田利雄なら、おそらく同じ材料をムードたっぷりの無国籍アクションに仕立て上げたろう。けれどもこの作品では、多人種の渦巻くさまがリアルに描かれているわりに、ドラマの面白味はじつに希薄で、新宿の〝国際都市〟ぶりもむしろ逆に嘘くさく見えてくる。明らかにこれは、無国籍化が現実のものになったぶんだけ、虚構としての無国籍性の魅力が結実しにくくなったということである。

この企画を最初に知ったとき、ドラマの中身よりなにより、どうしていまさらオマー・シャリフなんだ、とわたしは配役に疑問を覚えた。オマー・シャリフという名にある種の輝きを感じるのは中高年層で、とうてい若い観客にアピールできると思えないではないか。ところが作品を見て、びっくりした。吉永小百合の不倫の相手になる松方弘樹が、一見リアルな演技をするかに見えつつも、いったんことあるや、目を剝き全身をわななかせ、まるでテレビ時代劇のような大芝居をやらかす。それにくらべたら、国籍不明の男を淡々と演じるオマー・シャリフが、数段すんなり吉永小百合の相手役にはまっているのである。

何なのだ、この落差は、と思う。短くいえば、演技における閉鎖性と開放性の違いということであろう。国際化を狙った外国人俳優の導入によって、日本的なリアルさの閉鎖性が対象化され、空転ぶりを見せているのである。むろん松方弘樹個人の問題ではなく、作品全体が同じ様相をさらけだしている。吉永小百合が検事から弁護士へ、そして愛に狂う平凡な母＝妻へと、女の変転を熱演すればするほど、嘘っぽく見えてくるのも、まったく同じ事情による。いやはや、百戦錬磨の舛田利雄が現実の変容に押しやられ、大ベテランたる手腕を行方不明にしてしまっている光景なんて、無残という以外ない。部分的にはキラキラ光るものが散在するから、なおさらそう思われる。

この作品と深作欣二の『いつかギラギラする日』を比較すれば、日本映画における閉鎖性と開放性の関係をおもしろく取り出せるかもしれないが、いまはさておくとしよう。大ベテランたる舛田利雄の空転が残念でならないのは、もう少し別の観点に基づいている。

根岸吉太郎の『課長　島耕作』は、筋書きからすれば何の変哲もないサラリーマン劇ながら、全篇、ふしぎなくらいスリリングな気配に満ちている。おそらくそれは、主人公の平凡さがいかにドラマチックであるかに、描写の焦点が据えられているからであろう。

大手電器メーカーの宣伝課長のポストにある主人公は、社内派閥のいずれにも属さないと言いつつ、流れに身をまかせることで一派閥に益するし、女房に子連れで逃げられ、社のOLとセックスの関係をつづけるなか、彼女のスパイ活動に利用されても怒らないし、重役の女の監視役をつとめるうち、女と深い仲になってしまい、別れ話を持ち出されても、まるで未練など示さない。要するにこの三十三歳の男は、会社という機構の歯車の一つであることに徹しきっている。かつてのサラリーマン映画なら、まさにその徹するという一点において悲哀のドラマを表現したわけだが、ここでは、田原俊彦がしなやかにハードボイルドに歯車を演じ、平凡さのドラマチックなさまを非凡さにまで展開してみせるのである。彼のなんでもない表情や歩く姿がときとしてエロチックに輝くのは、そうした展開力のゆえにちがいない。

もとよりすべては演出の力による。いうなれば根岸吉太郎は、題材として提起された平凡なサラリーマン劇にドラマチックな勢いをつかみ、それをもう一つさきまで展開したのである。そこに見られるのは、明らかに根岸吉太郎の成熟ということであろう。

この作品を見て、ふと大森一樹の『継承盃』をわたしは思い出した。真田広之が軽やかに極道社会を通過して青春から脱皮する姿に、大森一樹がやくざ映画なるものの体験をとおして成熟を遂げるさまを重ねていたことから、連想が働くのである。二人が同世代であることはいうまでもなく、となれば、もう一人の同世代監督のことが気にかかる。

森田芳光の『未来の想い出　Last Christmas』は、あらかじめ悪評をさんざん耳目にしていただけに、案外おもしろいじゃないか、とわたしには思えた。たしかに青春を三度も生き直すトリッキーな設定にしては、話がチャチで、タイムトラベルものの壁をうまく処理しきれていず、工藤静香の演技以前ぶりはあまりにひどすぎる。そんななか、わたしはただ一点、主役の女優二人の顔の描き方に感銘を受けた。特徴のない美人の清水美砂がありふれた顔に、癖のある工藤静香の顔が妙にエロチックに、はっきり対照的にうつしだされ、顔の変転をくりひろげてゆくとき、むしろそこにドラマがにじみ出るのである。

けれどもほかの描写を見るかぎり、森田芳光は相変わらず映像デザインに凝っていて、女優の顔もその一部としてのみ扱われているとしか思えない。題名がなにやら洒落ているようで、うしろ向きの前進なのか、前向きの後退なのか、はっきりしないところに、森田芳光の成熟の度合が出ているというべきか。

もちろんここでわたしは、成熟の一語を先験的な価値として差し出すつもりはない。最初に舛田利雄のことを述べたのはまさにその一点に関わるが、どんなに成熟した大ベテランであろうと、現実の変容に後れを取ることは十二分にありうるのであって、あくまで映画のつくり手と現実との関係過程こそがいわば勝負の決め手になってくる。

たとえば松林宗恵の『勝利者たち』は大々ベテランの久しぶりの作品で、七人の侍ならぬ老職人が心意気に燃えてゲートボール大会に挑むさまを、おもしろおかしく描き出す。その軽妙さは、かつての東宝名物「社長」シリーズが無傷で甦ったような錯覚さえもたらす。つまりこの場合には、先述の関係過程をみごとに捨象して、あっけらかんと三十年も昔の再現がなされているのである。舛田利雄が『天国の大罪』を三十年前みたいに無国籍アクションに仕上げられなかったこととくらべて、鮮やかな対照をなしているのではなかろうか。

まちがいなく問題は、単純な成熟ではなく、映画と現実との関係過程においてどう転回もしくは展開を遂げてゆくかにある。大森一樹や根岸吉太郎が示しているものには、成熟よりも、転戦のなかでの転回という一語がふさわしかろう。それでいえば、舛田利雄の場合には、展開の失敗ぶりにこそ関係過程による傷を見ることができる。

塚本晋也の『鉄男Ⅱ　BODY HAMMER』は、前作より大きく転回もしくは展開を遂げている。もちろん十六ミリ・白黒から三十五ミリ・カラーになったからではなく、平凡な男の肉体が鉄の凶器へ変貌するという基本的なアイデアは『鉄男』(一九八九)と同じでありながら、作品世界がよりドラマチックに重層化しているのである。主人公の妻子が登場するうえに、敵の存在が明確になり、敵の一味が肉体を鍛練で武器化しようとするさまと、主人公の肉体がそのまま鉄の凶器に変貌してゆくこととが、無気味な対比をなし、それら全体を統御する者の存在があって、闘いがくりひろげられてゆく。全篇に沸き立つ変身と闘いの狂おしさは、手づくりの映画をそんな域にまで展開することの狂気のあらわれにほかなるまい。その力が凶器としての映画を出現させている。

石井隆の『死んでもいい』には、明らかに〝ロマン・ポルノ〟を踏まえつつそこからの転回もしくは展開を遂げる勢いが感じられる。石井隆の出自により即して、〝ロマン・ポルノ〟のかわりに〝性愛劇画〟といってもいい。

流れてきた若者、人妻、その夫と、登場人物は三人きりで、若者が人妻に一目惚れして強引に肉体関係を結んだことから、三角関係が性愛サスペンスとして描かれてゆく。この単純さは、ヒロインが男二人のどちらにも愛情を持ち、そのために三角関係が殺し殺される域にまで至るドラマツルギーも含めて、まさにロマン・ポルノ的といえよう。だからといって、この作品がロマン・ポルノという範疇へ回帰するベクトルを持っているわけではなく、ロマン・ポルノの達成した性愛ド

天国の大罪
【監】舛田利雄【脚】松田寛夫【撮】木村大作【出】吉永小百合、オマー・シャリフ、松方弘樹、東山紀之【封】10月3日【時】115分

課長　島耕作
【監】根岸吉太郎【原】弘兼憲史【脚】野沢尚【撮】川上皓市【出】田原俊彦、豊川悦司、麻生祐未、津川雅彦【封】10月3日【時】99分

未来の想い出　Last Christmas
【監】【脚】森田芳光【原】藤子・F・不二雄【撮】前田米造【出】工藤静香、清水美砂、デビィット伊東、和泉元彌【封】8月29日【時】118分

勝利者たち
【監】松林宗恵【原】【脚】長坂秀佳【撮】加藤雄大【出】三國連太郎、司葉子、大原麗子、財津一郎【封】10月10日【時】105分

鉄男Ⅱ　BODY HAMMER
【監】【脚】【撮】塚本晋也【出】田口トモロヲ、叶岡伸、塚本晋也、金守珍【封】10月3日【時】83分

死んでもいい
【監】【脚】石井隆【原】西村望【撮】佐々木原保志【出】大竹しのぶ、永瀬正敏、室田日出男【封】10月10日【時】117分

シーズン・オフ
【監】中原俊【脚】飯島早苗【撮】重田恵介【出】土家里織、塩見三省、伊東景衣子、林泰文【封】9月26日【時】101分

ラマの水準の高さを取り込むことによって、その範疇を越える広がりへ向かおうとしている。

ほんの一例として、永瀬正敏と大竹しのぶが久しぶりに会い、安宿の二階でビールを飲むくだりを思い起こそう。長回しのワンカットのなか、二人がまさか殺人の話にまで進むとは思えないほど静かにことばを交わし、かわりに話が核心に触れそうになるや風鈴が高鳴り、ときおり隣室からはセックスの声が漏れ聞こえ、窓の外の川には舟が浮かび、そこに吊り下げられた提灯が赤い明かりの列をつくり、といったふうに、聴覚と視覚に関わる要素がざわめくさまは、どんな範疇にも収斂しない映画的な強度を豊かに実現している。逆にいえば、ロマン・ポルノに潜在していた力をより開かれた形で、この作品の随所に感じることができるのである。

中原俊の『シーズン・オフ』が、季節外れのペンションを舞台に、数人の男女における関係の揺れを描いて、やはりロマン・ポルノへのこだわりを強く匂わせる。わずかに中原俊の原点回帰が光るところはあるものの、しかしこの程度ではしょせん回顧趣味であって、転回も展開も実現せず、ロマン・ポルノの抜け殻とでも呼ぶほかない。

ここまで記したところで、『死んでもいい』の客の出足が上々だという報を耳にした。佐藤真の『阿賀に生きる』の東京上映もかなり成績がいいと聞く。『継承盃』の大コケに怒り、『いつかギラギラする日』がそこそこのヒット程度にとどまっているのに腹が立ったが、まあまあの事態だというべきか。

（第七四回／十一月下旬号）

職人と異端

◉富岡忠文の『湾岸バッド・ボーイ・ブルー』をやっとビデオで見た。何度も出てくるバイクの疾走シーンや浜辺の風景がいいので、やっぱりこれはスクリーンで見るべきだったと悔やまれるが、映画館での上映はお披露目程度で、すぐビデオ化された流通形態からすれば、まあよしとするかとも思う。

この作品のなによりの美点は、表現がじつに簡潔でクリアなことであろう。台詞が少なく、説明的な描写が可能なかぎり排されている。暴走族の執拗な挑発にもかかわらず頑として闘わないバイク狂の若者が、ラスト、ついに闘うという筋立ては、さほど珍しくない。けれどもバイクや車の感触や疾走シーンが硬質のエロチシズムを放ち、風景も、そして登場人物たちも、まったく同じ質感で描き出されるところから、ある感銘がやってくる。主人公と友人と少女たちと暴走族とのあいだで、個への閉じこもり、個の苛立ち、個と個のぶつかりあいといったものが葛藤をくりひろげ、青春の心の劇を熱く浮き上がらせるのである。

バイクも風景も人物も同じ視線で描かれるゆえ、当然のことながら、主人公と脇役の区別もない。一見ヒーロー劇のようでありつつ、あくまで群像ドラマとしての固まりを差し出す。具体的には、主人公の菊池健一郎も揺れる少女瀬戸朝香もいいが、挑発者の椎名桔平のふてぶてしく純真な笑顔が強烈なリアリティで迫ってくる。その一点だけでもこの作品は称賛に値しよう。

たとえば中島丈博の『おこげ』にわたしが乗れないのは、同性愛の男性二人に興味を持って親密になるヒロインにまったくリアリティが感じられないからである。オカマにくっつく〝おこげ〟なる女性は現実に存在するらしいが、そんなことはどうでもいい。どの部分を見ても作中人物として立っていず、嘘くささばかりを訴えてくる。その結果、変な三角関係のドラマが絵空事になって、男優二人がどう熱演しようと、この作品はしょせんオカマを見世物にしているだけではないかといいたくなる。

松岡錠司の『きらきらひかる』も同じような三角関係を描くが、しかし『おこげ』とこれを同列に論じることは誤りであろう。なぜならこの作品は、人間関係におけるズレを、あるいはズレによる愛を描くのであって、同性愛はそのための設定にすぎないからである。むろん同性愛こそがズレを生むのではあるが、ホモセクシャルの男性二人もその片方と結婚したアル中気味のヒロインも、そのことをよくよく知っていて、ズレによる愛のドラマを生きていく。

残念ながらこの場合にも、どうもヒロインの人物像にリアリティが薄いとわたしには思える。けれども描写の展開力がそれを上回って、ある手応えを確実に感じさせる。たとえば冒頭、ヒロインを描く導入部分が少しあったあと、いきなり魚を荒々しくぶつ切りにするアップからはいって男性二人を登場させるくだりや、見合いのシーンのちぐはぐなキャメラワークなどには、まさしくズレとその連なりのリズムを的確に刻み出す勢いがあふれていよう。カットの展開そのものがドラマをになうのである。

そうした描写力を認めればこそ、わたしは物語としての展開の弱さを感じずにはいられない。妙な三角関係の話は結局のところ案の定の域に収まって、ついに物語におけるズレを生み出さないからである。個々の描写は既成の文法をズラしてゆくが、作品総体としてはある安心の構図に収斂するといってもよい。もしかしたらそれが商業映画の持つ規範力というものであろうか。

渡邊孝好の『エンジェル　僕の歌は君の歌』を見て、ほぼ似たような印象をいだいた。御伽噺じみた物語が、きっちり描き出されてはいる。別れたばかりの恋人の命があと一週間しかないと知った青年、それを教えた女天使、新しい愛に進もうとする女と、それぞれに立場の異なる三人の愛の形が、

ＳＦふう難病ものとでもいうべきドラマのなか、日常的な切迫感を盛り上げてゆく。それを可能にしたのは、どこか少し既成のパターンからズレている描写の力であろう。けれども結果的には、これはごく普通に上出来のラブロマンスであって、安心の構図を一歩もはみ出さないのである。

このことは『湾岸バッド・ボーイ・ブルー』にも当てはまる。たしかに秀作と呼びうるが、作品として小さい。仕掛けや予算などの製作条件の規模という意味ではむろんなく、作品世界のスケールが小ぢんまりしすぎている。わたしがビデオで見たからだろうかと考えないでもないが、むしろビデオの画面にすんなり収まってしまうところがあると逆に不満を述べたくなる。

若い意欲的な映画のつくり手は、どうやら、いま、既成の商業映画の規範に搦め取られているのではないか。別の言い方をするなら、富岡忠文も松岡錠司も渡邊孝好も、まちがいなく〝撮影所システム〟以後の監督であるはずなのに、すでに崩壊してしまったそれをひそかに意識するあまり、それらしきものをどこかで仮構しているのではないか。作品のありようから、わたしにはそう感じられてならない。これでは要するに富岡忠文や渡邊孝好は小さな〝職人監督〟であり、松岡錠司のほうはちょっとした〝異端派監督〟である、といった具合の区分けもできてしまうのである。いうまでもなかろうが、〝職人〟と〝異端〟をワンセットにするところにこそ、既成の映画的規範の侮りがたい強大さがある。

若松孝二の『寝盗られ宗介』と『エロティックな関係』を見ればいい。そこには、現在的な〝職人〟〝異端〟とは何かが鮮明にうかがえよう。

前者では、旅の芝居一座を舞台に、女房をほかの男と駆け落ちさせるのが趣味の座長と、そのとおりになっては戻ってくる女房の、奇妙な愛が描かれる。どさ回りの一座の俗悪さをはじめ、全篇、反美学的描写につらぬかれ、そのことが逆に二人の変な関係を、ねじれた形で純粋な愛として謳い上げてゆく。ラスト、越路吹雪のニセ弟に扮した原田芳雄が熱唱する場面の素晴らしさは、明らかにそのように屈折した描写の具現であろう。また後者では、宮沢りえとビートたけしと内田裕也という、なにかと話題を巻き起こす強烈な個性の三人を巧みに捌き、パリを舞台に探偵ごっこをくりひろげてみせる。どちらの場合にも、若松孝二のベテラン監督としてのエンタテインメント精神が、きっちり効果を計算したうえで発揮されているのである。

若松孝二はいうまでもなくかつて〝異端〟の監督であった。いま、その人の作品が松竹系の映画館に連続的にかかるのは、〝異端〟としての活動歴において鍛えてきた〝職人〟的な伎倆を求められているのであろう。『寝盗られ宗介』とくらべて『エロティックな関係』が見劣りして、パリの空間を映画的におもしろく展開できないでいることなども、ごく単純に〝職人〟

的な拙さでしかない。ともあれこれら二作品は、長い年月〝撮影所システム〟の外で闘ってきた若松孝二がそれの崩壊後、何を期待され求められているかをよく語っている。

若松孝二の軽快なフットワークを認めつつ、わたしはそれと同じものを若い監督たちに見たくはない。むしろまったく逆に、若松孝二の〝異端〟と〝職人〟を融合した勢いを越え、ズレてゆく不定形きわまる力を切望する。

大林宣彦の『青春デンデケデケデケ』が、ある何かを示していよう。描き出されるのは一九六〇年代半ばのエレキサウンドに魅せられた青春群像であるものの、どこにもノスタルジックなところはない。表現のあり方が郷愁を強く排除するのである。ドラマの核心部分だけではなく、あらゆるノイズも丸ごと画面に取り込んでしまい、雑然とした日常のざわめきのなかでドラマを展開する独特の魅惑は、『北京的西瓜』(一九八九)を思い出さずにはおかない。そして、現実と空想も、登場人物たちの現在ばかりか過去も未来も、作品の内と外さえも、シャッフルするように混ぜこぜにしてしまう短いカットの集積と連なりが、六〇年代と現在とをごっちゃにしてしまう。これではノスタルジーが発生しないのは当然の成りゆきであろう。

ここには映画的な〝いま〟がある。たとえばこれと比較して見るとき、内田栄一の『きらい・じゃないよ2』は、まぎれもなく六〇年代アングラの再生であって、そうしたものとしての魅力も欠陥も強烈に感じさせる。

明らかに『青春デンデケデケデケ』のおもしろさは、八ミリ感覚を荒々しく繊細な膂力で三十五ミリ的な域へ展開したことにあるにちがいない。撮影に使われたのは、その両者にまたがるともいうべきスーパー十六ミリだとか。そうした展開力によってこそ、いわゆる自主製作映画と商業映画の枠を踏み越え〝職人〟や〝異端〟の別も無効にする作品が生み出された。そこに〝撮影所システム〟以後のある形をわたしは垣間見る。

（第七五回／十二月下旬号）

湾岸バッド・ボーイ・ブルー
監富岡忠文原横溝美晶脚斎藤久志撮佐々木原保志出菊池健一郎、瀬戸朝香、椎名桔平、大森嘉之、佐々木優子封9月10日時88分

おこげ
監原脚中島丈博撮羽方義昌出清水美砂、村田雄浩、中原丈雄封10月10日時120分

きらきらひかる
監脚松岡錠司原江國香織撮笠松則通出薬師丸ひろ子、豊川悦司、筒井道隆封10月24日時103分

エンジェル　僕の歌は君の歌
監渡邊孝好脚長谷川康夫撮高間賢治出織田裕二、和久井映見、大地真央、三木のり平封11月7日時110分

寝盗られ宗介
監若松孝二原脚つかこうへい撮鈴木達夫出原田芳雄、藤谷美和子、久我陽子、筧利夫封10月3日時106分

エロティックな関係
監若松孝二原レイモン・マルロー脚内田裕也、長谷部安春撮長田勇市出宮沢りえ、ビートたけし、内田裕也、ジェニファー・ガラン封10月17日時95分

青春デンデケデケデケ
監大林宣彦原芦原すなお脚石森史郎撮萩原憲治、岩松茂出林泰文、大森嘉之、浅野忠信、永堀剛敏封10月31日時135分

きらい・じゃないよ2
監脚内田栄一撮石倉隆二出伊藤猛、藤本あや乃、伊藤清美、田口トモロヲ封11月6日時114分

映画の輪郭を補強する

◉水谷俊之の『ひき逃げファミリー』のおもしろさは、ズバリ題名に象徴されていよう。アクションとホームドラマとコメディの合体である。

中年サラリーマンが轢き逃げをやらかして自首しようとするが、妻の発案で当の車を家のなかでこっそりバラしてしまうことになり、解体作戦がくりひろげられてゆく。最初、妻は事態を夫から聞いたとき、まずは仰天しつつも、この家を守るのよと言い放って車の解体を思いついた。ところがその家庭たるや、うわべこそ平和ながら事実としては崩壊寸前にある。轢き逃げ車を家のなかでバラしてしまうという初発のアイデアも意表をつくが、それにもまして、その解体作業が壊れつつある家庭の真只中でなされるという二重性に、苦く切実な笑いを誘う力がある。中尾ミエが汗まみれでメカの固まりとマイホームの居間で格闘し、会社人間の長塚京三が帰宅するたびに事態の進展に啞然となるさまに、二重性のおかしさが際立つ。

それにしても、この作品は少々欲張りすぎている。長女が不倫、息子が登校拒否、父親がボケ老人と、まるでもう現代家族の抱える問題のオンパレードではないか。もちろんそれゆえにこそ家庭の崩壊という基本設定が生まれ、切実さがにじみ出るのではある。そのことを承知であえていうことになるが、家族のメンバーがいかにも今日的な問題を背負って登場するたびに、なにか本来とは別のほうへ作品が逸れてゆくように感じられてならない。たとえばボケ老人の父親が無邪気に箱庭の家をつくるとき、その光景があまりにあからさまに家庭崩壊ということと結びつくゆえ、安手の寓意性が突き出され、居間にデンと鎮座する車の無気味な存在感が希薄になる、といったふうに、どのエピソードであれ、見る者はいつも問題のほうにばかり目を向けさせられてしまうのである。

問題の詰め込みすぎで、描写それ自体が楽しめないといえばよかろうか。車の解体こそがドラマの中心であり、はたしてそれが完遂されるだろうかという点にサスペンスがあるはずなのに、その描写を楽しもうにも、問題の頻出が邪魔をしている。けっこうおもしろく見て、だからそんな不満をいだくとは、それこそ欲張りというものか。

佐藤純彌の『私を抱いてそしてキスして』は、周知のように〝エイズ問題広報映画〟である。明らかにまず企画としてエイズという現在的な問題が選ばれ、それを前提にドラマが組み立てられたのであろう。例外はあるかもしれないが、観客の大部分は〝広報映画〟と知りつつ見る。と、わたしの印象では、これが案外おもしろい。むろん筋立てはいかにも啓蒙主義ふうに安易につくられ、チャチとさえいえるが、エイズ患者の若い女と絶望に陥った彼女をいたわる行きずりの男の愛の行方を見守るうち、南野陽子と赤井英和の二人がじつに素晴らしく、二人のちょっとした表情や仕草を楽しむことができる。つまりこの場合には、問題がむきだしにあるぶんだけ、微細な描写の力が際立つのである。そして、主人公二人にまつわりつく女性ジャーナリストの度しがたい鈍感さも、エイズ問題とは関係なく、描写のなかで浮かび上がり、この作品の良さをぶちこわす。

おそらくこの作品は一般的には一種のキワモノと見られよう。むしろつねづね問題主義でのみ映画を判断する向きにかぎって、どういうわけか、かくも切実な問題を切実に描く映画をキワモノ扱いするにちがいないと思われるが、それはさておき、ある瞬間、描写の力がキワモノ性を突き抜けるという事態を見逃してはなるまい。どう見ても『ひき逃げファミリー』のほうが、質的には『私を抱いてそしてキスして』をはるかに上回っている。そうはいえるものの、個々の描写を楽しむことと題材たる社会問題との関係においては、二作品のあいだで逆転が起こっているのである。

松村克弥の『オールナイトロング』が別の形を示している。新人第一作らしく熱く野心的な青春映画で、どこにでもいそうなハイティーンの少年三人が狂おしい殺戮へとのめり込んでゆくさまを、過激なタッチで描き出す。三人とも異性へのねじれた想いが暴力衝動に結びつくというあたりは、いささかステレオタイプすぎるが、むしろその単純一直線の勢いがドラマを熱くしているといえよう。ことに最初、三人が知り合うシーンでは、偶然に居合わせて目撃した通り魔殺人の残虐さが、画面それ自体の鋭い非情さで浮き立って、のちの暴力的エスカレートへ一直線につながってゆく。けれども惜しいかな、主人公三人の人物像があまりにチャチでつまらない。どの少年も卑小すぎるというのでも演技の問題などでもなく、彼らの人物描写がみすぼらしく卑小きわまりないのである。それゆえラスト、不良グループとの殺し合いのくだりでは、いくら見た目には凄惨であれ、ガキのチャチな殺人ごっこにしか見えない。明らかにこの場合にも、描写をめぐっての躓きが起こっているといえよう。この作品は残酷描写ゆえに「R指定」にされたが、チャチな殺人ごっこに目くじらを立てるとは、映画的な描写というものに対する映倫の姿勢をくっきりと示している。

大河原孝夫の『ゴジラVSモスラ』では、題名に偽りありとい

ひき逃げファミリー
【監】水谷俊之【脚】砂本量、水谷俊之【撮】長田勇市【出】長塚京三、中尾ミエ、ちはる、仲谷昇【封】12月19日【時】100分

私を抱いてそしてキスして
【監】佐藤純彌【原】家田荘子【脚】田部俊行、麻生かさね、高橋洋【撮】池田健策【出】南野陽子、赤井英和、南果歩、三浦友和【封】11月14日【時】108分

オールナイトロング
【監】【脚】松村克弥【撮】村川聡【出】角田英介、鈴木亮介、家富洋二、田口浩正【封】11月14日【時】90分

ゴジラVSモスラ
【監】大河原孝夫【脚】大森一樹【撮】岸本正広【出】別所哲也、小林聡美、村田雄浩、小高恵美【封】12月12日【時】107分

七人のおたく
【監】山田大樹【原】【脚】一色伸幸【撮】藤石修【出】南原清隆、内村光良、江口洋介、山口智子【封】12月19日【時】99分

はいすくーる仁義2　たいへんよくできました。
【監】小松隆志【脚】笠井健夫、小松隆志【原】水穂しゅうし【撮】喜久村徳章【出】筧利夫、白島靖代、宇梶剛士【封】12月26日【時】85分

うべきか、主人公はあくまでモスラであり、ゴジラは脇役にすぎない。なぜ両怪獣を互角に闘わせることができないのか。ここでも、それを可能にするには、環境汚染などの問題がうるさく前面に立ちはだかるのである。小美人二人の歌声のもと、モスラは地球を滅亡から守るためにこそ出現して闘う。その文句なしの正義を前に、ゴジラの破壊ぶりを無邪気に楽しむことはなかなかに困難であろう。

守るといえば、モスラは明らかに「ゴジラ」シリーズをよりおもしろくするという形で守るべく登場する。今回、環境汚染問題が設定され、バトラなる怪獣まで出現するのも、この人気シリーズのおもしろさを守ろうとして、いろいろ付加されたといえよう。わたしにはそのことが、ゴジラ映画だけではなく、もっと広く一般的な状況を暗示しているかのように思われてならない。

さきの『ひき逃げファミリー』も、家庭を守ろうとする妻の意志からドラマがはじまるが、なにやらそれは作品全体のあり方を告げているではないか。轢き逃げ車を家のなかで解体するというアイデアが、まずあった。おもしろくなるとは思ったものの、それだけではどうも作品がもつまいと判断した。そこで、さまざまな問題が導入され、いろいろな彩りが加えられた。つくり手の心理的過程を分析するつもりなどないが、作品から推察して、そんな想像をすることができるのである。つまり意識的か無意識的かはどうであれ、そこに働いているのは、作品を防御しようとの心的機微にほかならない。ユニークなアイデアを問題の数々が取り囲んで曇らせているという作品のあり方に、少なくともわたしは映画の輪郭に対する補強を感じる。

いま、映画の輪郭がなし崩しに曖昧になっていることは、ちょっと周りを見渡しただけでも明らかであろう。その意味では、『ひき逃げファミリー』は誠実に映画の現在とクロスしているといわねばなるまい。たとえば山田大樹の『七人のおたく』や小松隆志の『はいすくーる仁義2　たいへんよくできました。』などは、お話も登場人物の顔もアクションもだらしないかぎりで、描写ということはむろん、作品の防御とか補強とかとも徹底して無縁な域にある。画面に見えるのは、映画の輪郭ということに関して破廉恥なまでに無防備にふるまっている結果にすぎない。こういうのに接すると、底が抜けた状態をまたしても確認したくなるが、もはやそんな低レベルは無視すべき時期であろう。

ここまで記してきて、唐突ながら、ボリス・バルネットの作品を思い浮かべずにはいられない。わたしは三本の作品(『国境の町』一九三三、『青い青い海』三六、『諜報員』四七)を見ただけだが、どれにおいても映画が裸で輝いていることに圧倒された。この場合の裸は、もとより無防備ということではまったくない。映画の防御、映画の輪郭の補強とも、まさしくプラス方向においてこそ無縁である。

時代の差といってすますわけにはいかないし、むろん日本と外国の違いなどと見ることもできない。その証拠に、これから公開される作品では、たとえば柳町光男の『愛について、東京』が、あるいは相米慎二の『お引越し』が、映画の魅惑を荒々しいばかりの力でむきだしに突きつけてくる。

（第七六回／一九九三年一月下旬号）

1992年 山根貞男ベストテン

1	阿賀に生きる
2	いつかギラギラする日
3	シコふんじゃった。
4	死んでもいい
5	あふれる熱い涙
6	継承盃
7	課長　島耕作
8	地獄の警備員
9	青春デンデケデケデケ
10	きらきらひかる

『お引越し』
監督:相米慎二
製作:讀賣テレビ放送株式会社

1993年

◉渡邊文樹の『ザザンボ』を見て、へたくそな清張ものみたいだなあ、と瞬間的に思った。知恵遅れの中学三年の少年の首吊り自殺をめぐるミステリー、死の真相と背景を探るなかに浮かび上がる日本社会の暗部、しかも現実の事件をモデルにしていること……といったふうに記していけば、数多く見てきた松本清張原作の映画を思い出さずにいられない。清張もののなかには、この場合のようにドラマづくりにドキュメンタリー的な方法を取り入れた作品もあった。

なによりの違いは『ザザンボ』のへたくそさである。かつての撮影所映画と同列に並べて比較するつもりはないが、撮り方も画面つなぎも、わけがわからなくなるほど雑で強引で荒っぽい。そして、ほかならぬその一点にこそ、この作品の見逃せない価値がある。がむしゃらなエネルギーのままに乱暴に撮られた画面のなかから、火のように熱い混沌の塊が投げ出されてくるのである。

たとえば吉田剛の『復活の朝』を横に置いてみる。この比較に格別の意味はなく、清張ものということから野村芳太郎を連想し、そのプロデュース作品を持ち出したにすぎないが、とにかく『復活の朝』は古典的にきっちり仕上げられている。生と死に関わる看護婦と医師と患者のドラマをストレートに、オーソドックスな結構のもとに描いてゆくさまは、とても新人第一作とは思えない。そしてそこに浮き立つのは、癌告知をめぐるドラマのリアリティが熱く信じられていることである。婦長役の大竹しのぶの熱演はその象徴にほかならない。

善意の情熱について

これに対し『ザザンボ』は、まるで結構などおかまいなしに、どうにも解き明かせないドラマを荒々しい描写で突き出す。その姿勢は過剰な独りよがりを感じさせもするが、混沌を混沌のままに提起する勢いの迫力において、結局のところ予定調和的に事件解決に至る清張ものとは一線を画している。

そんなふうに考えてきて、しかし、と思う。二作品を対照させたのはたまたまの連想からにすぎず、どだい内容的に隔絶していて、比較しようもないはずであるが、これら二本の作品はどこか共通しているのではないか。

それはこういうことである。だれの目にも明らかなごとく『ザザンボ』は日本的共同体の暗部への怒りと告発にあふれているが、へきえきするほど荒々しさの渦巻く画面を見ていると、その怒りと告発の情熱がとことん信じられていることに感嘆せずにはいられない。自らの情熱を信じ抜くことこそが、火のような混沌の勢いになっているのである。そこでひるがえって考えれば、そうした情熱の信じ込みは、あの『復活の朝』が癌告知のドラマを熱く信じていることと、ほとんど同じではないのか。二本の作品は、つくり手が自分の情熱を映画に盛り込むことの社会的リアリティを強く信じきっているという点において、ほとんど大差がない、といいかえてもよかろう。自作自演の渡邊文樹の八面六臂の大活躍ぶりと大竹しのぶの感涙的熱演は、その意味で好一対をなしている。

いうまでもなかろうが、自らの情熱に対する確信を非難しようというわけではない。そうした確信がなくて、真におもしろい映画ができるはずはあるまいからである。では、何が問題なのか。

二作品は屈折せずストレートな点でも共通していて、ある意味では、へきえきさせ、うんざりさせる。明らかにそれは二作品において、社会的リアリティが信じられていればいるほど、そのこと自体が同じ社会に住む者に対して一種の強制力を発揮するからにちがいない。二作品にみなぎる確信が正義感や人間愛に発していることは疑いもないが、そうした真当な善意であれ、表現のあり方によっては、強制なり抑圧として作用することがありうるのである。

善意の情熱にあふれた映画は珍しくない。山田洋次のシリーズ第四十五作『男はつらいよ　寅次郎の青春』、栗山富夫の『釣りバカ日誌５』、杉村六郎の『プロゴルファー織部金次郎』などは、まさしくそれである。

そこでは善意の情熱が、それを体現する人物のバカさかげんを笑うことによって、いっそう強く謳い上げられる。べつにそんな映画があってもいいし、目くじら立ててそこに強制や抑圧を感じ取ることもなかろう。けれどもただ一点、いずれの作品の場合にも、つくり手が善意の情熱を謳い上げる自らの情熱を何の疑いもなく確信しきっていることに、それこそ疑いを持ってしまう。あっけらかんと屈折ゼロの画面のあり方が、描かれる善意の情熱＝描く善意の情熱という等式ばかりを浮かび上がらせ、待ってくれ、表現とはそんなものか、と問わずにいられないのである。

たとえば「男はつらいよ」シリーズの初期作品には、もう少し違った勢いが見られた。寅さんが善意の情熱を見境いなく発揮することについては、いまと変わりないが、その押しつけがましさが鮮明に際立てられることで、作品に自己パロディ化のベクトルを生み出していたのである。ところが最近の寅さんは、歳を取ったせいか、まるで押しつけがましくない。そのぶん笑いの要素は、ほとんど甥の満男に移っている。

それでも『男はつらいよ　寅次郎の青春』に

ザザンボ
[監][脚][撮]渡邊文樹[出]渡邊文樹、秋山誠、小勝新[封]1992年12月5日[時]114分

復活の朝
[監]吉田剛[原]江川晴[脚]古田求[撮]川又昂[出]大竹しのぶ、和久井映見、渡瀬恒彦、加藤剛[封]1992年11月21日[時]111分

男はつらいよ　寅次郎の青春
[監][原]山田洋次[脚]山田洋次、朝間義隆[撮]高羽哲夫、花田三史[出]渥美清、倍賞千恵子、風吹ジュン、永瀬正敏[封]1992年12月26日[時]101分

釣りバカ日誌５
[監]栗山富夫[原]やまさき十三、北見けんいち[脚]山田洋次、高橋正圀、関根俊夫[撮]安田浩助[出]西田敏行、三國連太郎、乙羽信子、石田えり[封]1992年12月26日[時]96分

プロゴルファー織部金次郎
[監]杉村六郎[原]武田鉄矢、高井研一郎[脚]武田鉄矢、島裕次、満友敬司[撮]藤田久美[出]武田鉄矢、財前直見、阿部寛、大滝秀治[封]1月15日[時]106分

病は気から　病院へ行こう2
[監]滝田洋二郎[案][脚]一色伸幸[撮]浜田毅[出]小泉今日子、三上博史、真田広之、もたいまさこ[封]1992年12月19日[時]111分

蕾のルチア
[監]小沼勝[脚]神波史男[撮]野田悌男[出]高樹澪、佐藤B作、大久保鷹、大場健二、松田章生[封]1992年12月19日(OV)[時]83分

は、描写の力がふっと浮き立つ魅力的な瞬間がある。早朝の運河で船乗りの若者が迎えの小舟に乗り込み、姉の床屋の中年女が見送って冗談まじりの会話を交わすのを、めざめた寅さんが窓越しに眺めるくだりなど、その一例で、なにか別の映画を見ているような感銘に打たれる。赤ん坊をめぐっての単純親バカ騒動しかない『釣りバカ日誌5』にも、下町の善意を愚直につづるだけの『プロゴルファー織部金次郎』にも、そんな瞬間はない。となれば、これらの場合、作品が善意の人情を押しつけることしかせず、無残にも映画が情熱の押しつけの道具にされているという以外なかろう。

なにかの道具になったとき、映画が必ずや表現としての力を失うことは、だれもが知っている。その意味で、つくり手の情熱もしくは情熱への確信は、映画を道具にしないかぎり、きっとなんらかの形でズレてゆくはずである。

滝田洋二郎の『病は気から　病院へ行こう2』がおもしろいのは、このところ大流行の〝病院もの〟と微妙にズレているからにちがいない。死病とわかったヒロインがそのことを売り物にテレビCFで一躍人気者になるという話は、小泉今日子がCMクイーンである現実に寄りかかりすぎで、あざとさばかりを感じさせるが、ヒロインの死からはじまる構成が既成のパターンをズレさせるのを皮切りに、細かい部分がものをいう。真田広之と三上博史の医師兄弟の患者の命に関する姿勢の違い、それを具体的に見せる二人の肉体のアクション、描写のリズムの勢いなどが、よくある〝病院もの〟からごく微小ながら確実に映画を解き放ってゆくのである。

また『ザザンボ』に戻れば、この作品にも、へたくその力が情熱の押しつけをズレさせる瞬間がある。たとえば少年の担任教師が死の真相究明に狂奔したあげく、少年の墓を暴くシーンなどは、画面の粗雑さによって、正義感とか告発の情熱とかをはみだす異様さを発揮せずにはおかない。いわば結構が整えられていないぶんだけ、ドラマの流れを切断する形で、描写の力が切り立つのである。けれどもそうした勢いも、結局のところ、演じる渡邊文樹個人のガンバリズムに収斂させられてゆく。

くりかえすことになるが、情熱はあくまで出発点にすぎず、そこからのズレを作品のなかで産出しないのであれば、映画はついに道具になってしまう。スクリーンと対面して、おもしろさや感動を獲得するのは、表現が出発点からズレてゆく過程によってであろう。

小沼勝の『蕾のルチア』がそのあたりに関わって興味深い。残念ながら、この待望の新作はいわゆる劇場用映画ではなく、ビデオ専用映画であり、ロマン・ポルノの諸作品のように小沼勝一流の狂おしいエロスが炸裂しないが、むしろそこに魅惑がある。タクシー運転手がかつて過激派の爆弾魔であったときに殺したはずの女と十年ぶりに再会し、憎悪の関係を深めてゆくさまが、淡々と描き出される。高樹澪の太腿に彫られたバラの刺青の淡彩さ、佐藤B作の寡黙さを含め、全篇の描写に流れる静けさは、エロスのムード化ということもできよう。けれどもその端正な静謐には、明らかに無気味な勢いが孕まれ底流していて、それが描写の細部に力をもたらし、ありえないとしか思えない強烈なラストを可能にするのである。ここにあるのはズレの過程が生み出すものであり、それは疑いもなく小沼勝の転回をも示している。

表現のズレといえば、まさにそのことをこそ過激にくりひろげる作品が出現した。柄本明の『空がこんなに青いわけがない』である。

(第七七回／二月下旬号)

描写のスペクタクル

◉柳町光男の『愛について、東京』は牛の額を銃で撃つシーンからはじまる。どんな感情もまじえず即物的につづけられるだけに、見る者にいきなり強烈なパンチを喰らわせ、無気味な衝撃を与えずにおかない。物語的にいえば、そうした描写のあり方に主人公の生の状況が象徴されているということになろう。

中国人留学生の彼は、屠畜場でアルバイトをしつつ東京で暮らしている。その間、仲間とイカサマパチンコをして捕えられ、要求された代償金を払うべく、ホストクラブ勤めの仲間の斡旋で自分の体を日本女性に売る。それでも金が足りず、元やくざのパチンコ屋店長に、日本生まれの中国人で知り合ったばかりの恋人を売り渡す。

牛を殺す、自分の体を売る、恋人を売る。この三つの行為が鮮烈に描かれるのを見て、わたしは大島渚の『青春残酷物語』(一九六〇)をふと思い出した。あの傑作でも若い主人公男女がそれぞれにセックスを売りものにする。牛を撃つということからは、大島渚のその一本前のデビュー作『愛と希望の街』(五九)が鳩を撃つ行為を核心にしていたことも連想される。現代における青春のシチュエイションをいかに描くかという点で、二本あるいは三本の映画が三十数年の歳月を跨いで連動するあり方を感じさせるといえようか。

けれども両者は、たしかに共通連動しつつも、大きく違っている。『愛について、東京』には、そこがこの作品の凄味なのだが、自分を売り恋人を売る青春の状況をあからさまに〝残酷〟と見なす視線はない。描かれるのは異国で生きる若者の惨劇にはちがいないものの、当の主人公も恋人も、自分を悲劇的に見る意識などまるっきりなく、危険な恋のゲームを楽しむかのように売り売られ、その後も秘密の逢いびきを重ねて、ラスト、決定的に恋人を失ってしまったと知った主人公は、自分の性を売るホストクラブ勤めを笑って承諾し、軽やかな足取りで東京の雑踏へ紛れ込んでゆく。むろん、だからこそ悲劇の深さがいっそう際立つとはいいうる。しかしこの映画の、彼らの行動を湿った目で見つめず、即物的に提示するだけの無機質な衝迫力は、そんな言い回しをもするりと抜け出てしまうところで成立している。

少し乱暴に対比すれば、『青春残酷物語』の青春が繊細で傷つきやすいのに対し、『愛について、東京』の青春に見られるのは繊細な図太さといったものであり、傷の痛みを感じても何喰わぬ表情でやりすごす。もとよりそこには後者が中国人留学生という特異な設定にあることも関わるが、やはり三十年余の歳月がそれこそ即物的に作用しているにちがいない。東京が、日本が、いかなる国籍かを問わず、そこで生きる人間が、この三十年のあいだに別のものというべきほどに変容したのである。

冒頭いきなり屠畜からはじまる『愛について、東京』は、そのあと、主人公の日常とざらざらした心情を簡潔につづり、ヒロインとの出会いへ至って、電車に乗った二人がドアのガラスにそれぞれの掌をかざすさまを描き出す。夜の闇に浮かび上がる男女二人の手の指のアクションには、それまでの荒れた感じを洗い流す情感があふれるが、つぎのカットでは、真っ二つに切り裂かれた牛の体がうつしだされ、ふたたび牛を撃つ場面になる。そして主人公がパチンコ店でインチキを見破られ、体を売り、恋人を売り渡すことになって、主人公は隅田川の観光船にパチンコ屋の店長と恋人を置き去りにする。そのとき、船を見送る主人公の姿につづいて、またしても牛を撃つカットが出現する。

いま記した部分で全体の三分の一ほどの長さであろうが、ドラマの屈曲点に屠畜シーンを置く展開は無気味さをそそらずにはおかない。それゆえ、ふつうの意味でこの映画を楽しみおもしろがることなど、だれにも無理であろう。たとえば苛酷な生を生きる主人公に思い入れしようにも、彼の表情はそんなものを撥ね飛ばす。ここでは、描写の勢いが通常の映画鑑賞法を斥ける力に満ち、この作品自体を既成の映画からはみ出させているといえよう。ならば、これがいわゆる悲劇の範疇に収まるわけがない。明らかに柳町光男はカット展開の勢いにおいて、東京が、日本が、そこでの人間が、そして映画が、過去の形からはみ出しているさまを表現しているのである。

この作品は中国人を主人公に、彼らの反日的感情も含めて日本と日本人への批判にあふれているが、むろん中国映画ではない。だからといって、日本人のがわから中国人留学生を描く映画、とふつうに呼んでしまうのも避けたくなる。あえて作者の視座を特定するなら、日本とか中国とかの区分の〝外〟にあるという以外ない。はみ出す勢いがそこにも歴然と見られよう。

柳町光男の前作『チャイナシャドー』は香港を舞台にしてい

たが、最近、ほかにも日本人が外国で撮った作品をつづけてみた。村川透の『復讐は俺がやる　DISTANT JUSTICE』と石侍露堂の『イコン伝説　追憶のエルミタージュ』である。前者は菅原文太の退職刑事がアメリカを家族旅行中、妻を殺され娘を誘拐され、コカイン犯罪組織と闘うという〝東映Vアメリカ〟第一弾で、後者は一八八〇年代の帝政ロシアへ聖像画《イコン》を学びに行った若い日本人女性の姿を日・ロ合作で描くが、どちらも作品に流れる雰囲気がおもしろい。監督も主演も日本人でありつつ、まるで外国映画になっており、日本映画の範疇からはみ出しているのである。

はみ出す勢いは、いま、さまざまな形で見られる。たとえば杉本信昭の『蜃気楼劇場』では、広大な空き地に劇場を建設してゆく演劇集団〝維新派〟の公演に至るまでの模様が記録されるが、無の地平から異貌の空間がじょじょに出現してゆく過程のおもしろさは、ラストに少しうつしだされる演目そのものとは別の次元にある。劇場建設過程がはみ出しているというべきで、むろんそれこそが、〝維新派〟の演劇理念であろう。同じようにいえば、長崎俊一の『ナースコール』の場合には、職業としての看護婦の仕事ぶりがつぶさに描き出され、明らかに流行の〝病院もの〟からはみ出すことが意図されているが、お話の部分になるや、病院＝人間ドラマの縮図の場というパターンに収拾されてしまう。

はみ出す勢いは、収拾ではなく、未知への展開をめざすはずである。『愛について、東京』を見て、だれもドラマの行方を占うことはできない。そのことこそが心を躍らせる。先述したカット展開の勢いが、そうした不定型の展開の魅惑を生み出すのである。描写それ自体のスペクタクル、といってよかろう。

山下耕作の『新・極道の妻《おんな》たち　覚悟しいや』は、やくざ社会に生きる二人の女の血なまぐさい確執を、さながらトランプカードを切るような形でつづる。つまりその場その場のおもしろさはあるわけで、見る者をそれなりに引っぱってはゆくが、ただバラバラで、とうてい展開とは呼べない。また、井上昭の『子連れ狼　その小さき手に』では、一見ドラマチックな物語を前提に父と子の情愛が謳い上げられるかに見えつつ、描写の隅々から、つくり手たちの思い入ればかりが

愛について、東京
監脚柳町光男撮安藤庄平出ウー・シャオトン、岡坂あすか、藤岡弘、オー・ヤン封2月19日時113分

復讐は俺がやる　DISTANT JUSTICE
監村川透脚田部俊行撮フィル・パーメット出菅原文太、ジョージ・ケネディ、デビッド・キャラダイン、野際陽子、エリック・ルーツ封1992年12月1日(OV)時98分

イコン伝説　追憶のエルミタージュ
監脚石侍露堂撮V・イーリン出伊地知聖子、イヴァン・シヴェドフ、ユーリー・ベラライネン、ユーリー・ユリアン封1992年12月12日時117分

蜃気楼劇場
監杉本信昭撮清水良雄出維新派封1月27日時111分

ナースコール
監長崎俊一脚信本敬子撮丸池納出薬師丸ひろ子、松下由樹、大鶴義丹、江守徹封1月30日時105分

新・極道の妻(おんな)たち　覚悟しいや
監山下耕作原家田荘子脚高田宏治撮木村大作出岩下志麻、かたせ梨乃、梅宮辰夫、北大路欣也封1月30日時115分

子連れ狼　その小さき手に
監井上昭原小池一夫脚中村努撮藤原三郎出田村正和、仲代達矢、古手川祐子、荘田優志封2月6日時119分

紅蓮華
監渡辺護原田中うめの脚沖島勲、佐伯俊道撮鈴木史郎出秋吉久美子、役所広司、武田久美子、倉崎青児封2月13日時119分

見苦しくあふれ、リメイクの最悪例を現出させてしまっている。あるいは渡辺護の『紅蓮華』では、捩れ屈折した愛を生きる三人の男女の遍歴が語られ、個々の場面はある手応えを感じさせるが、二十年近い歳月をつらぬく描写のうねりは見当たらない。これらの作品に示されているのは、なんらかの興味をひく形でドラマをつづる作業と、描写のスペクタクルとが、まったく異なった次元に属するという事実であろう。

　わたしが『愛について、東京』に少し疑問をいだくのも、そのことに関わっている。この作品のクライマックスは、主人公と恋人が高速道路の走る下の河原で秘密の逢う瀬を楽しむうち、生き方をめぐる心のズレが明らかになってゆく場面であろうが、どうもピンとこない。岸辺に坐る、歌、黒雲、歩く、意見が喰い違う、走る、追う、倒れ伏す、女が男の頬を打つ、泣く、雨、抱き合うといったふうに、ドラマチックな描写がなされるのにもかかわらず、というよりは、むしろそれゆえに、いつか見たことのある劇映画の一場面のようで、はぐらかされた印象を受け取るのである。たぶんキャメラのせいにちがいないというのがわたしなりの判断で、それまでドキュメンタリーに近い即物的タッチをギリギリ保持してきたのが、この場面に来て、一気にありふれた劇映画になってしまったと思われる。描写のスペクタクルがくるりと裏返ったといえよう。

　それでもこの作品は、未完結のままに投げ出されるラストといい、恋人と性的不能者の店長とがその直前に行方不明になってしまうことといい、この現在、映画がどんなふうに無気味な塊でなければならぬかを、スリリングに提示する。いうなれば恋人と男は、正体不明の愛を求めてか、何をめざしてなのか、意味不明のままドラマからはみ出すことで、それを際立たせているのである。

　今回は柄本明の『空がこんなに青いわけがない』にふれるつもりが、余裕がなくなってしまった。描写のスペクタクルを奇妙な魅惑でくりひろげるこの作品については、稿を改めよう。

（第七八回／三月下旬号）

◉柄本明の『空がこんなに青いわけがない』を一言で形容するとすれば、とぼけた映画という以外なかろう。中年サラリーマンの日常が描かれ、話としては何の変哲もないが、正体不明の妙な雰囲気が全篇にあふれている。画面に目を凝らしてドラマの展開を追っていても、どこか見間違っているような、はぐらかされているような感じがあって、自分の見ているものを全的には信じられない。三浦友和の主人公はいつも心ここにあらずといったふうで、だれかに話しかけられるたびに

冒険体としての映画

「は？」と応じるが、やがてそれが俳優柄本明その人に見え、あの表情で「は？」と問い返されつづけているような錯覚さえしてくるのである。

たとえば主人公は会社の若いＯＬと性的関係にある。唯一そのことがドラマらしいドラマになっているが、美しい彼女がとつぜん異様にドタバタ疾走するかと思えば号泣したり、酔っ払って獣みたいに唸ったり噛みついたりするとき、その夏川結衣と間抜け顔の三浦友和とのあいだに、ふつうの意味での不倫ドラマがくりひろげられるとは思えない。いかにもそれらしい設定なのに、ドラマの関節が描写の過激さによって外されてしまうといえようか。老母のボケのはじまりという要素にしても、久我美子が息子の三浦友和の前で豆大福にちょっとした執着を示すとき、通常のボケのドラマから変な形によじれてゆく。あるいは妻の岸本加世子が物置のガラクタと格闘したり、小学生の息子がふいに包帯男になって出現するだけで、なにやら間合いの外れた印象がもたらされる。

この作品は古典的なホームドラマの形をとっているが、とぼけた顔でそうしながら、それからのズレこそが意図されているのである。主人公たち家族四人がすきやき屋の一室で鍋を囲むとき、なぜかすぐ横で無関係な女の子が宿題をしているシーンに、描写のとぼけぶりが象徴的にうかがえよう。

聞けば、この作品については賛否両論だという。なるほど、そうだろうな、と思わずにはいられない。というのもわたし自身、この作品をおもしろがることができるかどうかに関して、半分半分の感じでいるのである。ただしそれは評価の保留でも半ば否定的ということでもない。半分おもしろがりつつ半分つかまえがたい思いがする、といえばよかろうか。そして直感的には、もやもやしている半分のほうに真の魅惑があると確信している。ふつうに了解可能な半分のほうだけであれば、この作品からは、くすぐり程度の作用を及ぼす力しか放たれないにちがいない。

ラスト近く、主人公がスイカ持参で彼女のマンションへ行く。彼女はいず、別の彼氏がいる。主人公は割れたスイカをぶらさげて去り、途中、立ち木の裏に回る。泣き声が洩れ聞こえる。カットが変わるや、主人公はオフィスじゅうを走り回って彼女を追っかけている。追跡は廊下から工事中で電線だらけになった非常階段へ。主人公がそこを抜けて屋上へ出ると、彼女の姿はない。遠くから飛んできた鉄人28号のアドバルーンが、主人公を押しつぶす……。

たとえばここでは男と女の修羅場が描かれるが、通常の形でクライマックスになるのではなく、描写のあり方がどこか外れることによってこそクライマックスが出現している。明らかにそれを司るのはモノたちで、ごく当り前の小道具としておもしろいスイカ、不可解なまま印象深い電線の氾濫、そして奇怪かつ痛快な鉄人28号、といったふうに微妙に展開してゆくモノの勢いが、描写のスペクタクルをくりひろげるのである。

この作品のすっとぼけた表情は、登場人物も人間関係も生活も、そんなモノたちとまったく同じように見つめる目に基づくにちがいない。いいかえれば、ここでは、平凡なサラリーマンの日常が不可解なモノとして見つめられ、おもしろがられている。ラストの大地震はそのことの物理的あらわれであろう。

ホームドラマからのズレとさきほど述べたが、むしろ見慣れたホームドラマの裏返しというべきか。明らかにそれは未知へ一歩踏み出す営為であって、ドラマの進展とともに三浦友和がだんだん大冒険活劇のヒーローのように見えてくるのは、その一歩の踏み出しがどんな冒険であるかを語っている。

滝田洋二郎の『僕らはみんな生きている』では、東南アジアの国へ出張した若いサラリーマンがクーデター騒動に巻き込まれ、現地の上司やライバル商社員たちとともに命からがらの体験をする。まさに今日的な冒険活劇ではあるが、単純に痛快とはいいがたい。わが日本のモーレツ企業戦士たちの姿が誇張して描かれるため、いうなれば冒険活劇がズッコケて裏返るのである。

もちろんそれこそがこの作品の狙いであって、生死の境にもサラリーマン根性を忘れない彼らを徹底的に風刺し、自虐的に笑いのめすなか、結局のところは彼らがいかに熱く真摯に生きているかを描き出す。裏返しはそのためのものにほかならない。この場合、日本人の自意識ということが楯になっている点に注目しよう。つまり、タイのある街の一部を買い取って撮影されたらしい市街戦のシーンが示すごとく、具体的な描写としてはもろに物理的な破壊の痛快さがくりひろげられるのに、日本人意識のゆえに、痛快さがズッコケるかのように見えるにすぎないのである。日本人としての自虐性が楯になって破壊の楽しさが許される仕掛け、とでもいえようか。

なかなか手のこんだ仕掛けで、映画の顔がくるくる反転しつづけるような効果をもたらす。そこに作者の才略はじゅうぶん見て取れるが、真の裏返しが回避されている以上、映画的冒険とはついに無縁のように思える。

大林宣彦の『はるか、ノスタルジィ』の場合も仕掛けがおもしろい。題名どおり甘ったるく古くさいメロドラマが、現在と過去を自在に行き来したり重ねたりする手法のもと、たしかな手応えで情感をうねらせるのである。

中年の小説家が小樽とその周辺をふと知り合った少女の案内で歩き回る。彼にとって小樽は屈折した思いの街であるため、やがて彼と少女の前に少年時代の彼自身が出没する。そして妙な三人の対話の断続のなか、少年時代の彼と初恋の人との悲しい関係、父や母との呪いたくなるような愛憎の葛藤が語られてゆく。そんなふうに現在と過去のドラマが時制を越えて織り込まれたあげく、現在の少女と過去の恋人とを結ぶ因縁が浮かび上がる。石田ひかりが二人の少女を二役で演じるため、因縁の判明は案の定でしかなく、さほどの感銘をもたらさないが、現在と過去の重畳たるさまから流れ出る情感には、音楽の力もあって、圧倒的な美しさがあふれている。ことに過去のシーンで、急病の父に命じられた少年が母の姿を求めて娼婦街に歩み入っていくくだりに、久石譲の抒情的な音楽が高鳴るとき、路地裏のセットの異様な質感と物語の酷薄さのもと、豊かな抒情性は裏返って無気味さを放つ。

厳密にいえば、この作品では、勝野洋の中年男の一人称ではじまりながら、ラスト近くで彼と関係なく、石田ひかりの少女と母親のシーンが描かれる。明らかにそれは仕掛けの綻びにはちがいないものの、その結果、石田ひかりの囁くような声の調べが少女の心のざわめきを感動的に表現してみせる。つまり、少女をお供にした中年男のドラマがいつのまにか裏返って、いわば中年男のノスタルジーをテコに少女の心を輝かせるドラマになっているのである。

仕掛けという点から見れば、この『はるか、ノスタルジィ』より『僕らはみんな生きている』のほうが、首尾一貫しているといえよう。現在的な感性による映画のおもしろさということでも、両者の差は明瞭であって、大林宣彦は滝田洋二郎・一色伸幸コンビにくらべ、まだまだ郷愁を引きずっていると思われる。むしろその点で大林作品に愛着を感じる向きもあろうが、わたしは、手のこんだ仕掛けでセンチメンタリズムを突き進めていったあげく、破綻を呼び込んでしまう勢いにおいてこそ、大林作品を高く評価したい。映画が冒険体として輝くのは、なにも仕掛けの精緻さによるのではなかろうからである。

相米慎二の『お引越し』がそのことを鮮烈に語っていよう。詳述する余裕はないが、この作品が十一歳の少女の日常における心を描きつつ、ぐんぐん拡大してゆく描写のベクトルのもと、少女の命を世界大に現前化させる勢いだけは、ここで強調しておかねばならない。まさしくそれこそ、冒険体としての映画の素晴らしさを実現するものであろう。この作品は、主人公が回想によることなく過去の自分と対面する点で『はるか、ノスタルジィ』と通じているが、未知の魅惑を切り開く冒険性では『空がこんなに青いわけがない』に似ている。

（第七九回／四月下旬号）

空がこんなに青いわけがない
監柄本明脚田村和義撮柳島克己出三浦友和、夏川結衣、岸本加世子、久我美子封2月20日時94分

僕らはみんな生きている
監滝田洋二郎原脚一色伸幸撮浜田毅出真田広之、山崎努、岸部一徳、嶋田久作封3月13日時115分

はるか、ノスタルジィ
監脚大林宣彦原山中恒撮阪本善尚出勝野洋、石田ひかり、松田洋治、尾美としのり封2月20日時165分

仮構力と具体

◉鈴木清順の『結婚』が奔放なデタラメさでおもしろい。そう、例によって、である。といっても『結婚』は三話のオムニバスで、ほかに恩地日出夫篇、長尾啓司篇を含むが、怪作ぶりにおいて鈴木清順篇が突出している。

売れない役者が名声と金儲けを当てにして人気女優との結婚を目論む。そんな設定の、ふつうなら屈折した暗いドラマになりそうな話が、鈴木清順の手にかかるや、ドタバタ騒動に一変し、喜活劇とでも呼ぶべき世界を現出させてゆく。なにより注目すべきは、空間処理の異様さであろう。多くの場合、シークエンスの転換はカット割りではなくキャメラの動きでなされ、ある場所でのドラマが描かれたあと、キャメラがふわりとクレーン移動するだけで、画面はもう別の場所になる。ロケのシーンも少しあるが、大部分はセット撮影で、しかもワンステージ内にいくつものセットを建て込み、それらを行き来してドラマが展開されてゆく、という仕掛けであって、登場人物とキャメラがセットからセットへ、ある空間から別の空間へ、あわただしく走り回るさまが、特異なドタバタのリズムを生み出すのである。

鈴木清順がかつて日活時代に、ステージという空間をいかに縦横無尽に活用していたかは、周知のことであろう。いまそれが復活したわけで、久しぶりの清順流映画カラクリといえる。空間処理の異様さはむろん奇妙な時間性をにじみ出して、カラクリ仕掛けのような幻惑力を放つのである。その勢いに乗りに乗って陣内孝則が快演する。はしゃぎすぎにも見えるが、原田貴和子の人気女優が美女と醜女のあいだを往復したり、原田知世の歯医者が彼のドラキュラ歯と真面目に取り組んだりするのだから、悪乗りぐらいがちょうどよかろう。

かくして熱いデタラメの塊が、四十分強ほどの中篇ながら、たっぷり奔放に疾走してゆく。これにくらべ、ほかの二篇は、遠くの男を待っていた女が近くにいた男の愛に気づいたり、金持ち青年と令嬢を装った平凡なＯＬとが本当の愛にめざめたりという話にしろ、それをそのまま描く画面にしろ、あまりにも屈折がなく真っ当で、ほとんど呆れずにはいられない。それでも前者の恩地日出夫篇は職人芸のメロドラマの匂いを漂わせるのでまだしも、後者の長尾啓司篇たるや、描写にニュアンスも味もないため純愛お伽噺はむろんパロディにもならず、上映時間が五倍ほどの長さに感じられる。

おそらく鈴木清順はそんな比較を計算に入れて、オムニバスの一本を撮ったにちがいない。これまた周知のように、かつてプログラムピクチュア時代の鈴木清順は、二本立て上映におけるメインの併映作を強烈に意識してこそ、独自の表現を研ぎ澄ましていったのである。今回のセット主義は明らかに〝撮影所システム〟の時代に通じている。

小中和哉の『くまちゃん』は、現実と超現実を地つづきでクロスさせるファンタジーで、どこかから降って湧いて主人公二人の恋の仲立ちをする熊のぬいぐるみに、映画ならではの夢想の力が具現されている。二十歳以上も若い劇団女優との恋をためらう草刈正雄の彫刻家の本音を、この熊がしゃべってしまうというアイデアも、ぬいぐるみの軽妙で可愛い動きも、なかなかいい。けれども熊のことがバレて刑事二人組やテレビ局の連中がドタバタしはじめ、話が進展するにしたがって、どんどん嘘くささが強まってゆく。恋が現実的になればなるほど現実と超現実の均衡が崩れ、夢想性がパワーダウンするといえようか。

これをさきの『結婚』三篇と並べてみよう。『くまちゃん』は夢想性で鈴木清順篇に通じるとはいえ、あんなデタラメの徹底性はなく、つまりラブロマンスを信じている。その点では恩地日出夫篇に似ていようが、部分的にはあんなにも古めかしくないかわりに、職人芸の感銘はない。こうして結局『くまちゃん』は長尾啓司篇に近づく。あの金持ち青年と平凡なOLのドラマでも、疑心暗鬼の彼女の夢みたいな恋が現実的になってゆくにしたがって、嘘っぽさが一段と強まるのである。どうやらそのあたりに、現在的な映画における仮構力の水準といったものが象徴されているらしい。たとえば和泉聖治の『プライベート・レッスン』や白羽弥仁の『シーズ・レイン』で、プール付きの大豪邸を舞台にハイティーンの恋心のドラマがつづられるとき、その空疎な嘘くささは『結婚』の長尾啓司篇に酷似している。それらで描かれるくらいの金持ちは現実にいるはずなのに、映画的に仮構されたとたん、まったく具体性を欠いてしまうのである。

黒澤明の『まあだだよ』は内田百閒と門下生たちの師弟愛を描いて、さすがにというべきか、ある種の仮構力を感じさせる。約二十年にわたって師弟交歓のくだりだけを断章ふうに並べた構成は、たとえば門下生たちの職業が何なのかといった社会性や時代性を切り捨てている点で、デタラメとも呼びうるが、まさにそのぶんだけ師弟の愛が求心的に浮かび上がるのである。それを閉鎖的と批判しても、そんな愛が意図されている以上、およそ無意味であろう。

問題は空間性の貧しさにある。たとえば空襲のあと百閒夫

結婚
［**陣内・原田御両家篇**］監鈴木清順脚浦沢義雄撮藤澤順一出陣内孝則、原田知世、原田貴和子、ベンガル　［**佐藤・名取御両家篇**］監恩地日出夫脚塩田千種撮上田正治出佐藤浩市、名取裕子、川上麻衣子、長谷川初範　［**中井・鷲尾御両家篇**］監長尾啓司脚桃井章撮長沼六男出中井貴一、鷲尾いさ子、池上季実子、野々村真封4月24日時137分

くまちゃん
監小中和哉脚小中千昭撮志賀葉一出草刈正雄、川合千春、風祭ゆき、上田耕一封4月24日時98分

プライベート・レッスン
監和泉聖治脚ダン・グリーンバーグ【日本語版脚本】岡田惠和、リチャード・コートニー、笠井健夫撮杉村博章出稲垣吾郎、ジョアンナ・パクラ、中居正広封3月6日時94分

シーズ・レイン
監白羽弥仁原平中悠一脚白羽弥仁、岡田恵和撮阪本善尚出小松千春、染谷俊、菊池麻衣子、野村祐人封4月3日時95分

まあだだよ
監脚黒澤明原内田百閒撮斎藤孝雄、上田正治出松村達雄、香川京子、井川比佐志、所ジョージ封4月17日時134分

お引越し
監相米慎二原ひこ・田中脚奥寺佐渡子、小此木聡撮栗田豊通出中井貴一、桜田淳子、田畑智子、須藤真里子封3月20日時124分

妻が三畳の小屋に住んでいるシーンでは、明らかにその三畳に全世界が凝縮されていなければならないが、そのことを描こうとしてか、二人の小屋暮しがページをめくるように四季おりおりの風物のなかでうつしだされるとき、小屋は絵ハガキ的な風景の彩りでしかない。あるいは門下生たちが先生に贈った新築の家は昨今でいうモデルハウスのように見えるし、また、師弟交歓の〝摩阿陀会〟の場面では、大勢の人間がひしめきあうにもかかわらず、会場の空間が希薄に感じられる。これはどういうことなのか。それらの印象を観念的という語で説明できることからすれば、答えははっきりしている。つまり、浮かび上がる師弟愛がついに観念的でしかなく具体性を欠くゆえにこそ、空間性が貧しく見えるのである。

また『結婚』の鈴木清順篇を持ち出せば、あのデタラメな世界は空間の具体的な手ざわりに満ちている。それ以外のなにもないといってもよかろうか。そんな作品と『まあだだよ』を並べれば、仮構力が具体的であるかどうかの差が一目瞭然にちがいない。

相米慎二の『お引越し』が冒険体であることも、明らかにそのあたりに関わっている。映画が映画ならではの仮構力を奔放に発揮することと、そこに表現としての具体性がどうであるかということとの交点においてこそ、映画的な冒険が成り立つのであろうからである。

この作品における描写のベクトルがぐんぐん拡大してゆくことは、前回指摘したが、その間のプロセスにあらためて注目しよう。つまり、登場人物の心の流れの過程がどうあるか。まず、父の〝お引越し〟を戸惑いつつもおもしろがっている十一歳の少女の心、つぎに娘との二人暮らしをはじめる母親の心、さらに少女のクラスメイトの心、それらによって両親の別居という事態の意味をあらためて知る少女の心、そして娘の反撥行動によって鮮明になる父と母の心……。こうして最初の小さな流れはいくつもの心の重層化によって膨らみ、その勢いに乗って少女は親子三人の旅行を強引に決行するところまで運ぶが、三つの心が一つにならないことを湖畔で知ったとき、ふたたび少女一人の心の遍歴がつづられてゆく。大文字焼きから花火へ、野っ原の火祭りから真夜中の森の奥深くへ、そして湖上の勇壮な竜神祭りへ……。少女はそのあげく、暁の湖畔でかつての幸せな自分たち親子三人の姿を幻視する。明らかにそれは、そこへ至る過程でいくつもの心の流れが少女のなかに凝縮されたからであろう。この作品においては少女の命が世界大に現前化させられるとは、そのことにほかならない。

いや、いましがた自分たちの姿を幻視すると記したのは正確ではなく、少女はかつての自分たち親子三人を目撃したあげく、少し幼かったころの自分自身に語りかけて堅く抱き合う。そしてその点にこそ、描写のプロセスの何たるかが具現されている。この作品ではドラマの世界がごく日常的なところから出発していって、つねに描写が具体性を離れないことは説明するまでもなかろう。ところがそんなふうに具体的な描写が積み重ねられてゆくなかで、過去の自分と抱き合うという超現実が出現するのである。むしろこの場合には、具体性がそのまま抽象化していくというべきか。少女の〝おめでとうございます〟という歓喜に満ちた叫び声は、そんな表現の力を讃えているようにも聞こえる。

この『お引越し』は具体的描写において時空を越えるという点で、まちがいなくさきの鈴木清順作品に通じている。けれども『結婚』のあの一篇が〝撮影所システム〟に足を踏まえていることは、すでに見たとおりである。それに対して相米慎二は疑いもなく〝撮影所システム以後〟に歩み出している。

（第八〇回／五月下旬号）

雑のエネルギー

◉馬場昭格の『極東黒社会』は、いくつもの国際勢力がぶつかる新宿麻薬戦争を描くが、ドラマの荒々しさに引きずられたのであろう、画面の表現のあり方がじつに雑然としている。早い話、最初のうちは、すべてが混沌としていて何が何やらわからない。むろんそれはまず、台湾マフィアと香港マフィアの対立に地元の暴力団も加わって、三つ巴の抗争がくりひろげられ、その渦中を役所広司と近藤真彦の麻薬の運び屋やショー・コスギの日系アメリカ人覆面捜査官らが動き回って、敵味方の区別も不明になるほど、人間関係が錯綜するからであろう。だがそのこと以上にも、描写それ自体が乱れてしまって、わけのわからぬ不定型の渦と化しているのである。終盤に近づくにつれ、悪党のはずの主人公が正義感に燃えるあたりから、ドラマは固定パターンにはまってゆくが、表現の雑然たるさまはずっと残りつづける。

いうまでもなくこの乱雑感は題材のなまなましさに基づくにちがいない。現在只今の社会で沸騰しているナマな題材を前に、この新人監督は、テレビドラマの演出経験があるとはいえ、大いに困惑したことであろう。まさにそのことをくっきり告げて、作品が、ドラマとしてのまとまりへ向かうベクトルと、現実の荒々しさのほうへ拡散してゆくベクトルとの混在になっている。

最近、ナマな社会的題材の映画をつづけて見た。と、ふと気がつくや、テレビのニュースや新聞記事と比較して、やはり現実のほうが何倍もスゴイ、と思っていることが多い。『極東黒社会』の場合も、テレビを眺めていて、新宿歌舞伎町で起こった警官射殺事件についてのその後のニュースが流れるなり、すぐ映画を思い浮かべ、この迫力にはかなわんよなあ、と感じ入った。

一倉治雄の『国会へ行こう!』では国会議員の実態をとおして政界の内幕がコメディタッチで描かれるが、この場合には、映画と現実を比較することになんの不思議もない。というのも、画面にくりひろげられる政界のてんやわんやのすべてが、もともと現実を後追いする形で仕組まれているからである。そこで、緒形拳が与党大物議員の怪物性をいくら熱演しようと、テレビで見るホンモノの無気味さにくらべたら、子どもだまし程度にしか思えないのをはじめ、闇献金やら政治改革やら新党結成やらをめぐる騒動のどれを見ても、二番煎じ三番煎じの感じがしてくる。現実のえげつなさと勝負するには、まだまだ喜活劇としてのパワーが弱いのである。

鶴田法男の『ゴト師株式会社』についても、ほぼ同様のことがいえる。さまざまに登場するパチンコの裏わざテクニックも、それとともに描き出されるパチンコ業界の内幕も、珍しさで耳目を引きつけるが、それだけのことならドキュメンタリーにかなうまい。たぶんこの新人監督も、単純な業界裏話ではなく、悪徳パチンコ店をやっつけるプロ集団の活躍譚を狙ったのであろう。しかしそれにしては、リーダーの根津甚八もパチンコ店主の名取裕子も、いつもの彼や彼女のイメージをのみ演じすぎている。つまり結果的には、パチンコの題材のほうが人間ドラマより強いのである。原隆仁の『夜逃げ屋本舗2』もいわば金融界の裏わざドラマをつづるが、ナマな題材から組み立てられた自己破産手続き代行屋という着想がおもしろいだけである。

いま言及した作品がいずれも活劇ないし喜活劇の部類にはいるのは、なにやら象徴的ではないか。映画的パワーの弾けることを狙ってこそ、ナマな社会的題材の活力が取り込まれているのにもかかわらず、むしろ逆に、映画の衰弱ぶりを際立たせる結果になっているのである。個別作品より、そういった構造に、映画の現在が鮮明に透けて見える。

もちろんどんなふうにであれ、単純に映画と現実を比べたり比較したりするのはおかしい。現実との関係において、映画は、勝つか負けるかといった域とは別のところに立っている。最近の例でいえば、工藤栄一の『リング・リング・リング 涙のチャンピオンベルト』がその意味で興味深い。女子プロレスの世界が涙の根性ドラマとして描かれるが、なにしろ主人公に元女子プロレスの人気スター長与千種が扮するゆえ、画面になまなましさがあふれる。ベテラン監督の力により、ホンモノの存在感がきちんと映画的に消化されているのである。それ以上に注目すべきは、なんと、あの島田陽子が網タイツ姿も勇ましくチャンピオンを演じて、画面の勢いのもと、ちゃんとそれらしく見えることであろう。少なくとも涙の人情話などより、女性二人の健闘ぶりに一段とドラマを感じることができる。

現実の素材が映画のなかに取り込まれてゆくときの摩擦の

ドラマ、とでもいえようか。そうした観点からすれば、さきの『極東黒社会』は、ドラマとしてのまとまりと現実への放散のどっちつかずになっているぶんだけ、おもしろいとも思える。つまり『国会へ行こう！』や『ゴト師株式会社』や『夜逃げ屋本舗2』のほうが、小さくまとまっていて破綻もないだけに、雑然たることにひそむ勢いも欠落しているのである。

高橋伴明の『獅子王たちの最后』が別の形でおもしろい。片や武闘派、片や経済派として暴力の世界をのし上がってゆく主人公二人の対極に、麻薬に溺れる仲間を配し、極道に仮託しての青春ドラマが描き出されるが、この場合には、既成のやくざ映画のパターンとそこから一歩を踏み出す勢いの二つが、雑然と渦巻いている。たとえばだれもの力み返った演技は、主人公たちにおける単純出世主義の設定と同様、なんとも古めかしい。彼らの狙いつづける伝説のヒットマン〝鳴門隆〟が、その象徴といえよう。明らかにこの人物は現実にモデルがあり、その男はやくざ映画の題材に何度もなってきたから、主人公たちが〝鳴門隆〟にこだわりつづける姿は、過去のやくざ映画のイメージに拘束されていることの現われにほかならないのである。哀川翔が渓流で若い女に拳銃射撃を教えるうち殺し合いになってゆくくだりや、錦織一清がゴミ処理場で慇懃無礼に組の大幹部を射殺するシーンなど、新鮮な描写が散見されはする。しかしそれらは既成のパターンの力の前で、ただ新しさのカケラとして空転している。

いや、古さと新しさを二者択一的に見てはなるまい。この作品が注目すべきものに思えるのは、たんに新鮮なチンピラ映画の気配を放つからではなく、既成に引っ張られることとそこから踏み出すことの双方が入り混じっているからであろう。つまりその乱雑さが、いま、映画にとって必要なエネルギーになりうると確信できるのである。

逆の言い方をしてもよい。雑のエネルギーは重要であるが、それを得ようとすると、多くの場合、雑な表現がもたらされるのであり、『獅子王たちの最后』はそのことを体現している、と。

たとえば萩本欽一の『港』を見て、久しぶりに映画出演した渡哲也の素晴らしさに感嘆する。そのとき、彼がボストンバッグを手に雪の道を歩み進むだけで出現する濃密な世界は、ごく古典的な映画的時空間には

極東黒社会
監馬場昭格原上之二郎、平川輝治脚松本功撮加藤雄大出役所広司、近藤真彦、ジェシカ・ランスロット、ショー・コスギ封5月15日時110分

国会へ行こう!
監一倉治雄脚斎藤ひろし、高野和明撮長谷川元吉出吉田栄作、緒形拳、宮崎ますみ、松村達雄封5月1日時109分

ゴト師株式会社
監鶴田法男原下田一仁、佐原充敏脚岡田恵和、前川洋一撮加藤正幸出根津甚八、名取裕子、加藤永二、藤岡弘封5月8日時92分

夜逃げ屋本舗2
監原隆仁脚真崎慎、長崎行男、原隆仁撮川上皓市出中村雅俊、風間杜夫、細川俊之、高木美保封5月15日時100分

リング・リング・リング　涙のチャンピオンベルト
監工藤栄一原脚つかこうへい撮仙元誠三、藤沢順一出長与千種、島田陽子、渡瀬恒彦、阿部寛封5月8日時94分

獅子王たちの最后
監高橋伴明脚夏井辰徳、剣山象撮長田勇市出哀川翔、錦織一清、松田ケイジ、的場浩司封4月17日時108分

第1回欽ちゃんのシネマジャック　港
監萩本欽一脚君塚良一撮椎塚彰出渡哲也、田中美佐子、堀浩裕晶封4月17日時15分

ちがいない。が、わずか十五分ほどの短篇ゆえ、うねるドラマなどはなく、いわばドラマの断面が差し出されるだけで、スクリーン上の渡哲也を数年ぶりに見る感動にひたったとたん、ほとんど欲求不満も同時に抱え込んでしまう。そんな妙なあり方もなかなか興味深いではないか。

　この『港』は東京・日比谷のシャンテ・シネ1でスタートした第一回「欽ちゃんのシネマジャック」の一部で、ほかに四本の短篇が連続上映され、計五本のなかから一本三百円で好きな本数だけ見ていいシステムになっている。それからすれば、十五分ほどの映画『港』は、まぎれもなく一個の作品であるとともに、あくまで全体の一部でしかない、という妙な形としてある。

　明らかにその妙な感じこそ「欽ちゃんのシネマジャック」の狙いであって、古典的な作品概念にとらわれず、いうなれば雑誌感覚による映画との接し方が目論まれているのである。まだ試みでしかないが、ここにも雑のエネルギーに目を向ける動きがある。


(第八一回／六月下旬号)

ゼロゆえの感情

◉北野武の『ソナチネ』を見て、起承転結の〝結〟だなと思った。北野武の監督作品はこれで四本になるが、その内実においては、どうやらちゃんと起承転結の形になっているのである。

　第一作『その男、凶暴につき』(一九八九年)は暴力刑事の話で、主演のビートたけし＝北野武がひょんなことから監督も手掛けるはめになり、強烈なバイオレンス映画が出現した(起)。当然ながら北野武は第二作『3－4x10月』ではより意識的になって、監督・出演のほか、自分でオリジナル脚本をつくり、草野球の日常性がバイオレンスへ爆発してゆくさまを沖縄を舞台に描く(承)。第三作『あの夏、いちばん静かな海。』になるや、前二作のバイオレンスから一転、海辺の純愛を台詞も劇的要素もないまま〝静か〟に謳い上げ、自分は出演せず、監督・脚本とともに編集も手掛けた(転)。そしてこの第四作では、監督・脚本・編集はむろんのこと、また主演に戻って、沖縄、暴力団抗争の強烈なバイオレンス、それでいながら海辺の静かな日常性、といったふうに、これまでの三本における主な要素を集約するなか、ドラマとして衝撃的なピリオドを打って、区切り目を感じさせずにはおかない(結)。

　わたしの判断では、四本の北野武作品のうち、今回の『ソナチネ』がもっとも高度な達成を遂げている。そのこともあるゆえ、きっと北野武のなかで、自分の映画づくりがここではっきり一巡したにちがいない、と思われるのである。少なくとも宣伝スタッフが一巡を意識したことは〝凶暴な男、ここに眠る。〟という惹句に示されている。

周知のように北野武は、第一作→第二作→第三作と進むにしたがって、画面から既成のドラマチックな要素をどんどん抜き去ってきた。むろん今回の作品はその延長線上にある。暴力団幹部の主人公は、組内での勢力争いのなか、仲間二人とともに抗争の助っ人として沖縄へ送り込まれるが、闘いらしい闘いなど起こらない。爆弾の出迎えがあったり、スナックで銃撃戦をやらかしたり、殺し屋が徘徊したりはするものの、ちょっとした波立ち程度で、おおむね彼らは月夜に踊ったり、砂浜で相撲をとったり落とし穴づくりに興じたり、花火で撃ち合いを演じたりして、待機の時間を遊んでやりすごす。そのさい、だれもみな台詞が少ないうえにほとんど無表情で、動作はのろく、画面のタッチ自体も緩慢に終始して激したところがない。つまり、物語展開においても個々の描写においても、およそ普通にはドラマチックな要素がすべて抜き去られているのである。

彼らの姿が感じさせるものを無為と名づけるなら、ここでは、ドラマも描写もただ無為をのみ生きている。やくざ映画のパターンを踏まえた基本設定がくっきりと見られるだけに、いっそう無為の形が際立つのである。そこから、ただならぬ衝迫力、無気味ともいうべき魅惑がせりあがってくる。疑いもなくそれは、映画なるものがあらゆる粉飾をかなぐり捨て、ひたすら裸の輝きを放っているということであろう。

そうした無為のつきつめ、いわば映画をゼロ地点に置くことにおいて、明らかに『ソナチネ』は前三作より徹底しており、それゆえ迫力と魅惑は一段と深まっていると思われるが、裸といいゼロというとき、なにもそれは単純に空無を意味するわけではない。たとえば満月のもとでの宴会シーンを思い起こそう。家のなかでは、主人公のビートたけしと相棒の大杉漣が、酒と肴を前に坐っているとはいえ、飲みも食いもせず、ただ無表情に外を眺めており、その外の庭では、沖縄やくざの渡辺哲が子分どもを相手に琉球舞踊をやらかすものの、妙に真面目くさった表情で、快活に弾けない。要するに宴会らしい盛り上がりはまったくないわけだが、では、このシーンを見ていて退屈するかといえば、それどころか、静かに強烈な勢いで胸に迫ってくるものがある。この場合、無為はけっして空無ではなく、むしろ逆にきわめて鮮烈な感情を訴え出すのである。ビートたけしが子分の寺島進と沖縄のチンピラの勝村政信を相手に、砂浜でロシアンルーレットをやらかすシーンや、主人

ソナチネ
監脚北野武撮柳島克己出ビートたけし、国舞亜矢、大杉漣、渡辺哲封6月5日時94分

月光の夏
監神山征二郎原脚毛利恒之撮南文憲出若村麻由美、田中実、永野典勝、仲代達矢封6月12日時112分

大病人
監脚伊丹十三撮前田米造出三國連太郎、津川雅彦、宮本信子、木内みどり封5月29日時116分

夢の女
監坂東玉三郎原永井荷風、久保田万太郎脚吉村元希、桜井妙子、斎藤雅文撮長沼六男出吉永小百合、永島敏行、佐々木すみ江、樹木希林封5月29日時98分

公と行きずりの沖縄娘の国舞亜矢とのなにも起こらない関係にも、明らかに同じような感情が勢いよく流れている。

映画がゼロ地点に立ったときにこそ流れ出す感情、とでもいえようか。北野武作品の放つ魅惑が無気味な気配をたたえているのは、そうしたゼロゆえの感情に基づくからにちがいない。

神山征二郎の『月光の夏』は〝泣かせる〟映画であり、まさしく感情にあふれている。一九四五年の初夏、つまりまもなく敗戦になろうという日に、特攻隊の若者二人がピアノのある小学校を探し当て、心を、というより、命をこめて奏鳴曲「月光」を弾いたあと、翌日、出撃した。この話だけでも十二分に泣かせる力を持っているが、描写法がさらに涙をそそる仕掛けになっている。それは登場人物の語りという方法で、ピアノ演奏のくだりが描かれるときにも、片方の若者がいまも生存しているとわかったあと、なぜか口を閉ざしていた初老の彼が事態を話しはじめるときにも、物語はあくまで登場人物の語りに乗って再現ドラマふうに展開され、いわば実話性と虚構性のあわいを蛇行していって、それが涙腺を刺激するのである。だれでも事実に弱いところがあり、そのことが語りという枠組によってフィクションのなかで活用されるといってもよい。

明らかにこの作品では、映画の再現性が古典的な形で強く信じられているぶんだけ、熱い感情が流れている。むろんあまりに古めかしく、それが高じて、たとえば分別くさい中年男が〝わたしは生きていることは素晴らしいと思います〟などと臆面もなく言うシーンにつながってゆくと、うんざりさせられるが、単純に否定することのできない古典的な健康さをもわたしは感じる。

たとえば伊丹十三の『大病人』を横に並べてみる。主人公が役者もやる映画監督という設定で、はじめに彼が主役を演じつつ演出するシーンも出てくるが、おもしろくもおかしくもなく、一種の楽屋落ちみたいなものかと思うものの、この映画内映画を除くと、あとはなんの変哲もない癌告知ドラマでしかない。むろん全篇、例によってアップの連続ゆえ、顔の羅列の意味について考えると、あざとさ効果という事実だけが浮かび上がってくる。主人公の臨死体験のシュールな描写がやや目を惹くように思えるが、たとえば丹波哲郎のつくった「大霊界」映画を見た者にとっては二番煎じのパターンにすぎない。そうやって見てゆくと結局、何が残るのか。なにもない。もとよりそれは『ソナチネ』のゼロ地点とは似ても似つかないが、一見、映画の表現力を古典的に利用している点では似ていながら、結果的には『月光の夏』とも遠く隔たっているのである。

図式的にいえば、『ソナチネ』と『月光の夏』が対極にあり、それら両者の対極に『大病人』が位置していよう。そして、映画の現在はたぶんこの三極構造に集約されると思われる。

では、坂東玉三郎の『夢の女』はどのあたりに位置するのか。もとは侍の娘ながら妾奉公を経て娼婦になった一人の女の半生が、明治末の東京・洲崎遊廓を舞台に、男たちとの葛藤、生きる場をともにする人々や子どもとの関係などのなかで、はかなく美しくつづられてゆく。重厚かつ細密なセットで演じられる白黒画面のドラマは、さながら舞台劇のような趣で、そんななか、日本家屋が質感を放ち、廓のそばには堤があり、そのむこうには波が立ち、雪が降り、あるいは月が照り輝いて、といったふうに展開するのであれば、すぐさま日本的情緒という語を連想せずにはいられない。じっさい吉永小百合は全篇、情感豊かに日本の女の哀しみを生きて見せる。しかし本当にそうか。全篇ににじみ出ているのは日本的情緒というものか。

もちろんここに日本的情緒が表現されていることは否定しようもないが、同時に、というか、その裏に、もっと別のものが流れているようにわたしには感じられるのである。早い話、吉永小百合の表情や姿態は、たんに日本的な美しさに満ちているという以上に、どこか異様ではなかろうか。むしろそこから妖しい魅惑が発散されていて、彼女には、そしてこの作品には、なにか異貌の感情が潜在することを告げている。おそらくそれはこの作品のあり方、つまり舞台劇の趣を持つぶんだけ、映画になりきれていないことと関係があるにちがいない。

そうした意味で、『夢の女』は『ソナチネ』のゼロ地点の近くにいると思われる。しかし、もっと別の感情とやらはついに気配として潜在するにすぎない。わたしがこの映画にもどかしさを感じるのは、そのためである。

こうして、ゼロゆえの感情ということがあらためて気になってくる。川尻善昭の『獣兵衛忍風帖』もまじえて『ソナチネ』をさらに語ろう。

（第八二回／七月下旬号）

魔的なまなざし

◉角川春樹の『REX　恐竜物語』が当たっているという。そのニュースは封切り後一週間くらいの時点で映画業界の複数の人からつぎつぎ聞いたのだが、奇妙なことに、だれもが小馬鹿にしたような口調でそれを告げた。そして、ヒットしていると聞いて、よかったなあ、とわたしが思わず呟くのを見て、怪訝な表情をする。いったいこの映画業界人たちの態度は何なのか。想像するに、角川映画が強引なまでの大宣伝作戦をやらかすことへの漠然たる反感に、今回は同じ恐竜映画ということからスピルバーグ作品との比較が加わって、鼻先で嗤う態度になったらしいが、わたしなどは、むしろそんな精神のほうに卑屈さを感じて、侮蔑を投げつけたくなる。しかも、怪訝な顔の相手に尋ねてみたところ、ほとんどの人は『REX　恐竜物語』を見ていなかった。呆れた話である。

いや、もういまさら映画業界の頽廃を嘆くつもりはない。それも底が抜けたことの現象にほかならず、むしろ頽廃を窮《きわ》めたほうがいいに決まっている。そうは思うものの、あらかじめ映画の可能性を閉ざすような事態に出喰わすと、やはり怒りに駆られてしまう。

そこで『REX　恐竜物語』についてだが、じつに単純素朴な映画で、だれに対しても開かれている。十歳の少女と小さな恐竜の心の交流のドラマが、母親への想いという共通項を軸にくりひろげられるなか、いたいけな命への祈りの感情を熱く訴え出すのである。とうてい上出来の映画とはいえず、チャチな部分も多く、そこでの感情はごく古臭いものにはちがいない。けれども随所でそんなマイナス部分がいわば裏返り、なにか宗教的な感情の流れとともに妖しい力を放ってくる。角川春樹がプロデューサー業だけに徹すれば、もっと映画状況は大きく動くのに、とわたしは考えるが、これはこれでいかにもこの人らしい映画になっているとも思う。

川尻善昭の『獣兵衛忍風帖』はド迫力の痛快アニメーションで、凄まじいスピード感とともにやはり妖しさがその内実をなしている。はぐれ忍者が幕府転覆の陰謀に巻き込まれて闘うというチャンバラ活劇だが、美貌の甲賀くの一、謎の忍び軍団、幕府隠密などが敵味方の定かならぬ形で入り乱れ、ストーリーが罠やら裏切りの連続のなかで二転三転したあげく、主要人物が変身変容を遂げたりもするゆえ、ドラマの輪郭が明晰になると同時に不明瞭さも深まり、奇怪な魅惑を放つのである。山田風太郎プラス白土三平の妖しさといえようか。

さらにそこへ独特の時空間感覚が絡まる。たとえば忍者の一人が〝糸電話〟を思わせる伝声術を使うが、話し終ったとたん、あたりに張り渡されていた細い糸がふっと消えるさまは、異様な時空間体験をもたらさずにはおかない。全篇をつらぬく疾走感覚の激しさからすれば、時間性のほうに力点があると見るべきであろう。いまの例でいえば、糸が消えた瞬間、無の時間に置き去りにされたような不安に襲われるが、それは全篇、どこでも同様で、描写のめまぐるしさに遅れまいと目を凝らすうち、時間の襞のなかに迷い込むような眩暈に見舞われるのである。むろんそれがドラマの妖しさを豊かに煽り立ててゆく。

ラスト、主人公が宿敵との対決と女忍者との悲恋の結末へむかって疾走するとき、画面いっぱいに強く柔らかな感情が沸き立つが、まさしくそれはアニメ表現ならではの感情であろう。そして、時間感覚の特異さからするなら、明らかにここでは未知の感情が気配として感じられるということができる。

和泉聖治の『民暴の帝王』では、いわゆる〝暴力団新法〟以後のやくざの実態が描かれ、東日本の極道組織に君臨しつつ政財界に暗躍する主人公も、彼を中心とする多様な利権の動きや暴力抗争の行方も、だれもがすぐさま思い当たる現実の人物や事件をモデルにしている。つまり東映おなじみの〝実録やくざ映画〟であって、その意味では既知の範疇を一歩も出ない。だが作品の具体に即せば、様相が大きく違う。というのも、現実のモデルを容易に特定できる小林旭の主人公を軸に見るかぎり、まぎれもなく〝実録やくざ映画〟であるが、ドラマの進展とともに、彼を仇と狙いつづける渡瀬恒彦のやくざ像が前面に出てきて、その情念劇の形からして〝任侠やくざ映画〟以外のなにものでもないと思われてくるのである。こうしたさまからはむしろ未知の映画と見るべきであろう。

強い虚構性のうえに成り立つ〝任侠やくざ映画〟が、現実のなまなましさを武器とする〝実録やくざ映画〟のなかに潜り込んでおり、ふと気がつくと、肉を内側から食い破って、みるみる全体を自分のものにしてしまう。この映画には、そんなダイナミズムが強烈に感じられるのではなかろうか。少なくともかつてのやくざ映画ファンなら、この未知の魅惑を見逃せないにちがいない。

ところが『民暴の帝王』は興行的には惨敗したという。残念無念という以外ない。それはわたしがやくざ映画ファンであることと関係なく、いま述べたような光景、ある映画の肉体のなかから別の映画が喰い破り出てくるような光景は、まさしく裸形の映画的ダイナミズムを見せていると思うのである。

池田敏春の『ちぎれた愛の殺人』は上出来のサイコサスペンスで、若い女刑事が連続殺人事件の謎を探るなか、一対の男女の愛の深さと悲しさとが浮かび上がってくる。しかし、と不満をもらすのは、贅沢というものであろうか。主役三人の好演があり、悪魔の祭壇に似たセットや出雲の海の無気味さをはじめ、妖しさが画面にあふれるものの、すべてどこか既知の気配にまみれていると感じられるのである。怖さが文字どおり心理に解消されてしまうことの弱さ、といいかえることもできよう。

望月六郎の『極道記者』についても似た印象をもつ。スポーツ紙の競馬記者のギャンブルとセックスに明け暮れる無頼の日々が、なまなましく描かれて、女をめぐる修羅場があったり、やくざがらみの闘いがあったり、けっこう激しい場面があるにもかかわらず、主人公も描写のタッチも淡々と平常心

REX　恐竜物語
監角川春樹原畑正憲脚丸山昇一、角川春樹【ダイアローグライター】内館牧子撮飯村雅彦出安達祐実、大竹しのぶ、渡瀬恒彦、伊武雅刀封7月3日時106分

獣兵衛忍風帖
監原脚川尻善昭封6月5日時92分

民暴の帝王
監和泉聖治原溝口敦脚高田宏治撮東原三郎出小林旭、渡瀬恒彦、菅原文太、名高達郎封6月12日時113分

ちぎれた愛の殺人
監池田敏春脚石井隆撮田口晴久出佐野史郎、横山めぐみ、余貴美子、山田辰夫封6月26日時101分

極道記者
監望月六郎原塩崎利雄脚前川洋一、望月六郎撮川井英幸出奥田瑛二、川上麻衣子、鈴木景子、白竜封7月19日時100分

をつらぬくところなど、味があって悪くない。しかしあえて不満をもらしたくなるのは、ギャンブルがいろいろ登場するにしては、ここには、肝心要の賭けごとに魅せられてしまう瞬間の妖しさが鮮やかに浮き立ってはいないからである。

おそらく『ちぎれた愛の殺人』も『極道記者』も、人間ドラマになりすぎているのにちがいない。〝ちぎれた愛〟にしろ〝極道〟ぶりにしろ、ついに人間ドラマとしての辻褄なり結構なりのなかで描かれてしまい、ヤバイ域へ踏み込めなかったと思われるのである。

いま、映画には、そこのところを一つ吹っ切れること、越え出てゆくことが求められているのではないか。

北野武の『ソナチネ』はその意味でまさに一つ吹っ切れた映画である。けれども興行的には大コケした。吹っ切れているゆえにこそ観客から敬遠されたのかもしれないが、それ以前の問題として、この映画の何たるかが、この映画をおもしろがるような観客にちゃんと届いていないのではないかと思う。それは単純に宣伝だけに関わる話ではない。たとえばこの作品のことを北野武が〝個人映画〟と語っていたら、新聞で、この作品の映画評の核として〝個人映画〟という点をのみ強調し、娯楽性はまったくないとまで書いていた複数の馬鹿がいた。それで褒めたつもりなのだから、呆れた話ではないか。そのような手つきで映画を閉じてしまうことは、筋違いに貶すことより何倍か犯罪的であろう。『ソナチネ』が全国的に大ヒットして当然の映画だとはわたしも思わないが、かなり多くの人が楽しめる映画になっていると確信する。とくにちょっとした映画ファンにとってなら、必見の作品である。

そう思うのも、この『ソナチネ』の無気味な迫力が世界映画の最前線を走っているからにほかならない。たとえば沖縄の皓々たる満月の画面にだれしも感銘を受けるのではなかろうか。あの大きく輝く満月は、この世のものならぬ美しさを放つことによって、作品全体に漂う死の気配を、暗さではなく、不思議な明るさにおいて凝縮しているのである。だからそこで発せられる表現としての無気味な迫力は、通常のそれではなく、見る者をあたたかく包み、鼓舞して勇気づける勢いを持つ。死を描く映画は数かぎりなくあるが、というより、どんな映画も死の要素をかかえているが、このように明るく輝く形で死を表現した映画はちょっとほかにないと思われる。

あの満月のカットにこめられているのは、いうなれば彼岸からのまなざしにちがいない。ドラマで死を描くのではなくて、死のほうから人間のドラマを見つめるのである。そのことが妖しい魅惑を生み出す。ゼロゆえの感情とは、そんな魔的なまなざしによる力につらぬかれているものらしい。

（第八三回／八月下旬号）

映像を信ずる？

◉市川準の『病院で死ぬということ』は仕掛けの映画である。いや、もう少し正確に、観客を仕掛けで唸らせて納得させる映画、というべきか。

題名から、流行の〝病院もの映画〟がまた一つ増えたか、というくらいに思っていると、どうも様子が違う。たしかに病院が舞台で、複数の末期癌の患者たちが主人公ではあるけれども、闘病と死をめぐるドラマが情緒たっぷりに描き出されるわけではなく、大部分の病室の場面は、引きぎみに固定したキャメラで、どんな感情にも濡れることなく即物的につづられる。ベッドやシーツがモノとして輝き、人物もまた存在において輝く。だれしもそんなさまを見れば、ああ、静物画のように美しい、と思いもしようではないか。と、その勢いを受けたかのごとく、患者たちの姿のあいだに、四季おりおりの風物のなか、日本各地のさまざまな暮らしをうつしだす記録映像の断片が渦巻いて流れ、人間の営みをめぐる思いを熱くそそってゆく。

この映画では、患者は特別な存在ではない。妻も入院してベッドを並べることになる老人も、妻子に見守られつつ入退院をくりかえす中年男性も、女手一つで子どもを育て上げたことを誇る初老の患者も、ごく普通に日常を過ごす生活者としてのみ画面に登場する。そしてそのことは、医者や看護婦に関しても、見舞いの家族たちについても、まったく変わりなく当てはまる。明らかに人間をそんなふうに見つめるぶんだけ、ドラマとは直接に関係のない暮らしの断片映像が、すこぶるドラマチックな勢いで観客の心に訴えてくるのである。

ドラマは乾ききった目で描き、記録映像では抒情をあふれさせる。その重ね合わせのなか、生と死の何たるかを浮かび上がらせる手腕は、称賛に値しよう。そう思いつつ、わたしは疑問に駆られもする。しかしなぜそんな凝った仕掛けが必要なのであろう、と。

話を単純化することになるが、この映画の場合、観客はまず画面の仕掛けに感嘆したあと、その勢いに乗せられて、生と死をめぐる思いをさまざまに刺激されるものの、あまりに仕掛けの印象が強烈なため、作品の魅力といっても、結局は仕掛けのことだけに収斂してしまうのではなかろうか。どんな映画も大なり小なり仕掛けで見せるし、むしろ仕掛けの要素の欠落した映画はつまらないに決まっている。けれどもこの場合には、それとは微妙に違って、どこか仕掛け万能主義の気配があるのではないか。ということは、つまり、病気であれ死であれ、仕掛けさえうまく工夫すればちゃんと処理できる、と見なす一種の機能主義に近いのではないか。どうもわたしにはそう感じられるのである。

大林宣彦の『水の旅人　侍ＫＩＤＳ』も仕掛けの映画で、全篇の九割がハイビジョン合成によるという。特撮の効果はみごとに発揮され、川を流れてきた身長十七センチの老武士と彼を助けた小学二年の少年の交流譚が、人情味あふれるファンタジーとしてくりひろげられる。山﨑努の老武士が馬のように猫にまたがって遊歩したり、回るレコード盤の上でジョギングをやらかしたり、大きな鴉と闘ったりする光景の無邪気な楽しさは、最新テクノロジーによる仕掛けならではの成果であろう。もう一つ、編集の妙も見落としてはなるまい。合成シーンのおもしろさは、ハイビジョン画像を縦横無尽に取り込んで咀嚼してしまう編集テクニックによるのであり、その手腕は、合成とは関係のないホームドラマの部分にも発揮され、少年の家庭風景が微細なカット割りの流れでつづられる。

　さすがにうまいなあ、と感嘆する。けれども同時に、これでいいのかな、という疑問もわたしは頭の隅のほうではっきり感じている。大林宣彦ほどの〝映像の魔術師〟ならば、べつに最新テクノロジーなどに頼らなくても、これぐらいのファンタジーを出現させられるはずではないか、と思うのである。

　たとえば短いカットをつないでゆく編集の妙は、昨年の『青春デンデケデケデケ』にも見られたが、意味がまったく違う。あの場合には、まずリアリズムの地平を前提としたうえで、編集技術がいわばドラマを感動的に織り上げてゆく力として駆使された。それに対し今回の映画では、すべてとはいわないが、多くの場合、全篇の九割もある合成シーンをいかにリアルに見せるかのためにこそ、編集の腕がふるわれている。

　これでは、いつも大林宣彦作品の魅力を基本的なところで支える編集という要素が、たんに合成に奉仕するテクニックになってしまうではないか。わたしはそう思いながら、そこにも機能主義と呼べるものを濃厚に感じる。

　ところで高橋伴明・磯村一路・平山秀幸の『人間交差点《ヒューマンスクランブル》』シリーズをやっと見た。といってもビデオで見たので、あまり大きな顔はできないのだが、それぞれ独立した七十分の中篇三本をたてつづけに見て、さまざまな思いを刺激された。そのうちの一つは、この三人は市川準や大林宣彦とやはりまったく違うなあ、ということである。たとえば市川準と大林宣彦はテレビCFで一家をなした人でもあり、どうやらそれが機能主義と関わってくるのではなかろうか。そのあたりが『人間交差点《ヒューマンスクランブル》』の三作品はまるで異なる。

　高橋伴明の『不良』は近ごろ珍しい青春映画の秀作で、純粋ゆえに世間とぶつかってしまう少年のささくれだった心と感情の彷徨が、鋭さを秘めたロマンチシズムで描き出される。主人公の志村東吾と聖少女娼婦を演じる森崎めぐみが、じつに素晴らしい。だがなにやら全篇に既視感を誘うものがあり、いつか見たような映画だなあと思うのは、わたしの錯覚であろうか。時代設定が一九六〇年代前半になっており、かなりその雰囲気が出ているが、むしろ逆に、だからこそ、少年と在日朝鮮人のやくざや組合活動家との交流、少女娼婦との関係、つまり政治と暴力と性、それらを通じての少年の成長といった様相が〝ニューアクション版『青春の門』〟というふうなイメージに収まってゆくのである。

平山秀幸の『雨』になると、これはもうはっきりと古めかしい。女子少年院を舞台に、徹底して反抗的な態度をつらぬく少女と若い教官との葛藤の日々が描かれるが、話も描写も台詞も演技も、つまりあらゆる要素が既成のパターンを出ない。そこで、こんなピチピチした少女と若い男の教官の話なのに、なぜ一度も性に関わる問題が出てこないのかな、などと考えてしまう。

磯村一路の『道』は、自分たちが兄妹の関係にあることを知らないまま慕い合う若い男女を軸に、しみじみとした人情譚をつづってゆくが、全篇、曖昧な気配に包まれている。むろんまずは、登場人物の関係がすべて隠された裏面を持つからにちがいない。しかしそれ以上に、ヒロインの回想のもと、時制がめまぐるしく行きつ戻りつするからであって、いくつもの時間の入り乱れるなか、登場人物それぞれの心のズレが表現されるのである。時間的な錯綜ぶりが一つの世界として差し出される、とでもいえようか。雨やプール、工事現場の鉄骨が、その世界の徴として印象深い。描き出される人情劇は古めかしく、けっして上出来ともいえないが、むしろ無器用さに新しい感性が感じられもする。

どう考えても、これら三本が機能主義に行くことはない。機能主義に向かうには、ゴツゴツしすぎていて、つまりヘタクソだということである。そのぶん古めかしい感情の構図に収まってしまうことになるが、ゴツゴツが新しい力に結実することもありえよう。

いや、うまいへたということを、機能主義かどうかと直接的に結びつけようというのではない。映画づくりの巧拙を問うことと機能主義との直結は、見かけに引きずられただけの錯誤であろう。問われるべきなのは、どう映像に対するかということであるに違いない。

岩松了『お墓と離婚』は、失礼ながらとても長篇第一作とは思えないほど上出来の映画で、好きな人ができたの、という妻の一言からはじまる中年前期夫婦の心の浮遊を描きつつ、日常生活のなかにひそむ狂気のカケラを浮かび上がらせてゆく。それを形象化して見せるのが忌野清志郎の怪演であろう。彼はお墓のセールスマン

病院で死ぬということ
【監】【脚】市川準【原】山崎章郎【撮】小林達比古【出】岸部一徳、塩野谷正幸、石井育代、橋本妙【封】7月24日【時】100分

水の旅人　侍KIDS
【監】大林宣彦【原】【脚】末谷真澄【撮】阪本善尚【出】山﨑努、吉田亮、伊藤歩、原田知世【封】7月17日【時】106分

人間交差点(ヒューマンスクランブル)**不良**
【監】高橋伴明【原】矢島正雄、弘兼憲史【脚】高田純【撮】安藤庄平【出】志村東吾、森崎めぐみ、白竜、野川由美子【封】5月8日【時】70分

人間交差点(ヒューマンスクランブル)**雨**
【監】平山秀幸【原】矢島正雄、弘兼憲史【脚】奥寺佐渡子【撮】安藤庄平【出】梨本謙次郎、大寶智子、藤田弓子、趙方豪【封】6月5日【時】70分

人間交差点(ヒューマンスクランブル)**道**
【監】【脚】磯村一路【原】矢島正雄、弘兼憲史【撮】安藤庄平【出】坂上忍、斎藤晴彦、網浜直子、真行寺君枝【封】6月26日【時】70分

お墓と離婚
【監】岩松了【脚】香川まさひと【撮】藤沢順一【出】小林薫、田中好子、忌野清志郎、左幸子【封】7月31日【時】107分

たる小林薫の主人公の前に客として登場しながら、ついに正体不明のまま、奔放な言動で主人公を翻弄して、夫婦ドラマの時空をどんどん捩れさせてしまう。たんに忌野清志郎が怪演するということではなく、捩れのベクトルこそが奇怪さをもたらすのである。

　ところがその怪しさは、結局のところ閉じたものでしかないように、わたしには思われる。忌野清志郎の破れかぶれの演じぶりが魅惑的であればあるほど、小林薫が巧みに見せる謹厳実直な勤め人のとぼけた味と好一対をなし、うまく囲い込まれてしまうとでもいえようか。要するにちょっと変なおもしろさの映画という範疇に収まるわけで、上出来とはその程度のことを意味するのである。たとえばそれは、もう一人、異様な迫力をギラギラ放つ左幸子の位置が曖昧なままに終ることにも示されている。


おそらくこうしたうまさから機能主義へは一歩の距離であろう。映画づくりを器用にこなすには、それなりに映像というものを信じなければなるまい。そのことが、ある場合には、機能主義への通路を開いてしまうのである。

　具体的な例でいえば、『病院で死ぬということ』の四季おりおりの記録映像の断片集は、喫茶店の片隅などで彩りとして流されている〝環境ビデオ〟をどこか思い出させなくもない。そして、そんな連想をした瞬間、病室におけるドラマ部分も、無人キャメラのうつした〝環境ビデオ〟に似てくる。となれば、そこで力を発揮しているのは機能主義以外のなにものでもなく、それは映像を信ずることに基づくと思われる。

石井輝男の『ゲンセンカン主人』の素晴らしさは、機能主義と決定的に切れている点にある。それについてこそ語るつもりであったが、次回にしよう。


（第八四回／九月下旬号）

●……この時評も八年目に突入だね。
——まだ三、四年くらいの実感しかないのに、七年もたったのか。それにしては内容的にあまり進展がないなあ。逆にいえば、だから年月のことをほとんど意識しないということか。

……おや、変に客観的だな。日本映画の状況にうんざりしたり苛立ったり、ひところは感情的になって、もう時評は止めようかと思ったりしたのに。

——そういえば、この一年ほど、より徹底して日本映画の現在だけに付き合おうという姿勢で、そうなるとむしろ焦らなくなった。一種の刹那主義だ。

……この時評をまとめた単行本も二冊になって（『日本映画時評1986-1989』、『映画はどこへ行くか　日本映画時評'89-'92』共に筑摩書房）、やっと時評家としての覚悟を固めたんじゃないのか。

——いや、格闘できる作品だけを相手にしようと決めたわけで、ずぼら主義と呼んでもいい。つまり今度はいつでもスパッと止められる。こんな場所で名前を出して申し訳ないが、川喜多和子さんが亡くなったし、もうどこかで吹っ切れなくては、と切実に思う。たんに歳の問題じゃないよ。だって、和子さんはまったくそんな歳ではなかった(享年五十三)。うまくいえないのだが、和子さんのことがあって、時間との勝負をより鮮明に考えるようになり、逆に年月の意識が薄れてきた。不思議な感じがするね。

……ま、そのあたりの個人的感慨はさておき、ずぼら主義の時評なんてものが成り立つのかねえ。

――最近の例でいえば『卒業旅行　ニホンから来ました』なんて映画は、ただ不快でしかないゆえ、判断以前に放置したい。つまり、ずぼらを決め込む。

……放置するのは勝手だが、批評放棄という以外ないな。東南アジアの国で歌謡スターにでっちあげられた日本青年を主人公に〝醜い日本人〟が描かれるからといって、不快を表明するだけでは、まるで話にならん。

――そうくるのは百も承知さ。そこで少し説明するが、この場合、かりに〝醜い日本人〟を描く意識の醜さを論じるとしても、つくり手は〝醜い日本人〟を描くなんて考えていないばかりか、それを描くことの醜さへの意識もないのではなかろうか、と思われて、そのことが不快さをそそる。これじゃあ、批判することの空しさが目の前にちらついて、放置しかないよ。放置も批評の一種だなどと居直るつもりはない。そもそもこの時評が作品論の場とは違う以上、放置なら放置という形で作品に対応すると述べることによっても、時評にはなりうる。

映画との距離

……監督の金子修介が「シナリオ」十月号に経緯を書いているけれど、主演男優が途中で降りてしまった。それにしてはうまく編集され、いちおう映画の形になっているという見方もある。

――それ以前の問題だな。あの文章自体がじつに醜悪で、そのことに対する意識の欠落を感じさせる。ロマン・ポルノ時代から見てきた者としては、金子修介というのはもちっと優秀な監督だったんじゃないのかと思うよ。

……だけど『卒業旅行』はたいへん現在的な映画じゃなかろうか。

――それはいえる。褒める人だっているしな。だから椎名誠の『あひるのうたがきこえてくるよ。』を放置する以外ないと判断するのとは、大いに違う。あひるを飾りに都会人間の田舎万歳主義をつづろうと何をしようと、たんに趣味としての映画づくりがあるばかりで、徹頭徹尾なんでもない。この明快な無意味さにはほとんど感心するよ。

……椎名誠の映画には自分たちで上映するという手段も含め、いまの潜在的な映画観客に訴える力があるわけで、そこは評価すべきじゃないか。

――そういうこと全体において趣味でしかない。そこで、他人の趣味にケチをつける趣味はないから、どうぞご勝手に、となる。橋口亮輔の『二十才の微熱』なんかでも、趣味以外に何があるだろう。あるとすれば、ホモセクシャルの若者という題材にからめて、感性の新しさとやらが押し売りされるにすぎない。で、画面には、新人のデビュー作にしては古くさい映像感覚があふれているから、挨拶に困ってしまう。

……要するに現在的な新しい感性とズレてきただけじゃないのか。だから押し売りと受け取ってしまう。

――いまの発言は、映像感覚の新しい古いを問題にしているようで、少々まずかった。『二十才の微熱』なんかを見ると、よくまあこれほど素朴に映像が信じられるよな、とまず呆れ、そのへんで終っていればいいのに、つぎにその信じぶりを臆面もなく披瀝するので、嫌みを感じてしまうんだ。古いとはそのことを指す。たとえば橋本以蔵の『ドライビング・ハイ！』にしても、南野陽子がレーサーになって活躍するドラマをつづるのに、人物や風景をうつした細切れの映像の洪水によってムードを盛り上げる。こちらの場合は、ま、無邪気な彩りにすぎないが、そんなに映像を信じるとは何なのかと問いたくなるね。

……テレビやビデオで日常的に映像の氾濫に接していれば、これまでとは異なる映像への感覚が生まれて、映画に持ち込まれることもある。

――それは否定しないが、この程度ならビデオを見ればいいじゃないかと思ってしまう。廣木隆一の『魔王街　サディスティック・シティ』などは、評判ほど凄くはないが、オリジナルビデオとしての力を発揮して、映像のエロチシズムをたっぷり見せてくれるよ。

……前回、映像を信じることへの疑問が提起されて、石井輝男の『ゲンセンカン主人』が取り残されたけれど、つげ義春の原作マンガそっくりの構図という点からしても、あの映画こそ一種の映像主義じゃないか。

――いや、違うね。つげ義春のマンガを映画化するにあたって、いわば石井輝男としては映像のことはすべてマンガに任せたわけで、だからマンガそっくりの画面をつくっていったが、しかしどんなに努力しても、映画の画面が完全にマンガどおりになるはずはなく、どの部分でも微妙にズレている。そこだよ、おもしろいのは。そっくりなだけに小さな差異が際立って、逆にそのズレの部分では映画の力が浮き立ってくる。だれしも無意識にそのことを感じているはずだ。「李さん一家」「紅い花」「ゲンセンカン主人」「池袋百点会」と四話構成になっているのもよくて、それぞれまったく別個なだけに、多面体としての構造がマンガと切れた世界を現出させる。

……「紅い花」がマンガそっくりの息苦しさをいちばん強く放つ。

――だから「ゲンセンカン主人」の迫力がよけい増したともい

える。この章もマンガをなぞる構図だが、似ていれば似ているほど、ズレも差異も際立つ。ことに温泉の湯舟の場面では、佐野史郎と水木薫をとらえるキャメラがゆるやかに滑り動いて、マンガには少ない流動感を出すとともに二人の裸体をより肉感的に見せ、映画的なエロスを立ち昇らせる。そのあたりは、明らかに石井輝男の大ベテラン映画監督としての突出ぶりを感動的に告げているよ。

……ちょっと褒めすぎじゃないかとは思うが、ま、それはさておき、その突出ぶりもやはり結果的には映像ならぬ映画を信じているからだろう。

――映像と映画をいっしょくたにしては困るなあ。石井輝男に関しては、映画への信などではなく、映画との距離を見るべきだろう。比喩的にいえば「ゲンセンカン主人」のラスト近く、佐野史郎が自分とそっくりの男を目にして恐怖に慄《おのの》くとき、両者の距離がまさに映画ならではの勢いを感じさせるが、そこに石井輝男における映画との距離意識が象徴されているにちがいない。じゃあ、映像は何なのか。それは明快で、映画との距離を実現するために映像を使う。

……よくわからんね。

――澤井信一郎の『わが愛の譜《うた》　滝廉太郎物語』を見れば、だれだって演奏シーンに瞠目するだろう。滝廉太郎役の風間トオルも恋人役の鷲尾いさ子も、みごとに自分の指でピアノを弾いていると見える。むろん画面に流れるのは別の演奏であって、しかし二人に芝居としての完璧な演奏を強引にさせたわけだが、本当のところ、映画的表現とはトリックやごまかしに基づくもので、マキノ雅弘の映画づくりを体験してきた澤井信一郎がそれを知らぬわけはない。けれども手のアップと顔のアップでごまかす演奏シーンを斥けて、とことん二人に弾かせた。そこには澤井信一郎なりの映画との距離の取り方が、じつに明確にうかがえるのではなかろうか。

……そんなホンモノ主義はそれこそ古くさい映画感覚だよ。

――節穴みたいな目にはホンモノ主義にしか見えないか。というのは、しょせん二人は芝居としての演奏をより完璧にするだけで、最終的にはプロの演奏で吹き替えられる。つまり映像を少しも信じず、映画との距離をはっきり物理的に措定したうえで、映画の力を盛り上げている。そのへんがいかにも澤井信一郎らしいと思うがねえ。

卒業旅行　ニホンから来ました
【監】金子修介【原】【脚】一色伸幸【撮】高瀬比呂志【出】織田裕二、鹿賀丈史、鶴田真由、小坂一也【封】9月4日【時】98分

あひるのうたがきこえてくるよ。
【監】【原】椎名誠【案】野田知佑【脚】椎名誠、田部俊行、白木芳弘【撮】高間賢治【出】柄本明、小沢昭一、黒田福美、萩原淳一【封】9月11日【時】104分

二十才の微熱
【監】【脚】橋口亮輔【撮】戸澤潤一【出】袴田吉彦、片岡礼子、遠藤雅、山田純世【封】9月4日【時】114分

ドライビング・ハイ!
【監】橋本以蔵【案】小中千昭【脚】橋本以蔵、小中千昭、木田薫子【撮】須賀隆【出】南野陽子、加藤善博、松下一矢、高樹澪【封】8月21日【時】99分

魔王街　サディスティック・シティ
【監】廣木隆一【原】半村良【脚】香川まさひと【撮】佐々木原保志【出】秋乃桜子、田口トモロヲ、白竜、近藤理枝【封】8月6日(OV)【時】88分

ゲンセンカン主人
【監】【脚】石井輝男【原】つげ義春【撮】石井浩一【出】佐野史郎、水木薫、岡田奈々、川崎麻世、横山あきお【封】7月24日【時】98分

わが愛の譜(うた)　滝廉太郎物語
【監】澤井信一郎【脚】宮崎晃、伊藤亮爾、澤井信一郎【撮】木村大作【出】風間トオル、鷲尾いさ子、天宮良、藤谷美紀【封】8月21日【時】125分

……話を戻すと、日本映画の現在とだけ徹底的に付き合うといった場合、その刹那主義はすなわち密着主義でもあるわけで、そこへ映画との距離を持ち出すとは矛盾するみたいだな。
――日本映画の歴史に潜っていくことをタテの動きとするなら、最近、外国映画について書きはじめたのはヨコの動きといえる。時評とはその十字路に密着して映画を考えることで、タテとヨコがあるから距離が取れる。そのあたりのことは『わが愛の譜』にも関連するので、あらためて語ろう。それと、日本映画の転回に関しては『眠らない街　新宿鮫』をめぐって荒井晴彦と（「シナリオ」一九九三年十一月）、『月はどっちに出ている』をめぐって崔洋一と（「現代」九三年十一月号）対談したから、読んでほしい。ま、そんなふうにして八年目に突入していくよ。

（第八五回／十月下旬号）

現在を差し出す

◉滝田洋二郎の『眠らない街　新宿鮫』は、妙に出来ばえが気になる映画で、ついクライマックスシーンの撮影現場まで出かけてしまった。そんなことになった理由をあえて記せば、原作小説をおもしろく読んだこと、滝田洋二郎と真田広之の監督・主演コンビについては判断材料があるとして、そこへ荒井晴彦の脚本が加わっての未知の組み合わせに興味を覚えたこと、そしてむろん活劇ということである。撮影現場はそれなりの魅力にあふれていたが、完成作品を見て、もやもやした不満ばかりを感じた。さまざまに期待しただけに、腑に落ちない思いを強くそそられたといえよう。

　不満の内容を短いことばにすることはできる。要するに怖くない。この映画のドラマは、改造銃づくりの名人、警察マニア、無差別殺人の復讐鬼という三人の社会逸脱者がいて、相互にはなんの関係もない彼らの行動がどんどん重層化してゆくとき、得体の知れない怖さが湧き出し、その怖さをベースに、主人公とヒロインのラブロマンスを浮き立たせるはずなのだが、肝心要のその怖さが欠落しているのである。はみだし刑事の主人公が別の逸脱者として三人に重なること、そうした重層性の生む犯罪や暴力の坩堝として新宿が選ばれていることは、むろんいうまでもない。しかし二点とも、ドラマの構図としてはそのはずであるというだけに終っている。

　主役たちのあり方を見てみよう。真田広之は素晴らしいが、あくまで予想どおりであって、予想を覆すほどの新鮮さでヒーロー〝新宿鮫〟を造形しているとはいいがたい。むしろ奥田瑛二がホモセクシャルの改造銃づくりの名人を楽しそうに演じて、予想を裏切る気配は放つものの、気配に留まる。田中美奈子のヒロインは最悪で、あらくれ刑事の主人公と知り合った当初、勝気なロック歌手の彼女はことごとに反撥するが、その表情も声の調子も、まもなく惚れることを前提にしたツッパリしか示さず、まったく劇的感興に欠ける。

すべては安心の構図のなかにあり、これで怖くなるわけがない。全篇の殺伐とした暴力性もホモセクシャル性も、ついにムードだけで、だから主人公たちの愛もままごとのように見える。原作題名が副題になり、それらしいムードの別タイトルが付けられた点に、いっさいが象徴されていよう。この映画には、だれもがイメージとして思い浮かべる〝新宿〟しかなく、〝鮫〟などという危険な生きものは登場しないのである。

これが活劇の現在かと思うと、暗い気分になる。ヒロイン女優がドラマ展開を先取りした芝居をやらかすことは、まさしく反活劇と呼ぶべき事態であろう。これなら、お話があまりにルーティンすぎるとはいえ、ニューヨークで仲村トオルを生き生きと暴れさせる〝東映Vアメリカ〟第二弾『ニューヨークUコップ』のほうが、まだしも村川透なりの活劇をちゃんと見せてくれる。

わたしは『眠らない街　新宿鮫』を見て、まるでプラスチックだなあ、としきりに思った。新宿も暴力も、あらくれ刑事もロック歌手も改造銃密造犯も、つまり原作の要素が、なにもかもプラスチック製のように感じられるのである。暗くなろうと、むしろそこにこそ活劇の現在を見るべきかもしれない。いや、本当にそうだろうか。若松孝二の『シンガポールスリング』のような活劇もあるではないか。

おそらく常識的には、これはご都合主義にもとづく乱暴な映画ということになろう。オーストラリアを新婚旅行中の日本人男女が、一枚の写真ゆえに罠にはめられ、彼のほうは牢獄にぶちこまれて地獄の苦しみを味わうが、やがて彼女や謎の日本人らに助けられて脱獄し、先住民とともに共同の敵との闘いに突き進んでゆく。こんなストーリーが辻褄など無視して荒っぽくつづられるさまは、デタラメと呼ぶにふさわしい。けれどもここには、物語の脈絡やリアリティを整えること以上に、無実の罪→投獄→迫害→脱獄→連帯→闘争という単純なドラマ展開への確信が熱く沸騰していて、その勢いの前では、ひよわな加藤雅也が精悍な闘士に突然変異しようと、日本人ゲリラの原田芳雄がわざわざ撃たれて死のうと、なんでも許さ

眠らない街　新宿鮫
【監】滝田洋二郎【原】大沢在昌【脚】荒井晴彦【撮】浜田毅【出】真田広之、田中美奈子、室田日出男、奥田瑛二【封】10月9日【時】117分

ニューヨークUコップ
【監】村川透【原】上之二郎【脚】柏原寛司【撮】ピーター・ファーンバーガー【出】仲村トオル、チャッド・マックィーン、ミラ・ソルヴィーノ【封】8月14日【時】93分

シンガポールスリング
【監】若松孝二【案】徳永英明【脚】丸内敏治、上野火山、若松孝二【撮】鈴木達夫【出】加藤雅也、秋吉満ちる、白竜、原田芳雄【封】9月11日【時】104分

機動警察パトレイバー2　the Movie
【監】押井守【案】【原】ゆうきまさみ、ヘッドギア【脚】伊藤和典【封】8月7日【時】113分

乳房
【監】根岸吉太郎【原】伊集院静【脚】斎藤博【撮】丸池納【出】小林薫、及川麻衣、竹中直人、戸川純【封】10月9日【時】57分

クレープ
【監】【脚】市川準【原】伊集院静【撮】石井浩一【出】田代まさし、南果歩、堀江奈々、渡辺いっけい【封】10月9日【時】56分

望郷
【監】斎藤耕一【原】窪田操【脚】松山善三【撮】山崎善弘【出】秋月健太郎、細川直美、田中健、竹下景子【封】10月9日【時】110分

スペインからの手紙　ベンポスタの子どもたち
【監】【脚】朝間義隆【撮】花田三史【出】緒形直人、源啓介、原田知世、藤田まこと【封】10月9日【時】110分

れる。

　要するにこの映画はプラスチック製ではない。物語展開についても、個々の描写についても、ことばで説明しようとすると、馬鹿馬鹿しさに襲われるが、スクリーンにはまちがいなく映画的な血肉が躍動しているのである。

　別の例が、押井守の『機動警察パトレイバー2 the Movie』であろう。近未来の東京を舞台とするこのアニメーションでは、ミサイルによる横浜ベイブリッジ爆破を前ぶれに、謎の戦闘機編隊が東京に迫ってくるという恐怖のサスペンス劇がくりひろげられるが、すべては情報に終始し、あらゆる点で実体がない。ドラマがバッジシステム介入など情報メディアの操作による戦争を描き出すのと並行して、画面そのものも、電話やテレビやコンピューターやレーダーなどの情報交通を絵で見せることが多く、そんな世界のなか、戦争と平和をめぐる二人の男の対照的な思念が沸き立つ。

　雑にいってしまえば、情報万能社会の恐怖を予告するシミュレーションのつもりであろうが、ここにはしょせん実体を欠いたムードがあるばかりで、その点では『眠らない街新宿鮫』に似ているかもしれない。けれでもこの作品のまさしくアニメならではの非実体性からは、空しさとともに、なにか凄みが訴え出されてくる。明らかにそれは、ドラマ内容と描写法の両面において、徹底して情報のみを差し出すことに対する確信から生じる迫力であろう。

　説明するのではなく、差し出す。そこのところの違いに注目したい。表現としての力が生まれるかどうかはその一点に関わる、とわたしは考える。

　たとえば根岸吉太郎の『乳房』と市川準の『クレープ』である。夫婦と親子の違いこそあれ、どちらも男女二人のあいだに流れる感情のドラマを描くが、二本立てというより一対の形で公開されることもあって、その描き方が鮮やかな対照を示していよう。『乳房』では、主人公の男がいかに女にもてるかを嫌みなほどに語ったあと、彼と白血病の妻との関係が細やかにつづられる。明らかに一種の難病もの映画で、死を前にした若い夫婦の情感があふれてうねるが、それが熱く迫ってくるのは、彼の女性遍歴という前提のうえに二人の感情の渦が差し出されるからにちがいない。いっぽう『クレープ』は、中年男が十四年前に別れた娘と対面する光景を、無言の連続のうちに描いてゆく。いわばことばの隙間に情感を湧き立たせる方法であるが、この場合の無言はむしろ裏返しの饒舌であって、ネガの形の説明する勢いのもと、感情は稀薄になってしまう。

　澤井信一郎の『わが愛の譜《うた》　滝廉太郎物語』が素晴らしいのは、なにを説明するのでもなく、ただ音楽を差し出すからである。たとえばヒロインが主人公の励ましのもと、ドイツの館で「熱情」を練習する場面では、ドイツにロケーションしたからといって、これ見よがしの風景描写に流れることなどなく、室内にこもってピアノと格闘する鷲尾いさ子の姿のみを描き出す。つまり、なにを説明することも排斥して、ひたすら一人の女性の指の紡ぎ出す音楽の渦だけが提示されるのである。そうした表現のあり方にこそ、真の音楽映画を成立させる音楽性を感じることができよう。

この映画は西洋音楽に憑かれた青春の情熱を描き出すが、そこに見られる芸術概念はかなり古めかしい。ドラマの内容に合わせて、ドイツ観念論的な芸術イメージとでも呼べばよかろうか。ただしそれがそのまま画面にくりひろげられるわけではなく、明治時代とドイツという二つの括弧に括られている。歴史をタテに溯っての明治時代、世界をヨコに動いてのドイツというふうに見るなら、ここでは、澤井信一郎なりの芸術理念がタテとヨコの二重括弧のもとに差し出されているともいえるのである。

この映画の強烈な感動は、そうしたタテヨコ十文字の括弧ゆえに発するにちがいない。音楽に憑かれた青春の情熱、あるいは情熱のなかの音楽は、二重括弧のあるがため、タテだけにもヨコだけにも流れることもなく、くっきりとした輪郭で差し出されることになる。たとえば斎藤耕一の『望郷』は、昭和中期の青春の純粋さを手放しで謳い上げることによって、タテに流されてしまっているし、朝間義隆の『スペインからの手紙　ベンポスタの子どもたち』は、外国にある子ども共和国を単純に聖地視することで、ヨコに流されてしまっている。映画がなにかを差し出すには、タテとヨコの交わる十字路に立っていなければなるまい。もちろんその場合、十字路とは現在只今のことである。

すぐれた映画はそのようにして現在を差し出す。

（第八六回／十一月下旬号）

物質としての映画

◉マキノ雅広が〝映画百年〟を目前に世を去った。享年八十五。ほかのだれよりもマキノさんには〝映画百年〟まで生きていてもらいたかったが、四歳からはじまった〝映画渡世〟に思いを巡らすだけでも、いま、百年の何たるかが鮮烈に迫ってくるように思う。

周知のごとく、マキノさんは監督マキノ正博もしくは雅弘として、どんな種類の映画でも撮った。また、製作条件と表現スタイルの両方の意味で、どんなふうにでも撮った。つまりお仕着せの企画であれ、劣悪な製作条件であれ、ちゃんとこなして、魅惑的な世界を多彩にくりひろげたのだが、だからといって、マキノ正博／雅弘をいわゆる職人監督とは呼びがたい。題材や条件のほうに自分を合わせる監督を職人というなら、マキノさんはそうではなく、つねに厳として自分なりの映画というものがあり、なにをどう撮ろうと、結局は自分の映画を差し出しつづけてきたのである。

むろんそれは、マキノさんが映画をめぐる固定イメージを持っていたということではない。監督作品を一本でも見れば容易にわかるとおり、事態はまったく逆で、マキノ正博／雅弘が半世紀近くにもおよぶ監督歴において貫徹したのは、映画は自由な生きものだという一点にほかならない。そして、その自由が表われとしては奔放きわまりないデタラメの勢いになるところに、マキノさんの真骨頂が鮮やかに見られよう。

いま、そのように魅惑の映画をつくりつづけてきた巨匠の訃に接して、しみじみ思わずにはいられない。マキノ的な自由をこの一九九〇年代に実現するには、凄まじいばかりの方法意識と膂力が必要だろうなあ、と。マキノさんはいわば肉体的に、本能的に、映画の自由を生きた。生きてくることができた。そう確認することが、映画の百年の何たるかを強く訴えてくるのである。

崔洋一の『月はどっちに出ている』の素晴らしさは、いま述べたことと交差するにちがいない。この映画には痛快なデタラメの勢いがあふれているが、明らかにそれは、あらゆる作品要素を徹底的に突き放して取り扱うなか、デタラメの渦が沸き立たせられているのであり、鋭い方法意識と膂力が感じられる。その強度こそ、マキノ的自由の現在的な達成を保証するものであろう。

描かれるのが在日朝鮮人のタクシードライバーを中心にした群像劇で、その設定がドラマの核をなすが、まず在日朝鮮人という要素が突き放される。べつに無化されるわけではない。舞台となるタクシー会社の運転手はだれもみな、すこぶる人間くさいうえに、ときおり幻聴幻覚に襲われるパンチドランカーや極端な方向音痴の元自衛隊員など、少しばかりピントの怪しい男も混じっていて、画面はそんな連中の不定形な欲望の渦巻くなか、活気に満ちた狂騒曲をくりひろげてゆく。岸谷五朗の主人公のその場まかせの言動や対人関係を、そうした渦の一部分として追っていると、彼が在日朝鮮人であることより、少々こすっからく自堕落なゆえに愛すべきヤツであることのほうが、おもしろく前面に出てくるのである。主人公やタクシー会社の社長が在日朝鮮人であることは、いわばドタバタの勢いのもと、ほかの登場人物が日本人やフィリピン人やイラン人であることと同列に並んでしまうわけで、そこに無化とは正反対の意識的な突き放しがはっきり感じられる。

その意味ではこの『月はどっちに出ている』は、在日朝鮮人問題の映画でありつつ、むしろそれゆえにこそ、その種の問題の映画ではない。たとえばパンチドランカーの運転手仲間は〝一瞬カネ貸してくれよお〟というのが口癖で、主人公にむかって何度も〝おらあ、朝鮮人は嫌いだけど、チュウさんは好きだ〟と語りかける。この台詞はまさに〝問題発言〟であろうが、有薗芳記の寂しくも悲しい口調は一瞬後、悲哀の力とでもいうべきもので問題性を異化せずにはおかない。北と南の問題が噴き出る結婚式の歌合戦のくだりにしろ、只乗り目当てに在日朝鮮人問題を論じる客との追っかけの場面にしろ、すべて同様で、つねに異化する形で描写がなされるのである。

ほぼ全篇、引きぎみの位置にキャメラが据えられているが、むろん意識的なものであろう。台詞と肉体のアクションの関係についても、同じことがいえる。たとえば先述した〝おらあ、朝鮮人は嫌いだけど……〟は、この男がやがて後半、主人公にみごとなパンチを喰らわせることによって、ぴたりと決まるし、萩原聖人の乗り逃げ男の場合には、彼が在日朝鮮人問題をもっともらしく語ることの何たるかは、たちまち激烈な追っかけがはじまることで輪郭を持つ。ことばのアクションを肉体のアクションへ展開することによる映画的表現の開示、とでもいえようか。殴る蹴るにとどまらず、歌う、セックスする等々から、ラストの燃やすまで、多彩な肉体のアクションがそのようなものとして散在する。

最近、これほど方法意識の強さが映画的な実質に結実した例は、おそらくほかに見当たらないのではなかろうか。在日朝鮮人問題と同様、大阪弁をしゃべりまくるルビー・モレノのフィリピン人ホステスと主人公の愛も、彼の母親を含めての三角関係も、国とは何か、生きるとは何かということも、映画的な膂力によって突き放して描き出され、大らかな痛快さをくりひろげるのである。そこに見られるのは、ホンモノの喜活劇の自由と呼ぶべきものであろう。

山田洋次の『学校』も自分の映画を差し出す。今回のテーマは十五年来の企画で、東京・下町の夜間中学に学ぶ人々の姿を熱い共感のもとに描くさまは、まさに独壇場といえよう。周知のように山田洋次はおなじみ〝寅さん〟映画「男はつらいよ」シリーズのほかに別の種類の作品を断続的に撮りつづけており、一見『学校』もその別系統のように思われる。しかし映画としての内実において本当にそうか。

夜間中学に学ぶ人々は年齢も境遇も異なっていて、ツッパリ少女、日中混血の青年、孫のいる在日朝鮮人女性、肉体労働でいつも疲れている若者、もと登校拒否児童の少女など、さまざまな生の形が描かれる。そして後半、一人の中年労働者の像に焦点が絞られてゆくが、不幸な生い立ちと孤独な死ということを脇に置けば、無学ながら、この場合は競馬という特定の世界に精通しており、無類の好人物で、あげくに失恋と、田中邦衛が熱演する中年男はどんどん〝もう一人の寅さん〟に見えてくる。生い立ちや死は直接には描かれないため、なおさら寅さんとの類似点ばかりが際立ちもするのであ

月はどっちに出ている
監崔洋一原梁石日脚鄭義信、崔洋一撮藤澤順一出岸谷五朗、ルビー・モレノ、絵沢萠子、小木茂光封11月6日時109分

学校
監山田洋次脚山田洋次、朝間義隆撮高羽哲夫、長沼六男出西田敏行、竹下景子、田中邦衛、萩原聖人、中江有里封11月6日時128分

修羅場の人間学
監梶間俊一原森田雅脚岡部耕大、掛札昌裕撮東原三郎出高嶋政伸、南野陽子、的場浩司、山下真司封11月13日時109分

高校教師
監吉田健原脚野島伸司撮高間賢治出唐沢寿明、遠山景織子、鈴木杏樹、荻野目慶子封11月6日時105分

る。そういえば、萩原聖人の粗野ながら純真な労働青年も、さらには西田敏行の教師でさえも、どこか〝もう一人の寅さん〟を感じさせる。

これはどういうことか。主要人物が寅さんに見えてしまうように、ここでの夜間中学が〝寅さん〟シリーズの柴又と同様、一種の聖域のように描かれていることが、すべてを物語っていよう。まちがいなく山田洋次は、学校について、学ぶことについて、あるいは生活や労働や幸福や庶民といったことについて、自分のイメージを強く作品のなかに貫徹させており、その結果として〝寅さん化〟現象が起こっているのである。

そんなあり方は崔洋一の場合と裏表ほどに違う。山田洋次にとっての方法意識を想定してみれば、自分のイメージを強固に描き上げるということ以外、なにもない。たとえば『学校』で、前半、回想形式によって各人物の紹介がなされるとき、日中混血青年の苦悩と怒りが教師の竹下景子を困惑させるくらい激しくぶちまけられるが、以後、その問題の行方がなんら語られないのは、彼の困難な境遇をめぐるイメージさえ出せればよいということであろう。これに対し、崔洋一にとっては、たとえば在日朝鮮人問題をめぐるイメージ、それを描く映画のイメージと闘うためにこそ、方法意識を研ぎ澄まし膂力を鍛えなければならない。この両者の差は、たんに程度の問題などではなく、表現とは何かに関して鋏状《はさみ》に開いてゆくと思われる。

梶間俊一の『修羅場の人間学』が鮮明な印象を放たないのも、そこに関わるにちがいない。昭和三十年前後の渋谷を舞台に、実在の新興やくざ安藤組のチンピラの青春ラプソディを描くもので、笑いや主人公のあり方など、東映やくざ映画からのズレを狙っての試みは随所に見られるものの、時代背景や安藤組に関しては、あるイメージに収斂する方向において描写がなされてゆく。題材と現在のあいだで揺れるなか、イメージへの態度が曖昧になったと思われ、それが作品の輪郭を不鮮明にしているのである。むろん失敗作にはちがいないが、たとえば吉田健の『高校教師』がテレビドラマのイメージに依拠する形でのみ鮮明なのにくらべれば、こちらの曖昧さのほうが興味深いものがある。

イメージとの闘いをどう仕組むか。おそらくどんな映画も、いま、この問いから逃れることは不可能であろう。それゆえにこそ、方法の問題がかつてなく大きく浮かび上がってくる。

園子温の『部屋　THE ROOM』やイワモトケンチの『行楽猿』にその典型例が見られよう。これらは強烈な方法意識に貫徹された映画で、むしろそれだけで成立していると断じることさえ可能である。ことに『部屋』は、方法への固執の果てに映画の物質性を露呈させる点で、多くのことを訴えかけてくる。

（第八七回／一九九四年一月上旬号）

物質としての映画〈続〉

◉天間敏広の『教祖誕生』は、新興宗教団体の一行がまるで行商人みたいに旅する姿をつづるが、十名ほどの彼らのどこかのんびりとしたさまが快い。歩行のリズムの心地好さ、とでもいえようか。田舎道を歩くシーンはむろん、広場でインチキな布教活動をやらかす場面にも、田園風景のなかをバスで移動するくだりにも、同じリズムが感じられる。そればかりか、教団経営をめぐって起こる暴力沙汰や殺人でさえ、快適といえるほどの歩行のリズムのもとにある。

この映画における強烈なユーモア感覚も諷刺力も、明らかにそこのところに基づいていよう。たとえばビートたけし扮する教団幹部が、人々の前でまっすぐに声を張り上げて布教活動をしていたかと思うや、荒々しい勢いで教祖役の老人を恫喝する。岸部一徳のいかにも誠実そうな経理係が、インネンをつけてきたチンピラを凄まじく袋叩きにする。教団を金儲けの手段と考える幹部のビートたけしは、ラスト近く、本気で信仰をつらぬこうとする青年部リーダーの玉置浩二を刺殺してしまう。こういった行為がなんら狂気じみて描かれるのではなく、田舎の駅で電車を乗り替えるのと同じ歩行のリズムのもと、平常心による事態として差し出されることが、無気味な笑いを煽り立てるのである。教団メンバーがみな狂信者ではないように、どの画面も、過剰な熱を持たず、あらゆる出来事を等間隔に見つめるといってもいい。ふっと途中のカットを飛ばすような画面展開も含めて、どうやら独特の距離感こそがこの映画の本体である。

この新人デビュー作における方法意識の強さは、もはや指摘するまでもなかろう。北野武の四作品の監督補をつとめてきたというだけあって、キャリアの厚みのなかに北野武的な毒のあり方の継承を感じさせるとともに、それを対象化しようとするズレの志向もあり、個性を形づくっている。そこにあるのも距離感と呼ぶべきもので、鋭い方法意識はそれゆえに生じているのである。ひょんなことから新教祖になるカラッポ青年役の萩原聖人も含め、まっすぐに突き出されるだけのような俳優たちのキャラクターが新鮮に輝くのも、全篇につらぬかれた方法意識によるにちがいない。

イワモトケンチの『行楽猿』は、平凡な親子四人のごく日常的な夏休みの小旅行を、画面展開の奇妙なリズムと不思議な色感で描き、笑いをそそる。この場合には、さきほどとは逆に、家族生活の平常心をそのまま軽く異様さのほうへ転倒させることで、ナンセンス感覚のユーモアが生み出されるのである。やはり方法意識が強烈で、既成の家族イメージを解体する勢いさえ感じさせるが、あまりにも作為的すぎることは否めない。たとえば、四人の泊まる旅館の窓のすぐ外になぜか大きな信号機があり、夜じゅう点滅する光景は、おかしさをもたらすと同時に、つくり手のしたり顔を告げてシラケさせる。明らかに問われているのは方法意識の質であろう。

園子温の『部屋　THE ROOM』も、方法意識が見えみえの映画といわねばならない。そのことは、キャメラを固定しての凄まじい長回しが息苦しいという事実に、単純な形で示されている。ところがその過程で、つまり途方もなく長いワンカットを凝視して、疲れ果て、うんざりし、苛立ち、呆れ、あるいは腹をたてるうち、なにかが起こる。常軌を逸した長回しのもと、極端なスローモーションのような緩慢さでしか進まない画面のなか、はっきり一つのことが見えてくるのである。時間との闘い、と呼ぶことができようか。映画は時間に基づく表現であるが、ここでは画面がそのこととの闘いを演じてゆく。

時間との闘いにおいて、画面はただひたすら現在形の画像をのみ差し出す。そこで、見る者は、目の前に広がるスクリーン上に、老いた殺し屋が死に場所を求めて不動産屋を訪れ、女性社員の案内でアパートの部屋をつぎつぎ見て歩くという物語でも、そこにこめられた寓意でもなく、たとえば電車に乗った麿赤兒が洞口依子の前でえんえんケンダマをやる姿を、それとして凝視する以外ない。いわば二人の登場人物はいっさいの粉飾を剝ぎ取られ、ただ麿赤兒や洞口依子として目撃を迫ってくるのである。

それは、より正確には、画像の物質性が迫ってくるということであろう。方法意識への固執のあげくに、ここでは、ざらざらした画面にふさわしく映画の物質性が露呈させられる。麿赤兒と洞口依子の囁き声と無表情がどんどんエロチックに見えだすのは、映画的肉体の物質性の輝きにほかなるまい。

たとえば市川崑の『帰って来た木枯し紋次郎』には、さらさらと流れてゆく映像があるばかりで、手触りというものがまったくない。しかも筋立てが、いったん捨てたドスを命の恩人の頼みで手にするという人情譚ゆえ、ハードボイルド時代劇の看板をだらしなく裏切る。もともとはテレビドラマとして製作された作品だが、かくも万事を見た目のきれいさで処理しただけの画像が、本当にテレビにふさわしいのであろうか。これにくらべれば、鹿島勤の『悪役パパ』は、ビデオ用につくられたものらしいが、ある力で映画の感触を訴えてくる。題名の示すとおり、撮影現場の悪役俳優をめぐる部分と彼の家庭における部分、つまり映画内映画と現実とを折衷させたドラマで、どっちつかずに終ってはいる。それはこの作品が映画とビデオの二重性を生きていることに見合ってもいようが、その中途半端さが逆に摩擦熱を帯びるのである。

先述した『教祖誕生』における俳優のキャラクターの輝きも、物質的なものにちがいない。歩行のリズムを生み出す強い距離意識のもと、俳優たちのキャラクターが徹底してモノと同一視されるとでもいえようか。そのことは、『帰って来た木枯し紋次郎』で『教祖誕生』と同じような役を演じている岸部一徳がごくありふれたワルにしか見えないことに、具体的に示されている。もう一例ついでにいえば、『教祖誕生』では、あの寅さんのおいちゃん、下條正巳がインチキ教祖様をべらんめえ口調で好演し、意外さで楽しませてくれる。

篠原哲雄の『草の上の仕事』は、見渡すかぎりの草っ原、照りつける太陽、ただ草を刈ってゆく行為と、じつにシンプルな要素のみ画面に差し出す。そこでは労働する若者二人も、動くモノでしかないが、しばらくするうち、草刈り職人とアルバイトという違いを際立たせ、関心と反撥、ひそかな友情のはじまりといったふうに、感情のドラマを波打たせてゆく。明らかにそこに生じるのは、手垢にまみれたヒューマニズムのイメージへ収斂する勢いであろう。けれどもこの映画は、その一歩手前で留まって、独自の魅惑を放つ。四十二分という短さを確実につかんだ方法意識の強さが、イメージへの流れを阻み、草や太陽や肉体の物質性を露呈させるのである。

崔洋一の『月はどっちに出ている』の方法意識も、そうした物質性に関わっているにちがいない。前回わたしは、この映画では、まず在日朝鮮人という要素が突き放されると記したが、正確とはいえず、事態の本当のありようはむしろ逆であろう。たとえば冒頭の場面では、タクシー会社の駐車場において運転手連中に新入りを紹介する光景がうつしだされるが、キャメラがかなり大きく引かれているため、どの人物の顔もわからず、それぞれの名前が口にされても意味をなさない。そこでは、人物紹介ではなく、ただタクシーと運転手という存在の提示がなされるのである。以後、少しずつ人物の顔と名が特定されてゆくが、描写のあり方は基本的に変わらない。つまりこの映画では、全篇、まず画面に見えるのはさまざまな物質性であり、そのように描くことにおいて在日朝鮮人という要素が突き放されるのである。

崔洋一は『月はどっちに出ている』を撮るまでに十年以上かかり、また、今回の長篇の直前に同じ題材をＷＯＷＯＷ放映用の短篇連作(映画館でも公開)のうちの一篇として撮った。このことに注目しよう。十年を越える歳月と別メディアをくぐったという事実は、この映画のありようと深く関わっているにちがいない。二重の迂回を経ることによってこそ、方法意識がより強められ、物質性の露呈がいっそう厳しくなったと思

教祖誕生
【監】天間敏広【原】ビートたけし【脚】加藤祐司、中田秀子【撮】川上皓市【出】萩原聖人、玉置浩二、岸部一徳、ビートたけし【封】11月20日【時】95分

行楽猿
【監】【脚】イワモトケンチ【撮】福田衡陽【出】神足裕司、神田紅、栗原隆章、村越愛子【封】10月23日【時】82分

部屋　THE ROOM
【監】【脚】園子温【撮】大塚雄一郎【出】麿赤兒、洞口依子、佐野史郎、高橋佐代子【封】10月23日【時】93分

帰って来た木枯し紋次郎
【監】市川崑【原】笹沢左保【脚】市川崑、中村敦夫、中村勝行【撮】五十畑幸勇【出】中村敦夫、坂口良子、岸部一徳、加藤武【封】11月20日【時】96分

悪役パパ
【監】鹿島勤【原】新田たつお【脚】鹿島勤、大津是【撮】柳島克己【出】内藤剛志、佐倉しおり、デビット伊東、今村雅美【封】11月15日【時】96分

草の上の仕事
【監】【脚】篠原哲雄【案】新藤朝子【撮】上野彰吾【出】後藤直樹、太田光【封】11月20日【時】42分

月はどっちに出ている(J・MOVIE・WARSのうちの一篇)
【監】崔洋一【原】梁石日【脚】崔洋一、鄭義信【撮】佐々木原保志【出】石橋凌、ルビー・モレノ、絵沢萠子、利重剛【封】10月30日【時】33分

われる。『月はどっちに出ている』がいっさいの作品要素を徹底的に突き放して取り扱ったあげく、国とは何か、民族とは、人間の関係とは、愛とは、と鮮烈に問うてくるのは、二重の迂回のなか、物質としての映画が洗い出されてくるからであろう。

　ところで井筒和幸の『東方見聞録』がビデオ化されたことをご存じか。一九九二年に難産で生まれながら、ディレクターズ・カンパニーの倒産で未公開のまま行方不明になっていたのが、一九九三年の夏、ビデオとして出現した。そのたくましいあり方には、物質としての力が感じられよう。作品の中身もまさにそう呼びうるもので、映画の自由の別名としてマキノ的なデタラメが、全篇、奔放に沸き立っている。

（第八八回／一九九四年一月下旬号）

来るべき映画

◉山田洋次の『男はつらいよ　寅次郎の縁談』を見て、珍しく何か所かのシーンでドキリとした。お話は例によって例のごとくで、題名のように寅さんがついに結婚しそうになるわけはないし、甥の満男が就職のことで悩んで家出をするからといって、べつに驚くほどの事件ではなかろう。瀬戸内の島を舞台に、まさしく風光明媚のドラマが笑いと人情で描かれるが、そんな画面にときおり異様な暗さが漲ることに、わたしはなんとも強烈な感銘を受けたのである。

　たとえば満男が夜、自宅で食事中、面接の結果を電話で聞くシーン。不合格を通知された彼は階段にへたり込んでしまい、就職なんかしないと宣言して、母親のさくらを困らせ、父親と口論したあげく、旅に出てしまうが、このとき、階段に坐って愚痴る吉岡秀隆となだめる倍賞千恵子をアップでとらえた画面が、まがまがしいほどに暗い。たしかに陰鬱なシーンではある。けれども画面は、雰囲気描写の域を越えて、物理的に暗くザラザラしている。あるいはそのあと、瀬戸内の満男がはじめて描かれるシーン。ほのかな明るさのうえに逆光のため、顔も動作もよく見えず、どうやら夜明け前の海で舟に乗って働いている場面らしいと思うが、しばらくはそれが満男ともわからぬまま、画面から暗さの塊だけが異物のごとく突き出され、ギョッとせずにはいられない。またあるいは、寅さんとマドンナが二人きりで金比羅参りに行った帰りの遊覧船のシーン。甲板の手摺りにもたれて立った彼女がスピーカーから流れる「瀬戸の花嫁」に合わせて歌い、その姿を寅さんがベンチに腰掛けて見つめているが、松坂慶子は横向きで、その横顔も逆光ゆえに翳り、渥美清のほうはこちらに背中を向けていて、歌声が楽しく流れれば流れるほど、画面はむしろ逆に暗い気配を漲らせてゆく。

　こんな画面がかつてこのシリーズで見られたろうか。今回、撮影日程がすこぶる厳しかったらしいので、異様な画面はそのせいかなとも考えたが、そうではあるまい。山田洋次がそんな映画づくりをするわけがないからである。

　もっと単純に、これはキャメラマンの世代交替によるのではないか。たしか今回は、撮影監督＝高羽哲夫、撮影＝池谷秀行と画面に出た。キャメラは第一作からずっと高羽哲夫であったが、二年前の第四十四作から高羽哲夫、花田三史になり、つぎの第四十五作も同じで、今回はまた変わった。シリーズが四十六作もつづき、二十五年目を迎えるとなれば、キャメラマンの移り変わりがあっても不思議はない。渥美清の寅さんを古典的な笑いと人情で描くだけなら、昔ながらの明るく清潔な画面でよかろうが、満男が副主人公格で活躍するようになったからには、古典的映画スター以後の俳優たる吉岡秀隆の個性をより魅力的に浮き立たせるべく、屈折や暗さや翳りなども求められると思われるのである。

　山田洋次がそうした世代交替についてどれほど意識的であるかは、わたしにはわからない。しかし少なくとも、山田洋次的な映画づくりが時代をつねに意識して推し進められた果てに、なにかを生み出している、というふうには感じる。そのなにかとは何かが問われねばならないが、それが映画の現在に関わることは歴然としていよう。

　これにくらべれば、栗山富夫の『釣りバカ日誌6』は、単純ノーテンキに昔ながらの人情喜劇を反復再現しているにすぎない。いや、そんな自堕落を横にしてこそ、「男はつらいよ」シリーズはなにかを獲得していると見るべきか。

　もう一つの人気シリーズの四十周年を記念する第二十作、大河原孝夫の『ゴジラVSメカゴジラ』には、いうなれば次世代のミニ怪獣〝ベビーゴジラ〟が登場する。かつて〝ミニラ〟というゴジラの息子が出てきたことがあるが、あり方は大きく異なる。それはメカゴジラの意味の違いと関連していよう。旧シリーズに登場したメカゴジラは異星人の地球侵略用兵器であったが、今回、メカゴジラなるロボットは、ゴジラの脅威から地球を守るべく、人類によって〝対ゴジラ用戦闘マシーン〟として製造される。これは明らかに次元的な差であり、つまり旧シリーズでは、たんにゴジラの強敵を送り出して勝負

男はつらいよ　寅次郎の縁談
【監】【原】山田洋次【脚】山田洋次、朝間義隆【撮】高羽哲夫、池谷秀行【出】渥美清、松坂慶子、倍賞千恵子、吉岡秀隆【封】12月25日【時】104分

釣りバカ日誌6
【監】栗山富夫【原】やまさき十三、北見けんいち【脚】山田洋次、関根俊夫、梶浦政男【撮】安田浩助【出】西田敏行、三國連太郎、石田えり、久野綾希子【封】12月25日【時】96分

ゴジラVSメカゴジラ
【監】大河原孝夫【脚】三村渉【撮】関口芳則【出】高嶋政宏、佐野量子、小高恵美、原田大二郎【封】12月11日【時】107分

Coo　遠い海から来たクー
【監】今沢哲男【原】景山民夫【脚】岡本喜八【封】12月11日【時】116分

さまよえる脳髄
【監】萩庭貞明【原】逢坂剛【脚】こがねみどり【撮】安藤庄平【出】神田正輝、高島礼子、塩谷俊、石橋保【封】12月4日【時】102分

ヌードの夜
【監】【脚】石井隆【撮】佐々木原保志【出】竹中直人、余貴美子、根津甚八、椎名桔平【封】12月18日【時】110分

を楽しむという話であったのに対し、今回の作品においては、そもそも破壊ぶりを楽しむために生み出したゴジラ自体を、どう破壊するか、そのために人間が頭をふりしぼって怪獣ロボットを生み出すのである。破壊を単純に二重化する以上に、捩れた形に重層化するとでもいえようか。そこへラドンもさらに加わって、画面は破壊の増殖をくりひろげてゆくが、その渦中に、いわば異様な捩れの対極に位置するものとして、ベビーゴジラの小さな命をめぐる催涙的ドラマが描かれるのである。

それにしても、恐竜の卵といい、卵の孵化する光景といい、ミニ恐竜が若い女性を母親と見なして慕うことといい、例の『REX　恐竜物語』を想起せずにはいられない。むろん偶然の一致で、そこには一種パターン化した想像力のあり方がうかがえるが、そのことこそが無気味でもある。先述の捩れとの関係を含めて考えるとき、そこに次世代へ差し伸ばされた触手が感じられる。

本来『REX　恐竜物語』と並べるべきは、今沢哲男のアニメーション『Coo　遠い海から来たクー』であろう。ここでも恐竜の赤ん坊をめぐる小さな命のドラマが語られるが、描写のテンポが恐ろしいほど愚鈍なため、すべてが台無しになってしまう。わたしだけの感想ではなく、映画館の幼い観客たちもうんざりしきっていた。要するにノーテンキな小動物愛玩趣味のアニメである。

目下〝寅さん〟と〝ゴジラ〟は正月映画の定番としてモンスター的な勢いを示しつつ、停滞を感じさせもするが、その地点からの移動を少しずつ開始したらしい。どうもそんなふうに思われる。それはわたしの楽観主義のもたらす錯覚かもしれないが、撮影所システム〝以後〟ということの前では、どんな映画にも移動ないし転回は当為であろう。

むろんわたしは、だからといって、そのあたりに〝以後〟の映画があるなどと思っているわけではない。なにかを掘り出すことができるのは現在の不確定性だけからで、その刺激が移動や転回につながってゆくと考えている。

そんななか、たとえば萩庭貞明の『さまよえる脳髄』を見る。異常な連続殺人事件を背景に、精神神経科の若い女医の日常が、恋人の刑事との関係、女性虐待患者の精神鑑定などを通じて描かれるとき、ヒロインも含め、登場人物のだれもが心を病んでいるかに見えてきて、その不安の深まりがおもしろい。けれども話の迫力に対し、方法論が稀薄で、描写がおどろおどろしいだけに終始する。これでは不確定性どころか、表現としてはたんなる散漫ではなかろうか。

石井隆の『ヌードの夜』にはそのあたりのことが鮮烈に提示される。なんでも代行業の男と、彼に一日だけの恋人代行を依頼した女がいて、まもなく女がやくざなヒモを殺したことから、運命的な激しい愛がはじまるかに見えるが、二人の関係を本当に愛と呼べるのかと疑わずにはいられない。女は平凡な結婚を前に腐れ縁のヒモを殺す計画を立て、代行屋を利用したにすぎないからである。男は正体不明の女に、ではなく、死体入りの大バッグを押しつけられてはじまった妙な関係に振り回され、都会の片隅でのドブネズミのような生をさらに荒れさせてゆく。そして女のほうも、なにも知らぬ結婚相手とは別に、そんな男との関係に抗しがたく振り回される。竹中直人と余貴美子によって狂おしく演じられ、異様さを深める関係は、愛以上のなにかをほのかに見せてゆくが、その不確定性こそが未知の映画的ドラマをくっきりと激しく差し出しているのである。

余貴美子が登場するたびに別人のように見えることに注目しよう。服装や髪型はもとより表情や声まで違ってしまうところには、たんに女として装うということでも、ましてや多重人格といった話でもなくて、一人の女における反自己同一性が露呈している。もちろん人物像がそれでバラバラになるわけはなく、むしろその対極に魅惑的な散乱の形を示す。そして、これまでは、自己同一的な人物像を描き出すことが疑いもなく信じられてきたのに対して、別の新しい表現のありかたが告げられるのである。あるいはラスト、彼女がどの地点で死んだかを考えてみよう。明快な答えはありえず、だからおもしろい。おそらくそれは明快な謎の魅惑と呼ぶべきであろう。

いわば『ヌードの夜』は疑問符の渦のような映画で、不可解に沸き立っている。割り切れはしないが、その熱が未知の感触をしたたかに伝えてくる。来るべき映画は不確定性をこそ第一の属性にするにちがいない。

阪本順治の『トカレフ』がそのことをさらに激烈な勢いで見せつける。

（第八九回／一九九四年二月下旬号）

1993年 山根貞男ベストテン

1	お引越し
2	月はどっちに出ている
3	ソナチネ
4	愛について、東京
5	ゲンセンカン主人
6	ヌードの夜
7	わが愛の譜（うた）　滝廉太郎物語
8	教祖誕生
9	空がこんなに青いわけがない
10	獣兵衛忍風帖

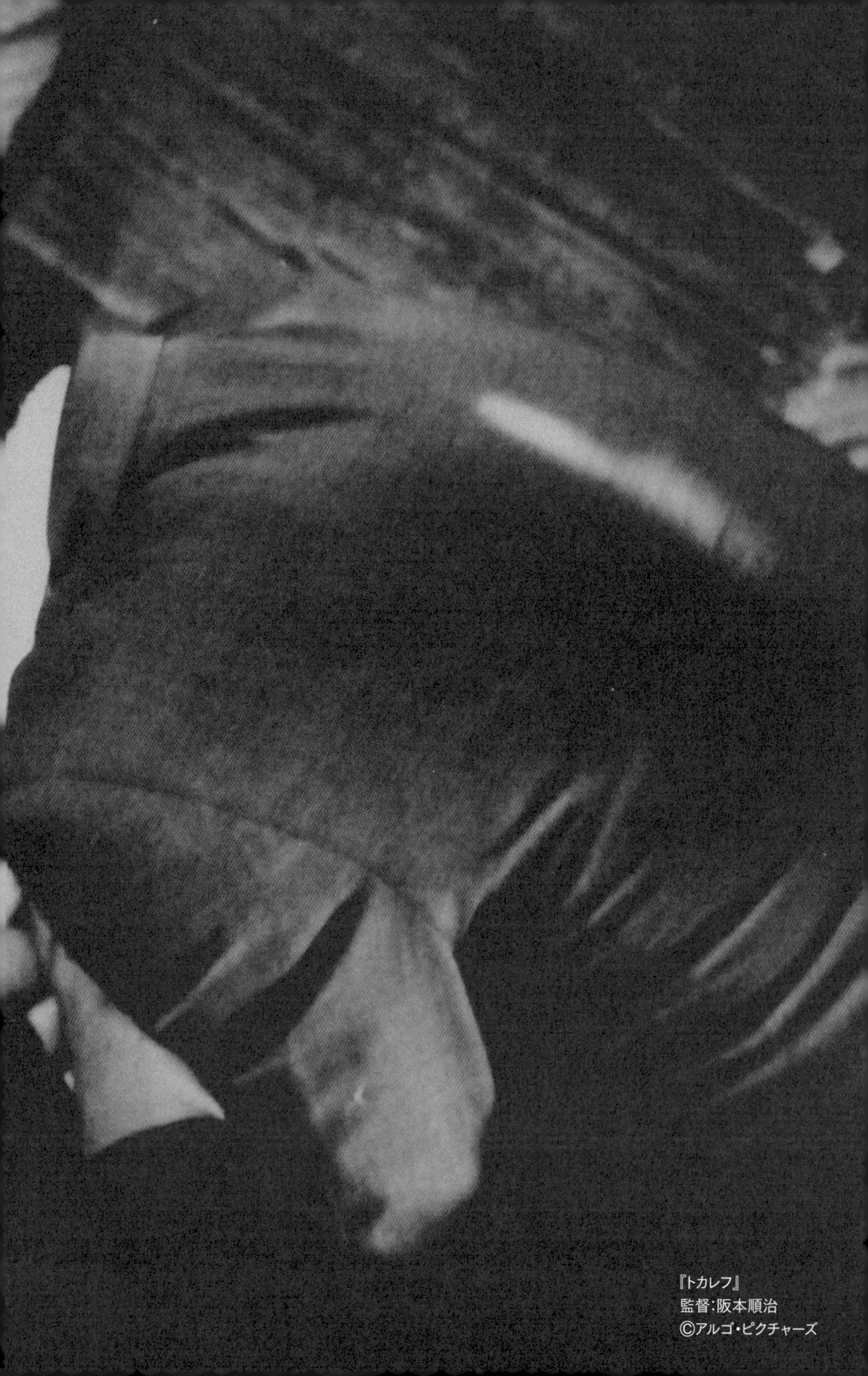

『トカレフ』
監督:阪本順治

1994年

◉さて、今回の時評ではどれを取り上げることにするか……と、いつものように思いつくまま作品の題名を挙げていったところ、一瞬、どれもみなビデオ専用映画みたいな錯覚に陥った。たしかに何本かのオリジナルビデオを見たことは事実である。それに最近では、ビデオ用につくられた映画が映画館で封切られるケースも多くなった。まずはそんなことが錯覚を招いたと考えられるが、それだけではなさそうである。

　たとえば降旗康男の『新極道の妻《おんな》たち　惚れたら地獄』を見ると、岩下志麻が堂々たる姐さんぶりで画面を闊歩するのに対し、周りの諸人物があまりにも貫禄不足なため、シラケてしまう。チンピラや鉄砲玉ならまだしも、山下真司や世良公則や清水宏次朗や小西博之が大幹部役とは、まるで嘘くさいし、敵対する大組織の会長に扮する中条きよしも中級幹部くらいにしか見えない。他の〝妻〟役の女優についてはさておき、話を具体的にするべく男優諸氏の名を記したが、問題は彼ら個々の力量を越えたところにある。短くいってしまえば、彼らと岩下志麻のあいだに世代的断絶がありすぎるのである。単純に年齢のことではない。世良公則も清水宏次朗も、実年齢から考えるなら、若頭補佐という大幹部の役を演じて不思議はなかろう。では、どんな断絶か。映画的成熟度における断絶とでも呼ぶことができようか。

　それはこういうことである。話としては姐さんが夫を殺され、わが子も同様に慈しんできた幹部たちをつぎつぎ殺され

何かに似ている

て、怒りを爆発させるが、ついに筋立ての域を出ず、作品世界の温度は低く空気は薄い。明らかにそれは、いくら岩下志麻が猛演したところで、彼女を支える部分、ドラマに即していえば、姐さんを憤怒へ押し上げてゆくピラミッド状の部分が、描写の実質として成立していないということであろう。わたしはそこに見られるものを、映画的成熟度の極端なアンバランスと見るのである。そんな俳優のあり方が〝撮影所システム〟と〝それ以後〟という事態に関わっていることはむろんいうまでもない。

　ともあれ画面では岩下志麻だけが映画の匂いを放つ。この作品はかろうじて彼女によって映画であることを保証されている、というべきか。そこで、素朴かつ強固な実感として、これならビデオを見るのとあまり変わらんなあ、としきりに思える。この「極妻」シリーズがビデオでよく売れているというのも、なるほど当然の話であろう。

　ならば、いっそ佐々木正人の『武闘派仁義　全面抗争篇』を見たほうが、やくざ映画の味を楽しめる。映画館で公開されたが、ただちにビデオ化されたところからして、明らかにこの作品はオリジナルビデオとして製作されたにちがいない。中身は、いささか古典的パターンすぎるとはいえ、本格的やくざ映画で、前作『武闘派仁義』(一九九三)同様、ロングショットを効果的に駆使した画面のもと、自分なりの極道のスジを

つらぬいて忍耐を重ねた果ての憤怒の闘いを、渡辺裕之が鮮やかに演じてみせる。

あるいはもっと際立った例は〝東映Ｖアメリカ〟『ヤクザVSマフィア』であろう。これも映画館で封切られたがオリジナルビデオで、フランク・カペラというアメリカの新人監督が、アメリカ人の脚本および撮影スタッフのもと、アメリカで撮った。驚いたことに、これが正真正銘やくざ映画になっている。ロスに進出した日本の暴力団とマフィアとの闘いのなか、やくざの幹部とＦＢＩ覆面捜査官の友情をつづるもので、筋立ては新鮮味を欠くが、描写力は素晴らしく、情念の葛藤がバイオレンスへ弾けてゆくさまを新鮮に描き出す。

より正確には、日本のやくざ映画＋香港のギャング映画＋アメリカのアクション映画、とでもいうべきであろうか。そうした正体不明のいかがわしさ、よくいえば多国籍横断性のエネルギーこそ、まさに〝東映Ｖアメリカ〟の真骨頂にちがいない。石橋凌がそれを魅力的に体現して、その憤怒の形相は『ブラック・レイン』(八九)の松田優作の怖さをひりひり連想させるが、明らかにそれはやくざの怖さにほかならず、その一点を鋭く踏まえることで、やくざ映画が表現としてちゃんと成立しているのである。

オリジナルビデオが映画館で頻繁に上映されるようになって、ビデオと映画の表現としての違いがより明確化したのではなかろうか。そうしたなか、小水一男の『ＸＸ《ダブルエックス》　美しき凶器』などは、ビデオ用につくられつつ映画館で封切られたが、仄暗い密室内で宮崎ますみが性と死の混融をけだるく生きるという内容からして、ビデオ的な覗き感覚において秀でていると思える。これに対し、一倉治雄の『狙撃　完結篇　ＴＨＥ ＳＨＯＯＴＩＳＴ』の場合には、透徹したスタイルのもと、仲村トオルと石橋蓮司という対照的な個性の殺し屋の対決を描いて、ハードボイルドならではの魅力を沸き立たせ、オリジ

新極道の妻(おんな)たち　惚れたら地獄
【監】降旗康男【原】家田荘子【脚】松田寛夫【撮】木村大作【出】岩下志麻、山下真司、斉藤慶子、世良公則【封】1月15日【時】106分

武闘派仁義　全面抗争篇
【監】佐々木正人【原】牛次郎、那須輝一郎【脚】中田昌宏【撮】田中一成【出】渡辺裕之、隆大介、矢島健一、サブ【封】1993年12月27日【時】90分

ヤクザVSマフィア
【監】フランク・カペラ【案】一瀬隆重【脚】マックス・ストローム 、ジョン・アレン・ネルソン【撮】リチャード・クレイボウ【出】石橋凌、一色彩子、ヴィーゴ・モーテンセン、マイケル・ヌーリ【封】1993年12月22日【時】97分

XX(ダブル・エックス)　美しき凶器
【監】【脚】小水一男【原】大沢在昌【撮】伊藤昭裕【出】宮崎ますみ、草刈正雄、荒井紀人、大杉漣【封】1993年12月22日【時】93分

狙撃　完結篇　THE SHOOTIST
【監】一倉治雄【脚】岡芳郎【撮】仙元誠三【出】仲村トオル、藤井かほり、石橋蓮司、神山繁【封】1月14日(OV)【時】100分

ゴト師株式会社Ⅱ
【監】鶴田法男【原】下田一仁、佐原充敏【脚】宮下隼一、鶴田法男【撮】林淳一郎【出】根津甚八、名高達郎、本郷功次郎、ベンガル【封】1月8日【時】92分

KŌYA　澄賢房覚え書
【監】村野鐵太郎【原】井上靖【脚】高山由紀子【撮】矢田行男【出】名取裕子、隆大介、貞永敏、峰岸徹【封】1993年12月4日【時】100分

ぷるぷる　天使的休日
【監】橋本以蔵【脚】デイヴ小林【撮】柳島克己【出】細川ふみえ、飯島愛、GiriGiri★Girls【封】1993年12月29日【時】102分

罪と罰　ドタマかちわったろかの巻
【監】井筒和幸【原】田中良明【脚】稲葉一広【撮】高橋俊光【出】間寛平、坂上香織、米岡功樹、古尾谷雅人【封】1月29日【時】95分

ペインテッド・デザート
【監】【案】原田眞人【脚】原田眞人、レベッカ・ロス【撮】ベルナール・サルツマン、デヴィッド・ブリッジス【出】木村一八、ジェームズ・ギャモン、ノブ・マッカーシー【封】1月29日【時】95分

恋のたそがれ
【監】【脚】山口貴義【案】平田耕史、山口貴義【撮】塩田明彦【出】平林広宣、安部聡子、管野敬子、征矢かおる【封】1月14日【時】70分

ナルビデオのなかでくっきり映画をやっている。むろんその逆に、そもそも映画として撮られたかどうかなどに関わりなく、ビデオでじゅうぶんの作品も数多い。たとえば鶴田法男の『ゴト師株式会社Ⅱ』や村野鐵太郎の『KŌYA　澄賢坊覚え書』がそれで、橋本以蔵の『ぷるぷる　天使的休日』とか井筒和幸の『罪と罰　ドタマかちわったろかの巻』なども加えてよかろう。

こんな映画の現在において、原田眞人の『ペインテッド・デザート』が別の際立った形を示している。この作品も『ヤクザVSマフィア』と同様、撮影スタッフはアメリカ人で、すべてアメリカで撮られた。砂漠のなかの一軒のさびれたカフェという舞台がおもしろく、正体不明の日本青年、劇的な過去を持つ日系の中年女、マフィアのボスの用心棒をつとめている中年タフガイ、大リーグのスカウトを自称する謎の男など、強烈な個性の登場人物たちがミステリアスな気配を漂わせる。ここでは多国籍横断性が一つの映画的な世界に凝縮されているといえようか。荒々しいアメリカの男どものうごめく乾ききった風土のなか、繊細な料理の腕をふるう木村一八の不気味で爽やかな姿が、新しい日本映画の象徴のようにさえ感じられる。

ところでわたしはこの映画をおもしろく見ながら、その間ずっと、なにかに似ている、と感じつづけた。ごく近年のことなら『バグダッド・カフェ』(八七)がすぐ思い浮かび、それを皮切りにあれこれ連想が動いてゆくが、特定のほかの映画を真似たとか、意識して撮ったとかの問題ではあるまい。短いカットの積み重ねとゆるやかに流れるキャメラをはじめ、この作品はアメリカ映画の感覚で撮られており、宣伝も日本人による〝ハリウッド映画〟ということを強調していた。明らかにそうした総体がなにかに似ていると感じさせるのである。

舞台と人物の設定に関して〝一つの世界〟とわたしは先述したが、どうもそれが雰囲気に終っているように思えてならない。たとえば多くの人は、この映画を興味深く見ながら、ラストの銃撃戦のクライマックスにおいて、なにやらドンパチがなされるものの、まるで盛り上がらないと思うのではなかろうか。それは闘いの具体的な様子がつかめないからであり、すなわち、アクションが描写のうえでドラマ化されていないということを意味する。独特の世界が雰囲気に終っているように思われるのも、ドラマ化されていないからにほかならない。なにかに似ているという感じが作品全体を覆っている以上、当然の結果として、世界がドラマ化ではなくムード化のほうに流されてしまうのである。さきほどの『武闘派仁義全面抗争篇』にしろ『ヤクザVSマフィア』にしろ、疑いもなくなにかに似ている。ただしそれらの場合、むしろ先行作品のムードを積極的に取り入れることで世界を形づくっており、事態は微妙に異なるにちがいない。

いま、映画をめぐるいっさいが不確定性のなかにある。たしかなのはその事実だけで、むろん逆にいえば、何が飛び出すかわからないから、おもしろい。わたしはそんなふうに思いつつ、こういう現在を呼吸している新しい映画世代の感覚をいつも探している。

山口貴義の『恋のたそがれ』が好評なのも、新世代の息吹きを感じさせるからであろう。それは理解できるが、ここには現在の青春がリアルに描かれているなどと述べた文章に接すると、首をかしげずにはいられない。わたしには、リアルどころか、いかにもつくりもの臭いと感じられるのである。タイトルにそれが象徴されていよう。どこにも〝恋のたそがれ〟など存在せず、ただ没情熱的に日々を流されている若い男女がいるだけなのに、もともと別ものである没情熱と〝たそがれ〟とがイコールのように見せかけられている。むしろそこにこそ新しい感性を見るべきではなかろうか。

なにかに似ていること、見せかけること。どうやらこれらは隣り合わせのものであり、不確定性から跳ぶ力をそれぞれ微妙に違った形で感じさせる。

（第九〇回／三月下旬号）

表現としての非情

◉阪本順治の『トカレフ』は怖い映画である。しかもふつうの怖さではなく、背筋が凍るというより、火傷するような熱い戦慄をもたらす。明らかにこれは、この映画が一種のピカレスクであり、悪の熱気というべきものが全篇に沸き立っているからであろう。

ある男がまったく偶然にトカレフを手に入れる。そしてある朝、幼稚園の送迎バスがトカレフを持った覆面の男に襲われ、若い運転手の息子が誘拐される。こんなふうにはじまるドラマ内容からすれば、登場人物の善悪の別はじつに明瞭のように思われるが、そうではない。画面を追ううち、だれもかれも悪党に見えてくるのである。大和武士の運転手はむろん被害者にはちがいないが、子どもを殺され、苦悩のあげく、殺すがわへ跳び越えて以後、狂気の復讐鬼としてむしろ悪の匂いを発散させる。

これに対し、佐藤浩市が単純に悪役であることはいうまでもない。が、この新聞社印刷局員は、犯罪を仕組んだからというより、愛の妄執の過剰さのゆえに悪の存在と呼ばれるべきであろう。では、愛児を殺される西山由海の若い妻はどうか。やはり被害者ではあるが、悲嘆に沈む姿から一転、犯人かもしれぬ男との生活で匂い立つような美しさを見せるとき、邪悪さを感じさせずにはおかない。かくして全員が悪党であり、悲しみをひりひり放つ。むろんそれは悪ゆえの悲しみであり、芹沢正和の誘拐と殺人で空無になった表情が感じさせるものと等しい。

そこで注目すべきは、愛も怒りも悲しみもなんら情緒的に描かれないことであろう。画面では多種多様の感情が入り乱れるが、つねに即物的で渇ききった形で突き出され、だから、見る者は、愛や怒りや悲しみを鮮やかに感じつつも、けっしてだれかに感情移入することはできない。どの登場人物も徹底的に異物として画面にある、といえようか。その意味において、この映画は、ピカレスクといってもいわゆる悪の痛快さを描くものとは違い、まさしくそこから熱い怖さが立ち昇ってくるのである。

描写における異物性はあらゆる点で徹底されている。その最たるものは台詞を大胆に削り落としたことで、だれの目にも明らかなように、かわりに登場人物の視線の動きがものを言う。いうなれば目で台詞を聴き取るのである。では、耳は何をするのか。むろん音を受け取る。冒頭、東京近郊の駅前のシーンで建設工事の騒音が響くのをはじめ、バイクのペダルを踏む音、輪転機の回る音、そして銃声など、ガンガン！　ガンガン！　という音が随所に轟く。身代金の受け渡しシーンでは誘拐犯と子どもが口で銃声を唱えるし、さらには音楽までが同じ調子の無気味さで耳を撃つ。いわば異物としての存在を告げる音の連続のなか、感情移入はより遮断され、怖さが深まるのである。その表現のあり方は、誘拐された子どもをいきなり即物的に死体として提示することに通じている。

阪本順治は明らかに跳んだ。これまでの作品にもハードボイルド性は感じられたが、今回、非情のあり方において大きくぶっちぎるように跳んだ。それは何を意味するのか。

きうちかずひろの『BE-BOP-HIGHSCHOOL』も、登場人物が異物のごとくうごめく映画である。ツッパリ二人組を主人公に三つの高校の不良グループの闘いがつづられるが、およそ話らしい話など少しもなく、周辺人物も皆無に近い。そのうえ、ロケ場所はガード下や大駐車場や正体不明の工場など無機質なところだけが慎重に選ばれ、看板や落書きはすべて英語で、日本の文字はついに出てこない。そんななか、高校生どもの喧嘩だけが描かれる。肉体がぶつかり闘う以外、徹頭徹尾なにもない。そのように描かれる若者たちは、ほとんど人間というより動物と呼んだほうがよかろう。かつての映画化とは違い、この作品では、監督に乗り出した原作者の徹底性のもと、劇画の映画化ならぬ即物的な肉体化が実現され、異物としての表現を生み出しているのである。

鹿島勤の『今日から俺は!!』もツッパリ高校生たちの闘いを描くが、動物ではなく、まぎれもなく人間の姿がドタバタ騒動のなかに浮かび上がる。主人公の二人組をはじめ、どの人物もとことんチャチな人間でしかない。だがそんな連中が集団でわいわい右往左往するとき、倒れかけた巨大な野立て看板をみんなして支えるシーンや、浜辺での乱闘のさなかに街灯の柱を振り回す場面や、砂丘の坂を虫の大群のように駆け昇るくだりなどのように、馬鹿馬鹿しいほどに遊びのエネルギーが沸き立つのである。これと『BE-BOP-HIGHSCHOOL』の併映はおもしろく、後者の異貌性がよりいっそう際立つことになる。

明らかに『トカレフ』と『BE-BOP-HIGHSCHOOL』は表現の異物性において通じているが、それは善に対する悪などではなく、むしろ残酷とか非情を意味するのであろう。だからこそ怖く、やわな思い入れを叩っ斬る力に満ちている。けれども二作品は同じ地平に並んではいない。表現としての非情のあり方という点では、両者はむしろ対極に位置するのではないか。

杉田成道の『ラストソング』を横に置いてみれば、事態がある程度はっきりしよう。この映画では、スターの座をめざして博多から上京するロックグループの四年間の軌跡のなか、変転する青春の劇が甘美に謳い上げられる。ドラマをになうのは三人の俳優の個性で、本木雅弘のスター性と吉岡秀隆の内向性と安田成美の浮遊感が、うまく三角関係を形づくってゆく。どさ回りの旅のシーンの絵ハガキ的な風景が示すように、どの部分の造形もつくりもの臭いことは否めない。だがこの映画はその点について意識的であろう。パンフレットで監督が記すように、いまが散文的でしかない時代であることを踏まえつつ、あえて詩的な匂いの青春を仮構してみせているのである。

あの『BE-BOP-HIGHSCHOOL』はこの『ラストソング』と裏表の関係にあるにちがいない。肉体のぶつかりあいだけに徹した様式性は明らかに詩を感じさせ、動物的な闘いという形で青春が謳い上げられている。

これに対し『トカレフ』はなにも謳い上げない。狂おしく悲惨なドラマを即物的にただ提示するあり方は、いわば二作品とは捩れた形で対極に位置していよう。ドラマという点から見て、『ラストソング』は物語を仕組み、『BE-BOP-HIGHSCHOOL』は物語性を脱色させて、まさしく青春映画として表裏一体をなしているが、『トカレフ』にあっては、一見そう見えようとも、べつに物語が徹底的に解体されているわけではなく、ドラマが強烈に散乱した形で差し出されるのである。

いま、両極に置いてみた二様のあり方のあいだで、多くの映画がつくられている。たとえば中田信一郎の『横浜ばっくれ隊』は、『BE-BOP-HIGHSCHOOL』や『今日か

トカレフ
【監】【脚】阪本順治【楽】徳田寛【撮】石井勲【出】大和武士、西山由海、佐藤浩市、芹沢正和【封】3月5日【時】103分

BE-BOP-HIGHSCHOOL
【監】【原】きうちかずひろ【脚】木内一雅【撮】仙元誠三【出】庄司哲郎、岸本祐二、花塚いづみ、宮崎光倫【封】2月19日【時】93分

今日から俺は!!
【監】鹿島勤【原】西森博之【脚】田部俊行【撮】森勝【出】三橋貴志、中倉健太郎、高橋かおり、久我陽子【封】2月19日【時】93分

ラストソング
【監】杉田成道【脚】野沢尚【撮】加藤雄大【出】本木雅弘、吉岡秀隆、安田成美、倍賞美津子【封】2月5日【時】119分

横浜ばっくれ隊
【監】中田信一郎【原】楠本哲【脚】我妻正義、中田信一郎【撮】鈴木達夫【出】葛山信吾、辺見えみり、大森嘉之、亜里香【封】3月5日【時】87分

免許がない!
【監】明石知幸【脚】森田芳光【撮】仙元誠三【出】舘ひろし、墨田ユキ、西岡徳馬、片岡鶴太郎【封】2月11日【時】102分

ベトナムのダーちゃん
【監】後藤俊夫【原】早乙女勝元【脚】後藤俊夫、橘祐典【撮】本吉修【出】古谷一行、プー・ティ・タイン・マイ、ミン・ハン【封】1月29日【時】95分

ら俺は!!』と同じツッパリ高校生を可もなく不可もなく丁寧に描く。あるいは明石知幸の『免許がない!』では、自動車教習所体験を持つ者の思い出に訴え、かつての撮影所におけるスターとスタッフの関係を懐かしむというふうに、スター俳優の免許取得苦労話がうしろ向きにつづられ、後藤俊夫の『ベトナムのダーちゃん』でも、思い出にすがりつくかのごとき情緒的な姿勢のもと、日本人作家がベトナム戦争下のベトナム人少女と知り合ったというだけの話が、美談の再現ドラマとしてくりひろげられる。多様な作品があるに越したことはないが、映画とは何かがますます問われねばならない現在、力を感じさせるのは、両極のどちらかへ向かう強度を持つ作品であろう。

まちがいなく『トカレフ』は散文化の徹底で現在と向き合っている。子どもを軸にはじまる死と闘いのドラマ、底に流れる男と女の性愛の関係、といった題材からすれば、ある意味での詩に昇華してもおかしくはないが、厳しくその傾斜は排除され、粗雑なまでに散文的であることに徹底されている。たとえばラストの大和武士と佐藤浩市のトカレフを持っての対決は、とうぜんクライマックスになるはずなのに、一呼吸も二呼吸も外され、アンチクライマックスとしての衝撃をもたらす。ふたたび強調するが、全篇の無気味な轟音にそうした散文性のなによりの突出が見られ、それこそが非情ということの意味にほかならない。

それはどこから発するのか、大和武士の演じる肉体の欠損が多くのことを訴えているように思われる。阪本順治の第二作『鉄拳』でも、大和武士は肉体的な欠損を生きた。そのあたりをめぐってさらに『トカレフ』を語ろう。

(第九一回／四月下旬号)

●原将人の『初国知所之天皇《はつくにしらすめらみこと》』に感動した。初々しい映画的意志が二十年の歳月を飛び越えて輝いている。いや、より正確には、二十年前と現在を同時的に差し出す営みがここにはあり、そこから初々しさが立ち昇ってくるのである。

この作品は、一九七一年に原将人(当時は正孝)が「古事記」に取材した劇映画『初国知所之天皇』を十六ミリで撮りはじめて挫折し、翌年、今度は八ミリを手に撮影予定地を旅したことから生まれた。その旅のなか、そうやって撮りつづけることこそが自分の撮るべき映画、すなわち『初国知所之天皇』にほかならないと確信するに至るのである。かくしてまず一九七三年、スクリーンに八ミリと十六ミリの映像を交互にうつしてゆく形で、約八時間の『初国知所之天皇』が出現した。ついで一九七五年には約四時間の十六ミリ版が公開される。そして今回、一九九四年バージョンとして装いも新たに甦ったのは、一九七五年版を二面マルチの一時間四八分に再編集したものである。

同時進行する左右二つの画面では、旅をゆく原將人自身の姿や日本各地の風景が、ときには時間的にズレつつ、ときにはまるで無関係に、多くは歩行のリズムで悠然とうつしだされ、そこに、日本神話と映画と自分自身について考察する原將人のモノローグが、ときおり歌が、知的かつ感情豊かに重ねられて、独特の時空間をくりひろげてゆく。キャメラがなにか特別のものに向けられているわけではない。画面に見られるのはごく日常的で平凡なものばかりだが、それらを連ねるなかで映画を探り求めたあげく、ほかならぬその営み自体に映画を見い出してゆく過程が、素晴らしく特異な時空間を孕むのである。それは映画が生まれる瞬間以外のなにものでもない。

こうしてこの作品では、映画が映画として立ち上がる一瞬一瞬が、自分の肉体のアクションにおいて差し出される。しかも明らかにその肉体が二十年前と現在をつなぐものとして踏まえられているゆえ、二つの時代にまたがる映画的意志が初々しく輝く。

初国知所之天皇（はつくにしらすめらみこと）
監脚撮原將人出原將人、宮崎延夫、桜庭美帆子、川勝十二封3月17日時108分

シュート！
監大森一樹原大島司脚橋本以蔵撮高間賢治出中居正広、木村拓哉、稲垣吾郎、森且行封3月12日時105分

屋根裏の散歩者
監実相寺昭雄原江戸川乱歩脚薩川昭夫撮中堀正夫出三上博史、宮崎ますみ、加賀恵子、嶋田久作封3月26日時74分

押繪と旅する男
監川島透原江戸川乱歩脚薩川昭夫、川島透撮町田博出浜村純、鷲尾いさ子、藤田哲也、天本英世封3月26日時84分

我が人生最悪の時
監林海象脚林海象、天願大介撮長田勇市出永瀬正敏、南原清隆、佐野史郎、南果歩封3月5日時92分

活劇の二転三転

大森一樹の『シュート！』は話としてはよくある〝スポ根〟ものとあまり違わないが、最近では珍しく初々しさにあふれた熱い青春映画になっている。まちがいなくそれも、サッカーに燃える高校生群像という設定のもと、青春のはじまりと映画の生まれる瞬間とを肉体のアクションにおいてクロスさせているからであろう。冒頭、木村拓哉の先輩選手が中居正広の主人公の幻影として現われ、「トシ、サッカー好きか」と眩しいくらい情熱的に呼びかけるショットを引き金にして、全篇、練習であれ試合であれ、どのサッカーのシーンも、若い肉体の跳梁とともに映画としての命が沸き立つ瞬間になっているのである。主人公の成長を先輩やガールフレンドの目をとおして見つめ、木村拓哉をたんに伝説のヒーローとして謳い上げるのではなく、いつも主人公の見た形で描く、といったふうな、まなざしの普遍的介在が、映画ならではの感銘を生むのにちがいない。

実相寺昭雄の『屋根裏の散歩者』と川島透の『押繪と旅する男』が飽き足りなく感じられるのは、そうした瞬間が見られないからではないか。いや、はじめから欠落しているのではなく、芽は設定されている。前者では昭和初期の東京の下宿屋を舞台に、屋根裏から他人の部屋を覗くという快楽の行きつく果てが、後者では大正と現代にまたがって、覗きカラ

クリのなかの押絵の女に恋した男とその弟をめぐる幻想譚が、原作者江戸川乱歩一流の〝覗き〟をテーマに描かれ、まさに映画の原点を感じさせずにはおかない。しかしそれは芽のまま終る。どちらの場合にも、むろん作者たちは映画的な設定に留意しているが、『屋根裏の散歩者』では、それ以上にチャチな耽美的エロチシズムに流れてしまい、『押繪と旅する男』では、兄が双眼鏡で覗き見た女に恋をし、弟がその兄に懇願されて双眼鏡を逆さにして兄を見るや、たちまち兄は押絵のなかにはいってしまう、といったふうに、何重にも〝覗き〟が絡んでいるにもかかわらず、何度も出てくる〝覗き〟の場面にきちんとした工夫がなされていないのである。これでは、映画が映画として立ち上がる瞬間がないのも当然の結果といえよう。

さきほど〝映画が生まれる瞬間〟という言い方をしたが、むろん単純に自動詞的に生まれるわけがない。『初国知所之天皇』の場合には、まず劇映画づくりの挫折ということがあった。いうなればその映画の不可能性を作者が肉体で引き受けることにおいて、はじめて一本の映画が成立したのである。

それにしても、肉体のアクションにおいて映画が映画として立ち上がるなどとは、まるで『初国知所之天皇』が活劇みたいではないか。そう、活劇にちがいあるまい。ただし不可能性のうえに成立したことをはじめ、音楽を演奏するように何度もつくりなおされたこと、その結果としての二十年前と現在、そして左右二つの画面など、いくつもの要素が作品の基盤をなしているゆえ、ジャンルとしての活劇とは一線を劃していよう。この作品のもつ初々しさは、その未知の活劇性の表徴にほかならない。

阪本順治の『トカレフ』がその点で似ている。大和武士の主人公は口に拳銃を突っ込まれて撃たれ、奇跡的に一命は取りとめたものの、なかば声を失った状態にあるが、敵との関係において、その肉体の欠損は明らかに精神的な欠損でもあり、そんなものをかかえて闘うヒーローを描いて、古典的な痛快アクション映画になるわけがない。大和武士は阪本順治の第二作『鉄拳』でも、つぶれた片手に鉄の義手をつけて闘い抜くボクサーに扮した。どちらの場合にも、肉体の欠損を踏まえてこそ、異貌の魅惑の活劇が実現されているのである。

あらためていうまでもなく阪本順治のデビュー作『どついたるねん』が、再爆発の危険のある傷をかかえて再起するボクサーの物語であった。その意味では肉体の欠損はなにも大和武士に限ったことではないが、いま、ここでは、阪本順治論を展開する余裕などないゆえ、一点だけについて記しておこう。それは『トカレフ』と前作をくらべた場合、同じように主人公が肉体の欠損をかかえて復活するとはいえ、内実がまったく異なるということである。たとえばわたしは『トカレフ』を最初に見たとき、奇跡的に生き長らえた主人公が病院から抜け出したあと、街の雑踏のなかに黒っぽい服装の長身を忽然とあらわすシーンで、その大和武士をカッコイイと感じ、病院でやくざのがなる場面があったから、もしかしたら主人公は組員にでもなったのかと瞬間的に思った。だがむろん違った。『どついたるねん』と『鉄拳』における主人公の復活はある意味でカッコイイと呼びうるが、『トカレフ』の場合には、復活したというより、主人公は肉体と精神の癒せぬ欠損において、必ず敵を見つけ出して殺すという鉄の意志において、ほとんどはじめて生きたとさえいうことができるのである。だからこそこのヒーローは比類ないほど悲しい。

阪本順治の作品においては、活劇とは何かが明らかに二転三転している。だからそこでの魅惑は、当然ながら一瞬も固着することのない動態、つまり正体の定かならぬダイナミズムとしてつかむ以外ない。そもそも『どついたるねん』のラストが不確定性のなかにあったことを思い起こそう。それが現在的な活劇のあり方にちがいない。そして、その二転三転ぶりは『初国知所之天皇』のバージョンの変容と照応している。

林海象の『我が人生最悪の時』は、かつての日活アクションを擬装することのなか、今日的な活劇を実現しようと目論む。たしかに現実に存在する横浜日劇という映画館は、目を瞠るほど一九五〇年代後半の日活アクションのムードにあふれていて、そこの二階に主人公の探偵事務所を設定し、マイク・ハマーならぬ濱マイクというその探偵が知り合いの台湾人青年から兄の捜索を頼まれ、日本の暴力団、香港マフィア、台湾マフィアが入り乱れる非情な闘いの渦中に巻き込まれてゆくという物語は、卓越したアイデアといえよう。永瀬正敏がそのムードを楽しんでモノクロ・シネマスコープの画面を暴れ回る。そんな遊戯性の真只中において、アジアという一点をバネに擬装からの転回が起こり、陰影の濃い白黒画面が現在的な殺伐さをかもしだすが、しかし結局、黄金期活劇への郷愁のほうに力点があるように思われてならない。すでにクランクインしたと聞くシリーズ第二作に期待しよう。

さて、活劇の二転三転に関し、相米慎二の『夏の庭　The Friends』について書くつもりであったが、もはや余裕がない。とりあえず、相米慎二が前作『お引越し』を撮った直後のわたしとの対談（「フリックス」一九九三年五月号）で語ったとおり、十作目の『お引越し』が1・2・3……7・8・9のつぎのゼロで、『夏の庭』がまさしく1として初々しく輝いていると述べておく。

（第九二回／五月下旬号）

映画の形を探す

◉相米慎二の『夏の庭　The Friends』は、土砂降りのなかで少年たちがサッカーをする場面からはじまり、その真只中でふと少年二人が死を話題にすることから、一気にドラマへはいってゆく。みごとな導入部といえよう。雨が自然現象であり、スポーツが肉体に関わるのに対して、死とは少年にとって観念以外のなにものでもないという点からすれば、ここには、全篇を形づくる要素が鮮明に提示されているのである。

小学六年生の少年三人が、人間の死を見られるかもしれないと考え、照りつける夏の陽射しのもと、独り暮らしの老人を見張る。まさにそれは観念的な、怖さまじりの関心であり、だから老人のボロ家も雑草の繁茂した庭も無気味に感じられ、そのうえ、いったん動きだした観念はどんどん膨んでゆく。少年の一人が老人を尾行して病院のなかを走り回るシーンの、この世ならぬ異境へ迷い込んだかのような描写は、死をめぐる観念の肥大化のあらわれであろう。しかしまもなく三人が老人に声を掛けられ、快晴の庭で洗濯物を干すのを手伝うあたりから、観念はみるみる縮小する。そして、汗を流して雑草を刈り、スイカを食べながら夕立を楽しむころには、すっかり死のことなど忘れている。彼らは庭にコスモスの種を蒔き、ボロ家にペンキを塗って改装する。もはやこのとき、死ではなく、生こそがめざされているのである。そこへ至るまでの天候、植物、肉体のアクションの連携に注目しなければなるまい。それと観念との対置による葛藤を生きることで、少年たちは新しい境域に立ったということができよう。

やがて台風の日、三人組は老人の戦争体験を聞く。戦争も殺人もその結果としての夫婦離別も、たしかに衝撃的とはいえ、少年たちにとってはやはり観念でしかないが、しかし今回、三人はそれらをたんなる観念に終らせず、すぐに老人の妻を探しはじめ、老人ホームにいた彼女と会うことで、すべてを具体性において把握する。そして、サッカーの試合の当日、コスモスの開花とともに訪れた老人の死を、観念ではなく、生の出来事として受け止める。

こうしてこの映画は、小さな庭を舞台に小さな話をつづるなか、生と死のあいだにはどれほどにまで大きなドラマがあるかを、その〝夏の庭〟の変貌のスペクタクルとして見せてくれる。そう、まるでその〝夏の庭〟自体が映画のスクリーンのようだともいえよう。

また、死という謎めくもの、わけのわからぬものへの興味から出発する少年の姿も、なにやら映画に関わる喩のように思える。というのも、わけのわからぬものへの興味とは、まさしく映画をみることの基本ではないか。

和田誠の『怖がる人々』がその絶好例であろう。これは五話からなるオムニバスで、たとえば「箱の中」の章では、エレベーター内に見知らぬ女と閉じ込められたあげく、あらぬことを口走った女から剃刀で斬りつけられる男の恐怖を描き出すが、わけのわからぬ事態ゆえ、真田広之のサラリーマンにとっては正真正銘の恐怖であっても、見る者はそのわけのわからぬ点をこそ楽しむ。つまり、映画の中と外の違いから、おもしろさが生じるのである。同様に「吉備津の釜」の章では、ヒロインが職を求めるあまり、わけのわからぬ手紙に操られて不安を深めてゆくなか、やはり手紙にまつわる昔話が二重の回想で描かれるとき、そのお伽噺ふう世界を見ることで、観客は、不安から恐怖へ向かう熊谷真実のヒロインより一歩さきを行き、手紙に操られての彷徨をおもしろがることになる。

　周知のように和田誠は、映画を見ることにおいて傑出した人物であり、絵や文でそのことの富を表現するいっぽう、監督にも乗り出した。その意味で、見るがわからの視点を活かすことで新鮮な魅惑を実現している今回の第三作は、もっとも和田誠らしい映画だということができる。あるいは、こんなふうにいってもよかろう。これまでの二本は、映画づくりを意識するあまり、イラストレーターとしての手腕はむしろ押さえ気味にしていたかに思われるが、今回、そんな作意は見られない、と。たとえば、「五郎八航空」では、渡辺えり子のネンネコおばさんが嵐のなか、おんぼろ飛行機をいとも無造作に操縦して、同乗の記者とカメラマンを、嵐の無人島から脱出できるかどうか以上の恐怖に陥れるが、嘘みたいなそのヒコーキのシュールともいうべき羽ばたきぶりは、和田誠のイラスト感覚ならではのものである。

　五話がジャンルも語り口も、むろん怖さのあり方も、まるで異なることに注目したい。作品の豊かさがそこに根ざしていることはいうまでもないが、逆にいえば、映画の多面体としての構造が五つの話によって保障されていると見ることもできる。おそらくこれは、たんに和田誠が欲張りで、一本の映画で五本分の楽しさを狙ったということではあるまい。映画の形をさまざまに楽しむというモチーフもあったろうが、それ以上に、映画の形を一つに特定しがたいことが方法を決定したにちがいない。

　いま、映画の形こそ、わけのわからぬものではないか。『怖がる人々』はそのことを楽しむのである。

夏の庭　The Friends
【監】相米慎二【原】湯本香樹実【脚】田中陽造【撮】篠田昇【出】三國連太郎、坂田直樹、王泰貴、牧野憲一【封】4月9日【時】113分

怖がる人々
【監】【脚】和田誠【原】椎名誠、日影丈吉、筒井康隆、平山蘆江【撮】前田米造【出】真田広之、原田美枝子、熊谷真実、小林薫、渡辺えり子【封】4月23日【時】117分

さくら
【監】神山征二郎【原】中村儀朋【脚】加藤伸代【撮】伊藤嘉宏【出】篠田三郎、田中好子、鈴木ヒロミツ、樹木希林【封】4月9日【時】108分

新宿欲望探偵
【監】藤得悦【原】南里征典【脚】平野裕【撮】町野誠【出】寺尾聰、高品格、大沢たかお、本田博太郎【封】4月16日【時】90分

幽☆遊☆白書　冥界死闘篇　炎の絆
【監】飯島正勝【原】冨樫義博【脚】大橋志吉、富田祐弘、橋本裕志【封】4月9日【時】93分

ナスターシャ
【監】アンジェイ・ワイダ【原】フョードル・ドストエフスキー【脚】アンジェイ・ワイダ、マチェイ・カルピンスキー【撮】パヴェル・エデルマン【出】坂東玉三郎、永島敏行【封】10月29日【時】100分

たとえば神山征二郎の『さくら』の場合には、わけのわからぬどころか、映画の形がくっきり見える。まさにそこが評価の分れ目で、ある人は美談の再現を讃え、わたしなら、太平洋と日本海を桜でつなごうと桜の木を植えつづけたバス車掌の実話そのものではなく、それを予想されるとおりの美談として程よく描いてしまうこと、つまり映画の形が予定調和的に措定されていることを、ひどい錯誤だと思う。あらかじめ映画の形が決まっているのなら、なにも起こらない。それは、他の例をあげれば、藤得悦の『新宿欲望探偵』が律義なくらい題名から想像されるとおりのハードボイルドであるのと、じつによく似ている。

飯島正勝の『幽☆遊☆白書　冥界死闘篇　炎の絆』は、人間界と霊界とにまたがるスペースオペラで、その二つをさらにもう一つの冥界が支配しようとして起こる闘いを、アニメーションならではの奔放な描写力でくりひろげる。そこで、なにか途方もない映画の形が見られるかと思いきや、あっさり期待は裏切られる。話は人間界を相対化するもので、たしかに超現実的な描写にあふれてもいるが、じつのところ、ごく人間的なイメージの超能力者の超能力合戦が並べられるにすぎないのである。では、あの坂東玉三郎がドストエフスキーの『白痴』に挑戦したのであれば、尋常ならざる魅惑の映画になっているだろうと期待して、アンジェイ・ワイダの『ナスターシャ』を見ると、拍子抜けする。なるほど、玉三郎が眼鏡一つ肩掛け一枚で、青年ムイシュキンになったり美女ナスターシャになったりするさまは、見ものではあるが、ついにフィルムによる演劇の再現でしかなく、玉三郎の監督作品にくらべ、玉三郎の魅力を一段と演劇に閉じ込めている。

これらの映画には、わけのわからぬことを楽しむ姿勢など見られない。それどころか、わけのわかる形に映画を落ち着けようとしている。だから単純な結果として、和田誠の映画ほど怖くない。もしかしたら〝怖がる人々〟など現実にはごく少数なのであろうか。

ふたたび『夏の庭　The Friends』に戻ろう。

明らかにこの映画はこれまでの相米作品の数々を思い出させるし、天候や肉体のアクション、それと観念との対置による葛藤といったことも、相米慎二は描いてきた。だが今回は、それをもっと素朴に、もっと真正面から見つめ、描こうとしている。つまりこの映画を、死という謎めくもの、わけのわからぬものへの関心を素朴に生きた三人組のように撮っているのである。むろん後戻り的なものではなく、これまでの撮り方を対象化したうえでの素朴さ、といえようか。たとえば少年が迷路のような病院内を走り回るシーンは、いくら異境としての無気味さを描くためでも、いささか異様なほど長すぎる。また、三人組の同級生の一人がいつもビデオキャメラを手にしているのは原作にも脚本にもない設定で、ラスト近くの葬儀のシーンで画面がビデオを覗く少年の主観になるあたりは、相米作品においてはとても珍しいことであろう。そうした異様な表現はほかにも散在するが、疑いもなくそれらは、素朴さへ向かうさいの逸脱であり破調であるにちがいないのである。

相米慎二はそうやって映画の形を探している。そう、新人監督のように。この映画では三國連太郎がいつものように怪演を見せず、むしろ素人の少年たちと同列に並ぶことで、新しい境域に至っているのは、なにかを告げていよう。

映画の形を探すことが、相米慎二の場合、逸脱や破調などの反洗練としてあらわれる。いっぽう和田誠も同じように探しているが、結果は『怖がる人々』の洗練された表現となる。これは射程距離の違いであろうか。

（第九三回／六月下旬号）

やくざ映画の行方

◉中島貞夫の『首領《ドン》を殺《と》った男』は残念ながら不入りに終った。〝最後の東映やくざ映画〟になるかと話題になったにもかかわらず、最低目標三億円の配収が二億ぎりぎりだったという。それでも健闘したほうで、もし〝最後〟という点が喧伝されなければ、もっとヒドイ成績になっていたかもしれない。なにしろ昨年のある〝東映やくざ映画〟は宣伝費も稼げなかったというではないか。

そもそも『首領《ドン》を殺《と》った男』は、トップが〝やくざ映画の製作を止めよう〟と言い出す何か月も前に、企画が決定していた。三年前の同じ松方弘樹主演『首領《ドン》になった男』が少し当たったから、シリーズ化が狙われたのである。しかし最近の同種の映画は惨憺たる成績で、松方弘樹だけで客を集めるのはむずかしい。そんなところへ〝中止〟発言がふいに出てきたから、むしろ〝最後〟という一点が売り文句になった……。

ざっとそんな経緯だが、これがまずおかしい。退却戦を闘う本心もなく、助平根性だけで、多くの人々を映画館に呼び寄せられるわけはなかろう。オーバーにいえば、映画状況全般の基本的な錯誤をそこに見ることもできる。

ドラマづくりや配役その他の点で特別な仕掛けがあるわけではないゆえ、内容的にも『首領《ドン》を殺《と》った男』は〝最後のやくざ映画〟ではない。懲役十八年の刑を終えてシャバに戻った中年の極道がかつての兄弟分に裏切られ、闘いに立ち上がるさまが、〝並のやくざ映画〟として描かれるのである。現代のドラマだが、昨今の暴力団のあり方に突っ込むわけではまったくない。また、現実とは無関係なフィクションといっても、昔の任侠劇のように神話的なまでの虚構のやくざ像が謳い上げられるわけでもない。その意味では、ここには〝東映やくざ映画〟の新展開を告げる何かが見られず、逆にいえば、この作品を〝東映やくざ映画〟と呼ぶのも便宜的にすぎないということになって、だからそれの〝最後〟と見なすことなど無理であろう。

昨今、東映の番組で〝やくざ映画〟がコケているのは、一つには、おとなの男性の映画館離れが進んでいるからにちがいない。周知のように、東映でも「極道の妻《おんな》たち」シリーズだけは女性層にも受けて好成績を維持しているが、あのシリーズは〝やくざ映画〟というより〝女性映画〟の変種として喝采を博しているのであろう。では、おとなの男たちは〝やくざ映画〟と絶縁したのか。そんなことはあるまい。映画館からは遠ざかってしまったが、ビデオがある。

いわゆるオリジナルビデオには〝やくざ映画〟が多く、短期間だけ少数の映画館に掛けられるが、もともとビデオ用に撮られた作品まで含めれば、かなりの本数になるのではないだろうか。明らかにこれは、少し前まではかつての〝東映やくざ映画〟のビデオが人気を呼んでいたが、多くの人々がその域から一歩進んで〝やくざ映画〟の新作を求めるようになったということであろう。わたしはほんの一部を見ているにすぎないが、それらに新鮮な息吹きを感じる。劇場用とかビデオ用とかの区分にとらわれず、そんな〝やくざ映画〟の何本かについて具体的に触れておこう。

小水一男の『極道の姐・玲子』は容易に想像されるように、いや、〝愛した男が、極道だった。ゆえに、女は「姐」と呼ばれた……〟という惹句がずばり告げるとおり、東映の「極道の妻たち」シリーズの模倣である。だが、なにかが決定的に違う。その〝愛した男〟が敵に襲撃され、奇跡的に命は取り止めたものの植物人間になってしまい、回想シーン以外は、車椅子に乗って無言の無表情で登場すること、そんな組長の本田博太郎に寄り添う〝姐〟の川島なお美がまるで少女のようにしか見えないこと、若い子分たち数人が彼女を中心に結束するとき、さながらマドンナとその崇拝者のグループであることなど、いささか誇張していえば、一種変態的で同時に清純な気配が全篇に流れているのである。「極道の妻たち」を真似つつ、はみだしている、と見てよかろう。敵への報復を期しながら追い詰められてゆくチンピラの姿には、むしろ〝日活ニューアクション〟を思わせる空気があって、それが〝東映やくざ映画〟との差を感じさせる。

佐々木正人の『武闘派仁義　完結篇』も、死に場所を求めてさすらう〝はみだし極道〟の闘いを〝日活ニューアクション〟ふうに描く。もとよりそれは、二十数年前の感覚だという意味ではない。チンピラたちが渡辺裕之の主人公と闘ううち、あくどいだけの組を捨てて彼のまわりに集まること、いきがる男どもが刹那的な女子高生の存在で相対化されることなど、いくつもの点に、むしろ現在的なセンスが見られよう。西村昭五郎の『これがシノギや！』はいわば〝暴対法〟パロディで、気弱な証券マンが仕事の行き掛かりから組に拉致され、にわか極道としてドタバタする姿を、お笑いの連続で見せる。そして小松隆志の『はいすくーる仁義外伝　地を這う者』になると、同じ箕利夫が喜劇から一転、椎名桔平とともに、もと武闘派やくざの男を演じ、七年ぶりに再会した二人の愛憎まじりの死闘をくりひろげる。これらの作品はみな小粒だが、なにかを狂おしく描き抜く点で共通しており、その一点においてしたたかに訴える力を持つ。

　細野辰興の『大阪極道戦争　しのいだれ』が、さらなる典型であろう。バブル崩壊と〝暴対法〟のもと、なりふり構わず欲望をつらぬき、セコイと同時にエエカッコしいでもある大阪極道のけったいな姿が、役所広司の怪演もあって、じつにおもしろい。人物もドラマも題材は実録的なものらしいが、金と女に関していいかげんなのか真剣なのか不明な主人公の像には、リアルを突き抜けたフィクションの勢いが感じられるのである。おそらくその描写を微調整したなら、新人ノーベルト・バーバによる〝東映Vアメリカ〟『刺青《いれずみ》　BLUE TIGER』になるにちがいなく、そこでも、ロサンジェルスの日本人やくざと悪徳企業の闘いで愛児を殺されたアメリカ女性の復讐劇のなか、石橋凌と仲村トオルの演じるやくざ兄弟の狂気が、現実の荒々しさを踏まえつつ越えるフィクションの力を帯びて胸に突き刺さってくる。

　これらにくらべてみるとき、山城新伍の『やくざ道入門』はいかにも古めかしい。だが、現代青年が五代目清水次郎長のもとでやくざ道の修行に励むという話は、アナクロニズム承知でほほえましく描かれ、菅原文太ら全俳優の大芝居のもと、作品全体がパロディの相を呈して裏返ってゆく。たとえばそれは、磯村一路の『特攻レディース　夜露死苦《ヨロシク》！』がバイク集団の少女群像を男っ気なしで描いて、話も演技もチャチながら、いつのまにかそれが切実さへ転じて、間延びした描写が殺伐さを感じさせるようになるのと、たぶん同じことであろう。

　さて、『首領《ドン》を殺《と》った男』をこれらの作品と並べてみる。と、やはり上の部類に数えられるのではなかろうか。どう見ても〝東映やくざ映画〟の新展開を告げる作品ではないが、細かい

首領(ドン)を殺(と)った男
【監】中島貞夫【案】桂木薫【脚】高田宏治【撮】北坂清【出】松方弘樹、夏八木勲、田村英里子、山口達也【封】5月14日【時】116分

極道の姐・玲子
【監】【脚】小水一男【撮】伊藤昭裕【出】川島なお美、本田博太郎、川上泳、小林克也【封】4月16日【時】90分

武闘派仁義　完結篇
【監】佐々木正人【原】牛次郎、那須輝一郎【脚】井上淳一、中田昌宏【撮】田中一成【出】渡辺裕之、寺島進、柳ユーレイ、ルビー・モレノ【封】4月2日【時】90分

これがシノギや!
【監】西村昭五郎【原】ルポルタージュ集『これがシノギや!』【脚】石川雅也【撮】鈴木耕一【出】箕利夫、金山一彦、麿赤児、田中忍【封】4月2日【時】90分

はいすくーる仁義外伝　地を這う者
【監】小松隆志【原】水穂しゅうし【脚】小松隆志、笠井健夫【撮】喜久村徳章【出】箕利夫、白島靖代、椎名桔平【封】2月11日(OV)【時】80分

大阪極道戦争　しのいだれ
【監】細野辰興【原】山之内幸夫【脚】成島出、秀島康夫【撮】柳島克己【出】役所広司、阿部寛、本田博太郎、仁藤優子【封】6月13日【時】97分

刺青(いれずみ)　BLUE TIGER
【監】ノーベルト・バーバ【案】一瀬隆重【脚】ジョエル・スワッソーン【撮】クリストファー・ウォーリング【出】仲村トオル、石橋凌、ヴァージニア・マドセン、ハリー・ディーン・スタントン【封】4月3日【時】92分

やくざ道入門
【監】【脚】山城新伍【原】田邊金吾【撮】鈴木耕一【出】菅原文太、菅原加織、川上麻衣子、安岡力也【封】6月4日【時】117分

特攻レディース　夜露死苦(ヨロシク)!
【監】磯村一路【脚】磯村一路、田村真冬【撮】長田勇市【出】山内麻椰、佐藤忍、小牧芽美、細木美和【封】6月10日(OV)【時】85分

欠点を気にしないなら、生き甲斐を見失った中年男の心情のドラマが〝並のやくざ映画〟として展開されるのを、それなりに楽しむことができるのである。主人公を〝お父ちゃん〟と呼びつつ、女としての思慕を寄せる田村英里子のブルース歌手といるときなど、とりわけ松方弘樹の表情が良くて、中島貞夫の言う〝おっさんの歌〟がせつせつと響いてくる。

そこで問題になるのは経済で、『首領《ドン》を殺《と》った男』程度の映画を東映がつくった場合、最低目標が三億になる。わたしの聞いたところによれば、直接製作費三億五千万、間接費一億五千万で、総原価五億という計算だから、まあ当然といえよう。これに対し、たいていのオリジナルビデオ用の映画、あるいは主にビデオ収益を当てにした低予算映画は、数千万から一億の予算でつくられる。この差は決定的であろう。ビデオ用の映画なら二億も稼げば上出来だが、『首領《ドン》を殺《と》った男』は二億では話にならない。逆にいうなら、人々の映画館離れが進んだものの、『首領《ドン》を殺《と》った男』ぐらいの映画でも二億は稼ぐことができるわけで、まさしくオリジナルビデオはそうした観客層へ向けてつぎつぎ〝やくざ映画〟を生み出しているのである。

それらの映画の多くが〝男の美学〟を謳うのは、じつにチャチに思える。けれどもその反面、〝暴対法〟以後のやくざのあり方をドラマに取り込み、〝日活ニューアクション〟的な新しい虚構の水準を模索してもいる。だから、いくつかの作品は明らかに『首領《ドン》を殺《と》った男』を抜いているのである。映画特有のデタラメさと自由奔放さの力が、低予算ゆえに発揮されているといえようか。

そこを踏まえずに〝やくざ映画〟の行方を語ることなどできまい。

（第九四回／七月下旬号）

●奥山和由の『RAMPO』を興味深く見た。むろん例の事件のことが念頭にあり、黛りんたろうの『RAMPO』のほうをすでに見ていたからだが、さらにいえば、プロデューサー奥山和由の手腕を買う者として、監督業に乗り出すことに反対だったからでもある。そんなあれこれの思いで見た結果、失礼ながら、意外に上出来の部類に仕上がっていることに感心し、黛バージョンとあれこれ比較してみたりした。けれどもいまのわたしには、両者の違いより、むしろ類似性のほうがたいへん気になる。

いや、二本の『RAMPO』を同じようなものだといいたいわけではない。奥山バージョンは明らかに黛バージョンの七、八割を撮り直してつくられていると思われるが、それだけ違っていれば、二本がそれぞれに独立した別個の作品であることは疑いもなかろう。まして映画の場合、作品は編集で完成するから、なおさらである。だが、こうはいえるのではないか。たとえ大部分が異なっていようと、元のバージョンのカットがかなり残っている以上、しかも基本的な筋書きが変わらないからには、新しいバージョンは元の作品と通じている、と。つまりわたしには、二本が別の作品であるといっても、その違いは程度の問題で、次元の差にはなっていないと思われ、その一点に関心が向くのである。

　昭和初期、江戸川乱歩が、自分の犯罪小説のヒロインにそっくりの女に出会って魅せられ、彼女をモデルに自らの分身たる明智小五郎の活躍する小説を書き継ぐいっぽう、現実の彼女を追い求めるうち、小説のなかへ迷い込み……。どちらの『RAMPO』もそんなふうに展開する。現実と虚構の混淆・通底のドラマを映画的なエロスにおいて描く作品、ということになろうか。明らかに映画とは何かとの問いが重ねられており、意欲的であることはわかるが、そうした狙いはさほど特異なものではなく、一種パターン化している。その意味で二本の作品は同じ範疇に属するといえよう。

　たとえば廣木隆一の『夢魔』も、バスの運転手とOLのちょっとした関わりをきっかけに、現実と夢、現在と過去が重なり混じり合うドラマを描く。彼は乗客の彼女を見て、少年時代の幼いエロチシズム体験を思い出すが、それは暴力の要素を持つもので、そのことがドラマに死の気配を加えずにはおかない。明らかにこれなども、『RAMPO』がヒロイン

見世物と手ざわり

への恋慕から発した乱歩の〝夢魔〟的冒険を犯罪や変態趣味や自殺願望をまじえながら描くのと、ほとんど同じことであろう。そういえば、『夢魔』のヒロインは売春など突き抜けている女にはどうしても見えず、『RAMPO』のヒロインはただ美形なだけで、現実と虚構をまたいで死の匂いを放つなどというニュアンスを感じさせず、映画の現在のある側面を示す点でも一致している。

　現実と幻想の交錯ということがテーマになるのは、さきに述べたように、映画とは何かが問われているからにちがいないが、むろん問題はそれをどう画面として提示するかであろう。わたしの判断では、そのあたりを独りよがりの美学として実現すれば、まさに『RAMPO』の黛バージョンとなる。そこにあるものを作家性の強さといってもいいが、つまりは自分しか見えない強引さであって、むなしい空転に終るほかない。いうなれば映画とは何かを問う強い意識が、結局のところ、ちゃちな〝映画ごっこ〟に行き着いているのである。

　ならば、黛バージョンの独善性に異を唱え、自ら監督として撮り直した奥山プロデューサーによるバージョンはどうか、となるが、それについては、やはり次元の差はないとくりかえす以外ない。注目すべき点はそのさきにある。というのは、『RAMPO』が興味深い映画だとしたら、今回の事件のためであり、その社会性の熱さに仕掛け人の手腕を見ることがで

きるのである。乱暴にいってしまえば、プロデューサー奥山和由にとっては『RAMPO』事件こそが作品ではなかろうか。その意味で、主人公の前に現実と小説世界があり、スクリーン上を竹中直人の乱歩と本木雅弘の明智小五郎が生き、羽田美智子による二人の女がいるのと同じように、同じ題名の二本の映画がある。

そこで踏まえられているのは、社会的事件としての映画、見世物としての映画ということにほかならない。そしてもちろんその一点に、奥山和由なりの映画とは何かが提示されている。

社会的事件性をもっとあからさまに取り込んで、成功した映画がある。いうまでもなく佐藤純彌の『超能力者　未知への旅人』のことで、手をかざすだけで病を治せるサラリーマンの実話が、三浦友和と原田美枝子の演じる夫婦物語をベースに、本人も登場しての再現ドラマふうに描き出され、キワモノながら、あるおもしろさを放つ。明らかにそれは単純キワモノ的な題材が、劇とドキュメンタリーのチャンポン処理によって、見世物としての力を発揮しているということであろう。企画の岡田裕介はよく奥山和由と並べて語られるプロデューサーであるだけに、二人の新作がどこか類似性を感じさせる偶然はおもしろい。

さて、以上のようなことを前提に、あらためて『RAMPO』奥山バージョンを見る。わたしの判断では、美学趣味こそ同じながら、奥山バージョンは少なくとも空転を免れているが、それを可能にしたのは画面の随所でせりあがるモノの迫力にちがいない。たとえばうんざりしてパーティ会場から出た乱歩が佇むホテルの廊下や、乱歩と明智がともに活躍することになる侯爵邸の部屋などは、物体のなまなましい手ざわりにあふれることで、現実と幻想の交錯という観念に肉体を与え、その結果、いわばモノ＋観念としての愛のドラマが描き出されるのである。そうした物質性は、けっして美学によるのではなく、見世物に徹することの映画美術的結果であろう。

長谷部安春の『レッスン』などは、ちょうど逆のケースになるといえようか。年上の女に狂おしくのめり込んでゆく若者の姿がイタリアを舞台に描かれるが、画面にはふわふわと漂う男と女がいるばかりで、人物にもモノにも出来事にもたしかな手ざわりがないため、観光絵葉書のような風景のなか、ごく古めかしい見世物としてのメロドラマしか見えてこない。萩庭貞明の『とられてたまるか⁉』の場合も似ている。アイデアとしては、分譲地の一戸建て住宅を狙う泥棒と、そうはさせじと防犯設備に力を注ぐ亭主との攻防戦というものゆえ、当然モノの迫力がポイントなのに、画面では泥棒そっちのけで〝家族ごっこ〟が幅を利かせ、テレビ的な見世物がくりひろげられるのである。そのさまは、金子修介の『毎日が夏休み』が親子の〝何でも屋ごっこ〟を描いてただ〝家族ごっこ〟を見せるのに、ほぼ通じている。

大林宣彦の『女ざかり』が示すのはさらに別のケースであろう。なにより強烈なのは全篇の細かなカット割りで、新聞の論説委員になった吉永小百合のヒロインをめぐり、不倫やら中年の純愛やら政界の陰の動きやら多彩なドラマがくりひろげられても、粉々に散乱せざるをえない。細切れの画面のもたらす圧倒的な感触は、その手ざわりにおいて、原作小説の通俗メロドラマ性を批判しているといえようか。目の回るような細分カット割りは『青春デンデケデケデケ』にも見られ、効力を発揮していたが、同じ手法をまるで別種の映画に持ち込むのは、明らかに意図的にちがいないと思われるのである。ともあれ画面の散乱化は、結果的には描写の回避にほぼ等しい。それに見合うかのように、名だたる俳優たちがつぎからつぎへ登場し、ドラマを生きるというより、ただ怪演の羅列をくりひろげてゆく。こうした画面づくりのなかに浮かび上がるものは、やはりある種の見世物と呼ぶことができよう。

　じつをいうと、さきほどから脳裡に居座っている一つの画面がある。それは相米慎二の『夏の庭　The Friends』のラスト近く、少年三人がボロ家で老人が死んでいるのに気づくシーンで、画面の手ざわりが頭を離れない。まず少年たちがコスモスの開花した日盛りの夏の庭から縁側に近づいて、中を覗き込み、老人が死んでいることを知るが、そこでキャメラはドンデンになり、部屋の奥から庭のほうを向く形で、三人が老人の死を信じられず、オロオロと胸や手足をこすったり呟いたりするさまをとらえてゆく。そのとき、画面では、はじめのうち、倒れている三國連太郎の姿は座卓の陰にほとんど隠れ、少年たちの表情もあまり見えず、老人の死をめぐる三人の思いが充満するなか、画面の何が印象深いかといえば、少年たちの背後、開いたガラス戸の向こうに見えている庭のコスモスが、直前のカットとは嘘みたいに違って、まるで夕暮れ時のような暗い色で鈍く静かに輝き、異様なまでになまなましい手ざわりで迫ってくるのである。

　この長いワンカットがあるだけで『夏の庭』は傑出している。老人の体に少年たちが取りすがる室内にはなぜか淡い金色の光が射し、背後に見える庭のコスモスが異様な美しさを放つとき、この場面は登場人物たちの心象をうつして死の世界に沈み込んでいるとも、そもそもキャメラがドンデン

RAMPO
監奥山和由原江戸川乱歩脚奥山和由、榎祐平撮佐々木原保志出本木雅弘、竹中直人、羽田美智子、香川照之封6月25日時97分

RAMPO
監黛りんたろう原江戸川乱歩脚奥山和由、榎祐平、黛りんたろう撮森田富士郎出本木雅弘、羽田美智子、香川照之、平幹二朗封6月25日時93分

夢魔
監廣木隆一原勝目梓脚斎藤久志撮佐々木原保志出真弓倫子、田口トモロヲ、内田春菊、篠原友紀封4月28日時87分

超能力者　未知への旅人
監佐藤純彌脚早坂暁撮浜田毅出三浦友和、原田美枝子、長谷川初範、安永亜衣封6月11日時111分

レッスン
監長谷部安春原五木寛之脚羽田野直子、長谷部安春撮佐光朗出秋吉久美子、渡部篤郎、中野みゆき、石原良純封6月25日時94分

とられてたまるか!?
監萩庭貞明原脚斉藤ひろし撮高瀬比呂志出武田鉄矢、明石家さんま、田中美佐子、吉田雅子封6月4日時103分

毎日が夏休み
監脚金子修介原大島弓子撮柴崎幸三出佐野史郎、佐伯日菜子、風吹ジュン、高橋ひとみ封6月11日時94分

女ざかり
監大林宣彦原丸谷才一脚野上龍雄、渡辺善則、大林宣彦撮坂本典隆出吉永小百合、三國連太郎、津川雅彦、藤谷美紀封6月18日時118分

になったとたん、画面は黄泉の国になっているのかもしれないともいえるが、解釈はどうあれ、この映画がこの場面において、リアリズムを突き進んだあげく、その勢いでもってリアリズムの地平を越えたことは、疑いもなく明らかであろう。

描写の手ざわりは、この場合、たんなる見世物ではなく、映画ならではのスペクタクルに結実している。

（第九五回／八月下旬号）

ぎりぎりの関係

◉森﨑東の五年ぶりの新作『釣りバカ日誌スペシャル』を見て、久々に映画ならではの俗のエネルギーを満喫した。より端的に、下品さの活力といいかえてもよい。この種の面白さはやはり森﨑東の独擅場で、そう思えば思うほど、なぜこの監督が数年に一本しか撮れないのかが奇異に感じられてくる。

下品さを言葉で集約的に示せば、ハダカとションベンになろう。裸といっても女性のヌードなどではなく、西田敏行のそれで、主人公のハマちゃんは、夜、愛妻と寝ようとする直前に釣りの相棒が自宅へやってくるシーンでは、だぶだぶの肥満体をさらけ出してドタバタ騒ぎを演じ、出張先から愛妻に電話を掛けるときにはビジネスホテルで入浴中で、小さな浴槽からは湯どころか肉があふれ出しそうになっている。事実として西田敏行は前作より太ったらしいが、ここでは肥満ぶりが意識的にほとんどグロ寸前にまで誇張され、その下品さが哄笑を巻き起こすのである。そして後半、ハマちゃんが相棒のスーさんと愛妻との関係を疑ってオセロもどきに苦悩するくだりでも、同じ誇張表現の勢いのもと、三國連太郎のスーさんが夜中、ションベンに立ったか立たなかったかがなぜか事態の核心になってしまい、ションベンの一語が激しく飛び交って笑いをそそる。

周知のようにこのシリーズは物語的にも描写上も、毎回、うんざりするほど微温的で、むしろそれが笑いを誘う仕掛けになっている。今回、その平和が俗悪なまでの活力によって蹂躙されるといえようか。強烈な哄笑はそんな構造から生み出されるのである。

平和の蹂躙は具体的に描かれる。自転車屋の親父から妻の不倫をほのめかされたハマちゃんは、荒れ狂って自転車屋で暴れ、自宅へ帰って暴れ、狂おしさを辞表とともに会社にまで持ち込み、ションベンをめぐっての大騒ぎを社長室でくりひろげるのである。その西田敏行の表情も動作も、いつもの釣りバカの愛妻家とはまるで別人にしか思えない。田中邦衛の自転車屋とのドタバタの最中で曲がってしまった首が、そんな常ならぬ主人公の状態を告げていよう。

これはわたしの気ままな想像にすぎないが、同じシナリオを凡庸な別の監督が撮っていたなら、こんなにいつもと違う映画、まるで次元を異にする映画にはならなかったにちがいない。その意味で森﨑東は所与の題材を可能なかぎり激化している。たとえば「シナリオ」九月号に載った脚本を見ると、出張先からの電話はベッドに寝転がって掛け、ションベンの一語があんなに強調されはせず、自転車屋の店先を壊すほどのドタバタは演じられない。明らかに演出段階で描写が過激化しているのである。その象徴が田中邦衛の猛演で、邪《よこしま》な嫉妬をオーバーすぎるぎりぎり一歩手前まで過激に演じ、主人公はそれに煽り立てられてエネルギッシュに突進してゆく。

ぎりぎり一歩手前という点に注目しよう。むろんそれは先述のグロ寸前と照応しているが、所与の題材をとことん激化する森﨑東の姿勢は、当然ながら題材の可能性の範囲を見極める営みに基づいていると思われる。それがなければ、俗のエネルギーをたんに恣意的に諂うことはできても、説得力のある形で実現することは不可能であろう。

大河原孝夫の『ヤマトタケル』がその意味で興味深い。明らかに企画の狙いは「古事記」を題材にファミコン感覚の英雄冒険譚をくりひろげることにあるらしいが、わたしなどは『笛吹童子』(一九五四)『紅孔雀』(五四〜五五)のような伝奇時代劇がSF仕立てで甦る点に面白さを覚える。王子ヤマトタケルと巫女オトタチバナが荒野を馬で疾走し、つぎつぎ怪物と闘う旅のなか、めざす最強の敵に迫ってゆくという単純な物語としてのベクトルが、単純であればこそ、売り文句の〝超時空SFアドベンチャー〟を熱血青春ドラマふうに見せるのである。ところが最後まで乗りきることはできず、なぜオトタチバナは気を発しての闘い方しかできないのか、ラスト、最後の決戦のとき、ヤマトタケルが縫いぐるみの巨人に変身して怪物ヤマタノオロチと一騎打ちとは、いくらなんでもお粗末すぎるのではないか等々、疑問がつぎからつぎへと浮かび出て、みるみる面白さが凋んでゆく。ヒロインをたんに美しい飾りものにしたり、怪物との闘いを人間化したりすることによって、作品世界のボルテージを下げるといえようか。

この場合には、どうやら題材の持つ可能性が見極められていない。だから、題材はけっこう面白いのに、その力が描写のうえで展開されないままに終る。材料としてはスペクタクル性を豊かに孕んでいるが、ついに描写のスペクタクルは実現されないのである。

くりかえせば、森﨑東の『釣りバカ日誌スペシャル』では、題材の可能性がぎりぎりまで見極められていればこそ、題材が過激化しえている。そしてそれが描写のスペクタクルを生

釣りバカ日誌スペシャル
[監]森﨑東[原]やまさき十三、北見けんいち[脚]山田洋次、関根俊夫[撮]東原三郎[出]西田敏行、三國連太郎、石田えり、富田靖子[封]7月16日[時]106分

ヤマトタケル
[監]大河原孝夫[脚]三村渉[撮]関口芳則[出]高嶋政宏、沢口靖子、麿赤兒、宮本信子[封]7月9日[時]105分

平成狸合戦ぽんぽこ
[監][原][脚]高畑勲[封]7月16日[時]119分

妻はフィリピーナ
[監]寺田靖範[撮]松根広隆、嶋津敬[封]7月16日[時]100分

み出す。たとえば富田靖子と加勢大周の銀座の喫茶店におけるデートのシーンで、彼女についてきた大森嘉之が唐突に片想いを告白したあと、去ってゆくとき、キャメラは二階の喫茶店のその席から窓ごしに下の雑踏をうつしだし、そこを悄然と歩く失恋青年がまもなく路上にへたり込むまでをとらえるが、その俯瞰のワンカットにはまさしく描写のスペクタクルとは何かの具体例が示されている。

ところで「釣りバカ日誌」シリーズには、はしゃぎまわる雰囲気がいつも過剰なまでにある。むろん今回も例外ではないが、あり方がまったく違う。いうなれば題材との関係の強度が、ワルノリ的はしゃぎではなく、実質的な快活さをもたらしているのである。そうした関係が可能性を見極めるべく題材と格闘する営みのなかでこそ培われることは、むろんいうまでもない。

高畑勲の『平成狸合戦ぽんぽこ』にもはしゃぎまわる勢いが満ちている。環境破壊で住みかと食料の危機に襲われたタヌキたちが、先祖伝来の〝化け学〟を復活させ、人間どもに闘いを挑むという話のアニメーションで、その過程のすったもんだが面白おかしく描かれるゆえ、浮かれ騒ぐのも当然であろう。画面展開の強烈なリズムは、タヌキの生命力に対する讃歌にほかならず、結局は人間の文明に敗退してゆくタヌキたちへの挽歌にもなっている。そこに独特の魅惑のあることは疑えないが、わたしは同時に別のものを感じずにはいられない。

ここには警世家の嘆きがつらぬかれているいっぽう、〝妖怪大作戦〟のくだりの示すように絵の大量消費の気配も明瞭にうかがえる。わたしはそこに引っ掛かる。また、タヌキの姿が写実的に、ふつうにマンガ的に、そしてもっとマンガ的に擬人化した形で、と、三とおりに描かれるが、たいした意味があるとは思えない。そうしたことから判断するに、明らかにこの作品では、環境破壊を憂えることも、絵をやたら消費することも、同じレベルにおいて自在に処理されているのである。はしゃぐ勢いはその自在さの発露らしい。わたしの考えでは、そんなあり方は題材との関係を捨象してこそ成り立つものである。

寺田靖範の『妻はフィリピーナ』は作者と家族の関係をさらけだしたドキュメンタリー映画で、多くのことを鮮烈に訴えてくる。随所にあふれる切実さもユーモアも、やはりこれが〝私映画〟だからのものであろう。妻テレサの日本人批判にしても、フィリピンパブに勤め、映画学校生の日本の若者とのあいだに子どもをもうけ、結婚したフィリピン女性の生の重みから発せられているゆえに、じつになまなましい。その点に関するかぎり、撮る者と撮られる者の関係をうつしだすというドキュメンタリーの鉄則は明瞭で、フィリピーナを撮ることが照り返しのように自分たち日本人の何たるかを暴いてしまうのである。

そんな意味でも力作にはちがいないと思いつつ、わたしはこの映画に対してある違和感を覚える。端的にいえば、寺田靖範本人が登場するや、がぜん画面が嘘っぽく感じられてならない。それはどういうことなのか。そこにも〝撮る撮られる〞の関係が微妙に確実に絡まっているように思われる。

たとえばテレサの友人のフィリピーナと中年日本人の夫婦の姿は、とてもほほえましく撮られている。まちがいなくそれは、そのとき、キャメラのこちらがわで撮る者が他人の目を持っているからであろう。そして、もっと重要なのは、被写体の夫婦がそのとき、撮られているという意識のもとにあることである。このことは、寺田の妹の場合も妻テレサの場合も基本的には変わらず、彼女たちも撮られていることを前提に話したり動いたりする。さて、それらと監督の寺田靖範本人がキャメラの前に立つこととは、まるで次元を異にしていよう。当然ながら彼はたんに撮られることを意識するのではなく、あくまで撮ることをこそ意識のうえに据えつつ、演技するのだからである。本人が登場するや、画面が嘘っぽくなるのは、いま述べた二つの事態の弁別と関係がよく見極められていないことに由来するにちがいない。

撮られる者はあくまで題材に属している。その面白さをどう撮ることの強度へ転化してゆくか。そこにドキュメンタリーの生死の境目があるはずだが、この映画においてはその一点が押さえられていない。たとえばテレサとの結婚を認めたがらない父親に強引に会いに行くくだりでは、逃げ惑いつつ怒る父親は、息子がいきなり妻と子どもばかりか、キャメラまで伴ってやってきたことに対して怒りを向けているのに、その瞬間、いかにもそれが結婚をめぐる親子の葛藤の情景のごとくに見せかけられている。この詐術だけでも、〝撮る撮られる〞の関係が曖昧なことは歴然としている。

劇映画かドキュメンタリー映画かの別を問わず、題材とのぎりぎりの関係が踏まえられるべきであろう。すなわちそれは、映画との関係に対する姿勢を問うことにほかならない。

（第九六回／十月下旬号）

イメージと活劇

◉……この時評は今回で九年目に突入するのだが、どうも息切れ気味じゃないのか。前々回、休載したかと思ったら、今回も一号遅れとはね。

——申し訳ない。スケジュールの読み違いで、物理的に書けなかった。それを息切れというなら、いえる。素直に認めるよ。で、少しだけ弁解をさせてもらえば、異常な暑さだったこの夏には、ちょうど一年前の小川紳介発言集（『映画を獲《と》る——

ドキュメンタリーの至福を求めて』筑摩書房）のときと同様、加藤泰講演集（『加藤泰、映画を語る』筑摩書房）の構成・編集で汗だくになり、それとほぼ重なる形で市川雷蔵写真集（『アサヒグラフ別冊　市川雷蔵』朝日新聞社）の編集に膨大な時間をかけ、そのあと、韓国のテレビ取材班の案内を兼ねて湯布院映画祭に参加し、と、めったやたら忙しかった。

……おまけに京都国際映画祭へ出かけたのだろう。前々から東京国際映画祭には批判的だったのに。

――京都の友人に頼まれたので参加したのだが、だからといって、映画祭のあり方に対する批判が無化したわけじゃなく、むしろ明確になった。そのうえで映画祭は面白かったよ。なにしろ国際映像シンポジウムの世話人として、「アジアの活劇を語る」と題し、はじめて外国人と本格的に活劇論をぶったんだから、刺激も発見もいっぱいでね。あのキン・フー（胡金銓）と活劇を論じるなんて機会が、めったにあるものではない。むろんそのほか、マノエル・ド・オリヴェイラの新作試写のあと、ご本人と再会し、エドワード・ヤン（楊徳昌）やアキ・カウリスマキの新作も見た。

……外国映画にまで欲を出しても体力がついていかんのじゃないか。

――いや、表現としての映画の多様性をきっちり踏まえるつもりなら、本当は日本映画／外国映画という区分けをなくすべきだと思うんだがな。

……そんなことをいったって、それこそ多様化が進んだため、日本映画だけでも全部は見きれんのだろう。

――たしかに最近は、見る時間の有無に関係なく、そんな映画がつくられていたことも知らない、だから見落とす、というケースが多くなったよ。まさに製作形態も内容も多様化しているわけで、加藤泰や市川雷蔵の世界に長く没頭したあと、現在の日本映画に目を移すと、くらくらする。たとえば『第2回欽ちゃんのシネマジャック』、あがた森魚の『オートバイ少女』、小沼勝の『XX《ダブルエックス》　美しき狩人《ハンター》』、粟屋友美子の『ノストラダムス　戦慄の啓示』と思いつくまま挙げてみる。萩本欽一の映画ファン精神のもとに集められた短篇六本立て、漫画雑誌「ガロ」の製作による青春映画、エロチシズム映画の名手が撮った〝東映Vシネマ〟、新興宗教PRのハイテク絵巻物。いやはや、なんの共通点もなくて愕然とさせられる。

……それらを同列に論じるのは無理だろうな。百億円かけた超大作と一億円の映画をくらべても話にならんように。

――いや、同じ地平で論じるべきだと思うね。すると、いまの例でいえば、大いに期待した小沼勝の新作より『第2回欽ちゃんのシネマジャック』の萩本欽一の『螢の光』などのほうが面白いという、ちょっと思いがけない光景が見えてくる。

……ベテランとセミプロの逆転に日本映画の現在があるというわけか。

――そうは簡単じゃない。『美しき狩人《ハンター》』を見ると、撮影が仙元誠三で、主演の久野真紀子がハードなエロス描写に健闘しているのに、なぜ強烈な手応えがないのか奇妙に感じられるが、明らかにこれは、小沼勝がかつての〝ロマン・ポルノ〟とは違った領域を切開しようとしての混迷の徴にちがいなく、そこに痛切な問題がある。これに対して、萩本欽一の強さは古典的な映画を信じていることなわけでね。そういう多様化ゆえの興味深い現象としては、WOWOWの「J・MOVIE・WARS Ⅱ」があって、利重剛の『エレファントソング』や、祭主恭嗣・小峯隆生・佐々木浩久・中嶋竹彦ら新人四人の中篇集「N45°」などは、新鮮な刺激に満ちている。

……映画の枠組が崩れたため、ビデオやテレビの作品の中に映画的な輝きを見てしまうのかな。先日、おすぎとの渋谷ジァンジァンにおける年に一度の恒例二時間トークで、光野道夫の『ヒーローインタビュー』を面白いと言って、おすぎに笑われていたじゃないか。

――しょせんテレビ局のつくった映画でしかないが、それとしては上出来だと思ってね。テレビ的なプラスチック製の感触がヒロイン鈴木保奈美の美貌に集約されるので、うんざりしていると、相手役の真田広之がまさに映画的な肉体の勢いでそれをどんどん喰ってゆく。かなりの見ものだよ。スポーツと恋を重ねたよくあるドラマではあるが、それを展開するさいに、ルーティンを細かく外しつづける点も面白い。

……新人群のなか、懐かしや関本郁夫が『東雲楼《しののめろう》　女の乱』を撮ったな。

――数年ぶりか。廓に生きる女たちを豪華な絵巻物として描き、健在ぶりを示しているが、なにか不思議な感じの作品で、

オートバイ少女
【監】あがた森魚【原】鈴木翁二【脚】あがた森魚、鈴木翁二、山本じん【撮】山中潤【出】石堂夏央、村松利史、深浦加奈子、あがた森魚【封】8月13日【時】78分

XX（ダブルエックス）　美しき狩人（ハンター）
【監】小沼勝【原】花村萬月【脚】高橋洋【撮】仙元誠三【出】久野真紀子、ジョニー大倉、清水絋治、渡嘉敷勝男、風間舞子【封】8月12日(OV)【時】85分

ノストラダムス　戦慄の啓示
【監】栗屋友美子【原】大川隆法【脚】ノストラダムスシナリオプロジェクト【撮】高瀬比呂志【出】山根龍志、芦川よしみ、阿藤海、小川知子【封】9月10日【時】103分

第2回欽ちゃんのシネマジャック　螢の光
【監】萩本欽一【脚】萩本欽一、君塚良一、マキノノゾミ【撮】金宇満司【出】渡哲也、宮沢りえ、仲代達矢、関根勤【封】9月23日【時】15分

エレファントソング
【監】利重剛【脚】利重剛、御法川修【撮】小倉和彦【出】松田美由紀、三谷昇、寺島進【封】10月15日【時】60分

N45°第1話「ワンダー・ラビッシュ」
【監】祭主恭嗣【脚】祭主恭嗣、久保寺和人【撮】渡部眞【出】遠藤憲一、広田玲央名、林泰文【封】10月15日【時】30分

N45°第2話「パオさんとの復讐」
【監】【脚】小峯隆生【撮】渡部眞【出】佐藤浩之、小野真一、栗原絵美【封】10月15日【時】30分

N45°第3話「情熱の荒野」
【監】佐々木浩久【案】小川智子【脚】佐々木浩久【撮】渡部眞【出】草刈正雄、中島ひろ子、宮城亜矢子【封】10月15日【時】30分

N45°第4話「風は、どっちに吹いている」
【監】中嶋竹彦【脚】横山雅志【撮】渡部眞【出】黒沼弘巳、崔洋一【封】10月15日【時】30分

ヒーローインタビュー
【監】光野道夫【脚】野島伸司、山崎淳也【撮】矢田行男、笠間公夫【出】鈴木保奈美、真田広之、いしだ壱成、安達祐実【封】9月3日【時】106分

東雲楼(しののめろう)　女の乱
【監】関本郁夫【脚】松田寛夫【撮】森田富士郎【出】かたせ梨乃、斉藤慶子、南野陽子、津川雅彦【封】10月1日【時】125分

全身小説家
【監】原一男【撮】原一男、大津幸四郎【封】9月23日【時】147分

ガンガー　俵万智 in カルカッタ
【監】鈴木健介【脚】俵万智、鈴木健介【撮】山本駿【封】9月10日【時】86分

熱帯楽園倶楽部
【監】滝田洋二郎【案】【脚】一色伸幸【撮】浜田毅【出】清水美砂、萩原聖人、風間杜夫、白竜【封】9月17日【時】104分

800　TWO LAP RUNNERS
【監】廣木隆　【原】川島誠【脚】加藤正人【撮】栢野直樹【出】松岡俊介、野村祐人、有村つぐみ、河合みわこ【封】7月9日【時】110分

つねにゆっくりと滑らかに動くキャメラのもと、一つ一つのシークエンスがかるたを並べるように提示されていって、構築性を持たず、そこが逆に面白い。何人もの女の生が並列的に描かれることとは必ずしも関係なく、古典的なドラマのもっと先へ行こうとして、足踏みしているんだ。かたせ梨乃が主役と思いきや、斉藤慶子のほうが中心で、もつのかねえと案じていたら、激した状態で話すシーンでは、台詞がほとんど聞き取れない。むろん欠陥にはちがいないけれど、古典的なスター性とは切れた輝きも彼女には感じられ、そこにもこの映画の独特の位置がうかがえる。

……無理して褒めているみたいではあるが、ま、ドラマづくりの変容に注目しようという意図はわかるよ。その意味において、映画もビデオもテレビも区分できなくなっているし、メジャー／マイナー、メジャー／インディーズといったふうな区分も崩壊した。

——今回の京都国際映画祭は第七回東京国際映画祭・京都大会で、はじめて参加作品に国籍を記さなかった。複合国籍が多くなり、映画を国別で考えることのナンセンスが露呈している以上、作品と個人ということに徹するほかない。ならば、当然ながら日本映画／外国映画という区分だって無効だろう。そのことをはっきり前提として踏まえたうえで、日本映画という範囲にこだわって見つめると、やはり作品と個人の活動があるばかりなんだな。

……原一男の『全身小説家』などを見ると、劇とドキュメンタリーの区分も越えられつつある。この作品をめぐって激しい賛否両論が見られるのも、それと関係があるのじゃないか。

——まずはドキュメンタリー映画であるだけに、だれしもいろんな点で足を取られる。言葉は悪いが、誑《たぶら》かされるわけだ。その最たるものは〝全身小説家〟という題名じゃないかな。画面には、井上光晴の虚言まじりの放言に幻惑される文学伝習所の人々が出てくるのだが、見ている者は、それを撮った原一男の手際に巧みに操られ、井上光晴と人々との関係も、癌闘病記も、経歴詐称の件も、すべてを〝全身小説家〟というヴェールの幻惑のもとに見させられている。具体的にいえば、井上光晴が元気にストリップを演じるところからはじまって、癌の手術などがあり、死で終るが、撮影の順序はそうではなくて、作品内の時制はフィクションでしかない。むろんそのことは容易にだれにでもわかる。だがドキュメンタリーという前提のため、劇映画と同じようには見えない。そのあたりの微妙な手際はみごとで、〝全身小説家〟という語にそれが集約されている。

……原一男はドキュメンタリー映画という点をフルに活用しているわけで、いずれにせよ、映画であるかぎり、幻想性は当然の属性じゃないか。

——井上光晴の少年時代を検証するところで、画面に初恋の少女の写真が出てきたろう。そのとき一瞬、あ、こんな写真が残っていたのか、と思ったんだ。すぐ虚構とわかるけれども、一瞬、それをホンモノと勘違いしたことは事実で、考えてみれば、映画の画面に一枚の写真が登場したとき、ホンモノかニセモノかの区別は意味がない。つまりその写真にはモノとしての力が確実にあって、だからこそホンモノに見えた。ところがこの作品は、その力を、再現ドラマの抒情美のなかに流してしまう。踊る井上光晴のグロテスクな姿も、彼のことをうっとりと語る伝習所の女性たちの顔も、同様にモノとしての力を持つ。それらには、たんにドキュメンタリーだけの問題だけじゃなくて、映画であることの価値が関わっているはずだ。でもそれが〝全身小説家〟とか〝虚構と現実〟というイメージに覆われ、流されてしまうんだな。

……モノに触れる体験がイメージ作用とすり替わる。鈴木健介のドキュメンタリー『ガンガー　俵万智inカルカッタ』は、その点でどうだった。

——徹底してインドイメージをなぞる作品で、その意味でみごとなまでに観光的といえる。で、同じ感覚のもと、舞台をバンコクに移して詐欺ドラマふうに味付けすれば、滝田洋二郎の『熱帯楽園倶楽部』になるんだろう。たとえば廣木隆一の『800　TWO LAP RUNNERS』は、高校生の恋愛や友情や同性愛や近親相姦まで混じった青春スポーツ映画だが、そのイメージに留まることはなく、登場人物たちの関係を印象深く風景のなかに置くことで、イメージを開いてゆく。そこに見られる勢いが映画で、けっして逆ではないはずだろう。萩本欽一の『螢の光』にしても、古典的な域を出ないとはいえ、イメージじゃなくて、渡哲也たち俳優の肉体をちゃんと提示して見せる。

……そうした反イメージの闘いがつまり活劇だというわけだな。

——神代辰巳の『棒の哀しみ』、そして深作欣二の『忠臣蔵外伝　四谷怪談』と、迫力の傑作がつづけば、いよいよ活劇の時代だと確信したくもなるさ。

（第九七回／十二月上旬号）

二つの忠臣蔵

◉深作欣二の『忠臣蔵外伝　四谷怪談』には驚嘆すべき点がいろいろあるが、その第一は一時間四十五分という長さであろう。いくら大胆な省略話法に基づくとはいえ、「忠臣蔵」と「四谷怪談」の二本分のドラマをつづるとなれば、二時間余の大作になっても不思議はない。それをこの長さに仕上げたところに深作欣二の映画思想がうかがえる。

とにかく畳みかけるような画面展開の勢いがすごい。冒頭、浅野内匠頭一周忌の墓参シーンが印象深くはじまったかと思うや、真田広之たちがドタバタ荒々しく揉み合うカットになり、それが松の廊下の刃傷の場面だとわかったとたん、もう彼が切腹の座へ静々と歩むシーンに変わっている。全篇、その調子で進んでゆくが、だからといって、べつに慌しいわけではない。いま触れた刃傷→切腹の展開も示すように、緩急のリズムがみごとで、それが「忠臣蔵」と「四谷怪談」のドラマを一つにうねらせてゆく。描かれるのは殺し殺される劇で、画面には登場人物たちの激情が渦巻くが、印象として明るく澄んでいるのは、そのリズムのゆえであろう。人間ばかりではない、花も風も雨も雪も琵琶の音も、舞い散り吹き荒れ高鳴って、魅惑のリズムのもとに激しい生の姿をくりひろげる。

この映画のそんなあり方が何によって可能になっているのか。むろんアクションの躍動である。しかもそれは、素晴らしいチャンバラの場面が出てくるといったふうな、たんなる手法としてのアクションではなく、映画的表現の本質としてのアクションである。その意味で、ここには「忠臣蔵」と「四谷怪談」の多彩な面白さが一時間四十五分のアクションの塊に凝縮され、活劇として提示されているということができる。

市川崑の『四十七人の刺客』が面白くないのは、この題名にしては活劇でなさすぎるからではなかろうか。二時間を越える長さではなく、具体的な描写がそのように思わせるのである。

この映画は数々の「忠臣蔵」新解釈を売りものにしているが、その一つに吉良邸の要塞化というアイデアがある。むろん赤穂の浪人たちは途中、断片的な図面を持ち寄って、庭に迷路のような塀や柵や濠が設けられた吉良屋敷の見取図を完成させる。ところが奇妙なことに、いざ討入りのシーンになるや、赤穂浪士たちは吉良屋敷の庭や屋内で右往左往をやらかす。彼らはアジトで見取図を広げ、何を語り合ったのか。しかも迷路の部分では、キャメラは斜め上方からの俯瞰になるから、行く手を阻まれて慌てる赤穂浪士の姿が単純に愚かしく見える。これはそんなふうに四十七人の闘いを高みから見物する映画なのか。ついでにもう一ついうなら、大石内蔵助は山科で、夜、襲撃してきた暗殺者を一刀のもとに斬り捨てるシーンではじめてチャンバラを見せるが、野球のバットを振り下ろすような高倉健の殺陣は、どうにも武士らしくはなく、あの「昭和残侠伝」シリーズの花田秀次郎を思い出させずにはおかない。随所の描写がそのように見る者を躓かせる以上、活劇からの遠さに敏感になるのも当然であろう。

この映画は、新解釈の看板を掲げながら、結局のところ〝オールスターキャストの忠臣蔵〟という昔ながらの大作イメージにきっちり収まっている。もう一つの売りものである大石側と吉良側の情報戦にしても、噂を操作するという目に見えない闘いを見えるようにする工夫はなく、台詞で説明されるばかりで、画面の面白さにはならない。わたしは原作に興奮しただけに、多彩な要素がスクリーン上で萎えてゆくさまに虚しさと徒労感を感じつづけた。

たとえば祭主恭嗣の『激安王　通天の角』は、大阪の〝激安ショップ〟を舞台に、あこぎなバッタ屋を罠に陥れて父親の仇を討つ若者のドラマで、ラストの仕掛けは『スティング』（一九七三）を思わせるが、だからといって虚しさはない。ああ、やっぱり、との思いが動くことで、たしかに画面の活性は落ちる。また、この新人の作品としては、この長篇第一作より、WOWOW「J・MOVIE・WARS Ⅱ」における「N45°」の中篇『ワンダー・ラビッシュ』のほうが面白い。そんな不満は持っても、空しさや徒労感とはまったく無関係である。

このいま、この現在、面白い映画、刺激的な映画を、どう仕掛けるか。だれもがそのことに全力をふりしぼっているのだが、さて、そんな映画的エネルギーは結果的にどうなっているのか。たとえば鴻上尚史の『青空に一番近い場所』のような〝映画ごっこ〟を見ても、そんな問いを思い浮かべることはありえず、愚かさにうんざりして終る。しかし『四十七人の刺客』がそれと同列にあるわけはなく、その虚しさは映画の現在において罪が深いといわねばなるまい。

おそらく『忠臣蔵外伝　四谷怪談』も新解釈という点で注目されようが、画面に実現されるのは二つの劇の解体と再生であり、新しい劇の創出である。

赤穂藩に召し抱えられて貧しさの底から這い上がったと思ったとたん、刃傷事件に遭遇して浪人に戻った民谷伊右衛門は、琵琶の門付けで糊口をしのぎつつ仇討ちに備えるが、その間、湯女のお岩と結ばれる。いつも暗い思念に心を蝕まれているような佐藤浩市と、童女の笑顔と豊かな肉体を持つ無心そのものといっていい高岡早紀との、不思議な対照性の輝きを放つカプリングが素晴らしい。そんな二人のあいだに、白塗りの別世界に住まう武家娘お梅の狂気にも等しい深情けが割り込み、不安と貧乏の底で喘ぎつづける伊右衛門は、吉良家への仕官を前提にお梅との結婚を承諾し、お岩はそれゆえ毒を盛られ、全員が惨劇へ雪崩れ込んで……。そこに見られるものを、飢えと無垢の葛藤による惨劇とでも呼べばよかろうか。そして、いわばその対極に、政治の世界を知り尽くした大石内蔵助がいる。ラスト近く、討入りを前にした宴席で赤穂浪士が〝夜討曾我〟を舞い、伊右衛門が断念の琵琶を鳴らしてお梅が狂喜の乱舞をくりひろげ、お岩が毒薬で顔を崩れさせて苦悶し、と、三つの空間が音楽と舞踊の重なりで熱いうねりを出現させるくだりには、飢えと無垢と政治の葛藤

忠臣蔵外伝　四谷怪談
監深作欣二脚古田求、深作欣二撮石原興出佐藤浩市、高岡早紀、荻野目慶子、津川雅彦封10月22日時106分

四十七人の刺客
監市川崑原池宮彰一郎脚池上金男、竹山洋、市川崑撮五十畑幸勇出高倉健、宮沢りえ、中井貴一、浅丘ルリ子封10月22日時129分

激安王　通天の角
監祭主恭嗣原川辺優、郷力也脚鄭義信撮小西泰正出高橋和也、国舞亜矢、軌保博光、高島礼子封10月15日時87分

青空に一番近い場所
監脚鴻上尚史撮長谷川元吉出吉岡秀隆、長谷川真弓、真屋順子、三浦友和封10月15日時102分

エンジェル・ダスト
監石井聰亙脚生田萬、石井聰亙撮笠松則通出南果歩、若松武、豊川悦司、滝沢涼子封9月23日時116分

棒の哀しみ
監神代辰巳原北方謙三脚神代辰巳、伊藤秀裕撮林淳一郎出奥田瑛二、永島暎子、高島礼子、哀川翔封10月1日時120分

が沸騰していよう。

わたしはふと、赤穂浪士の喰いつめた哀れな姿に『浪人街』(一九五七)を、武家への仕官に必死になる伊右衛門の姿に『人情紙風船』(三七)を想起した。たんに題材による類推とは違う。このいま、面白い映画をいかに仕掛けるか、というときの、そのエネルギーのあり方が、時空をはるかに越えて通じ合っているのである。

石井聰亙の十年ぶりの長篇『エンジェル・ダスト』は、どうやらその一点において迷走状態に陥っている。連続殺人事件、その謎を追う異常心理分析官、浮かび上がる新興宗教と逆洗脳士、といったふうに、いかにも現代的な題材のもとにサイコサスペンスがつづられるが、まさにそれにふさわしく、随所の描写がなにかの喩を感じさせずにはおかない。冒頭、ヒロインが暗黒の洞穴のなかを夫と進むうち、一瞬、相手が過去の男の姿になり、それが悪夢だとわかるところなどは、最たる例であろう。丘の上の逆洗脳士の丸い建物も、なかの円形のマインドコントロール室も、そこで大きな役割を演じるテレビのブラウン管も、意味ありげな形に見え、捜査官のヒロインをめぐる人間関係の細部のいっさいが喩の解読を迫ってくるのである。かつて石井聰亙の作品において、こんなふうな画面のあり方があったろうか。

この映画では、東京の夜景が無気味に美しいが、それにくらべて、丘に丸い建物のある風景も新興宗教の本部の幾何学的な姿も、富士の樹海のなかも、書割りのように安っぽい。明らかにこれは、後者がしょせん喩や意味のためにあるのに対し、東京の夜景がそれらと無関係な輝きを放っているからであろう。また、画面づくりは、心に関わるドラマゆえ台詞に頼って進められつつ、同時に、随所で台詞が聞き取りにくくされている。こうしたことから見ても、まちがいなく石井聰亙は、どう面白い映画を仕掛けるかという一点において、いうなればアンビバレンツな状態に陥っていると思われるのである。かつて石井作品にあった強烈な音楽性に対する不明確な姿勢といってもよく、ここから何が起こるのかと刮目させるという意味で、この映画を大いなる失敗作と呼ぶことができる。

神代辰巳の『棒の哀しみ』はその点でじつに明快である。乱暴にいってしまえば、ここには何もない。描かれるのは公団の２ＤＫにひとりで住む暴力団幹部の日常生活で、サラリーマンにしか見えないこの男がいかに暴力の世界を生き抜いてゆくかの話だといえば、異色やくざ映画のように思え、北方謙三原作ということから、男の生き方をめぐるハードボイルド映画にも見えるが、この映画はどんなジャンル区分も突き抜けてしまっている。やくざ映画やハードボイルド映画の常識を覆すとか新解釈とか、そんなことではなく、いわば映画が手ぶらで立っているだけで、それ以外に何もない。そのあり方が既成の区分に無効を告げるとともに、面白い映画をどう仕組むかを明快に示しているのである。

たとえば奥田瑛二がしょっちゅう独り言を呟く。むろんそれが筋の説明に関わることもあるが、基本的には無意味な動作で、意味ではなく、ただ主人公の生のありさまだけを表現する。わざと自分から腹を刺され、背広のボタンをつけたのと同じ針と糸で自ら血だらけの傷を縫う行為にしても、生の一場面と呼ぶべきものの表現という以上でも以下でもない。まさしくこの作品自体がそのように存在するのである。主人公の感じさせる本質的な無名性にならって、それを映画の無名性と呼ぶことができようか。

この『棒の哀しみ』については、ふたたび『忠臣蔵外伝　四谷怪談』を登場させて、石井隆の『夜がまた来る』や竹中直人の『119』などとともに、もっと語らねばならない。


（第九八回／十二月下旬号）

映画の無名性

◉竹中直人の『119』は消防士が主人公の映画だが、火事などついに一度も起こらず、つまりこれは消防士の英雄的活躍を謳い上げる大火災スペクタクル映画ではまったくない。惹句「ハートに火をつけて」にあるとおり、恋の炎だけは全篇に燃え盛る。しかしそれも、甘美にドラマチックに展開するわけではなく、わいわいがやがやの賑わい状態のままに進んで終る。その意味で、大火災スペクタクルものを映画と呼ぶなら、これは映画ではない。あえてそこを強調すると、火事にそなえて待機しつづける男たちからは、事件としての映画を待ち望む映画観客の姿が連想される。

むろん『119』を見る人は、最初から大火災スペクタクル映画を期待したりはすまい。もし期待したところで、ものの五分も見ていれば、そんなふうな映画とは別のものだと思い知らされるであろう。そして、たとえば、ふと気がつくと、登場する消防士たちの顔のいろいろなさまを面白がり、その田舎町に暮らす顔たちが一人の美女の出現でたちまち右往左往をおっぱじめる光景を楽しんでいる。この場合、そんな〝顔のいろいろ〟を〝個性的〟と形容するのは正確ではなかろう。たしかにどの男もじつに個性的ではあるが、画面では、赤井英和や竹中直人らのイメージのもたらす個性ではなく、いわば裸の個としての顔がいくつも踊りまわるのである。

ここでは、そんなふうに、個的な顔つまり肉体のわいわい賑わうさまがスペクタクルになっている。つまりそれは、この作品の差し出すものが、事件としての火災や恋ではなく、事件としての映画だということにほかならない。

石井隆の『夜がまた来る』も同じようなことを感じさせる。

というのは、ほかでもない、この作品が、暴力組織に潜入して殺される若い麻薬Gメン、復讐の鬼となって生き地獄を這いずりまわる美貌の妻、自分の殺した男の妻に想いを寄せる暴力団幹部、といったふうに、話の設定からして、明らかに既成の映画パターンに意識的にどっぷり漬かっているからである。あるいは個々の描写を見てみよう。たとえば夜の波止場でGメンが殺されるシーンでは、ピストルを撃つ男が後姿で出てくること、敵の獣どもから凌辱された喪服姿のヒロインが夫の遺骨を齧ること、自殺に失敗した彼女がクラブのホステスになって敵の暴力団組長に近づくこと、麻薬漬けのヒロインが工事中のビルの地下室に閉じ込められ禁断症状に苦しむとき、蛆が全身を這う幻覚に襲われたりすること、ラスト近く、ついに追い詰められた組長がいきなり土下座して詫びること……。書き並べればキリがないが、ともあれこうした描写のあり方からしても、この種の映画でお馴染みの表現パターンが意識的に踏まえられていることは疑いもない。ならば、この『夜がまた来る』は一見ナツメロふう題名が匂わせるように懐旧情緒の映画か。むろんそうではない。まったく古臭さは見られず、むしろ逆に新しい。ここでは、古ぼけたお馴染みのパターンをあえて踏襲することで、それに潜む富が生き返らされているのである。反復の勢いによる突き抜けといってもよく、その一点に事件としての映画が輝いている。

反復による突き抜けは何によって可能になっているのかとなれば、やはり描写の力という以外ない。パッと思いつくほんの二、三の例を挙げても、冒頭、奇妙な絵模様がじょじょに拳銃のグリップに描かれつつあるハートの形だとわかるくだりや、土砂降りのなか、汚い運河から麻薬Gメンの永島敏行の水死体が引きずり上げられるシーンや、ラスト、ヒロインの眼前で、潜入刑事の根津甚八と狂犬のごとき椎名桔平が透明ビニールの傘と長ドスで凄絶な死闘をくりひろげる場面などには、描写のエネルギーが沸騰しており、沸騰ぶりそのものでドキドキさせずにはおかないが、そんな描写自体の力が全篇に漲っているのである。

ヒロイン夏川結衣がその中心にいることはいうまでもない。昨年の異色作『空がこんなに青いわけがない』でも素晴らしかったが、今回はさらに一段と本格的な輝きを放っている。ただし、ある留保をつけなければならない。画面の彼女を見ていると、境遇の転変とともに姿やメイクを変えるせいもあって、表情が一定せず、ほとんど顔が覚えられないとさえいえるからである。そのことは女優としてのキャリアの短さにも関わり、未熟さと見なされるかもしれないが、わたしの判断では、そんな彼女だからこそ、むしろ逆に、まだ個性にならない混沌状態の新鮮さが輝き、殺意の塊となった女の生を肉体として表現しえている。つまりここでの夏川結衣に見られるのも、さきほど『119』について述べたこと、個性的な顔ではなく個的な肉体としての顔ということであって、それこそが映画的な肉体を実現するのである。〝一段と本格的〟とはそんな事態を指している。

すべては石井隆の映画的意識の強烈さから発するのであろう。彼は『夜がまた来る』の直前に同じスタッフで『天使のはらわた　赤い閃光』を撮ったが、そこでは、少女時代にレイプ体験を持つヒロインの不安な生の状況が、写真を撮ることやビデオを見ることを軸にくりひろげられる。『夜がまた来る』では映画的意識が描写の具体において発揮されるとするなら、『赤い閃光』はそれを仕掛けとして発動させるといえようか。いずれにせよ、映画的な肉体とはそうした営みの総体のことにほかならない。

たとえば梶間俊一の『集団左遷』を見ると、東映がやくざ映画路線に替わる鉱脈を求めて、闘うサラリーマンの映画をつくったことはわかるが、残念ながら少しも面白くない。おそらくこれは、新路線を模索する映画的意識が〝リストラ社員〟の奮闘という題材の社会性だけに向けられ、事件としての映画ということが放置されているからであろう。あるいは渡邊武の『極つぶし』はきっちり半分しか面白くない。元やくざの若い刑事と警官崩れの中年極道が強引にコンビを組まされるまでの画面は躍動しているが、後半、二人が〝極悪人つぶし〟に取り掛かるや、ありふれた描写と展開でボルテージが落ち、ついに木村一八が映画的な肉体を生ききれずに終るのである。これに対し、松島哲也の『LEVEL』が成功しているのは、何を描くかの意識のすべてを仲村トオルの肉体に絞り込んだことによるにちがいない。平凡なサラリーマンが亡父のあとを継いでパチスロ店の経営に乗り出し、やがて悪と暴力の裏社会へ堕ちてゆくとき、彼の放つ頽廃の気配は甘美さをも匂わせるが、明らかにその危険な魅惑はしたたかな映画的意識の結実であろう。注目すべきことに、ここでも仲村トオルは個性的ならぬ個的な肉体の力をこそ示している。

前回、神代辰巳の『棒の哀しみ』について書いたさい、映画の無名性という語をわたしは使ったが、あらためてそれを強調したい。夏川結衣のあり方、つまり女優として混沌状態にあればこそ個性的ではなく個的な存在として輝いているとは、まさに映画の無名性ということの発現にほかならないと思われる。

考えてみれば『棒の哀しみ』と『夜がまた来る』はまるで対照的である。前者はイメージとして、一見やくざ映画やハード

119
監竹中直人脚筒井ともみ、宮沢章夫、竹中直人撮佐々木原保志出赤井英和、鈴木京香、竹中直人、塚本晋也封11月5日時110分

夜がまた来る
監脚石井隆撮笠松則通出夏川結衣、根津甚八、寺田農、椎名桔平封10月22日時108分

天使のはらわた　赤い閃光
監脚石井隆撮笠松則通出川上麻衣子、速見典子、鶴見辰吾、根津甚八封9月10日時87分

集団左遷
監梶間俊一原江波戸哲夫脚野沢尚撮鈴木達夫出柴田恭兵、中村敦夫、津川雅彦、萬田久子封10月29日時107分

極つぶし
監渡邊武原土山しげる脚石川雅也撮今泉尚亮出木村一八、大森嘉之、安原麗子、安岡力也封10月15日時90分

LEVEL
監松島哲也原河本智彦、佐多みさき脚福田卓郎、松島哲也撮石井勲出仲村トオル、佐倉しおり、田口トモロヲ、呉めぐみ封11月26日時84分

ボイルド映画でありつつ、そんな描写が見られず、あたかも映画がいっさいの名付けを拒んで手ぶらで立っているのに対し、後者では、既成のさまざまな映画スタイルが踏襲反復されているのだから、容易に同列には並べられない。けれども結果的には疑いもなく両者は相似形をなしていよう。奥田瑛二と夏川結衣がそのことを体現する。『棒の哀しみ』の主人公は、うだつの上がらぬ中年管理職サラリーマンみたいに見えるが、暴力沙汰の瞬間の身のこなしは無気味なほどに素早く過激で、おぞましさを放たずにはおかない。べつにファナティックでもエキセントリックでもないからこそ、異様さが際立つのである。ごく日常的でありつつ、手ぶらのまま日常を越えてしまっている異貌の生、とでもいえようか。その手ぶら状態が感じさせる本質的な無名性は、まちがいなく『夜がまた来る』の夏川結衣に通じている。むろん奥田瑛二は濃密なキャリアの俳優で、同列に並べがたいが、プロとしての達成のもと、まさしく対照的な位置から同じ無名性の領域へ輝き出ているのである。

　ここで深作欣二の『忠臣蔵外伝　四谷怪談』を思い起こそう。さきほど『夜がまた来る』について、古い映画のお馴染みのパターンが踏襲反復され突き抜けられていると述べたが、相似の光景が『忠臣蔵外伝　四谷怪談』に見られよう。そこでは、二つの名高い古典劇が解体されたあげく、新しく生まれ変わっている。そしてこの場合にも、そうした突き抜けの力を体現しているのは、高岡早紀の肉体が放つ無名性の輝きである。

　神代辰巳、深作欣二、石井隆、竹中直人、この四人が対照的な位置から同じ域へ踏み込んでいるとは、ドキドキせずにはいられない話ではないか。

（第九九回／一九九五年一月下旬号）

つくる力、見せる力

◉高橋伴明が頑張っている。ほぼ同時期に公開された『愛の新世界』と『修羅の帝王』を見て、そう思うのは、きっとわたしだけではなかろう。前者では、昼は小劇団員、夜はアルバイトでSMクラブの〝女王様〟という若い女性の日常生活が風俗ドラマふうに描かれ、後者は、暴力の掟の桎梏でのたうちまわる若者たち四人の姿を、いわば新種のやくざ映画としてつづって、硬軟まるで違っているのが面白い。そして少し踏み込めば、むろん別の様相も見えてくる。

　軟派の『愛の新世界』には、劇団での稽古や性的関係の模様、〝女王様〟としてのプレイぶり、意気投合したホテトル嬢と遊び回る姿など、ヒロインの日々を描く画面のほか、荒木経惟による主演女優鈴木砂羽のヘアヌード写真、その撮影現場の記録など、いろいろセクシャルな映像が登場するが、その雰囲気ではなく、何種類もの次元の異なる映像を乱雑に並べること自体が、日本の〝いま〟をなまなましく浮かび上がらせる。その意味では、平面性の豊かさが感じられるといってよかろう。この映画のヒロインは印象が強烈なわりに、どうも顔が覚えにくい。明らかにそれは、彼女がキャラクターとしてではなく一個の肉体として輝いていることの証左で、そこにも平面性の豊かさが現われている。

硬派の『修羅の帝王』では、クリーニング屋を営む元やくざの主人公のところへ、弟がムショから戻ってきて、武闘派復帰を挑発し、敵を煽り、その狂気じみた行動のために、主人公の女房の兄でもある昔の仲間が殺され、全員に危機が迫るが、主人公はついに立ち上がらない。かつてのパターンなら、我慢に我慢を重ねたあげく殴り込むところを、である。惨劇の果てに彼は銃を手にするが、そこでストップモーションになって、映画は終る。その静止画像が象徴するように、ここでの主人公の現在とは、ただひたすら動かぬこと、なにもしないことだといえよう。だからこそ随所で、彼らのやくざ時代の熱い過去が仄見える。注目すべきは大過去もあることで、幼い時代の彼らが〝「仁義なき戦い」ごっこ〟をして遊ぶ光景には、胸がざわめく。そうした描写は失われた共同性への感傷的なまでの熱い想いを告げるが、ラストのストップモーションは、それを切断するとともに、その平面性が何を踏まえているか、動かぬ伊原剛志の兄と狂気じみた椎名桔平の弟の現在とは何かを鮮烈に突き出すのである。

二作品はそんなふうに共通したものを感じさせる。そして、どちらも工夫をいろいろ凝らしてあるが、明と暗に異なるニュアンスのもと、軽やかな表情を見せている。頑張っているとはその軽やかさのことにほかならない。

愛の新世界
【監】高橋伴明【原】島本慶、荒木経惟【脚】剣山象【撮】栢野直樹【出】鈴木砂羽、片岡礼子、武田真治、袴田吉彦【封】12月17日【時】115分

修羅の帝王
【監】高橋伴明【原】溝口敦【脚】高田純、剣山象【撮】長田勇市【出】伊原剛志、椎名桔平、宮坂ひろし、村上聡美【封】12月3日【時】85分

居酒屋ゆうれい
【監】渡邊孝好【原】山本昌代【脚】田中陽造【撮】藤澤順一【出】萩原健一、山口智子、室井滋、三宅裕司【封】10月29日【時】110分

ナチュラル・ウーマン
【監】佐々木浩久【原】松浦理英子【脚】松浦理英子、佐々木浩久【撮】渡部眞【出】嶋村かおり、緒川たまき、中島ひろ子【封】12月17日【時】83分

河童
【監】石井竜也【脚】末谷真澄【撮】長谷川元吉【出】陣内孝則、舟越圭佑、原田龍二、藤竜也【封】12月10日【時】118分

ゴジラVSスペースゴジラ
【監】山下賢章【脚】柏原寛司【撮】岸本正広【出】橋爪淳、米山善吉、小高恵美、吉川十和子【封】12月10日【時】108分

家なき子
【監】細野英延【案】野島伸司【脚】いとう斗士八【撮】阪本善尚【出】安達祐実、堂本光一、京本政樹、小柳ルミ子【封】12月17日【時】92分

月より帰る
【監】【脚】【撮】じんのひろあき【出】満田幸一郎、高橋祐子、菅原務、石川秀樹【封】12月10日【時】84分

ゴト師株式会社Ⅲ
【監】後藤大輔【原】下田一仁、佐原充敏【脚】井川耕一郎、後藤大輔【撮】志賀葉一【出】根津甚八、喜多嶋舞、田村亮、中嶋美智代【封】12月3日【時】92分

893(ヤクザ)タクシー
【監】黒沢清【脚】釜田千秋、黒沢清【撮】喜久村徳章【出】豊原功補、森崎めぐみ、森嘉之、大杉漣【封】11月4日(OV)【時】79分

KAMIKAZE TAXI
【監】【脚】原田眞人【撮】阪本善尚【出】役所広司、高橋和也、片岡礼子、ミッキー・カーチス【封】1995年4月29日【時】169分

男はつらいよ　拝啓車寅次郎様
【監】【原】山田洋次【脚】山田洋次、朝間義隆【撮】高羽哲夫【出】渥美清、吉岡秀隆、牧瀬里穂、かたせ梨乃【封】12月23日【時】101分

釣りバカ日誌7
【監】栗山富夫【原】やまさき十三、北見けんいち【脚】山田洋次、高橋正圀、関根俊夫【撮】安田浩助【出】西田敏行、三國連太郎、浅田美代子、名取裕子【封】12月23日【時】97分

渡邊孝好の『居酒屋ゆうれい』も軽やかな映画で、この世とあの世を一つにつないでのドラマを、ユーモラスにほのぼのと軽妙に描いてゆく。その上出来ぶりは大いに称讃されるべきだと思うが、基本的な疑問もいだく。オバケが出てくるのに、なぜ怖くないのか。もちろんオバケ＝怖いという図式に固執する必要はないし、前妻との約束を破って再婚した居酒屋の亭主も、後妻も、化けて出る前妻も、すべて善人で、およそ悪人が一人も登場しない映画なのだが、しかし、あの世とこの世を直結すること自体の怖さがゼロというのは変ではないか。和やかな居酒屋の空間にあるのは、なにかを捨象したからこその軽やかな平和であり、女二人が異様にはしゃぐのは明らかにそのせいらしいと思われる。

同じ軽やかさでも、実質はまったく違う。そこが気になるのは、映画の現在的な問題に関わるからであろう。

たとえば佐々木浩久の長篇第一作『ナチュラル・ウーマン』を横に並べてみよう。かなり雑駁な映画で、上出来とは程遠い。ヒロインは現在の仕事仲間の女性にひかれつつ、もう死んでしまった過去の女友達との関係から抜け出せないでいるが、過去と現在をしきりに往還するそんな物語をつづるにあたって、カットがわざと間違えたみたいに乱雑に並べてあるため、画面はバラバラの感じで、まるで三人の若い女が過去とも現在ともつかぬ時制に浮遊しつつ、性愛的感情をぎくしゃく屈折させてゆくかに見えるのである。それは文句なしに欠陥であり、と同時に、情感の揺れを安直に物語へ収束させない点が面白いともいえる。

いま、わたしは軽やかさとか雑駁さを云々しているが、むろん本当はそんなこと自体はどうでもいい。問われるべきはもっと別のことであろう。

石井竜也の『河童』がその点で示唆に富んでいる。まず驚くのは、この新人監督がみずみずしく柔軟な感性のもと、鮮明に一つの世界をつくりあげる力を持っていることで、たとえば田園の風景描写の手応え、洞窟内にあるオブジェ塔のような宇宙船の存在感、その一部で母河童の住むカプセルのリアルさなどに、それを見ることができよう。現在の父親と息子の関係、四十年前のその父がまだ子どもだったころの父親との関係、この二つを、時空を超えた河童との友情を軸に重ね合わせるドラマは、だからメロドラマとして涙ぐませもする。問題はそんな効果のあり方で、一つの世界をつくる力のわりには、作品の訴え出すものがチャチすぎるではないか。もちろんメロドラマが良くないのではなく、それの訴え巻き込む力があまりに低レベルなことに疑問を持つのである。

わたしの判断では、過去の描き方に問題がある。四十年前の村の部分は回想シーンとして出てくるから、ある心情に包まれているのは当然だとはいえ、直截には提示されず、あらかじめ過剰なイメージ的粉飾のもとにあり、それがチャチさを生むと思われるのである。たとえば駐在の父親の不自然なはしゃぎぶりは見苦しいし、話される田舎言葉も村人たちの愚鈍な言動も、絵にかいたようなパターンを一歩も出ず、安っぽさのみ感じさせる。もしかしたら村の言葉はホンモノの田舎言葉なのかもしれないが、たとえそうであっても、スクリーン上ではイメージと結びついてしまう。それは、ここでの河童が〝E.T.〟をイメージさせるのと同じことであろう。愚鈍ということでいえば、父親の壮絶な死の場面で、洞窟の惨事とそれを見守る対岸の村人たちの姿とがカットバックされるが、いくら悲愴感を盛り上げようと、両者の位置関係がいいかげんで、つまり距離感まで愚鈍なため、白々しさを拭えない。

こうした『河童』のあり方に、ある容易ならざる事態を指摘することができよう。つくる力はあるが、しかし見せる力は弱い、ということである。

たとえば山下賢章の『ゴジラVSスペースゴジラ』では、何種類もの怪獣をつぎからつぎに登場させ、てんでんばらばらに走り回る何人もの主要人物の活動のもと、三つ巴ならぬ四つ巴や五つ巴の闘いがごちゃごちゃ、つねにその場かぎりで描き出されてゆく。ここにも、いちおうサマになる怪獣SF映画をつくる力はあるが、ちゃんと見せる力が弱い、という事態が露呈しているのである。むろんこれはおかしな話で、サマになるには、見せる力も前提として含まれていなければならない。だが、いまや、その程度のことであれば、カネや技術でもって、つくる力はなんとかなる。細野英延の『家なき子』の場合には、テレビ局というシステムも加わり、つくる力だけは保証しているということであろう。

じんのひろあきの監督第一作『月より帰る』をそれらと同列に並べるのは、酷かもしれない。けれども『河童』と同様に、研ぎ澄まされた感性のもと、ある一つの世界をつくりあげる力が感じられれば感じられるほど、見せる力の稀薄さが浮かび上がってくる。あちこちの超モダンな建物や場所を舞台に、月から帰ってきた男をめぐる近未来の街の話を描く、といったふうに説明すれば、すぐ想像される以上のものは、ほとんどないのではないか。アイデアには感心するが、魅せられないという意味で、この場合には、カネやシステムのかわりにアイデアがつくる力を支えているのである。

これに対し後藤大輔の『ゴト師株式会社Ⅲ』は、すでにお馴染みのパチンコ業界の裏話を新鮮な勢いで見せる。あるいはオリジナルビデオだが、黒沢清の『893《ヤクザ》タクシー』や原田眞人の『KAMIKAZE TAXI』には、通常の映画感覚をズレさせてゆくような面白さがあって、注目に値する。明らかにこれらの場合には、いかにつくるかということより、見せる力をいかに仕組み発揮するかにエネルギーが費やされているにちがいない。

山田洋次のシリーズ第四十七作『男はつらいよ　拝啓車寅次郎様』と栗山富夫の『釣りバカ日誌7』がともにつまらない

のは、見せる力の欠落による。昨年の末、どこかの週刊誌から、もう寅さんには〝安楽死〟してもらおうといった趣旨の記事の取材電話があって、冗談じゃない、二十作くらいまでならまだしも、ここまでくれば、マンネリの極みに徹してもらわねばならず、その果てにあるとすれば〝安楽死〟ならぬ〝野垂れ死〟だろう、と述べたが、案の定、その意見は採用されず、雑誌には呑気な〝安楽死〟談義が載っていた。そのあと、今回の作品を見ると、ますます確信を深めるほかない。寅さんが持ち前の理不尽さをウソみたいに失って分別臭くなり、マドンナがたんに通過する人になるとは、長い歳月、積み重ねてきた貴重な富の放棄ではないか。マンネリに徹するのも、見せる＝魅せることである。

（第一〇〇回／一九九五年二月下旬号）

1994年 山根貞男ベストテン

1	トカレフ
2	忠臣蔵外伝　四谷怪談
3	棒の哀しみ
4	夏の庭　The Friends
5	夜がまた来る
6	エレファントソング
7	釣りバカ日誌スペシャル
8	119
9	全身小説家
10	エンジェル・ダスト

『GONIN』
監督:石井隆
写真提供:松竹

1995年

カタルシスの形

◉崔洋一の『平成無責任一家　東京デラックス』は、詐欺師たちのドラマではあるが、詐欺そのものを描いて見せる映画ではない。破天荒な『月はどっちに出ている』のスタッフ・キャストが今度は詐欺師の映画を撮ったと聞いて、わたしなどは題名から植木等の「無責任」シリーズを思うとともに、その少し前の森繁久彌や小林桂樹がペテン師になる東宝喜劇も連想したが、勝手な思い込みは軽く足払いを喰わされた。どうやらそのあたりにこの映画の魅力がある。

むろん詐欺の手口を見せるシーンはさまざまに出てくるが、描写の力点は、騙し騙されるさまの一部始終を面白おかしく描き出すことにはない。たとえば岸谷五朗の主人公の動きを見よう。一家の次男でいつも詐欺の中心にいる彼は、ぞろぞろみんなで上京し、ある床屋に入り込んで全員の住まいを確保するや、螢雪次朗のオカマクラブのマスター、ルビー・モレノのフィリピンパブのママ、鰐淵晴子の料亭の女将、七瀬なつみのレゲエクラブのママと、やつぎばやに四人をカモに罠を仕掛けてゆく。画面では、彼が相手の店に現われ調子よくペラペラやる光景が、連続的に描かれるのである。そして以後、彼とカモたちの関係が、一家の他のメンバーの動きをまじえてつづられる。ざっとそんなふうに、すべての描写が並列的になされ、個々の騙しのドラマはそのなかに埋もれるといえよう。詐欺の行方が描かれないわけではないが、それ以上に並列性の生み出す渦動のほうが強烈に迫ってくるのである。

一家の全員が路上に並んで突っ立つ場面が何度かあって、じつに印象深い。ぞろぞろ並んで歩くことも含め、並列性の強調は明らかであろう。遠近法的なあり方の排除といいかえてもいい。この映画では、なにごとも、発端→展開→結末といったパースペクティブのもとには描かれないのである。たとえば一家のメンバーには、絵沢萠子の母親と父親違いの四人兄弟のほか、もとは彼らの詐欺の被害者だったのが仲間になってしまった男や親戚の連中もいるが、その経緯は語られず、岸部一徳、麿赤兒、國村隼、塩見三省らのただならぬ気配だけが並べて突き出される。つまり、彼らの顔貌からなにか複雑な想いのあることだけが提示されればよいのであろう。

明らかに『東京デラックス』という映画は、説明抜きのただならぬ気配の渦動で成り立っている。むろんそれを体現するものが、群れて流浪し、どこでもむしゃむしゃ食べ、しゃべりまくる妙な家族の一団にほかならない。

大森一樹の『大失恋。』も並列性の映画で、遊園地を舞台に八組の男女の恋が同時並行的につづられてゆく。そんなドラマづくりの形は昔からあるが、短い描写の断片をシャッフルして並べ連ねる方法は、最近の例としてはロバート・アルトマンの『ショート・カッツ』（一九九三）を思い起こさせずにはおかない。べつに模倣は悪くないし、八つのドラマはなかなか巧みに捌かれている。だが結局のところ、その技法のほかに何があるのだろう。あえて比較すれば、あちらが一つの街の息づきを浮かび上がらせるのに対し、こちらはしょせん遊園地でしかないために、技法ばかりが目につく。大森一樹の才能がその程度に使われてしまうのも、きっちり遠近法のあるドラマを差し出すことの困難なゆえであろう。

たとえば佐々木正人の『餓狼伝』を見ると、闘うことに命を賭けた男たちのドラマが一直線につづられている。話としてはなんとも古臭いが、プロの格闘家たちの出演により、まさに生身がドラマになまなましさを付与し、様相を一変させたといえよう。すずきじゅんいちの『女帝』の場合には、株相場に狂奔する料亭の女将という俗悪な見かけのもと、神話みたいに清純なメロドラマが描かれてゆくが、俗悪性と神話性の一体化は、周知の事件がモデルであることに支えられてもいる。つまりこれらの映画では、ドラマの遠近法が外在的な力のもとに成立しているのである。本当をいえば、そんな力の助けは必要ないが、純然たるフィクションの内在性だけで遠近法を実現しようとすることの困難の例は、多く見られよう。殺人事件に巻き込まれた姉妹の騒動をゲーム感覚で描こうとして、若い女の姦《かしま》しさがそのまま表現の粗雑な姦しさになった本田昌広の『四姉妹物語』などは、その悪例であり、だれに見せるつもりでこんな映画をつくったのかとの疑問のみそそる点で、君塚匠の『ルビーフルーツ』は最悪の例である。それらにくらべれば、遠近法も技法も最初から放棄している点を含め、加藤哲の『ただひとたびの人』は、尺八を吹くことのみに生きる若いミュージシャンのさすらいを描いて、ひとりよがりの意志を小さな映画として確実に差し出す。

篠田正浩の『写楽』にも並列性がうかがえる。江戸寛永期を駆け抜けた謎の絵師〝写楽〟の正体、爛熟した時代相と青春の関係、メディアとその仕掛け人の問題、表の文化と裏の文化……。いくつものそうした要素を、多彩な登場人物の渦巻くなか、並行的に描きつつ重ね合わせて、絢爛豪華な一大絵巻物がくりひろげられようとするのである。

狙いはよくわかるが、いったいこの面白くなさはどうしたこ

平成無責任一家　東京デラックス
【監】崔洋一【脚】鄭義信、崔洋一【撮】上野彰吾【出】岸谷五朗、絵沢萠子、高橋和也、岸部一徳【封】1月28日【時】109分

大失恋。
【監】大森一樹【原】清水ちなみ【脚】尾崎将也、大森一樹【撮】渡部眞【出】萩原聖人、山口智子、武田真治、舘ひろし【封】1月21日【時】103分

餓狼伝
【監】佐々木正人【原】夢枕獏【脚】久保直樹【色】佐々木正人【撮】原秀夫【出】八巻建志、本田博太郎、石川雄規、藤原喜明【封】1月25日【時】95分

女帝
【監】【脚】すずきじゅんいち【撮】田中一成【出】真行寺君枝、高橋悦史、椎名桔平、山口美也子【封】2月4日【時】94分

四姉妹物語
【監】本田昌広【案】赤川次郎【脚】大川俊道【撮】猪瀬雅久【出】清水美砂、牧瀬里穂、中江有里、今村雅美【封】1月28日【時】103分

ルビーフルーツ
【監】君塚匠【原】斎藤綾子【脚】槇美桂恵、君塚匠【撮】長谷川元吉【出】南果歩、有村つぐみ、戸川純、高島礼子【封】1月21日【時】95分

ただひとたびの人
【監】【案】【構】加藤哲【撮】宮武嘉昭、内藤雅行、田中一成【出】大村波彦、左幸子、山本恵美子、木田三千雄【封】1月7日【時】105分

写楽
【監】篠田正浩【原】【脚】皆川博子【色】堺正俊、片倉美登、篠田正浩【撮】鈴木達夫【出】真田広之、岩下志麻、葉月里緒奈、フランキー堺【封】2月4日【時】138分

東京兄妹
【監】市川準【案】藤田昌裕【脚】藤田昌裕、猪股敏郎、鈴木秀幸【撮】川上浩市、小林達比古【出】緒形直人、粟田麗、広岡由里子、手塚とおる【封】1月14日【時】92分

となのか。歌舞伎に浮世絵に吉原遊廓と、江戸の華を三題噺ふうに並べ、いくら華麗さを気取っても、ごてごての厚塗りにしか見えず、むしろドラマがそんな彩りの陰で行方不明になって、興をそそらない。細部には楽しめる部分もある。歌舞伎役者の下っ端で〝写楽〟に生まれ変わる青年を、真田広之は、その名の〝とんぼ〟も含めて肉体の運動において素晴らしく演じて見せるし、フランキー堺の文化プロデューサーとしての蔦屋重三郎もいい。厚化粧の画面も、その瞬間その瞬間には迫力を放つ。だがなにも重なっていかず、たんにバラバラに終始する。岩下志麻の頭領の率いる路上芸人集団も、主人公と花魁を結ぶ黒猫も、ぞろぞろ出てくる歌麿や十返舎一九や北斎や鶴屋南北や山東京伝なども、すべて彩りでしかない。印象的には、途方もない浪費を見せられたような空しさ、とでもいえようか。

ここでの並列性は、さきほどの『東京デラックス』の場合とは違う。ドラマの要素がいくつもあり、一種の群像劇であるだけで、それらを遠近法的に配置して関わり合わせ、華麗な絵巻物を感動的に現出させることが目論まれているのである。そうした意味で、一見同じような並列性の映画ではあるものの、『東京デラックス』が反カタルシスをこそめざすのに対し、『写楽』のほうはカタルシスを狙いつつ没カタルシスの結果に終っていると見ることができる。

市川準の『東京兄妹』はきちんと遠近法につらぬかれた映画である。現代の真只中に懐かしい昔の面影を留めている東京のある町を舞台に、若い兄妹の二人暮らしの情景が、それぞれの恋の行方をひそかにまじえつつ、透明なともいえるパースペクティブで描かれてゆく。その手腕はみごとだが、問題はその遠近法がどんな作用をなすかであろう。

今回も相変わらず静かな映画で、兄と妹はごくわずかしかことばを口にしない。また、それぞれの恋の物語がつづられるとはいえ、劇的な雰囲気とは程遠く、作品全体としてドラマチックな起伏に欠けている。もとよりそれは意図的なもので、日常生活を静謐さのドラマとして表現することが目論まれているのである。それ自体は面白いが、静かな画面の展開のなか、その静けさがこれまた相変わらず過剰なほどに意味を誘発する。より正確には、コトバの少ないことが逆にコトバをどんどん誘い出し、あれこれ意味を探るように促すというべきか。たとえば冷奴が兄の大好物で、毎日、妹は豆腐を買いにいくが、そこに亡き父母のことが重ねられることによって、冷奴は兄妹のひそかな性的関係の喩にも見えてくる。あるいは兄の友人で妹の恋人になる青年が、街の飲み屋から酔っ払って出てきて、夜の闇に消えていったあと、つぎのカットではもう火葬場のシーンになっている、というふうに描かれるとき、彼の死についてなにも語られないぶんだけ、過剰に意味を探ってしまう。二人の住む古い日本家屋も、路面電車も、坂も、あらゆる描写のカケラも、そんなふうに意味を誘発するものとして提示されるのである。

ここでは、明らかに遠近法は意味を誘い出す装置として作動している。思わせぶりという語があるが、これほどそれにぴったりの映画もまたとあるまい。意味を挑発するのではなく、誘発するのである。そのことは、『東京デラックス』が見る者を真の無意味＝ナンセンスのほうへと挑発するのと、まさしく照応していよう。さきの伝でいえば、この『東京兄妹』の場合には、〝隠れカタルシス〟とでも名づけることができる。

そんなふうにカタルシスの形はさまざまにあるが、もっと別の形での衝撃をもたらす映画が出現した。北野武の『みんな〜やってるか！』である。

（第一〇一回／三月下旬号）

異物としての映画

◉神代辰巳が死んだ。享年六十七。昨秋、『棒の哀しみ』を見て、大いなる新展開を予感したばかりだったのに、と思う。じじつ、東京国際映画祭・京都大会で会ったさいには、神代監督はホテルのレストランに酸素ボンベ持参の車椅子で現われながらも、コーヒーだけの朝食に、タバコをすぱすぱやりつつ、『棒の哀しみ』の達成感を楽しげに告げ、次回作への意気込みを熱っぽく語っていた。

この稀有な才能の死によって、日本映画は、途方もない欠落、大きな可能性の杜絶を強いられたことになる。一九七〇年代の神代辰巳の仕事ぶりを思い起こせば、そのことは一目瞭然であろう。あの時期、プログラムピクチュアの息の根がまさに止められようとしていたが、その混沌のなか、神代辰巳は瞠目すべき魅惑の作品をやつぎばやに生み出した。それはなんとも不思議な魅惑で、どの作品も、まるでプログラムピクチュアとしては出来損いのように見えるにもかかわらず、だからこそ、意表をつく面白さで迫ってくる、といったふうに、それ以前の映画とはまったく違った別の魅惑に輝いていた。そして、妖しい力によって既成の映画イメージを根底から揺さぶらずにはおかなかった。『濡れた唇』『一条さゆり　濡れた欲情』『恋人たちは濡れた』も、『四畳半襖の裏張り』『四畳半襖の裏張り　しのび肌』も、『赤線玉の井　ぬけられます』『悶絶‼どんでん返し』も、そして『赫い髪の女』も、そんな映画であろう。いま、思いつくまま列記したが、信じられないほどの傑作秀作の続出ぶりには、あらためて感嘆させられる。日本映画の一九七〇年代は神代辰巳の仕事により世界的に突出していたといっても過言ではない。

その後、一九八〇年代には、プログラムピクチュアを支えてきた〝撮影所システム〟が徹底的に解体するが、神代辰巳は、七〇年代に最後のプログラムピクチュア〝日活ロマン・ポルノ〟において実現したことを、いうなれば大きな揺れ幅のもと、もっと広い場でくりひろげた。そして昨年、六年ぶりに『棒の哀しみ』を撮り、無気味な輝きをかつてない静けさで見せて、なにかまた別の魅惑のはじまることを予感させた。六年ぶりという点に注目したい。八〇年代から九〇年代へかけて、日本映画は解体と拡散のあげく、わたしのいう〝底が抜けた〟状態になったが、神代辰巳はまさしくそんな六年を踏まえて『棒の哀しみ』を差し出したのである。そこから九〇年代の新しい歩みがはじまると感じ、もっと違った映画の生まれる可能性を期待したくなるのも、当然であろう。

けれども望みの糸は断たれた。だれにこの欠落を埋めることができるのかと思うと、絶望的になるが、とりあえずはそこまで考えないでおこう。

いま、また別の映画、違った映画ということを強調しているのは、ほかでもない、北野武によるビートたけし名義の『みんな~やってるか!』が気になるからでもある。

過去四本の作品から一転、今回はお笑いの映画で、その意味では〝ビートたけし第一回監督作品〟というにふさわしいが、しかしこの映画、描写の大部分が笑うに笑えない。ダンカン演じる男の、女にもてたい→クルマを手に入れよう→金がいる→よし銀行強盗だ、といった短絡思考の行動がズッコケギャグの連発でつづられてゆくものの、手を変え品を変えてのその勢いに狂おしいばかりの迫力こそあれ、ほとんど笑えず、いわばギャグ自体が画面でズッコケてしまっているのである。この事態は何なのか。

封切りの十日ほど前、この映画についての北野武監督の記者会見が都内のホテルで開かれて、どういうわけか、わたしも日刊紙の映画記者諸氏にまじって出席するはめになった。雑談ふうの映画談義は快適に進み、一時間の予定が一時間半になって、多くのことが語られたが、ことに印象深かった発言を一つあげるとして、北野武はこんなふうに言った。日本映画はこれまで黒澤明映画にがんじがらめになってきたけれど、黒澤明映画は黒澤明がいれば十分なわけで、もうそれとは違った映画をつくるべきときが来ているのじゃないのか、と。

いうまでもなく問題になっているのは黒澤明の作品そのものではなく、これこそが映画の面白さだというモデルとしての〝黒澤明的なるもの〟であろう。つまり、それとは違った映画、もっと別の映画の面白さを求めて、『みんな~やってるか!』がつくられたのである。

前回、崔洋一の『平成無責任一家　東京デラックス』と篠田正浩の『写楽』をくらべて、反カタルシスと没カタルシスとわたしは述べたが、それを〝黒澤明的なるもの〟に対する映画的意識の違いと見なしてもよかろう。むろん『みんな~やってるか!』は反カタルシスのがわにあり、その先鋭な映画的意識のゆえにこそ、ギャグ自体のズッコケが起こっているのにちがいない。ダンカンの主人公がどんな無茶苦茶をやっても相手にされないという、欲望の空振りを反復のリズムでつづる前半はまだしも、なぜか殺し屋に間違われて極道一家と関わるあたりから、後半、異様なまでの弛緩状態が画面をおおって、だらだらになる。明らかにそれは映画的意識の作用であって、たとえば極道どもの宴会の影絵遊びのシーンなどは、シナリオとくらべてみると、撮影現場において、反カタルシス意識がどんなふうに作動したかをありありと想像できるのである。その延長線上で、主人公が透明人間になってスケベーな覗きをやろうと、ハエ男が出現して地球防衛軍の戦いがはじまろうと、通常のスペクタクルの展開されるわけはなく、球場大のウンコの山の示すように、唖然とするほどにくだらない逆スペクタクル的な光景が描き出されることになる。

もっと別の映画を、というふうに指向するとき、めざされているのは、異物としての映画ということにほかなるまい。北野武は巨大なウンコの山をシンボルにして、まさしくそれを笑えない笑いの映画という形で突きつけているのである。

むろんだれもが異物としての映画をめざしているわけではなく、いぜん逆の場合のほうが多い。たとえば原隆仁の『大夜《だいよ》逃《にげ》　夜逃げ屋本舗3』などは、借金地獄の切実さをゲーム感覚の逃亡・追跡ドラマに仕組んで、まっしぐらにカタルシスを指向している。福岡芳穂の『斬り込み』の場合は少し違って、東京・深川を舞台に、やくざの血を引く鳶の小頭が老舗の大店を守って悪徳やくざと闘うという『日本侠客伝　血斗神田祭り』(一九六六)ばりのドラマながら、殺し屋として主人公に敵対する幼馴染みの男の狂気じみたさまが激烈で、やはり古典的なやくざ映画から面白くズレていると思いかけるが、ラストになるや、我慢劇の定型をなぞって、殺し屋が主人公の殴り込みに同行する「昭和残侠伝」シリーズもどきのカタルシス万歳に至る。あるいは廣木隆一の『君といつまでも』では、男が女をただひたすら監禁しつづけるという異様な性的関係の劇を、妄想とも現実ともつかぬ域に描き、そのことによって作品世界が虚と実を転々とするが、明らかにそれは作者の映画的意識がくるくる反転していることの反映であろう。また、オリジナルビデオだが、鹿島勤の『カラス』を見ると、殺

みんな〜やってるか！
[監][脚]ビートたけし[撮]柳島克己[出]ダンカン、結城哲也、南方英二、ビートたけし[封]2月11日[時]110分

大夜逃(だいよにげ)　夜逃げ屋本舗3
[監]原隆仁[脚]真崎慎、長崎行男、原隆仁[撮]仙元誠三[出]中村雅俊、益岡徹、峰岸徹、中村敦夫[封]2月11日[時]102分

斬り込み
[監]福岡芳穂[原]吉川潮[脚]斉藤猛、小川智子[撮]喜久村徳章[出]世良公則、内藤剛志、中村久美、菅原文太[封]2月8日[時]103分

君といつまでも
[監]廣木隆一[原]山本直樹[脚]加藤正人[撮]佐藤和人[出]田口トモロヲ、後藤宙美、有薗芳記、杉本彩[封]2月24日[時]97分

カラス
[監]鹿島勤[原]木村直巳[脚]田部俊行[撮]柳島克己[出]伊原剛志、宮崎光倫、三橋貴志、成清加奈子、八名信夫[封]2月10日(OV)[時]92分

人マシーンとして暴力組織に飼われている若い殺し屋の、カッコ良さと無様さとが、コインの裏表のように描かれて、やはり作者の映画的意識の転々ぶりを鮮明に告げずにはおかない。

異物としての映画とは何か。反カタルシスとはどんな事態か。むしろいまはそう問いを立てるべきだと思われる。

その意味においても、神代辰巳の次回作をぜひとも見たかった。あらためていえば、『棒の哀しみ』には、まさに〝黒澤明的なるもの〟とは別の不思議な魅惑を放った一九七〇年代の傑作秀作とはまた違うなにかがあり、異物としての映画が見たこともない表情で顔をのぞかせていると感じられるのである。いま、わたしにはそれ以上のことを語る準備はできていないが、次回作に接すれば、そのあたりが明晰にはなったろう。

これは別の場所で書いたことだが、昨年末、一九九四年の日本映画ベストテンを選んださい、十作品のうち、三本の監督の年齢が六十代、三本が四十代、四本が三十代で、自分の選出したベストテンに自分と同じ五十代の監督の作品が一本もないことに愕然とした。むろん神代辰巳は、森﨑東、深作欣二とともに、六十代の監督であり、この三人の作品の若々しい艶っぽさを思うほどに、わが世代のふがいなさに気が滅入る。思うに、五十代の監督たちはあの強力な〝黒澤明的なるもの〟と、もっと別の違った映画への指向との狭間にあって、だからこそ混迷を重ねているのであろうか。

世代論はさておき、異物としての映画という点で面白いのは、金子修介の『ガメラ　大怪獣空中決戦』であるが、もはや余裕がない。次回にしよう。

（第一〇二回／四月下旬号）

新人監督の条件

◉岩井俊二の『Love Letter』がたいへん当たっている。予想どおりというべきか。昨年、テレビドラマで日本映画監督協会新人賞に輝いたこの新人の長篇映画第一作は、それくらい前評判が高く、わたしなどはどこかマユツバに思わぬでもなかったが、作品に接して、たしかな才能の手応えを感じた。

作品をなにより成功させたのは中山美穂の二役であろう。二年前に山で死んだ婚約者を忘れられないヒロインが、昔の住所の彼あてに手紙を出したところ、返事がきて、それをきっかけに、彼の中学時代の同級生で彼と同姓同名の女性との文通がはじまり、神戸の中山美穂と小樽の中山美穂のあいだを手紙が往復するなか、一人の不在の男性をめぐる想いがうねる。自作シナリオの優秀さということもあるが、一人で二人、二人で一人の中山美穂という設定においてこそ、恋心が息づくのである。また、一人で二人、二人で一人の騙し絵的なあり方と、想う相手が不在であることとが重なってゆくとき、同姓同名の男女の中学生時代がなまなましく甦る。回想シーンの場合、ふつうには時制が後戻りするが、ここでの過去はまさに再生するといえよう。

　すこぶるセンチメンタルなドラマ構造ではある。画面づくりもその点を巧みに盛り立ててゆくが、それだけには終らない。明らかに描写のなかに、なめらかさとギクシャクした感じとが混在するのである。たとえばヒロインの中山美穂がガラス工房の豊川悦司を訪ねてくるくだりでは、死んだ彼の親友でヒロインの新しい恋人であるはずの豊川悦司の、頭に手拭を巻き、ガラス玉を火中に突っ込む長い鉄棒を操りつつ、過剰に大きく口を開けて笑いかけるさまが、キャメラの乱反射的な動きもあって、なにか異様さの印象をもたらさずにはおかない。同じことは、小樽の町で二人の中山美穂がすれ違うシーンについてもいえよう。どちらの場合にも、新しい愛や感激の出会いにしては、ざわめきが強くあって、耳鳴りのような眩暈のような感覚をそそる。明らかにその一点に、この映画の抒情性の特質があるにちがいない。

　表向きは、しかし、なめらかさとギクシャクのうちの前者だけ、つまり口当たりの良さで見せる。いっそ〝魅せる〟と書くべきか。わたしはこの映画にしたたかな才能を感じるが、すぐれた計算力ということもそこに含まれている。

　古厩智之の『この窓は君のもの』もしたたかにうまい。高校三年生の夏休みの話で、一人の女の子の引っ越しが何日か延びたのをきっかけに、みんなの、順に一人ずつ相手のズレた恋心が明らかになってゆく。猶予をベースにしたこの話からは、時というものに対する鋭敏さがうかがえよう。その女の子が主人公の隣家に住むことになり、屋根と屋根に板が渡され、二階の窓から窓への往来がはじまるとともに、むこうとこっち、二階と地上へのこだわりが、だれかの坐った場所への執着が、波風を起こす。これらに示されているのは、位置というものに対する意識の強烈さであろう。そこに、映画的な時間と空間に関する達者な計算力を見ることができる。

　萩生田宏治の『君が元気でやっていてく

Love Letter
【監】【脚】岩井俊二【撮】篠田昇【出】中山美穂、豊川悦司、酒井美紀、柏原崇【封】3月25日【時】117分

この窓は君のもの
【監】【脚】古厩智之【撮】鈴木一博【出】榊英雄、清水優雅子、久保田芳幸、野間亜由子【封】3月18日【時】95分

君が元気でやっていてくれると嬉しい
【監】【脚】萩生田宏治【撮】大藤健士、大沢佳子【出】荒野真司、石本由美、安田由子、原田國男【封】3月18日【時】65分

時の輝き
【監】朝原雄三【原】折原みと【脚】山田洋次、朝原雄三【撮】長沼六男【出】高橋由美子、山本耕史、橋爪功、風吹ジュン【封】3月18日【時】99分

尻を撫でまわしつづけた男　痴漢日記
【監】富岡忠文【原】山本さむ【脚】加藤正人【撮】佐藤和人【出】大森嘉之、大竹一重、螢雪次朗、小川美那子【封】2月10日(OV)【時】93分

闘龍伝
【監】サトウトシキ【原】塙鉄人、谷村ひとし【脚】こがねみどり【撮】小西泰正【出】大和武士、馳浩、藤原喜明、森永奈緒美、近藤理枝【封】2月10日(OV)【時】84分

遥かな時代の階段を
【監】林海象【脚】天願大介、林海象【撮】長田勇市【出】永瀬正敏、大嶺美香、岡田英次、鰐淵晴子【封】3月18日【時】101分

ガメラ　大怪獣空中決戦
【監】金子修介【脚】伊藤和典【撮】戸澤潤一【出】伊原剛志、中山忍、藤谷文子、小野寺昭【封】3月11日【時】95分

れると嬉しい』では、島の木立ちのなかに丸太を組んで一軒の家を建て、そのあと、余儀なく壊してしまう過程に重ねて、若い男と女の関係の揺れが描かれてゆく。この場合にも、時間と空間に対する感覚の鋭さは明瞭であろう。この映画をロケ地の大島のいくつかの場所で上映するとき、そのつど、丸太で映画館をつくったというが、まさしく時空間の方法論で首尾一貫しているのである。

朝原雄三の『時の輝き』は、久々に松竹大船撮影所から誕生した新人監督のデビュー作である。いわゆる難病もの青春ドラマで、看護婦志望の少女と初恋の少年との再会、恋する日々のはじまり、そして一転、ハイジャンプの記録に挑む少年の難病の再発、不和と絶望の日々、さらに一転、愛する力を合わせての闘病と看護のはじまり……と、いっさいがパターン以外のなにものでもない。描写もぴたりと正攻法ゆえ、どこが新人なのかと嫌みの一つも言いそうになる。ところがここでは、パターンなり描写の正攻法なりが、小さいものながら、ある輝きを放つ。明らかにそれは、何年ぶりかの松竹の新人監督として難病もの純愛ドラマを正攻法で撮った者の、計算も含めてのしたたかさの証明であろう。

いま見てきた四本は、いずれも新人のデビュー作ないし長篇第一作で、奇を衒わないそのストレートさに接すると、新しいとは何なのかとあらためて問いたくなる。映画づくりの達者なことで共通しているが、それはすぐにも小器用さになりかねない。いったいそのことと新人らしさとはどう結びつくのか。

周知のように岩井俊二はミュージックビデオやテレビドラマなどの世界の出身であり、古厩智之は映画学校から、萩生田宏治は八ミリの世界から、朝原雄三が歴史のある撮影所から登場してきた。それぞれに違うのがおもしろいが、四人のうちの一人がメジャーの撮影所の出身であることに、過剰な意味をもたせるわけにはいくまい。古典的な撮影所システムの崩壊は歴然としており、現在、四人のそれぞれに異なる出自は等価だからである。むしろ撮影所システムが壊滅したからこそ、ゼロからの出発として新人が誕生したのかもしれない。

等価といえば、もう一つの形態が横に並ぶ。オリジナルビデオと呼ばれるビデオ専用映画がそれで、若い才能が健闘する場としては、現在もっとも活気に満ちているといってよかろう。たとえば富岡忠文の『尻を撫でまわしつづけた男　痴漢日記』では、劣情の純粋さとでも呼びうるものが、電車という動く箱のスペクタクルとしてくりひろげられる。あるいはサトウトシキの『闘龍伝』では、それぞれに暴力組織とプロレス界における頂点をめざす二人の男の闘いが、まるで闘うということを鷲摑みにして突き出すかのごとくに表現され、その簡潔な描写の力が見る者を撃たずにはおかない。ビデオ専用映画のそんな勢いは、原田眞人のあの『ＫＡＭＩＫＡＺＥ　ＴＡＸＩ』がファンの熱い要望で劇場公開されることになった事態に示されている。

撮影所システム〝以後〟の時代が、いよいよ本格的にはじまりつつあるのかもしれない。新人監督たちの作品を見ていると、もうほとんど撮影所システムにこだわっていないように思われるが、そのことが新しさを感じさせるのである。いや、なにもそれをことさらに新しいと呼ぶ必要もないというべきか。

そんなふうに新しさをめぐって自問自答したくなるのは、先日、鮮烈な『無頼平野』を撮った石井輝男にインタビューしたときのことが、脳裡を離れないからである。大ベテラン監督は、なにかというと、いまの時代に即した新しさを至上の価値のように見なしたがる趨勢にたいして、こう言った。いまというのはそんなに大事か、〝いま馬鹿〟になどならずにもっと自由になろうよ、と。

わたしの考えでは、岩井俊二たちはどうやら〝いま馬鹿〟ではない。むろん強く〝いま〟を意識しつつ。したたかさとはそういう意味にほかならない。

林海象の『遥かな時代の階段を』の場合には、レトロ感覚で遊ぶところがいまの時代の色だということか。そこには明らかに〝いま馬鹿〟の気配もあるが、日活アクションふうの探偵活劇タッチに徹した描写のもと、作品はその域を突き抜ける。永瀬正敏のとっぽい探偵が横浜の巷を疾走するとき、その遊戯精神の自在さに乗って、過去が呼び起こされ、川にまつわる戦後史が姿を現わし、母親と父親をめぐる愛憎のドラマが渦巻くのである。この「私立探偵濱マイク」シリーズをつらぬく時空間意識の鮮烈さは注目に値しよう。

さて、金子修介の『ガメラ　大怪獣空中決戦』だが、ここでも、なにより遊び心の徹底が成果をもたらしている。しかもこの場合は、巨大怪獣の襲来と死闘という超常事態を見せるべく、描写に緻密さが要求されるゆえ、遊戯精神の発現は緊張を強いられざるをえない。まさにそのことが、画面のハラハラドキドキを豊かに実現しているのである。

この映画の卓抜さは、だれの目にも明瞭なように、ごく日常的な暮らしの地平に怪獣を出現させ、暴れさせたことにある。ものすごい異物を日常生活の真只中に投げ込んだわけで、そのことを緻密なおもしろさで見せるべく、どれほどの物理的、精神的、感性的、知的エネルギーが注ぎ込まれたかを、あらゆる描写の細部に感じないではいられない。ガメラの豪快さに対し、人間を貪り喰らうギャオスの凶暴さはなまなましいが、明らかにそれは、異物と日常生活という両極端に引っ張られている作者(たち)の心情の発露でもあろう。というのも、日常の真只中におもしろい異物を出現させる営みとは、つまり、映画づくりという行為の謂にほかならないからである。

わたしは『ガメラ』に新しさを強く感じたが、それは徹底して〝いま馬鹿〟ではないからではなかろうか。

(第一〇三回／五月下旬号)

映画の出来不出来

◉崔洋一の『マークスの山』を試写で見たあと、あまり気になるので、今度は近くの映画館へ出かけた。原作のイメージが強烈で、試写のときには面喰らって茫然となってしまったのである。わたしの住む神奈川県茅ヶ崎市は映画館がゼロになっていたところ、つい先日、スーパーマーケットと一体化した例の複合映画館ができて、駐車場を使えるうえに、夜九時以降の回は、六、七本の封切作品がどれも千二百円で見られるので、うむ、この新しい映画的環境は……といろいろ考えたのだが、それについては別の機会にして、ともあれ『マークスの山』はきっちり自分なりに把握できた。その結果、明確になったのは、きわめて当り前の話ではあるが、紛れもなくこれは崔洋一の映画だということである。

　この映画では時制が複雑に入り組んでいる。シナリオ化の過程で長い原作小説が大胆に料理されたうえに、どうやら編集段階でも大鉈が振るわれたらしく、時制の錯綜はそれに基づく。現在の連続殺人事件の背後に脅迫事件があり、その裏には、一九六〇年代末の内ゲバ殺人、数年後の雪山における謀殺という連続犯罪の潜んでいることは容易にわかるが、そこへもう一つ、現在の脅迫者の来歴をめぐる時間軸が重ね合わせられるとき、話の輪郭は見えにくくなる。シナリオを読むと、どの出来事に関しても年代が明示されているのに、たぶんその部分は編集でカットされたのである。では、その結果、作品はわけのわからぬシロモノになっているか。むしろその逆だ、とわたしは思う。

　刑事の中井貴一たちが連続殺人事件を捜査する。そのとき、彼らの身分や所属があまり画然とはしないため、相互関係はつかみがたいが、しかし、刑事たち全員が荒々しさをぶつけ合って殺伐としていることは、否応なしに目と耳に飛び込んでくる。同じことは、ほかの登場人物にもいえよう。ラスト近く、弁護士の小林稔侍が脅迫者の萩原聖人に加える凄まじい暴行、二十年ほど前に学生時代の弁護士たちが決行した雪山での謀殺、約十年前に脅迫者がその謀殺の秘密を知ることになった病院における残忍なリンチ殺人、と、三つの光景が時空を越えて同時並行的に描かれるが、なによりまず酷たらしさがストレートに迫ってくる。そのとき、筋書きとしてではなく、凄惨な画面の迫力において、それら三つの光景が密接な関連を持つことを理解するのである。そこに姿を見せているのは、描写というものの力であろう。

　明らかに崔洋一は、説明的な部分を大胆に切り捨てることによって、描くべきものを鮮明にした。この映画では、三つの光景とその遠い発端たる内ゲバ殺人をつらぬく殺意が、あるいは事件を追う刑事たちのなかにも流れる殺意が、いわば剥き出しのまま裸の形で差し出されるのである。殺意をどんなストーリーにも収容しないという姿勢が、そこにうかがえよう。殺意は殺意として突き出す。まさにそれはハードボイルドと呼ぶべき映画精神で、紛れもなく崔洋一の映画だとはその意味にほかならない。

だがそれにしても、ある逆説が感じられる。というのは『マークスの山』の場合、以上に述べたことからすれば、ストーリーの細部が明確には見えにくいからこそ、映画としての訴える力が発動していることになるからである。じつに妙な事態ではないか。

昨今、新人監督が輩出しているが、むしろ彼らのほうが軽妙で滑らかな画面づくりの手腕を示しているといえるかもしれない。藤由紀夫の『サンクチュアリ』はその一例で、苛酷な少年期をともに生き抜いた青年二人が日本の変革をめざして、それぞれ暴力組織と政界において伸し上がってゆくさまが、描写の細部と展開、感情表現の点で、いかにも劇画的な野望のドラマらしく的確にメリハリを効かせてつづられてゆく。高橋玄の長篇第二作『嵐の季節　THE YOUNG BLOOD TYPHOON』の場合も、元空手選手の大学生が年上の恋人と変な少女のあいだで揺れつつ、アクション映画の俳優になったかと思うや、一転、やくざとの闘いへ、と、劇画的な青春映画だが、ストレートな疾走感で見せる。描写の一直線に滑らかな勢いが、筋立てを越えて青春を輝かせるのである。

別の言い方をすれば、この二作品には混じりものが感じられない。映画づくりの過程で、つねに夾雑物を排除する配慮がなされたのではなかろうか。画面のストレートな力が、ピュアな映画志向を想像させるのである。そうした夾雑物排除の姿勢は、むろん崔洋一の大胆な切り捨て主義と似て非なるものだといわねばならない。崔洋一の場合には、奇異な言い方になるが、ピュアな志向が混濁として現出し、そのことが表現としての力の結実をもたらしている。

渡辺生の『おてんとうさまがほしい』がその点で興味深い。これはより正確にいえば〝製作・撮影・照明＝渡辺生、構成・編集＝佐藤真〟と記すべきドキュメンタリー映画で、ベテランの映画照明技師として活躍してきた渡辺生がこの数年間、アルツハイマー型認知症になった妻の姿を記録した映像を、佐藤真が四十七分の作品に仕上げた。認知症の妻に夫がキャメ

マークスの山
監崔洋一原高村薫脚丸山昇一、崔洋一撮浜田毅出中井貴一、萩原聖人、名取裕子、小林稔侍封4月22日時138分

サンクチュアリ
監藤由紀夫原史村翔、池上遼一脚安本莞二撮高間賢治出永澤俊矢、阿部寛、中村あずさ、世良公則封4月22日時103分

嵐の季節　THE YOUNG BLOOD TYPHOON
監脚高橋玄原高橋三千綱撮石倉隆二出高嶋政宏、美保純、田中有紀美、伊藤猛封5月13日時142分

おてんとうさまがほしい
構佐藤真撮渡辺生封4月15日時47分

ルパン三世　くたばれ！ノストラダムス
監白土武【総監督】伊藤俊也原モンキー・パンチ脚柏原寛司、伊藤俊也封4月22日時98分

Spanking Love
監田中昭二原山川健一脚山田吐論、田中昭二撮斉藤幸一出筧利夫、白石久美、由良よしこ、石橋蓮司封5月6日時100分

スキヤキ
監すずきじゅんいち原巴清美脚すずきじゅんいち、小杉哲大撮奈良一彦出関谷理香、関谷由香、宍戸開、川地民夫封6月10日時95分

ラを向けたというだけでも胸に迫るものがあり、発病→入院→闘病の過程がビデオとフィルムの映像でつづられるなか、過去のモノクロ写真も登場し、結婚歴三十数年に及ぶ二人の絆が浮かび上がるが、その真只中で、映画表現をめぐる思考を強烈に刺激してくる。

決定的なのは、ふつうならNGカットと見なされる断片が混入していることであろう。もともとこの映画には、ビデオやフィルムや写真など何種類もの映像が混じり合っている。また、妻の姿や表情をとらえた映像のほか、治療・看護にあたる病院のスタッフや同じような患者を家族に持つ人々の姿、あるいは、まるで撮る者と撮られる者の共同の心象風景を思わせるような、花や草や木、庭や海や空の映像が出てくる。つまりそもそも雑然としているが、そこへ、光が溢れ過ぎて白く飛んでしまった画面、風景や病室を撮ろうとして失敗した映像、つまりNGカットが、ときおり挿入されて、画面をより雑然とさせるのである。

そのざわめきが作品に生命を吹き込んでいる、とわたしは思う。この映画には認知症という難病問題を通じて、口当りのいい社会派のパターンへ向かいそうな気配もあるが、NGカットがそれを切断し、雑多な映像を雑多なままに息づかせているのである。夫が妻を撮るという私的なドキュメンタリーが、NGカットの持つまさしく私的な手触りのもと、開かれた表現として成立している。つまり佐藤真は、NGカットの挿入で触媒の役割を果たしたといえよう。

これに対し崔洋一は『マークスの山』で、ドラマが壊れるギリギリの際まで画面を切り詰め、いわばその反動力において表現を成立させている。さきほど触れたラスト近くの三つの残酷な光景が同時並行的に描かれるくだりでは、小林稔侍が凄惨な暴行のあと、自分の革靴を拾いには行かず、倒れた萩原聖人のズックを脱がせて履くが、背広にネクタイを締めてズックというその姿は、中井貴一の格好にほかならない。まったく敵対的な立場の主要登場人物三人を、そんなふうにごく日常的な履き物でふいに等号で結びつけてしまう点にこそ、崔洋一的な表現のあり方がよくうかがえよう。そしてラスト、まるでその結びつきから絞り出されるかのごとく、雪山の頂上における中井貴一と萩原聖人のはじめての対面シーンで、一滴の涙が流れる。

いうまでもなく『マークスの山』はメジャーの作品で、だから崔洋一の過激さがいっそう際立つ。それに対し『サンクチュアリ』や『嵐の季節』の場合は、マイナーな場でつくられながらメジャー的潤滑さを達成している点に、ある過激さの形を見るべきか。

いま、たぶんどんな映画も、そんな二様の過激さを両極とするあいだに位置づけることができるにちがいない。たとえば伊藤俊也・白土武のアニメーション『ルパン三世　くたばれ！ノストラダムス』はメジャー作品で、まさに息もつかせぬ勢いの大活劇をサービス満点で見せてくれるが、そこには、巨額の製作費をぶち込んだアメリカ製の実写作品と張り合うような気配があって、果たしてこれがアニメの過激さだろうかと思われる。あるいは田中昭二の第一作『Spanking Love』の場合には、SM世界を舞台に、何重にも屈折して入り組んだ性愛の関係を描くのはいいとして、その過激さが迷走しているとの印象は拭えない。また、すずきじゅんいちの『スキヤキ』を見れば、この純良青春ホームドラマと、スタッフ・キャスト全員が出資者となったという画期的な製作方法は、どこでどう結びつくのかと考え込んでしまう。

こうした作品群を前に、映画の出来不出来の判断は混迷するしかなかろう。そして、そのことと映画状況自体の混迷はいい意味で無縁ではない。

阪本順治の『BOXER JOE』はその真只中に火を放つ作品である。

（第一〇四回／六月下旬号）

映像という事件

◉戦後五十年の夏へ向けて、東宝は『ひめゆりの塔』、東映は『きけ、わだつみの声』をつくり、松竹は昨年完成していた『WINDS OF GOD』を封切った。

敗戦から五十年という大きな区切り目の年に戦争映画をつくる。そのこと自体はごくふつうに納得できる話で、文句をつけようとは思わない。だが『ひめゆりの塔』と『きけ、わだつみの声』に関しては、なぜリメイクなのかと問いたくなる。正確にいえば、二作品はかつての映画と同じ脚本ないし原作に基づくにすぎず、新解釈はさまざまに見られるが、それをこそ再映画化と呼ぶとして、区切り目の年にひときわユニークな題材を発掘しえないとあれば、あらためて企画力の貧しさを非難されても仕方がなかろう。むろんその場合、作品の中身しだいでは攻撃を撥ね飛ばすことができる。

リメイクの理由として、戦後五十年も経ったのだから、戦争をまったく知らない世代が圧倒的に多くなり、戦争の記憶もどんどん風化しているということが挙げられよう。だが三本の映画の内実を見ると、その言い分は納得できない。というのは、戦争体験の風化とか称しながらも、明らかに〝ひめゆり部隊〟や〝戦没学徒〟や〝神風特攻隊〟をめぐる悲劇イメージ、たとえば〝戦争で奪われた青春の叫び〟といったイメージを前提に、情緒たっぷりの映画がつくられているのである。三作品では戦争下の青春が犠牲者としてのみ描かれるが、それも、いま述べた堂々巡り、つまり悲惨な過去を忘れないためにといいつつ、じつは風化した過去の悲惨のイメージに頼るという閉じた回路と無縁ではあるまい。

神山征二郎の『ひめゆりの塔』は徹底したリアリズムの映画で、それに対し出目昌伸の『きけ、わだつみの声』は、基本的にはリアリズムながら、冒頭とラストにおいて現代と過去をダブらせ、少し違った画面づくりを示す。いっぽう奈良橋陽子の『WINDS OF GOD』では、もともと舞台劇で、現代の若い漫才二人組がタイムスリップして戦争末期の特攻隊員になるというドラマゆえ、リアルな描写と反現実的な描写の混沌がくりひろげられる。古典的なリアリズムの超克という観点からすれば、三本の映画はいま記した順に、より現在的なベクトルを持っているといえるかもしれない。しかし『きけ、わだつみの声』と『WINDS OF GOD』における現代と過去の二重性は、そこから新しい表現の地平が切り拓かれるわけでもなく、たんに新奇なアイデアの域に留まっている。それに対する『ひめゆりの塔』のリアリズムはどうかといえば、群像ドラマで、夜の場面、暗い屋内や洞窟内の場面が多いから、にわか従軍看護婦としての役目を強いられた乙女たちの顔がほとんど判別できない、といったふうに、リアリズムの退廃を示している。これとあれとはまちがいなく表裏一体であろう。

たとえば『きけ、わだつみの声』には冒頭、有名な学徒出陣のニュース映像(一九四三年)の断片が引用され、それとドラマの画面とが重ねられてゆくが、短い記録映像のほうが文句なしに強烈な力を放つ。本当はそんな比較などナンセンスというものであろう。だが新しく差し出された映画に魅力がない以上、比較せざるをえない。ラスト、主人公の学徒兵たちが戦場で死に突入してゆくや、つぎのカットでは、故郷の母と妻が、あるいは母と妹が、ふっと彼らの声を幻聴する、というくだりがあるが、そんな描写が告げるのは、虚構への姿勢の自堕落さということである。

唐突だが、石井輝男の『無頼平野』をそれらの横に置いてみよう。大法螺を楽しく吹きまくるような映画で、時空の定かならぬ街の血液銀行やレビュー劇場を舞台に、踊り子をめぐる無頼の男たちの葛藤や友情のドラマが奔放にくりひろげられてゆく。卑猥さも純愛も、豪放磊落さもセンチメンタリズムもごった煮の、この異様なリアリティの世界を成り立たせているのは、虚構に賭けるエネルギー以外のなにものでもあるまい。

新藤兼人の『午後の遺言状』では、新劇の大女優が信州の別荘へ避暑にやってくるというシンプルな設定のなか、老いと死の大いなるドラマが描き出されてゆくが、別荘内のくだりはまるで舞台劇のように見えて、その女優に杉村春子が扮し、これが遺作となった乙羽信子と張り合うとなれば、画面には虚実の入れ乱れた趣が濃厚に漂ってくる。明らかにそこにあるのも、フィクションに対するしたたかな構えであろう。

四ノ宮浩の『忘れられた子供たち　スカベンジャー』は、六年がかりで撮られたドキュメンタリー作品で、マニラ市の広大なゴミ捨て場の町に生きる子どもたちの日常を描く。毎日、ゴミを拾ってカネに替えるだけの幼い子どもたちの生活は、まさしく苛酷と呼ぶほかないが、むしろそのこと以上に、どのシーンを見ても、ゴミの山とそれを拾う人間とものを食べる人間、ほとんどそれしか画面に出てこないことが、こちらの目に猛烈な劇として突き刺さってくる。見ること・撮ること・見せることをつなぐ力という点で、そこにも、虚構への姿勢と同じものが感じられるのである。

阪本順治の『BOXER JOE』は二種類の映像から成り、あの辰吉丈一郎のドキュメンタリーにドラマ映像が割り込む形になっている。思えば、阪本順治のデビュー作『どついたるねん』が赤井英和の自伝的部分にフィクションを混ぜたドラマであったから、今回のドキュメンタリー＋ドラマという形式はそこからの展開といえようか。一見そう見えるけれど、違うとわたしは考える。

ラスト、あの〝辰吉・薬師寺〟戦の部分が雄弁な証拠であろう。むろんそれは現実の記録で、わたしたちがテレビにかじりついて見たのと同じ試合がくりひろげられるが、描き出されるものはまったく違っている。たんに別の映像というのではない。ここでの試合シーンは、むろん辰吉丈一郎を描くこの映画用に撮ったものであって、当然ながら、テレビでの中継のように辰吉・薬師寺の両者を均等に撮ろうとせず、あくまで辰吉丈一郎を中心に試合をうつしてゆくが、そんな画面の迫力に呑まれるうち、ふと気がつくや、あたかも辰吉丈一郎が主人公のボクサーを演じる劇映画を見ているような錯覚に陥っているのである。つまりこの試合シーンは、ドキュメンタリー映像でありつつ、そのままドラマの域に突入しているといわねばならない。

じつはそんな事態は、とつぜん試合のシーンで起こるわけではなく、それ以前からの文脈のなかにある。この映画はまず辰吉丈一郎の練習風景やインタビューからはじまるが、周知のように、彼の言動はつねに相手を意識したパフォーマンス性に満ち、あらためてその傑出したエンターテイナーぶり

ひめゆりの塔
監神山征二郎原仲宗根政善、水木洋子脚神山征二郎、加藤伸代撮飯村雅彦出沢口靖子、後藤久美子、中江有里、永島敏行封5月27日時121分

きけ、わだつみの声
監出目昌伸脚早坂暁撮原一民出緒形直人、織田裕二、風間トオル、鶴田真由封6月3日時129分

WINDS OF GOD
監奈良橋陽子原脚今井雅之撮西浦清出今井雅之、山口粧太、菊池孝典、六平直政封6月3日時97分

無頼平野
監脚石井輝男原つげ忠男撮石井浩一出加勢大周、岡田奈々、佐野史郎、南原宏治封5月29日時96分

午後の遺言状
監原脚新藤兼人撮三宅義行出杉村春子、乙羽信子、朝霧鏡子、観世榮夫封6月3日時112分

忘れられた子供たち　スカベンジャー
監四ノ宮浩撮瓜生敏彦、ジョン・マニュエル封5月13日時100分

BOXER JOE
監阪本順治脚金秀吉、阪本順治撮笠松則通、田中一成出辰吉丈一郎、宇崎竜童、黒谷友香、國村隼封5月27日時118分

のぞき屋
監富岡忠文原山本英夫脚丸山昇一撮仙元誠三出松岡俊介、瀬戸朝香、村上淳、陣内孝則封5月13日時101分

さわこの恋　1000マイルも離れて
監脚村上修撮志賀葉一出喜多嶋舞、西島秀俊、沖直美、デビット伊東封5月27日時104分

に感嘆せずにはいられない。と、つぎに登場して彼のことをつぶさに語る父親が、なまなましい話の中身といい、ユーモアといい、はぐらかし方の絶妙さといい、みごとな演じっぷりを見せる。そして辰吉丈一郎自身の幼い息子も、可愛らしく巧まざるパフォーマンスをくりひろげる。こうした連なりのなか、辰吉丈一郎ファンのお好み焼き屋の亭主たちのドタバタ喜劇がフィクションとして出てくるが、辰吉丈一郎親子の演技性に舌を巻いた者には、宇崎竜童たちの姿のほうが、お好み焼き屋の亭主なら亭主を演じることのドキュメンタリーを感じさせてやまない。つまりドキュメンタリーとフィクションのあいだで、逆転が起こっているのである。そんな勢いに乗って、クライマックスの〝辰吉・薬師寺〟戦が登場する。

こうしてこの映画は、べつにドキュメンタリー＋ドラマなどではなく、すべてがフィクションとしてあり、ドラマである。全篇でたった一度、早朝、お好み焼き屋の娘がバス停のベンチにすわっていると、その目前を辰吉丈一郎がランニングで通過するシーンで、ドキュメンタリーとドラマがクロスするが、その部分はけっしてドキュメンタリー映像とドラマ映像の折衷などではあるまい。そこでは見ること・撮ること・見せることをつなぐ力に基づいて、ただ映像という事件が生起しているのである。

富岡忠文の『のぞき屋』は一種の探偵物語で、依頼に基づいて特定の人物の言動を〝覗く〟男三人組の姿をつづってゆくが、仕事の武器としてビデオが活用されるため、画面の随所に、一部的もしくは全面的にビデオ映像が登場し、いわば映像の二重化が起こり、そのめまぐるしさが新鮮な感興をそそる。だれかに見ていてほしいというヒロイン二人の心のドラマも含め、この作品をつらぬくのは映像の持つ事件性というものであろう。村上修の『さわこの恋　1000マイルも離れて』でも、孤独な若い男女の不発のロマンスがラスト、テレビドラマの撮影現場で、虚構の台詞を介し、モニター画像をとおして一気に結実するとき、作品全体の意識はなにごとかを起こす映像の力のほうを向いている。

ところで『BOXER JOE』に奇妙なカットがある。たしか四度、かなり時間の間隔を置いて、どの場合もお好み焼き屋のくだりで、人の目の高さほどのキャメラがするすると入口から通路の暖簾をくぐって、店の中へはいってゆくのだが、べつにだれかの主観というわけではない。あえていえば、作者の視線ということになろうか。あるいはむしろ観客の目か。ドラマに関わらないことはたしかで、その意味ではドキュメンタリーの画面と呼ぶこともできるが、やはりそうではない。ともあれ快いスリルの謎に満ちたカットで、わたしはそこに、この映画の、ドキュメンタリーかフィクションかといった範疇規定からの逸脱ぶりが露呈していると思う。

そのスリルこそが映像という事件にほかならない。話を元に戻せば、三本の戦争映画にそうした映像という事件がわずかなりとも見られようか。

　今回もビッグな問題作に触れる余裕がなくなってしまった。神代辰巳の『インモラル　淫らな関係』である。

（第一〇五回／七月下旬号）

神代辰巳の挑発

◉神代辰巳のオリジナルビデオ『インモラル　淫らな関係』には、どこか一九七〇年代の初期〝ロマン・ポルノ〟を思わせる雰囲気がある。

　青春後期の男が若い女と行きずりの関係を持ったところ、やがて女が弟の恋人だとわかる。それでも二人の密かな関係はつづいてゆくが、事実を知った弟が姿を消す。自殺かもしれないという騒ぎのなか、事態は一転……。

　話はたったこれだけで、その単純さをつなぎのセックスシーンが豊かに波打たせてゆく。初期の〝日活ロマン・ポルノ〟を知っている者なら、これによく似たドラマを、当の神代辰巳の作品も含めて、何本も見たような気がするのではなかろうか。おまけに、この作品では、柳ユーレイの主人公も柳愛里のヒロインもしょっちゅう呟きのような鼻唄を歌っている。初期神代映画がそうした唄の使い方で強烈な個性を放っていたのは、周知のことであろう。

　この『インモラル　淫らな関係』は事実上、神代辰巳の遺作になってしまったが、ならばこの現代日本を代表する映画作家は、初期に回帰する形で生涯を閉じたというわけか。むろんそうではあるまい。映画的な歩みが戻るとか進むとかと別の地平にあることは、神代映画そのものによって示されている。

　それより、この遺作を見れば、いわゆる〝アフレコ〟という手法の表現力にあらためて感嘆せずにはいられない。どうやら同時録音で撮影された部分はごくわずかで（むしろゼロか）、主人公二人の呟くような鼻唄もアフレコ処理がなされており、その結果、映像とはズレる形で唄声が流れ、かと思えば、ときおりは重なったりもして、絶妙の調子が生み出される。そして、その勢いに乗って不思議な描写のシーンが出現する。たとえば弟がレストランで昏倒したあとの病室のシーン。ベッドの弟は主人公に女のことなどをいろいろ語るが、明らかにアフレコのため、台詞と二人の動きとは微妙にズレていて、そのうえ、この場面では、波打ち際を走る女の姿の短い挿入カットとともに、女の「あにき、あにき、あにき」と歌うように呟く声がかぶさり、たんに兄弟が話し合うという以上のおもしろくチグハグな気配をかもしだす。あるいは兄弟と女と彼らの父親とが鍋を囲むシーン。まさしく一家団欒の情景で、弟は入籍した女と兄の関係を直前に知ったにもかかわらず、明日、女と温泉旅行に出かけることを興奮気味に話すのだが、やはりアフレコのため、声と画面にうつる表情や動きとがズレて一致せず、賑々しさの真只中に白々しさをみごとに浮き立たせる。

神代辰巳ほどアフレコの表現力を活用した監督はいないだろう。映画はさまざまな仕掛けに基づくものであり、アフレコはその便宜的な手段でしかないが、この人にかかるや、それが表現の本質を担う仕掛けに一変するのである。その意味において、神代辰巳は初期〝ロマン・ポルノ〟以来、一貫して同じ道を歩んできたということができる。

やや乱暴な言い方かもしれないが、松岡錠司の『トイレの花子さん』と平山秀幸の『学校の怪談』に、神代作品と通じるものをわたしは感じた。これらは、この二年ほど、全国の小学校を席捲している怪奇な噂話に取材したもので、俗受け狙いの企画といえよう。そんな一種のキワモノがあっけらかんとした秀作傑作になっているという事実に、仕掛けで見せる力がうかがえるのである。

二作品は、方法こそ違うものの、描写の細部にエネルギーを注ぐ点では変わらない。『トイレの花子さん』は小学校での集団心理をリアリズムで追って、イジメとともにお化け噺が生まれるさまを描き出し、『学校の怪談』は小学生七人と先生が旧校舎に閉じ込められるという設定のもと、ファンタジーとしてのお化け騒動をくりひろげるが、細部が熱く息づいていればこそ、荒唐無稽な怪談がなまなましい魅惑を結晶させる。そこに、仕掛けで見せるということに対する強い信念、つまり映画表現への信が、姿を現わしているのである。思えば二作品の集団性といい大きな密室性といい、映画館に不可欠の要素ではないか。

ともあれ松岡錠司と平山秀幸の健闘は鮮やかで、前回言及した『ひめゆりの塔』『きけ、わだつみの声』も、この二人に任せれば素敵な映画になったにちがいない。敗戦五十年目の夏に合わせた戦争映画という企画は、いわば一種のキワモノにほかならないからである。公開された二作品にはそんな視点が欠落していて、だから魅力がなかった。あの戦争を現在から問い直す映画をつくるなら、断固として、小学校のお化け噺の映画と同様に撮られるべきである。でなければ、映画的なリアリティとは無縁になってしまう。

熊井啓の『深い河』を見ればいい。現代日本の喰うに困らない連中が心の空虚をかかえてインドの旅へ。ここにあるのは、そんな絵にかいたような通俗パターンのお話ではないか。いや、より正確にいえば、べつに話の通俗性そのものが良くないのではなく、ここでの致命的な欠陥は、心の空虚↓インドの旅、というパターンをキワモノと見なす姿勢のないことにある。現地ロケによるインドの風物のなまなましさの前では、主人公たちの苦悩する姿はいい気なものに感じられるが、明らかにそれは、キワモノがなんら映画的に捻られていないことの当然の結果であり、つくり手にまず、いい気なものだと相対化する視点がないことを示している。これほど捻ったところのない見かけどおりの映画も珍しい。

荒戸源次郎の『ファザーファッカー』は、それとは対極に位置する映画といえよう。鈴木清順や阪本順治の強烈に個性的な作品で知られる辣腕プロデューサーのこの監督第一作を見て、驚きを感じなかった人はいないにちがいない。そう断言していいほど、ここには見かけや予想を裏切る力があふれている。

十四歳の少女が義父に性的関係を強いられるドラマと聞けば、だれしも卑猥な映画を思い浮かべてしまうが、全篇の印象はじつに清々しい。長崎の初夏の草木の鮮やかさ、それを呼吸して匂い立つような中村麻美の少女のみずみずしさからすれば、卑猥さも含めて生命力が爽やかに謳い上げられると見るべきか。あるいは、理不尽で卑劣な義父、事態を見て見ぬふりの母親という状況からすれば、少女のなかに荒れ狂うのは憎悪以外にはないはずだが、画面にはつねに清冽な抒情が湧き立っている。秋山道男の怪演する義父、桃井かおりの圧巻の母親など、すべての登場人物が、そして少女と同級生の少年とのうぶで残酷な関係、少女と若者の幻想シーンなど、あらゆる劇的要素が、描写のなか、見かけとは異なる感情が析出するのである。

この映画には、まちがいなく反転力とでも呼ぶべきものの大きな作用が見られる。作品の印象に即せば、百戦錬磨のプロデューサーがかくもナイーブな作品を撮ること自体、反転力の発露だが、それを生み出しているのは、むろん映画をいつもダイナミズムにおいて捉える姿勢であろう。そこにも、仕掛けで見せることへの強烈な信が輝いている。

話を神代辰巳に戻そう。

いうまでもなくトーキー以後、映画はつねに映像と音声のより深いシンクロの獲得を目指してきたわけで、当然ながらその理想は完璧な同時録音にあった。それからすれば、アフレコはあくまで過渡的な手段であったろう。神代辰巳はかつて一九七〇年代、そんなアフレコを積極的な武器として用い、きわめて独特の表現を鮮やかにくりひろげた。そして、いま、撮影や録音に関する器材の能力がどんどん進歩した一九九〇年代に、あらためてアフレコという手法を使っているのであ

インモラル　淫らな関係
監神代辰巳脚神代辰巳、本調有香撮林淳一郎出柳ユーレイ、柳愛里、五十嵐光樹封4月25日(OV)時79分

トイレの花子さん
監松岡錠司脚松岡錠司、福田卓郎撮笠松則通出河野由佳、井上孝幸、前田愛、大塚寧々封7月1日時100分

学校の怪談
監平山秀幸原常光徹、日本民話の会脚奥寺佐渡子撮柴崎幸三出野村宏伸、遠山真澄、米澤史織、杉山亜矢子封7月8日時100分

深い河
監脚熊井啓原遠藤周作撮栃沢正夫出秋吉久美子、奥田瑛二、香川京子、三船敏郎封6月24日時130分

ファザーファッカー
監荒戸源次郎原内田春菊脚早岐五郎撮芦澤明子出中村麻美、秋山道男、矢島亜由美、桃井かおり封6月17日時90分

る。明らかにこれは意識的な選択にちがいなく、そこに神代辰巳の挑戦を感じ取らずにはいられない。

遺作『インモラル　淫らな関係』を見ていると、さきほど述べたように、話がごく単純なだけに、いっそう描写のあり方そのものに注意が集中し、アフレコによる映像と音声のズレがおもしろく感じられてくる。それ自体、じつに刺激的な体験だが、さらに注目すべきは、そんなふうにアフレコという手法の効果を興味深く享受するうち、そこから一種の逆襲精神が立ち昇るかのように思われることである。同時録音主義に対する逆襲とでも名づけられようか。

神代辰巳ははっきり呟いている。映画というのは画《え》と音だよ、と。

それはまぎれもなく映画表現の原点へむけての挑発である。

（第一〇六回／八月下旬号）

映画百年からの出発

◉まず最初に連載を二回も休んだことを読者と関係者にお詫びしたい。いくら多忙だったとはいえ、持続こそが生命線である時評を二か月も抜かしたのは怠慢以外のなにものでもないと思う。

言い訳ではなく事態の報告として記せば、八月から十月にかけての約二か月半は近来になく目まぐるしかった。ロカルノ国際映画祭への参加、モスクワにおけるフィルム調査、いまも続行中の神奈川映像コンクールの審査、東京国際映画祭への参加、そして山形国際ドキュメンタリー映画祭への参加……。ことに激烈だったのは東京国際映画祭の仕事で、特集上映会「ニッポン・シネマ・クラシック」の諸準備、その一部として世界の映画人に対するアンケート結果を集めた小冊子「日本映画の貢献」の編集、いざ映画祭がはじまったのちには渋谷のホテルに泊り込み、毎夜、上映会場に特別ゲストを招いてのトークと、とうてい尋常とはいえぬ日々がつづいた。

あるいはこの間の見聞をつぶさにレポートするだけでも〝時評〟になるかもしれぬとは思うが、まだそこまで整理がついていない。むろん、いま、確実な重さで実感していることは多々ある。

たとえばアレクサンドル・ソクーロフの『精神《こころ》の声』（一九九五）をロカルノで見て、深い感銘を受け、二か月後、今度は山形でその五時間半に及ぶ新作にふたたび接した。その体験と、東京で成瀬巳喜男の一九三〇年代の〝幻の作品〟『噂の娘』『女人哀愁』をついに見たことが、まちがいなく一つにつながると確信できる。また、モスクワで遭遇した題名不詳の痛快チャンバラ映画と、はじめて見ることのできたアブラーム・ロームの作品とが、同じ地平で輝いていると断言せずにはいられない。

映画の自由な力——つまりはそれにあらためて圧倒されたということになろうか。その意味では、この二か月半、異常なまでに目まぐるしかったのは、たんに多忙なせいではなく、自分のいだく映画イメージを根底的に揺さぶられつづけたからだと思う。

さて、そこで時評にはいろう。

渡邊孝好の『君を忘れない』は、現在只今の若い感覚、一九九〇年代の感受性を徹頭徹尾つらぬいて、五十年前の特攻隊の青春を描く。いまの若者七人がタイムスリップしたかのごとくそのまま特攻隊員として生きるさまには、明らかに現在と五十年前を短絡させる姿勢があるといえよう。戦争の何たるかが踏まえられていないとか、死を覚悟した若者の行動がこんなものであるはずはないとか、非難することは可能だが、この作品はそれを承知でつくられているのである。

現在の映画であるという点をないがしろにして、過去のドラマをちゃんと描き出せるわけがない。画面から、そんな主張が聞こえてくるような気さえする。七人の俳優がのびやかに個性的で、とりわけ木村拓哉と池内万作が素晴らしい。それからすれば、特攻隊という状況における青春を描くことに重ねて、むしろ戦争映画という場における現代の若者七人の感性や心情を浮かび上がらせようとの狙いは、成功しているというべきか。ところが若い観客はそんな構造はそっちのけで、木村拓哉なら木村拓哉しか画面に見ないらしい。つまり、さきほどの〝現在の映画〟という一点だけしか成立していないのである。そして、それに対応するかのように〝過去のドラマ〟だけにこだわっての非難も出てくる。

やはり問題は現在と五十年前との短絡の仕方にあるのではないか。あまりにすんなり短絡がなされ、軋みがまるで感じられず、要するに表現という点からすれば〝現在〟も〝過去〟も不徹底に終っていると思われるのである。結局のところドラマが甘美な感傷に流れてゆくのはその現われであろう。

それでもわたしはこの作品をおもしろく見た。はっきり弱点はあるが、戦争青春映画の既成イメージに揺さぶりをかけたと判断できるからである。少なくともこの夏の〝戦後五十年記念映画〟『ひめゆりの塔』『きけ、わだつみの声』よりは刺激性に富んでいる。

近藤喜文の『耳をすませば』はみごとなほどに感傷的な作品で、少年少女の初恋の熱度をセンチメンタリズムの強度において描き出す。宮崎駿のもとから出てきた新人だが、練達の士といえよう。だれにでも覚えがありそうな初恋ドラマをつづるにあたって、アニメーションならではの奔放な描写力を日常生活の場の表現に注ぎ込み、その風景や街路や家屋の過剰な細部のなか、まっすぐに二人の心のときめきを見つめながら、そんなふうに仮構された日常性と、少女はなにか物語を書き、少年はヴァイオリンづくりをめざすという芸術志向性とを一つに結びつけてゆく。その仕掛けこそが強烈なセンチメンタリズムを発動させるのである。じつにうまい。そこで見る者は甘美な涙を刺激されることになるが、しょせん一過性の感傷に終るのは、仕掛けが自己完結的で、どこへもズレていかない以上、当然の結果であろう。

岡本喜八の四年ぶりの新作、いや、より正確に二十年来の執念の一作と呼ぶべき『ＥＡＳＴ ＭＥＥＴＳ ＷＥＳＴ』は、過激にズレてゆく。早い話、岡本喜八がアメリカの大荒野で念願の西部劇をついに撮ったと聞けば、だれもがダイナミックな大活劇を想像してしまうではないか。ところが見てみると、たしかにホンモノの大荒野を舞台に西部劇ふうの活劇がくりひろげられるが、どうも画面が痛快に弾けず、血湧き肉躍るおもしろさといったものは薄い。ここからすでにズレが起こっているのである。

時は幕末、日米修好使節団の護衛艦に紛れ込んだ侍と忍者が、サンフランシスコを振り出しに、アメリカ大陸を横断する形で、西から東へ、追いつ追われつの闘いの旅をつづけてゆく。攘夷派としての幕府要人暗殺、強奪された三千両の奪回、アメリカ少年の仇討、インディアン娘との恋、暴力教師とチンピラ愚連隊たちの燃え上がる西部魂、そして鉱山町を牛耳る悪漢一味との闘い……。さまざまな目的や因縁をかかえる何人もの登場人物が多様なドラマをつぎつぎくりひろげるわけで、画面に登場するのは、何本もの糸が縺れつつヨコに動いてゆく光景にほかならない。これではつまり、最初から作品の本体としてズレが仕組まれているということではないか。そこで、痛快さは随所で弾けるが、大爆発に至ることなどはなく、どんどんヨコにズレて、転がりつづけることになる。

明らかにそれこそが岡本喜八の目論見にちがいない。西部劇に対する熱い思いを、真田広之の凛々しいアクションと少年への友情、竹中直人の笑いをそそる燥《はしゃ》ぎっぷりを主な媒体として、アメリカの大荒野をがむしゃらに走らせる。その意図からすれば、この作品はみごとに成功を収めているのである。

ところが映画を見る者には、一定の西部劇イメージが強固にあり、あの岡本喜八ということで、それがふくらむ。あるいは刀と銃の対決といったイメージのもとに、期待もする。むしろそうした予見をズレに遭遇させる点に、この作品の力があるといわねばならない。

時代劇と西部劇の折衷が実現されたのではなく、題名どおり、東が西に出会うさま、時代劇が西部劇に出会うことのドラマこそが、ヨコへズレる過程として差し出されている。そんなふうに、出来あいの西部劇イメージを壊すことで、西部劇へのオマージュを謳う岡本喜八は、なんとも過激ではないか。

石井聰亙の『水の中の八月』は、最初こそスポーツを題材にした高校生の純愛ドラマに見えるが、あれよあれよと思う間に、宇宙と感応する少女の精神世界のなかへ突入してゆく。素敵に荒々しいアクション映画を何本も撮ってきた石井聰亙を知る者としては、これをどう見るべきか。大いなる失敗作の前作『エンジェル・ダスト』につづいて、たしかな転変が演じられているのである。

少年の視線のもとに、高飛び込みの記録に挑戦する少女の姿が描かれる。彼女がプールの高い飛び込み台の上にすっくと立ち、跳躍するさまは、息をのむほど素晴らしく、それは博多の山笠祭りのダイナミズムにも匹敵するが、スポーツに励む者とそれを見守る者という二人の関係は、やがて崩れる。着水に失敗して臨死状態を経験した少女は、超常的な精神感応の域にはいり、森をさすらい、隕石と関わり、不思議な出来ごとの連続のあげく、豪雨のなかで姿を消す。

スポーツから精神感応の世界へ。もしかしたらこの少女の転変は、そのままアクション映画からサイコドラマへ移っていった石井聰亙自身の変身過程を語るものであろうか。抗いがたい力で少女が変わってゆく姿には、描写のエネルギーという点で、そうとしか思えないほどの切実さが感じられるのである。

いや、本当にそうか。たったいま記した描写のエネルギーという一点から見ても、違うのではないか。

ヒロインの高飛び込みについて、山笠祭りにも匹敵するダイナミズムと先述したが、そこにはプールの水の描写のあり方も関わっている。たんに飛び込むというアクションだけが力強さをもたらすのではなく、行為の相手たる水がまるで無気味に息をひそめた獰猛な獣のごとく描かれることも加わって、ダイナミズムが発揮されるのである。そしてそんな水の描写は、山中の豪雨のシーンにも同じように見られる。あるいは〝石化病〟にやられた人々がつぎからつぎへ路上で倒れるカットの、街の乾き具合、アスファルトの熱、青空の非情といったものについても同様で、それは森のなかの石柱や巨大な岩へとつながる。

そうした描写のダイナミズムが示すのは、石井聰亙がつねに活劇とは何かを実践的に転変させているということであろ

君を忘れない
[監]渡邊孝好[脚]長谷川康夫[撮]高間賢治[出]木村拓哉、唐沢寿明、松村邦洋、袴田吉彦、池内万作[封]9月23日[時]114分

耳をすませば
[監]近藤喜文[原]柊あおい[脚]宮崎駿[封]7月15日[時]111分

EAST MEETS WEST
[監][脚]岡本喜八[撮]加藤雄大[出]真田広之、竹中直人、スコット・バッチッチャ、アンジェリック・ローム[封]8月12日[時]124分

水の中の八月
[監][脚]石井聰亙[撮]笠松則通[出]小嶺麗奈、青木伸輔、戸田菜穂、宝井誠明[封]9月9日[時]117分

極道の妻(おんな)たち　赫い絆
[監]関本郁夫[原]家田荘子[脚]塙五郎[撮]木村大作[出]岩下志麻、宅麻伸、赤坂晃、鈴木砂羽[封]9月9日[時]114分

新・悲しきヒットマン
[監]望月六郎[原]山之内幸夫、高橋はるまさ[脚]森岡利行[撮]今泉尚亮[出]石橋凌、沢木麻美、山田辰夫、金山一彦[封]7月1日[時]105分

トラブルシューター
[監][脚]原田眞人[案]後藤大輔[撮]柳島克己[出]的場浩司、森本レオ、福田裕子、麻生肇[封]7月1日[時]99分

哭きの竜
[監]小林要[原]能條純一[脚]阿代幸四郎[撮]栢野直樹[出]川本淳一、西岡徳馬、荒井乃梨子、軍司眞人[封]6月17日[時]95分

GONIN
[監][脚]石井隆[撮]佐々木原保志[出]佐藤浩市、本木雅弘、根津甚八、竹中直人[封]9月23日[時]109分

う。古典的ジャンルとしてのアクション映画から、サイコドラマをもつらぬく描写の活劇性へ。この作品は、前作の試みをしたたかに踏まえたうえで新しい地平へ跳躍している。

関本郁夫の『極道の妻《おんな》たち　赫い絆』は、まさに古典的ジャンルの作品で、形としてのやくざ映画がこれまでにもまして前提にされていることは、だれの目にも明らかである。異色の女性映画としてはじまったこのシリーズも、今回は、やくざ映画の男性主人公を女性に替えたにすぎず、ヒロイン岩下志麻はさながら鶴田浩二や高倉健のように、老親分の娘として、現組長の元女房として、敵対組織の暴力攻勢のもとでの〝我慢劇〟を楽しげに演じているではないか。

むろん岩下志麻のそんな姐さんぶりが見る者の楽しみでもあるが、このシリーズ第八作は二つの点で興味深い。現代都市・大阪が舞台になっていることと、あの鈴木砂羽が準ヒロインに抜擢されていることとである。激しい変貌を遂げる大阪の風景、大胆不敵ともいえる肉体的個性で登場した新人女優、それらが形としてのやくざ映画とどんな関係を取り結ぶかは、注目に値しよう。

女優のことからいえば、この鈴木砂羽は鈴木砂羽でなくともよい。もう一人の新顔、宅麻伸が抑揚の目立つ大芝居のもと、やくざ映画のなかにするりと溶け込んでいるのに対し、鈴木砂羽は、現組長の後妻になりながら前妻への嫉妬から殺しまでやらかす役をヒステリックに演じるとき、無理やり形に押し込められ、持ち前のふてぶてしさも空転させ、たんに愚かしいだけのチャチな女に見えるのである。女はホンモノの極道の妻になるべく背中にみごとな刺青を彫るが、鈴木砂羽自身、そのような彩りの役割しか振り当てられていない。現代大阪についてもまったく同様で、高層ビルの立ち並ぶ風景も、エキスポランドの風景も、川のある大都市の風景も、大ロングとアップの鮮やかに転々とする画面においては、形を彩る意匠になっている。

こうしてすべては形としてのやくざ映画に奉仕させられる。やっぱり姐さん岩下志麻は強いよ、ということか。

望月六郎の『新・悲しきヒットマン』は、形など踏みにじり、いわば路上にやくざ映画のドラマを投げ出す。さきの岩下志麻が刑務所暮らし五年ののち、孤独に生きようとしつつ、案の定、姐さんとして復活するのに対して、ここでのヒーロー石橋凌は、シャブ中のヒットマンとして十年の刑に服したあと、元の暴力団に戻りながら戻りきれないまま、およそヒーローらしくもなく弟分の金山一彦とうろうろ歩き回り、チンピラ女のシャブ中に付き合い、ぐだぐだと日々を過ごしてゆくのである。それゆえ、やくざ映画という言い方はもはや無効で、アウトローのドラマが投げ出されるにすぎず、作品に流れる感情としては、ある種の香港アクションに近いといえよう。

この作品も大阪が舞台で、やはりエキスポランドが出てくるが、その大きな風景のなか、石橋凌は、チンピラ女の沢木麻美の構えたキャメラの前でポーズをキメようとし、これはビデオよ、動いているのを撮るの、と笑われる。まさにこれこそ、形を踏みにじるこの作品の真骨頂を告げるシーンであろう。

ビデオキャメラは、そのあと、主人公と舎弟が足を洗おうと組長や大幹部に会うシーンで使われる。二人は殴り込み同然に事務所に乗り込むが、そのとき、金山一彦のほうがピストルを構えているのに対し、石橋凌は組長たちにビデオキャメラを突きつけ、怯える彼らの表情を撮りながら、決別を宣告するとともに大金を強奪するのである。ビデオキャメラが武器として使用される。そのことは、短く作品にインサートされるビデオ画面の粗さが、路上をうろつく感覚と見合っていることとともに、この作品をつらぬくのがビデオ時代の感性にほかならないと確信させる。あるいはそれを徹底した散文性といいかえてもよい。

そうした散文性は、劇中で話される大阪弁がなにより端的に体現している。とくに金山一彦のくぐもったような口調の大阪弁の感触は、鮮烈な表現力で胸を打たずにはおかない。『新・悲しきヒットマン』のそのような大阪弁と、『極道の妻《おんな》たち　赫い絆』が極道イメージの一つの形として用いる大阪弁とでは、まるで次元が異なるのである。

原田眞人の『トラブルシューター』の魅惑を成立させているのも、ここで散文性と呼ぶものにほかならない。もと辣腕の刑事、いまドサ回りの演歌歌手の男を中心とする〝よろずもめごと引受業〟三人組の活躍譚だが、どのシーンも痛快さとは程遠い弛緩のリズムに覆われ、だらだらとつづく。そのあげく、三人組が外国人女性ばかりを狙う連続レイプ事件に挑み、暴力団と芸能界の絡む渦に巻き込まれていった果てに、ラスト、解決がついたような未解決のような、なんとも煮えきらないままに映画は終る。古典的なカタルシスを求めれば、アタマにくるだろうが、冒頭部分で独特の反リズム的リズムに乗った者には、ドラマの解決など二の次で、ひたすら路上性に富んだ文体を楽しむことになろう。

小林要の『哭きの竜』をその横に置いてみる。伝説の雀士をヒーローとする人気劇画の映画化で、これが本格的な映画デビューとなる新人監督の気迫の結晶というべきか、どのカットも徹底してスタイリッシュにつくられ、その鋭さには唸らずにいられない。ところがヒーロー川本淳一が画面と同様にスタイリッシュな演技を過剰にくりひろげるのはいいとして、つきまとってドラマを動かすヒロインとチンピラの二人が、信じられないほどの拙劣さを撒き散らし、すべてをぶち壊す。また、伝説の雀士を主人公にしつつ、ドラマは彼に執着する暴力団組長を中心に進められ、結局のところ、よくある暴力団抗争劇にすぎない。この新人は本気で形を狙ったのか、それともその破れ目の散文性に期待したのか。

いうまでもなかろうが、形にしろ散文性にしろ、けっして二者択一のものではない。それを踏まえていえば、『新・悲しきヒットマン』が映画表現の新しさを予感させるとは思うものの、一般的にはそれより『極道の妻《おんな》たち　赫い絆』のほうが訴えることは歴然としている。形としてのやくざ映画を凌駕するほどのアピール力を、散文的なアウトロー活劇がまだ獲得できないのである。

たとえば『新・悲しきヒットマン』では、ラスト、主人公が見知らぬ土地における新生活への思いを胸に、チンピラ女と旅をするが、途中、別れた女房と暮らす実の娘と久しぶりに会い、マフラーをもらい、つぎには故郷を訪れて、母からこっぴどく詰られ、妹に慰められる。破れかぶれの作品にしては、あまりにもパターンすぎる話の展開ではないか。そのあと、埠頭でフェリーを待つあいだ、女がビデオキャメラを主人公に向け、画面いっぱいになったざらざら粗いビデオ映像のなか、石橋凌の体がぐらりと揺れたかと思うや、女の元ヒモの放った銃弾で即死している。またしても決定的なシーンにビデオが登場するわけだが、主人公がいわばビデオ映像の只中で死ぬことに注目しよう。その迫力が不発のままに終っているからには、アピール力の弱さは当然だといわねばならない。

石井隆の『GONIN』はまた別のあり方を見せてくれる。佐藤浩市、本木雅弘、根津甚八、竹中直人、椎名桔平、木村一八、永島敏行、鶴見辰吾、そしてビートたけし。ごく単純にいって、これだけの俳優が共演するとなれば、曲折に満ちみちた波瀾万丈のドラマをだれしも期待するではないか。ところが画面に描き出されるのは、じつにシンプルな話でしかない。その不均衡性にこそ、石井隆がいつもの〝名美もの〟もしくは〝名美と村木のドラマ〟を離れ、純然たる男どもの活劇をはじめて撮ったことの意味があると思われる。

行き場のない連中が暴力団のカネを強奪することから、殺し屋との追いつ追われつへ。この作品の構成をそんなふうに要約してもよかろう。なんとも単純きわまりない構成だが、内部には凄まじいばかりのエネルギーの散乱がある。話がシンプルであればあるほど、そこに押し込められた九人の男たちのそれぞれに異なる生のドラマが沸騰して、乱反射を起こすのである。だから、ここには、強奪と追跡戦、この二つのドラマしかないということができるし、同時に、九人の男たちの人生が叩きつけるようにバラバラに投げ出されるともいいうる。いずれの場合にしろ、はっきりしているのは、石井隆がこれまでのロマネスク志向から飛躍したということであろう。その現われが男どもの生のエネルギーの殺伐とした乱反射にほかならない。

もちろん石井隆が物語を語ること＝つくることと決別するわけはなく、より正確には、素朴ロマネスク志向からの転回というべきか。この作品の随所に、たとえば佐藤浩市と本木雅弘における屈折した愛憎のドラマといったふうに、ロマンスが仕組まれていることからすれば、むしろ物語的空間の乱反射といってもよかろう。

この作品には、かなり遠くにいたはずの竹中直人がふいに佐藤浩市のごく間近に立っていたり、根津甚八が離別した妻子と会うレストランが一瞬のうちに無人になったり、あちらこちらで時空間の歪みが見られる。また、ラスト近く、暴力団事務所での銃撃戦のあと、赤い傘を掲げたビートたけしがパトカーにむかってピストルを乱射しつつ、どんどん画面の奥へ進むいっぽう、画面の手前では、息を弾ませた本木雅弘がこちらへむかって歩いてきてアップになる、といったシーンでは、明らかに一つの画面のなかの動きが捩れのもとにある。

そうした捩れや歪みが物語的空間の乱反射と深く関わっていることはまちがいあるまい。そこに、美学からの力まかせの捩れを見ることもできよう。ともあれそんな動態のなか、異貌の流動体としての映画『GONIN』がスリリングに成立しているのである。

異貌とは、むろん既成の映画イメージに対してのことにほかならず、そこからこそ映画イメージの呪縛との闘いがはじまる。それはまた〈映画百年〉からの出発でもあろう。

（第一〇七・一〇八回／十一月下旬号）

批評の足元

◉……この時評もいよいよ十年目に突入だな。よくまあ、と思う。

——じつをいえば、半年ほど前、いろいろ考えて、丸九年たったところで一区切りつけるかという気になった。物理的にキツイ。絞り込んでゆくとやはりそれが第一の理由になるわけだが、そんな単純なことで挫けるのもシャクだから、心機一転、頑張ることにしたよ。

……だけど、休載が多くなるんでは時評の意味がない。前回など、二回分をまとめて書いたのはいいが、目次に載っていなかった。編集部からも忘れられてしまったわけで、これには笑ったね。

——だれが読むのだろう、こんな時評なんて。この九年、徒労感が深まったことも事実としてある。ま、要するに歳のせいだろうがね。格好つけていえば、この間、つまり一九八〇年代から九〇年代へかけて、映画のあり方がますます混沌を深めつつあって、それと徒労感は関係があるのかもしれず、だからこそ時評の意味も、と思うことは思うんだが、現在の混沌には、批評の足元をグズグズにしてしまうところがあり、それが虚しさを肥大化させずにはおかない。

……たとえば柳町光男の『旅するパオジャンフー』を見ると、ドキュメンタリーなのか劇映画なのか区別しがたい。それ以前に、そもそもこれは日本映画なのか外国映画なのか。あらゆる線引きが無効になっているわけで、足元を払われもしようが、少なくともここではそんなことは当然の前提だろう。

――『旅するパオジャンフー』のおもしろさは、そんな区分など踏み越えた地平にあるからね。ほら、あの台湾の少女の迫力。歌ったり踊ったりしながら薬を売る旅の一座の息子の恋人で、十六歳なのに、歌でも踊りでもおとなの魅力を発散するんだが、夜の路上の一角で観客を前にしているとき以外は、拗ねているのか、なにかに苛立っているのか、彼といちゃつくときも含め、つんつんと棘々しく、どこか嫌みでありながら、妙なリアリティでしゃにむに迫ってくる。その強烈さの前では、あの棘々しさが演技かどうかなど、どうでもいい。

ただ、この場合もそうだが、いま、多くの作品ではプラス価とマイナス価が相互変換する形にあって、これが難儀ではある。

……そんなのは、批評基準が曖昧だというだけの話じゃないのか。

――むしろ逆だろう。多くの作品においては、確定的な基準を持って迫っても通用しない域で、おもしろさが成立している。ことにマイナーな作品やオリジナルビデオの秀作はそうだよ。

……ハイビジョンで撮って映画にするなんて例も出てきたからな。

――楠田泰之の『花より男子《だんご》』には驚いた。ハイビジョンと聞いて当然のごとく馬鹿にしていたが、東映本社の試写室のスクリーンで見るかぎり、画面に問題はなく、内田有紀が金持ち名門大学にはいってピチピチ暴れ回るさまを、デタラメなほどのめまぐるしさで縦横無尽に描く画面の勢いは、ハイビジョンの力だろう。併映の『白鳥麗子でございます!』が下手なテレビドラマの域を一歩も出ないのと、好対照だよ。

……内田有紀は買いか。

――大いに。アニメ感覚というか、無機質と有機質のあいだみたいな世界を快走するさまには、目を瞠らされた。ハイビジョンともども、まさに映画イメージの変容を迫ってくるよ。

……で、ゴクミを見に行った。

――そう。もっとも可能性に満ちた映画女優、後藤久美子を見るべく、映画館まで『キャンプで逢いましょう』を追いかけたが、これはひどかった。どう考えても、彼女の魅力で見せるアウトドア青春映画なのに、野外でも都会でもうろうろするばかりで、映画女優としての後藤久美子が一度も立ち上がらず、才人和泉聖治の作品とはとうてい思えない。いやあ、じつに残念無念。

……いまの〝ゴクミ映画〟の場合は、今夏の超多忙に引っ掛かった特殊ケースだろうが、物理的にキツイというとき、映画を見る時間に困って、見落とす作品がつい多くなるということもあるね。

――いや、時間がもっとほしいのは事実だが、これまでも日本映画のすべてをフォローしてきたわけじゃない。見落とした作品は多いうえに、見るのを拒否した場合もあり、見たけれどあえて取り上げなかった例も多いからね。たとえば半年ほど前、ある若手のちょっとした有名人が撮った映画を見て、あまりのひどさに呆れ、こんなものに付き合う暇はないとつくづく思った。そこで、時評では黙殺した。ところが恐ろしいことに、そんなゴミでも褒める人がいる。で、さらに愕然となり、あれこれ考えあぐねるわけだが、本当のところ、その若手の場合は偶然に目立っただけで、似たケースはゴマンとある。そう思った瞬間、付き合いきれないという気持が爆発して、じゃあ一区切りつけるか、と。

……そこを無理に付き合って、何年か前、書痙になった。今度はそれが左目に出てきたんじゃないのか。

――まさかね。でも、時評をもっと別のものに、と考え込んだとたん、物理的に体にこたえるよ。

……で、だれが読むのか、と。

――本誌では、たとえば状況論は大高宏雄がおもしろく展開しているし、個別作品評は毎号ある。ならば、時評の役割は何だろうと思うじゃないか。

……その作品評だが、十月下旬号に載っている『花より男子《だんご》』評はさきほどの話とはまったく逆だな。

――内田有紀を絶賛しつつ、これがもし映画本来のフィルムで撮影されていればなあ、と残念がっている。気持はわかるが、そういう単純フィルム至上主義と内田有紀に感動したこととの関係をなぜ問わないのだろう。そういえば十一月上旬号に載っている若松孝二の『エンドレス・ワルツ』の作品評にしても、〝七〇年代伝説のカップル〟阿部薫・鈴木いづみを〝等身大〟に描くという指摘にはうなずけるが、いくつもの時制のあいだをパンやカット一つで細かく滑らかに行き来するなど、あれほど技巧的に撮られている映画について、〝オーソドックスなドラマ話法〟〝日本映画旧来の正攻法

旅するパオジャンフー
監柳町光男撮田村正毅出葉天爽、邱兎搬、葉春鴻、黄春蓮封10月28日時95分

花より男子(だんご)
監楠田泰之原神尾葉子脚梅田みか撮星谷健司出内田有紀、江黒真理衣、谷原章介、藤木直人封8月19日時78分

白鳥麗子でございます!

監小椋久雄原鈴木由美子脚両沢和幸撮福田紳一郎出松雪泰子、萩原聖人、美保純、宝田明封8月19日時72分

キャンプで逢いましょう
監和泉聖治原田中律子案香川まさひと脚橋本裕志撮近森眞史出後藤久美子、野村祐人、中川安奈、西岡徳馬封10月7日時104分

エンドレス・ワルツ
監若松孝二原稲葉真弓脚新間章正、出口出撮佐光朗出広田玲央名、町田町蔵、相楽晴子、古尾谷雅人封10月7日時102分

眠れる美女
監横山博人原川端康成脚石堂淑朗撮羽方義昌出原田芳雄、大西結花、吉行和子、鰐淵晴子封10月14日時110分

蔵
監降旗康男原宮尾登美子脚高田宏治撮森田富士郎出浅野ゆう子、一色紗英、西島秀俊、松方弘樹封10月10日時130分

人でなしの恋
監脚松浦雅子原江戸川乱歩撮佐々木原保志出羽田美智子、阿部寛、堀江奈々、加藤治子、封10月28日時86分

TOKYO FIST
監脚撮塚本晋也案斎藤久志、塚本晋也出塚本晋也、藤井かほり、塚本耕司、六平直政封10月21日時87分

トーン〟なんて評言が、どうして出てくるのか、じつに不思議だね。

……批評の足元がグズグズなら、評価の分散は当然じゃないか。

――横山博人の『眠れる美女』について考え込んでいたとき、十一月下旬号の作品評を読み、主人公の老人に一滴たりとも〝醜〟がない、という指摘に、なるほどと思った。近親相姦を扱いながらキレイゴトに終始するこの作品のありようは、その一言に集約される。ま、原田芳雄の老け役はけっこう健闘していると思うがね。それはさておき、その作品評には〝この作品が老人の秘めた性、或いは恋心を真剣に考えた上で取り組まれたのかは疑わしい〟とある。これはもうまるで転倒した言い方じゃないか。当り前の話だが、つくり手たちは〝真剣に考えた上で〟映画を撮っているわけで、そこに疑問を向けてもなにもはじまるまい。問うべきは、〝真剣に考えた〟にもかかわらず、の部分だろう。こういう場合や先刻の作品評の場合、評価の分散といって済ますことができるのかな。

……評価分散の一つ前、それぞれの映画観が問われるというわけだ。

――降旗康男の『藏』がヒットしているそうで、よかったなあと思うが、格調が高いだの、これぞ日本映画だのという評言を目にすると、あの程度でそんな褒めことばを呈するなんて、映画を馬鹿にしているとでもいう以外ない。セットやキャメラが素晴らしいから、雪の日の酒づくりの場面のように、たしかに堂々たる風格を感じさせはする。でも容器が素敵だというにすぎず、中身のドラマたるや、安手のつくりもので、ぺらぺらと嘘くさい。これを持ち上げるのは、『花より男子《だんご》』を見て、内田有紀という中身を高く評価するいっぽう、ハイビジョンという容器を否定するのと、ちょうど裏表の関係だよ。『人でなしの恋』のように容器もドラマの描き方も中途半端では困惑するしかないがね。

……容器と中身の形がはっきりしていると、〇×式が通用するんだ。だから容易に裏表が反転する。それにしてもハイビジョン派になるとはねえ。

――それこそ〇×式じゃないか。あくまで『花より男子《だんご》』の内田有紀とハイビジョンの結びつきに感動しただけで、そこに映画のあるべき形を探ろうなどとは思わない。それに対置させるべきは、塚本晋也の『TOKYO FIST』だろう。高層ビルとぼろアパートを混在させる大都市の片隅で、男二人と女一人が汗と血にまみれた三角関係を闘い抜いてゆくさまには、ハイビジョン的なものと真っ向からぶつかる肉体的な意志の力があふれている。

……どうのこうのいったって、やっぱり作品を連結させて論じるのが時評の時評らしい点だろう。

――映画の動きをつかむ。それが時評の役割だとすれば、もっと自由にやれていいはずでね。そうならないと、批評の足元もくそもない。たとえば『エンドレス・ワルツ』が本年度屈指の傑作といえるのは、二人のせつない愛憎の劇が男の死で区切りをつけられる七〇年代、やがて女も死へ歩む八〇年代、そしてそんな二人を〝等身大〟に描くこの作品の九〇年代、そんな三つの時代性が画面に畳み込まれているからだろう。広田玲央名と町田町蔵の圧倒的な素晴らしさは、その具体的な証明以外のなにものでもない。あるいは『旅するパオジャンフー』では、台湾の流浪の人々の生活と心情がなにげなく微細に、まるでひょいとキャメラを向けて撮ったかのごとく描かれてゆくが、その、ポンと手づかみで差し出すような画面のあり方は、明らかに緻密な計算なり技巧なりを尽くした果てのものだろう。どうにかしてそんなダイナミズムをつかみたい。ならば、作品論ばかりじゃなく、逆に作品を離れて自由にふるまうことが、刺激的な時評をめざす手じゃないか、と。

……なんか楽観的だなあ。

――つい落ち込みそうになると、澤井信一郎の『日本一短い「母」への手紙』のような映画が出てくるからね。

（第一〇九回／十二月下旬号）

通俗のすすめ

◉深作欣二の『阿部一族』を見て、感激した。やっぱり時代劇はいい。たぶん多くの人が見ただろうが、この作品はテレビ時代劇で、一九九三年に完成されていながらなぜかオクラになっていて、先日やっと放映された。深作欣二の作品としては『忠臣蔵外伝　四谷怪談』の直前に位置する。オクラの理由もいまなぜ放映されたのかも不明だが、深作欣二と時代劇のファンとしてはうれしい。

　森鷗外の小説を原作に、殉死をめぐる武士道の悲劇がダイナミックに描き出される。全篇、役者も画面も豊かな緊張感にあふれて一分の隙もないが、武家社会の掟をどう受け止めるかに関して、男と女の姿勢がきっぱり異なるところが感銘深い。そんな時代劇ならではの格調の高い魅惑の前では、十六ミリで撮られたこの作品がテレビか映画かという区分など吹っ飛んでしまう。

　だがこの『阿部一族』はあくまでテレビ時代劇である。さらにオクラ状態がつづくなら、いっそ単館上映でもという話も出ていたと聞くが、それは成りゆき上のことで、あくまで深作欣二はテレビ用として腰を据えて撮っている。お茶の間の真只中でどこまで勝負できるか、との意思のもとに。それは、たとえテレビ作品においてであれ、映画と同じことをやろう、といった話ではない。俗世間ずぶずぶのテレビと、映画監督の自分はどこまで本気で付き合うことができるか。画面から、そんな問いが迸り出るかのごとく感じられるのである。

右のように考えたのには、小野田嘉幹の『鬼平犯科帳』を見たことも関わっている。この時代劇はテレビの人気シリーズがはじめて映画化されたもので、鬼平役の中村吉右衛門以下、顔ぶれが豪華なうえに、見せ場の連続で展開してゆくから、けっこう楽しめた。ドラマが団子の串刺し状になっているゆえ、テレビの二本分か三本分をつづけて見たような感じだが、むしろ流行のワイド画面のテレビを連想すべきか。つまり、この作品は映画として製作されてはいても、あくまでテレビ時代劇に見え、『阿部一族』と好対照をなすといえよう。

テレビの俗性との関係および作品の出来ばえからすれば、『鬼平犯科帳』＝凡俗、『阿部一族』＝通俗、という図式が成り立つ。わたしの判断では、深作作品の力は、いかに俗に通じるかという姿勢から発しているのである。

では、通俗とは何か。当然ながらだれもが俗世間を相手に映画をつくり、俗受けを狙ったりもするが、容易には実現しない。どこが問題なのか。

一例をあげれば、神山征二郎の『三たびの海峡』に対する不満は、なぜもっと社会派に徹しないのかという疑問からやってくる。軍国日本による朝鮮人強制連行を扱った作品で、お題目としては歴史と民族に関わる悲劇が描き出されることになっているが、内実はあまりにも単純な勧善懲悪パターンに終始し、ラストでは、五十年の痛恨の思いをこめた主人公と悪玉との一騎討ちが因縁のボタ山でくりひろげられる。明らかにこれは通俗ならぬ凡俗というものであろう。むしろ逆にゴリゴリの社会派ドラマツルギーをつらぬくほうが、ありうべき通俗性を獲得できるのではないか。

大森一樹の『緊急呼出し　エマージェンシー・コール』についても同じことがいえよう。全篇、海外ロケのせいではなく、描写のあり方において、日本映画らしからぬ大きな風格を感じさせる作品ではあるが、どこかすっきりしない。投げやりに生きている青年医師がフィリピンの病院で働くなか、現代の〝赤ひげ〟として貧民の味方になってゆくという社会派の人間ドラマと、かつて日本の女に振られた彼が今度はフィリピンの踊り子に死なれ、結局のところ身近なフィリピンの女性医師と結ばれるというメロドラマと、どっちつかずの印象が拭えないのである。もとより両者の重ね合わせが狙いなのは一目瞭然だが、主人公の恋愛感情が曖昧なためにメロドラマが安っぽく見え、ならば、もっと貧困との闘いのドラマに徹したほうが訴求力が強まったろうに、と思う。それでもこの作品が凡俗に流れていないのは、マニラの巨大なゴミ捨て場に人々が住まう光景とそれに張り合う真田広之の肉体が、確実に社会性を浮き立たせているからであろう。

いま、真に俗に通じることは至難の技ではなかろうか。すぐれた作者の多くがそこで躓いていると思われる。

澤井信一郎の『日本一短い「母」への手紙』は、そうした躓きを免れている稀有な例にちがいない。なにしろ俗っぽさの極みともいえる〝母もの〟で、かつて夫と二人の幼い子を残して愛人のもとへ走った女と、男手一つで自分たち姉弟を育ててくれた父の病没したいま、そんな母を憎む娘と、ストレートに母を慕う弟と、この三者の葛藤が情感たっぷりに展開されてゆく。同時に、この作品は従来の〝母もの〟と一線を画する。

たとえばこの種のドラマの最初のヤマ場は、ふつうに考えて、母と子の十八年ぶりの再会の瞬間でいかに泣かせるかにあるが、画面では、父の百箇日法事のあと、母さんを探そうかなと言って姉に厳しく反撥された弟が、あっけないほど簡単に母と会ってしまうし、姉娘と母親の再会も、一度は母が娘の姿を遠くから見るだけで延期されるとはいえ、ほどなく弟のアパートであっけなく実現する。あるいはその娘と母の再会シーンに注目しよう。当然のごとく娘は母親をこっぴどく詰って責め立て、母のほうはそんな娘の態度を真正面から受け止め、きっぱりその場から去ってゆくが、つぎのカットでは、実の娘から酷いことばを投げつけられた孤独な母親の姿ではなく、ヒステリックに怒って詰った娘の雑踏のなかの寂しげな姿のほうが描き出される。こうした細部は〝母もの〟としてのユニークさを示すものであろう。

要するにこの作品は〝母もの〟でありつつ、単純に母親が主人公のドラマではないのである。そうであるなら、ここでの〝母〟とは何なのか。

三者の葛藤と先述したが、母と娘と息子の関係の前に、母と愛人と父の三角関係がまず存在する。その事態こそがドラマの発端になっているわけだが、現在時点において、父も愛人もいないため、いわば虚点になっている。そこで、この作品では、いまも実点たる母親を軸に、過去の三角関係が現在の三角関係へとずらされてゆくのである。そして、十朱幸代と裕木奈江と原田龍二の母子三人は、過去の三角関係のもとに愛憎の葛藤をくりひろげるなか、その呪縛から抜け出てゆく。そうした過程で母なるものをめぐる想念が波立つことこそ、この作品の真骨頂にほかなるまい。すなわちイメージとしての母の創出である。

過去の三角関係にしろ、現在の三人の葛藤にしろ、俗っぽい設定だが、すでに明らかな

阿部一族
監深作欣二原森鷗外脚古田求撮石原興出山﨑努、佐藤浩市、藤真利子、蟹江敬三、真田広之封11月24日(TV)時94分

鬼平犯科帳
監小野田嘉幹原池波正太郎脚野上龍雄撮伊佐山巌出中村吉右衛門、岩下志麻、梶芽衣子、藤田まこと封11月18日時105分

三たびの海峡
監神山征二郎原帚木蓬生脚加藤正人、神山征二郎撮飯村雅彦出三國連太郎、南野陽子、永島敏行、林隆三封11月11日時123分

緊急呼出し　エマージェンシー・コール
監大森一樹原太田靖之脚北原陽一、大森一樹撮渡部眞出真田広之、大江千里、ローナー・トレンティーノ、シャーメイン・アーナイス封11月18日時106分

日本一短い「母」への手紙
監澤井信一郎原丸岡町文化振興事業団脚伊藤亮二、澤井信一郎撮木村大作出十朱幸代、原田龍二、裕木奈江、別所哲也封11月23日時117分

新宿黒社会　チャイナ・マフィア戦争
監三池崇史脚藤田一朗撮今泉尚亮出椎名桔平、シーザー武志、井筒森介、田口トモロヲ、大杉漣、柳愛里封8月26日時100分

ごとくそのように通俗であることが〝母〟のイメージを、〝母〟という観念を生み出している。この場合、通俗性を具体性といいかえてもよかろう。つまりここでは、映画表現としてのすぐれた具体性が、強烈な魅惑を放つ抽象力を結晶させているのである。

塚本晋也の『TOKYO FIST』の感動についても同じことがいえよう。一人の女と二人の男の三角関係の劇が汗と血にまみれたボクシングにおいて、あるいは耳や腕や乳首に鉄をつらぬくピアシングにおいて提示されるとき、その具体性の強度が、現代都市の住人の心に染みる抽象力を持つのである。そこには、現在的な活劇をめぐる示唆を読み取ることができる。

活劇といえば、三池崇史の『新宿黒社会　チャイナ・マフィア戦争』を、ビデオでだが、やっと見た。なるほど評判どおりの迫力で、おもしろい。新宿を舞台に、一匹狼のゴロツキ刑事とチャイニーズマフィア一味と地元暴力団の三つ巴の闘いを描くと聞いただけで、たちまち思い浮かびそうなエピソードや場面ばかりがつぎつぎ登場するゆえ、要するにパターンの寄せ集めにすぎないといえばいえる。だが事態はむしろ逆であろう。とにかく登場人物たちの面構えが素晴らしく、中国残留孤児二世という設定の主人公・椎名桔平、マフィアのボス・田口トモロヲ、主人公の弟でありながらチャイニーズ・マフィアのもとで臓器売買などに従事する青年弁護士・井筒森介、隻腕の暴力団組長・大杉漣、その大幹部・須藤正裕、いまはマフィアのボスの片腕になっている元やくざ・シーザー武志、その情婦・柳愛里、ボスの愛人の中国人美少年・益子和浩など、よくまあ集めたものだと感嘆せずにいられないほど個性的な連中が揃っている。そんな顔ぶれの闘いが展開するとき、画面上で、俗っぽいパターンの寄せ集めは描写のモザイクとしての力を発揮するのである。

いま、映画にとって切実に問われねばならないのは、俗に通じることと表現としての抽象力との関係であろう。

押井守の『GHOST IN THE SHELL 攻殻機動隊』が、その点に関して素晴らしい成果を見せている。

（第一一〇回／一九九六年一月下旬号）

●山田洋次の『男はつらいよ　寅次郎紅の花』は長寿を誇るシリーズの第四十八作で、一見、例によって例のごとくの世界を描くかのようだが、じつはまったく違い、このシリーズに異変が起こりつつある印象をもたらす。

たとえば主要人物の顔のアップがいつになく多い。今回、浅丘ルリ子のリリーが四度目の登場を果たし、寅さん・渥美

静謐さと怖さ

清と彼女、甥っ子・吉岡秀隆と後藤久美子、この二組のカップルのドラマがつづられるが、アップの画面で若い二人の顔が輝けば輝くほど、渥美清と浅丘ルリ子の高年齢が目に迫ってくる。まさか主人公やマドンナの老いを際立たせることが狙いとも思えず、ならば、アップの多用は何なのか。キャメラマンの交替ゆえであろうか。しかし監督は同じだから、方法上の転換と見るべきか。寅さんの老いはシリーズの終了ということと結びつくが、それに関連して、今回のラストも異様に感じられてならない。

　寅さんがリリーと手に手を取って奄美大島から柴又へ帰ってくるが、やがて喧嘩をして、リリーが島へ戻ってゆく。さくらが寅さんに涙を浮かべて言う。お兄ちゃんとリリーさんが一緒になるのが私の夢だった、お兄ちゃんのような風来坊と一緒になってくれる人はリリーさんしかいないのよ……。寅さんが旅支度でリリーを追いかけ、同じタクシーに乗り込み、画面の奥へその車が去ってゆく。そのあたりでエンドマークになるかと思いきや、そのあと、妹一家の正月の光景はいいとして、寅さんが神戸の被災地にいる場面が蛇足のように出てくる。

　さくらが寅さんに結婚を熱っぽく口説くのも異例のことだが、それ以上に、大震災の傷痕も生々しい焼け跡を歩む寅さんをとらえた大俯瞰のラストカットは異様さをそそる。寅さんといえば、虚構のなかの虚構、フィクションの権化のごとき人物像であろう。そんな寅さんが現実の苛酷さを痛々しく露呈している場にいる光景ほど、妙なものはあるまい。土地空間でいうなら、むろん柴又も現実の場所であり、シリーズの毎回、そこでロケーションが行なわれ、そのとき柴又は虚構の空間に化すことができるが、神戸の被災地が同じ次元にあるとはとうてい考えられないのである。にもかかわらず、浮世離れこそが身上の寅さんを現世と強引に交わらせ、いったい何がおもしろいというのであろうか。冒頭近く、柴又のだんご屋のテレビに被災地の寅さんがうつるシーンは、一瞬でありブラウン管上であるがゆえにジョークとして成立するともいえるが、ラストの直接描写では意味がまるで違ってくる。

　こうした異様さが指し示すのは、〝寅さんの世界〟がひび割れを起こしはじめたということである。

　大河原孝夫の『ゴジラVSデストロイア』では、真っ赤に焼けてひび割れたゴジラが登場して目を奪い、その異様さの展開のままに、ゴジラの死が描かれてゆく。当たる映画の少ない現在、なぜ人気シリーズを終らせるのかは明らかにされていないが、あたかも人気の臨界を暗示するかのように、体内の原子炉が異変を来し、灼熱の赤に輝いて燃えるゴジラの肉体がとても悲しい。その思いは、今回のドラマがあの一九五四年の第一作を引き継ぎ、みごとに終結へ運んでいることからも刺激される。

あらためていうまでもなく、ゴジラと寅さんは戦後日本映画の生んだ二大モンスターである。その新作が〈映画生誕百年〉〈戦後五十年〉の年の暮れに封切られ、片や潔く終り、片や野垂れ死にへ向かうとは、じつに感銘深い。二様のあり方に優劣はなく、どちらもそれぞれに素晴らしいとわたしは思う。

ところで山田洋次が一九九六年一月四日の「朝日新聞」にエッセーを書いていた。「ひたむきさより静ひつさ」という見出しのその文章は、小津安二郎のことからはじまり、侯孝賢（ホウ・シャオシェン）とジム・ジャームッシュが小津安二郎の影響を受けていること、二人の作品の共通点が《静謐》さにあることを指摘したあと、彼ら二人の《さめた目で距離を置いて人間をみつめるという静的な作風》は日本の若い監督たちにも共通すると述べて、こうつづく。

《映画が本来もっているダイナミックな表現力をわざと避けたような静かな世界が、今確実に映画ファンたちに望まれつつあるのではないだろうか。》

ここには日本の若い監督の名も作品名も記されていないが、わたしはすぐに是枝裕和の『幻の光』を思い浮かべた。なるほど、事態がこのとおりなら、活劇派のわたしに『幻の光』が少しもおもしろくないのは当然ではないか。山田洋次のエッセーを二度三度と読み直し、わたしは多くのことを教えられた。

だが『幻の光』についていえば、あれは本当に《静謐》か。かりに《静謐》と呼ぶとして、わたしにはそれが喧しく感じられる。『幻の光』の合津直枝プロデューサーも《静謐な映画》といい、つづけて《抑制》ということばを使っているが（「シナリオ」一九九六年一月号）、わたしの印象では、この作品の全カットが、抑制してますよ、抑制してますよ、とひっきりなしに喚き立てているのである。その意味では、むしろ逆に〝饒舌な映画〟と呼ぶべきであろう。多くの人が古臭いだけの映像主義の画面について〝美しい〟などとつい述べてしまうのも、そんな《静謐》の饒舌ぶりに誘われてのことにちがいない。《静謐》さの一つとして引きのキャメラがよく指摘されるが、ラスト近く、ヒロインが深夜の座敷で夫の帰りを待つうち、つと立ち上がり、箪笥の引き出しから前の夫の形見の自転車の鍵を取り出すシーンでは、ポン寄りからアップになるように、引きのキャメラはいつでも便宜的に捨てられる。だから良くないなどと断じるつもりはない。わたしが思うのは、ここでは《静謐》も《抑制》もそれと同程度の便宜的手段でしかなかろうということである。

山田洋次の文章の引用部分は、直前が《声高に主張する、力強く訴える、叫ぶ、怒鳴る、走る、暴れる――映画が本来もっているダイナミックな表現力をわざと……》となっている。すこぶる皮相的な意見で、映画の表現をこんなふうにのみ考えるのであれば、《静謐》の饒舌などといった事態はありえない。たとえばの話、侯孝賢の『好男好女』（一九九五）やジャームッシュの『デッドマン』（九五）のどこが《静的》か。いや、あえて《静的》という形容を用いるとして、二作品に見られるのは、《静的》であることのダイナミズムの沸騰ではなかろうか。

さきの〝寅さん映画〟のひび割れやゴジラの死は、二つの大シリーズのある必然的な帰結であり、そこに日本映画の現在を見ることができる。異様さが表に出ていることからして、作者たちは事態と真正面から向きあっている、とわたしには思われる。いっぽう、怒鳴ったり暴れたりだけを映画の《ダイナミックな表現力》と捉え、饒舌を《静謐》に見せかけるあざとさには、現在の強いるものを回避する姿勢を感じてしまう。

実情としては、いま、この対面と回避という二つの態度がワンセットになっているところに、日本映画の中心部分があるにちがいない。むろん両者のあいだに多様なバリエーションがあり、たとえば朝原雄三の『サラリーマン専科』や水谷俊之の『勝手に死なせて！』や細野辰興の『犯人《ホシ》に願いを』や廣木隆一の『ゲレンデがとけるほど恋したい。』は、目的とするウエルメイド達成度の高低に応じて前者に近かったり遠かったりし、利重剛の『BeRLiN』や風間志織の『冬の河童』や及川中の『日本製少年』や渡辺孝明の『ＡＬＩＣＥ ＳＡＮＣＴＵＡＲＹ』は、思わせぶりの度合で後者との距離を測ることができる。

押井守の『GHOST IN THE SHELL 攻殻機動隊』のユニークな点は、そんなワンセットの外に立っているところにある。怖さということが、その指標の一つになろうか。

情報犯罪専門の秘密捜査官である女性サイボーグの闘いが、猛烈なスピードの描写でつづられてゆく。わたしなどにはその速度自体が不安と恐怖をそそるものにほかならないが、やがてドラマの進展とともに、通信ネットワークに潜り込んで

男はつらいよ　寅次郎紅の花
［監］［原］山田洋次［脚］山田洋次、朝間義隆［撮］長沼六男、高羽哲夫［出］渥美清、浅丘ルリ子、吉岡秀隆、倍賞千恵子［封］12月23日［時］110分

ゴジラVSデストロイア
［監］大河原孝夫［脚］大森一樹［撮］関口芳則［出］辰巳琢郎、石野陽子、林泰文、大沢さやか［封］12月9日［時］103分

幻の光
［監］是枝裕和［原］宮本輝［脚］荻田芳久［撮］中堀正夫［出］江角マキコ、内藤剛志、浅野忠信、柄本明［封］12月9日［時］110分

サラリーマン専科
［監］朝原雄三［原］東海林さだお［脚］山田洋次、朝原雄三、梶浦政男［撮］近森眞史［出］三宅裕司、加勢大周、田中好子、西村晃［封］12月23日［時］93分

勝手に死なせて！
［監］水谷俊之［脚］砂本量［撮］長田勇市［出］名取裕子、風間杜夫、立河宜子、石橋けい［封］11月11日［時］95分

犯人（ホシ）に願いを
［監］細野辰興［案］西田昇［脚］宮下隼一、細野辰興［撮］山本英夫［出］萩原流行、金山一彦、中山忍、平泉成［封］12月2日［時］94分

ゲレンデがとけるほど恋したい。
［監］廣木隆一［原］永森羽純［脚］加藤正人、宮島秀司［撮］佐々木原保志［出］清水美砂、大沢たかお、西田尚美、鈴木一真［封］12月9日［時］106分

BeRLiN
［監］［脚］利重剛［撮］篠田昇［出］中谷美紀、永瀬正敏、ダンカン、あめくみちこ［封］12月23日［時］107分

冬の河童
［監］風間志織［脚］風間志織、小川智子［撮］鈴木昭彦、田村正毅［出］伊藤亜希子、趙方豪、和久田理人、田辺誠一［封］11月11日［時］114分

日本製少年
［監］［脚］及川中［撮］山本英夫［出］大沢樹生、嶋田加織、鈴木一功、庄司真理［封］12月2日［時］105分

ALICE SANCTUARY
［監］［案］［脚］渡辺孝明［撮］本吉修［出］坂井江奈美、内田大介、坂井香月、細野哲弘［封］10月1日［時］108分

GHOST IN THE SHELL　攻殻機動隊
［監］押井守［原］士郎正宗［脚］伊藤和典［封］11月18日［時］80分

国際犯罪をつづける敵の正体が判明したとき、怖さの次元が一段と高まる。謎のハッカーは、情報の海で発生した生命体で、実体を持たず、なにものかの電脳に潜り込むことによってしか活動できない。そんな生命体との闘いのなか、自らも電脳者であるヒロインが、自己とは何かという問いに憑かれ、さらに、その闘いがじつは男の声をしたハッカーのヒロインに対する求愛であったことが明らかになり、無気味な異形のパッションが画面に沸騰するのである。

ここでは、明らかに描写のスピードの力を取り込む形で、怖さのベクトルのもとに、未知のラブロマンスが語られている。怖さこそが、かつて存在したことのない新しい愛の熱度を生々しく告げるものにほかならない。この作品は哲学的思惟からなるが、それがアニメーションという表現方法の活用によって活劇化されているといえよう。

山田洋次はさきの文章で、多くの人々が《静謐》さを望むことについて《〝癒し〟を求める時代》というふうに説明しているが、『攻殻機動隊』の怖さはそんな《癒し》とは逆のベクトルを持つにちがいない。これに対し、たとえば『幻の光』は喪のエモーションを描きつつ、なんら怖さを感じさせず、むしろ安心感に満ちている。それの実現するものがどんな《癒し》でありうるのか。

（第一一一回／一九九六年二月下旬号）

1995年 山根貞男ベストテン

1	マークスの山
2	エンドレス・ワルツ
3	BOXER JOE
4	GONIN
5	ガメラ　大怪獣空中決戦
6	日本一短い「母」への手紙
7	旅するパオジャンフー
8	GHOST IN THE SHELL 攻殻機動隊
9	新・悲しきヒットマン
10	みんな〜やってるか！

1996年

才能の使い方

◉周防正行の『Shall we ダンス？』が大ヒットしているという。見る者をこれほど幸せにする映画も珍しいから、当然の結果であろうが、今年はおもしろくなりそうだと元気づけられる。

それにしてもこの映画は、ドラマの根本構造という点で、周防正行の前作『シコふんじゃった。』とそっくりではないか。中心人物はいるものの、基本的には群像劇で、格別にすぐれた才能を持っているわけでもないが、しかし愛すべき連中が、初体験のことに挑み、練習を重ねて、そのおっかなびっくりぶりが笑いをそそるとともに、涙ぐましい努力のさまが随所でジーンとさせ、そうしたなか、観客もはじめてのことを連中とともに体験しているような気持になり、かくしてスクリーンと客席の一体化のもと、競技での優勝をめざす闘いが熱くつづられ、ラスト、笑いと涙の爆発のあと、あっけらかんとハッピーエンドに突入する。初体験の題材が相撲からダンスに替わっただけで、笑わせ役の竹中直人など、顔ぶれも共通している。にもかかわらず二時間以上を一気に見せる手腕は、みごとといえよう。冒頭の数分でわたしは画面の楽しさに巻き込まれ、ひたすら感嘆しつつ見終ったあと、しばらくして類似性に気がつき、二度感嘆した。

もちろん『Shall we ダンス？』と『シコふんじゃった。』とは、似ている以上に大きく違っている。決定的なのは中年サラリーマンを主人公にしたこと、つまり青春ドラマではなく、中年男のラブロマンスを描いたことであろう。そのことが社交ダンスという珍しい題材と結びついて、新鮮な世界を生み、新しい観客層にも訴えているのにちがいない。

二作品の類似性は、映画の魅惑の原点がどこにあるかを告げている。周防正行はそれを踏まえつつ、素晴らしい着眼力で社交ダンスを題材にし、綿密に脚本を練ったあげく、役所広司や草刈民代や竹中直人や渡辺えり子など、完璧に近い配役を組み、優秀なスタッフとともに撮影に臨んでいるのである。その総体をこそみごとと讃えるべきであろう。

室賀厚の『ＳＣＯＲＥ』も一気に見せてしまう。東南アジアのどこかの国を舞台に、強奪した宝石をめぐって、なぜか日本人ばかりの悪党どもが血みどろの殺し合いを演じるさまは、過剰なほど近年の外国映画の〝イタダキ〟によるが、銃撃戦につぐ銃撃戦の画面は猛烈なスピードでしゃにむに疾走し、模倣がどうのこうのといったことなど吹っ飛ばす。その強引さは、周防作品の綿密さの対極を感じさせる点でおもしろい。

ここには勢い以外なにもない、とさえ断定することもできる。むしろそれこそが生命線なのだというべきか。全篇、アクション映画への狂おしいほどの情熱が沸き立っていて、スピード主義で空回り寸前ながら、映画的熱度は高い。逆にいえば、空転の寸前を走り抜けたところは天晴れだが、しかしそれを意識させるのも事実なのである。つまりこの作品は際どい一点で成立している。

　きうちかずひろの『JOKER』を横に並べてみればいい。このオリジナルビデオは、しゃにむにバイオレンスの迫力で見せる点では同じながら、勢いだけが魅力ではない。暴力沙汰で工場を馘首された青年が、路上で上司の中年サラリーマンと痴話喧嘩中の若い女を助けたことから、ドラマははじまり、以後、二転三転するめまぐるしい展開にしたがって、暴力描写の度合がどんどんエスカレートするが、画面は一直線に疾走せず、随所で途切れる。その中年男が暴力団員に青年の始末を頼み、暴力団員が若いチンピラ三人組に仕事を命じて、血なまぐさい風が吹き荒れ、やがてサラリーマンの娘の誘拐までまじえ、三つ巴四つ巴の闘いがくりひろげられるとき、たとえば主人公の青年と三人組が対峙する↓青年が血だらけになって倒れている、といったふうに、即物的な暴力描写のカットをポンと飛ばす形で、その結果のみ画面に提示されるのである。そこから独特の強烈なおもしろさが生みだされる。

　この映画のポイントは暴力のエスカレートにあるが、それがすんなりと滑らかには描かれない。むろん画面の流れはギクシャクし、勢いは落ちる。だがそのぶんだけ、暴力にまつわる不気味さが強く放散されるのである。宮崎光倫たちの演じる青春群像の生々しさは、そのことと無縁ではなかろう。

　映画的熱度という点では、『JOKER』と『SCORE』に優劣は付けられない。違うのは、暴力描写のあり方が示すように『JOKER』がその熱度を方法意識に変換している点であろう。仲間の一人を殺されたチンピラ二人組が、ラスト近く、主人公との決戦を前に銃を手に呟き合う。なんでこんなことになったのか…俺たちは死ぬんだろうか…生きててもしょうがないだろう、俺たちみてえのは……。明らかにこの倫理性は作者の方法意識の反映にちがいない。

　小栗康平の『眠る男』も鋭い方法意識に貫かれている。通常のストーリー展開を排し、ひたすら眠る男を軸に、山間のある町の人々の暮らしと自然の姿がつづられてゆくとき、眠りつづける男はむろん町のどの人も外国人も、山も川も、森の木々も田の草も、すべてをまったく等価に描き出そうとする姿勢が、加速度的に際立ってゆく。こうまで方法があからさ

Shall we ダンス?
監案脚周防正行撮栢野直樹出役所広司、草刈民代、竹中直人、渡辺えり子封1月27日時136分

SCORE
監室賀厚脚室賀厚、大川俊道撮古賀毅出小沢仁志、江原修、小沢和義、宇梶剛士封1995年12月11日時88分

JOKER
監原脚きうちかずひろ撮仙元誠三出宮崎光倫、白島靖代、木村慶太、酒井伸泰、斉木しげる、佐藤蛾次郎封1月12日(OV)時96分

眠る男
監小栗康平脚小栗康平、剣持潔撮丸池納出役所広司、安聖基、クリスティン・ハキム、野村昭子封2月3日時103分

MEMORIES
監森本晃司、岡村天斎、大友克洋【総監督】大友克洋原大友克洋脚大友克洋、今敏封1995年12月23日時114分

渚のシンドバッド
監脚橋口亮輔撮上野彰吾出岡田義徳、草野康太、浜﨑あゆみ、高田久実封1995年12月16日時129分

霧の子午線
監出目昌伸原高樹のぶ子脚那須真知子撮木村大作出岩下志麻、吉永小百合、玉置浩二、山本耕史封1月20日時106分

まだと、ふつうは嫌みになるが、ここではむしろ清々しい。まちがいなくそれは、筋書きを斥けたぶんだけ、画面が表現としての音楽性を豊かに実現しているということであろう。

たとえば電器屋の役所広司が一人暮らしの老女の家を訪ねるシーンでは、家のたたずまいが、周りの田が、遠くの木立が、空が、話す二人とともに、ただ見ていて素晴らしい。映画ならではの提示力といえよう。そんな輝きを持ちつつ、この作品では同時に、眠る男の背後の板戸に描かれた月と梅が意味ありげに強調される、といったふうに、せっかくの音楽性が随所で打ち壊されてしまう。つまりこの場合には、提示力と思わせぶりが際どいところで釣り合うことで、作品を成立させているのである。眠る男に韓国の安聖基を、スナックの女にインドネシアのクリスティン・ハキムを配したのはいいが、眠る男の父母のキャスティングがごく類型的な点に、その際どさのある象徴を指摘することができる。

こうして見てくると、『Shall we ダンス?』のみごとさは並大抵のものではない。周防正行は自分の持っている才能をフルに、というより、きわめて効率よく活用していると評するべきか。

才能の使い方などという話を持ち出したのは、ほかでもない、いま、その点があまりに杜撰だと思うからである。たとえば大友克洋の総監督による『MEMORIES』などは、どう考えても才能の濫費でしかなかろう。その意味では、小栗康平に『眠る男』を撮らせた群馬県は素晴らしく、いわばその対極ともいうべき形で室賀厚たちに『SCORE』を撮るチャンスを与えた奥山和由プロデューサーとともに称賛に値する。

映画づくりのあり方でいうなら、それら二作の中間に、東宝・ぴあ提携〝YES〟レーベルの第一弾、橋口亮輔の『渚のシンドバッド』を置くことができようか。この製作方式も若い才能の使い方という点で注目されるが、だれよりも当の本人がそのことに意識的であるにちがいない。というのも『渚のシンドバッド』においては、好きという気持をどう口にするかの一事に思い悩む高校生男女の心が、男と女であれ、男と男であれ、一定の拒離を保ったままの立ち姿で会話を交わす長回しのシーンで、じつに印象深く描き出され、あたかもそれが、自分との距離を見定め、自らの才能をうまく使いこなす術を心得ている作者の自己投影のようにも見えるのである。

出目昌伸の『霧の子午線』も杜撰な例を示している。いや、このベテラン監督が杜撰な仕事をしているという話ではなく、二人の女の青春時代から中年期へかけての屈折した熱い友情の歩みが、異色のメロドラマとして、それなりにおもしろく描き出される。だが、一歩さきがない。吉永小百合と岩下志麻の二大女優が火花を散らして見せるのに、いわば〝それなりに〟留まりなのである。もうこのさきは、何を考えて監督を選ぶか、つまり才能をどう効率よく使うか、という段階の話になってくる。

だが、以上のように考えてきて、ふと思う。才能の使い方を効率という観点に結びつけていいものか。というのも、わたしが『Shall we ダンス?』に不満を覚えるのは、全篇、あまりにも無駄がなさすぎるからにほかならない。むろん周防正行は純粋な映画的もてなし＝エンターテインメントの実現のため、自らの才能を活用しているわけで、それには絶大な拍手を送るが、まったく同時に贅沢な不満をいだいてしまう。いうまでもなく映画なるものはそもそも効率の外にあるはずだからである。

（第一一二回／三月下旬号）

些事へのまなざし

●井筒和幸の『岸和田少年愚連隊』は大阪南部の街を舞台に、ひたすら少年たちの喧嘩に明け暮れる日々をつづる。この場合、正確には〝ひたすら〟は〝明け暮れる〟と〝つづる〟の両方に係るというべきで、あまりにも乱闘一直線のガキどもの姿に呆れると同時に、いや、むしろそれ以上にも、ただその単純な一事だけを執拗に描くこの作品自体のあり方に唖然とせずにいられない。

岸和田の悪たれどもは若い生命力の沸き立つまま、ひたすら喧嘩の熱狂に生きるが、井筒和幸は表現者として、そんな青春の狂騒を描くことに全エネルギーを注ぎ込んでいるのである。彼らにとって喧嘩＝祭りなら、こちらは映画＝祭りなのだといいかえてもよかろう。ヤバイほどの強烈な魅惑は、その二重化した祭りから突き出されてくる。

大阪弁の魅力もそれと無関係ではなかろう。一口に大阪弁といってもいろいろあって、ここで飛び交うのは、古くからの商人ことばにくらべ、より俗悪な部類にはいるが、だからこそ、暮らしの地平での狂騒を素晴らしく体現する。そして顔。主人公の二人組、〝ナインティナイン〟の矢部浩之と岡村隆史をはじめ、出てくる悪たれどものツラは、どれもこれもまさしく俗悪のエネルギーにあふれギラギラ輝いている。

ことば、顔、それにむろん殴る蹴る走るのアクション……この三拍子が揃うことで、喧嘩＝祭り＝映画がめざましい形で成立しているのである。

小池征人の『もうひとつの人生』はアル中（アルコール依存症）に関する長篇ドキュメンタリーで、断酒歴二年、十二年、十七年といった人々がつぎつぎ画面に登場し、体験談を語ってゆく。不謹慎を承知でいうが、それら地獄の日々の話は抜群におもしろい。酒との闘いが具体的につぶさに語られるとき、生々しさがスリリングで、そのなかに個別の生の叫び声が浮かび上がってくるのである。そこに見られるのは、稀有なおもしろさと呼びうるものであろう。

関西弁と顔がやはり素晴らしい力を発揮する。たとえば中年女性が夫のアルコール依存症で苦しめられた歳月について語り、あるときには、この人さえいなければと思い、夫を殺して自分も死のうとまでした事実を告白するが、関西弁のやわらかさと淡々と話す表情の静かな美しさのもと、悲惨な事態が一種の温かみにくるまれて差し出される。もしも東京ことばであれば、この作品が失敗したとは思わないにしても、感触ないし印象は大きく違ったにちがいない。

インタビュー中心の映画ゆえ、喋ること自体の魅力が全篇にあふれている。そこで、ことば、顔、そして語ることのアクション、というふうに記せば、乱暴な言い方かもしれないが、この作品は『岸和田少年愚連隊』との共通性を感じさせる。関西弁の要素はことに大きい。『もうひとつの人生』で人々が酒との闘いの日々を語るうち、男も女も、ある豊かさと倫理性を表情ににじませてゆくが、それは関西弁の持つ遊戯性と喋ることによる自己対象化とが結びついた結果であろう。いっぽう『岸和田少年愚連隊』の場合には、のべつ血みどろの喧嘩がくりひろげられ、殺すという一語が飛び交うにもかかわらず、全篇、ついに死の要素は皆無で、その倫理性にも大阪弁が作用していると思われるのである。

劇映画とドキュメンタリー映画の違いはさておき、真摯な苦闘の記録とやくざな不良少年のドラマをごっちゃにするなんて、と咎められるかもしれない。だが二作品は、映画としての価値においてまちがいなく同一地平にある。

たとえば和泉聖治の『お日柄もよくご愁傷さま』は、中年サラリーマンがはじめて仲人をする日、夫婦で出かけようとしていたとき、老父に急死され、以後、結婚式から葬式へ、ある家族の嵐の一日がつづくといったドラマで、けっこう楽しめる。味な設定と俳優の芸をうまく活かしたウエルメイド作品といえよう。ところが、これもまた乱暴な仮定でしかないのを承知でいうが、その中年サラリーマン一家の横に『もうひとつの人生』に登場する中年男三人組を並べたら、俳優諸氏の芸のおもしろみは霞んでしまうにちがいない。かつての入院仲間である三人の不敵とも弱々しいとも見える面構えといい、下品でやさしい関西弁といい、まさに役者も顔負けの迫力で、酒にまた手を出した仲間をあとの二人がいたわるところなど、名シーンといえよう。事実のほうがやっぱりフィクションより強烈なのだという話ではない。映画として同一地平にある以上、問われるのは表現としての達成度だけのはずである。

あの中年男三人組は、いわば手ぶらのまま生活という劇の一断面を鮮やかに表現する。『岸和田少年愚連隊』は同じものを別の角度で描くが、表現の強度において拮抗しているのである。

篠崎誠のデビュー作『おかえり』も日常という劇を描く。東京のマンションに暮らす若い夫婦のドラマで、都会生活のなかでいつのまにか妻が心のバランスを狂わせてゆくが、原因らしきものが示されるわけではない。あえて求めるとすれば、平凡な暮らしの連続を生き、小さなこと、些細なことを日々積み重ねる営みそれ自体が、原因であろう。日常という劇とはそのことにほかならない。

前半、夫が妻の行動のおかしいことに気づいたあと、朝、出勤するシーン。路上の夫は気になってマンションの七階か八階の窓を見上げ、妻は手を振って見送るのだが、キャメラを室内に据えた画面では、窓辺に立った妻の背中が大きく前景を占め、その向こうには空と街の景色が広がっていて、その片隅に、見えるか見えないかという程度に、路上の夫の姿が小さくとらえられている。二人の遥かな距離、極端な大小、それでも一つの構図に収まっていることに、名状しがたい衝撃を感じずにはいられない。あるいは後半、病院へ行く行かないの葛藤のあげく、妻がトイレに閉じこもったあとのシーン。最初、夫は激情に駆られて扉を壊そうともするが、我に返り、床にへたり込んで、独り言を呟くように妻へ語りかけるのだが、やがて小さな啜り泣きが画面の外から聞こえだし、強まったかと思うや、夫のそばに妻が坐り込む。いわゆる映画音楽は使わず、そのぶんだけ全篇にわたって音の処理の細密な作品であるだけに、かすかな泣き声は激烈な勢いで胸に迫らずにはおかない。そしてその勢いのなか、やさしく抱擁し合う寺島進と上村美穂の姿が美しく輝く。

もはや明らかであろう。この新人監督は、些細なことの累積による日常という劇を描くに当たって、小さなことの表現にこだわりぬいているのである。その徹底ぶりが爽やかさをもたらす。

考えてみれば、映画づくりとは細事へのこだわりであり、些事との闘いにほかなるまい。西山洋一のデビュー作『ぬるぬる燗燗』は、究極ともいうべきほど美味な〝ぬる燗〟を求めて競う中年居酒屋二人のドラマだが、処女の肌で酒を温めるなどというチャチな発想がおもしろく展開されるのは、中年男の小さなことへの拘泥を描くことに対して、作者が本気でこだわりぬいているからであろう。あるいは、やはり新人中田秀夫の『女優霊』の場合には、撮影所のステージ内がドラマの舞台になり、映画づくりの現場の細部が生々しく描き出されるなか、目下撮影中の映画に重なる形で、怪談が仕組

岸和田少年愚連隊
【監】井筒和幸【原】中場利一【脚】鄭義信、我妻正義【撮】浜田毅【出】矢部浩之、岡村隆史、大河内奈々子、秋野暢子【封】3月16日【時】107分

もうひとつの人生
【監】小池征人【撮】清水良雄【封】2月16日【時】101分

お日柄もよくご愁傷さま
【監】【案】和泉聖治【脚】布勢博一【撮】鈴木耕一【出】橋爪功、吉行和子、新山千春、松村達雄【封】2月24日【時】105分

おかえり
【監】篠崎誠【脚】篠崎誠、山村玲【撮】古谷伸【出】寺島進、上村美穂【封】2月10日【時】99分

ぬるぬる燗燗
【監】西山洋一【案】田中淳、ひさうちみちお【脚】島田元【撮】芦澤明子【出】藤田敏八、三浦勇矢、渡辺護、城野みさ【封】2月24日【時】71分

女優霊
【監】【案】中田秀夫【脚】高橋洋【撮】浜田毅【出】柳ユーレイ、白島靖代、石橋けい、根岸季衣【封】3月2日【時】75分

まれる。ここでも、些事へのこだわりこそが映画内映画というアイデアを底から支えているのである。

そういえば『おかえり』にも映画のなかの映画が感じられる。若い妻は〝見回り〟と称して、毎日、近所を徘徊し、ときには遠くまで出かけるが、組織に狙われているだの、警察もメンバーになっているだの、彼女の語る妄想はまるでアクション映画そのものではないか。画面においても、妻が〝見回り〟に出て、夫が尾行し、二人のあいだで、乗用車や自転車を用いての追っかけが展開されるくだりなどは、まさに活劇の一シークエンス以外のなにものでもなかろう。

若い夫婦の日常の真只中に活劇の世界が侵入している。一つの映画にもう一つ別の映画が紛れ込んでいる。明らかに『おかえり』はそんな構造を感じさせるのである。この作品はごく単純でクリアな風貌をしつつ、なにか重層性の印象をそそるが、そうした独特の魅力も、映画のなかの映画という構造から生じるのにちがいない。

いや、なにもメタ映画論をやらかすつもりはなく、その気になったところでわが実力を越えている。ここでいいたいのは、映画のなかの映画であれ、関西弁と顔の迫力であれ、些事へのまなざしの果てに出現する表現それ自体のドラマだということである。

（第一一三回／四月下旬号）

プロセスが面白い

◉森田芳光の『(ハル)』はパソコン通信で出会った若い男女の恋物語で、スクリーンには二人の交わす電子メールの文章が頻繁に現われるが、しかし注目すべきことに、パソコンのモニター画面そのものは一度も出てこない。つまりわたしたち観客が目にするのはあくまで電子メールの文面だけであり、彼や彼女とともに同じモニター画面を見ることはないのである。そこがこの映画の核心部分であろうと思われる。

二人の出会いからの進展がつづられてゆくとき、画面には、仕事も恋も冴えない彼のサラリーマン生活と、追いかけ回す男を避けて転職をくりかえす彼女の日常とが、交互に描かれ、あいだに電子メールの文面がはいってくる。そこで観客は、(ハル)内野聖陽や(ほし)深津絵里の姿を眺めるとともに、コトバを読むわけで、映像と文字の双方を目にする点がおもしろい。彼の場合にも彼女の場合にも、日常生活の姿からうかがえるものとコトバとが微妙にズレるのである。私信を覗き見るような趣、という言い方は当たらない。映像のドラマ部分を覗き見とは呼ばないように、電子メールのコトバも、モニター画面ではない以上、一個の客観物としてスクリーン上に存在している。だからこそ、つまりドラマとコトバとが等価だからこそ、両者のズレが見える。そして、演じる心とでも呼ぶべきものが浮かび上がってくる。

彼は(ハル)を、彼女は(ほし)を演じて、パソコン通信を交わす。最初、彼女が男だと偽ること、(ローズ)なる人物の意表をつく言動などに、演じるということの意味が示されているが、だからといって、単純にフィクションとか嘘とかとイコールではない。むしろ事態は逆であろう。この映画では、演じる心こそが真実なのだということが画面にくっきり見えてくるのである。

ダニエル・シュミットが坂東玉三郎の魅惑を追究する『書かれた顔』も、演じる心を描き出す。

キャメラは舞台の玉三郎の華麗な女形姿をとらえたり、素顔の彼に導かれ、いましも彼自身の舞っている舞台の奈落に潜ったり、一転してインタビューに答える彼をうつしたり、さらには玉三郎の年増芸者が青年二人と恋の駆け引きをくりひろげる舟遊びをつづったり、多様な動きを見せるが、そのようにして画面に呈示されてゆくのは、演じる姿の記録などではなく、演じることの現場と呼ぶべきものであろう。同じように、男が女を演じる現場が、一人の男の踊る妖艶な姿によって出現する。あるいは、インタビューに答えて語り舞い三味線を弾く三人の女の姿をとおして、演じるということをめぐる証言が呈示される。舞踏家大野一雄、八十八歳。女優杉村春子、八十五歳。舞踊家武原はん、九十一歳。芸者蔦清小松朝じ、百一歳。玉三郎とこれらの驚嘆すべき巨人たちとの交響のなか、演じる心が美しくスリリングに浮き立ち乱れ舞うのである。

この映画では、演じることの現場、演じることをめぐる証言にだけ、表現エネルギーが凝縮されて向けられている。でなければ、玉三郎と巨人たちとの奇跡的というしかない遭遇は起こりえなかったろう。その徹底の結果、挿入される成瀬巳喜男の『晩菊』(一九五四)の画面さえ、たんなる引用ではなく、まさしく演じることの現場として生々しく迫ってきて、不思議な感銘をもたらさずにはおかない。

ところで『(ハル)』にそうした徹底性があるだろうか。明らかに、ない。東京駅で二人がフロッピーを目印にして会うラストシーンが示すように、この映画では、パソコン通信はしょせん純愛ドラマの小道具にすぎず、演じる心などは恋の手練手管でしかないのである。いちおう上出来のメロドラマとはいえるが、演じる心にこそ本体があるという一点を閑却するのであれば、珍

(ハル)
[監][脚]森田芳光[撮]高瀬比呂志[出]深津絵里、内野聖陽、戸田菜穂、宮沢和史[封]3月9日[時]118分

書かれた顔
[監]ダニエル・シュミット[撮]レナート・ベルタ[出]坂東玉三郎、武原はん、杉村春子、大野一雄[封]3月23日[時]100分

トキワ荘の青春
[監]市川準[脚]市川準、鈴木秀幸、森川幸治[撮]小林達比古[出]本木雅弘、大森嘉之、古田新太、鈴木卓爾[封]3月23日[時]110分

でべそ
[監]望月六郎[原]矢野浩祐[脚]佐伯俊道[撮]石井浩一[出]片岡鶴太郎、川上麻衣子、寺田農、清水ひとみ[封]2月10日[時]103分

KYOKO
[監][原][脚]村上龍[撮]サラ・コーリー[出]高岡早紀、カルロス・オソリオ、スコット・ホワイトハースト、オスカー・コロン[封]3月30日[時]100分

しくもないメロドラマをちょっと目新しい手法で料理したという程度のことであろう。

市川準の『トキワ荘の青春』は一九五〇年代の物語で、マンガ一筋の貧乏青年たちの純朴な姿が郷愁をそそる。その群像ドラマとしての出来は決して悪くはないが、全篇、スタイルが目につきすぎる。たとえばアパートの廊下が同じローアングルの構図で何度も描かれたり、本木雅弘が正座して机に向かっている姿やトキワ荘の前の道が、同じ構図でくりかえし出てきたり、当時の流行歌がつぎつぎ画面にかぶさって流れたり、そんなことのたびに、登場人物たちの素朴さとそれを描く画面の技巧ぶりとが乖離して索漠さが募るのである。

スタイルとはこんな詰まらないものであったか。『トキワ荘の青春』はそんな思いを誘うが、『(ハル)』も結局のところはそこへ行ってしまう。

望月六郎の『でべそ』にこんな場面がある。これはストリップ一座の流れ旅をつづる映画で、やくざの下っ端が組の命令で一座のマネージャー役をつとめるうち、あの〝イエスの方舟〟のような十二人の流浪家族をつくってゆくさまが描き出されるが、ラスト近く、村祭りでの野外公演のシーンで、ストリッパー嬢たちがつぎつぎ踊ったあと、看板スターのヒロインが天狗の面を用いたエロチックなショーを、仮設舞台からはじまって、すぐ脇の川のなかにまで歩み進んでくりひろげたかと思うや、ふっと佇立し、全裸の腰まで水に浸かったまま、こちらを見る。その川上麻衣子の立ち姿がドキッとするほどの輝きを放つ。

あの衝撃はいったい何なのか。彼女が踊るとき、こちらには村人たちや一座の者に混じって、主人公の片岡鶴太郎が自分の女の艶姿を見守っているが、川上麻衣子の姿と視線はたんに彼に向けられているとは思えない。ふっと立ちすくむさま、悲しみとも喜びともつかぬ気配を湛えたまなざしには、ドラマ設定を越える力さえ感じられるのである。その意味で、あれは映画の真只中で映画が破れる瞬間にちがいない。ならば、その瞬間、当然ながら、演じる心が露呈しないはずはなく、それが不思議な魅惑の衝撃力を生んだのであろう。

ふたたび『(ハル)』に戻れば、演じる心を描きながら、露呈どころか包み隠す方向へ向かう点に、基本的な錯誤がある。何度でも強調するが、演じる心の浮かび上がる過程が素敵なのであって、それをパソコン通信による手法に収斂させてしまっては元も子もない。

村上龍の『KYOKO』はロードムービー仕立ての作品で、若い日本人女性のアメリカ縦断の旅が描かれるが、それにしては、あまりに旅の空間が貧しすぎる。走る車の姿がうつしだされ、途中のエピソードが出てきたからといって、旅の空間の表現にはならない。同じことはダンスについても当てはまる。ヒロインが少女時代にダンスを教えてくれた元アメリカ兵を探す話で、それにふさわしく高岡早紀がみごとな踊りっぷりを見せはするものの、ニューヨークのバーで「ルンバコロンビア」を踊る場面でも、マイアミへ向かう途中、広大な屋敷の庭で老人たちに独特のマンボを教えるシーンでも、ダンスの空間と呼びうるものはついに出現しないのである。

するとどういうことになるか。画面に見られるのは、結局のところ、日本人女性がニューヨークを探し回ってキューバ系移民の恩人と再会し、エイズ末期患者の彼をマイアミの母親のもとへ送り届けようとする、といった善意の物語であり、キョウコを熱演する高岡早紀の素晴らしさであって、つまり映画の題材や要素が並べられるにすぎない。つまり、ダンスや旅という映画的な素材が、あるいは女優の良さが、善意のお話に収斂させられて終るといってよかろう。

先述の『(ハル)』ではドラマの過程が手法に収斂し、この『KYOKO』は素材をお話に収斂させる。二つのあり方は別個のものではなく、むしろ表裏一体の関係にあるにちがいない。

井筒和幸の『岸和田少年愚連隊』を思い起こそう。連中の喧嘩そのものに発端も終結もないように、あの悪たれどもの喧嘩に明け暮れる日々には、始めもなければ終りもない。つまりそれは徹底してプロセスだけの事態であって、この作品の突出した迫力はそこにぴたりと照準を合わせている点にある。

喧嘩に明け暮れる青春群像の映画といえば、かつての「ビー・バップ・ハイスクール」シリーズが思い浮かぶが、決定的な違いは『岸和田少年愚連隊』では家族や教師や地域住民など、おとなの像が描き込まれていることであろう。主人公の父親と祖父はいつもテレビで野生の生き物の生態を見ているとか、教師はお追従か暴力でしか主人公たちと接しないとか、お好み焼き屋のおばはんは喧嘩を止めるどころか煽るとか、あまり普通ではない。だがそんなあり方も含めて、彼らは生活のなかに位置づけられている。そして、もう一人、無造作に片手を挙げて電車を止めてしまうようなおとな、カオルちゃんが、狂気の異人ぶりを撒き散らす。この映画では、少年たちとおとなの生活者とカオルちゃんが三角形をなすといえようか。そこを踏まえればこそ、喧嘩だけの日々のプロセスのおもしろさが画面に沸き立つのである。

ところでさきほど『書かれた顔』について、玉三郎と四人の巨人との奇跡的な遭遇といったが、実際には彼らは一度も画面上で会っていず、遭遇はわたしたちの見るスクリーンの運動においてのみ起こる。まさしくこれも、映画が過程を生きる生き物だという証左であろう。この作品がドキュメンタリー映画なのか劇映画なのか、そもそもどこの国の映画なのか、すべて確定しがたいのも、プロセスという一点に関わるにちがいない。

(第一一四回/五月下旬号)

◉森﨑東の『美味しんぼ』を見て、健闘ぶりに嬉しくなった。テレビのグルメ番組の賑わいも下火のようなのに、いまになってその先駆けといえる劇画の映画化とは、首を傾げるが、材料は時期外れでもちゃんと料理されている。

新聞社二社の〝究極のメニュー〟〝至高のメニュー〟の対決に、父親と息子の葛藤が重なる前半は、ほとんど馬鹿馬鹿しい。もっともらしいお芝居が大仰になされるほどに、画面にパロディ感覚が浮き立つといえよう。そして後半、その勢いを受けて、新聞社の対決などそっちのけに、煮豆づくりの勝負が感情豊かにくりひろげられ、親子の愛憎をはじめてドラマとして差し出す。この公から私への転移がいい。そうした動態を担うのは描写のリズムで、たとえば、冒頭、文化部記者の佐藤浩市がベッドから転げ落ちて登場するのにはじまって、彼がめまぐるしく動き回って料理をつくったり、陶芸家の三國連太郎が川べりの旅館の一室で寝そべっていたかと思うと、ふいに川へざぶざぶ歩み入って石を拾ったり、新米記者の羽田美智子が立派な座敷で足の痺れで転倒したり、数々のアクションが画面に律動をもたらす。決定的なのは、農婦の樹木希林が竈で煮ている豆を一粒つまむや、いきなり壁に叩きつけて軟らかさをはかる姿であろう。そのアクションを引き金に、ラスト、煮豆をつくり売る父子の劇が現実に親子である俳優によって感銘深く演じられてゆく。

じつをいうと、今回は森﨑東ファンのわたしでも、こんな題材ではあるいはヒドイ出来のものに、という不安を感じていた。だから映画を見て、心底ホッとした。ダメな企画でも、ちゃんと森﨑映画に仕上がっているのである。

ベテラン＝安心の領域

ところで最近、ふと気がつくと、凄まじいばかりの新人ラッシュで、この二か月のあいだだけでも十人ほどの新人監督のデビュー作を見た。なかには優れた作品ももちろんあるとはいえ、大多数がヒドイ代物で、ゴミか産業廃棄物と呼ぶ以外ないものも多い。そんなブツに連続的に接し、苛立ちを深めていると、もろ体にこたえる。『美味しんぼ』の出来ばえに安心したのは、そんなことも関わっているのである。ホッとして、さすがベテラン、と感心する。だが一瞬のち、こうも思う。本当にそれでいいのか……。

新人は次回にし、ここでは中堅・ベテランの仕事に目を向けよう。

すると、子ども騙しの恐怖ドタバタが幼少の観客にもそっぽを向かれた那須博之の『地獄堂霊界通信』や、若者の幼稚な人間狩りごっこを素朴につづる中村幻児の『サディスティック・ソング』は別にして、どの作品もいちおう見せることは確認できる。
加藤彰の『F.ヘルス嬢日記』はかつての〝日活ロマン・ポルノ〟を連想させる一篇で、狭い個室と街のざわめきを交錯させつつ、恋愛ゲームをしんみり描きだす。タイトルとは逆に、電気工の一人称のなか、しがない市井の片隅の人情譚が浮かび上がるさまは、さすがベテランといえよう。このところ好調の金山一彦がじつにいい。いっぽう『爆走！　ムーンエンジェル―北へ』では、かつて東映アクションで活躍した山口和彦が久しぶりに登板し、北海道を舞台に女性トラッカーの心意気のドラマをつづる。全篇に流れるのは、プログラムピクチュアの魅惑と呼びうるものであろう。

高橋伴明の『通称！ピスケン』は、ムショ帰りのヒットマンが時代遅れで悪あがきする姿のなか、東映やくざ映画へのオマージュをパロディ感覚で謳う。哀川翔の主人公が『網走番外地』『893愚連隊』『博奕打ち　総長賭博』『緋牡丹博徒　お竜参上』などのソックリさん大会を演じるばかりか、東映撮影所へ押しかけて任侠映画の製作中止に抗議するさまだけでも、一見に値しよう。

伊藤秀裕の『男たちのかいた絵』は神代辰巳の撮ろうとしていた作品で、小心な柔和さと獣のごとき凶暴さの二重人格を生きるやくざのドラマを、豊川悦司の好演で見せる。萩庭貞明の『走らなあかん　夜明けまで』では、大阪に出張した東京のサラリーマンが大事なアタッシェケースを奪われたことから、暴力団相手に右往左往するさまが、タイトルどおり疾走につぐ疾走の勢いで描かれ、やくざ映画の裏返しをおもしろく感じさせる。

これらの作品は、ビデオ用につくられたものが混じっていることも含め、現在的なプログラムピクチュアのあり方を示していよう。そして、まさにその一点をめぐって疑念が頭をもたげる。〝いちおう見せる〟とさきほど述べたのはそのことに関わっている。

和泉聖治の『Morocco 横浜愚連隊物語』を見ればいい。敗戦直後の横浜を舞台に、闘いに生きた伝説のヒーローの友愛と

美味しんぼ
[監]森崎東[原]雁屋哲、花咲アキラ[脚]丸内敏治、梶浦政男[撮]東原三郎[出]佐藤浩市、三國連太郎、羽田美智子、遠山景織子[封]4月13日[時]105分

地獄堂霊界通信
[監]那須博之[原]香月日輪、前嶋昭人[脚]菅良幸、那須真知子[撮]森勝[出]田中鈴之助、大竹隆太、中山貴将、本田博太郎[封]4月13日[時]101分

サディスティック・ソング
[監]中村幻児[案]馬場瑛三[脚]佐藤俊城[撮]小川洋一[出]三橋貴志、桂木亜沙美、大久保貴光、田口トモロヲ[封]3月23日[時]73分

F. ヘルス嬢日記
[監]加藤彰[原]佐伯一麦[脚]荒井晴彦[撮]米田実[出]真弓倫子、金山一彦、徳永広美、朝比奈順子[封]4月12日(OV)[時]96分

爆走！　ムーンエンジェル―北へ
[監]山口和彦[案][脚]高田純[撮]加藤雄大[出]工藤静香、永島暎子、嶋村かおり、清水宏次朗[封]5月18日[時]98分

通称！ピスケン
[監]高橋伴明[原]浅田次郎[脚]剣山象[撮]長田勇市[出]哀川翔、金山一彦、村上里佳子、麿赤兒[封]5月10日(OV)[時]97分

男たちのかいた絵
[監]伊藤秀裕[原]筒井康隆[脚]神代辰巳、本調有香、伊藤秀裕[撮]篠田昇[出]豊川悦司、高橋惠子、永島暎子、内藤剛志[封]5月11日[時]120分

走らなあかん　夜明けまで
[監]萩庭貞明[原]大沢在昌[脚]丸内敏治、石川均[撮]三好和宏[出]萩原聖人、大塚寧々、大森嘉之、夏八木勲[封]3月30日[時]108分

Morocco 横浜愚連隊物語
[監]和泉聖治[原]山平重樹[脚]松本功、岩澤勝己[撮]鈴木耕一[出]柳葉敏郎、岸本加世子、哀川翔、根津甚八[封]5月4日[時]185分

シャブ極道
[監]細野辰興[原]山之内幸夫[脚]成島出[撮]山本英夫[出]役所広司、早乙女愛、本田博太郎、渡辺正行[封]5月25日[時]164分

恋をつづるドラマで、随所でいつかスクリーンで接したような思いをそそられるが、柳葉敏郎を中心とする若き無頼の群像は悪くないし、混沌の時代のエネルギーも描き出されている。三時間余の長尺ゆえ、プログラムピクチュア二本分といえようか。明らかにこの作品の良さは、昔ながらの安っぽいロマンチシズムの充溢にあるにちがいない。だがそれは同時に欠点でもあって、気取った男どものチャチな心意気が手放しで謳い上げられると、鼻白む思いがする。つまり、プラス価の部分がそのままマイナス価の表徴になるのである。

さきほど言及した作品についても同じことが当てはまる。そこで、こんな感想がふと口から出てくる。

……悪くもないが、良くもない。まあおもしろいが、だからといって、どうということもない。

ベテランや中堅の監督の仕事に接して感じる〝安心〟とは、まさしくそのあたりの領域にあるものであろう。

周知のように、いま、映画の企画の大部分は〝安全第一〟をモットーに立てられる。『美味しんぼ』がいまごろ映画化されたのは、森﨑東監督ということも含め、それゆえであろう。ならば、そうした映画の出来ばえにホッと胸をなでおろすとは、製作側と見る側が〝安心〟を介して一対の関係に納まることにほかならない。これはもう頽廃と呼ぶ以外ない事態ではなかろうか。

細野辰興の『シャブ極道』は、一九七〇年代から九〇年代にかけての大阪を背景に、破天荒なやくざの半生を描く。なにしろこの男、自らシャブに溺れるばかりか、シャブで日本じゅうを幸せにしたると豪語し、博奕場で一目惚れした大組織の幹部の女を強引に口説き落とすかと思えば、自分の親分を借金を理由に追い出して後釜に坐り、大組織との対立をものともせず、シャブ一直線をつらぬく。主人公が無茶苦茶なら、描写のあり方も破れかぶれで、全篇、どのような形にも納まらない狂騒のまま疾走してゆく。そこには鮮明に〝安心〟の領域をはみ出すベクトルを見ることができる。

こんな主人公はふつうダーティヒーローと呼ばれるが、役所広司を見ていると、そういう感じがしない。もちろん肯定的ヒーローであるわけはなく、快男児として描かれるとはいえ、謳い上げられはせず、当然のごとく最後はカッコ悪くくたばる。ところがマイナスの人物像なのに、明朗で、無垢なエネルギーにあふれている。そんなヒーロー像と不定型な画面づくりが合わさり、〝安心〟の領域をはみ出してゆくのである。

やくざ映画という言い方を便宜的に用いるなら、さきに見た何本かの作品と決定的に違って、ここにはプログラムピクチュア以後のやくざ映画を感じさせるものがある。主人公がしゃぶしゃぶのタレにシャブを入れ、「シャブシャブシャブやあ」と快哉を叫ぶ光景のみごとな馬鹿馬鹿しさは、その証左であろう。

ところでこの作品は、映画館での公開のさいに、映倫によって〝成人映画〟に指定された。覚醒剤に関する描写が問題になったわけで、性表現以外で、〝成人指定〟になるのは初のケースだという。映倫は何を考えているのかと腹を立てていたら、今度はビデオ化に当たって、ビデ倫の審査の結果、『大阪極道戦争　白の暴力』と改題することになった。この作品に充満する馬鹿馬鹿しさは爽快で素晴らしいが、映倫やビデ倫のやることの馬鹿馬鹿しさはグロテスクで、映画的エネルギーを封殺するという以外はない。

（第一一五回／六月下旬号）

新人＝映像ソフトの価値

◉今年の日本映画は快調だぞ、という声がしきりに聞こえてくる。たしかに力作ぞろいの半年で、以後にも注目作が何本も控えている。映画的な散乱状況のなかでなにか結晶作用がはじまったということか。そう楽観しつつ、だが、ちゃんと見れば、これしきの力作は昨年も一昨年もあったではないかとも思う。そんなこと以上に、最近の新人ラッシュの内実に目を凝らせば、どうにも快調という言葉に首を傾げたくなる。

この二、三か月、新人監督の作品を十数本たてつづけに見て、うまさに感心した。どれもがみな、すこぶる達者で、丁寧で、才気にあふれている。

たとえば村橋明郎のデビュー作『CAB』は、小心なタクシー運転手がやくざと揉めごとを起こし、怯えて逃げ回るうち、大胆凶悪な殺人鬼に変貌してゆく姿を綿密につづり、大都会・東京の怖さを描き出す。本広克行の映画第一作『7月7日、晴れ』では、平凡な若いサラリーマンと超人気の美少女ミュージシャンのうぶな恋の過程が、アウトドアライフを薬味に、情感たっぷりのお伽噺としてくりひろげられる。あるいは新鋭矢野広成の『KISS ME』では、初老の殺し屋が修羅場での一瞬の心の揺れから目撃者の若い女を撃てず、彼女とともに闘いの逃避行をつづけてゆくさまが、悲哀のムードも豊かに描かれる。

むろん一口に新人といっても、経歴も年齢もさまざまだが、上記の三作品からは、ある一定の技術的な成熟という共通性がうかがえるのである。明らかに映像万能の時代が何十年間もつづいてきたことの成果であろう。

だが感心はするものの、三作品のどれにも乗りきれない。『CAB』を例にすれば、主人公陣内孝則の最初おどおど最後ふてぶてしくという演技も、絵に描いたような暴力団イメージも、殺人で性的エクスタシーを感じると言う女の登場も、ステレオタイプを一歩も出ず、ドラマ展開も案の定の連続に終始するからである。エンターテインメントには定型の楽しさということがあるのは百も承知しているが、この程度ならテレビで間に合うとごく単純に思う。つまり結局、パターンどおりの大都会の恐怖、チャチな夢のオハナシ、ムードだけの悲哀になってしまうのであれば。

中田統一のデビュー作『大阪ストーリー』は、イギリスで映画を学ぶ青年が卒業制作として撮った作品で、大阪に暮らす父母や姉弟や親戚にキャメラとマイクを向け、父の故郷たる韓国に旅し、家族の肖像を織り上げてゆく。この作品の魅力は私的ドキュメンタリーに徹したことであろう。パチンコ屋や金融業を営む在日韓国人の父と日本人の母の半生、その子どもたち各々の生活ぶり、韓国にいる父の妻子の存在など、一つの家族の姿を追ううち、二つの国の問題になり、作者自身のイギリスもあるゆえ、日・韓・英の三角形のなか、家族の感情、家族というものをめぐる思いが熱くうねって流れるのである。ことに母の像が哀しみをにじませて印象深く、それとともに父親の哀しみも浮き立ってくる。

この達成からすれば、優秀な新人が登場したと喜ぶべきであろうが、どうも不満を覚える。才能は認めつつも、やはり乗りきれない。脚本どおりに進むわけがないドキュメンタリーゆえ、そんなことはないはずなのに、全体が予定調和的に見えるのである。明らかにそれは構成が巧みだからにちがいない。単にうまいのでなく、うますぎる。そこで、家族というヤバイ題材が、いや、まさにヤバイ感じを放つここでの家族像が、お馴染みのほのぼのとした雰囲気に包まれてしまうのである。これでは結局、さきの三作品と似たり寄ったりではないか。

岩井俊二の『PiCNiC』がそうした新人の典型といえよう。精神病院にいる若い男女三人が病院と街のあいだの塀の上だけを歩いて、世界の終りを見届ける旅をする。そんな特異な設定のドラマには才気も力量も感じられるが、何十年も前に見たような風俗アングラふう観念劇に終始し、ついにアイデア以上のなにかを訴えない。つまり、才能とそれを発揮しての表現の強度とが驚くべきほどにアンバランスなのである。

そこにあるのは一種の幼児性にちがいない。三人のうち、若い女の文字どおり幼児的な言動ないし演技は空転しているが、そのことではなく、塀の上を歩くだけの話など、どこか学芸会的発想じみていると思ってもみないらしい点に、幼児性がうかがえる。

そういえば、先述の三作品についてもほぼ同じことが当てはまる。あの運転手も、萩原聖人のサラリーマンも、藤竜也の殺し屋も、ドラマの進むにつれ、おとなの分別を失って幼稚になってゆく。あるいは『大阪ストーリー』の〝私〟も結局は両親に甘える子どもの位置におさまる。先述したように、そのこと自体ではなく、作品内の幼児性を突き放さない姿勢に幼児性を指摘できるのである。

映画という表現への甘え、とそれを呼ぶのは誤りであろうか。山本泰彦の映画第一作『ぼくは勉強ができない』が甘ったれた青春をさも得意げに描くことと、この作品がオーディションで選出された新人アイドルのプロモーション映像でしかないこととの一致は、そんな甘えの見本を示していると思われる。

昨今の新人においては、どうやら成熟と幼児性がワンセットになっているのである。そこには、つまり、技術と情報とそれを扱う人間の現状況がうつしだされているのか。そんな大袈裟なことを考えたのには理由がある。

いま、続出しつつある新人たちの作品は、正確には〝映画〟でなく〝映像ソフト〟と呼ぶべきものにちがいない。映画館用かビデオ用かといった製作事情による区分とは関係なく、見られ方、消費のされ方において、映像ソフトと呼ぶほうが明らかに適切であろう。

映像ソフトといったところで、もちろん新しい時代の映像表現とイコールではない。むしろ中身は古い場合が多い。たとえば貞永方久の『必殺！　主水死す』がいかにも凝った画面の大型テレビ時代劇であるのは、その好例といえよう。それと同様、多くの作品はステレオタイプであればこそ、とりあえず映像ソフトとして価値がある。佐藤寿保の『藪の中』は芥川龍之介の原作の再映画化で、すべてが森の学芸会でしかないのに驚嘆させられるが、ちょっぴり妖しくてヌードが頻出するだけでも、とりあえず映像ソフトとして成立するのであろう。

とりあえずという点を強調しているのは、いま、映画を撮るとき、映像ソフトを抜きにはなにも動かないと思うからである。その意味では、べつに新人の作品にかぎらず、どんな映画も映像ソフトであるしかない。逆にいえば、新しい映画表現をめざすとは、映像ソフトの新地平を探ることにほかならない。

塙幸成のデビュー作『tokyo skin』は東京の不夜城六本木を舞台に、青春後期の中国人青年が焦燥にまみれつつケチな悪事に生きるさまを描

CAB
【監】【脚】村橋明郎【撮】栢野直樹【出】陣内孝則、小沢美貴、安岡力也、古谷一行【封】5月11日【時】94分

7月7日、晴れ
【監】本広克行【脚】戸田山雅司【撮】袴一喜【出】萩原聖人、観月ありさ、升毅、田中律子【封】5月11日【時】109分

KISS ME
【監】矢野広成【脚】木田紀生【撮】伊藤昭裕【出】藤竜也、山口香緒里、阿部純大、水上竜士【封】6月8日【時】95分

大阪ストーリー
【監】中田統一【撮】サイモン・アトキンス【封】6月8日【時】77分

PiCNiC
【監】【脚】岩井俊二【撮】篠田昇【出】Chara、浅野忠信、橋爪浩一【封】6月15日【時】68分

ぼくは勉強ができない
【監】山本泰彦【原】山田詠美【脚】中瀬梨香【撮】石川三明【出】鳥羽潤、山口紗弥加、佐藤忍、高泉淳子【封】6月8日【時】96分

必殺！　主水死す
【監】貞永方久【脚】吉田剛【撮】石原興【出】藤田まこと、名取裕子、東ちづる、津川雅彦【封】5月25日【時】100分

藪の中
【監】佐藤寿保【原】芥川龍之介【脚】名取高史【撮】芦澤明子【出】松岡俊介、坂上香織、細川茂樹、高杉亘【封】5月18日【時】88分

tokyo skin
【監】塙幸成【脚】塙幸成、修健【撮】ロビン・プロビン【出】修健、高橋美香、ユキオヤマト、KOKO【封】4月20日【時】92分

ロマンス
【監】【脚】長崎俊一【撮】本田茂【出】玉置浩二、ラサール石井、水島かおり、内藤剛志【封】5月25日【時】94分

LUNATIC
【監】サトウトシキ【脚】小林政広【撮】西久保維宏【出】安原麗子、吹越満、北村康、小木茂光【封】6月1日【時】85分

く。荒れた心象風景そのままに、ざらざらと粗く暗い画面が迫力に満ちているが、脇の人物たちが彼と関わって話がはじまると、ステレオタイプの風俗群像ドラマになってしまう。妙な言い方だが、新人にしては珍しく映像ソフトとして失敗作であるところが頼もしい。長崎俊一の『ロマンス』では、無内容なおしゃべりの場面が命の躍動を告げるのに、三角関係のドラマになるや、たちまち停滞し、サトウトシキの『ＬＵＮＡＴＩＣ』の場合には、心と肉体のベクトルが行き違っている男三人女一人のドラマは関係の毒をおもしろく放つのに、スタイリッシュな画面づくりがそれを洗い流す。これらは、同じような頼もしい例が中堅の作品にもあることをはっきり語っている。

むろん失敗作を積極的に称揚しようというわけではない。成熟と幼児性がワンセットになり、だからこそ映像ソフトとして価値があるなどという事態は、単純に不健康だと思うのである。

それを脱するにはどうするか。強いられた映像ソフト化の拘束からはみ出すには、まずは既成の映画イメージの呪縛を突き破らなければなるまい。

青山真治のデビュー作『Helpless』がそんな動きを予感させる。

（第一一六回／七月下旬号）

観客への贈り物

◉石井隆の『ＧＯＮＩＮ２』は全篇がクライマックスのような映画で、息もつかせぬ面白さで疾走する。余貴美子、夏川結衣、西山由海、喜多嶋舞、そして大竹しのぶと、いい女が五人、いや、片岡礼子も加えて六人、ゴロツキ男どもを相手に華麗かつ豪快に闘い、そこへ初老の愛妻家緒形拳の凄絶な復讐が絡むとなれば、よほどのヘソ曲がりでないかぎり興奮せずにはいられまい。

前作『ＧＯＮＩＮ』が男たちの闘いを描いたのに対して、今回はその女性版といえるが、単純に男のアクション映画が女のそれに裏返っているのとは違う。そこが興味深い。女たちはたがいに赤の他人で、目的も動機も別々にたまたま同じ宝石店に居合わせ、時価十億の宝石類を強盗から横取りして暴力団相手の闘いに突入するが、一丸となってのアクションが激しくなればなるほど、それぞれに個別の表情があらためて際立ってゆく。つまり男顔負けの闘いをくりひろげるにしたがって、女としての生が浮き立つのである。たとえば終盤近く、闘いの真只中で、緒形拳とともに放心したようににへたり込んで壁にもたれている余貴美子の表情は、彼女が肉体のアクションを豪快に見せているだけに、揺れ動く女の情感をいっそう美しく表現する。

　この映画では、そのシーンのように細部の描写が力を発揮する。余貴美子でいえば、そのあと、ビルの壁をゴンドラに乗って上がってくる仲間二人を屋上で待ち受け、邪魔な敵に拳銃を突きつけるときの怖いほど鋭い顔。あるいは冒頭まもなく、緒形拳が不審な気配の工場内へ向かうカットの不気味さや、その直後、妻の多岐川裕美が暴力団の連中に犯されるシーンの土手の緑のまがまがしさ。またあるいは、肉塊の並ぶ料理室で縛られて動けない喜多嶋舞の輝く裸身、包帯だらけの片岡礼子が泳ぐ屋内プールにざわめく女たちの声……。いや、列記していけばきりがないので止めよう。

　初老の工場主は妻の鎮魂のために復讐鬼になり、女たちもエロスに傷ついていればこそ闘う。それら二つの軌跡の交わりが壮絶なアクションを生むわけで、まさしくこれは愛の活劇と呼ぶにふさわしいが、その魅惑は描写の細部から沸き立つのである。石井隆は明らかに前作よりさらに突き進んでいる。

　望月六郎の『新・極道記者　逃げ馬伝説』も細部が素晴らしい。競馬という博奕をめぐってさまざまな人生を描くシリーズの第三作だが、お話ではなく個々の生の波立ちを見せる点において前二作より徹底している。人物でいうなら、主人公の競馬記者・奥田瑛二のデタラメとマジメのあわいを快走する軽み、無頼派作家・唐十郎の豪快なユーモアと哀感、鉄砲玉として弾けるやくざ・大和武士の颯爽たる寂しさ、記者と作家のあいだで揺れる編集者・速水典子の豊満なエロティシズム、そして競馬に狂う音楽教師・金谷亜未子の大胆さと繊細さ……。これらの交錯のもと、ギャンブルに憑かれた人間の悲喜劇が展開されるのである。

　ラスト、仕事のすべてを競馬に賭けて勝負がなされるが、それがクライマックスになるわけではない。そこに注目しよう。途中でも博奕の勝負は何度か行なわれるが、つねに無窮動における一点で、細部で見せるとはそのことにほかならない。同じ意味で、全篇クライマックスの『GONIN2』においては、つまりクライマックスなしの映画づくりが実現され

GONIN2
【監】【脚】石井隆【撮】佐々木原保志【出】緒形拳、大竹しのぶ、余貴美子、喜多嶋舞、西山由海、片岡礼子【封】6月29日【時】108分

新・極道記者　逃げ馬伝説
【監】【脚】望月六郎【原】塩崎利雄【撮】石井浩一【出】奥田瑛二、速水典子、大和武士、唐十郎【封】6月22日【時】109分

迅雷　組長の身代金
【監】高橋伴明【原】黒川博行【脚】西岡琢也【撮】栢野直樹【出】仲村トオル、石橋凌、金山一彦、下元史朗【封】6月22日【時】103分

極道の妻(おんな)たち　危険な賭け
【監】中島貞夫【原】家田荘子【脚】高田宏治【撮】木村大作【出】岩下志麻、かたせ梨乃、石橋凌、工藤静香【封】6月1日【時】114分

目を閉じて抱いて
【監】磯村一路【原】内田春菊【脚】本調有香【撮】長田勇市【出】武田久美子、高橋和也、吉村夏枝、井田州彦【封】7月13日【時】90分

スーパーの女
【監】【脚】伊丹十三【撮】前田米造【出】宮本信子、津川雅彦、伊東四朗、三宅裕司【封】6月15日【時】127分

ありがとう
【監】小田切正明【原】山本直樹【脚】荒井晴彦【撮】木村隆治【出】奥田瑛二、早勢美里、夏生ゆうな、山口美也子【封】7月20日【時】111分

罵詈雑言
【監】【脚】【撮】渡邊文樹【出】渡邊文樹、佐々木龍、石黒修子、須藤タケ子【封】5月25日【時】114分

アタシはジュース
【監】サトウトシキ【原】延江浩【脚】樽谷春緒、小川智子【撮】小西泰正【出】小沢なつき、秋本奈緒美、アベディン・モハマンド・シャムスル、鶴見辰吾、山崎一【封】7月13日【時】91分

MIDORI
【監】廣木隆一【原】内田春菊【脚】斎藤久志、小川智子【撮】喜久村徳章【出】嶋田博子、加藤晴彦、入江雅人、中島ひろ子【封】6月29日【時】104分

ていることができる。

高橋伴明の『迅雷　組長の身代金』では、ろくでなし三人組のドジな金儲け失敗談が遊び心でつづられる。臆病な仲村トオル、風采の上がらぬ石橋凌、堪え性のない金山一彦と、やくざの組長を誘拐して身代金を狙う三人組の造形がきわめてユニークだが、獲物になる下元史朗も組長奪回を画す若頭大杉漣も、強烈におかしい。悪役がこんなに輝く映画は何年ぶりのことか。主人公たちもみな小悪党ゆえ、久々のピカレスク映画といえよう。ここでも、遊び心を痛快に弾けさせているのは細部の描写である。

ところで中島貞夫が新作『極道の妻《おんな》たち　危険な賭け』のパンフレットで〝劇的興奮〟ということを強調している。じつをいえば、細部にこだわるのはその発言が気になるからである。

たしかにこの人気シリーズ第九作においては、日本最大の極道組織の頂点をめざす〝北陸の女帝〟の闘いが、母娘や夫妻や姉弟や恋人どうしの葛藤も含め、血で血を洗う苛酷な大群像ドラマとして描かれ、〝劇的興奮〟をもたらす。ただしどう考えても、それ以上でも以下でもない。岩下志麻の主人公がお馴染みの迫力を見せるのはいいとして、ほかの登場人物が、あるいは葛藤や闘いのさまが、すべて類型に終始し、つまり意表をつく細部の面白さが稀薄なのである。中島貞夫のいう〝劇的興奮〟がその程度のことを指しているとは思えない。

磯村一路の『目を閉じて抱いて』は奇妙な三角関係のドラマで、若いサラリーマンが濃艶な美女の虜になり、嫉妬からその女に接近した彼の恋人もたちまち魅せられたあと、じつは美女が両性具有者だったと判明して、というふうに展開する。武田久美子の妖美さもあって、奇抜なアイデアがある一定の〝劇的興奮〟を実現することはまちがいない。そしてそれだけに終っている。

二本の映画についてこんなふうにいうことができようか。ドラマは〝劇〟としての興奮をもたらすけれど、その先がない、と。あるいは細部の面白さが少しはあったとしても、ドラマに収束して、結局は閉じられてしまう、と。だが、これらの映画に対し〝その先〟を問うことは適切または必要なのか。

伊丹十三の『スーパーの女』が示唆的であろう。激安店に押されて落ち目のスーパーを立て直そうと活躍するスーパー通のオバサン・宮本信子、その店の経営者・津川雅彦をはじめ、どの人物も迫力たっぷりに顔のアップが頻出するが、エゲツナイだけで、なんら描写としての力はない。また、スーパー経営の内情が面白おかしい話として描かれるが、一種の情報ではありえても、ドラマとは呼べない。すると、ここにあるのは、情報的アイデアをあざとく料理して観客を引きずり回す勢いだけであろう。

小田切正明の映画第一作『ありがとう』もあくどさで見せる。姉娘のクスリ漬けの輪姦、父親の単身赴任からの帰宅、妹娘のエッチな姿の投稿写真、母親のアル中と不倫、姉娘と女家庭教師のレズ行為、妹娘の家出、その相手の不良のマザコンと不能、近親相姦……。ざっと挙げてもこんな具合で、エゲツナイ題材がこれでもかこれでもかと投げ出され、つまり描き方もエゲツナイ。

渡邊文樹の『罵詈雑言』は現実告発の映画で、ある東北の村で起こった殺人事件と原発誘致をめぐる政治的な動きとの関連を、再現ドラマとドキュメンタリーをまじえて描きだす。独断をどきつい調子で虚構化する手つきといい、原一男に負けじとばかりに強引な突撃インタビューを敢行するさまといい、例によってあくどい。だが、その真只中で、虚実の混沌が生々しく泡立っていて切実な表情さえ見せる。のっぴきならない細部の描写の力がそうさせるのである。

さきの『ありがとう』はフジテレビが中心となって製作した映画で、サトウトシキの『アタシはジュース』や廣木隆一の『MIDORI』とともに、〃テレビでは決してオンエアできない〃題材を取り上げたという。要するに裸やセックスが出てくるだけのことで、さまざまな関係のなかの少女の彷徨を描く『アタシはジュース』『MIDORI』は『ありがとう』ほどエゲツナイ感じがなく、平凡な思春期映画としての良さはあるともいえるが、製作の狙いからすれば、明らかにそれは欠点なのであろう。

しかしテレビ局が〃テレビでオンエアできない〃題材の映画をつくったと宣伝するとは、なんとも愚劣な事態ではないか。テレビも映画もナメているという以外ない。『スーパーの女』は、スーパーの善し悪しを具体的に描いて観客の役に立つように見せかけるとともに、スーパーの商品の並べ方ひとつで客の購買欲を左右できるという大衆愚弄の思想を隠そうともしないが、まあ、似たようなものであろう。そしてそんな映画が大ヒットしているというのだから、事態は何重もの複雑な屈折のなかにある。

観客への本当の贈り物とは何か。純粋に映画的な問いとしてそれを問わなければならない。

（第一一七回／八月下旬号）

世界同時性の地平へ

◉北野武の『キッズ・リターン』が大ヒットしていると聞いた。といっても目下のところ上映は東京一館だけだが、連日立ち見というのはスゴイ。これからはじまる全国展開が見ものである。

この勢いは、どうやら北野武映画をめぐるイメージの転換によるらしい。血の飛び散るバイオレンスものではなく、青春ドラマであること、主演の若者二人に人気が出はじめていること、そしてカンヌでの評判……。若い女性客が多いことからして、そうした明るいイメージの成立は疑いなく、そこに、例のバイク事故以後に撮った映画ということがプラスに作用していると思われる。

たしかに『キッズ・リターン』は落ちこぼれ高校生二人組がボクサーとやくざになり、それぞれ成功の道を歩むが、しかしまもなく挫折して、といった話からすれば、真っ当な青春映画ではあろう。もちろん北野武がただそれだけの映画を撮るはずはなく、そのなかにいろんなギザギザを仕掛ける。学校での無為のいたずらをめぐる笑いの数々、新進ボクサーに反則技や飲んだり喰ったりを唆す先輩の悪魔の囁き、ラーメン屋の少年に目をかけた果てに身代わり殺人犯として使うやくざの非情、喫茶店の娘と首尾よく結婚してサラリーマンになったもう一人の若者の悲哀……。とりわけ終盤、やくざの大幹部・石橋凌が通り魔のようなヒットマンにあっけなく殺されるのを合図に、主人公たちの転落ぶりを交錯させた部分が凄まじい。新人王になったシンジ・安藤政信はつぎの試合で無残に敗退し、兄貴格にのし上がったマサル・金子賢はやくざ仲間から私刑を加えられ、タクシー運転手に転職したヒロシ・柏谷享助は事故死し、と、若い命の行き先が、畳みかけるような短いカットの連続で重層的に描き出されるのである。

冷徹に挫折を見据えた映画で、その意味では明るくなどない。登場する青春群像のなかでは、漫才師志望コンビだけがめでたく舞台で喝采を浴びる姿で終っているが、永続の保証はない。この映画には、シンジを不摂生へと導く中年ボクサー・モロ師岡のような酷薄さで青春を見つめる目が感じられもする。

だが無残なドラマなのに、けっして暗くはなく、不思議なほど清々しい。青春の挫折が冷酷に描かれるが、見終って落ち込むどころか、なにやら元気づけられさえする。まちがいなくその奇妙なあり方が、この映画の素晴らしさであり、北野武の現在なのであろう。

たぶん首都圏と思われるが、どこの町の話だかは示されず、どうやら一九七〇年代らしいが、時代設定も明らかではない。冒頭とラストを括弧にしてドラマが回想形式でつづられるが、その時制区分も明確ではなく、やや曖昧にぼかされている。いわば映画の中身が不確定な器に入れられているのである。まさにそのことは、挫折のドラマなのに挫折感に終らず、じつに無残なのに清々しいという不定型ぶりと見合っている。主人公二人の自転車で走るシーンやランニングの練習のシーンが、流動的なキャメラワークのもと、胸に沁みるような爽やかさをもたらすが、その流れる勢いにこの映画の感動が凝縮されていよう。

ラスト、再会した主人公たちは自転車の二人乗りで昔のように校庭をぐるぐる回る。シンジが「俺たち、終っちゃったのかなあ」と問い、マサルが「バカヤロー、まだはじまっちゃいねえよ」と言い放つ。終ってはいない、ではなく、はじまってはいない。この未発(=未定=不定)宣言の爽快さは、全体をつらぬく流動感と一体になって立ち昇る。

青山真治の『Helpless』も青春映画であり、若い主人公は全篇、自転車ならぬバイクで走り回る。走るといっても、北野武作品も同様だが、ゆったりとした動きで、疾走と呼ぶほどのスピード感はない。そして、やはりそこから強烈な魅惑の流動性が生まれる。

一九八九年九月十日というドラマの日付は明示され、舞台は北九州らしいとわかるが、主人公の年齢も職業も、入院中の父親以外の家族のことも、何を感じ何を考えているのかも、さっぱりわからない。つまりは不定型な浮遊の日々を生きているわけで、そのことが、たいていの場合、どこへ向かっているのか定かならぬバイクの緩やかな走行ぶりに鮮やかに浮き立つのである。

この作品ではキャメラの長回しが印象深い。たとえば冒頭からまもなく、父親のいる病院を出た主人公の健次・浅野忠信がバイクを走らせ、いっぽう仮出所したやくざの安男・光石研が駅で兄貴分らの出迎えを受けたあと、二人の偶然の再会シーンがこんなふうに描かれる。郊外のレストランで健次がスパゲッティを食べていると、ガラス窓の外の駐車場に黒い車がはいってきて、降りた安男が窓のほうを覗き、健次がそれに応じて、安男が店にはいってくるや、二人は久しぶりの再会を喜び合い、安男が健次を兄貴分に紹介したあと、後刻の待ち合わせを約束して、健次がバイクで走り去り、そのあと、安男が親分の生死をめぐって兄貴分ともめたかと見えたつぎの瞬間、いきなり兄貴分を射殺し、同行のチンピラとともに車に乗って去る……。あるいは少しあと、山道の神社で健次が安男とその妹のユリ・辻香緒里と落ち合ったあとのシーン。安男がいわくありげなバッグと妹を健次に託し、車に乗ったとき、木立のなかのドライブウェイを上ってくる乗用車の姿が見えたかと思うや、遠く離れた距離に停止し、瞬時に安男がピストルを構えるなか、健次がその車のほうへ歩いていって、ボンネットを開けて中を覗き込み、やがて車はなにごともなかったかのように通り過ぎてゆく……。

いま、ワンセンテンスで記してみたように、これらの場面では、長回しのワンカットのなかで、人物の激変する関係のドラマが、あるいはサスペンスが、空間や距離の伸縮に重ねて描き出される。なにごとかをじっと凝視するというのではない。キャメラはどちらの場合でも緩やかに揺れ動いて、その流動感が登場人物たちの生の状況を生々しく表現するのである。そして後半、ドライブインで安男を待つうち、浮遊する生の不安さを爆発させて、あたかもバイクをゆるゆる走ら

キッズ・リターン
【監】【脚】北野武【撮】柳島克己【出】金子賢、安藤政信、石橋凌、モロ師岡【封】7月27日【時】108分

Helpless
【監】【脚】青山真治【撮】田村正毅【出】浅野忠信、光石研、辻香緒里、斉藤陽一郎【封】7月27日【時】80分

ユーリ
【監】【案】【脚】坂元裕二【撮】小倉和彦【出】いしだ壱成、坂井真紀、オミッド・モラディ、永瀬正敏【封】7月6日【時】102分

ORGAN
【監】【脚】【撮】不二稿京【出】長谷川公彦、奈佐健臣、不二稿京、広田玲央名【封】7月6日【時】102分

せるのと同じように、健次が凶暴な殺人に突入していってしまう。

この『Helpless』も『キッズ・リターン』と同様、明るくはないが、だからといって暗くもない。また、事件によって、何かが終ったというのではなく、むしろまだはじまってはいない、という奇妙な印象が焼けるように熱くもたらされる。疑いもなくそれは、反固定的ともいえる表現の強度によるものであろう。

これら二作にくらべれば、坂元裕二のデビュー作『ユーリ』は、死体を入れた白い冷蔵庫とともにさすらう若い男と女とイラン人の姿を、いわば青春の寓話として描くが、あまりにも幼児的＝退嬰的で、見るにたえない。表現として未発といえようか。クレジットに監督補青山真治という文字を見て、びっくり仰天した。同じデビュー作なら、まだしも不二稿京の『ORGAN』のほうが、稚拙とはいえ、臓器感覚にまみれた猟奇的な殺人劇をがむしゃらな表現エネルギーで差し出している。

さきに『キッズ・リターン』『Helpless』について〝走る〟動作に注目したが、それは同時に〝流される〟という受動形とイコールで結びついている。〝走る＝流される〟という一体化の不定型な流動感が映画として呈示されるのである。明らかにそのあり方は、古典的な青春映画の域を越え出るものであろう。

ところで九月末にはじまる東京国際映画祭の場で、北野武を囲む国際シンポジウムを実現しようと計画している。蓮實重彥とともに昨年からプランを練っていたもので、『キッズ・リターン』の素晴らしさに触れることにより、自分たちの企画にいよいよ確信を持つに至った。北野武映画についてはすでにロンドンで、カンヌで、熱い視線が集まっているのは周知のことで、それを東京において具体的な形にしようというわけである。そうした海外の注目はけっして日本映画だからではない。北野武映画の魅惑の世界同時性こそが世界の目を吸引している。そのことは、昨年度の東京国際映画祭で蓮實重彥とわたしの編んだ小冊子「日本映画の貢献」で、世界の映画人がアンケートに答えて何人も『ソナチネ』を推奨すべき日本映画として挙げていたことでも明瞭であろう。

渥美清が亡くなった。半年ほど前のこの時評で〝男はつらいよ〟〝ゴジラ〟の両シリーズの新作にふれたさい、寅さんとゴジラを〝戦後日本映画の生んだ二大モンスター〟と呼び、その命運を考えた者としては感無量というほかない。ああ、こんな形で〝寅さん〟が終ろうとは……。むろん渥美清＝寅さんではない。渥美清にはほかに素敵な出演作が多々あって、むしろわたしなどは、この偉大な俳優があまりにも寅さんイメージだけに閉じ込められていることを残念に思ってきた。だが今回の事態について新聞などで見るにつれ、いや、もしかしたら晩年の渥美清はあえて寅さんに自ら閉じこもっていたのではないか、という感想さえ持つようになった。いまは、巨きな才能に感謝しつつご冥福を祈ろう。

ともあれこれで戦後日本映画史にひとつの区切りが刻まれる。モンスターと呼ぶべきほど偉大なキャラクターの固定の時代は終ったのである。

そこでしきりに思うのも、不定型な流動性へ、世界同時性の地平へ、ということである。

（第一一八回／九月下旬号）

十年目の区切りに

◉この連載時評は今回でちょうど十年になる。よくもまあ、と自分ながら呆れるが、その感慨はさておき、この間、映画状況が大きく変転したことはだれの目にも明らかであろう。では、個々の日本映画の中身はどうか。むろん変わったと断言することはできるが、同時に、まるで相変わらずだといいたくもなる。十年とはそんな時間かもしれない。

そういえば加藤泰の死が一九八五年のことで、その翌年、わたしは時評をはじめたわけである。自分の映画との関わり方がこの間に転々としたことはいうまでもなく、それをうながすさまざまな出来事があった。たとえばフィルムコレクターなる人々を歴訪し、映画というものの捉え方について思いがけない形で刺激を受けるようになったのは、この十年にほかならない。あるいは小川紳介と知り合い、ドキュメンタリー映画への目を開かされたのも、この時期である。また、蓮實重彥との共著『誰が映画を畏れているか』をきっかけに、ごく自然に外国映画についても書くようになった。

要するにわたしは、自分の映画をめぐる固定イメージをなんとか揺さぶり動かすべく、悪戦苦闘のジタバタをつづけてきたのである。時評はその報告だといえるが、十年をふりかえって、北野武と阪本順治の仕事をデビュー作からフォローできただけでも、自分のジタバタは時に恵まれていたと思う。

いまさらいうまでもないが、より豊かな映画体験を望めばこそ、時評という営みはつづけられる。そこで、映画の思いがけない飛翔・飛躍に出喰わしたいと願い、目を凝らすものの、大多数の作品には飛ぶ力がない。そもそもその意思さえない例は論外として、ただ飛んだつもりだけの作品があまりにも多すぎる。自己診断的にいえば、この時評がジタバタのあげく自家中毒に陥っているのは、明らかにそんな作品のがわのあり方とパラレルな関係にあるにちがいない。

ここ数か月の作品に即してそのあたりをあらためて見てみよう。

岩井俊二の『スワロウテイル』は架空のアジアの街を舞台に、猥雑な無国籍性ともいうべき勢いにあふれた欲望のドラマを描き出す。国籍も正体も不明な男女が荒々しく渦巻き、日本語と中国語と英語がごっちゃに飛び交い、ビル街やスラムや阿片窟や荒野が混沌と並び、メロドラマと青春映画と活劇とサスペンス映画が融合し、と、不定形な動態が狂おしく差し出されるさまは、この注目の新鋭の力量をよく示していよう。おそらくここに見られる俗悪なまでの無国籍性のエネルギーは、現代日本のある姿をうつしだすという以上に、多くのアジア映画に通底するものだと思われる。

ざっとそんな印象をいだくのは、しかし前半までで、後半、ドラマ展開とともに猥雑さはみるみる収拾されてゆく。みなしごの少女の運命とか、生き別れの兄妹とか、ニセ札をめぐる暴力団と中国系マフィアの抗争とか、いろいろ出てくるが、要するにお話としては、ひとりの娼婦が人気歌手になる過程とその前身に関わるスキャンダル騒ぎが、ごてごて飾り立ててつづられるだけではないか。不定形の渦と見えたものが、ドラマの輪郭の確定にしたがって、珍しくもないステロタイプの物語に整序されるのである。冒頭近く、キャメラをぶん回したような映像がつづき、目眩まし以外のなんの効果も発揮しないが、結局、それが全体を象徴することになってしまう。

異貌の光景がいったんは呈示されながら、そこにみなぎる勢いがどんどん定形化されていって、思いがけないなにかへ向かうことがない。つまり映画としてついに飛ばないのである。

石井竜也の『ACRI』は、岩井俊二の原作ということもあり、同じようなことを感じさせる。人間と魚の中間としての人魚が果たして実在するか、というより、もともと人間は人魚の亜種なのではないか。そんなミステリアスな問いが海洋冒険+ラブロマンスとして設定されているあたりは、おもしろい。オーストラリアの街と海が舞台で、日本人の登場する外国映画といった体裁になっているのも、人と魚、陸と海という区分を問うドラマと照応している。だがドラマの進展にともなって浮上してくるのは、だれもが予想するとおり、人魚を利用しようとする者とそれを阻む者の対立であり、素朴な自然第一主義の謳歌以外のなにものでもない。やはりここでも、設定の珍しさがあるばかりで、それなりに充実した個々の描写の力はステロタイプの物語に収斂してゆくのである。

二作品とも、個性的な描写で独特の雰囲気をしっかり盛り立てる。『スワロウテイル』の三上博史、Chara、伊藤歩、ミッキー・カーチス、『ACRI』の藤竜也、浅野忠信、そして両方に出ている江口洋介と、俳優もいい。ところがストーリーが明確な輪郭を見せはじめると、ボルテージが下がる。描写が筋立てを踏みにじれないとでもいえようか。そんな個々の画面とストーリー性との関係は逆転しなければなるまい。

黒沢清の『勝手にしやがれ!! 成金計画』を横に並べてみよう。哀川翔と前田耕陽による〝なんでも屋〟コンビのシリーズ

第五作で、今回、二人は、やくざの抗争の巻き添えになって八億円のヘロインを抱えてしまった若い女を助けて活躍する。といっても、ただ右往左往するばかりで、全篇、例によってチャチな戯れに終始するのだが、不思議なくらい爽快な魅力にあふれている。まちがいなくそれは画面そのものの感触からもたらされるのであろう。描写はおおむねキャメラの長回しで、ロングが多く、アップが極端に少ないなか、横移動とタテの構図による画面を、ずっこけコンビがうろうろ走り回り歩き回るとき、その動きの線が生気を放って訴えてくる。いうなれば動線で見せる画面が、ここには確実に構築され呈示されているのである。

この作品の爽快さは、表現方法の明快さと一体のものにちがいない。同じことを黒沢清は『DOOR Ⅲ』ではホラーの楽しさとして、シリーズ第六作『勝手にしやがれ!! 英雄計画』では二人組の迷走の魅惑として、鮮やかにくりひろげている。注目すべきは、どの場合にも、さきの動線が示すようにストーリーが乗り越えられていることであろう。

万田邦敏のデビュー作『宇宙貨物船レムナント6』は、わずか四十五分の小品ながら壮大なSF映画で、地球・火星間で事故に遭遇した宇宙船内部のドラマを描く。舞台は船内の狭い部屋にほぼ限られ、閉じ込められた六人が、ひとつの居住区のなかで、あるいはエレベーターホールを通って別の居住区へ、またあるいはコクピットへと、歩き回って必死の悪戦をつづける。いくつもの部屋や通路や空間が出てくるけれど、見た目にはどれがどこだかよくわからない。だがどの部屋にもコンピューターのモニターが設置されていて、その部屋の場所、船内各部の状況、宇宙船自体の位置など、あらゆる情報を入手できる。つまり観客は映画の画面のなかに、登場人物が見るのと同じ別の画面も見るわけで、この二重性が効果を発揮する。描写はつねに狭い密室に限定されているが、想像的視野としては途方もなく広いのである。

そうした狭小と広大の仕掛けに、やはり表現方法の明快さがうかがえよう。しかもドラマとして、肝心のそのコンピューターの誤作動という事態が設定されていることから、狭小と広大のダイナミズムが爽快にくりひろげられる。

そういえば金子修介の『ガメラ2 レギオン襲来』は、同じ樋口真嗣の特技監督によるものであり、前作につづいて奇想の大スペクタクルを展開する。第一作に魅せられた者として大いに期待したものの、どうも乗れない。ボルテージが落ちたのではなく、凝りに凝ったアイデアをつぎつぎ繰り出して壮大な闘いをつづるさまは、感嘆に値しよう。だがそれ以上のなにかがないのは、まさしくそのアイデアのあり方が問題で、巨大な宇宙植物〝草体〟とか、無数の怪虫〝群体〟を持つ異星生物といった奇想が、ひたすら強面に陳列されるだけだからにちがいない。この映画に関しては自衛隊の活躍が云々されたが、それも陳列のスペクタクルなればこそであろう。

平山秀幸の『学校の怪談2』も陳列に終始する。もともとこの場合は怖い話をいっぱい並べ、閉じられた空間としての校舎を舞台にオモチャ箱をひっくり返したような騒動をくりひろげる点に、作品の本質があるが、その遊戯性がどうも弾けない。たとえば子どもどうしの刺々しい関係といったリアリズムが、明らかにオモチャ箱との乖離を感じさせる。荒唐無稽こそが眼目なのに、その域へ映画がついに飛ばないのである。

多くの映画が、設定というか仕掛けというか、いわば容れ物をつくることには成功しつつ、空転している。その最好例が『スワロウテイル』で、猥雑な無国籍性という容器をつくる力をしたたかに発揮するが、そうした容れ物がすなわち映画的時空になるかどうかはまったく別のことであって、結局、容器はちょっと目を惹く雰囲気に留まっている。ストーリーに収拾され、映画が描写において飛ばないとは、そのことをいう。

急いで強調したいが、『スワロウテイル』においては物語のほうがごく単純に描写よりも強いというのではない。問題は強弱の比較にはなく、ストーリーがどう進展してゆくかということ自体に脆弱さがうかがえる。具体的にいえば、ひとりの人気歌手が生まれる過程はさておくとして、そのあと、娼婦という前歴をめぐる攻防が出てくるなんて、カビの生えた旧式リアリズム以外のなにものでもなかろう。そんなものに物語が依拠しているからには、容器が容器に終って映画が飛ばないのは当然である。

旧式リアリズムとは、たとえば神山征二郎の『宮澤賢治 その愛』にあるもので、有名人の伝記を徹頭徹尾だれもが安心して見ていられる形のリアルさでつづってゆく。宮澤賢治を家族や知人などの人間関係と農業に関する面からしか捉えず、童話や詩のファンタジーの部分を捨象するのには呆れるが、そんな一面的なストーリーがダメなのではなく、それを語るさいに依拠している安心の構図がなにも生まないのである。

香月秀之のデビュー作『不法滞在』は現代東京を舞台に、入管Gメンと裏社会を生きる謎の中国女の屈折したラブロマンスをつづる。やはりストーリーはいつしか定形をなぞってゆくが、かつての日活アクションに似た無国籍性によってほかならぬ国籍のドラマを描くというポイントは、確実に踏まえられている。たわいない例を挙げるなら、村川透の『あぶない刑事リターンズ』が遊びに徹した映画づくりを見せるのも、踏まえるべき点を踏まえているからであろう。これらに古典的なリアリズムとの本質的な闘いがあるといいたいわけではない。だがリアリズムの桎梏が、大なり小なり意識されていることは疑いない。

図式的にいえば、これら二作品をあいだに置いて『スワロウテイル』と『宮澤賢治 その愛』は、安心のリアリズムという形で裏表の関係にある。三上博史がともに主役を務めるのは、たんなる偶然ではないのかもしれないと思う。

阪本順治の『ビリケン』は方法的明快さにつらぬかれている。大阪・新世界のシンボル通天閣がオリンピック誘致で存亡の危機に陥ったとの設定から、ドタバタがはじまるとなれば、ある種の大阪的喜劇がすぐに想像されるが、ここではそれが、地域住民の人情の地平から、守り神ビリケンが人間となって出没して大活躍するという超時空的な域まで、奔放自在にくりひろげられてゆく。そのデタラメぶりがおもしろい。ビリケンが一陣の旋風となって通天閣の塔の中を吹き上がっていったかと思うや、杉本哲太が通天閣の天辺に仁王立ちになっている、という光景に示されるように、デタラメの力がまさしく映画的スペクタクルとして呈示されるのである。

綻びがないわけではなく、通天閣をめぐる攻防のなか、その事態を喰い物にしようとする一味でありつつ、それに徹底することのできない男・鴈龍太郎の描き方が煮えきらない。ドラマの現実性つまりリアリズムとの関係において表現の足がふらついているといえようか。だがその瑕瑾も、大阪ならではの笑いのエネルギーによって乗り越えられてゆく。

とにかくここでは、複数の登場人物が会話を交わすとなるや、たちまち漫才になる。その最たるものが岸部一徳と南方英二と國村隼の三人組で、まるで漫才をやらかすことでのみ通天閣の経営に従事しているかに見える。あるいはこんな別の例がある。後半も終盤に近く、庶民のチャチな願いごとの数々の実現に駆けずり回って熱を出したビリケンが保育所で倒れ、姿を消す神通力も失せ、子どもたちの目に見えており、保育所の先生の山口智子が「だれ?」と問うのに対して、ビリケンと親しい男の子が、ビリケンの何たるか、どんな超常力の持ち主かを、支離滅裂に語る。そのむちゃくちゃな言葉がおかしい。彼とビリケンの関わりを見てきた観客には、その

スワロウテイル
【監】【原】【脚】岩井俊二【撮】篠田昇【出】三上博史、Chara、伊藤歩、江口洋介、ミッキー・カーチス【封】9月14日【時】149分

ACRI
【監】【案】石井竜也【原】岩井俊二【脚】末谷真澄【撮】長谷川元吉【出】藤竜也、浅野忠信、江口洋介、吉野公佳【封】8月24日【時】108分

勝手にしやがれ!!　成金計画
【監】黒沢清【脚】じんのひろあき、黒沢清【撮】喜久村徳章【出】哀川翔、前田耕陽、鈴木早智子、塩野谷正幸【封】9月7日【時】83分

DOOR Ⅲ
【監】黒沢清【脚】小中千昭【撮】芦野昇【出】田中美奈子、中沢昭泰、真弓倫子、長谷川初範【封】4月13日【時】88分

勝手にしやがれ!!　英雄計画
【監】黒沢清【脚】大久保智康【撮】喜久村徳章【出】哀川翔、前田耕陽、黒谷友香、寺島進【封】9月21日【時】81分

宇宙貨物船レムナント6
【監】万田邦敏【脚】万田邦敏、麻生かさね【撮】小渕好久【出】大和武士、田村翔子、清水佑樹、山下哲夫【封】8月17日【時】45分

ガメラ2　レギオン襲来
【監】金子修介【脚】伊藤和典【撮】戸澤潤一【出】水野美紀、永島敏行、石橋保、吹越満【封】7月13日【時】100分

学校の怪談2
【監】平山秀幸【原】常光徹、日本民話の会【脚】奥寺佐渡子【撮】柴崎幸三【出】野村宏伸、細山田隆人、前田亜季、竹中夏海【封】7月20日【時】103分

宮澤賢治　その愛
【監】神山征二郎【脚】新藤兼人【撮】伊藤嘉宏【出】三上博史、仲代達矢、八千草薫、酒井美紀【封】9月14日【時】116分

不法滞在
【監】香月秀之【脚】丸内敏治、安東郁、森岡利行、香月秀之【撮】高瀬比呂志【出】陣内孝則、李丹、平泉成、古尾谷雅人【封】8月10日【時】97分

あぶない刑事リターンズ
【監】村川透【脚】柏原寛司、大川俊道【撮】仙元誠三【出】舘ひろし、柴田恭兵、浅野温子、伊原剛志【封】9月14日【時】108分

ビリケン
【監】阪本順治【脚】豊田利晃、阪本順治【撮】笠松則通【出】杉本哲太、鴈龍太郎、岸部一徳、山口智子【封】8月3日【時】100分

説明は分かるが分からないし、分からないが分かるからであろう。すると、一瞬のち、先生は「もうちょっと勉強して、ちゃんとしゃべれるようになりや」と言い、さらに妙な具合に笑いが煽り立てられる。

この作品の随所に見られる漫才的な呼吸の会話に、むろん意味があるわけではない。言葉のやりとり、その動きが、ある動線をくっきり浮かび上がらせ、それが力強く訴えてくるのである。明らかにそのさまは、一陣の風が通天閣をつらぬき駆け昇って杉本哲太の仁王立ちを出現させるスペクタクル性と、映画の表現として正確に結びついている。

ふつう大阪もの映画というと、大阪的なリアリズムが売りものになる場合が多い。阪本順治の『どついたるねん』の場合も『王手』の場合も、そうでありながら、しかし微妙にズレていた。この『ビリケン』では、そういったズレが一段と大胆に、時空を越える域にまで実現されているのである。大阪的笑いのスペクタクル化による脱リアリズム、とでも呼びうる達成がそこに見られよう。

こういう爽快な作品、大胆に飛翔力を発揮した作品に遭遇すると、自家中毒症状も一気に吹っ飛ぶような気がする。時評家の健康など、まあその程度で左右されるものなのかもしれない。

この十年でもっとも大きな事件といえば、ちょうど映画生誕百年という区切り目にぶつかったことである。だからこそジタバタもひどくなった。百年のうちの十年も時評をつづけたとは、あらためて茫然とならずにはいられない。

十年目の区切りに、ざっと以上のようなことを考えた。そこで、ふと思うのだが、わが相米慎二の新作はいったいどうなっているのだろう。

(第一一九回・一二〇回／十一月下旬号)

1996年 山根貞男ベストテン

1	キッズ・リターン
2	ビリケン
3	Helpless
4	GONIN2
5	岸和田少年愚連隊
6	新・極道記者　逃げ馬伝説
7	おかえり
8	シャブ極道
9	迅雷　組長の身代金
10	Shall we ダンス?

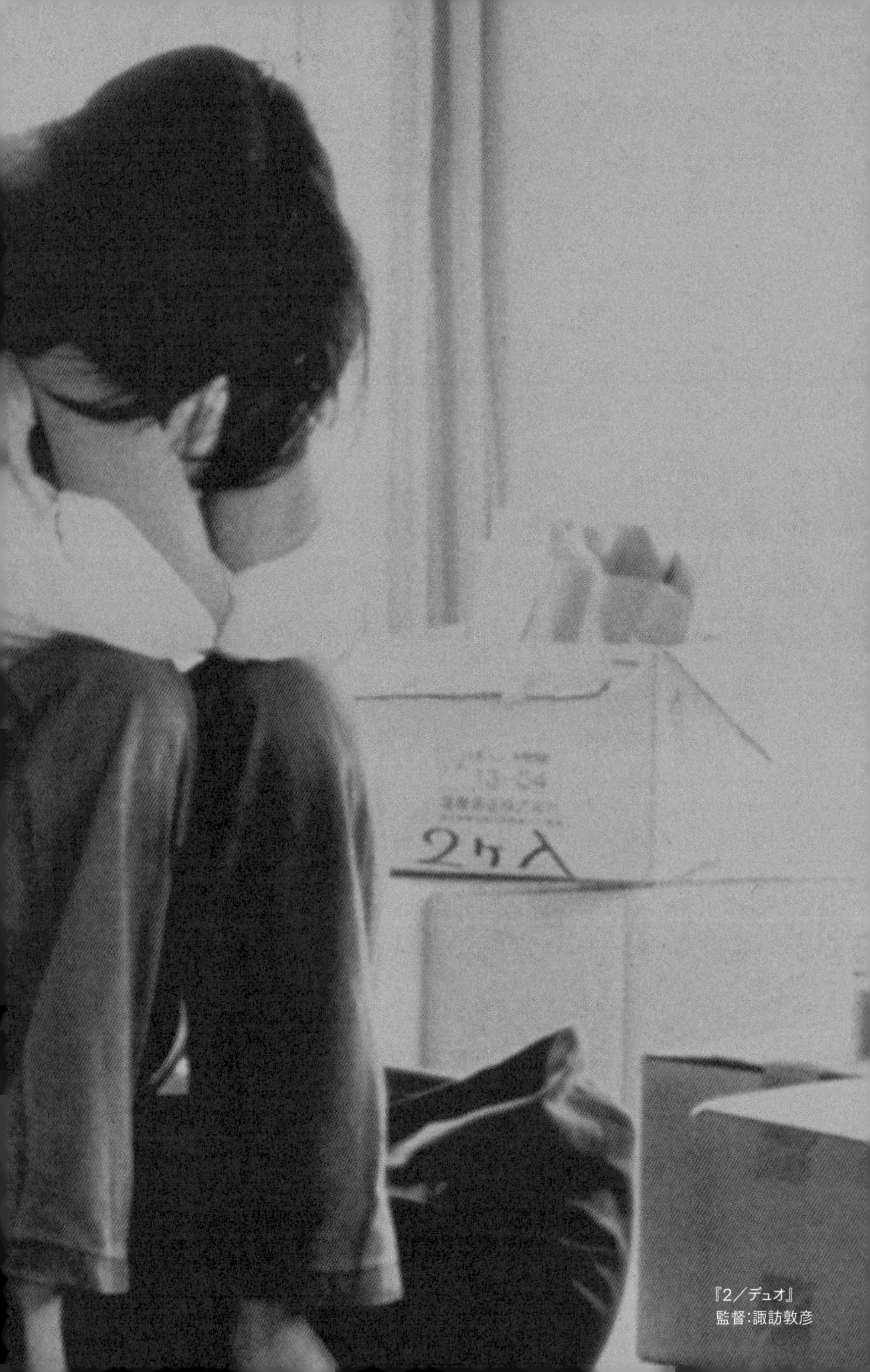

『2／デュオ』
監督：諏訪敦彦

1997年

『アトランタ・ブギ』

先日のオリンピックの向こうを張って、なんともユニークな下町オリンピック映画が出現した。描かれるのは要するに町内運動会だが、横浜が舞台ゆえ、十一か国語が飛び交い、多様な国々の人物がスポーツの技を競う。その騒然たるアホらしさは、奇才山本政志ならではの喜活劇の楽しさである。

下町と一口にいっても、寂れゆく古い商店街、発展するファッショナブルな通り、多国籍の外国人のごった返す地区と、いろんな顔がある。それらが摩擦を起こし、運動会で決着を付けようという話になった。そこで、ヒロインのロック歌手鈴木彩子ら日本人はむろん、カナダ、パキスタン、フィリピン、中国、アフリカ、アメリカなど、世界中の国の男女がにぎにぎしく右往左往し、あげくの果てにあのベン・ジョンソンが百メートルを突っ走る。

多国籍ではなく無国籍というべきであろう。映画の形としても、超ジャンルの異様な面白さを振りまく。ごった煮のお祭り騒ぎのような映画と呼ぶ以外ない。撮影・照明は台湾の楊徳昌(エドワード・ヤン)の傑作『カップルズ』(一九九六)と同じコンビ。道理で、安ホテルや運河沿いの風景が、〝アジアとしての日本〟を鮮明に浮き立たせる。

ヒロインの面構えがすばらしいのに、紋切り型のスケバン調でしゃべったり、お話が結局はよくあるパターンに収束したり、不満がないわけではない。だが作品全体の発する活気は、それをはるかに超えて胸を躍らせる。

最近、岩井俊二の『スワロウテイル』など、無国籍ムードの映画が目につく。日本の現在がそうさせるのか。そうしたなか、この映画は意匠ではなく、思想としての無国籍性を感じさせる。山本政志にとって映画＝お祭り騒ぎだということであろう。

(「朝日新聞」一九九六年十一月十九日夕刊)

作品の表と裏

戦時下でつくられた〝反戦映画〟として名高い『戦ふ兵隊』というドキュメンタリーがある。監督は亀井文夫、撮影は三木茂。一九三八年夏から数か月の中国戦線を撮ったもので、一九三九年に完成したが、公開禁止にされた。中国最前線の日本軍兵士たちの姿があまりにもなまなましく記録されており、警視庁の特高課長が〝あれでは「戦う兵隊」どころか「疲れた兵隊」だ!〟と激怒したと伝えられている。かくして陸軍省後援によるこの東宝作品は闇に葬られ、長らくフィルムの行方さえ知れず、戦後も三十年たった一九七五年になってほぼ全篇が甦った。

そうした経緯もあって伝説化していた『戦ふ兵隊』は、いまではビデオで見ることもでき、多くのことを鮮烈に訴えかけてくる。なかでも刺激的なのは時代状況と映画づくりの関係だが、それは現在にも通じ、表現とは何かを問いかけずにはおかない。

この映画に〝再現ドラマ〟の場面があることなどは、その一つといえよう。ドキュメンタリーなのにもかかわらず、前線の中隊本部で中隊長がつぎつぎ伝令の報告を受けて命令を出すくだりは、セットしたキャメラの前で全員に再現してもらったと、亀井文夫自身が証言しているのである。いわゆる〝やらせ〟の問題がそこに見られよう。

ところで『戦ふ兵隊』の撮影中、こんな出来事があったという。ある日、中国人の子どもたちにキャメラを向けたところ、パッと逃げ出したが、亀井文夫が一人の少年をつかまえて羽交い締めにし、怯えて泣き出すその顔を「うつせ!」と執拗に言った。しかし三木茂はついに撮らなかったというのである。おそらく亀井文夫としては、日本人を怖がる表情のワンカットをこそ欲しいと思ったのであり、そんなふうに撮った画面をモンタージュするやり方はドキュメンタリー作品でも珍しくないが、そこにも〝やらせ〟に通じる表現論的問題があり、まさに三木茂はその点にこだわったのだと思われる。

この〝撮られなかったワンカット〟のことは、『戦ふ兵隊』の撮影助手だった瀬川順一によって明らかにされた。当時、亀井文夫と三木茂のやりとりを現場で目撃した若い瀬川順一は、監督の姿勢のほうに納得したが、自らもキャメラマンとして独立したあと、あのとき頑として撮らなかった三木茂の正しさを確信するようになったという。

瀬川順一(一九一四—九五)、劇映画からドキュメンタリーまで幅広い作品を手掛けたキャメラマン。代表作に谷口千吉の『銀嶺の果て』(四七)、羽仁進の『法隆寺』(五八)、土本典昭の『留学生チュアスイリン』(六五)など。

このほど、瀬川順一の最晩年の姿をとらえた『ルーペ』というドキュメンタリー映画が完成した。監督は瀬川順一と組んで『をどらばをどれ』(九三)『奈緒ちゃん』(九五)を撮った伊勢真一で、それら二本が瀬川順一の最後の作品になった。

副題に「カメラマン瀬川順一の眼」とあるとおり、この『ルーペ』では、ひとりの個性的なキャメラマンがどんな「眼」で映画をつくってきたか、うつすということ、現実と映画ということを見ていたかが、ヴィヴィッドに描き出される。あの『戦ふ兵隊』の〝撮られなかったワンカット〟について語られるのはむろん、それにつづく「ルーペ論争」のことも出てくる。亀井文夫の〝キャメラマンはルーペからしかものを見ない。目隠しされた馬のようなものだ〟という意見をめぐって、議論が巻き起こったのである。

映画『ルーペ』はキャメラマン論として面白く、そこからさまざまに映画論表現論を刺激してくる。たとえば瀬川順一は、

アトランタ・ブギ

監脚山本政志撮李以須出鈴木彩子、古田新太、野沢秀行、川村禾門封1996年11月9日時100分

ルーペ　カメラマン瀬川順一の眼

監伊勢真一撮安井洋一郎、瀬川順一、瀬川龍、柳田義和封1月15日時89分

撮影されて未編集のラッシュフィルムこそが自分の作品であって、そのあと監督の編集のもとに仕上げられた完成作品には、自分はいるけどいない、と語る。そして、でも本当は、いないけどいる、とも。この何重にも反転してゆく思考の動きに、映画という表現＝生命体の息づきがスリリングに感じられる。

いうまでもなく瀬川順一は『ルーペ』では被写体であり、キャメラマンは別にいる。ただし画面上には『をどらばをどれ』や『奈緒ちゃん』の撮影風景が登場し、ルーペ（ファインダー）を覗く瀬川順一の姿がうつしだされる。つまり彼はいわばルーペを覗きつつ覗かれながら、いるけどいない、いないけどいる、と語るのである。画面には伊勢真一の姿も出てくるし、瀬川順一がこの映画の安井洋一郎キャメラマンに監督とキャメラマンの関係を話しかけたりもする。そんなふうに二重三重に入り組んだあり方がいい。

映画の撮影現場というのは、多数の人間の想像力と創造力がぶつかり渦巻くゆえ、よほどの例外を別にして、それ自体が素晴らしいスペクタクル性を持っている。いわゆるメイキングビデオの楽しさがそれを証明していよう。『ルーペ』にも作品の裏を覗き見る面白さがあるというべきか。

しかし『ルーペ』が描き出すのはそれではない。なにより被写体としての瀬川順一が魅力的で、素敵な顔、赤いネッカチーフにジーパンのダンディーな姿、よく透る声、軽やかな身ごなしと、すべてがピシリと決まっている。その勢いのもとに、キャメラマンとしての思想が浮かび上がるのである。

キャメラマン瀬川順一は普通には裏方にちがいないが、ここでは主人公である。いないけどいる、ではなく、歴然といる。裏ではなく、はっきりと表の人であり、だからこそその発言がキャメラマン論＝映画論＝表現論として迫ってくる。

伊勢真一は『ルーペ』という作品でそんなふうに瀬川順一の像を差し出す。明確な像が立てられた瞬間、もはや作品の表と裏を問うてみたところで無効であろう。そして、同じことは『戦ふ兵隊』の〝撮られなかったワンカット〟に関しても当てはまるのでは、という思いを誘わずにはおかない。

そこから『戦ふ兵隊』について、あるいはこの『ルーペ』について、さまざまな映画論的思考があらためてはじまる。

（「群像」二月号）

『渇きの街』

青春のエネルギーをどこへどう向けていいのか分からない日々のなか、ダチの復讐のため、人を殺してしまった若者。彼の捨て鉢ぶりに目をつけ、取り立てなどの荒仕事に使う中年男。若者は暴力に燃え立ち、二人の仕事は政治家・暴力団との闘いを招き、やがて破局へ……。

若者と中年男のコンビという設定が面白い。演じるのは袴田吉彦と三浦友和。ともに自然体でいい味を出す。

中年男は人の弱みに付け込んで金もうけをたくらみ、若者は手先として暴れる。頭脳と暴力、経済と肉体のワンセットといえようか。そんな形で現代社会の断面がザクリと差し出されるのである。

もう一人、そのワンセットをいわば相対化する人物が登場する。袴田吉彦の主人公とギクシャクした愛を交わす若い女で、やはり生きる目的が分からないまま、健康な若さで迷妄を乗り越えてゆく。演じるのは黒谷友香。

描かれない部分が多く、それが独特の雰囲気を盛り上げる。主人公たちの過去や経歴はほのめかされる程度で、説明の描写はない。中年男とヒロインは一度だけ会うが、会話は出てこない。なにより強烈なのは、中年男の死の描写の省略であろう。いずれの場合も、画面に現れないことによってこそ、見る者をより刺激し、〝渇き〟というテーマが浮かび上がる。

こうして青春ハードボイルドの佳作が誕生した。原作は北方謙三。

あえて不満をいえば、この映画、いささか小さくまとまりすぎている。だから破れ目がなく、表現としての怖さが薄い。だがそれは過分な要求か。聞けば、かなりの低予算映画らしいが、安っぽさは感じられず、ちゃんと見せる力がみなぎっている。榎戸耕史監督たちの映画的な志の発露であろう。

（「朝日新聞」一月二十一日夕刊）

『パラサイト・イヴ』

話題の映画である。なにしろ原作が百万部を超す大ベストセラーで、いま注目のバイオテクノロジーがドラマの核をなすから、大いに関心をそそられる。

若い生化学者の新妻が車の事故で脳死する。妻の死を受け入れられない夫は、彼女の肝臓の細胞を研究室で培養する。狂気の愛のもと、妻が復活するが、それは細胞内のミトコンドリアの化身で、独自の意思を持って動く。人類の細胞に寄生（パラサイト）してきたミトコンドリアが反逆を開始したのか……。

一種の恐怖映画で、名づけてバイオホラー。なるほど遺伝子操作など先端科学の行き着く果てには、こんなことも起こり得るかと思う。そこにラブストーリーを重ねたのがミソだろう。

落合正幸監督はテレビドラマの演

渇きの街

【監】榎戸耕史【原】北方謙三【脚】神波史男、南木顕生【撮】田中潤【出】袴田吉彦、黒谷友香、三浦友和、菅田俊【封】1月18日【時】101分

パラサイト・イヴ

【監】落合正幸【原】瀬名秀明【脚】君塚良一【撮】柴崎幸三【出】三上博史、葉月里緒菜、中嶋朋子、別所哲也【封】2月1日【時】121分

出家であり、デジタル画像を担当したのはＣＭ制作の実力派という。最先端のアイデアの映画を新感覚のスタッフで、との意図はわかる。その結果、新しい画像表現が実現されたか。例えば、主人公が顕微鏡をのぞくうち、細胞分裂の光景に妻の顔がにじむ映像はありふれているし、妻の復活するシーンでは、黄金色の液体がうねって流れ、まるで水飴みたいに人間の手になり腕になって、べつに怖くはない。

小説と違って、映画は何でも絵にしなければならず、その一点が武器にも弱点にもなる。ここではその難題が解かれず、最新のデジタル画像が逆に古めかしい表現になっているのである。それは、主人公の錯乱を三上博史が絵にかいたような落ち込みぶりで演じるとき、愛の強さより、人物としての小ささを感じさせるのに通じる。

総じて道具立てはものものしいが、表現力が貧しい。ヒロインの葉月里緒菜の妖しい美しさだけが救いか。

（「朝日新聞」二月二十五日夕刊）

萬屋錦之介を悼む

萬屋錦之介が六十四歳で亡くなった。

まだまだ豊かな可能性を感じさせる俳優だっただけに残念でならない。この場合、可能性とは、日本映画ならではの時代劇の新たな蘇生のことである。

萬屋錦之介は最初、一九五〇年代の半ばに時代劇『笛吹童子』『紅孔雀』の美少年スター中村錦之助として登場したが、たちまち意欲満々の俳優に成長する。沢島忠監督と組んだ「一心太助」シリーズ（一九五八—六三）や「殿さま弥次喜多」シリーズ（五八—六〇）などを見て、青二才の映画ファンであったわたしたちがどんなに感嘆したことか。

それらは、美男の錦之助をスッピン（素顔）で出したというので物議をかもした加藤泰監督『風と女と旅鴉』（五八）などとともに、現代感覚にあふれた革新的な時代劇の出現であった。

みるみる実力をつけた中村錦之助は、同時に、内田吐夢監督『宮本武蔵』五部作（六一—六五）や伊藤大輔監督『反逆児』（六一）で、正統派時代劇をみごとに生きる。単に目新しさを追いかけるだけではなかったのである。

伝統と革新。中村錦之助は時代劇において、その両方の達成をとことん追求し、豊かに実現させたといえよう。

格調と遊び心、と呼んでもいい。マキノ雅弘監督「若き日の次郎長」シリーズ（六〇—六二）には、それが沸騰している。山下耕作監督『関の弥太ッペ』（六三）や加藤泰監督『沓掛時次郎　遊侠一匹』（六六）などの股旅ものでも、格調の高さが遊び心と通じているからこそ、無残な悲劇が熱く胸をうつ。

いうまでもなく時代劇は日本映画ならではの魅惑を体現す

るもので、中村錦之助は戦後、それの新しい花を華麗に咲かせたのである。

そんな俳優が七〇年代に、じょじょにスクリーンから遠ざかる。明らかにそれは時代劇の衰退ということであり、つまりは日本映画の迷走の象徴であった。

だが萬屋錦之介（七二年に改名）は深作欣二監督『柳生一族の陰謀』（七八）でみごとに甦った。

この数年、ふたたび萬屋錦之介による時代劇の蘇生を熱望してきたのは、わたしだけではあるまい。それはつまり日本映画の再生になるはずであったのに……。合掌。

（共同通信配信／三月十二日）

『傷だらけの天使』

豊川悦司と真木蔵人のろくでなし二人組が、東京から飛んで東北を舞台に流れ旅をつづける。ただそれだけで、ほかに何もない。そんな映画がなぜこれほど面白いのか。本物の映画だから、と答えにならない答えをつい口にしたくなるような快作である。

監督は好調の阪本順治。周知のように『傷だらけの天使』の元は二十数年前の人気テレビドラマだが、兄弟分コンビという設定以外、脚本は丸山昇一のオリジナルである。

むろん話がないわけではない。売れない探偵・豊川悦司が死にかけのやくざ・三浦友和（名演！）から幼い息子・類家大地（愛らしい！）を母親に届けるように頼まれ、鉄工場勤めの弟分・真木蔵人が加わって、東北流れ旅がはじまる。だが母親・余貴美子（秀麗！）には再婚者・杉本哲太（好演！）がいて、男の子は祖父・菅原文太（貫禄！）のもとへ。その間、デコボコ三人組は化粧品インストラクター・原田知世（さわやか！）と知り合う。当然〝母もの〟や恋物語が予想されるが、そうはならない。ひたすら出会いと別れが反復され、青春という名の旅がつづられる。その当てどもない流浪のなか、豊川悦司のデタラメな自由奔放ぶり、真木蔵人の優しさが、魅力たっぷりに沸き立つ。

じゃれ合う二人の心の揺れが感動的である。それが〝みちのくプロレス〟で暴れる豊川悦司の笑いになり、レールバスの駅における別れの涙になり、青春後期の男女が雪の舞う道の両側を疾走するクライマックスに至る。ろくでもない暮らしをつづけてきた主人公たちの感情が、旅のなかで揺れ、増幅し、ボルテージを高めてゆくのである。そして、その先に衝撃のラストがやってくる。

すばらしい感情の器としての映画である。

（「朝日新聞」夕刊四月二十二日）

傷だらけの天使
監阪本順治脚丸山昇一撮笠松則通出豊川悦司、真木蔵人、原田知世、菅原文太封4月19日時118分

リアリティの罠

その日、遅い昼食のあと、息抜きにテレビをつけたら、白い建物の大きな模型を用いたニュース解説の光景がものすごい切迫感で押し寄せてきた。いうまでもなくペルー日本大使公邸強行突入事件である。

スタジオに置かれたのは公邸の模型で、それの各部分を指しつつ、数時間前に地球の裏側で起こった銃撃戦の模様がなまなましく語られてゆく。思わずわたしは見入ったが、微に入り細をうがつ説明に接するうち、ふと疑問に駆られた。テレビのニュースとして、つまり関係者でも専門家でもない一般視聴者を相手に、どうしてこんなにまで微細に報道する必要があるのだろう、と。

むろん報道制限を唱えているわけではない。膨大な物量による尋常ならざる微細さの意味について、疑問をいだくのである。

大事件ゆえ、関心度は高い。公邸の模型で強行突入の一部始終が説明されると、たしかにリアルで、迫力満点で、よくわかる。わたし自身、だからこそテレビの映像と音に釘づけになり、関心を満たされたわけだが、そのとき、さながら映画を見るような面白さをも感じた。いや、スタジオで模型を使って解説する人たちの興奮ぶりは、もはや〝映画のように〟の域を越え、事件のスリルをもろに楽しんでいて、視聴者たるわたしも例外ではない。むしろ現実を面白がることに対する煙幕として〝映画のように〟と口にされるのである。同様のメディア現象が湾岸戦争時に生起したことは記憶に新しい。映像メディアでなにかを見るとはいったい何なのか、とあらためて思う。

目下公開中の『天安門』(一九九五)というアメリカのドキュメンタリー映画が、その問いに刺激的に触れてくる。あの一九八九年春の北京〝天安門事件〟を記録映像と関係者のインタビューでつづった三時間強の作品で、全篇、ド迫力にあふれている。世界中から集められたフィルムもビデオもごっちゃの〝天安門事件〟の映像が凄まじく、よくぞこれほど大量に探し出したものだと感嘆せずにいられない。製作・監督はリチャード・ゴードン、カーマ・ヒントン。ともに中国通のアメリカ人だとか。無数の映像と証言による奔流のなか、あのとき、天安門広場で、どんな政治＝人間の劇が渦巻いたかが克明に描き出されてゆく。

終り近くに、こんな部分がある。

六月四日の〝大虐殺〟の直後のあたりの映像で、ひとりの中年男が街角で「これが人民政府のやることか！　戦車で人間を轢き殺した！」と怒りをぶちまけている。アメリカのテレビ局が撮ったものであり、当時、放映された。と、そこまで画面が語ったとたん、そのアメリカのテレビを中国政府が傍受したというナレーションとともに、怒鳴る男の映像がダビングを重ねた状態に荒れて、以下、今度は逆に中国のテレビを傍受したものとおぼしく、走査線のちらつく画面で、中年男は街角の演説の模様が中国全土に流され、密告されて逮捕され、法廷で「わたしは反革命分子です」と言わせられ、懲役十年の刑に処されるに至ったまでがつづられる。

どうも要領を得ない記述になったが、中国北京の現実→アメリカのテレビ→中国のテレビ→この『天安門』というアメリカ映画、という〝メディアサーフィン〟のごときものを了解してもらえればいい。

簡単にいうなら、ここではニュース用の映像が、報道という域を越え、ただちに現実政治化してゆくのである。この『天安門』という作品においても、驚嘆すべき量の素材による圧倒的な迫力の構成は、ラスト、紋切り型の反共メッセージへ閉じてゆく。

映像の世界では画面にうつっているものがすべてである。そこで、ペルーの強行突入を報道する場合には、公邸の模型を使った詳細すぎるほど詳細な説明に向かうわけだが、やがて転倒が起こる。細部のリアリティを持てば持つほど、画面にうつっているものがどんどん作品化して、ついには映画のように面白がられてしまうのである。『天安門』でも動乱の細部を再現すべく膨大な映像資料が駆使されるのだが、その作業が一種のメディア論にもなることで、表現としての強度を達成している。が、やはり別の転倒が起こり、現実を記録した映像の集積が作品化ではなく政治メッセージ化へ向かう。細部のリアリティをめざすことが陥穽になるのは明らかであろう。

ここで一本のAV作品を取り上げたい。ビデオでのタイトルは『わくわく不倫旅行　200発もやっちゃった!』だが、『由美香』という題名で劇場公開もされた。

監督の平野勝之がAV女優の林由美香と二人で行なった東京→北海道の自転車旅行のドキュメンタリーで、四十一日間の行程が二時間余の長尺でつづられる。アイデアとしてはさほど妙ではないが、描写が尋常の域を越える。なにしろ二人きりの旅ゆえ、平野監督がビデオキャメラを回し、キャメラをどこかに設置して自分もちゃんと登場人物になり、ときには彼女に撮らせ、自転車での走りや風景やテントでの野宿や食事の数々や彼女の泥酔ぶり、あるいは各地の人々との交流や二人の喧嘩などはむろんのこと、そこがまさにAVなのだが、テントや安宿でのセックスも描き出されてゆく。もう一点、重要なポイントがあって、このドキュメンタリーが商品になるにはかつてAVアイドルだった林由美香の食糞シーンが不可欠とされ、平野監督はそれをいつ彼女に言い出すかを迷い、その心情が随所でひそかに洩らされる。妻ある身ながら彼女を慕う心の揺れとともに。

由美香
監平野勝之撮出平野勝之、林由美香
封5月3日時135分

ともあれ破天荒な作品で、自分でキャメラを手にセックスを撮ったシーンでは、ようやるわいと呆れる。画面には、撮ること、作品をつくることが丸ごと曝け出されているのであり、見る者としては、呆れつつ、見るとは何かを問いかけられずにはおかない。

丸ごと曝け出すといっても、むろん編集がなされているわけだが、少なくともこの作品では、画面にうつっているものがすべてだということが厳しく踏まえられている。明らかにそれはペルー報道とは逆で、あのテレビ映像では、微細に見せることによる安心の構図がうかがえ、そのもとで、ワイアレスマイクを手に車の上に立つ防弾チョッキ姿のフジモリ大統領が〝のように〟抜きでアクション映画のヒーローになっている。

注目すべきは、安心によるリアリティの罠が、見えていないもの、うつっていないものを捨象することであろう。たとえば大使公邸の地下道をめぐるいっさいのように。

（「群像」七月号）

変容した今村作品

今村昌平監督作品『うなぎ』がカンヌ国際映画祭で最高賞のパルムドールに輝いた。しかも今村監督としては二度目の受賞で、快挙といえよう。

『うなぎ』は今村昌平が前作『黒い雨』（一九八九）から八年ぶりに撮った新作だが、わたしは最初期の今村作品を思い起こした。一九五八年の監督デビュー作『盗まれた欲情』や同年の第三作『果しなき欲望』である。それらでは、卑小な人間の欲望のドラマが大らかなユーモアで描かれていたが、『うなぎ』も同じような感銘をもたらすのである。

欲望に突き動かされる人間の裸の姿をユーモア感覚で描く。今村昌平の映画はその点で一貫してきた。ただし、表現のあり方としては同じではない。

単純にいえば、一九六〇年代の作品において、ユーモアはどぎつい哄笑感覚へ変わり、欲望へのまなざしはどろどろした性欲に重点を置くようになっていった。『豚と軍艦』（六一）『にっぽん昆虫記』（六三）『赤い殺意』（六四）『「エロ事師たち」より・人類学入門』（六六）『神々の深き欲望』（六八）といった傑作群は、そんな変容による頂点にほかならない。今村昌平はかつて自分の映画を〝重喜劇〟と呼んだが、いま述べたような変容のなか、作品は一本ごとに重くなっていった。

ところが『うなぎ』は軽妙さで見せる。妻殺しの過去を持つ男がウナギだけを話し相手にひっそりと生きようとして、しかし日々の暮らしがあるかぎり、人間の関係は生まれ、というドラマで、重くはある。だが画面のタッチもユーモアも軽くて、そこがいい。

昔の今村映画なら、主人公は静かな男・役所広司ではなく、嫉妬と性欲に荒れる男・柄本明の方がふさわしい。ところがそうはならず、ヒロインも、フラメンコを踊るド迫力の中年女・市原悦子でなく、その母から逃げる娘・清水美砂である。

どうやら八年という時間が今村昌平にさらなる変容をもたらしたらしい。映画の主人公は仮出所で八年ぶりにシャバに戻るが、これは偶然の一致だろうか。

それにしても、カンヌ映画祭が『うなぎ』を高く評価したのは興味深い。この前の『楢山節考』（八三）パルム・ドール受賞は日本的なるものへのエキゾチシズムの目を感じさせるが、『うなぎ』にそんな要素はない。ひたすら映画表現の高さにおいて選出されたのである。

明らかにそこには、前提として、海外における日本映画への熱い注目ということがあると思われる。国内では、相も変わらず日本映画は落ち目のイメージで語られ、アジア諸国の優勢と比較されるが、無知による偏見でしかない。いま、日本映画は、少なくとも表現力の点において、世界映画のもっとも高い水準に位置している。近年、新人監督の作品が海外の映画祭で引っ張りだこで、多くの賞に輝いている事実がなによりの証左であろう。

事実、今年のカンヌでは河瀬直美の『萌の朱雀』が新人監督賞を獲得した。

（「読売新聞」五月二十日夕刊）

『復讐　消えない傷痕』

黒沢清の映画がどんどんすごくなってゆく。デビュー以来、つねに野心作を放ってきた監督だが、最近、撮る速度とボルテージが急激に上がってきた。一年間に三本も四本も高度な表現の良質のエンターテインメントを連打するなんて、ただ事ではない。

この最新作は、元刑事（哀川翔）が殺された妻の仇《かたき》を探す過程を描く。安アパートに住んで古紙回収所で働き、零細やくざの組長（菅田俊）と付き合い、若い刑事に目をつけられるなか、やがて浮かび上がる巨大なヤミ資金の黒幕との闘いへ……。

純然たるハードボイルド活劇で、冒頭の船の襲撃シーンから始まって、全編、銃撃戦が頻出する。普通なら熱気と激情にあふれる映画であろう。だがそうはならない。主人公と組長は車でふらふら走り回り、将棋を指し、軽みのままに日常を漂っていて、激烈な銃撃戦も無造作なアクションとして描かれる。無為の延長線上に暴力が弾けるのである。だから怖い。

うなぎ

監今村昌平原吉村昭脚冨川元文、天願大介、今村昌平撮小松原茂出役所広司、清水美砂、柄本明、田口トモロヲ封5月24日時117分

復讐　消えない傷痕

監脚黒沢清撮柴主高秀出哀川翔、菅田俊、小林千香子、逗子とんぼ封5月31日時80分

肩を怒らせないハードボイルド、とでもいうべきか。哀川翔と菅田俊が林で石投げをするシーンの美しさは、肩の力を抜ききった緊迫感の結晶であろう。エンターテインメントのなかでの新しい映画表現の質が、ここにはある。

黒沢清だけではなく、このところ、小規模公開される非メジャー系の映画で、新世代の監督たちがめざましい活躍を見せている。ここ三か月でも、『鬼火』の望月六郎、『WiLd LIFe』の青山真治、『黒い下着の女　雷魚』の瀬々敬久、『暗殺の街』の中田秀夫、『狼の眼』の細野辰興などの名が浮かぶ。

いま、日本映画は、派手に目立たないところで水準を上げ、世界的レベルの高さにある。先日のカンヌでの受賞、とくに河瀬直美の『萌の朱雀』の新人監督賞は、それを証明していよう。

（「朝日新聞」六月三日夕刊）

勝新太郎を悼む

昨年（一九九六）八月、勝新太郎にインタビューをした。入院と再入院のあいだであったが、元気溌剌、顔色もつやつやして、豪快にしゃべりまくる姿に圧倒された。話すだけではない。座頭市の声色をやるかと思えば、歌い、つと立ち上がって口三味線で踊る。まさに勝新太郎の芸を堪能する一夜だった。

いま、そんな人の訃報に接するのはたとえようもなく悲しく、ああ、奇跡は起こらなかったか、と怒りのようなものさえ感じる。

享年六十五。かけがえのない輝きを放つ個性と才能が永遠に失われた。

勝新太郎は一九五四（昭和二十九）年、大映の『花の白虎隊』でデビュー。最初はいわゆる白塗りの美剣士スターとして売り出すが、人気が出ず、同時デビューの市川雷蔵に後れを取る。だが一九六〇年、『不知火検校』で悪行の限りを尽くして出世する主人公を好演、注目を浴びる。

正義の味方から悪のヒーローへ。この転換によって個性と才能が一気に花開いたのである。それが二年後の〝座頭市〟誕生につながる。

一九六二年の第一作『座頭市物語』で生まれたヒーローの魅力は、明らかに善悪定かならぬ点にあろう。そこから勝新太郎独特の人間くささが放たれ、ブラックユーモアが沸き立つ。「悪名」「兵隊やくざ」の二人気シリーズにも、同じことはいえる。

勝新太郎は、以後、六〇年代後半の大映で、七〇年代からは自分の独立プロで、映画づくりの闘いをくりひろげてきた。その間、監督としても非凡な才能を発揮したことは特筆しておこう。

〝座頭市〟を見るだけでも、勝新太郎がどんなに観客をもてなすことに心を砕いていたかは、だれの目にも一目瞭然であろう。強烈な個性、奔放な才能、そして出身の長唄など日本の古典芸能で磨き抜かれた芸。これらにサービス精神が結びついて、豪快な魅力が発揮されたのである。

勝新太郎は戦後日本映画を代表するスターであり、〝座頭市〟は戦後時代劇の生んだ宝であった。昨年のインタビューでは、まだ〝座頭市〟は撮るときっぱり表明していたが、あれは単なるサービスではなく、生の意志にほかならなかったと信じる。合掌。

（共同通信配信／六月二十三日）

未完成の宮崎アニメ

宮崎駿の『もののけ姫』を近所の映画館で見た。いわゆるシネコンのひとつで、平日の夜八時半からの回なのに、二十分前には観客が二列も並んでいて、久しぶりにぎっしり満員の映画館に坐ることになった。

前評判に違わず、抜群に面白い。冒頭、森また森の緑の風景を楽しむうち、その真只中を、異形のタタリ神となった巨大なイノシシが木々をなぎ倒して暴走し、若者が弓矢で立ち向かうシーンで、もう一気に宮崎アニメの勇壮な世界へ拉致されてしまう。観客は文字どおり老若男女であり、その幅広さに〝寅さん〟を上回る人気の「国民映画」たる宮崎アニメの位置が、いいかえれば、徹底したエンターテナーでありつつクリエイティブな映像作家であることが示されている。

短くいえば、冒険時代活劇といったところだが、表現力が尋常ではない。東北の森のなかの隠れ里、王家の血を引く若者、神の祟りで狂った獣との死闘、その闘いには勝つが自らも腕に祟りを受けた若い貴種の流浪の始まり……。この導入部を見るだけでも、アニメーションならではの奔放な力は明らかであろう。若者アシタカは西の国へ流れ、古代の森において、巨大なイヌ神と生きる獣のごとき少女サン(もののけ姫)や、村の人々を指揮して銃器をつくる女頭領エボシ御前と出会い、製鉄のために森を破壊してゆくエボシとサンの闘い、エボシと森のケモノ神たちの対立に巻き込まれ、さらには生と死を司る森の神々の王たるシシ神の首を狙う隠密一味とも

鬼火
【監】望月六郎【原】山之内幸夫【脚】森岡利行【撮】今泉尚亮【出】原田芳雄、片岡礼子、哀川翔、北村康【封】4月19日【時】101分

WiLd LIFe
【監】青山真治【原】黒川博行【脚】青山真治、佐藤公美【撮】柴主高秀【出】豊浦功補、ミッキー・カーチス、國村準、夏生ゆうな【封】4月5日【時】102分

黒い下着の女　雷魚
【監】【案】瀬々敬久【脚】井土紀州、瀬々敬久【撮】斉藤幸一【出】佐倉萌、伊藤猛、鈴木卓爾、穂村柳明【封】5月31日【時】75分

暗殺の街
【監】中田秀夫【原】風間一輝【脚】高橋洋【撮】林淳一郎【出】仲村トオル、大和武士、嶋田博子、寺田農【封】6月7日【時】91分

狼の眼
【監】細野辰興【原】吉川潮【脚】細野辰興、秀島康夫【撮】山本英夫【出】鈴木一真、大和武士、片岡礼子、寺島進【封】6月14日【時】109分

もののけ姫
【監】【原】【脚】宮崎駿【封】7月12日【時】133分

関わり……。説話・神話の世界が壮大なドラマに織り上げられるのである。

アニメならではの力とは、むろん物語の面白さのことではない。たとえば終盤近く、森のイノシシ神が冒頭と同じようにタタリ神に変身するシーンがあるが、無数の黒い蛇状の祟りが巨軀に生え出るさまは、息を呑むほどまがまがしい。そのあとのクライマックスでは、首を斬られたシシ神が鹿の姿から半透明の巨人に変身するが、どんどん巨大化して森や山を覆い、首を求めて蠢き、地上のあらゆる命をつぎつぎ枯渇させてゆくさまは、なまなましく恐ろしい。そうした変形シーンの迫力は、アニメ表現の自在さの端的な現われであろう。そしてそれは、みごとな見世物＝スペクタクルを実現するとともに自然と人間の対立・葛藤というテーマに関わっている。エンターテナーでかつクリエイティブであるとはそのことにほかならない。

人間の文明と自然との対立というドラマ設定については、周知のように宮崎駿は『風の谷のナウシカ』(一九八四)で壮大にくりひろげているが、今回の『もののけ姫』は明らかにその反復といえる。細部に関しても、たとえば火器製造による自然破壊は『風の谷のナウシカ』において前史のドラマとして語られた「火の七日間」に、暴走するタタリ神はあの巨大な王蟲《オーム》に通じるし、瀕死のアシタカが池のなかで生気を取り戻すくだりはナウシカの蘇生場面を想起させずにはおかない。アニメ『風の谷のナウシカ』はいわば未完成の作品(原作マンガはその後も描きつづけられて完結した)であったが、それが『もののけ姫』で完成されたのである。

いや、本当にこれは完成か。それ以前のこととして、『風の谷のナウシカ』の達成に対して『もののけ姫』は縮小反復ではなかろうか。一例を挙げれば、エボシたちの火器製造とそれによる自然破壊のさまは、あの黙示録的な「火の七日間」にくらべるとき、イメージとしてごく地上的で、どう見ても壮大さにおいて劣っているではないか。そもそも基本設定の点で、あの「腐海」という卓抜なアイデアに匹敵するものはなく、少女サンのエボシへ向けての一直線の敵意に象徴されるように、今回の自然と人間との対立のドラマは地上的な闘いに終始してゆく。

むろん単なる縮小反復ではなく、そのなかで新しい地平への乗り越えがめざされていることはわかる。もっとも印象深いのは、自然と人間の文明の対立に関して、平板な善悪視や和解願望がまったく排斥されていることであろう。具体的には、サンとエボシの闘いに何の決着もつけられず、人間文明の営みがつづくかぎり自然破壊は不可避ではないかという問いが保持される。その意味で、ここでの宮崎駿は単純なエコロジストではない。そして、敵対するサンも含めて、エボシに体現される女性たちの強さの突出ぶりは多くのことを挑発的に示唆してくる。

とにかく『もののけ姫』は面白い。さまざまな変形描写をはじめとする微細かつダイナミックな動きの表現は、未曾有の枚数のセル画が使用されたというだけあって、アニメ表現の到達点を示していよう。だから文句をいう筋合はないのかもしれないが、すでに『風の谷のナウシカ』を見た者、ぞっこん魅せられた者としては、縮小反復ぶりに拘泥せずにはおれないのである。アニメとしての絵でいえば、ラスト、シシ神がアシタカたちの活躍によって首を取り戻したあと、その怒りの鎮まりとともに、死に瀕していた山や森が緑を甦らせてゆくのだが、現出する風景はごく凡庸なもので、ドラマチックな感銘をもたらさない。そこに仮構された大自然の絵を見たがるのは誤りで、うそ寒いその風景こそリアルな自然の姿だというのであろうか。

この『もののけ姫』が過去の作品と決定的に異なるのは、宮崎アニメの核心をなした飛翔シーンがないことであり、だれも空を飛ばず、地上でのみ闘う。イメージについて先述したことから考えると、むしろあえて地上に密着しているというべきか。自然と文明の相克・葛藤を引き受けようという姿勢は明らかにそれと関わっているのである。

今回、随所に登場するコダマは、おそらく飛翔のイメージのかわりにちがいない。ときには無数に現われる白い埴輪のようなコダマは、森の精霊という点で『となりのトトロ』(八八)の生き物に通じるが、トトロのように悪戯もせず、無力であり、いっさいを静観しつづける。そこで印象としては、高鳴るボーイソプラノに似た典雅な声の主題歌もあって、なにか祈りのようなものをせつせつと訴えてくる。

宮崎駿は『もののけ姫』を最後の作品にするとか。こんな大才能が引退するとは世界映画の損失だと思うが、それもまた『もののけ姫』がけっして到達点ではなく、むしろ『風の谷のナウシカ』以上に本質的な意味で未完成の宮崎アニメであり、ここから新しい何かが始まると確信するからである。

（「群像」九月号）

『2／デュオ』

大胆で有能な新人監督が出現した。諏訪敦彦。一九六〇年生まれ。次代の日本映画を担う一人にまちがいない。

同棲中の若い男女のアパート暮らしが描かれる。珍しくもない題材だが、うずく心の表現が素晴らしく、なんでもない一言が相手も自分も傷つけたり、ちょっとした言動が取り返しのつかない事態を招いたり、男女の関係の危うさが切なく浮かび上がる。日常的な会話や動作の息づまるほどのなまなましさは、ドキュメンタリーみたいだと思わせずにはおかない。

2／デュオ
監構諏訪敦彦撮田村正毅出【ダイアローグ】柳愛里、西島秀俊、渡辺真起子、中村久美封8月2日時95分この映画に脚本はなく、おおまかな設定だけをあらかじめ決め、台詞は俳優がアドリブで言う形で撮影された。テストのたびに台詞も動作も変わったとか。まさにドキュメンタリーすれすれなわけで、途中、主人公二人へのインタビュー場面も出てくる。

女(柳愛里)はブティックの店員で、俳優志望の男(西島秀俊)との生計を支えている。ある日、男が不安と焦燥のなか、「結婚しようか」と言ったのがきっかけで、二人の関係に亀裂が走り、いさかいの日々のあげく、女は精神のバランスを崩し……。ありふれた同棲物語がスリリングに展開されるのである。

尋常ならざる映画づくりゆえ、柳愛里と西島秀俊は、生身の自分と演じる役とのあいだで揺れつづけたにちがいない。ドキュメンタリーの名手でもある田村正毅のキャメラが、そんな現場の模様を丸ごと撮ってゆく。その結果、二人が画面から切れたり、表情が陰になったり、背中しか映らなかったりして、異様なまでのリアルさを結晶させる。

男女の関係の劇が、映画を撮るということのドラマと重ね合わせて差し出されるのである。そのスリルが新しい映画の感動をもたらす。

(「朝日新聞」八月五日夕刊)

『身も心も』

脚本家の荒井晴彦が監督に乗り出すという話を耳にしたとき、ヤバイと思った。下手をすれば、つまりもし監督として成功したら、すぐれたシナリオライターを失うことになるからである。さて、初監督の結果はどうか。

中年男女の四角関係がつづられる。男A女Bの夫婦が渡米後の家で、留守番役の男Cと女Dが会う。CDはABの古い友人で、二人がたびたび酒を飲むなか、四人の二十数年前のもつれた恋愛関係が浮かび上がる。そして、今、再び濃密な性的四角関係が……。

お世辞にも上手な映画づくりとはいえない。たとえばキャメラの長回しによるシーンが何度も出てくるが、それぞれタッチが違うし、五十近い男二人が公園のぶらんこやシーソーで青春時代を語る図など気恥ずかしい。ヘタクソという以外ない。しかしチャチではなく、堂々とヘタクソである。荒井晴彦ならではの世界がそこから浮き立つ。

四人は全共闘世代で、作者の切実な思いが全篇を覆っている。だが世代の繰り言ならだれにもある。そんなことではなく、この映画には荒井晴彦の出発点、一九七〇年代の日活ロマン・ポルノの現在的な転生が見られるのである。

まず性の関係に人間のドラマを沸騰させること。さきに奥田瑛二、かたせ梨乃、柄本明、永島暎子の四人をABCDとしたが、記号化することで個性が輝くのも、ロマン・ポルノの特性であった。中盤以降、何分かおきに激しい濡れ場が出てくるが、単純なセックス賛歌ではなく、荒井脚本・神代辰巳監督の傑作ロマン・ポルノ『赫い髪の女』（一九七九）同様、性につかまれた人間の悲しみを描き、だから真に官能的である。そこが森田芳光の『失楽園』と次元を異にする。

折しも今、東京では故神代辰巳の特集上映会が注目を集めている。

（「朝日新聞」十月二十八日夕刊）

新人・河瀬直美の挑発

河瀬直美の『萌の朱雀』が封切られた。今年のカンヌ国際映画祭でカメラドール（新人監督賞）に輝いた作品である。さて、日本の観客のあいだでどんな反響を呼ぶだろう。

今年五月、カンヌで今村昌平の『うなぎ』がパルムドールを受賞したとき、二、三の新聞社から電話でコメントを求められた。当方はそれでニュースを知ったわけだが、そのときどの記者も『うなぎ』がアッバス・キアロスタミの『桜桃の味』と同時受賞であることには触れないばかりか、『萌の朱雀』の件については一言も口にしなかった。カンヌの新人監督賞受賞は日本初であり、しかも日本ではどうしてか数少ない女性監督が栄誉に輝いたのだから、むしろこちらのほうがビッグな事件として注目されて当然だったのに。

マスコミの報道にはこの種のアンバランスがよく見受けられるが、あらためて新聞記者の無知を責めても仕方がなかろう。要するに河瀬直美はその時点においてはそれほど無名だったのである。かくいうわたし自身にしてからが、河瀬直美の作品に初めて接したのは二年前の第四回山形国際ドキュメンタリー映画祭においてであった。

そのとき見た二本の中篇はともにドキュメンタリー映画で、『につつまれて』（一九九二）では幼いころに別れた自分の父親を尋ねる旅が、『かたつもり』（九四）では自分を育ててくれた祖母との日常生活の模様が描き出される。ごく私的な内容の作品ではあるが、そのなまなましい画面の力にわたしは圧倒された。八ミリ作品ゆえ、大きなスクリーンにうつしだされる画面はざらざらと粗く、その感触が、くりひろげられるもの、つまり肉親と自己との関係にキャメラという道具を介してどこまでも迫ってゆく作者の熱い視線の劇と、みごとに呼応して、稀有な感銘をもたらすのである。映

身も心も
監脚荒井晴彦原鈴木貞美撮川上皓市出奥田瑛二、かたせ梨乃、柄本明、永島暎子封10月18日時126分

失楽園
監森田芳光原渡辺淳一脚筒井ともみ撮高瀬比呂志出役所広司、黒木瞳、星野知子、柴俊夫封5月10日時119分

萌の朱雀
監脚河瀬直美撮田村正毅出國村隼、尾野真千子、柴田浩太郎、神村泰代封11月1日時95分

杣人物語
監撮河瀬直美封1998年4月25日時73分

画の物質的な力の昂揚、とでも呼ぶことができようか。

その意味で、二作品をドキュメンタリー映画とか個人映画とかに分類したところでなにも始まらない。これら二本には、撮ることとの物質性がギラギラ輝いていて、そこから映画というものの原初のエネルギーがストレートに訴え出されるのである。

河瀬直美自身、大阪で映画を学び、生地の奈良で映画をつくり、いわば何の系譜にも属することなく既成の分類から外れたところから登場した。そして、ジャンル区分などとは関係なく、劇映画を撮り、それで世界的な賞を獲得した。なるほどこれでは、並の新聞記者が事件の意味をつかまえられなかったのは当然ということもできる。

長篇第一作『萌の朱雀』はやはり奈良が舞台で、過疎化の進む山奥の村のある家族の生活と離散のドラマをつづる。肉親というものへ向ける視線、それも大自然の営みの真只中においてひたすら優しく見つめる構えという点では、『かたつもり』とまったく変わらないといえる。

音の感触が素晴らしい。台詞が少なく、音楽もシンプルなピアノ演奏がわずかに流れるだけなので、物音がよけい際立つのだが、風の音や木々のざわめきや野鳥の鳴き声、遊ぶ子どもの声や村人たちの話し声や人々の足音、あるいはバイクやバスの音など、さまざまな空気の波動が暮らしの気配を鮮やかに浮き立たせる。無音のシーンでも音の感触を放たずにはおかない。そのぶん、というべきか、画面の手触りがややきれいすぎる。三十五ミリ・カラーで撮られた山々や森の緑の美しさはありふれた自然賛美にもなり、安手の郷愁さえそそりかねない。描かれるのが過疎ゆえの家族離散のドラマとなれば、なおさらである。

だがそんな傾斜を突き抜けて、登場人物たちの姿が、とりわけ顔が、かけがえのない輝きで迫ってくる。父親役以外、すべて素人だというが、全員が、母や妻や甥や娘の役をうまく演じるというのではなく、ただそこに在る、生きている、ということの実質感をしたたかに感じさせるのである。その意味では画面は、父親役の國村隼も含め、彼ら彼女らがキャメラの前に在ることのドキュメンタリーを提示するといえる。そしてそれが、日々の暮らしの何たるかを描くドラマの実質を豊かに表現してゆく。

いま述べたところからだけでも明らかなように、『萌の朱雀』にはプラス・マイナスの双方が入り交じっている。それを詳述する余裕はないが、一例を記せば、血縁の若い男女の疼くような恋心＝愛情を描く場合、画面がなによりも肉体性を提示するのに対して、父親の失踪という大事件に関しては、山深くの橋やトンネル跡を美しく印象的に撮ることによって、此岸と彼岸といった意味の暗示への傾きをはらむ。提示ではなく暗示へ向かってしまうとき、何が起こるか。撮ることの物質性が切り捨てられるのである。そして、過疎の村の一家離散のドラマを縁したたる風景のなかに描くという、ありふれた構図のウエルメイドな映画が出現して、河瀬直美が既成の系譜に収まってしまうことになる。

ところで十月の第五回山形国際ドキュメンタリー映画祭では、河瀬直美の新作『杣人物語』を見ることができた。ふたたびドキュメンタリー映画に戻っての目覚ましい作品で、『萌の朱雀』と同じ奈良・吉野の山奥に暮らす人々の姿が、作者自身のインタビュー混じりでつづられてゆく。ひとり暮らしの老婆や樵の中年男たちにキャメラとマイクを向ける河瀬直美の構えが、なんとも凄い。相手の懐のなかへあたかも孫か娘のようにするりと入り込んでしまい、撮影も問い掛けも密着的にやってのけるのである。そんな画面から生じるのがまさしく物質的な輝きであることはいうまでもない。

この作品は、しかし、映画祭のシンポジウム「日本ドキュメンタリーの模索」における河瀬直美の発言とともに、後刻、賛否両論を巻き起こした。シンポジウムの司会はわたしが務めたのだが、マイクを振るや、河瀬直美は自らの映画づくりの姿勢を超然と語り、その〝映画の神様〟(彼女の言葉)の巫女のごとき態度と発言が、参加者の共感と反撥をともどもに招いたのである。

おそらくそのことは河瀬直美の映画づくりと無関係ではない。すでに明らかなようにわたしは彼女の提示力を高く評価するが、提示という姿勢は、すべてを観客の判断解釈に委ねるとも、独断専行ないし唯我独尊とも受け取ることができる。その両義性が激しい賛否両論を生むのにちがいない。

新人・河瀬直美の挑発をどのように受け止めるか。問われているのは、あらゆる意味においての映画の既成性である。

(「群像」十二月号)

	1997年 山根貞男ベストテン
1	傷だらけの天使
2	復讐　消えない傷痕
3	2／デュオ
4	恋極道(望月六郎)
5	黒い下着の女　雷魚
6	バウンス Ko GALS(原田眞人)
7	20世紀ノスタルジア(原将人)
8	身も心も
9	萌の朱雀
10	もののけ姫

『HANA-BI』
監督：北野武

1998年

『HANA－BI』

北野武は新しいステージに突き進んだ。新作『HANA－BI』がわたしにそう確信させる。なぜならここでは、これまでの北野作品のすべてを踏まえつつ、それらを遠く越えてゆく新鮮なイメージの勢いが沸き立っているからである。

まず『HANA－BI』は愛に関する映画であろう。主人公の西と不治の病をかかえた妻、半身不随になった同僚堀部と去った妻子、殺された若い刑事田中と若い未亡人、そして、さらに若い刑事中村の新婚生活。画面に直接的な形で描かれるかどうかは別にして、四組の夫婦のドラマが見える。また『HANA－BI』は暴力と死の映画である。すべての発端になる殺人犯との闘い、借金がらみの暴力団との死闘、あるいは物語の前史にある主人公夫婦の幼児の死。画面はおびただしく血にまみれている。

この二面性がタイトルに象徴されていることはいうまでもなかろう。「花」＝愛、「火」＝暴力と死、というふうに。端的な描写としては、堀部へ向けての犯人の発砲シーンが華麗な花々で彩られていることが、見る者の目を射ずにはおかない。

北野武はそんな「花」と「火」のドラマを、ときには残酷ささえ帯びるユーモアといたずらっぽい遊びの感覚のなか、歯切れのいいリズムでつづってゆく。いずれも北野作品ですでにお馴染みの要素だが、今回、表現がより洗練されていることはだれの目にも明らかであろう。そのことに関連して、いくつかの事実を指摘できる。台詞の少なさがいよいよ研ぎ澄まされてきたこと、クレーン撮影の多用や銀行強盗シーンのビデオ画面の活用など新しい画面づくりが見られること、桜や富士山や積雪など日本の四季の情景の取り込みが作り手の余裕を示していることである。

とりわけ台詞の省略は、ドラマを人間の動作で見せるということを徹底している点で、北野武が〝動く写真〟としての映画表現の本質をより深く掘り進みつつあることを告げていよう。寺のシーンでは、北野武のそんな映画的指向を体感してか、ネコたちまでが無言の名演技を見せるではないか。

そして、今回、もっとも鮮烈な印象をもたらすのは、数々の絵が画面に遍在することである。それも圧倒的に花の絵が多く、そこにやがて死のイメージがにじみだす。題名を受けて、ずばり花火の絵も登場する。こうした絵の遍在は只事ではない。

すべての絵は北野武の描いたもので、それからしても堀部は主人公の西といわば一対の人物にちがいない。周知のように北野武は三年前にバイク事故を起こして奇跡的に命をとりとめたが、車椅子に坐って絵を描く堀部の像には、北野武のある自画像が塗り込められているようにも思われるのである。

すでにわたしたちは、芸人ビートたけしと映画監督北野武の活動をさまざまに知っている。そこへ、今回、絵を描くという営みが加わった。『HANA－BI』は、監督の北野武、主演のビートたけし、絵を描く北野武と、一人の男のなかの三様の表現者を重ね合わせて差し出すといえよう。

ふたたび「花」と「火」に戻れば、それは優しさと残酷さの謂でもあろう。北野作品におけるバイオレンス描写は周知のことに属し、ここでも頻出するが、たとえば主人公がマンションの入口で子どもの三輪車や靴に向ける視線や、ラストの海辺で妻の肩を抱く手の動きなど、温かい情のこもった表現がかつてない形で何度も出てきて、見る者の心を熱く揺さぶらずにはおかない。そして、これこそが重要なことだが、そのような優しさが残酷さと、つまりは愛と死とが、表と裏の関係にあると、この映画は語るのである。

『HANA-BI』ほど一人の表現者の生の現在をトータルに表わした作品はめったにあるまい。しんしんと静かでかつ狂おしいような感動はそこからこそやってくる。


（カンヌ国際映画祭向けプレス）

もっと別の視線を

◉この時評の連載を一年と少し休んでいるあいだに、日本映画を取り巻く空気がはなはだしく入れ換わった。ほんのつい先日まで、日本映画はダメだという強固なイメージをことあるごとに撒き散らしていたマスメディアが、豹変し、日本映画の復活だのルネッサンスだのといっせいに喧伝しはじめたのである。

記録的な超ヒット作が出現し、大ヒット作が何本かあり、国際映画祭での大きな受賞がつづくのは、たしかに日本映画の勢いを示しているが、だからといって、突然、状況自体が一変したことにはなるまい。そこで、リアクションとして、安易な復活論に水を差す発言があちらこちらから聞こえることになる。わたし自身も、たとえば『もののけ姫』に夢中になった幅広い層の観客たちが、あるいは『失楽園』に集まった中高年層の人々が、以後、月に一度は映画館に足を運ぶようになるなどとは、とうてい思えない。

事態の把握はさまざまだとして、単細胞的にダメか復活かの両極端でしか考えないマスメディアの愚かさははっきりしている。空気の入れ換えはあったほうがいいが、安易に換わった空気はまたコロリと反転する。必要なのは、単細胞的な動きとそれへの単純反撥というワンセットの反復を断ち切ることであろう。

カンヌ国際映画祭で今村昌平の『うなぎ』がパルムドールを獲得し、ベネチア国際映画祭で北野武の『HANA-BI』が金獅子賞に輝いたことは、まちがいなく大事件である。このグランプリ連続受賞だけでも、一九九七年とい

HANA-BI
監脚北野武撮山本英夫出ビートたけし、岸本加世子、大杉漣、寺島進封1月24日時103分

う年は日本映画史に特記されよう。それはそうなのだが、むしろわたしは、カンヌなら河瀬直美の『萌の朱雀』がカメラドール（新人監督賞）に選ばれたこと、ベネチアなら塚本晋也が審査員のひとりであったことに、より注目すべきだと思う。ともに不意討ちの出来事で、日本映画に対するまったく別の視線を感じさせずにはおかない。ことに塚本晋也の件に関して、そういえる。なにしろ北野武と同じ一九八九年に本格的なデビューを果たし、北野武より監督作品の少ない塚本晋也が、世界有数の国際映画祭において審査するがわに回ったのである。作品こそ少ないものの、塚本晋也のヨーロッパでの評価は高く、海外の映画人と会う機会がそれほど多くはないわたしでさえ、何度か、ツカモトは新しい作品を撮ったかと尋ねられた経験がある。そうした別の視線のもとでこそ、グランプリ連続受賞があったにちがいない。

ところで、わたしにとっての一九九七年最大の事件は、スイスのロカルノ国際映画祭での加藤泰特集であった。

この特集はロカルノ映画祭のディレクター、マルコ・ミュレールの熱情と国際交流基金の協力により、何年もの歳月をかけて実現した企画だが、十二本の上映作品を確信的に選出したわたしも、加藤泰への思い入れとは別に、映画祭がはじまるまで、期待と不安の泥沼にまみれた。たとえば、『沓掛時次郎 遊俠一匹』（一九六六）をどれだけ掛け値なしの傑作だと信じていようと、マルコ・ミュレールも言及していたように、冒頭まもなくから出現する殺しの描写の胸を刺す激しさを知る者としては、もうそれだけで観客のあいだに拒絶反応が起こるのではなかろうかと案じてしまう。

だが、すべては杞憂に終り、加藤泰特集は大好評であった。映画祭の新聞でこの企画の関係者と知れ渡ったわたしはさまざまな国の人から声を掛けられ、加藤泰への熱い賛辞を受け取った。なかでもフランスの若い週刊誌記者の加藤泰映画に対する深い理解には、うれしくて涙が出そうにさえなった。何人もの人が、自分はこれまでかなり日本映画を見てきたつもりだったが、と前置きしつつ、名前すら知らなかった加藤泰の作品のすばらしさに驚嘆の声をもらしたが、真に驚いたのはむしろこちらであった。信じられないほどだれもが加藤泰の映画をひたすら映画としてしっかり受け止めているという事実に、である。

加藤泰の十二作品は、このあと、既定のプランだけでも、イタリアのトリノ、ギリシアのテサロニキ、そしてローマへと巡り、来春にはアメリカへ渡る予定になっている。一九九六年のオランダのロッテルダム国際映画祭からはじまった神代辰巳特集世界巡回につづく快挙といってよかろう。神代特集も国際交流基金によるが、すでに数年前から、同基金のもと、鈴木清順、増村保造、三隅研次の特集も世界の国々を巡りつつある。

海外で有名な日本映画の監督といえば、周知のように、まず小津安二郎、溝口健二、黒澤明であり、それに大島渚、今村昌平らがつづき、あと、ポンと飛び離れて、近年、さきほどの塚本晋也や石井聰亙らが知られている。いま、思いつくまま、ごく大摑みに名前を挙げたにすぎないが、上記の三つの群れだけではあまりに偏頗なのはだれの目にも明らかであろう。そこに、鈴木清順、増村保造、三隅研次、神代辰巳、そして加藤泰が加わったのである。これらの監督たちの作品が偏頗さを修正し欠落を埋め、新鮮な驚きと発見をもたらすだろうことは十二分に想像できる。

鈴木清順も増村保造も三隅研次も、神代辰巳も加藤泰も、総じていえば、かつて大手数社の量産体制下につくられたいわゆるプログラムピクチュアの監督である。ただしいずれも、職人監督とのみ見なすには、強烈に個性的でありすぎ、それぞれに独自の映画世界をくりひろげてきたことは、いまさら説明するまでもなかろう。その意味で、彼らはプログラムピクチュアの監督であってプログラムピクチュアの監督ではない。

まちがいなくある商業映画製作の流れに属しながら、その域に留まることはついになく、大きくそこから逸脱して屹立する達成をくりひろげてきた監督たち……。

いま、そんな映画作家の作品が、つぎつぎまとまって世界の人々の目に触れはじめたのである。

CURE
監脚黒沢清撮喜久村徳章出役所広司、萩原聖人、うじきつよし、中川安奈封1997年12月27日時111分

そこで起こる熱い反応は、成瀬巳喜男に対する関心が世界的にますます高まりつつあることとも連動すると思われる。こうした動きとカンヌやベネチアでの出来事は無縁ではあるまいと考えるのは、わたしの錯覚であろうか。

周知のように、大手企業による自社の撮影所を工場とした映画生産のあり方、いわゆる〝撮影所システム〟の最後は、一九七〇年代の〝日活ロマン・ポルノ〟だが、神代辰巳はその流れのなかから登場し、それを越え出る達成を実現した。同じことは、一九五〇年代から六〇年代にかけての鈴木清順、増村保造、三隅研次、加藤泰についても当てはまる。ところで塚本晋也も河瀬直美も、そのような映画づくりのあり方とはまったく切れたところから登場した。ふたりとも明確な形ではいかなる系譜にも属していない。

では、あくまでもこれは現在の観客として作品を見るという次元においての話になるが、かつて撮影所システムのなかで奮闘した監督たちと、九〇年代にインディペンデントな場で突出した成果を生み出している映画作家とは、ただ無縁な関係にあるのだろうか。どうもわたしにはそうは思えない。

流れに属しつつ逸脱していることと、どんな系譜からも切れて独立していること。現在時点でひとしなみに作品を見るという営為に基づくかぎり、その二様のあり方は直接には無関係でありながら一種の対応関係にあると感じられるのである。

近年の黒沢清の仕事について見れば、もう少し話が明瞭になるかもしれない。最新公開作『CURE』やその前の『復讐』二部作の強烈な魅惑は、明らかに上記二様のあり方を深くクロスさせたところから発している。そして同じことは、阪本順治や望月六郎や青山真治といった監督たちの仕事についてもいえる。北野武についても同様で、つまりベネチアで『HANA-BI』に送られた喝采と、ロカルノで加藤泰作品に向けられた熱いまなざしとは、まちがいなく対応関係にあるということである。

空気の入れ換えなどではなく、日本映画がすでに新しい段階に突入していることは事実として疑えない。どこまでその動きをつかむことができるか不明だが、もっと別の視線をつねに探るべく時評を再開することにした。どうぞよろしく！

（第一二二回／一月下旬号）

映画の新しい波

◉大島渚の『私が怒るわけ』（東京新聞出版局）をたいへん面白く読んだ。「東京新聞」連載のエッセイをまとめたもので、一九九三年から九七年まで、多彩な事象が縦横無尽に論じられ、大島渚が何をどう考えて生きてきたかの報告書になっている。ひとつの文章は見開き二ページと短く、きわめて明快に書かれているので、さっと読めるが、ユーモアまじり涙もろさ丸出しながら、筆鋒は一貫して鋭く、多様な角度から日本の現在を撃つ。より正確には、ひとりの男をとおしての状況報告書とでもいうべきか。あいだに脳出血による休載期間がはいるが、約八か月の中断を跨いで、眼力も筆力もいよいよ冴え、論客大島渚の健在を告げる。

広範囲にわたる論陣のなかでも、テレビを中心としたメディア論がとりわけ刺激に富んでおり、映画論としても読めて、ずばり映画を論じた部分も多い。そのひとつに、イスラエルでついに『愛のコリーダ』（一九七六）が上映されるようになったことに触れた九七年三月の文章があって、明治の生き残り軍人がかつて、明治といまの日本をくらべてどう思うかという大島渚の問いに対し、世の中には波の高いときと低いときがある、と答えてほほえんだというエピソードを紹介したあと、こう結ばれている。《私は映画の波がもう一度高くなる日のために、残りの人生を捧げたい》。

だれしもこの一節を目にすれば、真情に胸をうたれつつ、話は前回のつづきになるのだが、あらためて、いま、はたして映画の波は高いのか低いのか、と問いたくなろうではないか。

単純に数字で計れば、昨九七年には全国映画館の入場者総数が上向きになったらしいから、波は高いということになる。海外映画祭での大きな受賞も相次いだ。超ヒット作や大ヒット作があったこともそこに加えられる。しかし前回も書いたように、多くの人が事態を楽観視できないでいる。数字でいえば、たとえばわたしがベストワンに選んだ阪本順治の『傷だらけの天使』は興行成績が悪かったし、似たような例はいくつもあるから、ある意味で、明らかに波は低いといわねばならない。それでも、阪本順治たち何人もの若き実力派が世界的レベルで突出した仕事をしていることは事実だから、数字とは別に、波は高いと断言できる。

考えてみれば、こういう構図、波が高いか低いかの判断をめぐる相対性は、いまに始まったことではない。質と数字はつねにズレつづけてきた。現時点での問題は、そのあげく、波が高いか低いかという問いが決定的に無効になっていることであろう。

ところで、年末に『北京原人 Who are you?』を映画館で見た。試写で見る時間が取れなかったこともあるが、なにより、十二月の第一回京都映画祭において特別招待作品として上映したさい、映画祭当局の不備から客席がガラガラで、舞台挨拶にわざわざ来てもらった佐藤純彌監督に、映画祭実行委員のひとりとして申し訳ないと思っていたからである。友人の浜田毅キャメラマンの仕事も見たかった。そこで、東映本社のビルにある丸の内東映へ向かう途中、新橋に寄ったついでに金券ショップを覗いたところ、なんと前売券が五百円。いざ映画館にはいると、ガラ空き。京都の件もあるので二重にマイッタ。わずかの観客は中高年ばかりで、みな身だしなみが良く、ふとわたしは、もしかしたら〝義理券〟の人たちなのかと考えてしまった。

お粗末という以外ない映画である。北京原人を現代に蘇らせる過程がいかにももっともらしく、つまりウソっぽく描かれたかと思うや、案の定、争奪戦がドタバタあって、これまたお定まりのヒューマニズムをチャチに謳い上げて終る。子ども騙しはむろん〝おとな騙し〟のリアリティもファンタジーもない。こんなもので正月用のファミリー映画になると本気で思ったのだろうか。だれが、どういう根拠で、どの段階で。

その前に降旗康男の『現代仁侠伝』を同じ映画館で見たが、客は数人しかいず、中身がそれにふさわしかった。これも企画の段階でボツにすべきシロモノであろう。全篇、なにもかも唖然とするほど安易で、暴力団抗争を題材に人間の関係の劇をどう描くかという点において、二十数年前、同じ撮影所から「仁義なき戦い」シリーズが生み出されたことなど、まるで空無化されてしまっている。細野辰興の『売春暴力団』の破天荒さを含む先鋭さは、明らかにそのあたりを踏まえているからにちがいない。

それにしても、東映の『現代仁侠伝』『北京原人』そして『極道の妻《おんな》たち　決着《けじめ》』というラインアップの、旧態依然たる没アイデアぶりはどうだろう。さすがに中島貞夫は相変らずのドラマを巧みに捌いて『極道の妻《おんな》たち　決着《けじめ》』をおもしろく見せる。ことに周縁諸人物をいきいきと描き込んで、娯楽映画としての水準をクリアしているが、十二年間に十作もつづいてきたからにはマンネリズムは避けられない。岩下志麻のアップになるや、画面全体がハレーションを起こすみたいに照明を強くせざるをえないところに、シリーズ終了の必然が象徴されていよう。没アイデアということに関して念のためにいっておけば、北京原人の骨の化石からＤＮＡを採取して増殖させ、北京原人を蘇らせるというアイデアそのものが、いまでは、すでに没アイデアの証明にほかならないことは自明である。そのことの前では、演出がどうのキャメラがどうのといった話など、軽くぶっ飛んでしまう。

　わたしが見たとき、『現代仁俠伝』には、きうちかずひろの『鉄と鉛』が併映作品として付いていて、じつはこれを目当てに映画館へ出向いたのだが、予想どおり秀作であった。Ｖシネマの傑作『カルロス』(九一)以来、きうちかずひろ作品としては四本目で、うらぶれ私立探偵が暴力団組長の逆恨みから二十数時間の命と宣告され、お目付け役のやくざにまといつかれたまま、新しい人捜しの仕事をつづけるうち、命を狙うやくざとの関係が変わってゆく過程が、小気味よく描き出される。アクションシーンの切れもいい。

　こういう素敵な小品について、かつてのプログラムピクチュアが蘇ったかのようにいわれたりすることがあるが、それは間違いであろう。『鉄と鉛』は、昔の言葉を使えば、製作規模からして「Ｂ級映画」だがプログラムピクチュアではない。それよりむしろ『現代仁俠伝』『北京原人』『極道の妻《おんな》たち　決着《けじめ》』のほうが、プログラムピクチュアと呼ぶにふさわしい。かつてなら一週間単位で封切られていたものが、いまでは四週間単位になっただけで、製作・配給・興行のあり方としては旧来とまったく同じだからである。そしてその流れは、没アイデアぶりにおいてプログラムピクチュアの破産をあらためて歴然と示している。

　同じことは山田洋次の『虹をつかむ男　南国奮斗篇』についてもいえる。第一作では、映画で映画を語ることの息苦しさなどそっちのけにするくらい、驚異のマンネリズム映画〝寅さん〟追悼という名目の追い風があったが、この第二作はなにもない。象徴的なのは室生犀星の『あにいもうと』を借りた部分で、小泉今日子と哀川翔の演じる愛憎の葛藤の空疎さは、ただ演出力の衰えを寒々と伝えてくる。かつてテレビで倍賞千恵子と渥美清が同じ役を凄い迫力で演じ、たしか脚本は山田洋次だったが、役者の力量が違うといってすますことはできまい。この原作は何度も映画化されているが、リメイクに失敗したのである。リメイクといえば、中年の風来坊を若者が旅先に追いかけ、中年男と若者のそれぞれの失恋が描かれ、と、第二作になってますます〝寅さん〟に似てきて、新シリーズ自体がリメイクであることを告げている。つまり、ここに見られるのもプログラムピクチュアの無残な残骸である。

　ところで『極道の妻《おんな》たち　決着《けじめ》』を見て、ひとつ、あっと思ったことがある。クレジットタイトルにプロデューサーとして小柳憲子の名が記されていたことで、彼女は東映京都で数年前から映画づくりに関わってきたが、プロデューサーとして単独で名前が記されたのは今回がはじめてだと思う。といっても、むろん実質的な仕事はこれまでと変わらなかったかもしれない。それでも、とにかく東映京都のやくざ映画を若い女性プロデューサーが手掛けたというだけでも、注目に値するではないか。ならば、いっそのこと、プログラムピクチュアに対する未練などすっぱり切って捨てて、企画の段階から若い感性に任せるべきであろう。大島渚の本の映画を論じた章は「ヌーベルバーグよ、再び」と題されている。

　年末、北野武にロングインタビューをした。『ＨＡＮＡ－ＢＩ』をとことん論じた内容で、詳細は近く刊行される「ユリイカ」臨時増刊号「北野武そして／あるいはビートたけし」を見ていただくとして、北野武はそのなかで、自分を日本映画の癌ないしエイズに喩え、早く強烈なワクチンが出現して自分のようなものを退治しなきゃあ、と述べた。この発言は、もともと京都映画祭の学生映画フェスティバルで「北野武監督、学生と語る」という特別シンポジウムを催したさいに出てきたもので、わたしはそれを受けてさらに話を進めたのだが、北野武はざっとこんなふうな意味のことを言った。

　……自分の映画は、メジャーからすれば、癌かエイズみたいなものに見えると思うのだけれど、寂しくなっちゃうというか嬉しくなっちゃうというか、『北京原人』の上映会場に北京原人が現われて挨拶したなんて話を聞いたりすると、これなら自分のような者のつくる映画はまだまだ大丈夫だな、もっとその調子でやっててくれ、と思っちゃうんだよね。

　その『北京原人』だが、新年早々にまた新橋の金券ショップを覗いたら、二百円になっていて、涙が出そうになった。


（第一二二回／二月下旬号）

北京原人　Who are you?
［監］佐藤純彌［脚］早坂暁［撮］浜田毅［出］緒形直人、本田博太郎、ジョイ・ウォン、片岡礼子［封］1997年12月20日［時］115分

現代仁俠伝
［監］降旗康男［案］千寿操［脚］塙五郎［撮］水巻祐介［出］奥田瑛二、岡田義徳、高橋惠子、とよた真帆［封］1997年11月8日［時］113分

売春暴力団
［監］細野辰興［原］山之内幸夫［脚］熊谷達文、細野辰興［撮］佐光朗［出］永島敏行、川名莉子、鴈龍太郎、犬塚弘［封］1997年12月27日［時］107分

極道の妻(おんな)たち　決着(けじめ)
［監］中島貞夫［原］家田荘子［脚］高田宏治［撮］仙元誠三［出］岩下志麻、かたせ梨乃、とよた真帆、中条きよし［封］1月17日［時］116分

鉄と鉛
［監］［脚］きうちかずひろ［撮］仙元誠三［出］渡瀬恒彦、成瀬正孝、岸本祐二、宮崎光倫［封］1997年11月15日［時］95分

虹をつかむ男　南国奮斗篇
［監］［原］山田洋次［脚］山田洋次、朝間義隆［撮］長沼六男［出］西田敏行、小泉今日子、吉岡秀隆、松坂慶子［封］1997年12月27日［時］112分

映画が失うもの

◉先日、ショッキングなドキュメンタリーを見た。ＮＨＫスペシャル『なぜ隣人を殺したか――ルワンダ虐殺と扇動ラジオ放送』という番組で、一九九四年にルワンダで多数派のフツ族が少数派のツチ族を大量虐殺した事件を扱っている。

この事件では百日ほどのあいだに百万人以上の人々が殺されたというが、フツ族とツチ族は、それまで敵対関係にあったわけではなく、融和的に暮らし、婚姻もなされていた。それなのに、ある日、ついさっきまで「隣人」であった人間を殺し、肉親の命を奪うという事態が起こったのである。何がその引き金になったのか。

虐殺に関わったとされる容疑者が何万人も収容されている拘置所から、ひとりの若者が出てくる。ほかのだれもが無実を主張しているなか、彼だけが殺人を認め、犯行当時、未成年であったこともあり、はじめて釈放されたのである。彼はフツとツチの父母から生まれたが、事件のとき「千の丘ラジオ」の放送に煽られ、実の姉の子どもたちを殺した。キャメラは、出所して故郷の村へ帰る彼の姿を追い、父母との再会の光景をとらえ、父母や姉たちの嘆きの表情と呟きを挿み込み、若者がまるで幼いころに遊んだ場所へ案内するかのように虐殺現場を示すさまを描く。その間、事件全体のことが解説され、他の証言者が登場するとともに、問題のラジオ放送が随所に流れる。一度も「殺せ」とは言わないが、ディスクジョッキーみたいな軽い乗りでツチ族に対する恐怖と憎悪と自衛の闘いをくりかえし煽る声が。やがて、その声の主が画面に現われる。アナウンサーだった彼は当時の混乱で片足を失い、死刑に当たる虐殺煽動罪で拘留されているが、プロデューサーのつくった原稿を読んだだけだと主張しつづけており、インタビューに答えてそのことを明朗な表情で強調するなか、ふと懐かしい長台詞を口にするかのように当時の放送を部分的に再現する……。

テレビ番組は夜九時からはじまり、わたしは食事を終りかけていたが、箸を止め、凝然と画面に見入った。そして以後、何日もこの番組のことが頭から離れなくなってしまった。

民族対立の惨劇をこれほど具体的に生々しく描いたテレビ番組はめったにあるまい。よくぞここまで撮ったものだ、と感嘆する。だが、その感慨が疑問を生む。結局、このドキュメンタリーは事件後に樹立されたフツ族政権のプロパガンダではないか、と。当局の協力がなければ、なにも撮れなかったろうことは容易にわかるが、大量虐殺という事態をひたすら「千の丘ラジオ」の煽動に結びつけてゆく構成は、あまりにも政治的すぎるではないか。極論すれば、若者が出所する光景からはじまって、いっさいが当局のお膳立て＝監視のもとに撮られたと思われもする。ならば、この場合、撮るとはどういうことなのか。ラジオというメディアを取り扱った以上、ただちに問題は自らにふりかかってくる。

撮るとはどういうことか、ドキュメンタリーとは何か、映像作品とは何か……。

たまたま目に飛び込んだテレビ番組からさまざまな思いを刺激されたのには、別の理由もある。ドキュメンタリー映画の監督、福田克彦の死に遭遇したばかりだったのである。

福田克彦は一月十二日、脳内出血のために急逝した。十四日に通夜、十五日に告別式があり、通夜では、千葉県成田の斎場近くの安ホテルに泊まることになったわたしは、同宿の友人知人と食堂で朝方まで飲んだ。かつて小川プロダクションで福田克彦の仲間だったキャメラマンの田村正毅、プロデューサーの伏屋博雄、録音マンの菊池信之、小川紳介の第一作『青年の海　四人の通信教育生たち』(一九六六)の出演者であり初期小川プロのメンバーだった小林秀子、「映画新聞」の景山理らである。福田克彦の話は小川プロの回想になり、全員、酔ってはいるが、飲めば飲むほどに冴えてくるような感じで、話題は当然のごとくドキュメンタリー映画論に移り、侃々諤々のおしゃべりがつづいた。

そんな印象深い一夜のあと、一月十八日にNHKスペシャルを見たのである。わたしは何日もテレビ番組を反芻しつつ、福田克彦ならどんな意見を述べただろうとしきりに考えた。

福田克彦とは、昨年末の十二月二十七日、河瀬直美と仙頭武則の結婚を祝うパーティで会ったばかりであった。元気にビールをぐいぐい飲みながら、成田の三里塚でつくるドブロクの美味さを語ってくれたあと、ふとわたしに問いかけた。「いま、世界がどんどん変わっていきつつあると思いませんか」と。あれは何だったのだろう。聞けば、一月六日には伏屋博雄や飯塚俊男と新年会をやり、大いに飲みかつ語ったという。奥さんをはじめ、だれもが予想だにしない突然の死に襲われたのである。享年五十四。

福田克彦と知り合ったのは十年ほど前だろうが、ここ数年、会う機会はさほど多くはないものの、どんどん親しくなった。会うたびに彼の鋭い映画論に接することが、そう思わせたのである。たとえばもう一年以上も前か、諏訪敦彦の『2／デュオ』の試写で偶然に会ったあと、喫茶店へ行って、同じ田村正毅のキャメラによる河瀬直美の『萌の朱雀』との比較論を長々とやったときの、福田克彦のみごとに鋭利な分析は忘れられない。

福田克彦は一九六八年に『日本解放戦線　三里塚の夏』を撮影中に小川プロに参加し、以後、「三里塚」シリーズの助監督として活動の中核を担った。小川プロは七〇年代後半、活動の拠点を山形の牧野へ移すが、七七年、福田克彦は『牧野物語・養蚕篇』を最後に小川プロを離れ、独立する。そして翌年、ふたたび三里塚に移り住み、「三里塚ノート」と銘打ったドキュメンタリー映画シリーズを撮りはじめる。その一篇が、ひとりの老農婦の暮らしの日常を三年がかりで撮った八五年の『草とり草紙』である。

先日の葬儀のさい、手渡された略歴紹介を見て、あらためて感じ入った。福田克彦は小川プロに十年いて、わたしなどにはそのことがイメージとして決定的に強いが、その後、倍の二十一年間、三里塚に住みつづけたのである。わたしは映画のことでしか付き合いはなかったのだが、その間、福田克彦は〝三里塚闘争〟の理論的中枢のひとりとしても活動した。その三十数年に及ぶ三里塚での体験を千枚の原稿に書き上げたばかりだったという（二〇〇一年に平原社より『三里塚アンドソイル』として単行本化された）。

昨秋、佐藤真の『日常という名の鏡――ドキュメンタリー映画の界隈』が刊行された（凱風社）。監督作品『阿賀に生きる』（九二）の製作・撮影・編集から完成・上映まで何を考え行動してきたか、作品の反響をどう受け止め、いま、つぎの作品へ向けてどのように歩みはじめているかをつぶさに述べた、いうなれば〝『阿賀に生きる』決算報告書〟で、多様な人々の文章を引用しつつ、ドキュメンタリー映画論、映画論、現代表現論が展開されるが、そのなかに福田克彦の『阿賀に生きる』批判が出てくる。

福田克彦の批判のポイントは《日常を撮る》とはどういうことかという点にある。たとえば『阿賀に生きる』の老人が酔っ払うシーンではスタッフと被写体がほとんど《お友だち》の関係にあり、むしろ老人たちに《カメラが翻弄されている》と見て、《日常を撮るということはカメラを持つ者と被写体との生き方の拮抗であり、その交錯のなかで得られてくる映像のことをいうのではないか》と述べ、《お友だち》になるのではなく徹底して《見る》立場をつらぬく姿勢の厳しさを説く。

佐藤真は批判を全面的に受け止めたうえで、自らの論の考えを力強く展開している。書名に明らかなように佐藤真の論の要点も《日常を撮る》とは何かというところにあり、《拮抗》を基本に見据える姿勢も福田克彦と違わない。だが、両者には微妙な差異がある。いまは詳述する余裕はないので、おおづかみにいえば、佐藤真が日常というものを阿賀野川流域の暮らしから現代日本社会のあり方へのパースペクティブにおいてとらえ、演劇論、写真論も踏まえて、《トウキョウ》の日常をどう描くかを構想してゆくのに対し、福田克彦は徹底して視線を《農》の日常に絞り込む。

まちがいなく福田克彦は《ブラックホールのように何でも吸収してしまう農民世界》との《拮抗》を自分なりに模索すべく、山形の小川プロを離れ、三里塚へ戻ったのである。千枚の原稿はその報告であり総括であろう。

福田克彦の映画表現論がどこへ向かうか。新作の準備もはじめていたと聞くから、ドキュメンタリー映画の新しい地平が切り拓かれることをわたしは期待していた。

ところで最近のドキュメンタリーといえば、映画ではなく書物だが、外岡秀俊の『地震と社会「阪神大震災」記』(みすず書房)に圧倒された。書名にあるとおり、あの大惨事と社会との関係を一新聞記者が大量の報告書類や取材や過去の文献によって浮かび上がらせようとしたもので、むしろレポートと呼ぶべきかもしれないが、呆然とするほど多岐にわたる事象のなかに潜り込み、自然災害と人間の営みとの関係を見極めようとするひとつの精神のドキュメンタリーになっている。その素晴らしさを文学的感動といいかえてもよい。外岡秀俊には二十年ほど前に『北帰行』という魅力的な小説があって、わたしも愛読したが、文学的といったのはそんなこととは無関係であり、『地震と社会』にブンガク臭い修辞が出てくるわけでもなく、まったく逆に、一見無味乾燥の散文ばかりがえんえん連ねられている。それが表現の高みをみごとに達成し、作品としての感動をもたらすのである。

　ここには福田克彦のいう《見る》ことの厳しさがある。そしてそれは、ドキュメンタリーとは何かとともに、ドキュメンタリーとフィクションの関係を問うてくる。福田克彦が『2／デュオ』『萌の朱雀』比較論で語ったのも、そのことであった。福田克彦の死で映画が失うものはあまりに大きい。そのことを受け止めて、四月に東京のBOX東中野で『草とり草紙』ほか全作品を上映する企画が進められている。

　ここで、唐突だが、松竹・奥山事件に触れておきたい。一月十九日に奥山融と奥山和由がそれぞれ松竹の社長と専務取締役を解任された出来事は、本来、一企業内の政権交替にすぎないが、それをめぐる報道のひどさには怒りを感じる。とくに奥山和由に関してはまるで犯罪者扱いであり、プロデューサーとしての仕事の内実などそっちのけで「人間性」とやらを非難している光景は、非道悪辣という以外ない。奥山和由をわたしは断固擁護する。彼のプロデューサーとしての仕事ぶりには批判もあるが、それも含めて、「シネマジャパネスク」などに見られる映画づくりの方法は基本的な方向において間違っていないと確信し、この剛腕プロデューサーが製作現場を離れることで映画が失うものは大きいと思うからである。

(第一二三回／三月下旬号)

澤井組の挑戦

◉久しぶりに撮影現場を訪ねた。

　澤井信一郎が新作『時雨の記』を撮っている。中年男女の恋の物語で、原作は中里恒子、脚本は伊藤亮爾・澤井信一郎。妻子ある五十六歳の男に渡哲也、夫と死別してひとり暮らしの四十八歳のヒロインに吉永小百合。澤井信一郎が三年ぶりの新作をこの二人で撮るというだけでも、ただならぬ興味をそそられるではないか。そのうえ、彼の今年の年賀状に「逆〝失楽園〟です」とあったので、これはもうぜひ撮影現場へと思った。

ところがせわしない日々がつづくうち、撮影は終盤に近づいていていた。聞けば、三月九日が渡哲也の出番のラストになるという。主演の二人が揃うのは、その日しかない。そこでわたしは前日、京都映画祭の企画委員会に出席後、九日早朝、京都から新幹線に乗り、午前十一時半、東京・大泉の東映撮影所に着いた。

第五ステージにはいると、日本座敷のセットが組まれ、テストが行なわれている。どのシーンの撮影かを確認せずにきたのだが、すぐわかった。男が京都の寺で狭心症の発作に襲われ、駆けつけたヒロインが事態の尋常ならざることに驚き、急遽泊まることになった宿のシーンで、この映画のクライマックスである。しめた、と思った。それ以上に照明の凄さに圧倒された。取り外した一方の壁の外部に、二間つづきの部屋へ向けて、ライトと遮光板がぎっしり林立している。足の踏み場もない。その何十本もの照明機具のもと、強烈な光線が軟らかい間接照明に変えられ、いかにも嵯峨野の宿らしいしっとりした雰囲気をつくりだしている。

いわゆる縦の構図で、手前の布団に渡哲也が寝て、奥の部屋の座卓に丹前姿の吉永小百合がいる。彼女がミカンの皮を剝いて声を掛け、目覚めた渡哲也が半身を起こし、見た夢の話をし、水を持ってきてもらって飲む。静かなぬくもりにあふれた画面で、テストが重ねられるにつれ、その気配が濃密になってゆく。澤井監督は二人に寄り添って語りかけ、かと思うと、つと立ち上がって蒲団の乱れを自分で細かく直す。いっぽう木村大作キャメラマンが座卓上のミカンや水差しの位置を微妙に動かす。

ゆったりテキパキ撮影が進められてゆく。紅葉から桜の満開までを撮るため、昨年十月にクランクインして三月末アップという日程だが、正月休みやスペインロケが挟まり、さほど余裕があるわけではない。時間を節約して、昼食もステージの一隅に並べられたおにぎり類のバイキングで済ませる。それでも、豪華なセットや照明といい、二大スターの共演といい、贅沢な撮影ではないか。

黒澤満プロデューサーが、わたしの感嘆にうなずく。

「これが日本映画だというのをやりたい。小津(安二郎)さんも成瀬(巳喜男)さんもこういうものをこうやって撮っていたんですよね。企画は一昨年、吉永さんから出たもので、彼女、入れ込んでますよ」

たしかに吉永小百合は張りつめている。わたしのミニインタビューも「きょうは重いシーンなので」と別の日になった。

ところで現場へ行く準備としてシナリオを読んだとき、呆れてしまった。ポカンとしたあと、笑った。荒唐無稽なまでにメロドラマすぎる内容に、である。

五十六歳の男が、若いころに一度だけ見かけて一目惚れした女性の姿を二十年ぶりに目にするや、強引に近づき、口説きまくる。やがて女性のなかにゼロの状態から愛が芽生え育ってゆく。男は大手建設会社の専務。女は鎌倉に住むお花の先生。二人の逢瀬の舞台は鎌倉、京都、奈良。後半、男の出張先としてスペインのグラナダも出てくる。女は藤原定家の和歌に親しみ、男もつられて読むうち西行に惹かれ、すべてを捨て吉野の里で二人で暮らそうと思う。一度のキスだけの関係の二人に、しかし、死が襲いかかる……。

いやはや、メロもメロ、いかにもいかにもの材料をこてこてに盛り込んだ純愛ものではないか。

こんな映画が、このいま、大真面目につくられるとは、嘘か冗談のようにさえ思われる。明らかに浮世離れとか反時代的とかではなく、超時代的というべきであろう。

ところが、渡哲也と吉永小百合を念頭に澤井信一郎作品としてシナリオを読むと、そんな「超」が「超」のまま、したたかなリアリティを持って感動的に迫ってきた。

セットでは、さきほどのつづきが撮影されている。女がまだ何か話したいと言う男に笑顔で応え、幼女のような笑い声をあげつつ自分の蒲団を隣室の男の蒲団のほうへ押してゆく。男もほほえみつつ向こうから引っ張る。二人は手を握り合い、抱き合う。吉永小百合と渡哲也の表情を見ていると、日活映画『愛と死の記録』(一九六六)が思い浮かぶ。二十年ぶりに再会した男女という設定が、演じる二人の俳優歴に重なるのである。

澤井信一郎とセットの片隅で話をする。

「おとなのスター二人が主役というのは初めてですよ。当然、ご両人とも自分のものをしっかり持ってるでしょ。むろんそれが魅力なわけで、それを生かしつつ、こちらの狙いにどう乗せていくか。うん、むずかしいよね」

照明待ちの時間に、渡哲也に澤井監督の演出ぶりについて尋ねると、破顔一笑、こんな話をしてくれた。

「現場にはいって二日目か三日目に、澤井監督と考えが違うと思いましてね。モメまして、これでやれるかな、と。ロケの場面で、壬生(渡)が多江(吉永)の仕事先の学校の前まで押しかけ、出てきた彼女から冷たく応じられる。好きな女にふられたわけだから、ぼくとしてはショックを受けたと。でも監督は違うとおっしゃいましてね。壬生はいい年の男なんだから、内心ショックでも軽く笑って受け流す、と。結果、いまは監督が正しかったと思いますね」

それでも壬生の強引さを演じるのは容易ではなかろう。

「普通にはイヤミな男ですからね。そうならないようにするのがぼくの役目で。これ、おとなのメルヘンでしょ。リアリティがあるかといえば、ない。中年の恋は若い人よりもっと激しいのじゃないですか。まして壬生は狭心症で、いわば死を背負ってる。ぼくも癌

時雨の記

監澤井信一郎原中里恒子脚伊藤亮二、澤井信一郎撮木村大作出吉永小百合、渡哲也、佐藤友美、林隆三封11月14日時116分

を持ってるから、そう思いますね。でも、いまのような時代だからこそ、メルヘンがお客さんの胸にじんと響いてほしい」

このあと、ラブシーンになるので、関係者以外はステージから出された。わたしは伊藤亮爾とコーヒーを飲みに出かけた。

映画の時代背景は、原作とは少し変え、一九八八年秋から八九年春まで、つまり昭和天皇の死の前後に設定されている。画面では昭和という時代の終りとともに、戦後日本の高度経済成長と社会の変貌が語られる。

澤井信一郎は壬生という男の像にそれを仮託したと言う。

「昭和六、七年生まれの世代ですよ。企業戦士として戦い抜いてそのまま生涯を終える。映画にも小説にもこの世代はあんまり描かれていないでしょ。俳優でいえば、萬屋錦之介(中村錦之助)、勝新太郎。壬生の恋を描くことで、昭和にはこういう男がいた、と。いうなれば〝昭和ロマネスク〟ですかね」

そのあと澤井監督は「いやあ、じつは黒澤満さんがまさにその世代なんですよ」と言って笑った。

一時間ほどたって、ステージに戻った。まだ先刻の場面がつづいていて、蒲団を寄せ合った二人の抱擁が撮影される。そして問題のキスシーンになった。

二人のアップで抱擁から濃厚なキスへ。くりかえし動きがテストされる。その間、息詰まるような演技の数分と、それが終って全員がざわめく数分とが、交互につづく。吉永小百合は逆に、にこやかな演技の表情と、あいだの青白く緊張した表情とを行き来する。澤井監督が二人のすぐ脇に坐り、二人が唇を合わせるや、手を伸ばして二人の顔の向きや腕の動きを微妙に操作する。

結局、三度目の本番でOKが出た。これで渡哲也の出番はすべて終了というわけで、ステージを去る渡哲也に吉永小百合が花束を渡し、拍手が湧き起こった。

まだ吉永小百合の撮影はつづくのだが、「重いシーン」が終ったので取材できることになった。本当に見るからにホッとした表情で話しはじめる。

「何年も前に原作を読みまして、ずっと映画になるのを待っていたんです。二人の心はひとつになってユートピアに向かうのですけれど、そこへ行くまでに男と女の微妙なかけひきがあって、胸を打たれましてね。いま失われているものじゃないでしょうか」

澤井監督とは初めての仕事になる。

「でも『動乱』(八〇)のとき、澤井さんがチーフ助監督で、一年間ご一緒しましたからね。ご自分のポリシーをきちんと持っていらっしゃって、とっても演出が細かいんですよね、澤井監督は。とくに間《ま》がお嫌いで、セリフはテキパキと。これはたいへんでした」

そうしてユートピアに向かう恋をどう描くか。

「二人で勝手なことをして、いい気なもんだ、とお客さんに思われたら失敗ですよね。明日、壬生の奥さんとの対決シーンがあるんですけど、わたし、奥さんの気持がよく理解できる。その意味では多江は悪い女ですね。そういうことを乗り越えて、ああ、この中年の恋はわかる、と感じてもらいたいんです」

だれもが「超」を意識している。木村キャメラマンは「今世紀最大の冒険映画」と言い、澤井信一郎は「馬鹿馬鹿しいと思われちゃ話にならないけど、万葉集でも古今集でもなく『サラダ記念日』でもなく、新古今集でやってます」と述べた。考えてみれば、今回の澤井組は東映・日活・東宝系の混成部隊である。その百戦錬磨の猛者たちが「超」の字がつくほどオーソドックスな恋物語をいかに現代的センスで描くかに挑んでいる。それは同時に日本映画の現在に対する挑戦にほかならない。

映画『時雨の記』は今秋公開される。さて、澤井組の挑戦がどんな反響を巻き起こすか。

（第一二四回／四月下旬号）

オウムへの視角

森達也監督との対話

――オウム真理教を扱った『A』はとても刺激的で、しかも特異な作品なので、森達也監督にお話を聞くことにしました。オウムについては我々はマスメディアを通じてしか知らず、それも初期には警察情報に基づくものであり、地下鉄サリン事件以後、オウム告発という角度でしか報道されないから、なにかもどかしさを感じてきたんです。ところが『A』はまったく違う。広報部副部長の荒木浩という二十八歳の青年に密着して、オウムの中へはいり、オウムを中から撮っている。その視角の新しさが強烈ですね。

森　最初、オウムに対して僕が漠然と持っていたイメージは、彼らと僕らは使う言語が違っていて、ものすごく深いギャップがあるということです。マスコミは辻褄を合わせようと、その亀裂を「殺人マシン」や「爆弾娘」などの言語で補填しようとするけれど、ギャップは埋まらない。だから僕らは腑に落ちない感じを持ちつづけてしまう。そういう構造なんじゃないかと。ただ、どういうアクションを起こせるか自分のなかで明確にはなっていなかった。ところが上祐史浩広報部長が逮捕されて、荒木浩がテレビに浮上してきたのを見たとき、彼は宗教の言語を背負いながら、立場上それを伝えなければならないわけで、そのギャップで悶えているという印象を僕は受けて、彼だったらドキュメンタリーの素材になるんじゃないかと感じたんです。それで、一九九五年九月に手紙を書いた。何度も。そうしたら十月に彼から「一度会いましょう」と。で、会って驚いたのは、メディアの人間から手紙をもらったのも、ドキュメンタリーを撮りたいと言われたのも初めてだというんですね。

――取材申込みは電話やファックスで殺到するんでしょうけどね。そのあたりにマスコミの姿勢が象徴されている。

森　当時、僕はフリーで、その後、九六年一月に某テレビ番組制作会社の契約ディレクターになり、二月に荒木浩からOKが来て、三月にテレビ番組としての撮影を始めたんですが、例のTBSの坂本弁護士一家テープ事件があって、マスコミはナーバスになったんですね。制作会社ともめて、僕は一人で撮りだした。

――フリーに戻って撮ったことが、いまの作品を生み出したといえるでしょうね。じつに自由で開放的だから。逆に、オウムの信者たちがよく撮らせてくれたと思います。

森　最初の撮影で、僕はいっさいモザイクを使わないから、顔を撮られて困る人はキャメラの前に来ないでくれと言ったんです。モザイクを使わなきゃいけないカットはNGだと思うので。

――ここは撮らないでといった制限は？

森　最初は基本的に荒木浩が立ち合う場所でという約束だったんですよ。ただ、番組としてはむずかしくなって、僕一人で撮ることになって、彼もこれはちょっと他のメディアと違うなとわかってきたんでしょうね。周りもそういう雰囲気になって、だんだん自由に撮れるようになり、最後のころはもう勝手に撮ってました。

――信者たちの食事の中身をうつしたり。その場合、彼らはキャメラに対して不思議なくらい構えないですね。

森　僕も予想外だったんですが、彼らは教義としてもそういうことに反応しないんです。つまり俗世のことに関わらない。マスコミは逃げるのを追いかけ回すから、いやがっているような画面になるけれど。

――キャメラが階段を上がっていくと、荒木浩が祭壇の前にひれ伏して祈る姿がうつるくだりなんか、よく撮れたなあと。

森　だから、彼は基本的に無防備だと思います。ほかの人も。

――荒木浩がマスコミの取材陣の前に出てゆくとき、森監督のキャメラが彼についていく。と、荒木浩を挟んで、向こうがわにテレビキャメラがずらーっと並んでいる。あのシーンが『A』の特異さをよく示していますね。仲間内でもめる姿とか、取材するマスコミ関係者のほうが被写体になっているんだから。

森　荒木浩をドキュメンタリーの軸にする以上、彼がメディアとどう対峙するかというのは不可欠な要素ですからね。隠し撮りはしていません。できるかぎり僕は「これ、ドキュメンタリー撮ってますよ」と告知していたから。僕も彼らに撮られるわけで、ニュースに何度もうつっていましたよ。

A
監森達也撮森達也、安岡卓治封5月9日時135分

──不当逮捕のシーンも隠し撮りじゃないですね。それでいて、刑事たちはあれをやる。スゴイですよね。

森　僕もキャメラを回しながら、いったいどうなってるんだろうと思いましたよ。三十センチほどの距離で撮ってるんだから。

──荒木浩と歩いている別の信者に刑事が職務質問をして、押し問答になる。その信者が走ると、刑事が飛び掛かって、もつれあって路上に倒れる。で、信者も頭を打つんだけれど、刑事が打った膝をオーバーに痛がって……画面を見ていて笑っちゃいますよ。

森　白昼の公道でキャメラが回っているのを承知で、彼らはあれをやる。結局メディアを恐れていないということなんですよね。

──問題は撮った映像が証拠品になることですね。

森　オウムと警察のどちらにも渡さないつもりだったけど、公務執行妨害に傷害も加わり、本気で起訴するらしいので、困りました。一種の冤罪ですから、作品のためにそれを見逃していいのか、と。プロデューサーの安岡(卓治)と考え抜いて、この過程を全部きちんと記録して、それを作品のなかに取り込もう、という結論を出し、弁護士に渡したんです。市民としての判断ということで。

──なまな現実と関わるドキュメンタリーのヤバさですね。

森　十年ほどテレビで仕事をしてきて思うんですが、テレビのドキュメンタリーは基本的に中立性を装い、撮る側の意図を隠す。僕は最近、それはやっぱり違う、と。撮ることによって、当然、撮られる側も変わるし、こっちも変わる。これはもうドキュメンタリーの宿命ですよね。だから、きれいごとで済ますのはもうやめよう、という思いがちょうど僕のなかにあったんです。

──『A』はビデオ作品なんだけど、撮影機材は何ですか。

森　ソニーの普通のデジタルキャメラです。ファインダーを覗きながらのインタビューはつらいので、後半は主に安岡の撮影で。

──ビデオの機動性が十二分に発揮されていますね。スタッフも集団というより個人に徹して。

森　ビデオであること、それから偶然僕が一人で撮ることになったこと、結局それによって獲得した視座があり、獲得できた彼らとのコミュニケーションがあり、それはこの作品の本質につながるだろうなと思います。通常のテレビクルーの大人数で行ったら、この作品にはならなかったでしょうね。

──これには信者たちのほか、報道陣、警察、それに一般市民もいろいろ登場する。この広がりが値打ちなんだけど、では、『A』という作品のポジションは何なのか、という問いに戻りますね。

森　最初からあったのは、自分の主観・感覚を忠実に出そうということです。実際に目で見て耳で聞いたものに対して自

分はどう反応するか、それを最大限に引き出そう、と。

――その意味では森監督も無防備という姿勢を選んだんですね。ナレーションとか説明的な処理もゼロだし。

森 テレビ的な演出はいっさい捨てました。ナレーションもサウンドエフェクトも。テロップやインサートも最小限にして。そういったものを一回バラしたうえで、オウムを自分がどう見るか。

――そこで、安岡卓治プロデューサーに聞きたいのですが、撮ったものを編集する段階で、当然、見せるということを考えますね。そのとき、ナレーションがほしくなるとかはなかったですか。

安岡 それはもう激突しましたね。百五十時間を二時間十五分にまとめたのですが、編集でだんだん作品像が見え始めたとき、「ここのよくわからない部分はどう説明する?」と聞くと「しない」と言うし、「この人物は当然名前を入れるべきだよね」と言うと「入れない」と。最後までその連続で、結局、僕としては、既成の手法を捨てるという森の覚悟を尊重しようと思ったわけです。

――そのことは中身と関わっていますね。信じる者と信じない者との隔たりは、説明なんかで越えられるわけはなく、ナレーションでわかるようにしたりすると欺瞞になりかねない。荒木浩自身、森監督に何か聞かれると、答えられなくて戸惑いの表情を見せる。

森 本当に絶句するんです、彼は。言葉を必死に模索してるんですけどね。そんな状態がつづいたから、この企画は失敗かと思いかけたんだけど、いや、わからない過程を出すしかないだろうと。そうするとナレーションや説明のはいる余地はないわけです。
――一か所だけ首を捻ったのは、ラストのほうで荒木浩が故郷の家へ帰る姿を撮ったくだりです。ちょっと普通すぎるなと。
森 あそこは批判を受けるだろうなと思っています。情緒に流れてしまうと。ただ、いろいろあった過程で、唯一彼に変化があったのが肉親に対してなんですよ。最初のころは「いや、私は出家した身ですから家族に会う気もないし、連絡も取っていません」と言っていたのが、だんだん変わって、後半、彼のほうから「昨日、母親から電話があったんです」という話をしたりした。だから、僕が唯一本当にコミットできるのはこの部分かな、と。オウムは情動を遮断するんだという教義ですよね。でも僕には、彼らはじつはたいへん情に飢えているんじゃないかと感じられるんです。
――オウムをどう捉えるかがそこに関わってきますね。
森 僕はオウムを、戦後日本という風土で生まれたものだというふうに基本的に捉えています。だけどこの作品は、社会派という定義だけはされたくない。だから手法としては、荒木浩という人間に自分がどれだけこだわれるかと。

——といって、いわゆるヒューマンドキュメントでもない。そんなふうに、加担とか告発とか、既成の論理に頼らず、既成の手法も捨てているから、ある意味で構成は破綻しているけれど、オウムへの新しい視角を喚起する刺激的な作品になっていると思います。

森　オウムだからこうなっちゃったんですね。わかったフリをするのはやめようと思ったから。神戸の事件やナイフ事件も、昔の論理では解析できない事象ですよね。でも、いま、これが完成して、つぎはどうしようかと途方に暮れています。

（第一二五回／五月下旬号）

境界線上の新人監督

◉本木克英の『てなもんや商社』と、けんもち聡の『いつものように』、この二本の新人監督デビュー作を見て困惑している。

どちらもけっこう面白い。『てなもんや商社』では、ほんの腰掛けのつもりで小さな貿易会社に入社した女の子の中国出張てんやわんやが、軽妙な笑いを煽りつつほほえましく描かれ、『いつものように』では、その日暮らしの若者二人がこつこつイラストを描いている女の子と知り合い、三人で東京を浮遊する一日間の姿が、さりげなく、しかし的確なリアルさでつづられる。前者の、主人公小林聡美の上司に扮する渡辺謙の怪演ぶりや後半ほとんど中国映画のようにも見える越境性も、後者の、それぞれ何かを運ぶ仕事で走り回る男二人とアパートの一室で机に張りついて絵本づくりの夢をはぐくむ女の対比も、悪くない。

では、これら二本が新人の意欲に満ちたすばらしい作品かとなると、判断に躊躇してしまう。まず、あまりに素朴すぎる。主人公たちに向けた視線が温かく、それがほのぼのとした感興をもたらすが、その先がない。中国でのドタバタも、東京の夜の浮遊感覚も、未知の何かへ向かう逸脱性をほのかに感じさせつつ、そのままで心優しく閉じる。これでは、結局、すべてが予定調和ではないか。つまりこの二作品においては、プラスと思われる点が同時にマイナスの方向性を持っているのである。

有名監督のあの作品とか、中堅監督のあれとか、人気の新鋭のあの新作とか、最近のものだけでも、相変らずゴミのような映画が多々ある。それからすれば、右に述べたことからだけでも『てなもんや商社』と『いつものように』は推賞に値するかもしれない。しかし事態は逆で、粗末なシロモノがはびこっているからこそ、有為の新人がこの程度ではなあと思う。

本木克英は松竹生え抜きの新人で、同期の朝原雄三から何年も遅れてやっとデビューした。普通なら〝久々の大船育ちの新鋭〟として鳴り物入りで送り出されて当然なのに、なぜか『てなもんや商社』はほとんど宣伝されず、全国わずか三館で封切られ、公開日数もきわめて短い。また、けんもち聡はアルバイトで貯めた自己資金で『いつものように』を撮ったと聞く。そんな事情を知ると、ぜひ応援しなければという気持ちになるが、むしろ、だからこそ「けっこう面白い」だの「悪くない」などといって済ますのは失礼というものではないかと考える。そして困惑が深まる。

渡辺謙作のデビュー作『プープーの物語』を見たあとも、同じような感想を抱え込んだ。

女の子二人が、青い空のもと、緑の草原のなかをどこまでもつづくアスファルトの一本道を旅するうち、つぎからつぎに正体不明の男どもが出没する。青いオープンカーに乗った男、ゲイの夫婦、女の子二人が危機に陥るや、車のトランクから出現して銀色の拳銃で敵を倒す美少年、盲目の殺し屋、彼から拳銃を入手して主人公二人に反撃しようとする男……。デタラメに徹した映画で、極彩色のクリアな画面が美しくリズミカルに展開するさまを、あれよあれよと見守るしかない。渡辺謙作が鈴木清順の助監督についていたという経緯を踏まえなくても、いわば〝次世代の鈴木清順〟が登場したことはだれの目にも明らかである。

では、ハチャメチャの遊戯感覚で疾走するこの映画をどう評価するか。そこで当惑する。面白いといえば面白いし、訳がわからないといえば、これほど単純に訳のわからない映画も近ごろ珍しい。鈴木清順の場合には、既成の映画文法が前提としてあり、それに対する破壊や逸脱が力になるが、『プープーの物語』ではそもそも映画文法などという言い方が成立するのかどうか。確実なのは、この作品の前では面白い／つまらないの二分法が意味をなさないということであり、まさしくその一点からこそ新鮮なパワーが発揮されていることである。だから面白いのだが、といって訳のわからなさが減じるわけではまったくない。

『プープーの物語』の製作元はリトル・モアという出版社で、四月封切りのこれを第一弾に四本の新人監督作品がつくられ、東京のテアトル新宿でそれぞれ三か月ずつ、つまり一年間とおしてレイトショー公開される。この新しい試みは興味深い。作品の型破りのあり方とそうした製作・配給形態が対応することのなかに、これまでのメジャー／インディーズといった区分による映画状況の一歩先がうかがえるのである。

同様の事態がもっと別の形でも起こりつつある。井土紀州のデビュー作『百年の絶唱』はこのところ見た映画のなかでもっとも刺激的なもので、しかも八ミリ作品であることに驚嘆させられる。描かれるのは一種の怪談といえようか。中古レコード店のアルバイト青年が数枚の古レコードを入手した日から、異様な声を耳にし、謎の女に付きまとわれるうち、やがてレコードの持ち主だった失踪男の記憶に浸透されて、山奥のダムで沈んだ村の小学校廃屋へと向かう。現実とも幻想ともつかぬイメージ群の奔流には戦慄的な勢いが満ち、それ以上に、大都会のぼろアパートから紀州らしい山奥の廃屋までの空間の変転のダイナミズムに接するとき、八ミリの表現力に目を瞠らずにはいられない。

ここでは八ミリの小ささが巨大な武器として縦横に活用されている。すべてがレコードに起因するように、音楽が、そして謎の声や電話から聞こえる口笛や小川のせせらぎなど諸々の音が、ドラマの中枢部分を形づくってゆくが、音楽や音が担うのは抽象的かつ具体的なものとしての観念の力にほかならない。まさにそれを八ミリが最大限に現実化しているのである。

森達也の『A』や平野勝之の『流れ者図鑑』をその横に置いてみる。これらはともにビデオ作品だが、映画館で公開され、映像メディアの新形態を示している。

前回で明らかなように『A』では、地下鉄サリン事件以後のオウム真理教の内部にキャメラが潜り込んで、広報部副部長A＝荒木浩を中心に、信者の日常をつづってゆく。コメントもナレーションも加えない画面は、すべてをただ提示するだけで、告発の構えもシンパシーの姿勢もない。オウムの犯罪を思えば、当然ながら見る者はだれしも、ならば、作者はいったいどんな位置に立っているのかと問いたくなるが、それを自らに問うためにこそ、森達也はただ提示する方法に徹しているのであり、問いは見る者に返ってきて、困惑させる。この作品は疑問符の混沌としてあり、映画／ビデオという既成区分の混沌もそこに重なるのである。

『流れ者図鑑』は昨年の怪作『由美香』の続篇で、平野勝之が女優との北海道自転車旅行を自ら記録してゆくアイデアは変わらないが、今回は、その女優がアマチュア映像作家でもあるため、二人がキャメラを回し、撮る者と撮られる者が交替しつつ、さまざまな旅の出来事がつづられる。撮影過程がそのまま作品となり、セックスも含めての二人の関係の変容それ自体がドラマを形づくる。ここでは、作者／出演者という区分がなく、現実／作品という区分さえ混沌とし、それら全体の渦が作品として差し出されるのである。

森達也はテレビドキュメンタリストとして、平野勝之はアダルトビデオの監督として、すでにキャリアを積み重ねているから、新人とは見なせまい。だが、映画／ビデオの境界を越えつつある姿勢は、未知の映画の可能性を感じさせる。

このところ相変らず新人監督がつぎつぎ登場して、応接に暇がないほどである。そのなかにあって、すぐれて何かを訴えてくる作品は、新し

てなもんや商社
【監】本木克英【原】谷崎光【脚】榎祐平【撮】長沼六男【出】小林聡美、渡辺謙、鄭浩南、香川照之【封】5月16日【時】97分

いつものように
【監】【脚】けんもち聡【撮】宮野ヒロキ【出】河野智典、高瀬アラタ、石川七恵、今川菊生【封】6月20日【時】118分

プープーの物語
【監】【脚】渡辺謙作【案】ミッキー・ケンケン・ブー【撮】村石直人【出】上原さくら、松尾れい子、國村隼、原田芳雄【封】4月4日【時】73分

百年の絶唱
【監】【脚】井土紀州【撮】西原多朱【出】平山寛、葉月螢、佐野和宏、坪田鉄矢【封】5月16日【時】87分

流れ者図鑑
【監】平野勝之【撮】【出】平野勝之、松梨智子【封】5月16日【時】105分

い映画のつくり手がさまざまな意味での境界線上に立っていることを告げずにはおかない。だからこそ困惑させる。逆にいえば、見る者を惑わさず安心させる作品など、既成の区分にすっぽり納まってしまう人畜無害なシロモノでしかない。

そんなことを考えつつ、前田陽一の新作『新唐獅子株式会社』の撮影現場を訪れるのを楽しみにしていたら、訃報に不意討ちされた。

（第一二六回／六月下旬号）

映画『プライド』を擁護する

◉伊藤俊也の『プライド　運命の瞬間《とき》』が大ヒットしていると聞いた。

近頃これほど痛快なニュースは珍しい。というのも、周知のようにこの映画、封切り前から公開中止を求める人々さえいたほど、あちらこちらから囂々《ごうごう》たる非難を浴びているからである。製作側の前売券作戦の力もあろうが、内容に問題ありと騒ぎ立てれば騒ぎ立てるほど、世間の関心を煽り、めったに映画館に足を向けない層まで動かして、大ヒットに結びついたと思われるのである。そこでアホな冗談のひとつもいいたくなる。じつは非難勢力と製作側はウラでつながり八百長をやっているのか、と。

非難の声は、この映画が東條英機を美化ないし英雄視し、十五年戦争を肯定している、と言う。そして、その姿勢のなによりの現われを、南京大虐殺の事実を疑う東條の姿を描くところに見て、この映画が歴史を歪曲している、と主張する。

たいへんわかりやすい意見である。なるほど『プライド』はそんなふうに見ようと思えば見ることの可能な映画かもしれない、ということは容易に理解できる。想像するに、伊藤俊也もそうした非難を百も承知でこの映画をつくったことであろう。

映画の受け取り方は人それぞれ千差万別だとして、非難の意見が決定的におかしいのは、『プライド』が一篇の劇映画だという事実を抜け落としていることである。

たとえば戦争未亡人が東條英機らの運ばれる護送車の前に飛び出して切腹するシーンがある。現代史研究家の発言を新聞で目にしたのだが、そんな史実はないらしい。伊藤俊也（たち）がフィクションとして創作したのである。同じことは東條英機と家族の関係についてもいえよう。東條が孫を連れた妻と面会室で会い、金網越しに話すうち、アメリカ人と思われるMPがつと孫の男の子を抱き上げ、金網のなかへ入って、東條に抱かせてやり、孫に頬ずりした東條が「元気をもらったよ」と喜ぶ。たとえ史実が存在しなくても、この場面はドラマの描写として成立している。

べつにそうした場面を弾劾する意見があるわけではない。だが非難の声が映画という一点を抜きにしているのを見ると、画面に描かれるものが虚構のドラマとして受け取られていないのではないかと思えてくる。そこにあるのは、東條英機を映画の主人公にして描くこと＝〝戦犯〟の美化、という図式である。これでは犯罪者を主人公にした映画などつくれない。

本誌六月上旬号の『プライド』特集で、山田和夫はこの映画に登場する東條が《「南京大虐殺」を「ねつ造」に近い「誇張」とまで強弁している》と述べ、こう書いている。《東條は清瀬弁護人にいう。「兵隊でもない支那人を、女や子供まで、見境無く手当たり次第に殺しまくったなどと、誰が信じられよう。我が皇軍の兵隊たちがだよ。私が信じられると思うか、思うまい……」と。東條が信じるかどうかの問題では断じてない。》

この発言はまったく転倒している。なぜならこの映画は、まさしく「東條が信じるかどうかの問題」をドラマの重要部分として取り扱っているのであり、たとえそういう信念が事実的に誤謬であり迷妄であろうと、南京大虐殺などあるはずがないと「断じて」「信じる」東條を描いているのだからである。

山田和夫はこうも述べる。《この映画の主張は、たとえば「全体主義」とは「国家が最大の力を発揮するような行政をやっていきたい、こう云うことです」と東條に語らせている。》

明らかにここでは、登場人物の台詞がそのまま映画の主張とイコールで結ばれてしまっている。こういう見方でいけば、やはり東條英機を主人公にすることが悪になるという以外ない。

同じ本誌の特集で、佐藤忠男は、東條役の津川雅彦の熱演に触れたあと、こう書いている。《東條英機の法廷での言動自体がいちじるしく説得性に欠けており、それを大まじめに言えば言うほど、ああ日本はこの程度の人物に国家の運命を託していたのか、という苦い感慨を私は受ける。》

映画を見てなにを感じようとかまわないが、明らかにここでも、俳優の演じる人物と現実の人物とがごっちゃにされている。これなら、津川雅彦による東條像を見て、東條英機があんなに立派な人間だったのかと感心するのと、見解こそまるで逆になるものの、ありようとしては等価である。

佐藤忠男は、日米開戦をめぐる法廷シーンで、連合軍の軍事的包囲を力説する東條が、アメリカ人の検事からその前に日本の中国への侵略があったことを追及されるや、ふたつは別次元だと主張するくだりについて、こう述べる。《津川雅彦はこのとき、呆れた、というような表情をするが、これは当時の日本の指導層の考え方をよく示していると思われる。日本と中国の戦争にアメリカが口を出すのは不当だ、と考えていたのだろう。私は当時のアメリカの主張は正当だと思う。》

プライド　運命の瞬間(とき)
監伊藤俊也脚松田寛夫、伊藤俊也撮加藤雄大出津川雅彦、スコット・ウィルソン、いしだあゆみ、奥田瑛二封5月23日時161分主演俳優の演技がなにかをうまく表現しているという話かと思いつつ読んでいくと、ふいに両者の政治的主張に対する「私」の見解が入り込む。つまりスクリーンに描き出されるものを語るうち、そこへ「私」もまじって議論するのである。

伊藤俊也が本誌の特集で述べているように、『プライド』が東京裁判を「継続された戦争」と捉え、それをよく闘った人物として東條英機を描いていることは、疑いもなくはっきりしている。その姿勢なり思想なりを批判することは自由であり、伊藤俊也の望むところでもあろうが、いまある非難の声はそんなこととはそれこそ次元の異なる域で発せられているという以外ない。

この映画におけるドラマの核心は、東京裁判とはいったい何であったのかということにある。そこから、戦争は犯罪なのか、戦勝国が敗戦国を裁きうるのか、というテーマが浮かび上がる。人物配置としては、闘う主人公東條英機に対して、首席検事キーナンがいかにも憎々しい悪役をつとめる。単純すぎるくらいの明確な対立構図といってよかろう。

わたしは最初『プライド』に接したとき、なにかに似ていると漠然と感じ、二度目に見たとき、伊藤俊也のデビュー作『女囚701号　さそり』(一九七二)を思い起こした。冒頭「君が代」のメロディが流れ、日の丸がはためき、女の心と肉体を弄ばれた女囚が悪徳刑事に凄まじい執念で復讐を果たすあの映画と、東條対キーナンが国際法廷で火花を散らして闘う『プライド』がどこか通じ合っていると感じたのである。こじつけていえば、冒頭、灰色の焼け跡の風景からゆっくりパンしていって、トマトが真っ赤な丸として浮かび上がるあたりは、日の丸を象徴するかに思われる。

そうした描写のあり方は、『プライド』が『さそり』同様、劇画的なタッチでつくられていることを示す。法廷での東條の顔にいつのまにか隈取りがなされ、彼が能を幻視するシーンは、端的な現われであろう。『さそり』にも、刑務所の浴室でヒロインにおどろおどろしい隈取りをした女囚が襲いかかるシーンがあった。わずか数カットの民衆の歓喜の姿でインド独立というダイナミックな事態を描くことも、法廷における清瀬弁護人役の奥田瑛二とキーナン役のスコット・ウィルソンの表情を超アップでうつすのも、ときに東條が大芝居を見せるのも、劇画的な印象をそそる。戦争未亡人の切腹シーンがあるのは、その連続にほかならない。

ここで劇画的と呼んでいるのは、あくの強い表現法のことで、したたかな仮構力がそれによって獲得されている。伊藤俊也はリアリズムのつもりかもしれないが、『プライド』はすぐれて反リアリズム作品だというのがわたしの判断である。

ドラマのあり方をイデオロギー的に単純化すれば、明快な反米主義ということになろう。それに絡まって浮き立つのが、天皇の戦争責任という問題であり、キーナンが東條を悪の権化にしようとすればするほど、それがにじみ出てくる。

映画『プライド』は、矛盾としての東京裁判、空白の中心としての天皇、このふたつを引き受ける東條英機の姿を描く。奥田瑛二のラストの台詞「よう耐えましたなあ」が示すように。

そんな映画をくだらないと思い、許せないと怒ることは、すべての人にとって自由である。

ところが、映画を映画として見ず、フィクションとして提示されたものを現実と混同して、非難を浴びせる人がいる。彼らは多くの場合、映画をメッセージを運ぶ道具としか見ず、映画に対する態度としては、『南京1937』(九五)を公開中の映画館のスクリーンを切り裂き上映中断に追い込んだ行為に通じる。

そうした言説や風潮に対して、わたしは映画『プライド』を断固擁護する。

(第一二七回／七月下旬号)

原作の料理法

◉アメリカ映画『GODZILLA』を近くの映画館で見た。平日の夜九時五十分からにもかかわらず、幅広い年齢層がつめかけていて、蒸し暑い夜に、話題の、というより、期待のアメリカ製〝ゴジラ〟を一緒に見物するのは楽しかった。作品の感想としては、呆れたというのが率直なところで、細かくいうと、そこには落胆と感嘆が入り混じっている。帰路につく表情から察するに、多くの人が似たような感想をいだいたのではなかろうか。

あの〝ゴジラ〟は出てこない。巨大なイグアナかトカゲを思わせる生き物が、ニューヨークの超高層ビル街を、どたどたと猛烈なスピードで走り回る。それを軍隊が迎え撃つ。かくして画面では、凄まじい破壊ぶりがこれでもかこれでもかと描き出されてゆく。興味深いのは、対ゴジラ作戦の頭脳としてスカウトされたのが〝ミミズ博士〟であることで、彼はゴジラとミミズを同列に考え、智恵を出す。そして作戦は成功する。つまりここでのゴジラは、大きさと速度と繁殖力がモノスゴイだけで、単なる生き物にすぎない。こうなればあの〝ゴジラ〟が登場しないのは当然のことであり、題名どおり〝GODZILLA〟というまったく別種の生き物が超高層ビル街で暴れ回るのである。

大きさと速度と繁殖力においてモノスゴイだけの単純な生き物という捉え方と、くりひろげられる凄まじい破壊ぶりとが、密接に関連していることはいうまでもない。ともに壮大な物量にもとづくわけで、それがこの映画のすべてである。日本産〝ゴジラ〟がみごとなまでに物量だけで見せるアメリカ映画になってしまっているといえよう。その点にわたしは感嘆を覚えた。

ほかからアイデアだけもらうとか、脚色するとか、そういうあり方はよくあるが、『GODZILLA』が示すのはその程度ではない。アダプトadaptという英語には「脚色する」より前に「適応させる」という意味のあることが、よく納得できる。

ところで先日からテレビ東京で「つげ義春ワールド」というドラマ番組が始まった。つげ義春のマンガをつぎつぎ映像化するシリーズで、七月十三日より全十二回にわたって毎週月曜日の二十四時四十五分から二十五時十五分に放映される。最初の四回を見たが、一作品正味二十四分の短さながら、なかなか面白い。

第一作『退屈な部屋』と第二作『懐かしいひと』は、なんと、豊川悦司の監督作品で、橋口亮輔と鈴木砂羽がアパート暮らしの若いマンガ家の夫婦を演じる。夫が妻には内緒で借りた別の部屋で毎日ごろごろ過ごす話と、ふたりで温泉宿に泊まり、夫がかつて関係のあった宿の女中に再会する話と、日常の断片をさっと一筆書きしたような作品だが、描写が凝っている。全篇、鈍く赤みがかった画面のなか、キャメラはほぼ引きぎみに固定され、アップは少なく、人物は影やうしろ姿で描かれることが多い。明らかに原作マンガの描法が意識されているのだが、少しもマンガっぽくなく、映像としての強い力にあふれ、画面の不透明な手触りが日常の暮らしの底に漂うものをしたたかに感じさせる。

つぎは『無能の人』前後篇で、望月六郎の監督による。川で採集した石を川べりで売るダメ男と妻子の貧乏暮らしが、行きずりの若いカップルの目をとおして描かれるが、こちらのほうはごく素直な脚色といえよう。一点だけいえば、北見敏之がいかにも変人らしく主人公を演じるのに対し、妻役の水木薫が普通に演じつつ、なにやら奇妙でおかしいのが静かな迫力になっている。

同じ作者のマンガをシリーズで映像化してゆくとなれば、どう原作を意識するかも含め、監督の個性が一段と際立つ。もちろん力量も。そこがすこぶる面白い。

つげ義春といえば、石井輝男の『ねじ式』が公開される。この映画があるからこそ、テレビの「つげ義春ワールド」がいっそう興味深いことはいうまでもない。

石井輝男の『ねじ式』では、つげ義春のマンガから、ごく私小説的な「別離」と私小説的な旅行もの「もっきり屋の少女」「やなぎ屋主人」と幻想的な「ねじ式」が選ばれ、四篇がひとつながりに並べられている。同じ作者によるものとはいえ、売れない貸本マンガ家が同棲に失敗したり山里や海辺の町で風変わりな女性に出会ったりするリアルな話と、海でメメクラゲに左腕を嚙まれた青年が医者を探して眼科ばかりの村をさまよう超現実譚と、まるで次元を異にする原作が滑らかにつなげられている不思議さには驚かずにいられない。しかも石井輝男は、技巧を弄することなく、ほとんどマンガをそのまま映像に置き換えている。むろんそこに百戦錬磨のベテラン監督の力技があり、独特の表現姿勢がある。

　マンガでは、写実的な絵と非リアルな絵というタッチの違いこそあれ、ペンとインクで描かれたということでは現実も非現実も区別がないのに対し、劇映画の場合、キャメラがうつすのはすべて現実であり、その意味においては区別がない。石井輝男はそこのところに着目する。もっとも鮮烈なのは、一年前に泊まったやなぎ屋を再訪した主人公がそのあと、海辺で無為の時を過ごすうち、ふっと海のほうへ目をやるや、メメクラゲに左腕を噛まれた自分が海から上がってくるくだりであろう。さきほどの二様の区別がないということが重ね合わされているからこそ、視線の動きひとつでリアルな世界と超リアルな世界がつなげられてしまうのである。

　もともと、つげ義春の作品は、現実も非現実もいわば地続きでとらえ等し並に描くことで、表現としての強度を発揮する。石井輝男の『ねじ式』が原作そのままでありつつ映画として突出しているのは、そんな表現姿勢の一致にもとづくにちがいない。

　原作をどう料理して映画にするか。アメリカ版〝ゴジラ〟が興味深く見せているのも、同じ問題のはずである。

　映画の原作といえば、古今東西、小説が圧倒的に多い。映画はやはりオリジナルな企画で勝負すべきだとわたしなどは基本的に考えるが、肝心なのは小説の料理法であろう。

　最近の例では、森﨑東の『ラブ・レター』と根岸吉太郎の『絆　きずな』がその点で抜きん出ている。前者においては、偽装結婚をめぐる短篇小説に前史とでもいうべき部分のドラマが付け加えられ、後者では、実父殺しの過去を伏せて生きる男の闘いをつづる長篇小説が登場人物の点などで大胆に整理され、と、料理法は異なるが、原作の面白さをどう映画のほうへ変換するかの技において違いはない。わたしの判断では、どちらの小説もさほど優れていず、しかし魅力を持っており、ふたつの映画はそうした原作を可能性の方向へと読み込むことで秀抜な作品になっているのである。

　これらにくらべれば、李志毅（リー・チーガイ）の『不夜城』は素直な料理法にもとづくといえよう。新宿歌舞伎町がまるで香港の裏町のように描き出されるのも、チャイニーズマフィアの諸勢力が抗争するなかでの悲痛なメロドラマという点も、原作小説の面白さをよく浮き立たせている。原作に渦巻く三角関係の愛憎の戦慄性は稀薄だが、そうするのも料理法のひとつにはちがいない。

　ところで阪本順治の『愚か者　傷だらけの天使』がメチャクチャ面白い。そしてその魅力には、原作と映画ということに関する注目すべきあ

ねじ式
【監】【脚】石井輝男【原】つげ義春【撮】角井孝博【出】浅野忠信、藤谷美紀、金山一彦、丹波哲郎【封】7月18日【時】85分

ラブ・レター
【監】森﨑東【原】浅田次郎【脚】中島丈博、森﨑東【撮】浜田毅【出】中井貴一、耿忠、山本太郎、根津甚八【封】5月23日【時】108分

絆　きずな
【監】根岸吉太郎【原】白川道【脚】荒井晴彦【撮】丸池納【出】役所広司、渡辺謙、麻生祐未、中村嘉葎雄【封】6月6日【時】123分

不夜城
【監】李志毅【原】馳星周【脚】李志毅、野沢尚【撮】黄岳泰【出】金城武、山本未来、椎名桔平、郎雄【封】6月27日【時】122分

愚か者　傷だらけの天使
【監】阪本順治【脚】阪本順治、田村竜【撮】笠松則通【出】真木蔵人、鈴木一真、大楠道代、坂上みき【封】6月27日【時】91分

り方が提示されている。

この作品が昨年の豊川悦司・真木蔵人主演『傷だらけの天使』を受けていることはいうまでもないが、阪本順治は、単なる続篇ではなく、真木蔵人を主人公に、彼が豊川悦司に出会うまでの話、つまり前篇をつくった。シリーズものでは、いわば前作を原作につぎの作品が撮られる。その意味では『愚か者』は「傷だらけの天使」シリーズの第二作だが、話の内容からすれば、第0作とでも呼ぶべきか。いや、順番などはどうでもいい。そういうことではなく、まず『傷だらけの天使』があり、さらなる低予算でその続篇を撮ることになったとき、阪本順治が前作という原作を可能性の方向へ読み込み、突き抜けてしまったことに瞠目するのである。

真木蔵人が絶妙に演じるセコくてチャチな〝愚か者〟の卑小な生のあり方は、明らかに前作の迷走コンビのなかに可能性としてうかがえるものでありつつ、それを越える域に達している。続篇ならぬ前篇をつくったことの意味とは、そのことにほかならない。阪本順治は前作を可能性の方向へと読み込むことで、むしろ可能性それ自体を創出した、というべきであろう。そこには低予算という条件に対する独特の闘い方があることはいうまでもない。

阪本順治の闘いは真正オリジナリティとは何かを告げている。そのことの前では、映画が何を原作にしようとそれほど大した問題ではないと思えてくる。

原作の料理法というとき、歴史上の人物や出来事を扱う場合もあるわけで、伊藤俊也の『プライド　運命の瞬間《とき》』になによりの好例を見ることができる。

（第一一八回／八月下旬号）

映画のまやかしと戯れる

◉吉田喜重の『小津安二郎の反映画』（岩波書店）を読んで、映画作家論の愉しさを久しぶりに満喫した。

おりしも九月にスペインのサンセバスチャン国際映画祭で催される成瀬巳喜男大特集のために成瀬巳喜男論を書くことになり、ごく短いものではあるが、ひとりの映画監督の仕事をじっくり論じることがどれほど面白いかを感じていただけに、その思いはいっそう強い。

吉田喜重の書物は《小津さんらしいとしか言いようのない、あの強靭でただならぬ作品世界》を初期から晩年までつぶさに辿ってゆく。その間、何度も《ついには同語反復的に小津さんらしいと言うしかないその作品世界》といった言い方が出てくるのだが、まさにこの「反復」ということこそ小津映画の核心にほかならない。なぜならそこでは同じような家族のドラマがくりかえし描かれているからである。よく知られているように小津安二郎は「僕はトウフ屋だからトウフしか作らない」と言った。その《みずからを豆腐屋に見立てた諧謔的な比喩》を、吉田喜重は《同じ質の豆腐は二度と作れず、どのように努力してみてもかならずずれを起こし、なんらかの差異のある豆腐しか作りえないことを暗示する》と読み取り、そうした「反復」と「ずれ」に小津安二郎の映画観・人生観・世界観を見る。それは《反物語的》であるとともに、《ひとつの意味に集約されることのない、限りなく浮遊するモンタージュを心がけようとした》点で《反映画》的である、と。

この小津安二郎論のなによりの特徴は、小津安二郎における映画表現への「反抗」と「愛」をさまざまな作品に即して具体的に解き明かすところにあろう。《映画はありのままの世界を映し出しているのではなかった。カメラによってあらかじめ統御されたいつわりの世界であり、こうしたカメラの約束事、まやかしによって、かろうじて映画は物語を伝えることができるのである》が、吉田喜重はそのような映画のあり方に対する小津安二郎の姿勢を、たとえば『晩春』(一九四九)における《数々の戯れ、道化た遊び》の《映画そのものの異郷化》《異化効果》に見て、こう述べる。

《言うまでもなく映画をこのようにあえて異化せざるをえなかった根源には、フィルムに映し取られた断片としての映像が限りなく無秩序なものであり、そうした無秩序さを許してしまうこの世界こそが無秩序であるとする、あの小津さんの揺るぎない定理がここでも深く作用していたことだろう。しかもこうした定理にみずからこだわるというよりも、世界を秩序立った物語として描こうとする映画のまやかしとの、アンビヴァレンツな愛憎なかばする平衡感覚に身をゆだねながら、共存共棲することに小津さんは歓びを見出すようになっていたのである。》

いや、この調子で書いていくと、きりがない。いま紹介したのはほんの入口で、あとは本書をぜひ読んでもらいたいが、小津安二郎がどんな姿勢で映画を撮りつづけたか、ということばかりか、自ら定めた厳格な方法論にどう「違犯」していったかもスリリングに解き明かされて、読む歓びをもたらすにちがいない。

とくに強調しておきたいのは、本書がじつに平易な文章で書かれていることである。それでいて内容は高度きわまりない。そう、まさしく小津映画のように。対象の作品が変わるたびに何度も同じことが語られるが、くりかえしかと見えたとたん、意表をつく方向へ論述が微妙に進展してゆく。その「反復」と「ずれ」の愉しさも小津映画に似ている。そして、本論の冒頭近くにおいて《小津さんがはじめて映画のカメラを覗き見たときの衝撃、映画監督であれば誰しもがかならず経験し、一度は通過しなければならない、始まりにおけるゼロの時刻》に目が注がれるように、これが映画監督だからこそ書きえた映画論であることはいうまでもない。

それにしても本書を読むと、『晩春』や『東京物語』(五三)はこんな映画であったか、いったい自分は何を見ていたのだ、と思う。その驚愕は快い。明らかにこの書物には映画批評の何たるかが鮮明に提示されているということであろう。

映画を見る自由なまなざし。わたしがもっとも感銘を受けた点を短くいえば、そういうことになる。というのも、あらためて説明するまでもなく、伊藤俊也の『プライド 運命の瞬間《とき》』をどう見るかについて考えつづけていたからである。

くりかえしになるが、『プライド』を非難する声は、少なくともわたしの目にしたかぎりでは、ついに映画を映画として自由に見ていない。笑ってしまうのは、逆に『プライド』に感動したという意見の多くも映画を映画として見ていないことである。要するに立場が違うだけで、イデオロギーに曇った不自由な目で接していることでは両者はなんら違わない。

なるほどこの映画は、東條英機が「継続された戦争」としての東京裁判をいかに闘い抜いたかを描きつつ、彼がどのように日本を侵略戦争に導いていったか、どんな誤りを犯したかは、ドラマとしてつづらず、彼の自己弁明のみを描く。非難の声はそこを突く。だがこれは東京裁判の映画であり、そこでの東條英機を主人公にしているだけで、ならば、ドラマにおいて彼の〝戦争犯罪〟はキーナン検事という副主人公によって告発される以上、それに対して東條英機が被告として弁明に終始するのは当然であろう。そのようなドラマのあり方に不満や怒りをいだき、東條英機を主人公にするからには侵略戦争の過程を無視してはならないと断じるのは、『プライド』に別の映画を求めているにすぎない。それを〝ないものねだり〟という。逆にこの映画から〝大東亜戦争肯定論〟を受け取って賛美する向きは、それの裏返しといえよう。どう見ても、ここでは、すべてを東條英機がひっかぶるというドラマ展開として天皇の戦争責任が明確に指し示されているからである。

非難や批判を浴びせる人は、きまって史実と比較する。映画はこう描いているが、事実はこうなのだ、と。まるで自分自身が体験したかのごとくに言うが、史料は史料であり、事実そのものとイコールではない。当然、伊藤俊也(たち)は多くの史料を調べて取捨選択し、ドラマを組み立てた。〝ないものねだり〟の声はまさにその取捨選択のやり方が良くないと非難する。なるほど、だから、映画を見ないでシナリオだけで映画をあげつらうことになる。そういう言論もありうるとは思うが、少なくともそれでは映画を論じたことにならないという事実(!)ははっきりしている。

映画は見ること聞くこと感じることの体験を通じて受け取るものである。そこで、かりに作者(たち)がその作品をめぐってどんな見解を表明しようと、映画を見る体験はそれとは別に存在する。わたしは東條英機役の津川雅彦が『プライド』についての話している記事をいくつも読んで、つまらないことを言うなあと呆れたが、彼のこの映画での演技は高く評価する。

呉子牛（ウー・ツゥニュウ）の『南京１９３７』について述べよう。この香港・中国合作映画をわたしは買うが、それは史実にもとづくかどうかとは関係ない。フィクションとしてたいへん面白く見たのである。なにより凄まじいのは延べ十万人という出演者の量で、おびただしい数の中国人が日本軍将校の軽く手を振る合図で殺されてゆく南京大虐殺のシーンには、文句なしに圧倒された。また、ラスト近く、難民キャンプに乱入した日本兵が暴虐のかぎりを尽くすシーンでは、幼い子どもたちがケダモノと化した日本兵にむしゃぶりつき殴られても蹴られても必死に抵抗する姿に、重い感動を味わった。そうした描写に沸騰しているのは、史実がどうのこうのと関わりなく、映画としての表現の力以外のなにものでもない。しかもこの作品は日本軍による南京大虐殺をドラマに組み立てつつ、単純な告発メッセージの映画にはなっていない。だからこそ、面白く見ることのなかで日本人としての痛みを強く感じないではいられないのである。

いま述べた点だけでもわたしは『南京１９３７』を映画として高く評価するから、上映中の映画館のスクリーンを切り裂いてこの作品を圧殺しようとする行為に断固抗議する。そしてそのことと『プライド』擁護は一本につながっている。

まひるのほし
監佐藤真撮大津幸四郎【撮影監督】田島征三封1999年1月16日時93分

ところで佐藤真の新作『まひるのほし』が完成しているのをご存知であろうか。わたしは数か月前に有料試写会で見たのだが、その後、自主上映の形で公開されている。七人の知的障害者が絵を描き陶器やオブジェなどをつくる美術活動を追ったドキュメンタリー映画で、じつに素晴らしい。

いま、ここでこの映画を持ち出したのは、いかにもそうなりそうでありながら、単なる社会派ドキュメンタリーとは隔絶しているからである。佐藤真はもう一歩近づけば同情や憐れみや好奇心や問題意識による作品になってしまうところを、ぎりぎりで留まり、身障者の無心な表現活動を同じ無心さで見つめてゆく。ナレーションはなく、七人に関する説明的描写はゼロに等しい。そこにあるのは表現ということに向けられた自由な目であり、人間の生の営みとしての絵を描くことや陶器づくりの無償性、意味と価値が、鮮やかに浮かび上がってくるのである。

吉田喜重の書物の『晩春』を論じた章に「映画のまやかしと戯れる」と題した一節があり、それは小津安二郎の生きる姿勢の基底を告げているが、どんな映画にも、どんな表現にも通じる言葉であろう。『まひるのほし』の七人のアーティストたちは、そんな戯れによる自由を生きている。

（第一二九回／九月下旬号）

サンセバスチャンの成瀬巳喜男

◉成瀬巳喜男特集の組まれたスペインのサンセバスチャン国際映画祭に参加した。

映画祭は九月十七日から二十八日までで、サンセバスチャンには前日の夕方に着いた。霧雨が降っていた。すぐ事務局と連絡を取ると、内輪の夕食会をするという。夕食会といっても、夜十時からである。ホテルへ迎えにきたタクシーに乗ると、同乗者がいて、紹介された。アボルファズル・ジャリリ。いま注目のイランの新鋭監督にいきなり会って、興奮したあと、レストランへ着くと、これが四十人ほどの盛大なディナーで、なんと、ジャンヌ・モローを中心とする会だった。しかも同じテーブルに割り当てられ、それだけでも幸福なのに、やや遅れてわたしが着席するや、大女優のほうから声を掛け、握手の手を差し伸べてくれた。あの我が青春時代における衝撃の一作『エヴァの匂い』(一九六三)のヒロインが。

こんなふうにサンセバスチャンでの日々は思いがけない喜びから始まった。ろくに言葉も話せないのに、これだから海外の映画祭へ行くのはやめられない。

オープニングの日はみごとな快晴で、以後、夜に小雨の降る日はあったが、秋晴れがつづいた。といっても、スペイン北東部のフランス国境に近い海辺の街、サンセバスチャンでは、日中は真夏同様に暑く、わたしの住む湘南より何倍もきれいな浜辺には、朝から水泳と日光浴を楽しむ人々がいっぱいいた。すべての上映は夕方からなので、一緒に成瀬巳喜男特集の準備をした蓮實重彦夫妻と、海辺の光景を眺め、旧市街まで足を伸ばし、中世に迷い込んだかのような街の石畳をぶらつく。はずれに複合映画館のビルがあり、成瀬巳喜男作品もそこで上映される。午後四時、蓮實重彦はオープニングセレモニーのリハーサルに向かい、わたしは成瀬巳喜男特集の一本目『君と別れて』(三三)上映に立ち合った。

サンセバスチャン国際映画祭は今年が第四十六回で、公式コンペティション、世界から集めた新作の特別上映のほか、四大特集を組んだ。成瀬巳喜男、テリー・ギリアム、戦後イタリアのコメディ映画、そしてスペイン語圏の映画一九九八である。成瀬巳喜男については三十九作品(これほどの本数は日本を含めて世界初!)が、スライド映写によるスペイン語と英語の字幕つきで、各二回ずつ上映される。年代順に、今日、ある映画館で上映したものを、明日は別の映画館で、というふうに日程をズラして。

二百本近い作品が上映されるから、見たい映画、この機会に見ておかないとめったに見られそうにない映画が、ぞろぞろある。しかし断固、成瀬巳喜男最優先に決めた。スペインのサンセバスチャンという見知らぬ街で異国の人々と一緒に成瀬映画を見るなんて経験は、めったにあるものではなかろう。

ふたつの映画館を行き来して、成瀬作品の上映に立ち合う。正直いって初めは不安だったが、百五十席から二百席くらいの映画館には熱心な観客が初日から詰めかけた。その数が日毎にどんどん増えてゆく。たとえば『噂の娘』(三五)や『まごころ』(三九)の二回目の上映が行列になったのは、きっと一回目を見た人たちによるクチコミのせいにちがいない。二日目の午後だったか、チケット売り場で、大著『ニコラス・レイ』の日本版がさきごろ刊行されたフランスの映画評論家、ベルナール・エイゼンシッツにばったり会った。成瀬を見に来たと言い、戦前の作品の素晴らしさを讃える。パリで若者に人気のロックと映画の週刊誌「レザンロックプティブル」の記者や「カイエ・デュ・シネマ」の編集者とも、成瀬作品の会場で再会した。どちらも、昨年、ロカルノ国際映画祭での加藤泰特集のとき、初めて見た加藤泰作品の魅力に興奮していた青年である。アメリカからは成瀬巳喜男論の著書のあるオーディ・ボックが来ていた。

特集のうち、成瀬巳喜男、テリー・ギリアム、スペイン語圏の映画一九九八に関しては、分厚いカタログが出版された。映画祭全体のカタログとは別に。成瀬巳喜男とギリアムを同時に特集する感覚がまずスゴイが、それぞれ中身の濃い豪華な書物を出す映画的実行力に感嘆する。成瀬巳喜男カタログは蓮實重彥とわたしの編集によるもので、わたしたちのほか、ダニエル・シュミット、ジャン＝ピエール・リモザン、楊徳昌(エドワード・ヤン)、吉田喜重、ジャン・ドゥーシェ、オーディ・ボックなどによる成瀬論が、成瀬映画の関係者の発言やフィルモグラフィとともに収録されている(このカタログの一部は『成瀬巳喜男の世界へ』〔二〇〇五年、筑摩書房〕に収録された)。

今回のサンセバスチャン国際映画祭ではふたりの人物が注目を集めた、と、さきほどの「レザンロックプティブル」の映画記者がのちに同誌に書いた。コンペ作品『マスク・オブ・ゾロ』とともに母国スペインに帰ってきたアントニオ・バンデラスと、成瀬巳喜男である。この取り合わせもケッサクではないか。バンデラス人気は凄まじく、彼のホテルの前には昼も夜も、まさに四六時中、ファンが垣根をつくっていた。あるとき、蓮實重彥が同じホテルに帰ろうとしたら、女の子のなかから、なぜか「ミキオーッ!」という掛け声があがった。間違われた本人の喜んだのなんの。『女人哀愁』(三七)上映前のスピーチもその話から始めた。

蓮實重彥はオープニングで成瀬特集について挨拶をすることになり、先述のようにリハーサルに出かけた。ところがわたしが『君と別れて』を見て外に出たら、彼が微妙な表情で待ち受けている。リハーサルが早く終ったので映画を見て、その感動の表情かなと思ったが、どうも違う。聞けば、フランス語で予定していた挨拶をスペイン語でやることになったという。さあ、たいへん、と、成瀬特集について映画祭との連絡役を務めたスペイン映画の専門家、金谷重朗が、ただちに隣のバルでスペイン語の発音の特訓を始めた。いやあ、まさか東大総長の家庭教師をすることになるとは、と金谷青年の興奮することしきりであった。

サンセバスチャンは独立運動の盛んなバスク地方の中心で、海鮮料理がおいしい。日刊映画祭新聞のインタビューをレストランで受けたさい、成瀬巳喜男のことや映画祭の印象を語ったあと、バスク料理を激賞したところ、そこがとりわけ美味なバスク料理店で、カメラマンはすぐにわたしを厨房へ連れていって、コックの格好をさせ、フライパンを手にする姿を撮った。翌日、その写真がデカデカと掲載され、気がつくと、映画館周辺で出会う人たちがわたしの顔を見てニヤニヤしている。おかげでその日の『山の音』(五四)上映前のスピーチは満員になった。

今回の映画祭では、是枝裕和の『ワンダフルライフ』がコンペに出品され、高橋陽一郎の『水の中の八月』が特別上映作品に含まれていた。後者はハイビジョン作品で、今春、わたしはたまたまNHK-BSで見て感心したが、サンセバスチャンでは、中身以上に、それをフィルムに起こしたものの画質に興味津々であった。大きなスクリーンで見て驚いた。微細な部分で気になるところもあるが、何の遜色もなく、それよりも、引き気味のキャメラの多い画面の豊かさがテレビで見たものの優に二倍は迫ってきた。

結果として『ワンダフルライフ』は国際映画批評家連盟賞を、『水の中の八月』は新人監督賞に輝いた。出品された日本映画が二本とも受賞したわけである。前者の賞状は途中から釜山映画祭に発った是枝裕和のかわりにわたしが、後者は出演者の柳愛里が代理で受け取った。柳愛里はクロージングセレモニーでメダルを渡されたあと、やはりスペイン語で挨拶をしなければならなかったが、特訓に励み、晴れの舞台では、カタカナのスペイン語を口にするや、満場にドッと歓声があがって大受けに受けた。

新人監督賞の審査員のひとり、ポルトガルシネマテークの副館長、ホセ・マヌエル・コスタが式の直前、柳愛里とわたしに話しかけてきた。『水の中の八月』は文句なしに素晴らしく、数本しか見られなかったけれど、どの成瀬作品も感動的で、今年のサンセバスチャンは日本映画の年だった、と。

成瀬巳喜男作品は映画祭のあと、マドリッドのフィルモテカエスパニョーラで二回ずつ上映される。その上映スタートに立ち合ってきた金谷重朗によれば、やはり盛況で、ビクトル・エリセが連日のように見にきていたという。

そもそも今回の成瀬巳喜男特集は、フィルモテカエスパニョーラの館長、ホセ・マリア・プラドが昨年の東京国際映画祭の「ニッポン・シネマ・クラシック」で『まごころ』を見て、ぞっこん惚れ込んだことから始まった。昨年の上映時には予算の関係で、英語字幕をつけられなかったのにもかかわらず。

今年の「ニッポン・シネマ・クラシック」では、わたしは蓮實重彦と相談して、伊藤大輔と内田吐夢と溝口健二の生誕百年記念の特集を中心にプログラムを組んだ。十六作品のフィルムの手配を完了し、スペインへ発つ直前、チラシに使う十六作品の惹句を書き、カタログ編集部と打ち合わせて、解説原稿の手配を済ませ、一部は自分で書き終え、三人の巨匠についてサンセバスチャンで蓮實重彦と対談してテープを日本へ送る手筈まで整えた。ところが出発の三日前、プログラムは映画祭首脳部によって黒澤明監督追悼全作品上映に差し替えられてしまった。

わたしは気重なまま日本を発ち、サンセバスチャンの前にマドリッドで泊まり、フィルモテカエスパニョーラを訪れた。そこでは小津安二郎の特集を催していた。同じころ、パリのシネマテークフランセーズでは加藤泰特集の真最中であった。

（第一三〇回／十一月下旬号）

映画の継走

◉村本天志・富樫森・前田哲の『ポッキー坂恋物語　かわいいひと』を見て、全篇に流れる映画的な温もりの新鮮さに嬉しくなった。周知のようにこれはポッキーのCMから生まれた作品で、オマケ用のビデオとして企画されたが、三十五ミリフィルムで撮影され、ちゃんとオマケとしての役割を果たすいっぽう、映画館で一般公開された。

三人の新人監督によって、三つの恋の物語がそれぞれ約三十分のオムニバス形式でつづられる。奥菜恵と安藤政信、椎名桔平と仲村綾乃、吉川ひなのと鳥羽潤、この三組の男女の演じるドラマはごくたわいないものだが、彼ら彼女らの爽やかな持ち味が新人監督ならではの瑞々しい感性のもとにスクリーン上で輝いて、しかも三篇が黄色い小鳥をさりげなく共通の軸にしつつ微妙に異なった恋心の行方をくりひろげる。三つの珠玉が小鳥という一本の糸でつながれたような映画、といってよかろう。

お菓子のオマケなんて形からでも素敵な映画は生まれるのか。私はそんな快い驚きを感じるとともに、それを可能にしたつくり手たちの心意気の温もりに嬉しくなったのである。

熊切和嘉の『鬼畜大宴会』は、もともと大阪藝術大学の卒業制作としてつくられ、ぴあフィルムフェスティバルの準グランプリに選ばれたあと、各地の映画館でつぎからつぎへ上映され、大きな話題になった。海外の映画祭への参加も連続し、いまもつづいていると聞く。映画がどういうふうに生まれるのかをめぐって、ここにも注目すべき一例がある。

この映画が話題になったのは、まずは学生運動活動家らしき集団の内ゲバをつづる残酷描写の凄まじさによってであり、一種の見世物として耳目を集めたにすぎないといえる。つくり手は学生運動や内ゲバに対して何の思い入れもこめていないと思われるが、それに見合って、観客のほうも恐怖のスプラッタームービーとして面白がったのである。たしかに表現の細部を見ると、ステレオタイプが多く、粗雑さが目につき、それらとハッとするような新鮮さとが混沌としている。暴力衝動の表現という初発のモチーフははっきりしているが、それをドラマにしようとすれば、未熟な形で何かに似てしまい、描写の過剰さに向かうしかないということであろう。つくり手はそのことに意識的で、残酷描写によって映画的エネルギーを噴出させる方法論を冷静に採用している。この作品が見かけのおぞましさにもかかわらず、どこか爽やかさを感じさせるとしたら、それは、暴力衝動を〝鬼畜大宴会〟ゲームとして表現できる映画という器に対する確信がうかがえるからにちがいない。

昨年秋に開校された映画美学校から、この秋、「ＦＯＵＲ ＦＲＥＳＨ！」と名づけて四本の作品が生み出された。この学校では初めから劇場公開をめざして映画をつくることが前提になっているゆえ、学ぶことが即つくることであり、その意味では、今回一般公開された四本は、映画学校の学生のつくった作品ということでは変わりはないが、いわゆる卒業制作とは明確に異なる。

通り魔事件にからむビデオと電話による脅迫を題材にした古澤健の『怯える』、同棲相手との関係を見つめる若い女の心をつづった松本知恵の『はるのそら』、はずみで殺してしまった女の死体と暮らす男の姿を描いた伊藤晋の『死臭のマリア』、謎の組織に命じられて行なわれる不条理な死体発掘作業を中心イメージにした稲見一茂の『鼻の穴』と、各三十分前後の四作品は、それぞれ独自の主題と方法でつくられている。未熟さは否定しようもなく、アマとプロの中間とでもいう以外ないのは、学校のあり方からして当然の結果であろう。むしろ未熟で個性的な点にこそ、映画を撮ることへの初心が脈打っている。

まったく、映画はどんなところからでも生まれる。それも愛すべき素敵な映画が。そこに露呈しているのが、映画というものの生命力であることは疑いもなくはっきりしている。初心とは、それをどう感じ取るか、どう発揮するかということであろう。

豊田利晃の『ポルノスター』は、東京・渋谷の繁華街でシノギに精を出しては上納金を納めている若いやくざの前に、同じ年頃の男が天から降ったかのように出現し、ボストンバッグに詰め込んだ無数のナイフで無表情に殺しを重ねてゆくさまを描く。千原浩史のヒーローに殺しの理由は何もない。表情にそれだけがあるように、苛立ちが唯一の動機といえるのであろうか。鬼丸のやくざはその一点にこそ共感を覚える。

かくして血みどろの皆殺しが始まってゆく。

いわばこれは凶器のような映画であり、渋谷という現実の街を舞台にしているだけに、不条理なおぞましさでは明らかに『鬼畜大宴会』より一歩も二歩も抜きんでている。映画によって何かを叩きつける凄まじさの徹底度、そのエネルギーに先述の初心がうかがえるのである。こんな映画は既成の製作・配給システムからはとうてい生み出されないと思われる。

いま、最近の新人作品を見てきたが、つくり手の出身や作品の成り立ちはすべて異なって、映画の多様な表情を見せている。新人監督もどんなところからでも生まれるというべきか。

清水浩の『生きない』をそのなかに置くと、さすがキャリアを積んだ助監督のデビュー作だけあって、方法論の明快さが爽やかに際立つ。集団自殺をめざす沖縄バス旅行の乗客たちを一貫してほんの少し俯瞰のキャメラで描くこと、当然ながら彼らは同じ方向を向いて座り、死への案内役のダンカンがつねにそれと向き合うこと、乗客たちは名所見物のときも記念写真のような形で同じ向きに並んで歩くが、やがて相互に親密さが増し、ホテルの円形の浴槽で円陣を組んで談笑するあたりから同一方向性が崩れて、死からの方向転換が芽生えること、そして軽妙かつ哀しい南米アンデスの民族音楽が印象深く流れること……。こうした表現のもと、集団自殺のドラマが生への讃歌として新鮮な力で響いてくるのである。

新しい才能はどんなところからでも出現する。これは明瞭な事実だが、視線を転じ、もうひとつの事実のほうへ目を向けよう。新しい才能が世に出てゆくとき、陰から支えたり何か媒介の役割を果たす者がいるということである。

端的な例は『かわいいひと』で、この作品は相米慎二が映画づくりやCMの現場で知り合った若い才能を集めて成り立った。フィルムによる撮影を提案したのも相米慎二である。『鬼

ポッキー坂恋物語　かわいいひと

監村本天志、冨樫森、前田哲【総監督】相米慎二脚榎祐平撮町田博出奥菜恵、安藤政信、椎名桔平、仲村綾乃、吉川ひなの、鳥羽潤封10月17日時92分

鬼畜大宴会

監脚熊切和嘉撮橋本清明出杉原敏行、小木曽健太郎、三上純未子、澤田俊輔封8月8日時106分

怯える

監脚古澤健撮井上史浩、大石始、安里麻里、山中隆史出鈴木卓爾、長門かおり、太田ゆき江、高橋洋封9月26日時34分

はるのそら

監脚松本知恵撮斉藤健治、清水崇、門脇時子出水高ニキ、鹿角優邦、川崎桜、平岡育子封9月26日時38分

死臭のマリア

監脚伊藤晋撮木暮洋輔、志水健市、田月香織、井上史浩、斉藤健治出横山豊蘭、五郎丸典子、小栗えりか封10月3日時27分

鼻の穴

監脚稲見一茂撮根本伸一、北村卓嗣、大石始出菅原光男、田中ゆかり、渋谷実、古川琢也封10月3日時30分

ポルノスター

監脚豊田利晃撮笠松則通出千原浩史、鬼丸、緒沢凜、広田レオナ封10月10日時98分

生きない

監清水浩案中原文夫脚ダンカン撮柳島克己出ダンカン、大河内奈々子、村野武範、尾美としのり封9月26日時100分

犬、走る　DOG RACE

監崔洋一案丸山昇一脚崔洋一、鄭義信撮藤澤順一出岸谷五朗、大杉漣、冨樫真、香川照之、遠藤憲一封9月26日時110分

愛を乞うひと

監平山秀幸原下田治美脚鄭義信撮柴崎幸三出原田美枝子、野波麻帆、中井貴一、小井愛封9月26日時135分

カンゾー先生

監今村昌平原坂口安吾脚今村昌平、天願大介撮小松原茂出柄本明、麻生久美子、世良公則、松坂慶子封10月17日時129分

畜大宴会』は中島貞夫を指導教官とする大阪藝術大学映像学科の卒業制作としてつくられた。「FOUR FRESH！」の四作品を生んだ映画美学校はアテネ・フランセ文化センターとユーロスペースが共同で開校したもので、黒沢清が主任講師を務めている。『ポルノスター』の豊田利晃は阪本順治の『王手』『ビリケン』の脚本執筆から映画づくりに関わった。そして清水浩は『ソナチネ』以降の北野武監督作品で助監督を務め、『キッズ・リターン』『HANA－BI』につづくオフィス北野の作品『生きない』を撮った。

これらの人的関係は、わたしが目下、ひところの東映任侠映画の世界に仕事でどっぷり浸かっているせいかもしれないが、新しい才能にはいい兄貴分がいる、というふうに見える。べつに実際の年齢は問題ではないし、豊田利晃や清水浩が監督としてデビューするにあたって阪本順治や北野武が何かをしたとか、むろんそんなことではない。ましてや力の上下関係など無縁である。

先行者とそのあとを走る者とのリレー。単純化すれば、そういうことになろうか。影響がどうのこうのという話でも、誰が誰の映画づくりに直接ないし間接的に手を貸したかどうかという話でもなくて、映画をめぐる継走が見られるのである。

たとえば崔洋一の『犬、走る　DOG RACE』は、周知のようにかつて松田優作主演作品として書かれた脚本を原案とするが、題名どおり過激な疾走感で全篇に弾けるピカレスクの魅惑に圧倒されるとき、つくり手たちの松田優作に対する熱い想いを感じずにはいられない。ここでは〝走る〟とは、映画を継走するという意味でもある。また、平山秀幸の『愛を乞うひと』を見れば、誰しも母娘二役をみごとに演じ分ける原田美枝子に目を瞠るが、理不尽な狂おしさに駆られて娘を責めつづける母親の姿に、増村保造の『大地の子守歌』（一九七六）を知っている者はあの少女の凄まじさを重ねてしまうにちがいない。これも継走の一形態であろう。今村昌平の『カンゾー先生』の場合は、父親が長年の念願の企画を実現するにあたって息子が脚本を共作したところに、同じものを見ることができる。

映画のつくり手については先行者と後走者のリレーが行なわれているとして、では、観客はどうか、批評はどうなのか、とたちまち当然の問いが湧き起こってくる。困ったことに、これに関しては答えに窮して、うーむ、と唸るしかない。

そんなふうに自問自答の立ち往生をしていたら、黒澤明につづく淀川長治の訃報が飛び込んできて、衝撃でさらに唸った。わたしにとっては父親の世代の大監督であり大批評家である。

（第一三二一回／十二月下旬号）

初冬の映画日誌

◉十一月某日……新藤兼人の『生きたい』、アボルファズル・ジャリリの『かさぶた』(一九八七)『7本のキャンドル』(九四)の試写を見る。東京国際映画祭に通うのと自宅カンヅメ状態で仕事をこなすのとで、試写会に出かける時間がとれず、試写状の束を恨めしく眺める日々がつづいたから、久しぶりに渇きを満たした心地になる。

十一月某日……朝日新聞の「私の5点」を選ぶ。今年の日本映画ベストファイブというわけで、もうベストテンの季節かと焦る。選んだのは北野武『HANA-BI』、阪本順治『愚か者　傷だらけの天使』、黒沢清『蜘蛛の瞳』、崔洋一『犬、走るDOG RACE』、ジャン=ピエール・リモザン『TOKYO EYES』。

五本の題名をファックスで送ったあと、青森県の浪岡へ向かい、第七回「中世の里なみおか映画祭」に参加する。初日の夜は実行委員たちと旧交を温めただけで、翌朝、大雪のなか、会場の浪岡町中世の館ホールへ。エド・ウッド『プラン9・フロム・アウタースペース』(五九)、石井輝男『鋼鉄の巨人《スーパー・ジャイアンツ》　怪星人の魔城』(五七)、本多猪四郎『マタンゴ』(六三)『美女と液体人間』(五八)『妖星ゴラス』(六二)、ジョン・カーペンター『ダーク・スター』(七四)の六本立て。快晴の三日目はジョセフ・ロージー特集で、『恋』(七〇)『エヴァの匂い』(六二)『非情の時』(五七)、中田秀夫『ジョセフ・ロージー　四つの名を持つ男』の四本立て。その間、中田秀夫とロージーについて対談する。最終日は胡金銓(キン・フー)『残酷ドラゴン　血闘竜門の宿』(六七)だけを見たあと、帰路に。朝十時から夜七時ころまで映画漬けになり、シンポジウムや講演とは別に、毎夜、シネマ・フォーラムなる談話会・交流会や飲み会があるため、くたくたに楽しくなる。

十一月某日……ジャリリ作品について「群像」の原稿を書く。かなり前から考えは練り、なみおか映画祭への往復でメモは取ったのに、丸一日かかる。この連載は六年目に。

十一月某日……関本郁夫『残侠』、高橋伴明『大いなる完ぼんの』の試写を見る。夜、グラフィックデザイナーの鈴木一誌とともに出版社の編集者と会い、三年がかりで挑む新企画の打合せ。むろん映画関係書なので、あとの酒席では映画状況論が沸騰、ふたりの話に刺激を受ける。

十一月某日……神奈川県映像コンクール予備審査の四日目。朝十時から夕方まで横浜の歴史博物館の一室で、応募作品を片っ端から見てゆく。今年が第二十回になり、つまり二十年間、同じような作業をつづけてきたわけで、よくもまあ、と思う。

十一月某日……初めて仲人をやることになり、披露宴でのスピーチの原稿づくりに苦労する。神社も披露宴会場も東京・八王子なので、前夜は同じ八王子の義父宅に泊まることにして、そこでも深夜まで原稿の手直し。翌日はみごとな快晴で、どうやらこうやら仲人役を無事務める。新郎は『おかえり』の監督篠崎誠。

十二月某日……ある映画製作現場の人と雑談するうち、本広克行の『踊る大捜査線 THE MOVIE』の大ヒットの話になり、未見の彼から感想を聞かれて、おおよそこんなことを述べる。原作のテレビドラマ同様、徹底してサラリーマンとしての警察官を描くという着眼はユニークで、前半、それを乾いたタッチと勢いのいいテンポでつづるゆえ、ユーモアが弾け、けっこう面白い。ところが後半、どんどん描写がくどくなり、ボルテージが下がってゆく。たとえば初老の刑事がひとりで誘拐現場をいかにも何気ないふうにうろつき、チームワークを乱すくだりなど、執念のデカ根性といったルーティン以外のなにものでもなく、終盤になるや、昔からゴマンとある人情刑事ものドラマに収まってしまう。なにしろ随所で、しみじみした表情をする刑事たちのアップがうんざりするほど出てくるのだから。要するに、入口は一見新感覚で弾むが、出口はお涙頂戴の古臭いパターンの押し売りなわけで、話にならない。テレビの人気もあるので、そこそこ当たるのはわかるとして、どうしてこの程度の映画に若い観客があれほど熱狂して詰めかけるのか。ざっとそんな感想をわたしが述べたところ、相手は、なるほどと頷いたあと、むしろ逆ではないかと言う。まだ見ていないから想像でしかないが、もしかしたら新しさで始まって最後は古い感情に訴える映画だからこそ、若い観客に受けているのではなかろうか、と。これには意表をつかれ、なるほどねえ、と考えこむ。そのあと、ふたりであれこれ話すうち、若い観客はまるで映画を見ていないから、この程度のものに付和雷同・雪ダルマ式に群がるのだろうということで意見が一致する。たとえば、なみおか映画祭へ行って本多猪四郎の作品を見れば、事態は大きく変わるにちがいない。

十二月某日……前後数日、自宅カンヅメ状態。これは十年来の仕事で、東映任侠映画のプロデューサー俊藤浩滋の自伝『任侠映画伝』(講談社)をまとめる作業が、いよいよ大詰めに差しかかってきた。初校ゲラのチェックと並行して、約三百本ある俊藤浩滋プロデュース全作品目録をつくる。

十二月某日……神奈川県映像コンクール予備審査の五日目。応募作品をすべて見るのはキツいが、だからこそくっきり見えてくるものは確実にある。

十二月某日……横浜美術館のフレデリック・ワイズマン映画祭にやっと行く。『バレエ』(九五)『チチカット・フォーリーズ』(六七)『福祉』(七五)『モデル』(八〇)の四本を見ただけだが、迫力に圧倒される。二日とも是枝裕和が来ていて、ビールを飲みつつワイズマン映画の摩訶不思議な魅力を語る。それにしても『チチカット・フォーリーズ』一本だけが東京でも横浜でも立ち見になるのは、つまりほかの素晴らしい作品を見ないのは、『踊る大捜査線』と同様〝一本かぶり現象〟をもたらす若い観客の不健康な動きを示している。

十二月某日……『任侠映画伝』のゲラと目録づくり。文章やデータのチェックのため、何本かの任侠映画をビデオで見る。やっぱり面白いので、つい見つづけてしまい、仕事に戻るのに難儀する。そのあともしきりと、古典的なドラマとは何か、正攻法で描くとはどういうことかを考えたのは、澤井信一郎の『時雨の記』のことが念頭に居座りつづけているからであろう。ウソみたいな中年男女の純愛の顚末をつづるあの作品には、奇を衒った場面は皆無で、ひたすら正攻法の描写がつらぬかれてゆく。では、真っ直ぐにリアリズムの映画かというと、どうもそうではない。独特の仕掛けがなされていて、吉永小百合と渡哲也のふたりの関係を渡哲也の友人林隆三が見守るという枠づけが、まずそれに当たる。そしてもうひとつはスペインのグラナダが出てくること。最初に『時雨の記』を見たとき、あのシーンは不要のように思ったが、違う。グラナダの風景を取ってつけたような形で描くシーンであればこそ、中年の恋を彩る絵ハガキのような鎌倉、京都、奈良の四季おりおりの風景の、そして、ひいては恋そのものの、強烈な虚構性を浮き立たせ、そうした虚構性の高みにおいて、あるパッションを表現しているのではないか。ウソみたいだからこそ孕み持つリアリティといってもいい。澤井信一郎が撮影現場で『時雨の記』について「新古今」と言ったのは、そのことにちがいない。タイプはまったく異なるが、ロージー独特のリアリズムにもそんな企みを感じる。

十二月某日……石井克人の『鮫肌男と桃尻女』、前田陽一の無念の遺作『新唐獅子株式会社』の試写を見る。映画における笑いとアクションについて深刻に考え込みつつ、講談社へ行き、『任侠映画伝』の初校と全作品目録を渡して今後の進行の打合せをする。なんとか二月上旬に刊行できそう。

十二月某日……神奈川県映像コンクール予備審査の六日目。これで全作品を見たので、夕方、翌週の本審査へ上げる作品の選択をめぐって、日比野幸子、芦澤明子、樋口尚文と四人で、えんえん議論をつづける。やはりくたくたに楽しい。

十二月某日……時評のノートを取っていたら、本誌編集部よりベストテン投票用紙が届く。今年度の対象作品リストを見ると、リモザンの『TOKYO EYES』は外国映画扱いになっている。日本映画の新生面を告げる作品なのに、と考え、また虚構性とリアリティの関係について頭をめぐらす。平山秀幸の『愛を乞うひと』の強度は、あの母親が自分の娘を責めぬく理由をついに説明はおろか暗示さえしないというドラマづくりの穴ぼこゆえであろうし、渡辺武の『チャカLOVELY HITMAN』が鮮烈なのは、よくあるヒットマン悲哀物語の真只中に亡霊が登場してクライマックスを形づくることで、そのあり方にも「新古今」が見られる。

十二月某日……東京駅でロッテルダム国際映画祭のディレクターと会って、再来年一月の特集企画の相談を受けたあと、京都へ。夕方、京都文化博物館で内田吐夢『暴れん坊街道』を見る。先日の東京国際映画祭「ニッポン・シネマ・クラシック」の目玉作品として予定していた一九五七年の傑作。翌日、一九九九年の第二回京都映画祭へ向けての第一回企画委員会に出席する。帰路、新幹線車内で時評のノートづくりを続行するが、予定プランが厭になる。

十二月某日……ロシアのゴスフィルモフォンド関係者三人と北鎌倉駅で待ち合わせ、円覚寺の小津安二郎の墓から始めて、鎌倉を歩く。フィルムセンターの仲間も含めて計七名。暖かいうえに、まだ紅葉が残っていて、終日たっぷり楽しむ。

（第一三二回／一九九九年一月下旬号）

1998年 山根貞男ベストテン

1	HANA-BI
2	愚か者　傷だらけの天使
3	CURE
4	犬、走る　DOG RACE
5	時雨の記
6	愛を乞うひと
7	ねじ式
8	百年の絶唱
9	生きない
10	ポッキー坂恋物語 かわいいひと

『ニンゲン合格』
監督:黒沢清

1999年

フィルムとデジタルの関係

◉先日、東京都内で「デジタル技術による映画の修復・保存」と題したシンポジウムが開かれた。映画のあり方に関わる注目すべき内容なのだが、わたしは知らなかった。十日ほど前、金井久美子・美恵子の姉妹が電話で教えてくれたのである。彼女たちの知人がインターネットで告知されているのを見つけたという。パネリストの顔ぶれなどを聞き、へええと感心するわたしに、金井美恵子はほとんど脅すように参加を誘った。お前さんはフィルムの発掘などに少しは関わっているのだから、修復・保存も関係あるだろうが、というわけである。そのとおりだと答えて、電話を終えるや、ほんの一時間もしないうちに、彼女から、鈴木一誌とわたしのぶんも参加を申し込んでおいたというファックスが届いた。

かくして一月十三日、東京・北青山のTEPIAホールへ出かけた。入場は無料。あまり知った顔はいない。パネリストに国立フィルムセンターの人が加わっており、その同僚たちが来ていたほかは、鈴木一誌を含め、旧知はほんの数人で、集まった三、四十人はどういう人だろうと思う。映画ジャーナリズム関係者は皆無だったのではないか。なにか秘密の集会に迷い込んだような、妙な感じがしないでもない。金井姉妹は第二部から参加した。

第一部「デジタル技術による映画の修復と保存——技術的現状と可能性」は午後一時から二時間。パネリストは、イマジカ・映像システム開発本部の星正人、コダック・デジタルシステム推進部の稲見成彦、東芝・マルチメディア事業推進部の恒川尚。司会は東京大学総合研究博物館教授坂村健。第二部「デジタル技術による映画の修復と保存——映画からの要求」は午後三時半から二時間。パネリストは、東京大学総長で映画評論家の蓮實重彥、松竹系の映像鎌倉という会社で松竹作品の修復や保存につとめているキャメラマンの川又昴、フィルムセンターの岡島尚志。司会は第一部と同じ坂村健。

昨年十二月十日から今年一月末まで「デジタル小津安二郎展」と題した展覧会が東京大学総合研究博物館で開かれ、それに合わせて十二月十一日には有楽町の丸の内松竹で「世界の小津安二郎」というシンポジウムが催された。坂村健はその展覧会の実行委員長であり、今回のデジタルシンポジウムも、それと連なる企画にほかならない。不覚にもわたしは「デジタル小津安二郎展」のこともまるで知らなかった。この原稿はマックで書いているが、三年間、パソコンをただワープロとして使ってきただけで、インターネットなどやっていない。デジタル情報と無縁なのは当然か。金井姉妹の話では、デジタルシンポジウムはイマジカのホームページで告知されたという。冒頭、坂村健は、このシンポジウムもインターネットで全世界へ向けて発信されると誇らしげに告げた。

さて、第一部は、技術の現場からの報告である。パネリスト諸氏の所属部署から明らかなように、メディア開発の最先端での仕事が映像もまじえて具体的に説明されたが、それをすべて書き並べる余裕も能力もわたしにはない。そこで、わたしなりに関心を持った話題をかいつまんで紹介することにしよう。

映画はどんどん失われていく。フィルムがかつて可燃性であったこと。保存が不適切であれば、劣化していくこと。上映に使用すれば、傷むこと。何らかの事情で丸ごと散逸してしまうこと。本当はフィルムの形でちゃんと保存できればいいのだが、以上のような原因によって、映画は日に日にダメになり失われていく。何か手を打たなければ……。この危機感をベースに話が進み、デジタル技術の説明が行なわれた。フィルムの画像をスキャナーで読み取って、デジタルに変換すれば、データとしては半永久的に保存できること。そのデータをもとに損傷部分を修復できること。現段階ではコストの問題があるが、コンピューター技術は驚異的な速度で進むこと。デジタル技術の可能性が熱っぽく語られるなか、デジタル技術は目下のところ、映画に関して、修復・保存ではなく、ハリウッドを中心に特撮に用いられているという話が、印象深かった。

途中、「デジタル小津安二郎展」における修復の一例が静止映像で紹介された。『東京物語』(一九五三)の一場面で、東野英治郎の横顔の部分のフィルムに付いている傷が、デジタル処理によって消える。たしかに物理的な損傷が修正されたわけで、そのこと自体を否定するつもりはないが、どうも気になる。たとえば映画館で上映用フィルムの酷使による〝雨〟の降る映画を見た経験は、多くの人にあるにちがいない。そんな場合、もちろん〝雨〟がないのに越したことはないが、〝雨〟があったからといって、その映画を見るうえで決定的な妨げになるだろうか。人間には自己修正能力とでもいうべきものがあり、無意識のうちに〝雨〟を消して、映画を見る、というようなことがあると思われるのである。

フィルムという物体と、映写されたそれを見ること。どうやら問題は、この二つの関係をどう考えるかにある。単純化すれば、デジタル技術による修復は、フィルムの物質面だけに目を向け、二つを重ねない。それが技術というものかもしれないが、重要な何かが欠落するのではないか。そのことは、フィルムとしてある作品とデジタルデータ化との関係をどう考えるかにつながる。

第二部ではそのあたりが語られると期待した。岡島尚志の姿勢はじつに明快で、フィルム保存の立場から現在の問題点を整理し、デジタル技術は理論的には修復に有効だろうが、保存用としては不充分に思われる、との見解を打ち出した。川又昻は、フィルムが失われていった状況、保存をめぐる現状を語るとともに、たしかにＤＶＤの画面はきれいだが、テレビＣＭに三十五ミリ・フィルムが使われることから見ても、フィルムは今後もなくならないと述べた。蓮實重彦は、適切な場所があれば、フィルムはフィルムのままで保存するのがもっともいい、リュミエールの映画をいま見ることができるという事実を軽視してはならない、しかし、と問題点を出した。すべてのフィルムを保存することは不可能であり、ならば、保存について誰が判断するのか。保存とともに上映が重要なのだが、上映すればフィルムは傷む。そもそも映画は何をもってオリジナルとするのか。オリジナルに関しては、岡島尚志の提起した倫理の問題が注目される。たとえば一秒間二十四コマのうち、あるコマ＝Aに傷があり、つぎにコマ＝Bに傷がないとき、BをコピーしてAに差し換えても、映写されたものを見る場合、まったくわからないだろう。だがそれでいいのか。岡島尚志は、フィルムの現状保存こそがアーカイヴの立場だと強調し、修復するにしても、音にしろ色にしろ良くしてはならず、ネガに傷があってもきれいにするのは間違いではなかろうかと述べた。

議論をわたしなりに整理しよう。現状を保存するといっても、フィルムは劣化するし、失われていく。そこで、デジタル化という考えが出てくる。デジタルなら劣化しないというわけだが、見落としてはならないのは、データとしては劣化しない、という一点であろう。ここで、先述の、フィルムとしてある作品とデータ（情報）との関係が問題になると思われるのである。

岡島尚志はフィルムにこだわりぬき、坂村健は危機感からデジタル化（データ化）を説く。その間にあって、蓮實重彦は修復・保存すべきものはすべきだと述べて、その前提に、できることなら『東京物語』をきれいな状態で見たいという欲望を据える。そして、修復・保存はできる者ができるところからやってしまうべきで、自分は東大総長としてできることをやる、と。議論はこの三者の構図で進んだわけだが、さて、作品とデータ（情報）の関係はどこにどう位置するのか。そうしたなか、岡島尚志が、技術者と話し合う場を持てたことを喜びつつ、デジタル技術で突っ走りかねない動きを懸念し、川又昂がそれに関連して、電子業界の方々に圧縮圧縮と言わないようにお願いしたいと述べたのが、胸に響いた。

翌日、遅ればせながら、わたしは東京大学の「デジタル小津安二郎展——キャメラマン厚田雄春の視《め》」を見に行った。厚田雄春の遺品を中心とした小津安二郎をめぐる品々は、さすがに興味深いものばかりだが、ありようとしてはごく普通の展覧会で、むしろアナログ的というべきか。注目の『東京物語』修復に関しても、傷をきれいにしたり暗いのを明るくしたりした五分ほどをモニターで見たところで、なんだ、この程度か、といった感想しか浮かばず、驚くほどのことではない。シンポジウムでも、デジタル修復に関して、家庭で映画を楽しむ程度ならここ数年のうちに実現する、という話があったから、技術の側もそれは自覚している。

だが、事態を〝程度〟の問題で済ましてはなるまい。技術のスピードは想像をはるかに上回り、気がついたら〝程度〟の問題ではなくなっているだろう。シンポジウムでは、デジタル修復したものをフィルムに戻すという話題も出たが、それ以上に、フィルムはどんどん失われつつある、早く手を打たねば、という危機感が圧倒的に強い。〝映画を救え！〟といったその切迫感は、坂村健の関わるもうひとつの事態、いわゆる「文字コード」問題＝「東大明朝」問題と明らかに通底していると思われる。

デジタル化とは、フィルムという物質のあり方との闘いを別の何かに置き換えることにほかならない。そこを基本的に疑わない技術の側の姿勢を、わたしは基本的に疑う。だから、作品とデータ(情報)との関係にこだわる。このシンポジウムがインターネットで告知されたことが象徴的で、世界に広く開かれていながら、じつは閉ざされていて、その情報のあり方が無気味でならない。最近のインターネットや伝言ダイヤルを使った事件のように。

(第一三三回／二月下旬号)

’60年代との距離

◉エジプトのカイロへ行ってきた。国際交流基金カイロ事務所が昨年から「日本映画フェスティバル」と銘打った特集上映会をスタートさせ、第一回の一九五〇年代につづいて、今回、一九六〇年代の日本映画を特集し、それの講演と解説をわたしが受け持ったのである。作品(上映順)は川島雄三『しとやかな獣』(一九六二)、加藤泰『緋牡丹博徒　花札勝負』(六九)、岡本喜八『江分利満氏の優雅な生活』(六三)、三隅研次『座頭市物語』(六二)、新藤兼人『裸の島』(六〇)、小林正樹『切腹』(六二)、田坂具隆『五番町夕霧楼』(六三)、山本薩夫『白い巨塔』(六六)、小津安二郎『浮草』(五九)、黒澤明『天国と地獄』(六三)の十本。上映会場はエジプト文化省直属の「シネマパレス」(大中小の映写ホールがある瀟洒な屋敷で、映画関係者や映画ファンの溜り場とか)と日本大使館広報文化センターの二か所。各作品は日をずらして双方で上映される。英語字幕入り。期間は一月三十一日〜二月十一日。

エジプトの人々が日本映画をどんなふうに見るだろう。むしろわたしのほうが興味津々で、一月末、はじめてアフリカ大陸の土を踏んだ。季節は冬だが、日本の秋くらいの気候か。エジプトでは、日本映画といえば、黒澤明が知られている程度ながら、日本に対する関心はすこぶる高い。理由は日本の驚異的な経済発展であり、そこから日本映画への興味も生まれる。いうまでもなく今回の一九六〇年代こそ、日本がひたすら高度成長で突っ走った時代にほかならない。わたしの講演もその点に触れた。

……日本映画は一九五〇年代に、戦前の三〇年代につづく二度目の黄金期を迎えた。それは日本の社会がアメリカの後押しのもとに敗戦の痛手から立ち直る過程でもあり、六〇年代には未曾有の高度経済成長を遂げるのだが、そのころから人々の映画館離れが急速に始まり、六〇年代の日本映画は産業的には混迷の下り坂を転げ落ちていった。だが、むしろその混沌のなか、意欲的な監督たちが多彩な活動をくりひろげ、作品的にも実り豊かな時代であった。その意味で、六〇年代は黄金の五〇年代の崩壊期であるとともに爛熟期でもあったということができる。そして、そうした六〇年代の豊かな混沌は九〇年代の日本映画の出発点にほかならない。

わたしはざっとそんな話をした。この日の会場はナイル川沿いのホテルの特設ルームで、百二十席ほどがほぼ満員になり、講演のあと、客席のうしろのスペースでのミニ立食パーティ(ただしアルコールなし!)は賑わい、わたしは熱い反応に接した。それから『しとやかな獣』が上映されたのだが、不思議なことに何人もの人が映画を見ずに帰った。あれはどういうことなのだろう。

つぎの日から三日間、夜、シネマパレスでの上映前に作品解説を行なった。作品は『緋牡丹博徒　花札勝負』『江分利満氏の優雅な生活』『座頭市物語』。ホテルでの講演の日は映画関係者、ジャーナリスト、大学の先生が中心だったが、シネマパレスには一般の映画ファンも来ていた。べつに確かめたわけではないが、映画ファンは匂いでわかる。

上映に立ち合った四本はいずれも好評であった。とくに『しとやかな獣』は絶賛の声が多く、フランスのヌーヴェルヴァーグとの関連を興奮しながら語る人もいた。『花札勝負』は血みどろの描写を気にしたが、少しも問題にはならず、これほど純日本的な映画になぜ西洋音楽がついているのかという質問が出た。『江分利満氏の優雅な生活』は早口の台詞が多い映画で、英語字幕が画面いっぱいになる。こちらは気を揉んだが、百席ばかりの会場を半分ほど埋めた観客は、アニメーションまで飛び出すコミカルな展開の画面を食い入るように見つめ、まさに六〇年代日本のドラマを楽しんでいた。『座頭市物語』については、上映後の食事のさい、同席した若い映画評論家もまじえ、ラストでなぜ座頭市は薄幸の娘の求愛に応えなかったのかについて話が沸騰した。講演には専門の通訳者がつき、解説のときは国際交流基金カイロ事務所の若いエジプト女性ふたりが交替で通訳をしてくれたが、彼女らはそろって若尾文子や藤純子の美しさを讃え、高倉健をカッコいいと言った。

これら四作品だけ見ても、バラバラというか雑多というか、何の統一イメージもなく、戸惑った人がいるかもしれない。だがわたしの感触では、一九六〇年代における日本映画の混沌のエネルギーは確実に感じてもらえたと思う。あとの六本も含めれば、なおさらそうにちがいない。それかあらぬか、何人もの人から最近の日本映画を見たいとの声を聞いた。昨年末の第二十二回カイロ国際映画祭では周防正行の『Shall we ダンス?』、ジャン=ピエール・リモザンの『TOKYO EYES』、大谷健太郎の『avec mon mari』の三本が上映されたが、もっと参加してほしい、と。

上映会は夕方以降なので、日中はカイロ見物に歩き回った。ある日には、いま人気のエジプト映画をもっとも庶民的な映画館で見たいと希望して、連れていってもらった。題名は直訳すると『大臣の従者マハルス』。監督はアリ・アブデルカハレク。主演は人気抜群の喜劇俳優アデル・イマム。現代劇。小学生の息子と一緒に勉強するほど無学な軍人マハルスが、テロリストに狙撃された大臣の横にたまたま立っていて手の指を負傷したことから、大臣の命の恩人として英雄扱いされ、従者になる。そして、何かといっては大きな包帯を巻いた指を見せて大臣を脅す。大臣はあるパーティで謎の美女に一目惚れし、マハルスは大臣の家のメイドにぞっこん。やがて事態が大臣の妻に見つかり、マハルスは解任されるが、おりしも選挙中の故郷へ帰って国会議員に。彼は国会で大臣の汚職を摘発してさらに英雄となり、つぎつぎ閣僚を槍玉にあげ、ついに大臣になってしまう。元からの妻とメイドと謎の美女に囲まれて汚職に励むマハルスの姿に、エンドマーク……。雑然とした町の一角の古びた映画館は、平日の午後からけっこう客がいて、イマムの一挙手一投足に笑い声を挙げた。入場料は八エジプトポンド=約二百三十円。ちなみに立ち食い蕎麦ふうの食事コシャリが百円弱。この値段からいっても映画は大衆娯楽として健在で、内容も、万事に調子のいい男がすいすい出世していく話、浮気をめぐるドタバタと、六〇年代の「無責任」シリーズや「社長」シリーズと基本構造は変わらない。そこに現在的な政治諷刺が加味されている。

カイロの街は凄まじいほど活気にあふれていた。千五百万人が住むという。自転車は見かけず、いたるところ車の洪水で、信号無視だから、道路を渡るのに往生した。人々はエネルギッシュに動き回り、ひとなつっこい。大交差点の角の路上に古雑誌を並べて売っていて、見ると、「週刊ポスト」が何冊かあり、若い店主がその一冊をパラパラめくっていた。ヌードを探しているらしい。こちらの視線に気づいて、彼が「買うか」「いや。それは日本の雑誌だ」「違う。これは中国のだよ」「日本だよ」「そうか。オレは日本が大好きだ。カラテ!(とその格好をして)ジャッキー・チェン!」「いや、彼は中国人だ」「そうだな。ブルース・リーもだろう」とカラテ談義になる。あるいはピラミッド見物に出かけ、土産物売りの老人や少年たちが「ゼンブデニセンエン!」と声をかけてくるのに驚き、「ノー」と答えるや、すぐ「ゼンブデセンエン!」となるのに呆れたが、エジプト人の日本に対する関心は……。

いや、旅の土産話のつづきは別の機会にするとして、今回の旅は一九六〇年代について考えることになったのが刺激的であった。というのは、このところ、五〇年代から九〇年代へという幅で日本映画のことを具体的に考える仕事が相次いだからである。昨夏の成瀬巳喜男小論につづいて、年末年始には柳町光男についての小論をイタリアのベルガモ映画祭のために書き、その間、俊藤浩滋自伝『任侠映画伝』をまとめるのに六〇年代以降の日本映画の流れを見直してきた。そうしたなか、さらにその考察を煽るような魅力的な作品にぶつかった。相米慎二『あ、春』、深作欣二『おもちゃ』、黒沢清『ニンゲン合格』である。俊藤浩滋プロデューサーの新作たる関本郁夫『残侠』を加えてもいい。

このうち、深作欣二は五〇年代に映画の現場へはいり、六〇年代にデビューした監督にほかならない。最新作『おもちゃ』が初の本格的女性映画であり、溝口健二『祇園の姉妹』(三六)のヒロイン山田五十鈴の役名を引き継いで新藤兼人が三十年ほど前に書いたシナリオをもとに、溝口健二生誕百年の年に撮影されたことからも、深作欣二はある区切り目に立ったと見ることができる。周知のように、情念のドラマを半時代劇な様式で謳い上げた任侠映画が主流になっていく六〇年代の東映にあって、深作欣二は主に現代活劇を撮り、アンチ情念劇とでもいうべきものを追求して、その勢いを七〇年代の「仁義なき戦い」シリーズで炸裂させた。それから四半世紀、ひとりの女の子が舞妓になっていくまでの過程を軸に、祇園という世間一般とは異なる世界を、半時代劇な過去のドラマとして描いたのである。そこには、必ずや混沌の六〇年代との距離が興味深い形で現われているはずであろう。(この項つづく)

(第一三四回／三月下旬号)

深作欣二の転回 '60年代との距離2

◉深作欣二の『おもちゃ』は単に女性映画といった範疇に収めて済ませる作品ではなく、重層的と呼んでいいほど多様な面白さをもつが、ここでは二点に注目したい。作品における空間描写と時代設定という二要素のあり方についてである。

ひとりの少女が一人前の舞妓になって出発するまでの話ゆえ、ドラマは祇園のある芸者置屋を主な舞台に展開していく。主人公はいるものの、一種の群像劇であり、多くの画面では、女将、三人の芸者、下働きの婆さん、そして主人公と、六人の女が、ひっきりなしに動き回り、早口でしゃべり、食べ、酒を飲み、着替え、喧嘩をやらかして、室内の空間を賑々しさで彩り埋め尽くし、むろんほかの諸人物も頻繁に出入りする。その目まぐるしさが面白い。画面の奥行を生かしたいわゆる縦の構図が多く、そこに何人ものアクションが渦巻いて、室内空間の緊密な質感がダイナミズムを生み出すのである。その躍動感がいたるところでユーモアを弾けさせ、室内シーンと対比的に、主人公の少女が路地から路地へ下駄の音も軽やかに走る姿をはじめとして屋外シーンが精彩を放つ。

こうした画面空間の躍動的な稠密さは「仁義なき戦い」シリーズを思い出させずにはおかない。芸者の世界における腹の探り合いや騙し合いや喧嘩ぶりが、やくざのそれによく似ている、という以上に、群像劇を描く画面のあり方そのものが、明らかに共通しているのである。荒っぽくいえば、渦の真ん中で芸者たちの動きを巧みに捌く富司純子が、やくざ集団の中心で権謀術数をめぐらす金子信雄に当たるということになろうか。

この作品では冒頭、一九五八年の売春防止法施行のころというふうに時代設定が示される。おそらく四十年も昔の花街の世界を描くにあたって、つくり手に半時代劇という意識があって、時代設定を明示したのであろう。画面には、一九五八年と明示されるほか、売春防止法をめぐる街頭デモのシーンも出てくるが、新藤兼人の原作シナリオ(「シナリオ」一九九九年二月号)には双方とも見られない。また、少女が花街に身を沈めることになる前提として、彼女の家庭の貧しさがまるで何十年も前の映画のような古典的

おもちゃ

監深作欣二原脚新藤兼人撮木村大作出宮本真希、富司純子、南果歩、喜多嶋舞封1月15日時113分

残侠

監関本郁夫原山平重樹脚黒田義之、大津一瑯撮佐々木原保志出高嶋政宏、中井貴一、天海祐希、松方弘樹、ビートたけし封2月13日時110分

リアリズムで描き出される。だが興味深いことに、そうした手筈にもかかわらず、くりひろげられるものは半時代劇になりきれていない。まずなにより全篇に沸き立つ活気が歳月の隔たりなど素っ飛ばしてしまい、そのうえ、四十年前のドラマに現代の祇園近辺の風景が紛れ込まされてもいるからである。つまり、作品をつくっていく過程において、時代設定の明示と曖昧化が同時に行なわれているのである。

さきほどの連想をつづければ、「仁義なき戦い」シリーズにも時代性の混乱が見受けられた。第一作が原爆雲から始まることから明らかなように、あのシリーズは敗戦直後のドラマにちがいないのだが、第二作、第三作とつづくうち、時代設定がみるみる大きく進展して、作品の撮られた一九七〇年代の現在へつながってしまうかのごとき印象をもたらす。むしろその混乱にこそ作品の真の狙いを見るべきかもしれない。あのシリーズが描き出すのは、戦後過程に渦巻いたエネルギーの噴出であり、一九七〇年代においてこそそれの表現が可能になったといえるからである。

まちがいなく『おもちゃ』の時代性の混乱についても同じように考えるべきであろう。つまり、ギクシャクした歪みのある半時代劇であればこそ、四十年も昔の話を現在的なドラマとして成立させることが可能になっている、と。そして、一九五八年と一九九九年というふたつの時代を具体的に結びつけるのが、稠密な空間描写の躍動感であることはいうまでも

ない。

その躍動感を全身で呼吸して、ひとりの少女の像が群像劇のなかですっくと鮮やかに立ち上がってくる。この作品では、一人前の舞妓になる＝体を売る＝売春という問題について、結局のところ作者はどういう姿勢をとっているのか、曖昧な印象しか与えず、それも時代性の混乱と関わるが、深作欣二は明らかにそのことより少女像の表現に力を傾注している。ラスト近く、体を売る覚悟を女将から問われて、うちがいちばん大事に思うのはお金どす、と言い放つときの宮本真希のヒロインは、どう見ても、湿っぽく描かれた貧乏物語と台詞上でつながるだけで、実際には吹っ切れ、リアリティなどないほど、だから強烈に、爽やかな意志を告げてやまない。つづられるドラマとしては、まぎれもなく人情話であり世話物であるはずなのに、ヒロイン像がそんな域からあっけらかんと抜け出てしまっているのである。そこに『おもちゃ』という作品の売春問題に対する姿勢を見ることができる。

さきに(前回)わたしは、一九六〇年代の東映で主流の任俠映画に対して深作欣二がアンチ情念劇を追求し、その勢いを「仁義なき戦い」シリーズで炸裂させたと述べたが、あらためていえば、あの作品群は単なるアンチ情念劇ではなく、ましてや任俠映画の裏返しでもなかろう。描かれるのはどす黒い欲望のドラマなのに、作品のもたらす印象は、そうした域を痛快に抜けてしまっているのである。いまもなお「仁義なき戦い」シリーズが過激な面白さを放つとしたら、それゆえにちがいない。

ところで『おもちゃ』は、ラストのくだりで見る者の多くを戸惑わせる。主人公の少女が〝水揚げ〟と呼ばれる売春の儀式に向かうあたりから、カラーの画面がぼやけてにじみ、深作欣二作品を見つづけてきた者には信じられないほど、加工された美しさを放ち始めて、客の前に横たわったヒロインの裸身は、さながら後光に彩られたかのごとく眩しく輝く。リアリティのないほどに強固で爽やかなヒロインの意志にまさしく見合った描写であり、同時に、体を売る女と買う男の関係を象徴的に表現しているとも解釈できるが、とうてい解釈以上の説得力があるとはいいがたい。

だが、それにもかかわらず、この奇妙な画面づくりからは、少なくとも深作欣二のこれまでにないほど強い虚構意識の発露をうかがうことはできよう。その虚構意識の過剰さゆえにこそ、時代性の混乱が招来され、いっぽうでは、単なる人情話の域を抜け出していく力が結晶したと思われるのである。

それにしても、とあらためて思う。なぜ、いま、深作欣二は『おもちゃ』を撮ったのだろう。新藤兼人の原作シナリオを読んだのが三十年ほど前というから、一九六〇年代末、七〇年前後ということになる。べつに正確な年を知る必要はないが、一九七三年の『仁義なき戦い』以前にちがいないらしいことが重要である。しかも深作欣二は『おもちゃ』を撮るにあたって、一九五八年という時代設定を明示した。つまり、意識したかどうかにかかわらず、いま、三十年ほど前に原作シナリオの書かれた『おもちゃ』を撮ることのなかでは、東映やくざ映画の流れにおいて『仁義なき戦い』を生み出すに至った一九六〇年代という時代が踏まえられていると思われるのである。だからこそ、『おもちゃ』は「仁義なき戦い」シリーズに通じる部分を多分に持ち、そのうえで大きく異なっている。

　深作欣二はこの間、多様な作品を撮ってきたが、明らかに『おもちゃ』で決定的に転回しようとしている、とわたしには思われてならない。後光でハレーションを起こしたラストの画面づくり、虚構意識のただならぬ露呈だけを見ても、それは疑問の余地のないことであろう。六〇年代との距離がそうさせるのである。

　関本郁夫の『残侠』を横に並べてみれば、事態はより明確になろう。戦中から敗戦直後の京都を舞台に、ひとりの若者が大きな侠客に成長していく過程が、アナクロに見えるほど古典的な任侠ドラマのパターンでつづられるが、むしろそこに虚構性に賭ける意気込みを見ることができる。主人公がきっちり仁義を切るシーン、裂かれた笠に合羽という旅鴉姿で野道を急ぎ足で歩くシーンだけでも、半時代劇の狙いははっきりしている。だが随所で、画面に隙間風が吹き、虚構性を弱める。もっと半時代劇という一点に徹すれば、メインの俳優たちの感じさせる今日性が生きたと思われるが、そうはならない。かつての古典的な任侠映画の見据え方、つまり六〇年代との距離の取り方が、いかに容易ではないかということである。（この項つづく）

（第一三五回／四月下旬号）

相米慎二と黒沢清 '60年代との距離3

◉深作欣二の『おもちゃ』が室内シーンを中心にしていたのと同じように、相米慎二の『あ、春』でも一軒の家が主な舞台になっている。より正確には庭を含む家というべきで、それほど庭の使われ方が印象深い。相米慎二の作品では、前作『夏の庭　The Friends』（一九九四）のドラマが題名どおり庭でくりひろげられ、屋内シーンということでいえば、その前の『お引越し』（九三）が、さらにその前の『東京上空いらっしゃいませ』（九〇）がたちまち思い出され、いや、それなら、そもそもデビュー作『翔んだカップル』（八〇）からして一軒の家のなかの話ではなかったか、と思い当たる。その意味では相米作品に家という主題を連続的に見ることができるわけだが、そんな流れのなかに置いてみると、『あ、春』は作品の表情がいつもと大きく違っている。明らかにそれは今回、正真正銘のホームドラマが一軒の家を舞台に描かれるからにちがいない。

作品の表情は、登場人物の表情として端的に現われる。たとえば冒頭、法事の終ったあとの座敷のシーンで、精進落しの膳を囲んで話が弾むうち、唐突に佐藤浩市が船乗りの歌をうたいはじめるとき、目のすわった彼の無気味な表情が、単なる酔い以上の何かを感じさせ、胸を衝いてくる。と、キャメラがゆるやかに彼に寄っていく。あるいは事態はむしろ逆で、うたいはじめた佐藤浩市がアップになるから、彼の表情が胸に迫るのかもしれないが、ともあれ相米作品には珍しいキャメラの動きであろう。物語に即していえば、妻の実家で義母も一緒に暮らす男のなかにあるわだかまりが、表情とキャメラの動きでまず提示されるのである。

このあとも全篇、佐藤浩市の表情が印象深い。死んだはずの父親が出現して家に居ついてしまって以降、彼は複雑に落ち着かない表情を絶やさず、いったん追い出した父親をふたたび連れ戻し、生まれたヒヨコの新しい小屋を一緒につくったあと、ヒヨコの死んだときには、異常なまでに愕然とする。あるいはやがてその男が実の父ではないとわかったときの、怒りというより、むしろ焦りに似た表情。そしてラスト近く、病院のベッドで、死んだ男の腹巻きに生まれたヒヨコを発見したときの、大いなる感嘆の笑顔。この作品では妻の斉藤由貴、義母の藤村志保、父親の山﨑努、実母の富司純子など、すべての人物が感動的な表情をさまざまに示すが、それらをいわば集約して、佐藤浩市がひとつの家族のなかで暮らすことの何たるかを刻々の表情で見せてゆく。相米作品がこれまでにもまして微細な感情表現を達成したといってよかろう。

相米慎二といえば、キャメラの長回しが有名で、今回も随所に出てくるが、それが際立つ形では目につかない。技法が描写のなかに溶け込んでいるのであろう。たとえば生まれたヒヨコが発見される庭のシーンは、画面の手前に、庭の隅の小屋を覗いて喜ぶ男の子と山﨑努がうずくまり、声を聞きつけた斉藤由貴が奥の家屋のほうから近づき、さらに佐藤浩市もやってきて、入れ替わりに山﨑努が画面中央あたりまで退き、つづいて男の子が奥のほうへ走ってゆく、というふうに、かなり長いワンカットではあるが、いわゆる縦の構図のなか、人物たちの喜びの動きが画面に充満して、長回しの技法が浮き立つことはない。ヒヨコの死が発見されるシーンも同様で、手前に新しい小屋があって、山﨑努と佐藤浩市と男の子がヒヨコの死に騒ぐうち、奥の家から斉藤由貴が駆けつけて青ざめ、あわてて子どもを家のほうへ連れていき、山﨑努もうしろへ下がって庭の真ん中で焚火をいじり、佐藤浩市の愕然となった表情だけが残る、というふうに、感情の波立ちがやはり縦の構図のなかにおける人物の動きによって鮮やかに表現されてゆく。

どちらの場面もほぼ同じアングルのやや斜めの縦の構図になっていることに注目しよう。手前の小屋と奥の家屋を挟んで、あいだに庭があり、諸人物が庭の芝生を踏んで縦方向に行き来するとき、画面には、距離の伸縮がゆるやかにくりひろげられる。どちらも感情が豊かに流れるシーンだが、伸縮の動きこそが感情をにじみ出させるのにちがいない。この作品の場合、縦の構図は、やや斜めのせいもあって、美学にもダイナミズムにもならず、ただ感情のゆるやかな波立ちばかりを表現するのである。むろん優劣の比較などではなく、同じような縦の構図であっても『あ、春』と『おもちゃ』とでは大きく違っていることは興味深い。

圧巻はラスト、川に舟を浮かべての散骨シーンである。一艘に佐藤浩市と斉藤由貴、別の舟に藤村志保と富司純子と三林京子と男の子が乗って骨を撒くが、強い風のもと、揺れる舟のなかに立った後者の三人の女のゆらゆらと動く姿は、たおやかさと和やかさを美しく見せて、『あ、春』の感情表現の頂点といえよう。そこに流れる感情が、いま述べてきたことでいえば、庭でのゆるやかな波立ちと結びついて、揺れる家族のドラマを結晶させるのである。

あ、春

監相米慎二 原村上政彦 脚中島丈博 撮長沼六男 出佐藤浩市、山﨑努、斉藤由貴、藤村志保、富司純子 封1998年12月19日 時100分

ニンゲン合格

監脚黒沢清 撮林淳一郎 出西島秀俊、役所広司、菅田俊、りりィ 封1月23日 時109分

黒沢清の『ニンゲン合格』も家族のドラマをつづる。やはり一軒の家が主な舞台だが、その家が尋常ではない。前の空き地には産業廃棄物のガラクタの山があり、建物の一角が釣堀になって、どこにどういくつの部屋があるのかわからず、家としての空間のまとまりをまったく欠いている。家のこの拡散したあり方は、描き出される家族の状況の象徴でもあろう。主人公の青年は交通事故による昏睡から十年ぶりに目覚めて帰宅するが、連れて帰るのは父親の友人で、その父も母も妹も行方が知れず、他人どうしの男二人の暮らしが始まるのである。十年ぶりの覚醒は一見『あ、春』の三十年ぶりの父親の出現と似ていなくもないが、こちらの家族はとりとめもなく拡散している。家や路上で、西島秀俊が駄々っ子のように尻を落として抗い、むりやり役所広司に引っ張られるシーンには、とりとめのなさにたじろぐ青年の姿がうかがえよう。

やがてつぎつぎ出来事が起こる。父親が旅の途中にふらりと立ち寄ったかと思うと、また風のように出ていき、妹が恋人とともに現われ、財産分けを言い出して、姿を消したあと、ふたたび男連れでやってくる。その間、青年は馬を手に入れ、前の空き地をポニー牧場にして売店まで始める。エンジン付きスケボーで疾走する女性歌手と知り合い、母との再会も果たす。まもなく妹たちや母が牧場と売店の仕事を手伝うようになる。拡散した家族の集合が始まったかに見えた瞬間、妹たちも母もあたかも当然のことにようにまた家を去っていき、かつて青年を十年間昏睡させた交通事故加害者の男がチェーンソーで牧場をぶっ壊してゆく。

いま概略を記しながら思うのだが、いったいこれは何日間のドラマなのであろう。いや、べつにそのことが問題なのではなく、出来事はつぎつぎ起こるものの、時間感覚がふわふ

わしていると感じられるのである。ドラマ自体がそんな印象で、確かな輪郭が在るようで無く、無いようで在る。曖昧ということとは違う。西島秀俊は十年という時を失ったのか単に飛び越えたのか不明な青年を、役所広司は正体不明な男を、鮮明な像として差し出すし、菅田俊はつかまえどころのない父親像をくっきりと演じ、洞口依子は音程の脱臼したような歌を明快にうたう。それでいながら、全体の時間感覚、流れるドラマの輪郭が、ひどくとりとめがないのである。

ここでは、まさに家というものがそのように描き出される。拡散と集合と離散をくりかえす家族は、つねに何かの途中の浮遊状態にあって固定化することがない。何日間の話かわからないこの作品自体、ある途中にすぎないのであろう。主人公の青年は最初、そんなとりとめのない時空間にたじろぐものの、そこに滞在して確実な形の生を紡いだのち、ふっとなにげなく去ってゆく。

さきほど『あ、春』のことを、揺れる家族のドラマというふうに述べたが、同じように『ニンゲン合格』について、拡散する家族のドラマというべきであろうか。むろん家族の捉え方に二作品の違いが見られるとはいえ、それ以上に、『あ、春』に当てはまる結晶という言葉が『ニンゲン合格』にはふさわしくない点こそ決定的にちがいない。そのことは『おもちゃ』を並べてみるとき、いっそう明らかになる。三本はそれぞれに魅力的だが、『ニンゲン合格』は反構築性において『おもちゃ』と対極にあって、いわばその中間あたりに『あ、春』が位置していると思われるのである。

ゆるやかさの強度とでも呼びうる『あ、春』の魅力は、エロチシズムの香りに満ちている。少し強引にいえば、相米慎二が一九七〇年代に日活ロマン・ポルノの現場から出発したことが、そこに姿を現わしているということであろう。つまりそれは六〇年代との距離にほかならない。また、『ニンゲン合格』の反構築性は、ある種のドキュメンタリーのように撮られていることにもとづくが、見落としてはならないのは、それがけっしてドキュメンタリータッチという形の構築のドラマを意味しないことである。一九七〇年代、八〇年代と、フィクションとドキュメンタリーの境目がどんどん無化されてきた。明らかに黒沢清はその流れのなかにあり、そこにも六〇年代との距離を見ることができる。

深作欣二の『おもちゃ』があり、相米慎二の『あ、春』がその横にあり、隣に黒沢清の『ニンゲン合格』が並んでいる。それが一九九〇年代日本映画の光景であり、踏まえられた七〇年代、八〇年代を、そして六〇年代を、なまなましく感じさせる。

（第一三三六回／五月下旬号）

物語と仕掛けのあいだ

◉今回は是枝裕和の『ワンダフルライフ』について書くことにかなり早くから決め、この間、ほかに見た映画や読んだものなどを含めてあれこれ考えるうち、迷路に迷い込んでしまった。いちばんの理由はわかっている。東京・千石の三百人劇場で開催中の「成瀬巳喜男とマキノ雅弘――静と動の情動《エモーション》」と題した特集上映会でマキノ雅弘の『仇討崇禅寺馬場』(一九五七)を見て、スゴイ、いやはやスゴイ、と感嘆したのはいいが、強烈さが頭に居座ってピクリとも動かないのである。この世とあの世の〝あいだ〟のドラマを描くにあたって、フィクションとドキュメンタリーの〝あいだ〟のような方法を用いた『ワンダフルライフ』と、武士ゆえに避けられない仇討をめぐる惨劇をつづった『仇討崇禅寺馬場』とでは、同じ映画とはいえ、あまりに懸け離れているではないか。

二作品の違いは、いましがたの説明に端的に見られる。『ワンダフルライフ』について語る場合、死んだ人があの世へ向かう途中の施設が舞台で、死者は七日間そこに滞在し、生涯でいちばん大切な思い出をひとつ選んで、係官がそれを映画に再現し、といったふうに、まずは設定を説明することが必要だが、それで終るわけにはいかない。死者の役には俳優にまじって一般の人も何人か出演して本当の自分の思い出を話すこと、ほかの部分も含め、この作品は純然たるフィクションでありつつドキュメンタリー的な要素を取り入れていること、その一点こそが面白いことを述べて、ふたつの〝あいだ〟の重なりに言及することになる。

いっぽう『仇討崇禅寺馬場』に関しては、なにより物語が重要であろう。主人公はある藩の剣道指南で、御前試合において理不尽な判定で敗れ、身分も家庭も捨てざるをえなくなり、勝った若侍を挑発して真剣勝負に持ち込み、斬ってしまい、出奔して、人入れ稼業の親分の家に居候していたところ、仇討の旅に出た若侍の兄ふたりが近くにいると知らされ、自分から会いに行って、尋常に果たし合おうとするが、崇禅寺馬場での決闘の当日、主人公に惚れた親分の娘の扇動のもと、兄ふたりは一家の子分たちによって惨殺され、非道な返り討ちの噂が流れるなか、主人公は生の抜け殻になり、やがて狂気に蝕まれて、ラスト、さらなる惨劇へ……。全篇、マキノ雅弘の演出の卓抜さはいうまでもないが、それを覆ってしまうほどドラマが強烈に迫ってくる。こういう作品と『ワンダフルライフ』とをいったいどう同列に論じることができよう。

ついでにいえば、『仇討崇禅寺馬場』は同じマキノ雅弘(当時は正博)による『崇禅寺馬場』(二八)のリメイクで、原作は山上伊太郎、脚本は依田義賢。大井廣介の『ちゃんばら藝術史』(深夜叢書社)によると、元の山上伊太郎脚本『崇禅寺馬場』では、出奔した主人公は道場を構えていて、そこの弟子たちが主人公よりさきに馬場へ着いて兄弟を殺してしまうという。ドラマの様相が大きく異なるわけで、じつに興味深いが、そこにこだわれば『ワンダフルライフ』との距離がいよいよ開いていく。

むろん『ワンダフルライフ』が方法的に注目すべき作品であるからといって、ある種の難解な映画だといいたいわけではない。思い出や記憶が人間にとって何かというテーマは、だれにも面白いことであり、それをドラマとして浮き立たせていく仕掛けは、見る者の胸にしみじみした思いを湧出させる。そして、思い出を映画に再現する段になるや、さながら撮影現場のドキュメンタリーのような様相を呈して、別の面白さをかもしだす。つまりそれは、この作品が思い出論と映画論を重ねる構造になっていることの現われであって、作品の魅力に目を凝らせば凝らすほど、仕掛けの重層性が浮かび上がってくるのである。

同様に『仇討崇禅寺馬場』でも、単に話が目を瞠らせるというだけではなく、それを見せる画面が力を発揮する。主人公の大友柳太朗が無為の日々に浮かべる柔和な笑顔が不思議さをそそるうち、やがてそれが拭ったように消え去るときの衝撃、ヒロイン千原しのぶのどこまでも無垢な、それゆえに残酷な一途さ、随所で効果的な弛緩をドラマに送り込む漫才的な笑い、人足小屋の離れのセット空間のすばらしさ、とりわけ二階と階段と土間を緩やかにつなぐキャメラの官能的な動き……。そうした魅力的な画面の積み重ねの勢いに乗って、ラスト、ふたたび崇禅寺馬場で今度は主人公を取り囲んで疾走する子分たちの円陣のまがまがしさが胸を刺す。

マキノ雅弘作品を見ることの最大のポイントといえば、描写を楽しむという一点であろう。『仇討崇禅寺馬場』が強烈に体験させてくれるそれが、映画の本体であることはいうまでもない。『ワンダフルライフ』も、冒頭、朝靄のなかを登場人物が古びた洋館の受付にやってくるシーンから始まって、実際のインタビューのように撮られた係官との対面のくだり、思い出をひとつ選べずに迷う若者や初老の男の姿、再現撮影するスタジオの活気、やがて自身のドラマが浮かび上がる若い係官の表情の変化、といったふうに、さまざまな描写の楽しみに満ちている。その楽しさこそがやはり仕掛けという一点に視線を向かわせしめるのである。

今回、じつはほかにも迷路のネタがあった。ひとつは京都文化博物館で木下惠介の『カルメン故郷に帰る』(五一)のモノクロ版を見たことで、日本初の本格カラー作品と白黒版とが並行して撮られた経緯も興味深いが、色がないことによって当然ながら印象が微妙にだが大きく違い、あらためて木下惠介作品についての思考を刺激されたのである。もうひとつは藤田秀幸の『グループ魂のでんきまむし』を見たことによる。わたしには初めての監督の、しかもビデオ作品で、スクリーンに映写された。〝グループ魂〟というコント三人組のドタバタをつづる二時間近い作品だが、全篇、啞然とするしかないハチャメチャに終始し、大学の松田優作研究会のメンバーがスカウトされ、とか、ヒゲの剃り跡も青々とした凄まじい中年女性プロデューサーが登場して、とか、〝破壊〟と〝暴動〟が〝バイト君〟をイジメ抜き、とか、ぼろアパートに住む若い哲人やらインチキ臭いエコロジストの一団が三人組と関わり、とか、どんな説明をしても意味をなすとは思えない。実際、説明しようにも、見た端から忘れてしまっている。こんな場合、ただ唖然という事態を手放しで面白がる以外になかろう。

『カルメン故郷に帰る』モノクロ版については別の機会に回すとして、まぎれもなく現在的な勢いにあふれた『でんきまむし』の迫力満点の魅力を、どうとらえるべきか。フィクションともドキュメンタリーともつかぬ様相からして『ワンダフルライフ』と並べ、描写が面白いからといって『仇討崇禅寺馬場』と同列に論じられるか。たいして真面目に考え込んだわけではないが、頭がくらくらしたのは事実である。

マキノ雅弘では『日本侠客伝　関東篇』(六五)を三百人劇場の特集で三十数年ぶりに見て、ああ、これだ、と確認した。絶大な人気を博したこのシリーズの何作目かに、たしか高倉健がとっぽいあんちゃんを演じたのがあった、と前々から思いつつ、どれか特定できなかったのである。正統派の任侠映画だが、築地の魚河岸に流れてきた風来坊の健さんは明朗快活で、すっとぼけていて、悪役の山本麟一と顔を合わせるたびに「やくざクン」と呼びかけたりする。コミカルな高倉健は、まさしく『任侠映画伝』で俊藤浩滋プロデューサーの言う〝二半〟の魅力にあふれ、すばらしい。そうした側面がこのあと消えていって、どんどんストイシズムに閉塞していくわけである。『日本侠客伝　関東篇』では、任侠一途の部分はゲスト出演の鶴田浩二が受け持ち、両スターの対比の妙が際立つ。これも描写を楽しむということであろう。

明らかに『ワンダフルライフ』はそういう映画ではない。『でんきまむし』も微妙に異なる。描写を楽しむといえば、最近の作品では、石井克人の『鮫肌男と桃尻女』や渡辺武の『なで肩の狐』がそれに当たるといえよう。そこでは、物語を描写で見せていくこと自体がスリリングなドラマを形づくるのである。

『ワンダフルライフ』については劇場用パンフレットに小論を載せたが、書き残したことがある。それは、死者の思い出を映画に撮るシーンはあるが、その再現映画は画面に登場しないこと、いっぽう、思い出を選べない初老の男性が係官から見せられる彼の人生を記録したビデオは、画面に出てくることで、このふたつの映像の取り

ワンダフルライフ

【監】【脚】是枝裕和【撮】山崎裕【出】ARATA、小田エリカ、寺島進、内藤剛志【封】4月17日【時】118分

グループ魂のでんきまむし

【監】【脚】藤田秀幸【撮】関口太郎【出】村杉蝉之介、宮藤官九郎、阿部サダヲ、伊沢磨紀【封】6月5日【時】119分

鮫肌男と桃尻女

【監】【脚】石井克人【原】望月峯太郎【撮】町田博【出】浅野忠信、小日向しえ、岸部一徳、寺島進【封】2月6日【時】107分

なで肩の狐

【監】渡辺武【原】花村萬月【脚】吉川次郎【撮】安藤庄平【出】椎名桔平、洞口依子、哀川翔、清水千賀【封】4月1日【時】101分

扱い方の差は興味深い。単純化していえば、再現映画も人生ビデオも、ありえない映像であろう。だから片方が見えないのは当然のこととして、人生ビデオのほうは一部が画面に現われ、何十年か昔の新婚時代の姿をまことしやかにうつしだす。いったいあれは何者がキャメラを構えて撮った映像なのか。すべての人の人生の映像記録がどこかにあると仮定したとして、一定のアングル、一定のポジションが選ばれて撮影されているのはどういうことなのか。そこには、ありえない映像がありえていることの矛盾が露呈していると思われる。そんなことをいえば、死者の登場するこの作品自体、ありえない設定のもとに成立しているわけだが、しかし『ワンダフルライフ』には作者がいる。人生ビデオと同列にはならない。

そのあたりを詰めていくと、また頭がくらくらしてくるが、虚構を仕組むことの臨界点が顔をのぞかせているということはできる。

やはり『ワンダフルライフ』と『仇討崇禅寺馬場』は懸け離れている。だが、遠く懸け離れていった果ての交点を、きっと是枝裕和は見据えているにちがいない。それこそがマキノ雅弘の時代から何十年も経ったということだからである。

成瀬巳喜男とマキノ雅弘の特集は七月に一部アンコールが予定されているという。『仇討崇禅寺馬場』は必ずや再上映されるだろうから、また見に行こうと思う。

（第一三七回／六月下旬号）

◉黒沢清の『CURE』を見て、黒沢清を中心に日本とフランスの映画人が語り合う。そんなシンポジウムが、六月中旬、第七回フランス映画祭横浜'99の特別企画として催された。

フランス映画祭はフランス映画の新作見本市で、今回は二十本の長篇と短篇六本とが上映された。期間は六月十日〜十三日。会場は横浜・桜木町〝みなとみらい〟のパシフィコ横浜の会議センターメインホール。上映は各作品一回ずつで、その前後に監督や俳優たちの舞台挨拶や質疑応答がある。フランス代表団はクロード・ルルーシュを団長に百三十余名。この人数からだけでも、フランス映画界の意気込みがよくうかがえる。公式カタログを見ると、主催者の挨拶として、日本はアメリカについで二番目のフランス映画の輸出国であることを強調する発言が目についたが、まさしくこの映画祭はフランス映画の一大デモンストレーションの場なのである。ひるがえって思うに、日本映画界はこんなふうに一丸となって海外で勢いをPRする場をつくっているだろうか。

日仏監督の対話

今回、そんなフランス映画祭の真只中で、日本の映画ファンが独自のイベントを催した。それが『ＣＵＲＥ』上映とシンポジウムである。主催はヨコハマ映画祭実行委員会。今年二十周年を迎えた映画ファン手づくりによる「ヨコハマ映画祭」が、第二十回グランプリと監督賞に輝いた黒沢清の『ＣＵＲＥ』をひっさげ、地元の映画ファンとして声を挙げたのである。フランス代表団の人々に見てもらうため、わざわざ『ＣＵＲＥ』に仏語字幕を入れたのだから、半端ではない。シンポジウムの「日本映画の〝ちから〟」というタイトルにも、意気込みは歴然としている。

六月十二日、ランドマークホール。午後二時より『ＣＵＲＥ』上映。午後四時十分よりシンポジウム。出席者は、黒沢清、女優の広田玲央名、大映プロデューサーの土川勉、これにフランスの監督が加わる。司会はわたし。

まず日本人だけで話を進める。会場は満席で、フランス人も多い。発言はフランス語に逐語通訳される。広田玲央名は出品作『ボーダーライン』（一九九九）に出ているので、フランス代表団の一員として来日（？）した。そこで話は『ボーダーライン』のことから始まり、『ＣＵＲＥ』に移った。主人公と妻の関係、主人公と犯人の関係など。そして、『ＣＵＲＥ』がサイコサスペンスとして面白く、しかも個性的な表現を達成していること。この娯楽性と作家性の重ね合わせについて、黒沢清はこう語った（以下、発言はわたしなりの要約による）。

「やはりある種の娯楽映画でなければ、日本ですとお金を出す人はいない。ですから、人にお金を出してもらう場合、どんな形であれ娯楽性が要求されてしまう。ただ、それは外の状況であって、僕の場合、はっきり申して、いわゆるハリウッド映画が嫌いではないということがある。娯楽性といったとき、僕がすぐ思い浮かべるのはハリウッド映画なんですね。日本のメジャー映画というものが脈々といまでも存在しているらしいのですが、それに関して僕は、見ますけれど、あまり関心がなくて、だからたぶん、僕は日本の映画業界では娯楽性のまったくない監督と思われているのかな、と考えますと、自分の立場についてゾッとするんです」

では、大映で『ＣＵＲＥ』が企画されたとき、どうだったのだろう。受けて、土川プロデューサーが「たしかに社内で反対はありました」とあっさり語ったので、場内にどよめきの声が走る。

「でも台本を読んで、わたしには怖さがたいへん面白かったんですね。会社の反対は、このジャンルで日本で成功した例はないという理由です。怖さの本質をわかる黒沢さんと組みたい、と、わたしがそう思った。反対もあったけれど、賛成する人もいたので、つくりました。わたしはプロデューサーであると同時に一映画ファンであり、『ＣＵＲＥ』は娯楽性のある映画だと思っています」

とはいえ、黒沢清作品の企画を通すのは容易なことではない、と土川プロデューサーは言う。なぜなら『CURE』でいえば「面白い怖さのかげに難解さが潜んでいる」から。この発言にまた場内はどよめき、司会のわたしの「自分でも難解な監督と認めますか」という問いに対し、黒沢清が「まったく認めたくない」ときっぱり答えたのが大いに受けた。

「もし僕の映画が難解だと思われたとしたら、それはまだ僕が下手だということで。例えば、人間というものはもともと矛盾していると僕は思うわけです。だからある種の映画で、ひじょうにわかりやすい、まったくひとつのキャラクターしか持っていない人間が出てきた場合、僕にとってはすごく難解です」

ここで、フランスの監督に客席から舞台に上がってもらう。今年のカンヌ国際映画祭でグランプリと主演男優賞・主演女優賞に輝いた『ヒューマニティ』のブリュノ・デュモン監督である。日本では知られていないが、デビュー作『ジーザスの日々』が一九九七年のカンヌでカメラドールを受賞し、第二作『ヒューマニティ』でふたたび脚光を浴びた四十一歳の新鋭。あまり話さない監督だと事前に聞いて心配していたが、ブリュノ・デュモンはこれまでの発言を受けて爽やかな口調で語った。

「われわれフランス人は日本映画に魅了され、日本映画の巨匠たちに憧れをいだいています。理由は簡単です。そこには映画の本質があるからです。日本映画からは演出の面でも、リズムやカット、さまざまな要素の選択の仕方、時間の長さなど、多くのものを学びました。しかし残念ながらそういった巨匠たちの伝統はかなり前に途絶えました。ただ、学ぶところの多い日本映画を見たいという欲求がありますから、こうして黒沢さんの映画を見ることができ、討論の場を持てることをうれしく思います。日本の若い映画作家は本当の映画をつくることが困難な状況のなかにあり、仕事をし、自分らしい世界をつくりあげています。黒沢さんは聡明な、映画作家として成熟されたすばらしい方で、情熱を感じました」

司会をやる以上、ぜひ見ておかねばと、前々日、わたしは長蛇の列に並んで『ヒューマニティ』を見た。田舎町に起こった少女暴行殺人事件をめぐるドラマで、純真とも愚鈍ともつかない三十歳の独身刑事と隣家の二十三歳の奔放な娘との関係が、台詞の少ない長回しの画面のもと、強烈な迫力でくりひろげられる。わたしはその印象をベースに、フランスでの映画づくりにおける商業性ということを尋ねたところ、ブリュノ・デュモンはこう答えた。

「フランスでは幸運なことに作家の映画の伝統が現在も生きています。商業主義と作家性の高い映画との分離が明確です。作家主義の映画を生き延びさせようとするエネルギーがあり、カンヌ映画祭での『ヒューマニティ』の受賞はその現われです。賛否両論でしたけれど。『ヒューマニティ』は低予算映画です。映画作家の責任として、もちろん経済性、観客が見にきてくれるかという点も考慮すべきですが、低予算なので、それに見合った観客数で採算がとれ、映画がつくれ、プロデューサーも見つけられるのです」

黒沢清が受けて言う。

「そういう気持で映画をつくれたら幸せだなあと思います。ただ日本の場合、自分自身も含めて、多くの観客がハリウッド映画を見ているという現実がやはりあるんですね。ですから、そうでないものを撮ろうとしたとき、自分のなかでハリウッド映画のようなものをどこまで否定できるかが、曖昧になってしまう。たぶんフランスでも多くの人はハリウッド映画を見ていると思いますが、ご自分はそれとは全然無関係のまま撮っていらっしゃいますか」

ブリュノ・デュモンが答える。

「グリフィスは、映画とは笑わせ、泣かせ、考えさせるものだと定義しましたが、わたしは、映画ではわたしたちを豊かにしてくれるものを一番重視します。一時間半か二時間のあいだ、すべてを忘れて単に楽しむのではなく、自分の存在、社会について考え、自らを豊かにさせてくれることを重視します。さきほど見せていただいた黒沢さんの映画を通じて、日本の社会についてよく理解することができました。娯楽という意味ではわたしを楽しませるものではありませんでしたが、わたしの心を豊かにさせてくれました。お答えになっているかどうかわかりませんが」

じつに明快である。屈折していない。いや、屈折がないわけはなかろうが、それ以上に矜持が大きいのであろう。わたしが再度ハリウッド映画について尋ね、ブリュノ・デュモンは答えた。

「ハリウッド映画は自分の存在や生活を忘れさせ、娯楽をもたらすという意味で面白いが、それが映画だと思いません。それはひとつの政治的問題であって、ハリウッド映画を通じて文明が組織され大衆娯楽社会が形成されることを憂慮します。ゾッとします。ハリウッド映画のような娯楽映画が多くなり、それがすべてになっていく娯楽全体主義は、危険な状況です」

この明快さの前では、むしろ黒沢清がなぜハリウッド映画を強く意識するのかが奇妙に思えてもくる。黒沢清はこう述べた。

「ハリウッド映画がまったく存在しない世界があるとしたら、いまとは違っていたと思うんですね。例えば僕の映画の特徴をひとから言われるとき、ハリウッド映画とは違うものとして語られる。それは嬉しいのですが、あ、ここまでハリウッド映画はひとつの基準としてある、と。デュモンさんのおっしゃるように、それは憂慮すべきこととして大きくのしかかっている。だから僕はハリウッド映画がないかのように映画を撮ることはできない。憂慮すべきことではあれ、それとの距離において考えるという意味で」

この発言も明快である。黒沢清とブリュノ・デュモンで日仏監督を代表させることはできないが、両者の姿勢の対照と重なりが現在の映画のあり方を鮮やかに告げていよう。

このあと、会場からの質問や発言を受けて、シンポジウムは午後六時に終了した。通訳も含めて二時間たらずの短時間ながら、じつに貴重な試みであった。ヨコハマ映画祭実行委員会の方々の苦労は承知のうえで、ぜひ今後もつづけてもらいたいと思う。（翻訳協力・冨永由紀）

（第一三八回／八月下旬号）

高倉健と北野武

◉健さんはゴジラだ、と北野武が言った。高倉健が出た、というだけで、あとは何をしようが立派な映画になってしまい、それに対して自分＝ビートたけしはウイルスだ、と（本誌六月上旬号）。ゴジラとウイルスの喩の当否はさておき、映画スターとそれではない何か別物という対比は的外れではなかろう。

高倉健は〝最後の映画スター〟といわれるが、戦後映画のスターであった萬屋錦之介（中村錦之助）や勝新太郎や三船敏郎が近年つぎつぎ世を去ったいま、その形容は大いにうなずける。ちなみに高倉健は萬屋錦之介より一歳上、勝新太郎やあの市川雷蔵と同年の生まれである。いっぽう、ビートたけし＝北野武は、単なるマルチタレントの多才ぶりという域を越えて、つねに異貌の映画的現在性を突き出してやまない。両人の最新作『鉄道員（ぽっぽや）』『菊次郎の夏』は、その違いをみごとに具現していよう。奇しくも二本の映画は同じ六月五日に封切られた。

降旗康男の『鉄道員』は徹頭徹尾〝最後の映画スター〟高倉健にまつわるイメージで押しまくる。頑固一徹で、気持をうまく表に出せず、孤独に耐える男。それを豪雪と制服が視覚的に彩り、終着駅の駅長、廃線間近、定年といった設定が〝最後の〟というイメージを強調する。そうした映画づくりが大ヒットに結びついたにちがいない。五年前の『四十七人の刺客』のとき、高倉健の大石内蔵助に興味を持たなかった人も、今回は、大宣伝作戦で流されるイメージの高倉健を見に映画館へ詰めかけた。逆にいえば、浅田次郎のベストセラー小説はそんな高倉健イメージの造形に格好の原作としてつかまえられたわけで、主人公の役には高倉健以外に考えられないという言い方がいつのまにか定着してしまう過程で、イメージが形づくられたのである。雪のプラットホームにひとり立って空を見上げる制服制帽姿の高倉健、という広告やポスターの図柄は、そんな映画づくりの全過程を集約するものとしてある。

高倉健がひとりで立っていることに注目しよう。短くいっ

鉄道員（ぽっぽや）

監降旗康男原浅田次郎脚岩間芳樹、降旗康男撮木村大作出高倉健、小林稔侍、大竹しのぶ、広末涼子封6月5日時112分

菊次郎の夏

監脚北野武撮柳島克己出ビートたけし、関口雄介、岸本加世子、吉行和子封6月5日時121分

てしまえば、そこには関係が欠落している。むろん映画のなかには話として多様な人間関係が出てくるが、それが本質的な関係のドラマになることはない。大竹しのぶが頑なで不器用な男を夫に持った妻の役を例によって感動的に熱演したところで、そこから何かが起こるわけではなく、いくら見る者の胸に訴えようと、結果的には空回りの熱演に終ってしまう。また、小林稔侍が親友の情をクサイほどに力演しても、ついに主人公の気持を一ミリも動かせないため、人生論を説くしたり顔しか浮かび上がらない。これは演じる俳優たちのせいではなく、映画の基本的なあり方による。

主人公の前につぎつぎ出現する三人の女の子のうち、最初の幼女の登場シーンが象徴的であろう。画面はまず、駅のホームでひとり雪かきをする主人公をうつしたあと、カットが変わり、積もった雪のあいだからホームのほうへ幼い女の子がひょこっと出てくる姿をとらえ、キャメラが引かれて、右に高倉健、左に幼女という横長の構図になり、主人公が女の子に気づくというふうに描く。あらためて説明するまでもなく、幼女の出現は、この映画にとって、というより、人生の終着駅を迎えつつある孤独な男にとって、きわめて重要な事態であるはずだが、画面は、まず主人公ではなく観客の眼前に、可愛い女の子を差し出すのである。つまり、幼女は主人公との関係において出現するのではない。そんなことではここでつづられる話が基本的に成り立たないのではないか。

広末涼子が三人目の娘となって登場するシーンはさすがに違っていて、主人公が夜、外から駅舎に入ろうとして、オヤッという表情になったところへ「駅長さん、こんにちは」という若い娘の声がかぶさる。だが、そのあと、目の前にいる少女が亡くなった自分の娘にほかならないと主人公が気づくクライマックスのくだりでは、ふたりの向かい合った立ち姿を、大部分は高倉健のアップ、あいだにときおり広末涼子のアップという切り返しでつづり、感涙にむせぶ主人公の姿が強調されるばかりで、ふたりを横からのアングルでとらえた画面はかなりあとまで出てこない。ここでも関係は欠落しているのである。少女は主人公の主観において出現するので、一方的でいいとも考えられるが、高倉健の感涙をえんえん描くことが主人公の幻想の絵になっているとはいえまい。

この『鉄道員』では、幼女の出現シーンが示すように、すべてにおいて観客の見た目が優先されている。広末涼子のくだりでは、最初こそ主人公の主観で始まるが、あとは高倉健を見つめる観客の視線にもとづいて描写が進められていくのである。全スタッフ、高倉健本人、観客が一致協力して〝最後の映画スター〟高倉健のイメージを盛り立てる光景が、ここにはある。

北野武のイメージも強烈である。ビートたけしの要素が混

じるので、ややこしいが、そのことも含め、映画監督北野武をめぐるイメージが強固に存在する。だれよりも当の本人がまずその事実に鋭く意識的で、新作『菊次郎の夏』では、前作『HANA-BI』から一転、見ようによってはベネチアのグランプリに後足で砂をかけるかのごとく、デタラメなまでに遊戯感覚にあふれた世界をくりひろげる。緊迫から弛緩へというこの転変は、むろん北野武の持論〝振り子運動〟によるものであり、そのようにして強固なイメージからの逸脱が常に敢行されつづけているのである。

実際『菊次郎の夏』がそんな構造になっている。子どもと中年男の二人旅は男の子の母親を探す旅なのに、始まったとたん競輪狂いへ逸脱し、以後も回り道と無駄足の連続に終始するなか、作品としては母恋いドラマをつづるどころか、悪ふざけとギャグの流動体になってゆく。男の子と母親の対面シーンは回避されたうえに、中年男のほうが母親に会いに行って、いったい〝母をたずねて三千里〟の主体がだれかわからない。そのあげく作品全体の流れが進行するにしたがって、〝母もの〟ではなく、むしろ〝父もの〟映画と呼ぶべきであるかのような感興がにじみ出してくる。

かくして『菊次郎の夏』では、話の展開も描写の細部も逸脱に逸脱を重ねていって、ぴたりと決まらず、不定型の流動ばかりが差し出される。この北野武の自己イメージの破壊ぶりは『鉄道員』の高倉健の場合とまったく逆であろう。おとなと子ども、風景、主人公の愚直さという点で、二本の映画は共通するが、あり方はみごとに極端な対照をなしているのである。菊次郎と男の子がついに鉄道を利用しないのは、決まったレールの上など動きたくないという姿勢の現われだともいえようか。

俳優プロパーの高倉健と監督・主演を兼ねる北野武を同列に並べるのは、いささか強引かもしれない。しかし、日本映画の現在における両人のあり方を見ていると、撮影所システムとそれ以後ということがひしひしと感じられてくる。いうまでもなく〝最後の映画スター〟とはそうした意味においてである。

それにしても、高倉健のイメージはいったいどのあたりから固着したのか。任侠映画のいわゆる〝我慢劇〟によって爆発的な人気を獲得した一九六〇年代後半から、と見るのは、かなり短絡的であろう。先日、必要があって深作欣二の『ジャコ萬と鉄』『狼と豚と人間』(ともに一九六四年)を見直したが、高倉健は開放的なキャラクターを豪快に演じて、単純な忍耐イメージなどなく、その後の任侠映画群でも陽気なあんちゃんを演じていた。いま、短絡的に想像されるのとは大きく違って、任侠映画における高倉健の役柄は、うわべでは同じような役ばかりに見えようと、すこぶる多種多様の個性に彩られ、ときには逸脱もあって、そうした俳優としての魅力の幅があればこそ熱烈ファンを生み出したのである。

むしろ問題は任侠映画以後であろう。具体的にいえば、一九七七年の『八甲田山』『幸福《しあわせ》の黄色いハンカチ』から始まって、八〇年の『動乱』『遥かなる山の呼び声』、八一年の『駅／STATION』とつづく過程において、一種〝国民的〟な広がりの人気を獲得するなか、いまの『鉄道員』につながる幅の狭いイメージが固まっていったと思われる。つまり、撮影所システムの崩壊とともに俳優イメージの固着が起こったということができる。

かつてなによりまずアウトロー＝はみ出し者として精彩を放った大俳優が、いま、世間一般に流通する固定イメージに寸分の隙もなくぴたりと収まって、はみ出さない。昔と同じであってほしいなどとはさらさら思わないが、可能性としての魅力を殺していることは明らかであろう。わたしは『鉄道員』を見て、したり顔の人生論が画面に行き交うなか、『幸福《しあわせ》の黄色いハンカチ』や『遥かなる山の呼び声』を想起し、大竹しのぶと小林稔侍の熱演から昨年の『学校Ⅲ』を思い浮かべて、それならいっそ山田洋次を監督に選ぶべきではなかったかとあらぬことを考えてしまった。

（第一三九回／九月下旬号）

京都からの報告

◉第二回京都映画祭は九月十九日〜二十六日の日程で催され、初日から予想以上の観客が詰めかけた。オープニングセレモニーとそれにつづく京都シネメセナ第一回作品『いちげんさん』の初上映では、交通の便がいいとはいいがたい洛東・岡崎の京都会館第一ホールが千九百人余の人々で超満員になった。客席がガラガラで寒々しかった前回とはたいへんな違いである。

そこで、ある新聞記者が盛況に沸く京都会館のロビーで映画祭企画委員のわたしに聞いてきた。前回の全般的低調を思えば、初日からこんな状態とは信じられないほどで、いったい前回と企画その他の点でどう違うのか、と。

第二回京都映画祭の企画は、まず「映画都市・京都が生んだ名作の上映」として〝一九三〇年代の明朗時代劇〟〝市川雷蔵と大映時代劇〟の二特集があるほか、京都にあるイギリス、ドイツ、フランス、イタリア各国の文化センターと組んだ「映画都市・京都と世界の交流」と名づけた特集、女性映画祭、国際学生フィルム・フェスティバル、秋以降に封切られる内外の話題作の特別上映などで成り立っている。この構成は基本的に第一回とほぼ変わらない。たとえば「映画都市・京都が生んだ名作の上映」では、前回は〝時代劇の第一期黄金時代〟と題して一九三〇年代の時代劇を特集するとともに、中村錦之助（萬屋錦之介）追悼特集を組んだ。今回、新しく加わったのは、上限一億円の製作助成をする京都シネメセナの第一回作品の完成上映くらいであろう。

　そんなふうに企画の中身は前回から引き継いでいるものの、しかし、前回の反省点を踏まえ、映画祭へ向けての動きのあり方は大きく変えた。中島貞夫総合プロデューサーの、観客集めに力を入れようという大方針のもと、さまざまに知恵が絞られ、あらゆる手が尽くされた。たとえば〝市川雷蔵と大映時代劇〟の特集では、長いあいだ上映されていない特撮時代劇『大魔神』三部作(一九六六)の上映を企画するとともに、五メートル近い大魔神像をレプリカ復元し、京都駅に設置して、その像の前で催した前夜祭では、あの天にも通じるかのような大階段に入れ替わり立ち代わり三千人以上もの老若男女が集まった。あるいは国際学生フィルム・フェスティバルの日程を前倒しの十五日〜十七日にして、映画ファンの学生たちが映画祭の多彩なプログラムを見られるように計った。大勢のボランティアを含む特別チームによって膨大な量のチラシが撒かれ、大々的なポスター作戦が取られたことはいうまでもない。

　しきりに首を傾げている新聞記者に、わたしはざっと以上のようなことを説明し、前回と今回では、違うけれど同じで、同じだがまるで異なっている、と禅問答のようなことを述べた。そして、ふと既視感にとらわれた。これに似たことを最近どこかで書いたのではないか。いや、そうではなかった。わたしは映画祭の最中にこの時評の原稿を書こうと、その数日間、塚本晋也の『双生児　GEMINI』について思いをめぐらし、同じようなことを考えていたのである。結局、映画祭が始まったとたん、執筆の時間などとれるわけがなく、このとおり一号遅れになってしまったが。

　塚本晋也の『双生児』は、江戸川乱歩の初期短篇を原作に、双子の兄弟の入れ替わり劇を妖しい世界に描き上げていく。何より強烈に目を撃つのは、異形の者の跳梁であろう。主人公の裕福な若い医師(本木雅弘)や美しい新妻(りょう)をはじめ、だれもが眉のない能面のような顔で登場して、それだけでも十分に妖異な気配を放つが、やがて一家の豪邸に出没してつぎつぎ災いをもたらす主人公そっくりの男(本木雅弘)や復讐鬼と化した若者(浅野忠信)などは、眉がないばかりか、荒々しい隈取りを施したかのような顔面に色も形も定かならぬ襤褸をまとって、憤怒の絶叫とともに暴れ、この世の者とは思えない存在を圧倒的な迫力で差し出す。ドラマの時代設定を原作の昭和初期から半ば時代劇な仮構性のある明治末に改変したことが、明らかに活きている。

　あらためて説明するまでもなく、塚本晋也は『鉄男』(八九)などで異形の者の跳梁を描いてきた。その延長線上において江戸川乱歩の作品を咀嚼し、自分の世界を構築したのである。むろん『双生児』の造形は『鉄男』と大きく異なっていて、鉄の感覚が皆無で、代わりに襤褸の衣裳や貧民窟の破れ果てた障子や壊れた柱などに見られるごとく、布や紙や木の感触が渦巻く。だが、主人公一家を死の恐怖で脅かす男はもとより、異様なボロ着をまとった貧民窟の住民が怒号の狂乱をくりひろげるとき、その襤褸が布のままに憤怒と憎悪の力でもって鉄の刃物の鋭さを帯びてまがまがしい。『双生児』は『鉄男』と明瞭に違いつつ通じ合い、そうした相似性を内部に含みながらはっきりと異なっているのである。

この作品では、古くから映画でお馴染みの一人二役が存分に活用されている。富裕と貧困、善と悪、正常と狂気、生と死など、いくつもの対立する二項を、庭の井戸の底に閉じ込められた本木雅弘と彼になりすました本木雅弘とが生きて見せるのである。さらにそこには、自己と他者、現実と非現実(夢)、現実と虚構など、多くの二項が重ねられもする。『双生児』の面白さは、そうした幾種類もの対立二項が葛藤し、入れ替わっていくうち、どちらがどちらか茫漠とし、華麗で鮮明な画面の真只中において二項が不分明になってしまうことであろう。そこから生じる怖さこそが『双生児』を第一級のホラー映画にしている。

不分明になっていく二項には、江戸川乱歩と塚本晋也、これも加えるべきか。『双生児』にあるのはまぎれもなく乱歩の世界でありつつ、みごとに塚本晋也の映画なのである。さきほど述べた『双生児』と『鉄男』をめぐる異同の関係が、そこに重なることはいうまでもない。この場合、異同は移動である。

崔洋一の『豚の報い』にもよく似た思いをそそられた。すぐれて男を描くことの多かった監督であるだけに、小島へ旅する女三人のとりとめもない姿、飲んで喰って騒いで下痢に悩まされたかと思えば、ケロリと元の喰いっぷりに戻るさまには、目を瞠らずにいられない。しかも画面のあり方が、いつもの力強いタッチと違い、女たちの姿さながらに、融通無碍にだらだら弛緩している。リアリズムかと思えば、同行の若い男をめぐって、かつて海中で死んだ父親の姿がくりかえし現われたあげく、若者と父親の対面シーンさえ出現する。周知のように崔洋一はアジアということにこだわり、一作ごとにアジア性を深めてきた。それからすれば、沖縄の風土の強烈さを盛り込んだこの作品は延長線上にあるといえよう。だが、ドラマの舞台としての沖縄以上に、ここでは、だらだら文体の獲得がよりしたたかなアジア性を感じさせる。異同による移動が明らかにここにもスリリングに見られるのである。

京都映画祭も第一回から第二回へ決定的に移動した。初日、鈴木保奈美主演で話題の『いちげんさん』上映ばかりか、祇園会館での市川雷蔵作品も、関西ドイツ文化センターにおけるイギリスのアニメーションとドキュメンタリーも、立ち見の盛況になったことは、移動による変化を告げている。むろん移動・変化を目論めば、摩擦やトラブルがさまざまに生じ

双生児　GEMINI

監脚撮塚本晋也原江戸川乱歩出本木雅弘、りょう、藤村志保、筒井康隆封9月15日時84分

豚の報い

監崔洋一原又吉栄喜脚鄭義信、崔洋一撮佐々木原保志出小澤征悦、あめくみちこ、上田真弓、早坂好恵封7月10日時118分

る。そのうち、もっとも大きかったのは入場料問題で、今回、一会場一日券を前売り七百円(当日九百円)に設定したほか、〝パスポート〟と名づけて、開催期間中、各会場へ自由に出入りできる(一部会場を除く)優待券を前売り二千円(当日二千五百円)で売り出した。八日間、これを持って諸会場を走り回れば、二十本以上の映画を見ることも可能であろう。熱烈映画ファンから映画祭事務局に、レンタルビデオより安いという感嘆の声が届いた。早い話、価格破壊である。当然、興行関係とのあいだに摩擦が起きて、中島貞夫総合プロデューサーは対応と処理に走り回ることになった。ただし、格安入場券が観客の動きに火をつけたことは明らかだとして、各会場では意外なほど当日券の客が多かった。そこにも移動の印を見ることができよう。

映画祭に関わるたび、いつも痛感することだが、映画祭の論理は、どうしてもある部分で映画企業の興行の論理とぶつからざるをえない。また、京都映画祭でいえば、京都市の出す一億円を資金にしての事業であるため、当然ながら行政の論理がいろんな局面で出てきて、映画祭の論理と摩擦を起こす。中島貞夫総合プロデューサーを中心とするわたしたち企画実行部隊は、興行の論理と行政の論理のはざまで映画祭の論理をつらぬいていかねばならない。だれが悪いといった話ではまったくなく、葛藤を引き受けつつ、何が可能かを探ることのなかで移動が始まっていく。(この項つづく)

(第一四〇回/十一月上旬号)

祭りの価値 京都からの報告2

◉土本典昭の『回想　川本輝夫　ミナマタ—井戸を掘ったひと』を見た。いうまでもなく川本輝夫とは水俣病運動の指導者で、土本典昭の『水俣　患者さんとその世界』(一九七一)『水俣一揆』(七三)『不知火海』(七五)などに登場するから覚えのある人も多かろうが、新聞等で報じられたように、今年二月に急逝した。享年六十七。その突然の死に深い衝撃を受けたのであろう、土本典昭はわずか半年後の八月、私家版ビデオ『回想　川本輝夫』を完成させたのである。内容は『水俣　患者さんとその世界』など一九七〇年代・八〇年代の作品からの抜粋と、土本典昭が九〇年代に個人的に撮ってきた八ミリビデオの映像からなり、編集の現在性からしてまぎれもなく土本典昭の新作と見ることができる。

描かれるのはある男の三十年にわたる闘いの記録であり、画面には、川本輝夫の、まだ青年の雰囲気を放つ三十代後半から渋味をたたえた六十代までの姿が、土本典昭のナレーションのもとにつづられてゆく。まずなにより顔と表情が胸をうつ。三十年という歳月のなか、ひとりの男の顔がこんなに豊かな変貌を遂げ、さまざまな状況においてこれほど多彩な表情を見せ、しかも一貫して強固なものを持ちつづけているとは、尋常ならざる事態ではないか。そしてむろん、患者説得やデモ行進やチッソ社長との対決や座り込みなどのシーンも迫力満点だが、その渦中の川本輝夫の、語り、叫び、問い詰める声が、なまなましい現在形として迫ってくる。若き日の社長糾弾の言葉から「水俣湾を世界遺産に」と説く一九九八年の市議会における発言まで、その声には、つねに感情と論理のみごとな結合があって、ただならぬ迫力を発揮するのである。

ひとりの男の執念を物質的とでもいうべき具体性の豊かさで差し出す点で、『回想　川本輝夫』は傑作と呼ぶにふさわしい。だからこそ、ラスト、闘い抜いてきた者が最晩年に陥った孤立感が語られるとき、被写体と作者との二重の叫びが胸を刺す。この作品が私家版であることに注目しよう。ひとりの男の執念とは同時に土本典昭のことにほかならないのである。「熱意とは事ある毎に意志を表明すること」。これが川本輝夫の座右の銘だったという。私家版という形には個の意志表明ののっぴきならなさこそが表現され、そのことが状況を波立たせずにはおかない。

ここで話は京都映画祭のことに飛ぶが、映画祭というものも映画状況を波立たせるものでなくてはなるまい。古今東西のフィルムを集めて上映することによって、規範として流通している映画イメージをどう揺さぶり動かすか。京都映画祭の場合には、すでに存在するフィルムを上映するだけにとどまらず、新しいフィルムを生み出すこと(京都シネメセナ)も加えて、その課題に取り組もうとしている。第一回作品『いちげんさん』につづいて、第二回シネメセナの企画募集がすでに始まった。

波立たせるとなれば、摩擦が生じるのは当然であろう。入場料金でいえば、京都映画祭は京都市の資金によって成り立っているのだから、本来、税金を納めている京都市民には無料で映画を見てもらうのが筋かもしれないが、映画祭運営の経費も必要であり、諸般の事情を勘案して、ぎりぎりの安い値段に設定した。そして京都シネメセナ作品『いちげんさん』については無料招待にした。肝心なのは映画祭を催すことによって、単に一般観客に魅力的な映画を届けるだけではなく、面白いプログラムを組んで潜在的な観客を顕在化させることだと思う。すでに存在する観客を視野に入れるとともに、いわば眠っている観客を掘り起こし、さらに新しい映画観客を生み出すこと。パイの分配ではなく、パイを大きくすること。わたしたちが基本的に考えたのは、そういうことであり、それが少しでも実現できなければ映画状況の活性化は夢のまた夢でしかない。

回想　川本輝夫　ミナマタ—井戸を掘ったひと
【製】土本典昭、土本基子、丸岡秀樹【時】42分

どこまでもいこう
【監】【脚】塩田明彦【撮】鈴木一博【出】鈴木雄作、水野真吾、鈴木優也、芳賀優里亜【封】10月23日【時】75分

大いなる幻影
【監】【脚】黒沢清【撮】柴主高秀【出】武田真治、唯野未歩子、安井豊【封】12月11日【時】95分

いま、土本典昭の仕事と京都映画祭のあり方をまるで同列に並べて語っていて、むろん行政の絡む映画祭は個の論理でのみ動くわけではないが、波立ちを起こす形は多様であってよかろう。映画祭といえども、原動力は個の情熱である。今回、一般市民および学生のボランティアがさまざまな場面で大活躍をくりひろげ、なかにはかつて京都の撮影所でキャメラマンや女優などとして映画づくりの現場にいた人も多くいた。『いちげんさん』の撮影現場も京都および周辺の都市から参加した多数のボランティアの無償の労働によって支えられたという。そんな渦巻く個の情熱を集約して、中島貞夫総合プロデューサーの方針と行動がある。

生み出すといえば、京都映画祭では、日本映画に関する評論・研究を対象にした「京都映画文化賞」を設けている。詳しくは本誌で別に発表されるので、ここでは大まかに触れるだけにするが、第二回の募集にも力作が予想以上に数多く寄せられて、わたしも含む審査員五名は選考に難儀した。まず六作品を選び出し、さらに四篇に絞ったものの、甲乙つけがたく、侃々諤々の議論を経て、やっと当選作を決定したという次第である。四篇のうち、一本は七百枚(四百字詰)、三本が二百枚以上で、ボリュームだけでも凄い。べつに分量が多ければいいというものではないが、四作品にはその枚数を必要とするだけの中身が確実にあって、対象への取り組みと文章形式の双方においてユニークかつ力強い成果をあげ、日本映画に対する新鮮な視角と思考を提起している。

それにしても、と思う。「京都映画文化賞」は始まったばかりの二回目で、何の権威もないが、そこにこれだけの力作が何本も応募されてくるということは、逆にいえば、既成の発表の場が貧しいという事実を語っているのではないか。最後まで残った四篇はいずれも書き下ろし作品であった。応募は単行本や雑誌掲載による既発表作品でもよく、書き下ろしを特別扱いにしてはいないが、ともあれ七百枚も二百何十枚もの渾身の力作を書き下ろしで書く人がいたという事実は、映画に文章で関わろうとする熱情と、評論・研究の発表の場とのアンバランスを告げているにちがいない。実際、いま、たとえば無名の新人が、無名の新人だからこその蛮勇に近い膂力を発揮して書き下ろした何百枚もの評論・研究を、ちゃんと受け止めてくれるジャーナリズムがあるだろうか。四篇はけっして完璧な作品ではないが、ぜひとも活字になって広く読まれるに値する作品であり、そうであることにおいて、個の批評的情熱をむなしく浮遊させたままにしている現在の映画批評ジャーナリズム状況に対して厳しい批判を突きつけているといえよう。

京都映画祭の基本理念は〝映画都市・京都〟の活性化ということにあるが、いうまでもなくそれは日本の映画状況と切り離してはありえず、ただちにそこへ結びつく。というより、結びつかねばならない。祭りの価値がそこで問われる。

波立ちの形は多様であっていいとさきほど述べたが、むしろ多種多様であるべきであろう。たとえば先日、土本典昭の私家版ビデオと前後して、映画の学校から生まれた一本の映画にぞっこん魅せられた。塩田明彦の『どこまでもいこう』である。舞台は東京近辺とおぼしき郊外のニュータウンで、団地に住む小学五年生の男の子たちの日常が描かれるのだが、話の進展とともに、画面がさながら戦争映画かアクション映画の様相を帯びていく。なにも花火の鉄砲を撃ったり、中学生グループと喧嘩をやらかしたり、転校生との確執があったりするからではない。十歳の少年たちが遊び、いたずらをし、走り、出会い、異性に心をときめかせ、裏切り、ちょっとしたはずみで感情を通わせ、といったふうに、あるがままの日々を生きる姿が、随所に静かに流れるアメリカ映画『史上最大の作戦』(六二)の主題曲のもと、戦争アクションを思わせるのである。十歳の少年たちが立派にそれなりの男としての倫理と行動を示すように、この作品はいわゆる〝児童映画〟ではなく、ただ一本の映画として素晴らしい。子どもを主人公にあのキアロスタミの諸作品に匹敵する映画が日本にも誕生した、と声を大にしていっておこう。

こんな傑作が東京の映画美学校から生まれた。塩田明彦以下メインスタッフはプロだが、助手には美学校の生徒たちがついて、実際の撮影現場を体験することをとおして映画づくりの何たるかを学んだわけである。団地の平凡な風景がそのまま戦場になってしまう劇映画と、生涯を賭して公害病と闘い抜いた男のドキュメンタリーとでは、あまりに懸け離れているが、教える・学ぶという個と個の関係の総和から一本の作品が生まれた事実は、土本典昭の採った私家版というあり方と通底しているにちがいない。二作品は内容の違いを越えて、表現をめぐる個と共同の場との関係という点において挑発と刺激に満ちているのである。いうまでもなくそれもまた映画という祭りの価値に関わることであろう。映画美学校からはすでに第二弾として、黒沢清の、とりあえずは驚嘆感動とでもいっておきたい新作『大いなる幻影』が誕生している。

(第一四一回／十一月下旬号)

映画における他者

◉大阪の「映画新聞」が終刊した。最終号は十一月一日の第百五十六号。創刊号の発行日が一九八四年六月一日だから、十五年間つづいたことになる。小さな新聞で、知らない人も多いだろうが、数少ない映画ジャーナリズムの本格派であり、月刊のペースは完全には守られなかったが、わずか二、三人の完全無給労働で十五年もつづけた情熱は半端ではない。映画批評メディアでは、季刊「リュミエール」の創刊が八五年九月である。ついでにいえば、わたしのこの時評はさらに一年後の八六年秋から始まった。

「映画新聞」はもと自主上映運動に携わっていた景山理が仲間とともに出しつづけた。八七年夏、彼が中心になって京都に小川紳介の『1000年刻みの日時計　牧野村物語』(一九八七)専用の映画館「千年シアター」を建てたとき、わたしは彼と知り合った。その建設が示すように、小川紳介と小川プロの活動をジャーナリズムとして支持し応援することが、初期「映画新聞」の主な課題であった。当然のごとく紙面はドキュメンタリーへの関心を深め、山形国際ドキュメンタリー映画祭のことを大きく取り扱うようになった。

いま、あらためて「映画新聞」には二度の転換点があったとわたしなりに思う。一番目は九二年の小川紳介の死で、ジャーナリズムとしての核心を失ったあと、迷走状態になだれこんでいった。つぎの転機は、九七年に景山理が映画館「シネ・ヌーヴォ」を大阪・九条に持ったときであろう。自主上映とは違って、れっきとした商業映画館である以上、興行の論理とジャーナリズムの論理が単純直截に両立するわけはなく、迷走の度合は激しくなり、九八年、さらに一館「シネ・ヌーヴォ梅田」を開くに至って、その状態はいよいよ進んだ。その結果、終刊になったのである。事情を一緒くたにはできないが、「シネ・ヌーヴォ梅田」は八月末に閉館した。

いうまでもなく映画ジャーナリズムとは、規模の大小にかかわらず、映画状況の一部分を形づくりつつ、映画にとっての他者でなければなるまい。「映画新聞」の場合でいえば、小川紳介の活動に伴走して紙面をつくることは、単純に小川プロの宣伝を担当することではなく、小川紳介という強烈な他者と対峙することがジャーナリズムとしての起動力になったはずである。そのような小川紳介の死はまさに決定的であった。外野席からやいのやいの言うだけだったわたしがこんな発言をするのはおこがましいが、「映画新聞」は他者を自分のなかに持っていたろうか、生み出したろうか、と思わずにいられない。それこそが映画における他者としてのジャーナリズムの基底部にほかならないからである。

逆にいえば、いま、作品的には活況を呈しているのに、刺激的なジャーナリズムを生み出せないことに、日本の映画状況の貧しさがある。そんなときに「映画新聞」の終刊は痛い。

諏訪敦彦の『M／OTHER』は、題名の示すように、他者をめぐる映画である。同棲している男女の家に、ある日、男の幼い息子が転がり込んできて、限られた日数とはいえ、女は否応なく母親の役を果たさねばならなくなり、たがいに仕事を持ちつつ拘束なしにつづけてきた同棲生活のあり方が崩れ、女は男を別の目で見るようになり、関係の変容のなか、愛する男に対して、自分の位置に対して他者のまなざしを向けるに至る。粗筋を説明すると、三十近いOLと離婚歴のある中年男との話として珍しくもない。ところがこの作品では、ありふれた物語がありふれたままに刺激的なドラマをくりひろげるのである。他者ということがそこに関わる。

描写はおおむね一軒の家のなかで進む。まず男女がいて、そこへ男の子が来て、三人あるいは二人の関係のドラマが展開するわけだが、興味深いことに、その家の構造がよくわからない。わたしは日をおいて二度、この映画を見たものの、いくつもの部屋がどう配置されているのか鮮明にはつかめず、二度目のときにもらった宣伝資料に印刷されている家屋平面図をしげしげ見つめ、やっと少し安心できた。あくまで、少し、である。いくら平面図を眺めながら画面をつぶさに思い浮かべても、ついには納得できないのである。そこまで来て、ようやくわたしは、家の構造のそういうあり方がこの作品の主題にちがいないと思い知った。

M/OTHER
［監］諏訪敦彦［脚］諏訪敦彦、三浦友和、渡辺真起子［撮］猪本雅三［出］三浦友和、渡辺真起子、高橋隆大［封］10月23日［時］147分

白　THE WHITE
［監撮出］平野勝之［封］12月18日［時］118分

明るくなるまでこの恋を
［監脚］大森一樹［撮］深沢伸之［出］荒谷清水、前田晃男、安宅慶太、大島由香里［封］10月29日［時］23分

『M／OTHER』はシナリオなしで撮られた。構成案があるだけで脚本は書かないで撮影する方式は諏訪敦彦の前作『2／デュオ』と同じだが、印象は大きく違い、『M／OTHER』はシナリオの有無などどうでもいいくらい虚構のドラマとして鮮やかに立っている。明らかに『2／デュオ』では未知に向けて跳躍するようにその方法が採られ、だからこそ、切迫感が際どさとでもいうべき衝迫力を生み出したのに対し、『M／OTHER』では前作の実験を咀嚼した段階でフィクションが目指されたのである。そのことは、ヒロインの渡辺真起子が前作の体験をくぐりぬけて女優として輝き、三浦友和があくまで俳優三浦友和の充実した力を示すことにうかがえよう。驚くべきことに子役にも同じことがいえる。

そんなあり方から見えてくるのは、諏訪敦彦が『2／デュオ』を一個の他者として捉えたにちがいないということである。そもそも彼にとっては、映画を撮ること自体が他者であり、他者であらねばならないと考えているのであろう。すなわちそれは、作品を統括する監督としての自分を他者の目で見つめることにほかならない。わたしの判断では、そのことがドラマの内容と関わって画面における家の構造のあり方になっているのである。

平野勝之の『白　THE WHITE』は『由美香』『流れ者図鑑』につづく〝北海道自転車旅行〟三部作完結篇で、前二作が自分と若い女性の二人旅をつづったのに対し、今回は浜松から北上して北海道を縦断する一人旅を描く。つまり監督・撮影・編集・出演の四役を平野勝之が果たす。前二作でも四役は同じだが、すべてを完全に単独でやるとなると、当然、事態は基本的に違ってくる。

一人旅を自分で撮るのだから、まず、手持ちキャメラで周りの風景などをうつすシーンや主観移動のシーンが多い。それは容易に想像できることで、さほど注目するに値しないが、

なにしろ厳寒の冬の東北および北海道を縦断して利尻島をめざす旅ゆえ、雪の道路を疾走する自転車からの主観移動のシーンは、ペダルをこぐ本人の呟きもあって、じつにスリリングな効果を出す。そうした疾走のあいだに、停止シーンがあり、どこかにキャメラをセットしてテントを設営したり食事をとったりの光景がうつしだされる。これも当り前の描写といえるが、夜、テントのなかで、ランプに照らされた平野勝之がキャメラに寂しさを語るうち、女の声で自ら応じて一人で男女の会話をやるシーンは、なんともおかしい。と、まもなく真冬の北海道に突入するや、凄まじい降雪に見舞われ、題名どおり白の世界になって、画面には、濃密な白一色のなか、大型トラックやダンプカーが轟然たる音とともにつぎつぎ姿を見せて疾走し、恐怖をさえ覚えさせるが、つぎの瞬間、巨大な車の背後から、こちらへ向かって必死に走ってくる本人の自転車が忽然と現われるので、いやはや、ようやるわい、と感嘆せずにはいられない。

この作品には、いま記したような形で、三つの撮り方がほぼ段階を踏んで出てくる。スリリングというなら、それこそがスリル満点の面白さをかもしだすといえよう。どんなスリルか。自分で自分を撮るという営みのなか、意識的な自分と他者の分裂がどんどん深化して、撮ることにおける他者性がドキドキさせる勢いを持って浮かび上がってくるのである。

『白　THE WHITE』はビデオ作品で、フィルムに起こしたものが映画館に掛かる。この作品が明らかに既成の映画イメージからズレた面白さを実現しているのは、そのことと無縁ではなく、ドキュメンタリー／フィクションという二項対立に執着するのは無意味であろう。それは『M／OTHER』にも当てはまる。ここに露呈しているのも映画における他者ということにちがいない。

ところで大森一樹の新作を見た。『明るくなるまでこの恋を』という製作費百万円の二十三分の小品だが、れっきとした劇映画で、最後の上映を行ないつつある映画館の客席を舞台に、何人もの男女の個別のドラマが一種の〝グランドホテル形式〟で同時並行的につづられてゆく。映画監督ならだれしも一度は映画館の客席におけるドラマを撮りたいと思うのではなかろうか。そう感じさせるほど、ここでは、撮影条件の良くない客席が巧みに活用され、人生の諸局面を浮き彫りにする。

この映画は、さきほどの景山理が兵庫県宝塚市のつくる公設民営の映画館「シネ・ピピア」の運営に関わったことから、十月のオープニングに合わせて製作されたものである。大森一樹といえば、あの『日本沈没』はどうなったのかと思わずにいられない。企画発表時にはたしか製作費十二億円であった大作から百万円の小品へ。話にならない格差だが、大森一樹の映画魂は感動的で、あらためて映画づくりと映画状況についての思考を刺激する。

（第一四二回／十二月下旬号）

1999年 山根貞男ベストテン

1	菊次郎の夏
2	あ、春
3	ニンゲン合格
4	豚の報い
5	どこまでもいこう
6	おもちゃ
7	M/OTHER
8	ワンダフルライフ
9	双生児　GEMINI
10	ジャム・セッション 菊次郎の夏〈公式海賊版〉(篠崎誠)

あとがき

本書は既刊の『日本映画時評集成 1976―1989』および『日本映画時評集成 2000―2010』を含む『日本映画時評集成』三巻本のうち、年代順では二番目の巻に当たる。

この一九九〇年代篇は、「キネマ旬報」の連載を基本としながら、休載期間を別の文章で補ったため、見た目が雑然としている。『1976―1989』篇も似た印象を与えるが、別個の文章群を纏めたからで、同一視できない。今回、一九九〇年からのゲラを読みつつ、当時のせわしなさを思い出したが、そのことが紙面に反映している。

とにかく忙しく、無我夢中で走り回った。それはそれで楽しく、素敵な刺激もいっぱい受けた。本文で言及しているが、蓮實重彦氏との往復書簡の連載や、国際映画祭への相次ぐ参加などである。慌ただしさを楽しむなか、自分なりの映画観が根底から揺さぶられたことが、いま、鮮やかに蘇る。自分の書くものについて、とりわけ「キネマ旬報」の連載について、このままでいいのかと考えに考えたことも。早い話、マンネリズムを感じて苛立ちを募らせたのである。

「キネマ旬報」の連載が丸十年、百二十回を数えたとき、打ち切りを決心した。一九九六年秋のことで、青木眞弥編集長と相談の結果、一時休載ということになった。わたしはそのまま打ち切りにと思っていたが、やがて青木氏から、そろそろ再開しては、との慫慂が何度もあった。わたしはその間も日本映画を見ており、欲求不満が昂じていたから、氏の厚意を受けることにした。

かくして一九九七年末、連載を再開したのだが、以前とは異なる切り口の模索を心掛けた。見られるとおり、書評、撮影現場ルポ、監督との対話、内外映画祭のレポート、各種シンポジウムの報告など、単に作品を論じるだけではない時評を試みている。

いま思えば、勝手な言い草だが、休載が挟まることで、この一九九〇年代篇はわたしの転換期の記録になっており、だから雑然としているのであろう。いや、自分では転換したつもりでも、実情はどうなのか、その判断は読者諸氏に委ねるしかない。


再開から二十年を経て、二〇一八年の現在も連載は続いている。一九八六年から数えれば三十年を越すわけで、よくぞ、まあ、と思う。歴代編集長に対してはひたすら感謝の念を込めて、そして、自分に対してはほとんど呆れて。

九〇年代の編集長は、植草信和氏、青木氏、掛尾良夫氏と代わった。三氏にお礼を申し上げる。青木氏は別の部署を経て、編集長に復帰し、わたしはいまもお世話になっている。対話の再録を快諾してくださった森達也氏、各紙誌の担当編集者諸氏、データ整理を手伝ってもらった神戸映画資料館の田中範子氏に感謝する。鈴木一誌氏には連載のレイアウトから本づくりまでを手掛けていただき、国書刊行会の樽本周馬氏には雑多な文章群を卓抜な荒技で編集してもらった。お礼の言葉もない。

本書が心ある読者の手に届くことを念じつつ、さらに精進しようと思う。

二〇一八年春　山根貞男

索引〈映画題名〉

（太字数字は作品データ掲載頁を示す）

あ行

あーす……**79**
！［ai-ou］……**59**, 60
あいつ……**79**
愛と希望の街……145
愛と死の記録……337
愛について、東京
……139, 145-**147**, 148, 185
愛のコリーダ……328
愛の新世界……222, **223**
曖・昧・Me……**23**, 24
愛を乞うひと……**361**, 362, 365, 367
青い青い海……138
青空に一番近い場所……**217**
赫い髪の女……233, 319
赤い殺意……312
赤線玉の井　ぬけられます……233
赤と黒の熱情……109, **111**
阿賀に生きる……100, 115, 118, 120,
121, 124, 128, 132, 139, 334
明るくなるまでこの恋を……**401**, 402
《悪名》シリーズ……314
悪役パパ……180, **181**
ＡＣＲＩ……296, **299**
あげまん……29, **31**
あさってＤＡＮＣＥ……75-**77**
アジアンビート　アイ・ラブ・ニッポン
……**83**
遊びの時間は終らない……86, **87**
仇討崇禅寺馬場……83, 383-386
アタシはジュース……**289**, 291
アトランタ・ブギ……304, **305**
あの夏、いちばん静かな海。……85-86,
87, 99, 158
網走番外地……283
あ、春……376, 379, **381**, 382, 403
暴れん坊街道……366
あひるのうたがきこえてくるよ。
……169, **171**
あぶない刑事リターンズ……298, **299**
あふれる熱い涙……108, 110, **111**, 139
阿部一族……261-**263**
avec mon mari……375
嵐の季節　ＴＨＥ ＹＯＵＮＧ ＢＬＯＯＤ ＴＹＰＨＯＯＮ……**241**, 242
ありがとう……**289**-291
ＡＬＩＣＥ ＳＡＮＣＴＵＡＲＹ
……**267**
ありふれた愛に関する調査……**107**, 108
暗殺の街……314, **315**
安心して老いるために……**47**, 48
アンモナイトのささやきを聞いた……**123**
ＥＡＳＴ ＭＥＥＴＳ ＷＥＳＴ
……252, **253**
家なき子……**223**
生きない……**361**, 362, 367
いこかもどろか……50
イコン伝説　追憶のエルミタージュ……**147**
居酒屋ゆうれい……**223**, 224
遺産相続……46, **47**
１１９……219, **221**, 227
１９９０牡丹燈籠……**43**, 44
いちげんさん……393, 395, 397, 398
一条さゆり　濡れた欲情……233
いつかギラギラする日……**123**, 124,
126-129, 132, 139
いつかどこかで……105-**107**
《一心太助》シリーズ……308
一杯のかけそば……106, **107**
いつものように……**343-345**
稲村ジェーン……39, **41**
犬、走る　ＤＯＧ ＲＡＣＥ
……**361**-363, 367
刺青《いれずみ》　ＢＬＵＥ ＴＩＧＥＲ……**203**
インモラル　淫らな関係
……247, **249**, 250
ＷＩＮＤＳ ＯＦ ＧＯＤ……**243-245**
ウォータームーン……**12**, **13**, 14
浮草……373
動くな、死ね、甦れ！……121, 125
薄れゆく記憶のなかで……**123**, 124
宇宙貨物船レムナント６……297, **299**
宇宙の法則……**17**, 18, 55
撃てばかげろう……86, **87**
うなぎ……312, **313**, 319, 325
うみ・そら・さんごのいいつたえ……**103**
裏切りの明日……39, **41**
ウルトラＱザ・ムービー　星の伝説
……22, **23**
噂の娘……250, 357
映画の都　山形国際ドキュメンタリー
映画祭'89……**65**, 67
エヴァの匂い……356, 363
Ａ……339-**341**, 345
駅／ＳＴＡＴＩＯＮ……393
江戸城大乱……95-**97**
Ｎ45°第１話「ワンダー・ラビッシュ」
……**213**, 217
Ｎ45°第２話「パオさんとの復讐」
……**213**
Ｎ45°第３話「情熱の荒野」……**213**
Ｎ45°第４話「風は、どっちに吹いている」……**213**
江分利満氏の優雅な生活……373, 374
エレファントソング……**213**, 227

「エロ事師たち」より・人類学入門
……**312**
エロティックな関係……134, **135**
エンジェル・ダスト
……**217**, 218, 227, 253
エンジェル 僕の歌は君の歌
……133, **135**
エンドレス・ワルツ……**259**, 261, 269
おいしい結婚……**69**-71
美味しんぼ……282, **283**, 284
王手……91-**93**, 94, 98, 99, 102, 128,
300, 362
桜桃の味……319
大いなる完 ぼんの……363
大いなる幻影……**397**, 399
狼と豚と人間……392
狼の眼……314, **315**
大阪極道戦争 しのいだれ……**203**
大阪ストーリー……286, **287**
オートバイ少女……212, **213**
オールナイトロング……**137**
オーロラの下で……36, **37**
おかえり……276, **277**, 278, 301, 364
おこげ……133, **135**
押繪と旅する男……**195**, 196
押忍!! 空手部……**19**
お葬式……28
おてんとうさまがほしい……**241**
男たちのかいた絵……**283**
《男はつらいよ》シリーズ
……143, 177, 183, 294
男はつらいよ 寅次郎紅の花
……264, **267**
男はつらいよ 寅次郎の縁談
……182, **183**
男はつらいよ 寅次郎の休日
……51, **53**, 54
男はつらいよ 寅次郎の告白……96, **97**
男はつらいよ 寅次郎の青春……**143**
男はつらいよ 拝啓車寅次郎様
……**223**, 225
男はつらいよ ぼくの伯父さん
……12, **13**
乙女物語 あぶないシックスティーン
……**41**
踊る大捜査線 THE MOVIE……364
鬼火……314, **315**
鬼平犯科帳……262, **263**
お墓と離婚……**167**
怯える……360, **361**
お日柄もよくご愁傷さま……276, **277**
お引越し……139, 140, 151, **153-155**,
185, 197, 379
おもちゃ
……376, **377-379**, 381, 382, 403
おもひでぽろぽろ……78, **79**
ORGAN……**293**, 294
愚か者 傷だらけの天使……**351**, 352,
363, 367
おろしや国酔夢譚……120, **121**
女がいちばん似合う職業……**49**, 51
女殺油地獄……**113**, 114
女ざかり……**207**

か行

回想 川本輝夫 ミナマタ―井戸を掘ったひと……396, **397**
帰って来た木枯し紋次郎……180, **181**
書かれた顔……**279**, 281
陽炎……**63**
かさぶた……363
風、スローダウン……**93**, 94
風と女と旅鴉……308
風の国……**83**, 84
風の谷のナウシカ……316, 317
かたつもり……319, 320
課長 島耕作……129, **131**, 139
学校……**177**, 178
学校III……393
学校の怪談……248, **249**
学校の怪談2……298, **299**
勝手に死なせて!……**267**
勝手にしやがれ!! 英雄計画
……297, **299**
勝手にしやがれ!! 成金計画
……296, **299**
河童……**223-225**
カップルズ……304
KAMIKAZE TAXI……**223**,
225, 238
神々の深き欲望……312
咬みつきたい……72, **73**
ガメラ 大怪獣空中決戦……236, **237**,
239, 269
ガメラ2 レギオン襲来……297, **299**
カラス……**235**
カルメン故郷に帰る……384, 385
カルロス……330
カレンダー if, just now……**69**, 70
餓狼伝……**231**
渇きの街……306, **307**
ガンガー 俵万智 in カルカッタ
……**213**, 215
カンゾー先生……**361**, 362
寒椿……116, **117**
カンバック……**43**, 45
祇園の姉妹……376
菊次郎の夏……390, **391**, 392, 403
きけ、わだつみの声……243-**245**, 248, 251
岸和田少年愚連隊
……275-**277**, 281, 301
傷だらけの天使……**309**, 321, 329, 352
絆 きずな……**351**
KISS ME……285, **287**
喜多郎の十五少女漂流記……105, **107**

鬼畜大宴会……359, **361**
キッズ・リターン
……291-**293**, 294, 301, 362
機動警察パトレイバー2 the Movie
……**173**, 174
機動戦士ガンダムF91……61, **63**
君が元気でやっていてくれると嬉しい
……**237**
君といつまでも……**235**
君と別れて……356, 357
君を忘れない……251, **253**
ギャッピー ぼくらはこの夏ネクタイ
をする！……**19**
CAB……285, **287**
キャンプで逢いましょう……258, **259**
CURE……**327**, 328, 367, 386-388
今日から俺は!!……192, **193**
KYOKO……**279**-281
教祖誕生……179-**181**, 185
極東黒社会……155, **157**
きらい・じゃないよ2……**135**
きらきらひかる……133, **135**, 139
斬り込み……**235**
霧の子午線……**273**, 274
緊急呼出し エマージェンシー・コール
……262, **263**
きんぴら……**53**, 54, 60
銀嶺の果て……305
Coo 遠い海から来たクー
……**183**, 184
草とり草紙……334, 335
草の上の仕事……**181**
沓掛時次郎 遊侠一匹……308, 326
グッバイ・ママ……**65**, 67
くまちゃん……**153**
蜘蛛の瞳……363
藏……**259**, 260
グループ魂のでんきまむし
……384, **385**
クレープ……**173**, 174
紅の豚……122, **123**, 124
紅蓮華……**147**, 148
黒い雨……312
黒い下着の女 雷魚……314, **315**, 321
軍艦武蔵……**123**, 124
継承盃……126, **127**, 130, 132, 139
外科室……106, **107**, 108
激走トラッカー伝説……75, **77**
激動の1750日……42, **43-45**, 90
激安王 通天の角……**217**
月下の蘭……76, **77**
月光の夏……**159**, 160
結婚……152, **153-155**
獣のように……**33**, 34
ゲレンデがとけるほど恋したい。
……**267**
ゲンセンカン主人
……168, 170, **171**, 185
現代仁侠伝……329-**331**
恋……363
恋極道……321
恋のたそがれ……**189**, 191
恋人たちは濡れた……233
公園通りの猫たち……**13**, 14
高校教師……**177**, 178
好男好女……267
豪姫……110, **111**
行楽猿……178, 179, **181**
GHOST IN THE SHELL 攻殻機動
隊……264, **267-269**
KŌYA 澄賢坊覚え書……**189**, 190
ゴールドラッシュ……**53**, 60
極つぶし……**221**
極道記者……**163**, 164
極道戦争 武闘派……**89**, 90, 99
極道の姐《おんな》・玲子……202, **203**
《極道の妻《おんな》たち》シリーズ……188, 202
極道の妻《おんな》たち 赫い絆……**253**-256
極道の妻《おんな》たち 危険な賭け……**289**, 290
極道の妻《おんな》たち 決着《けじめ》……329-**331**
極道の妻《おんな》たち 最後の戦い……30, **31**
午後の遺言状……244, **245**
精神《こころ》の声……250
仔鹿物語……**65**, 67
GODZILLA……349, 350
《ゴジラ》シリーズ……126, 138, 294
ゴジラVSキングギドラ……95-**97**-99
ゴジラVSスペースゴジラ……**223**, 225
ゴジラVSデストロイア……265, **267**
ゴジラVSビオランテ……**13**, 14
ゴジラVSメカゴジラ……**183**
ゴジラVSモスラ……**137**
国会へ行こう！……156, **157**
国境の町……138
子連れ狼 その小さき手に……**147**
ゴト師株式会社……156, **157**
ゴト師株式会社II……**189**, 190
ゴト師株式会社III……**223**, 225
GONIN……228, **253**, 256, 257,
269, 288
GONIN2……288, **289**, 301
子猫物語……14
この窓は君のもの……**237**
五番町夕霧楼……373
これがシノギや！……202, **203**
怖がる人々……198, **199**, 201
C〈コンビニエンス〉・ジャック
……**103**, 104

さ行

魚からダイオキシン!!……**107**, 108
ザ・ギャンブラー……**127**, 128
さくら……**199**, 200
櫻の園……45, **47**, 48
ザザンボ……142, **143**, 144

ザ・中学教師……110, **111**
殺人がいっぱい……75, **77**
サディスティック・ソング……282, **283**
座頭市物語……314, 373, 374
サニー・ゲッツ・ブルー　追撃のキーウエスト……76, **77**
さまよえる脳髄……**183**, 184
鮫肌男と桃尻女……365, **385**
狭山事件　石川一雄・獄中27年……72, **73**
さよなら、こんにちわ……**43**
サラーム・ボンベイ！……21
さらば愛しのやくざ……**49**, 50
サラリーマン専科……**267**
さわこの恋　1000マイルも離れて……**245**, 246
三月のライオン……**117**
残侠……363, 376, **377**, 379
サンクチュアリ……**241**, 242
残酷ドラゴン　血闘竜門の宿……363
斬殺せよ―切なきもの、それは愛……**49**, 50
3－4x10月……39-**41**, 55, 158
《三里塚》シリーズ……333
《三里塚ノート》シリーズ……333
幸福《しあわせ》の黄色いハンカチ……393
ジーザスの日々……388
シーズ・レイン……**153**
シーズン・オフ……**131**, 132

ジェームス山の李蘭……106, **107**
式部物語……42, **43**
時雨の記……335, **337**, 339, 365, 367
地獄堂霊界通信……282, **283**
地獄の警備員……115-**117**, 139
シコふんじゃった。……98, 102, **103**, 104, 139, 272
獅子王たちの最后……**157**
獅子王たちの夏……**59**, 60
四十七人の刺客……216, **217**, 390
死臭のマリア……360, **361**
史上最大の作戦……399
7月7日、晴れ……285, **287**
七人のおたく……**137**, 138
失楽園……**319**, 325, 336
しとやかな獣……373, 374
死の棘……21-**23**-25
東雲楼《しののめろう》　女の乱……**213**
ZIPANG《ジパング》……15-**17**
四万十川……**97**, 98
ジャコ萬と鉄……392
《社長》シリーズ……131, 375
シャブ極道……**283**, 284, 301
ジャム・セッション　菊次郎の夏〈公式海賊版〉……403
写楽……**231**, 232, 234
Shall we ダンス？……272, **273**-275, 301, 375
襲撃　BURNING　DOG

十三人の刺客……**83**, 84
就職戦線異状なし……95
渋滞……64, **65**-67
集団左遷……**77**
シュート！……**221**
12人の優しい日本人……**195**
獣兵衛忍風帖……**97**, 98
十六歳のマリンブルー……161-**163**, 185
修羅の帝王……**23**, 24
修羅の伝説……222, **223**
修羅場の人間学……**103**, 104
少年時代……**177**, 178
勝利者たち……35-**37**
《昭和残侠伝》シリーズ……130, **131**
JOKER……216, 235
ショート・カッツ……**273**
女囚701号　さそり……230
ジョセフ・ロージー　四つの名を持つ男……363
女帝……348
女帝・春日局……**231**
女優霊……12, **13**, 15
白鳥麗子でございます！……**277**
不知火海……258, **259**
不知火検校……396
《私立探偵濱マイク》シリーズ……314
尻を撫でまわしつづけた男　痴漢日記……**237**, 238

白　THE WHITE……**401**, 402
白い巨塔……373
白い手……**43**-45
次郎長三国志　第八部　海道一の暴れん坊……83
新・悲しきヒットマン……**253**-256, 269
シンガポールスリング……**173**
新唐獅子株式会社……346, 365
仁義……**97**
《仁義なき戦い》シリーズ……329, 376-379
仁義なき戦い……223, 378, 379
蜃気楼劇場……**147**
新・極道記者　逃げ馬伝説……**289**, 301
新・極道の妻《おんな》たち……72, **73**
新・極道の妻《おんな》たち　覚悟しいや……**147**
新・極道の妻《おんな》たち　惚れたら地獄……188, **189**
新宿黒社会　チャイナ・マフィア戦争……**263**, 264
新宿欲望探偵……**199**, 200
人生劇場……70
人生は琴の弦のように……125
死んでもいい……128, **131**, 132, 139
新・同棲時代……**89**
迅雷　組長の身代金……**289**, 290, 301
崇禅寺馬場……383
鋼鉄の巨人《スーパー・ジャイアンツ》　怪星人の魔城……363
スーパーの女……**289**-291

スキ……**53**, 54, 60
スキヤキ……**241**, 243
スキンレスナイト……64, **65**, 67
ＳＣＯＲＥ……272, **273**, 274
すっぽんぽん……46, **47**
スティング……217
ストリート・オブ・ノー・リターン
……41
ストロベリーロード……**65-67**
Spanking Love……**241**, 243
スペインからの手紙　ペンポスタの子どもたち……**173**, 175
スロッピイ・ジョウ＆ハートブレイク・カンパニー……120, **121**
スワロウテイル
……295, 296, 298, **299**, 304
青春残酷物語……145, 146
青春デンデケデケデケ……**135**, 139, 166, 207
青春の門……167
青年の海　四人の通信教育生たち
……333
ゼイラム……**97**
関の弥太ッペ……308
切腹……373
全身小説家……**213**, 214, 227
戦争と青春……82, **83**
１０００年刻みの日時計　牧野村物語
……102, 104, 400
双生児　ＧＥＭＩＮＩ
……394, **395**, 403
狙撃　完結篇　ＴＨＥ ＳＨＯＯＴＩＳＴ……**189**
卒業旅行　ニホンから来ました
……169, **171**
ソナチネ……158, **159-161**, 164, 185, 294, 362
その男、凶暴につき……158
杣人物語……**319**, 321
空がこんなに青いわけがない……145, 148, **151**, 185, 220

た行

ダーク・スター……363
第１回欽ちゃんのシネマジャック　港……**157**, 158
第２回欽ちゃんのシネマジャック　螢の光……212, **213**, 215
タイガースメモリアルクラブバンド　ぼくと、ぼくらの夏……46, **47**
大失恋。……230, **231**
代打教師　秋葉、真剣です！……**83**, 84
大地の子守歌……362
ダイ・ハード……116
大病人……**159**, 160
大魔神……394
大誘拐　ＲＡＩＮＢＯＷ ＫＩＤＳ
……56, 58, **59-61**, 99
大夜逃《だいよにげ》　夜逃げ屋本舗３……**235**
高瀬舟……**15-17**
タスマニア物語……32, **33**
戦ふ兵隊……304-306
ただひとたびの人……**231**
旅するパオジャンフー
……258, **259**, 261, 269
ＸＸ《ダブルエックス》　美しき凶器……**189**
ＸＸ《ダブルエックス》　美しき狩人《ハンター》……212, **213**
丹波哲郎の大霊界２　死んだらおどろいた!!……12, **13**
ちぎれた愛の殺人……**163**, 164
チチカット・フォーリーズ……364
乳房……**173**, 174
チャイナシャドー……**25-27**, 146
チャカ　ＬＯＶＥＬＹ ＨＩＴＭＡＮ
……365
忠臣蔵外伝　四谷怪談……215, **217**, 219, 222, 227, 261
超高層ハンティング……**65**, 66
超少女ＲＥＩＫＯ……**89**, 90
超能力者　未知への旅人……206, **207**
諜報員……138
通称！ピスケン……**283**
月はどっちに出ている……172, 176, **177**, 181, 182, 185, 230
月はどっちに出ている（短篇版）
……**181**, 182
月より帰る……**223**, 225
つぐみ……**43-45**
蕾のルチア……**143**, 144
妻はフィリピーナ……**209**, 210
罪と罰　ドタマかちわったろかの巻
……**189**, 190
《釣りバカ日誌》シリーズ……210
釣りバカ日誌２……12, **13**
釣りバカ日誌３……**53**
釣りバカ日誌４……**97**, 98
釣りバカ日誌５……**143**, 144
釣りバカ日誌６……**183**
釣りバカ日誌７……**223**, 226
釣りバカ日誌スペシャル
……208, **209**, 227
ツルモク独身寮……**79**, 80
鉄男……131, 394, 395
鉄男Ⅱ　ＢＯＤＹ ＨＡＭＭＥＲ
……**131**
鉄拳……48, **49-51**, 55, 194, 196, 197
鉄と鉛……330, **331**
デッドマン……267
てなもんやコネクション……10, 39-**41**, 49, 55
てなもんや商社……343-**345**
でべそ……**279**, 280
２／デュオ
……302, **317**, 321, 333, 335, 401
天安門……310, 311

電影少女　VIDEO GIRL AI
……75, **77**
天河伝説殺人事件……62, **63**
天国と地獄……373
天国の大罪……128, **131**
天使のはらわた　赤い閃光……**221**
天と地と……32, **33**, 34, 39
DOOR III……297, **299**
トイレの花子さん……248, **249**
TOKYO EYES……363, 365, 375
東京兄妹……**231-233**
東京上空いらっしゃいませ……30, **31**, 34,
55, 379
tokyo skin……**287**
東京の休日……**89**, 90
TOKYO FIST……**259**, 260, 264
東京物語……354, 371, 372
東方見聞録……112, **113**, 115, 182
動天……58, **59**, 60
動乱……338, 393
闘龍伝……**237**, 238
遠き落日……120, **121**
トカレフ……185, 186, 191, **193**, 194,
196, 197, 227
時の輝き……**237**, 238
トキワ荘の青春……**279**, 280
どこまでもいこう……**397**, 399, 403
どついたるねん……48, 49, 92, 196,
197, 245, 300
特攻レディース　夜露死苦《ヨロシク》!……**203**
どっちもどっち……**49**, 50
となりのトトロ……317
《殿さま弥次喜多》シリーズ……308
飛ぶ夢をしばらく見ない……**47**
ドライビング・ハイ!……170, **171**
トラブルシューター……**253**, 255
とられてたまるか!?……206, **207**
トルペド航空隊……125
翔んだカップル……379
首領《ドン》になった男……68, **69**, 206
ドンマイ……**19**-21
首領《ドン》を殺った男……201, **203**, 204

な行

ナースコール……**147**
奈緒ちゃん……305, 306
流れ者図鑑……**345**, 401
渚のシンドバッド……**273**, 274
哭きの竜……**253**, 255
泣きぼくろ……86, **87**, 99
ナスターシャ……**199**, 200
ナチュラル・ウーマン……**223**, 224
夏の庭　The Friends……197-**199**, 200,
207, 227, 379
夏のページ……**19**-21
なで肩の狐……**385**
7本のキャンドル……363
波の数だけ抱きしめて……82, **83**, 84
楢山節考……313
南京1937……349, 355
ナンミン・ロード……**113**, 114
20世紀ノスタルジア……321
虹をつかむ男　南国奮斗篇……330, **331**
につつまれて……319
にっぽん昆虫記……312
日本一短い「母」への手紙
……261, **263**, 269
日本解放戦線　三里塚の夏……333
日本侠客伝　関東篇……385
日本侠客伝　血斗神田祭り……235
日本製少年……**267**
ニューヨークUコップ……**173**
女人哀愁……250, 357
ニンゲン合格
……368, 376, **381**, 382, 403
人間の砂漠……**27**
人情紙風船……218
ヌーヴェルヴァーグ……83
ヌードの夜……**183**-185
盗まれた欲情……312
ぬるぬる燗燗……**277**
濡れた唇……233
ネオチンピラ　鉄砲玉ぴゅ～……**27**, 60
ねじ式……350, **351**, 367
熱帯楽園倶楽部……**213**, 215
寝盗られ宗介……134, **135**
眠らない街　新宿鮫……172, **173**, 174
眠る男……**273**, 274
眠れる美女……**259**, 260
ノストラダムス　戦慄の啓示
……212, **213**
のぞき屋……**245**, 246
のぞみ♡ウィッチィズ……**19**

は行

売春暴力団……329, **331**
はいすく～る仁義……**97**
はいすく～る仁義2　たいへんよくで
きました。……**137**, 138
はいすく～る仁義外伝　地を這う者
……**203**
パイナップル・ツアーズ……**111**
バウンス Ko GALS……321
爆!……120, **121**
爆走!　ムーンエンジェル―北へ……**283**
バグダッド・カフェ……190
博奕打ち　総長賭博……283
幕末純情伝……75, **77**
橋のない川……**113**, 114
走らなあかん　夜明けまで……**283**
走れメロス……**123**, 124
バタアシ金魚……29, **31**, 55
裸の島……373
二十才の微熱……170, **171**

八月の狂詩曲《ラプソディー》……**71-73**
893愚連隊……283
パチンコ物語……30, **31**
初国知所之天皇《はつくにしらすめらみこと》……194, **195-197**
八甲田山……393
800 TWO LAP RUNNERS……**213**, 215
鼻の穴……360, **361**
花の白虎隊……314
HANA-BI……322, 324, **325**, 328, 331, 362, 363, 367, 392
花より男子《だんご》……258, **259**, 260
ハネムーンは無人島……62, **63**
パラサイト・イヴ……**307**
罵詈雑言……**289**, 291
(ハル)……278, **279-281**
遥かな時代の階段を……**237**, 239
遥かなる甲子園……30, **31**
遙かなる山の呼び声……393
はるか、ノスタルジィ……150, **151**
春来る鬼……**19**
はるのそら……360, **361**
バレエ……364
ハロー張りネズミ……**89**
晩菊……279
反逆児……308
反逆の旅……**93**
晩春……353-355
《ビー・バップ・ハイスクール》シリーズ……281
BE-BOP-HIGHSCHOOL……192, **193**
ヒーローインタビュー……**213**
ひかりごけ……109-**111**
ひき逃げファミリー……136, **137**, 138
PiCNiC……286, **287**
悲情城市……26
非情の時……363
美女と液体人間……363
必殺！5 黄金の血……**93**
必殺！ 主水死す……**287**
人でなしの恋……**259**
緋牡丹博徒 お竜参上……283
緋牡丹博徒 花札勝負……373, 374
ひめゆりの塔……243-**245**, 248, 251
百年の絶唱……344, **345**, 367
ヒューマニティ……388
人間交差点《ヒューマンスクランブル》 雨……166, **167**
人間交差点《ヒューマンスクランブル》 不良……166, **167**
人間交差点《ヒューマンスクランブル》 道……166, **167**
病院で死ぬということ……165, **167**, 168
病院へ行こう……**23**
ビリケン……**299**-301, 362
ヒルコ 妖怪ハンター……68, **69**
びんばりハイスクール……**41**
ファザーファッカー……**249**
F《ファッション》・ヘルス嬢日記……**283**
ファンキー・モンキー・ティーチャー……**93**, 94
ファンキー・モンキー・ティーチャー2 東京進攻大作戦……120, **121**
ファンシイダンス……55
ふうせん……**27**
プープーの物語……344, **345**
笛吹童子……209, 308
深い河……248, **249**
福沢諭吉……77, 81, **83**, 84, 99, 117
福祉……364
復讐 消えない傷痕……**313**, 321, 328
復讐は俺がやる DISTANT JUSTICE……**147**
福本耕平かく走りき……**123**, 124
ふざけろ！……75, **77**
豚と軍艦……312
豚の報い……**395**, 403
ふたり……67, **69**, 71, 99
ふたりだけのアイランド……**69**, 70
復活の朝……142, **143**
武闘派仁義……188
武闘派仁義 完結篇……202, **203**
武闘派仁義 全面抗争篇……188, **189**, 190
不法滞在……298, **299**
不夜城……**351**
冬の河童……**267**
プライド 運命の瞬間《とき》……346, **347-**349, 352, 354, 355
無頼平野……239, 244, **245**
プライベート・レッスン……**153**
ブラックプリンセス 地獄の天使……**27**
ブラック・レイン……**189**
プラン9・フロム・アウタースペース……363
《不良番長》シリーズ……84
ぷるぷる 天使的休日……**189**, 190
プロゴルファー織部金次郎……**143**, 144
平成狸合戦ぽんぽこ……**209**, 210
平成無責任一家 東京デラックス……230, **231-234**
《兵隊やくざ》シリーズ……314
ペインテッド・デザート……**189**, 190
ペエスケ ガタピシ物語……**27**
北京原人 Who are you?……329-**331**
北京的西瓜……135
BEST GUY……**49**, 50
ベトナムのダーちゃん……**193**, 194
紅孔雀……209, 308
へのじぐち……**33**, 34
部屋 THE ROOM……178, 180, **181**
Helpless……270, 288, **293**, 294, 301
BeRLiN……**267**
ペンタの空……**79**
望郷……**173**, 175
棒の哀しみ……215, **217**-219, 221, 222,

227, 233, 234, 236
法隆寺……305
ボーダーライン……387
ボクが病気になった理由《わけ》……**37**
BOXER JOE
……243, **245**, 246, 269
濹東綺譚……116, **117**
ぼくは勉強ができない……**287**
ぼくらの七日間戦争2……76, **77**
僕らはみんな生きている……150, **151**
犯人《ホシ》に願いを……**267**
ほしをつぐもの……**17-21**, 55
ポッキー坂恋物語　かわいいひと
……359, **361**, 367
鉄道員《ぽっぽや》……390, **391-393**
ポルノスター……360, **361**, 362
香港パラダイス……**23**, 24, 55
ポンヌフの恋人……102

ま行

マークスの山……240, **241**, 242, 269
まあだだよ……**153**, 154
毎日が夏休み……206, **207**
魔王街　サディスティック・シティ
……170, **171**
牧野物語・養蚕篇……333
まごころ……357, 358
M／OTHER……400, **401-403**
マスク・オブ・ゾロ……357
マタンゴ……363
マドンナのごとく……**53**
真夏の少年……**83**, 84
真夏の地球……72, **73**
まひるのほし……**355**
幻の光……266, **267**, 268
マリアの胃袋……33
満月　MR．MOONLIGHT
……86, **87**, 95
マンハッタン・キス……**117**
Mr.レディー　夜明けのシンデレラ
……**13**, 14
MISTY……**93**, 94
水の旅人　侍KIDS……165, **167**
水の中の八月……**253**
三たびの海峡……262, **263**
MIDORI……**289**, 291
港祭りに来た男……83
水俣　患者さんとその世界……396
水俣一揆……396
耳をすませば……251, **253**
身も心も……318, **319**, 321
宮澤賢治　その愛……298, **299**
宮本武蔵……308
未来の想い出　Last Christmas……127,
130, **131**
みんな〜やってるか！
……**233-235**, 269
民暴の帝王……162, **163**
ミンボーの女……**113**
息子……86, **87**
《無責任》シリーズ……230, 375
無能の人……88, **89**, 91, 99
夢魔……205, **207**
MEMORIES……**273**, 274
目を閉じて抱いて……**289**, 290
免許がない！……**193**, 194
もうひとつの人生……**275-277**
萌の朱雀……313, 314, **319-321**, 335
最も危険な遊戯……38
モデル……364
喪の仕事……62, **63**
もののけ姫……**315**, 317, 321, 325
Morocco 横浜愚連隊物語……**283**
モンゴリアンB・B・Q……**53**, 54
悶絶!! どんでん返し……233

や行

柳生一族の陰謀……309
893《ヤクザ》タクシー……**223**, 225
やくざ道入門……**203**
ヤクザVSマフィア……**189**, 190
屋根裏の散歩者……**195**, 196
藪の中……**287**
病は気から　病院へ行こう2
……**143**, 144
山田ババアに花束を……**53**, 60
ヤマトタケル……**209**
山の音……358
幽☆遊☆白書　冥界死闘篇　炎の絆
……**199**, 200
ユーリ……**293**, 294
雪のコンチェルト……86, **87**
夢……**28-31**
夢二……71, **73**, 74, 99
夢の女……**159**, 161
良いおっぱい悪いおっぱい……**27**
酔どれ八萬騎……41
妖怪天国　ゴースト・ヒーロー……**33**
妖星ゴラス……363
ヨーロッパ……125
横浜ばっくれ隊……**193**
由美香……**311**, 345, 401
四畳半襖の裏張り……233
四畳半襖の裏張り　しのび肌……233
夜逃げ屋本舗……**103**, 104
夜逃げ屋本舗2……156, **157**
夜がまた来る……219-**221**, 222, 227
よるべなき男の仕事・殺し……**93**
四姉妹物語……**231**

ら行

落陽……**127**, 128
ラストソング……**193**

ラスト・フランケンシュタイン……**65**, 66
らせんの素描……76, **77**
Love Letter……236, **237**
ラブ・レター……**351**
RAMPO(奥山和由)……**204-207**
RAMPO(黛りんたろう)……**204-207**
利休……110
リメインズ　美しき勇者《つわもの》たち……16, **17**
留学生チュアスイリン……305
リング・リング・リング　涙のチャンピオンベルト……156, **157**
ルーペ　カメラマン瀬川順一の眼……**305**, 306
流転の海……46, **47**
LUNATIC……**287**, 288
ルパン三世　くたばれ！　ノストラダムス……**241**, 242
ルビーフルーツ……**231**
REX　恐竜物語……161-**163**, 184
レッスン……206, **207**
LEVEL……**221**
老人と海……**41**
浪人街(マキノ雅弘)……41, 218
浪人街(黒木和雄)……15, 18, 36, **37**, 40, 41
ロマンス……**287**, 288

わ行

ワールド・アパートメント・ホラー……**65-67**
ワイルドバンチ……95, 96
WiLd LIFe……314, **315**
わが愛の譜《うた》　滝廉太郎物語……**171**, 172, 174, 185
《若き日の次郎長》シリーズ……308
我が人生最悪の時……**195**, 197
忘れられた子供たち　スカベンジャー……244, **245**
私を抱いてそしてキスして……136, **137**
われに撃つ用意あり……**47**-49, 55
湾岸バッド・ボーイ・ブルー……132, 134, **135**
ワンダフルライフ……358, **383-385**, 386, 403
をどらばをどれ……305, 306

索引〈監督名〉

あ行

青山真治……270, 288, 293, 294, 314, 315, 328
明石知幸……193, 194
あがた森魚……212, 213
秋元康……65, 66, 117
秋山豊……41
朝原雄三……237, 238, 267, 343
朝間義隆……173, 175
アブデルカハレク、アリ……375
雨宮慶太……97
荒井晴彦……318, 319
荒戸源次郎……249
アラノヴィッチ、セミョーン……125
アルトマン、ロバート……230
粟屋友美子……212, 213
飯島正勝……199, 200, 333
飯塚俊男……65, 67
五十嵐匠……113, 114
池田敏春……93, 94, 163
猪崎宣昭……106, 107
石井克人……365, 385
石井聰亙……217, 218, 253, 327
石井隆……76, 77, 128, 131, 183, 184, 219, 221, 222, 228, 253, 256, 288, 289
石井竜也……223, 224, 296, 299
石井輝男……168, 170, 171, 239, 244, 245, 350, 351, 363
和泉聖治……49, 50, 53, 103, 104, 153, 162, 163, 258, 259, 276, 277, 283
伊勢真一……305, 306
磯村一路……19, 43, 44, 75, 77, 166, 167, 203, 289, 290
伊丹十三……29, 31, 113, 159, 160, 289, 290
市川崑……62, 63, 180, 181, 216, 217
市川準……43, 165-167, 173, 174, 231, 232, 279, 280
一倉治雄……53, 156, 157, 189
井土紀州……344, 345
井筒和幸……17, 18, 112, 113, 182, 189, 190, 275, 277, 281
伊藤俊也……241, 242, 346-348, 352, 354

伊藤晋……360, 361
伊藤大輔……308, 359
伊藤秀裕……62, 63, 283
稲見一茂……360, 361
井上昭……147
井上眞介……27
今井正……82, 83
今沢哲男……183, 184
今関あきよし……23, 24, 79, 80
今村昌平……312, 313, 319, 325, 327, 361, 362
岩井俊二……236-239, 286, 287, 295, 296, 299, 304
岩松了……167
イワモトケンチ……178, 179, 181
呉子牛(ウー・ツゥニュウ)……355
宇崎竜童……107
内田栄一……135
内田吐夢……308, 359, 366
ウッド、エド……363
榎戸耕史……107, 307
柄本明……145, 148, 151
及川中……267
及川善弘……19
大井利夫……53
大川俊道……76, 77, 120, 121
大河原孝夫……89, 90, 137, 183, 209, 265, 267
大澤豊……30, 31
大島渚……145, 327, 328, 331
おおすみ正秋……123
大谷健太郎……375
大友克洋……65, 273, 274
大林宣彦……67-69, 71, 135, 150, 151, 165-167, 207
大森一樹……13, 14, 37, 86, 87, 95, 97, 98, 126, 127, 130, 131, 137, 195, 230, 231, 262, 263, 401, 402
岡康季……33, 34
岡村天斎……273
岡本喜八……56, 58, 59, 83, 252, 253, 373
小川紳介……102, 104, 105, 128, 211, 295, 333, 400
奥山和由……204-207
小椋久雄……259
小栗康平……21-24, 273, 274
押井守……173, 174, 264, 267
小田切正明……289, 290
小田和正……105, 107
落合正幸……307
小津安二郎……87, 95, 103, 266, 327, 336, 352, 353, 355, 359, 366, 370-373
小野田嘉幹……262, 263
オリヴェイラ、マノエル・ド……212
恩地日出夫……97, 98, 152, 153

か行

カーペンター、ジョン……363
カウリスマキ、アキ……212
風間志織……267
梶間俊一……27, 177, 178, 221
鹿島勤……180, 181, 192, 193, 235
香月秀之……298, 299
ガッツ石松……43
加藤彰……283
加藤泰……70, 71, 212, 295, 308, 326-328, 357, 359, 373
加藤哲……231
角川春樹……32, 33, 161-163
金子修介……23, 24, 72, 73, 77, 169, 171, 206, 207, 236, 237, 239, 297, 299
金田龍……75, 77
カネフスキー、ヴィターリー……121, 125
カペラ、フランク……189
亀井文夫……304, 305
カラックス、レオス……102
川島透……195
川島雄三……373
川尻善昭……161-163
河瀬直美……313, 314, 319-321, 326, 327, 333
川村毅……65, 66
キアロスタミ、アッバス……319, 399
きうちかずひろ……192, 193, 273, 330, 331
北野武(ビートたけし)……39, 41, 85-89, 158-160, 164, 179, 233-235, 291-295, 322, 324-326, 328, 331, 362, 363, 390-392
木下恵介……384
君塚匠……62, 63, 231
金秀吉……79, 113
木村淳……79
ギリアム、テリー……356, 357
胡金銓(キン・フー)……212, 363
楠田泰之……258, 259
工藤栄一……12-17, 39, 41, 86, 87, 95, 109, 111, 156, 157
久保田傑……123
熊井啓……42, 43, 109, 111, 248, 249
熊切和嘉……359, 361
神代辰巳……215, 217, 218, 221, 222, 233, 234, 236, 247-250, 283, 319, 326, 327
蔵原惟繕……65, 66
栗山富夫……12, 13, 53, 97, 98, 143, 183, 223, 225
黒木和雄……36, 37
黒澤明……28-31, 71-74, 153, 234, 236, 327, 359, 362, 373
黒沢清……115, 117, 223, 225, 296, 297, 299, 313, 327, 328, 362,

363, 368, 376, 379, 381, 382, 386-390, 397, 399
黒沢直輔……49, 51
黒土三男……64, 65
桑田佳祐……39, 41
原將人……194, 195, 321
けんもち聡……343-345
小池征人……72, 73, 275, 277
鴻上尚史……37, 217
神山征二郎……19, 43, 44, 120, 121, 159, 160, 199, 200, 244, 245, 262, 263, 298, 299
ゴードン、リチャード……310
小久保利己……69, 70
小島康史……76, 77
五社英雄……63, 113, 114
ゴダール、ジャン＝リュック……83
後藤秀司……27
後藤大輔……223, 225
後藤俊夫……36, 37, 193, 194
小中和哉……153
小沼勝……143-145, 212, 213
小林要……253, 255
小林正樹……373
小松隆志……97, 137, 138, 203
小平裕……46, 47
小水一男……17, 19, 189, 202, 203
小峯隆生……213
是枝裕和……266, 267, 358, 364, 383, 385, 386
近藤喜文……251, 253

さ行

崔洋一……83, 84, 172, 176-178, 181, 230, 231, 234, 240-242, 361-363, 395
祭主恭嗣……213, 217
斎藤耕一……27, 173, 175
斎藤武市……46, 47
阪本順治……48, 49, 91-93, 98, 102, 104, 105, 128, 185, 186, 191-194, 196, 197, 243, 245, 249, 295, 299, 300, 309, 328, 329, 351, 352, 362, 363
坂元裕二……293, 294
佐々木浩久……213, 223, 224
佐々木正人……188, 189, 202, 203, 231
貞永方久……287
佐藤純彌……120, 121, 136, 137, 206, 207, 329, 331
佐藤闘介……23, 24
サトウトシキ……237, 238, 287-289, 291
佐藤寿保……287
佐藤真……100, 115, 118, 121, 124, 128, 132, 241, 242, 334, 355
澤井信一郎……77, 81-84, 117, 171, 174, 175, 261, 263, 335-339, 365
沢島忠……58, 308
澤田幸弘……65, 66, 86, 87
椎名誠……103, 169, 171
塩田明彦……397, 399
実相寺昭雄……22, 23, 195
篠崎誠……276, 277, 364, 403
篠田和幸……123, 124
篠田正浩……35, 37, 231, 234
篠原哲雄……181
四ノ宮浩……244, 245
島田紳助……93
清水浩……361, 362
ジャームッシュ、ジム……266, 267
ジャリリ、アボルファズル……356, 363
シュミット、ダニエル……279, 357
生野慈朗……49, 50
白土武……241, 242
白羽弥仁……153
新藤兼人……116, 117, 244, 245, 299, 363, 373
じんのひろあき……223, 225
周防正行……55, 98, 102-105, 272-275, 375
須川栄三……47
杉田成道……193
杉村六郎……143
杉本信昭……147
鈴木健介……213, 215
すずきじゅんいち……69, 70, 231, 241, 243
鈴木清順……71, 73, 74, 152-155, 249, 326, 327, 344
鈴木則文……41
須藤久……49, 50
スピルバーグ、スティーヴン……161
諏訪敦彦……302, 317, 333, 400, 401
瀬川昌治……13, 14
関本郁夫……19, 213, 253, 254, 363, 376, 377, 379
石侍露堂……147
瀬々敬久……314, 315
相米慎二……30, 31, 34, 139, 140, 151, 153-155, 197-201, 207, 300, 361, 376, 379-382
ソクーロフ、アレクサンドル……250
園子温……178, 180, 181

た行

高瀬将嗣……120, 121
高橋玄……241
高橋伴明……27, 59, 60, 157, 166, 167, 222, 223, 283, 289, 290, 363
高畑勲……78, 79, 209, 210
高原秀和……89
滝田洋二郎……23, 24, 143, 144, 150, 151, 172, 173, 213, 215

竹中直人……88-91, 219, 221, 222
田坂具隆……373
田代廣孝……108, 111
田中昭二……241, 243
田中秀夫……27
谷口千吉……305
玉川長太……75, 77
千葉真一……16, 17
陳凱歌(チェン・カイコー)……125
塚本晋也……68, 69, 131, 259, 260, 264, 326, 327, 394, 395
辻理……30, 31
土本典昭……305, 396-399
堤ユキヒコ……59, 60
鶴田法男……156, 157, 189, 190
勅使河原宏……110, 111
手銭弘喜……93
手塚眞……33
手塚正己……123, 124
出目昌伸……244, 245, 273, 274
デュモン、ブリュノ……388-390
寺田靖範……209-211
天願大介……83, 195
天間敏広……179, 181
戸井十月……83, 84
ドゥーシェ、ジャン……357
藤得悦……199
當間早志……111
当摩寿史……103, 104
冨樫森……359, 361
富岡忠文……132, 134, 135, 237, 238, 245, 246
富野由悠季……61, 63
伴野朗……127
豊田利晃……360-362
トリアー、ラース・フォン……125

な行

ナーイル、ミーラー……21
中江裕司……111
長尾直樹……89, 90
長尾啓司……152, 153
長崎俊一……147, 287, 288
中島貞夫……12, 13, 42, 43, 72, 73, 89, 90, 201, 203, 204, 289, 290, 330, 331, 362, 394, 396, 398
中嶋竹彦……213
中島丈博……133, 135
中田新一……13, 14
中田信一郎……193
中田統一……286, 287
中田秀夫……277, 314, 315, 363
永田貴士……79
中原俊……45, 47, 97, 131, 132
中平康……58
中村幻児……75, 77, 282, 283
那須博之……83, 84, 282, 283
奈良橋陽子……244, 245
成瀬巳喜男……250, 279, 327, 336, 352, 356-358, 376, 383, 386
西河克己……106, 107
西村昭五郎……202, 203
西山洋一……277
根岸吉太郎……129-131, 173, 174, 351
野村惠一……83, 84

は行

バーバ、ノーベルト……203
萩生田宏治……237, 238
萩庭貞明……86, 87, 183, 184, 206, 207, 283
萩本欽一……157, 212, 213, 215
橋口亮輔……170, 171, 273, 274
橋本以蔵……170, 171, 189, 190
長谷川計二……97
長谷部安春……127, 206, 207
服部光則……12, 13, 65, 66
塙幸成……287
羽仁進……305
羽田澄子……47
馬場昭格……155, 157
馬場康夫……82, 83
林海象……15, 17, 195, 197, 237, 239
原一男……213, 214, 291
原隆仁……103, 104, 156, 157, 235
原將人……194, 195, 321
原田聡明……46, 47
原田眞人……189, 190, 223, 225, 238, 253, 255, 321
バルネット、ボリス……138
坂東玉三郎……106, 107, 159, 161, 200
東陽一……113, 114
平野勝之……311, 345, 401, 402
平山秀幸……33, 110, 111, 166, 167, 248, 249, 298, 299, 361, 362, 365
廣木隆一……170, 171, 205, 207, 213, 215, 235, 267, 289, 291
ヒントン、カーマ……310
深作欣二……123-129, 215, 217, 222, 236, 261-263, 309, 376-379, 382, 392
福岡芳穂……235
福田克彦……333-335
福田陽一郎……43
藤由紀夫……241
藤田敏八……127
藤田秀幸……384, 385
不二稿京……293, 294
フラー、サミュエル……41
古澤健……360, 361
降旗康男……32, 33, 46, 47, 68, 69, 116, 117, 188, 189, 259, 260, 329, 331, 390, 391
古厩智之……237, 238

ペキンパー、サム……95
侯孝賢(ホウ・シャオシェン)……26, 266, 267
細野辰興……75, 77, 203, 267, 283, 284, 314, 315, 329, 331
細野英延……223, 225
本多猪四郎……363, 364
本田昌広……27, 231

ま行

前田哲……359, 361
前田陽一……346, 365
マキノ雅弘(正博、雅広)……83, 171, 175, 176, 182, 308, 383-386
真喜屋力……111
舛田利雄……58, 59, 93-97, 127-131
増村保造……58, 83, 125, 127, 326, 327, 362
松浦雅子……259
松岡錠司……29, 31, 133-135, 248, 249
松島哲也……221
松林宗恵……130, 131
松村克弥……137
松本知恵……360, 361
松本廣……86, 87
松本泰生……89
黛りんたろう……204, 205, 207
万田邦敏……297, 299
三池崇史……263, 264
水谷俊之……136, 137, 267
三隅研次……83, 326, 327, 373
溝口健二……327, 359, 376
光野道夫……213
宮崎駿……122, 123, 251, 315-317
三輪誠之……53, 54
村上修……72, 73, 245, 246
村上龍……279, 280
村川透……19, 49, 50, 93, 94, 127, 147, 173, 298, 299
村野鐵太郎……189, 190
村橋明郎……285, 287
村本天志……359, 361
室賀厚……272-274
望月六郎……64, 65, 163, 253, 254, 279, 280, 289, 314, 315, 321, 328, 350
本木克英……343, 345
本広克行……285, 287, 364
森達也……339-343, 345
森﨑東……208, 209, 236, 282-284, 351
森田芳光……69, 71, 127, 130, 131, 278, 279, 319
森本晃司……273
門奈克雄……53

や行

薬師寺光幸……75, 77
矢崎仁司……117
柳町光男……25, 27, 139, 145-147, 258, 259, 376
矢野広成……285, 287
矢作俊彦……127, 128
山口和彦……283
山口貴義……189, 191
山崎博子……76, 77
山下賢章……223, 225
山下耕作……30, 31, 147, 308
山城新伍……203
山田勇男……123
山田大樹……137, 138
山田洋次……12, 13, 51-54, 85-88, 96, 97, 143, 177, 178, 182, 183, 223, 225, 264, 266-268, 330, 331, 393
山中貞雄……95
山根成之……102
山本薩夫……373
山本政志……10, 39, 41, 49, 304, 305
山本泰彦……287
楊徳昌(ヤン、エドワード)……212, 304, 357, 304
ユンカーマン、ジャン……41
横山博人……259, 260
吉雄孝紀……33, 34
吉田健……105, 107, 177, 178
吉田剛……142, 143
吉田喜重……352, 353, 355, 357
吉原健一……120, 121

ら行

李志毅(リー・チーガイ)……351
利重剛……213, 267
リモザン、ジャン＝ピエール……357, 363, 365, 375
ルルーシュ、クロード……386
レイ、ニコラス……357
ロージー、ジョセフ……363, 365
ローム、アブラーム……250

わ行

ワイズマン、フレデリック……364
ワイダ、アンジェイ……199, 200
若松孝二……47-49, 134, 135, 173, 259
渡辺謙作……344, 345
和田誠……198-201
渡辺孝明……267
渡邊孝好……37, 53, 54, 133-135, 223, 224, 251, 253
渡辺武……221, 365, 385
渡邊文樹……143-144, 289, 291
渡辺護……147, 148
渡邊祐介……93

著者略歴

山根貞男……やまね・さだお

1939年大阪生まれ。映画評論家。大阪外国語大学フランス語科卒業。

書評誌・書籍編集者を経て、映画批評誌「シネマ」69〜71の編集・発行に参加。

1986年から2022年まで「キネマ旬報」に日本映画時評を書き続けた。2023年逝去。

主な著書に『映画狩り』(現代企画室)、『活劇の行方』(草思社)、『映画が裸になるとき』(青土社)、

『映画——快楽装置の仕掛け』(講談社現代新書)、『増村保造　意志としてのエロス』(筑摩書房)、

『映画の貌』(みすず書房)、『マキノ雅弘　映画という祭り』(新潮選書)、

『東映任俠映画120本斬り』(ちくま新書)、『映画を追え　フィルムコレクター歴訪の旅』(草思社)、
共著に『誰が映画を畏れているか』(蓮實重彥、講談社)、『任俠映画伝』(俊藤浩滋、講談社)、

『映画監督深作欣二』(深作欣二、ワイズ出版)、『俳優　原田芳雄』(原田章代、キネマ旬報社)、
編著に『日本映画作品大事典』(三省堂)などがある。

日本映画時評集成 1990——1999

発行日……2018年　4月25日　初版第1刷発行
2024年11月　3日　初版第2刷発行

著者……**山根貞男**

発行者……**佐藤丈夫**

発行所……株式会社**国書刊行会**
〒174-0056　東京都板橋区志村1-13-15
TEL:03-5970-7421
FAX:03-5970-7427
https://www.kokusho.co.jp

ブックデザイン……**鈴木一誌+桜井雄一郎+山川昌悟+下田麻亜也**

印刷所……**中央精版印刷**株式会社

製本所……株式会社**難波製本**

協力(順不同・敬称略)
株式会社シネマインパクト
TOHOマーケティング株式会社
株式会社喜八プロダクション
太秦株式会社
讀賣テレビ放送株式会社
アルゴ・ピクチャーズ株式会社
松竹株式会社
株式会社WOWOW
有限会社ビターズ・エンド
株式会社オフィス北野
株式会社KADOKAWA
森達也
山本政志
岡本真実
日活株式会社　高木希世江
キネマ旬報社　明智惠子
田中範子
佐久間聖司

ISBN978-4-336-05484-5
落丁・乱丁本はお取り替えいたします。

山根貞男

日本映画時評集成（全三巻）

好評既刊

日本映画時評集成 1976——1989

A5判・560頁・5400円

日本映画の惨状に怒りを／カタログ文化時代の非映画的映画／ぶざまに肥満した大作映画の愚かさ／山口百恵映画の豊かさとは／映画を自ら侮蔑する映画／過激なる女優・谷ナオミよ、さらば／愚純な作品への憎悪と殺意／映画的リズムの快とは／面白さの横すべり／映画の底が抜けた／松田優作への加担…………

日本映画時評集成
2000――2010

A5判・472頁・4200円

大島渚と時代劇／相米慎二の死／プログラムピクチュアから遠く離れて／
製作と上映のサイクルが狂っている／ガラクタの山のなかで新進気鋭の秀作に出喰わす／
青山真治の冒険／ヒロインの顔のハードボイルドな輝き／
靖国、連合赤軍、そして接吻／活劇あるいはフィクションへの意思／
フィクションの液状化が蔓延している…………

❖税別価格・価格は改定することがあります。